KB095749

프랑스 지방문화

프랑스 지방문화
대서양에서 지중해까지

ⓒ이상빈 2022

초판 1쇄 펴냄 2022년 7월 8일

지은이 | 이상빈
펴낸이 | 김종필
펴낸곳 | ㈜아트레이크ARTLAKE
인쇄 | 미래pnp

글 이상빈
편집 전병준 석찬희
디자인 전병준

등록 제2020-000231호 (2020년 10월 27일)
주소 강남구 도산대로 237 현대벨로스 903호
전화 (+82) 02 517 8116
홈페이지 www.artlake.co.kr
이메일 jpkim@artseei.com, chseok@artseei.com

여기 실린 모든 글과 사진은 신저작권법에 따라 보호받는 저작물이므로 무단 전재와 복제를 금합니다.
이 책의 내용을 이용하려면 저작권자와 ㈜아트레이크의 동의를 받아야 합니다.
The contents of this publication shall not be duplicated, used or disclosed in whole or in part for any purpose without the express written consent of the publisher

ISBN 979-1197843-2-1 03920

책값은 뒤표지에 적혀 있습니다.
파본은 본사나 구입하신 서점에서 교환하여 드립니다.

프랑스 지방문화

대서양에서 지중해까지

이상빈 지음

ARTLAKE

일러두기

1. 지방별 인구는 2020년 1월 1일을 기준으로 프랑스 국립인구연구소(INED, Institut national d'études démographiques)가 작성한 통계를 기준으로 했다.
2. 프랑스 본토의 각 지방은 한글 표기 가나다순으로 배열했다.
3. 각 지방을 효과적이고도 일관성 있게 이해하기 위해 지방마다 같은 소제목에 따라 기술했다. 하지만 지역이나 장소의 특성을 극대화하는 식으로 기술했기에 소제목별로 분량은 차이가 난다.
4. 지명의 통일을 위해 명사 속에 −가 들어간 지명은 −를 빼고 모두 붙여 표기했다. 반면 한국에서 관용적으로 붙여 쓰는 고유명사들은 국내에서 통상 사용하는 띄어쓰기 원칙을 준수했다.
   Auvers−sur−Oise : 오베르쉬르와즈, Alpes−Maritimes : 알프마리팀
   Mont Saint−Michel : 몽생미셸, Côte d'Azur : 코트다쥐르
5. 지명에 관사가 붙었을 경우 띄어쓰기 원칙을 준수했으나, 우리에게 잘 알려진 고유명사의 경우 한국에서 표기하는 관례를 따랐다.
   Le Croisic : 르 크루아직
   Le Havre : 르아브르, Le Mans : 르망, La Rochelle : 라로셸
6. 인명에 −가 들어갔을 경우 −를 살리는 식으로 표기했다.
   Raimond−Roger Trencavel : 레몽−로제 트랑카벨
7. 성인을 의미하는 Saint, Sainte 다음에 인명이 올 때는 붙여 표기했다.
   Saint−Bénézet : 생베네제
8. 각 지역의 발음은 인터넷상의 발음사전에 나와 있는 기준을 따랐다.
9. 바스크 지방의 인명과 지명의 표기는 바스크어의 발음 원칙을 따랐다. 예를 들어 'aou'는 '아우', 'éou'는 '에우'로, ou는 U로, é는 E, ss는 Z로, sh는 S로, ch는 X로, gu는 G로, y는 J로, gn은 Ñ로, nn로 N로 발음한다.
10. 지리적으로는 프랑스가 아님에도 불구하고 프랑스 문화와 불가분의 관계를 이루는 몇 개의 지역들은 이 책 속에 넣었다. 모나코, 캉프랑 국제역, 건지 섬, 저지 섬 등이 그에 해당한다. 프랑스와 스페인 문화가 중첩되는 바스크 지역에 관한 기술에서도 스페인의 일부 내용이 수록되어 있다.
11. 책 속에서는 와인에 대해 기본상식을 언급하는 데 그쳤다. 와인의 중요성을 간과해서가 아니다. 이미 프랑스 와인에 관해서는 국내에 출간된 여러 전문서적이 다루고 있기 때문이다.

프랑스 문화를 다룬 많은 서적과 관광 가이드북이 출판되고 있다. 하지만 있는 그대로의 프랑스를 어떤 책이 제대로 담아내고 있을까? 역사와 지리, 전설과 식도락 등 실로 방대한 영역에 걸쳐 있는 다양한 지방의 문화를 제대로 이해하기란 절대 쉽지 않다. 십자군 전쟁, 아서 왕 이야기, 대혁명, 세계대전같이 굵직굵직한 프랑스의 역사적 사건들은 영토 개편과 국경의 변화, 언어와 관련된 지역적 특성, 본토와 해외 영토라는 다양한 요소들과 실타래처럼 얽혀 있다. 게다가 프랑스 각 지방은 형성과정과 정체성 측면에서 상당히 서로 다른 모습을 보여준다. 그러기에 프랑스 본토의 각 지방을 들여다보는 일은 13개 국가를 들여다보는 노력과 맥을 같이한다. 대한민국 지방에 대한 이해와는 판이한 접근방식을 요구하는 것이다.

프랑스 지방들은 자연, 역사와 문화, 예술과 식도락에 관련된 뛰어난 유산을 보유하고 있다. 프랑스 전역을 채우고 있는 산과 평야, 숲과 칼랑크(calanques), 그림 같은 마을, 지상의 천국 같은 섬은 서로 대조되는 풍경을 보여주면서 상당히 다채로운 느낌을 제공한다. 험난하기 그지없는 코르시카의 트레킹 코스 GR20과 브르타뉴 지방 바닷가를 따라가는 GR34, 일명 '세관원들의 길(sentier des Douaniers)' 사이의 유사점은 거의 없다. 포도주를 들려면 자신의 입맛에 따라 보르도나 부르고뉴, 알자스나 프로방스를 찾으면 되지만 각 지방의 포도주는 서로 미세한 차이점을 보여준다. 대서양 바다는 지중해와 완전히 다르며, 브르타뉴의 들길을 채우고 있는 야생화는 프로방스의 라벤더와 완연히 다른 느낌을 제공한다. 협소한 땅에서 천의 얼굴을 제공하는 나라가 아이슬란드라면, 넓은 땅덩어리에서 세계가 압축된 느낌을 주는 나라가 프랑스다. 게다가 해외에 소재한 프랑스 땅들이 제공하는 이국적인 모습이란... 대부분 섬이기는 하지만, 이러한 지역들도 프랑스식 다양성을 보여주기에 부족함이 없다.

그러나 한국의 프랑스 이해는 많은 한계를 안고 있다. 우리의 이해는 파리와 그 주변, 혹은 프로방스에 쏠리는 지역성을 극복하지 못하고 있으며, 지방문화에 대한 접근 역시 걸음마 수준이다. 아직 우리에게 생소한 지역들에 대한 이해를 통해 프랑스가 어떻게 세계사적인 관점을 확보하고 있고, 보편성을 추구하고 있으며, 문화다양성 논리를 축적하고 있는지를 살펴봐야 하는 시점이다. 이데올로기로 사분오열되어 있고 세계를 껴안는데 인색한 대한민국이 장기적으로 확보해야 할 시각임은 틀림없다. 특히 우리의 지방이 세계성을 확보하기 위해서도 프랑스 지방문화 속에는 우리가 반드시 알아야 할 내용이 많다. 그런 까닭에 이 책은 파리와 수도권을 프랑스의 지방 중 하나로 다룬다. 파리 중심의 세계관을 거부하는 동시에 지방의 중요성을 강조하려는 전략의 일환이다.

이 책은 차별화되는 프랑스 각 레지옹의 특성을 이해하고, 서로 다른 문화 코드들을 익히며, 이를 통해 훨씬 더 심층적인 프랑스 문화를 익히도록 저술되었다. 책은 한편으로 프랑스 지방문화에 대한 살아있는 지식을 제공하고, 다른 한편으로 프랑스 여행에 대한 안내자 역할을 할 것이다. 하지만 이 책은 여행안내서가 아니다. 그러기에 여행안내서에 꼭 필요한, 각 지방을 찾아가도록 만드는 방법이나 요령 같은 내용은 책 속에서 가급적 배제했다. 프랑스 지방문화의 숨겨진 면면을 찾아내는 것만으로도 상당한 시간과 노력이 소요되었기도 하고, 굳이 찾아가는 방법 등에 대한 정보를 제공하지 않아도 오늘날 새로운 기술들이 그런 역할을 충실히 대신하기 때문이다. 동시에 책은 살아있는 역사, 현재적 의미를 띠는 프랑스를 보여주고자 노력했다. 무의미하고 창백한 정보들로 채워진 책이기를 거부한 것이다. 책의 구성은 프랑스 전반에 대한 이해로부터 시작해 각 지방에 대한 구체적 접근으로 이어지는 방식을 택했다. 부록으로는 프랑스인들이 꼽는 지방 명소들을 참조용으로 실었다.

본 도서는 애정을 가지고 40여 년 동안 프랑스 문화를 들여다본 필자의 공부를 상당 부분 담아낸 책이다. 책을 통해 프랑스 문화에 대한 우리 쪽의 접근이 훨씬 더 효과적이고 쉬워지리라 확신한다. 하지만 국내에서 비슷한 성격의 책을 찾아볼 수 없는 저서의 저술은 너무나 많은 공을 필요로 했다. 책 속의 내용은 프랑스 쪽의 위키피디아, 페이스북 페이지(J'aime mon patrimoine, Culture Prime, France tv arts, France Magazine, La France, quel patrimoine, The French History Podcast, ARTE Karambolage, Todo sobre Francia, L'Art de Vivre à la Française, Médiéval romantique, France Passion Patrimoine, Retronews, Cultea, Paris ZigZag...), 미슐랭 및 루타르 시리즈, 프랑스의 여러 지방관광청 사이트, 프랑스 쪽 여행 잡지와 인터넷 사이트(Détours en France, Géo, ...) 등 필자가 찾아내고 수집할 수 있었던 정보와 자료들을 망라한 것이다. 본인이 이런저런 매체에 기고했던 글도 다수 수록했다.

책의 출간을 위해 도움을 제공한 많은 이에게 감사를 표하지 않을 수 없다. 소중한 가족들인 누님과 동생, 아내 상정과 딸 진혜, 조카들인 민선 리선 지연 태형 동하 예진이는 그중에서도 가장 감사를 표해야 하는 대상이다. 일일이 기억해내는 것이 불가능할 정도로 무수한 사람이 직간접으로 책의 내용을 충실히 하는데 기여했다. 나의 소중한 고등학교 친구들인 김재현 김진영 박찬민 이기환 이동국 이영석 이재봉 이준성 이해정 전은석 최경림 최병태 최윤성 최준영 최진곤 허영재, 프랑스 벨기에 스위스 등지에서 소중한 자료를 보내준 윤혜신 황진호 김진아 김현아 이다스리 길서경 조연경, 여행에 동행하며 나를 보조해준 김예림, 외대 불어교육과 이진아 선생, 외대 불어과·불어교육과와 타과 후배 및 제자들인 강태임 김나윤 김민정 김영재 류진현 박성빈 박철홍 염수영 염아영 이나영 오윤정 유수빈 정창수 최소임 추성목 한보라 홍예나, 포스텍의 황상무 권재룡 교수님들, 포항의 양혜영 정진이 선생, 포스텍 제자들인 강기서 곽현정 김세림 김은서 장경현 전수연 정민구 지유미가 특히 감사드려야 할 대상이다.

책의 출간을 떠맡은 아트레이크 김종필 대표에게도 감사드리고 싶다. 인문학에 대한 김대표의 이해와 나의 평생 공부를 책에 담아내고 싶다는 그의 열정이 없었더라면 이 책은 독자와 만나기 쉽지 않았을 것이다. 표지 디자인과 내지 작업을 담당했던 전병준 실장의 정성과 존경스러운 내공에 대해서는 두말할 필요가 없다. 그리고 원고가 완성된 다음에 꼼꼼히 읽으며 오자와 탈자, 비문을 찾아준 이경식 유현정 임동욱 윤혜신 김예림 님들에게 많은 빚을 졌다.

코로나바이러스가 창궐하는 시대, 대부분의 해외여행이 불가능해진 시대에 이 책의 집필은 역설적으로 자유롭던 시절이 얼마나 소중한지를, 마음껏 세상과 호흡하던 여행이 얼마나 소중했는지를 나에게 새삼 일깨워주었다. 책은 우리의 프랑스에 대한 접근을 보다 심화시키기 위한 목적으로 기술되었지만, 여행 대상에 대한 이해를 뛰어넘어 프랑스인들이 살아가는 방식에 편견 없이 다가가서 그들의 좋은 것을 우리 것으로 만들기 위한 작업이기도 했다. 책에서 부족한 부분은 시간을 가지고 차차 보완해나갈 것이다. 또 경험과 정보의 부족 때문에 해외 소재 프랑스 지역에 대한 기술은 이 책에서 빠져 있다. 독자들의 양해를 구한다.

2022년 5월
북촌에서 이상빈

차례

» 프랑스의 먹거리

기초 지식들

프랑스 지방문화를
효과적으로 이해하는 요령
프랑스 행정구역
프랑스의 데파르트망
프랑스라는 공간을 이해하기

itinérance
EN FRANCE

le réseau des
Grands itinéraires
pédestres

프랑스 지방문화를
효과적으로 이해하는 요령

1. 지리와 길을 익혀라.

2. 연중 문화행사에 주목하라.

3. 기후, 지형 등 지방별 특징에 주목하라.

4. 프랑스 역사에 관심을 두라.

5. 프랑스 문화가 타국 문화와 어떻게 차별화되는지 비교하라.

6. 로고, 문장(紋章)을 비롯한 각 지방의 이미지에 관심을 가져라.

7. 지방별 복식(服飾)에 유의하라. 복식을 통해 지방을 알아내는 것은 재미있다.

8. 문학 음악 미술 등 지방별로 서로 다른 문화에 대한 호기심을 키워라.

9. '프랑스에서 가장 아름다운 마을', '예술과 역사 도시' 등 프랑스인들이 만든 라벨들을 중시하라. 퀴르몽트(Curemonte), 생로베르(Saint-Robert), 튀렌(Turenne), 세귀르르샤토(Ségur-le-Château) 같은 지명들은 대부분의 여행안내서에서 찾아볼 수 없는 지명들이다.

10. 식도락에 대한 이해는 서로 차별화되는 프랑스의 각 지방을 이해하는 지름길이며, 그중에서도 치즈와 와인은 가장 중요한 키워드다. 각 지방의 대표적인 음식들을 알아두면 아주 유용하다.

11. 한국도 마찬가지지만, 각 지방이 다른 지역에 대해 가지고 있는 편견을 익히면 재미있다. 이런 지도는 인터넷상에서 무수히 찾아볼 수 있다.

브르타뉴 사람들이 보는 프랑스 1

- Maison : 집

- Copains : 친구
- Copains alcoolos : 술주정뱅이 친구(프랑스 북부)
- Envahisseurs : 침략자(수도권)
- Moins bien que chez nous : 우리 지방보다 덜 좋음
- Potes indépendantistes : 독립을 주장하는 친구들(바스크, 코르시카)
- Relous : 신경을 거슬리게 하는 존재(프로 방스알프코트다쥐르)
- Voleurs du Mont Saint-Michel : 몽생미셸을 훔쳐 간 도둑(노르망디)

브르타뉴 사람들이 보는 프랑스 2

- Bretons : 브르타뉴 사람들

- Allemands : 독일인들
- Banquise : 빙산
- Eau minérale : 미네랄 워터
- Gens qui croient vivre à la capitale : 수도에 산다고 생각하는 부류들
- Gens qui croient qu'ils vivent dans le sud : 남부에 산다고 생각하는 부류들
- Marseillais : 마르세유 사람들
- Montagne des pauvres : 가난한 사람들이 사는 산악지방
- Montagne des riches : 부자들이 사는 산악지방
- Parisiens : 파리 사람들
- Retraités : 퇴직자들
- Toulousains : 툴루즈 사람들

파리 사람들이 보는 프랑스 3

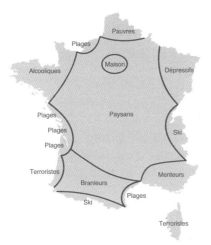

- Maison : 집

- Alcooliques : 알코올 환자들
- Branleurs : 백수건달들
- Dépressifs : 우울증 환자들
- Menteurs : 거짓말쟁이들
- Pauvres : 가난한 사람들
- Paysans : 농부들
- Plages : 해변들
- Ski : 스키
- Terroristes : 테러리스트

마르세유 사람들이 보는 프랑스

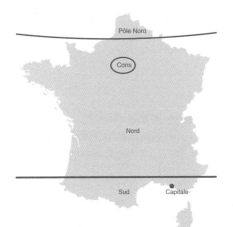

- Capitale : 수도

- Cons : 머저리들
- Nord : 북부
- Pôle Nord : 북극
- Sud : 남부

12. 성격이 극명하게 대비되는 프랑스 지방들에 대한 프랑스인의 인식을 나타
낸 글들을 찾아봐도 재미있다. 페이스북 'Topito' 페이지에 2017년 8월 28일
Thomasg가 올린 한 글에서 Thomasg는 이전에 30개 이상의 지방이 13개로 통
합되었기에 비교가 훨씬 쉬워졌다고 주장한다. 순서는 가장 시원찮은 지방부
터 가장 쿨한 지방까지.

그랑테스트 Grand-Est
콜마르(Colmar)가 아름답고 스트라스부르(Strasbourg)가 친절한 도시지만, 소시지와 슈쿠르트
를 들면서 거의 독일인과 벨기에인 방식으로 살아가는 지역이다. 샴페인을 생산하고, 전형
적인 작은 마을들이 있는 지역이지만 비가 오는 스당(Sedan)의 일요일 오후 풍경은 끔찍하
다고.

일드프랑스 Île-de-France
파리를 감싸고 있는 수도권 지역. 20m²에 살기 위해 1,000유로 이상을 지출해야 하는 부
담을 안는 곳이다. 교통지옥은 말할 것도 없고 오염이 심하며, 바다는 아예 볼 수도 없고,
급여 수준 또한 낮다. 주말에는 RER를 타고 퐁텐블로(Fontainebleau) 성에 가는 것이 고작.

상트르-발 드 루아르 Centre-Val de Loire
블루아(Blois), 샤르트르(Chartres), 오를레앙(Orléans), 투르(Tours) 등은 모두 역사 속에 갇힌 도시
다. 샤토루(Châteauroux)는 2차 세계대전 이후에 지어진 도시 모습이지만, 정작 나치는 이곳
에 발을 디딘 적이 없다.

오베르뉴론알프 Auvergne-Rhône-Alpes
겨울에는 쉬페르베스(Super-Besse)에 갈 수도, 여름에는 리옹(Lyon)에서 즐길 수도 있지만, 그
외에는 클레르몽페랑(Clermont-Ferrand)의 미슐랭 타이어 공장, 유럽디자인도시 생테티엔(Saint-Etienne), 노인들과 함께 온천을 즐기는 비쉬(Vichy) 정도가 고작 방문할 대상이다.

프로방스알프코트다쥐르 PACA
노인들과 관광객들이 몰려들기 전에는 괜찮은 지역이었으나 지금은 No. 알프스와 이탈리
아도 옆에 있고, 식도락도 괜찮은 지역이었는데...

오드프랑스 Hauts-de-France
맥주가 괜찮고 사람들도 친절하지만, 날씨가 아주 궂다. 일부 사람들이 영국으로의 이민
을 고려하고 있을 정도로 이민 문제에 대해 민감한 곳.

노르망디Normandie
한편으로는 부르주아 계급의 과거 영광을 보여주는 도시들인 옹플뢰르(Honfleur)와 도빌(Deauville), 다른 한편으로는 농촌의 가난함이 공존하는 곳. 이름이 ville로 끝나는 도시들이 많은 이곳은 150년 전부터 역사가 멈춘 느낌을 준다.

코르스Corse
본토에서 멀고, 사람들이 외부인에게 호의적이지 않다. 하지만 프랑스 최고의 트레킹 코스인 GR20은 강력 추천.

부르고뉴프랑슈콩테Bourgogne-Franche-Comté
달팽이 요리도 있고, 좋은 와인도 있고...

페이 드 라 루아르Pays de la Loire
낭트(Nantes)와 앙제(Angers)는 아주 아름답다. 주변의 섬들 역시. 부자가 아니더라도 배를 탈 수 있는 곳. 시골은 쾌적하다.

브르타뉴Bretagne
남쪽에서는 절벽과 바람과 풀이 만나며, 선돌과 고인돌도 만날 수 있는 장소. 또 해물, 크레프, 이상한 모자(비구덴), 백파이프들을 한꺼번에 만날 수 있다.

누벨아키텐Nouvelle-Aquitaine
비아리츠(Biarritz)에서 서핑, 바이욘(Bayonne)에서 투우 축제를 즐길 수 있는 곳. 라로셀(La Rochelle), 보르도(Bordeaux), 아르카숑(Arcachon), 스페인 국경, 도르도뉴(Dordogne), 랑드(Landes) 숲... 한마디로 와인, 이상한 악센트, 태양, 바다 등 온갖 것을 한꺼번에 즐길 수 있다.

옥시타니Occitanie
몽펠리에(Montpellier), 님(Nîmes), 툴루즈(Toulouse)에서는 많은 일이 벌어진다. 푸아(Foix)는 우리를 웃게 만드는 곳.

프랑스 행정구역

1. 프랑스의 행정구역 개편은 비교적 최근에 이루어졌다. 2016년 1월 1일 이후 행정구역 개편에 따라 현재 13개의 본토 레지옹과 해외에 소재한 5개 레지옹으로 나뉜다.

2. 프랑스 지리를 구분하는 행정단위를 큰 단위부터 작은 단위까지 나열하면 다음과 같다.

> 레지옹(région)
> 데파르트망(département)
> 아롱디스망(arrondissement, 단 이 개념은 파리, 마르세유, 리옹의 경우 각 구를 지칭한다)
> 캉통(canton)
> 코뮌(commune)

아롱디스망과 캉통은 선거를 위해 주로 사용되는 개념이며, 일상과 밀접하게 관련된 개념은 코뮌이다. 그러기에 프랑스 지역을 이해하려면 레지옹, 데파르트망, 코뮌을 이해하는 것으로 충분하다.

3. 강과 산이 경계를 만들어내는 레지옹은 우리의 도의 개념에 가까운 전통적 단위다.

4. 프랑스 대혁명 직후인 1790년 국토를 재편하려는 목적으로 데파르트망 단위를 도입했다.

5. 각 데파르트망의 행정 중심지 위치는 아침에 말을 타고 떠나 행정 업무를 본 후 날이 저물기 전까지 출발지로 돌아옴을 원칙으로 정했다.

6. 그러나 인위적인 행정 구분은 프랑스인들에게 그다지 가깝게 다가가지 못한다. 1982년 3월에 통과된 지방분권에 관한 법률은 나폴레옹이 폐기했던 레지옹 개념을 다시 도입했다.

7. 1950년대와 60년대 프랑스에서는 지방 축제의 활성화와 더불어 지방민으로서의 정체성과 긍지가 되살아났다. 1982년의 행정 개편은 이런 변한 분위기를 반영하고 있다.

8. 해외에 소재한 프랑스 영토는 DOM(Département d'outre-mer, 해외 소재 데파르트망)과 TOM(Territoire d'outre-mer, 해외 소재 영토)으로 나뉜다. DOM의 경우 데파르트망이라는 표현이 들어가 있음에도 불구하고 레지옹으로 분류되는데, 크기와 면적을 고려해 레지옹 위상을 부여한 곳들이다.

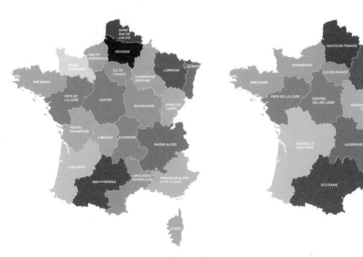

〈2016년 이전의 행정구역 : 22개의 레지옹(본토 기준)〉　　　〈2016년 이후의 행정구역 : 13개의 레지옹(본토 기준)〉

이미 서문에서도 썼지만, 프랑스의 레지옹들은 서로 아주 다른 모습을 제공하기에 여행에 재미를 더해준다. 프랑스 TF1 TV의 13시 뉴스가 2021년 11월 8일부터 22일까지 3천5백 명의 프랑스인을 대상으로 '프랑스에서 가장 아름다운 레지옹'에 투표하도록 한 한 여론조사 결과는 우리의 흥미를 끈다. 프랑스인들이 선정한 순위는

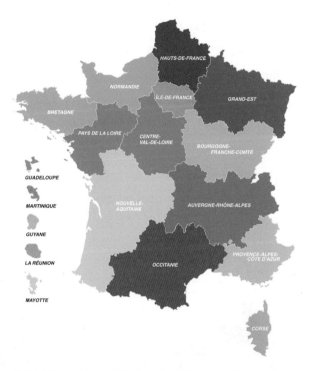

〈프랑스 본토의 13개 레지옹과 해외에 소재한 5개 레지옹이 모두 표시된 지도〉

다음과 같다. 오른쪽은 득표율.

1위 : 브르타뉴 35%

2위 : 프로방스알프코트다쥐르 32%

3위 : 옥시타니 23%

4위 : 누벨아키텐 22%

5위 : 코르스(코르시카) 21%

6위 : 오베르뉴론알프 19%

| 역사적 설명

1. 프랑스 대혁명이 일어난 1789년에 왕이 통치하던 지방을 데파르트망으로 변모하려고 결정했을 때 프랑스에는 35개의 공식 지방이 있었다. 시간이 흐르며 다양한 영토 개혁이 시도되었지만 코르시카, 일드프랑스, 노르망디에는 변화가 일어나지 않았다.

2. 오베르뉴, 부르고뉴, 브르타뉴, 프랑슈콩테, 프로방스는 옛 이름을 유지하고 있다. 하지만 현재의 경계는 예전과 다르다.

3. 앙구무아(Angoumois), 앙주(Anjou), 아르투아(Artois), 오니스(Aunis), 베아른(Béarn), 베리(Berry), 부르보네(Bourbonnais), 도피네(Dauphiné), 플랑드르(Flandre), 푸아(Foix), 귀엔(Guyenne), 리오네(Lyonnais), 마르슈(Marche), 니베르네(Nivernais), 오를레아네(Orléanais), 생통주(Saintonge), 투렌(Touraine) 등 28개 지방 이름은 프랑스 지도에서 사라져버렸다.

4. 레지옹 숫자를 22개에서 13개로 축소한 새로운 행정 개편에는 공화국 이름으로 유서 깊은 옛 지방들을 파괴하려는 자코뱅들의 생각이 아직도 작동하고 있다고 보는 견해가 존재한다. 그러기에 새로운 레지옹 명칭들에 대해 일부 사람들은 거부감을 가지고 있다.

프랑스의 데파르트망

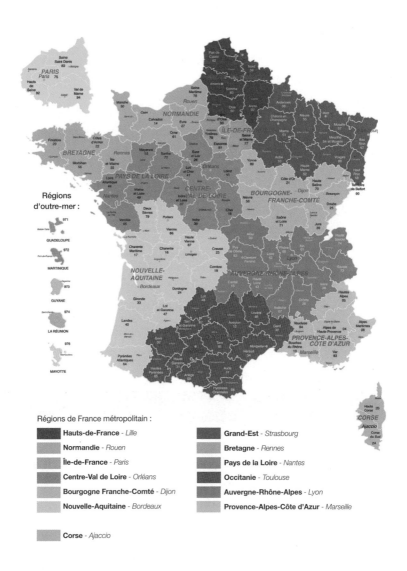

Régions d'outre-mer :

GUADELOUPE 971

MARTINIQUE 972

GUYANE 973

LA RÉUNION 974

MAYOTTE 976

Régions de France métropolitain :

- **Hauts-de-France** - *Lille*
- **Normandie** - *Rouen*
- **Île-de-France** - *Paris*
- **Centre-Val de Loire** - *Orléans*
- **Bourgogne Franche-Comté** - *Dijon*
- **Nouvelle-Aquitaine** - *Bordeaux*
- **Grand-Est** - *Strasbourg*
- **Bretagne** - *Rennes*
- **Pays de la Loire** - *Nantes*
- **Occitanie** - *Toulouse*
- **Auvergne-Rhône-Alpes** - *Lyon*
- **Provence-Alpes-Côte d'Azur** - *Marseille*
- **Corse** - *Ajaccio*

프랑스 데파르트망에 대한 이해

레지옹을 세분하는 프랑스의 데파르트망은 본토 및 해외 소재 데파르트망으로 나뉜다. 아래 표를 보면 알겠지만, 데파르트망의 고유번호는 일부 지역(파리, 수도권, 해외)을 제외한다면 A부터 Z 까지 알파벳 순서에 따라 매겼다.

1. 면적이 넓은 레지옹은 데파르트망 숫자가 많고, 면적이 협소한 레지옹은 데파르트망 숫자가 적다.

2. 데파르트망 이름을 외워두는 것은 여행에 상당히 도움이 된다. 보통 어느 마을의 위치를 표시할 때 데파르트망과 병기하는 경우가 많기 때문이다.

3. 데파르트망 고유번호는 프랑스 우편번호의 앞 두 자리에도 쓰인다. 예를 들어 75009라는 우편번호에서 75는 파리 데파르트망의 고유번호이며, 뒤의 두 자리 09는 파리의 제9구란 의미다.

4. 코르시카만이 데파르트망 고유번호에 알파벳이 들어가 있다. 1790년 프랑스 영토를 처음 데파르트망으로 분할할 때에는 단 하나의 데파르트망이었다가 나중에 2개로 나뉘었기에 생겨난 현상이다. 도청소재지가 아작시오(Ajaccio)인 코르스뒤쉬드(Corse-du-Sud, 남코르시카)의 고유번호는 2A, 도청소재지가 바스티아(Bastia)인 오트코르스(Haute-Corse, 북코르시카)의 고유번호는 2B다.

5. 해외지역의 데파르트망들에는 세 자리 숫자가 붙고 있다.

고유번호	데파르트망 이름	주도
01	엥(Ain)	부르캉브레스
02	엔(Aisne)	랑
03	알리에(Allier)	물랭
04	알프드오트프로방스(Alpes-de-Haute-Provence)	디뉴레뱅
05	오트잘프(Hautes-Alpes)	가프
06	알프마리팀(Alpes-Maritimes)	니스
07	아르데슈(Ardèche)	프리바
08	아르덴(Ardennes)	샤를빌메지에르

09	아리에주(Ariège)	푸아
10	오브(Aube)	트루아
11	오드(Aude)	카르카손
12	아베롱(Aveyron)	로데스
13	부슈뒤론(Bouches-du-Rhône)	마르세유
14	칼바도스(Calvados)	캉
15	캉탈(Cantal)	오리약
16	샤랑트(Charente)	앙굴렘
17	샤랑트마리팀(Charente-Maritime)	라로셸
18	셰르(Cher)	부르주
19	코레즈(Corrèze)	튈
2A	코르스뒤쉬드(Corse-du-Sud)	아작시오
2B	오트코르스(Haute-Corse)	바스티아
21	코트도르(Côte-d'Or)	디종
22	코트다르모르(Côtes-d'Armor)	생브리외
23	크뢰즈(Creuse)	게레
24	도르도뉴(Dordogne)	페리괴
25	두(Doubs)	브장송
26	드롬(Drôme)	발랑스
27	외르(Eure)	에브뢰
28	외르에루아르(Eure-et-Loir)	샤르트르
29	피니스테르(Finistère)	캥페르
30	가르(Gard)	님
31	오트가론(Haute-Garonne)	툴루즈
32	제르스(Gers)	오슈
33	지롱드(Gironde)	보르도
34	에로(Hérault)	몽펠리에
35	일에빌렌(Îlle-et-Vilaine)	렌
36	앵드르(Indre)	샤토루
37	앵드르에루아르(Indre-et-Loire)	투르
38	이제르(Isère)	그르노블
39	쥐라(Jura)	롱스르소니에
40	랑드(Landes)	몽드마르상
41	루아르에셰르(Loir-et-Cher)	블루아
42	루아르(Loire)	생테티엔

43	오트루아르(Haute-Loire)	르 퓌앙블레
44	루아르아틀랑티크(Loire-Atlantique)	낭트
45	루아레(Loiret)	오를레앙
46	로트(Lot)	카오르
47	로테가론(Lot-et-Garonne)	아쟁
48	로제르(Lozère)	망드
49	멘에루아르(Maine-et-Loire)	앙제
50	망슈(Manche)	생로
51	마른(Marne)	샬롱앙샹파뉴
52	오트마른(Haute-Marne)	쇼몽
53	마이엔(Mayenne)	라발
54	뫼르트에모젤(Meurthe-et-Moselle)	낭시
55	뫼즈(Meuse)	바르르뒤크
56	모르비앙(Morbihan)	반
57	모젤(Moselle)	메스
58	니에브르(Nièvre)	느베르
59	노르(Nord)	릴
60	와즈(Oise)	보베
61	오른(Orne)	알랑송
62	파드칼레(Pas-de-Calais)	아라스
63	퓌드돔(Puy-de-Dôme)	클레르몽페랑
64	피레네자틀랑티크(Pyrénées-Atlantiques)	포
65	오트피레네(Hautes-Pyrénées)	타르브
66	피레네조리앙탈(Pyrénées-Orientales)	페르피냥
67	바랭(Bas-Rhin)	스트라스부르
68	오랭(Haut-Rhin)	콜마르
69D	론(Rhône)	리옹
69M	리옹광역시(Lyon)	리옹
70	오트손(Haute-Saône)	브줄
71	손에루아르(Saône-et-Loire)	마콩
72	사르트(Sarthe)	르망
73	사부아(Savoie)	샹베리
74	오트사부아(Haute-Savoie)	안시
75	파리(Paris)	파리
76	센마리팀(Seine-Maritime)	루앙

77	센에마른(Seine-et-Marne)	믈룅
78	이블린(Yvelines)	베르사유
79	되세브르(Deux-Sèvres)	니오르
80	솜(Somme)	아미앵
81	타른(Tarn)	알비
82	타른에가론(Tarn-et-Garonne)	몽토방
83	바르(Var)	툴롱
84	보클뤼즈(Vaucluse)	아비뇽
85	방데(Vendée)	라로슈쉬르용
86	비엔(Vienne)	푸아티에
87	오트비엔(Haute-Vienne)	리모주
88	보주(Vosges)	에피날
89	욘(Yonne)	오세르
90	테리투아르 드 벨포르(Territoire de Belfort)	벨포르
91	에손(Essonne)	에브리
92	오드센(Hauts-de-Seine)	낭테르
93	센생드니(Seine-Saint-Denis)	보비니
94	발드마른(Val-de-Marne)	크레테유
95	발두아즈(Val-d'Oise)	퐁투아즈
971	과들루프(Guadeloupe)	바스테르
972	마르티니크(Martinique)	포르드프랑스
973	기아나(Guyane)	카옌
974	라 레위니옹(La Réunion)	생드니
976	마요트(Mayotte)	마무주

프랑스라는 공간을 이해하기

이미 언급한 바와 같이 프랑스 본토와 해외 영토에 대한 지식을 습득하는 것 말고도, 각 지방에 고유한 것들, 지방 단위를 넘어 전국에 걸친 것들을 미리 공부하면 좋다. 개별 지방에 대한 설명은 각 장에서 상세하게 다루고 있기에, 지방 단위를 넘어서서 우리가 어느 정도 이해해야 할 것들을 거론해보자.

| 전국에 걸친 것들

다리

- 가르 다리(Pont du Gard)는 프랑스에서 가장 많은 사람이 방문하는 고대 유적이다.
- 프랑스에서 가장 긴 다리는 루아르아틀랑티크 데파르트망에 소재한 생나제르 다리(Pont de Saint-Nazaire)로 길이가 3,356m에 달한다.
- 세계에서 가장 높은 다리는 미요 고가교(Viaduc de Millau)다. 교각 꼭대기 높이가 343m에 달하기에 에펠 탑 높이 325m보다 18m 더 높다.
- 2개 다리에는 프랑스 성(châteaux en France)이라는 별명이 붙어 있다. 앵드르에루아르(Indre-et-Loire) 데파르트망의 슈농소 성(Château de Chenonceau)과 마른(Marne) 데파르트망의 마르슈 성(Château du Marche)이 그것들이다. 다리 위에 성이 건설되었기에 붙여진 이름이다.
- 1578년에 건설이 시작된 퐁뇌프(Pont Neuf) 다리는 파리에서 가장 오래된 다리

다. 프랑스에서 이름이 가장 잘못 붙여진 다리로 꼽힌다.

- '악마의 다리(Pont du Diable)'로도 불리는 크라크 다리(Pont Krac'h)는 썰물 때에만 건널 수 있다. 브르타뉴 지방 피니스테르(Finistère) 데파르트망에 있다.
- 아비뇽 다리(Pont d'Avignon)라는 이름으로 더 잘 알려진 생베네제 다리(Pont Saint-Bénézet)는 건설 당시 22개의 아치를 보유하고 있었다. 오늘날 남아있는 것은 4개에 불과하다.
- 배를 위한 다리도 존재한다. 하천 위로 운하가 지나가도록 만든 운하다리(ponts-canaux)는 프랑스에 60개 이상이 존재한다. 그중 가장 유명한 것은 브리아르 운하다리(Pont-canal de Briare).

운하 Canaux

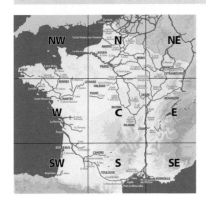

온갖 종류의 465개의 뱃길은 길이만 총 8,500km에 달한다. 프랑스가 신기록을 보유하고 있는 부분이다. 16세기 이후 1960년대에 이르기까지 프랑스는 도수로(導水路)와 수문들을 끊임없이 정비했는데, 목가적인 동시에 거대한 느낌을 주는 이 기술 문화유산은 오늘날 영예의 대상이 되고 있다. 그중 대표적인 것은 미디 운하(Canal du Midi)로, 옥시타니 지역, 툴루즈와 지중해 사이에 놓여 있으며 360km에 걸쳐 328개의 인공 건축물(수문, 수로, 다리, 터널 등)로 이루어져 있다. 한 폭의 작품 같은 자연 풍경에 놀라운 기술이 접목되어 완성된 멋진 유산이다. 서쪽의 대서양과 남쪽의 지중해를 이으려는 야심에서 출발했는데, 대서양 쪽의 가론(Garonne) 강과 중간의 로트(Lot) 강을 가론 운하가, 로트 강에서 남쪽 지중해까지 미디 운하가 이으면서 '두 바다의 운하(Canal des Deux Mers)'가 완성된다.

보방Vauban의 군사요새

루이 14세 시대의 군사건축 전문가로 이름을 널리 알린 보방은 유럽을 비롯한 전 세계의 요새 역사에서 중추적인 역할을 담당했다. 그는 성채, 보루, 성벽 등 많은 요새 건축물을 설계했는데, 오드프랑스, 알자스, 브르타뉴의 포르루이(Port-Louis), 벨일(Belle-Île), 브레스트(Brest) 등 프랑스 도처에서 그의 작품들을 만날 수 있다. 그 어떤 축성가도 보방만큼 프랑스에서 유명하지는 않다. 보방은 프랑스 국경 쪽에 총 148개의 성채를 지었는데, 보방의 영향력이 지대했던 만큼 여론은 그에게 한결같은 찬사를 보내고 있다. 보방의 손을 거치지 않은 별 모양의 성채는 단 하나도 없다. 2007년에 보방 사망 300주년을 기념하면서 프랑스는 탁월한 군사 엔지니어 이상의 모습을 보방에게서 발견하기도 했는데,

그가 당대의 가장 뛰어난 사상가 중 한 명이었다는 사실이었다. 다음 해인 2008년에 롱위 성채(Citadelle de Longwy)와 뇌브리자크(Neuf-Brisach) 성채를 비롯한 보방의 걸작들은 유네스코 인류문화유산에 등재된다.

르 코르뷔지에Le Corbusier의 건축 작품

마르세유의 시테 라디외즈(Cité radieuse), 부르고뉴의 롱샹 예배당(Chapelle de Ronchamp), 파리 근교 도시 푸아시(Poissy)의 빌라 사부아(Villa Savoye), 코트다쥐르의 로크브륀캅마르탱(Roquebrune-Cap-Martin)에 위치한 르 카바농(Le Cabanon) 등 전국에 산재한 르 코르뷔지에 건축물들은 우리를

르 코르뷔지에(Le Corbusier)의 설계에 따라 1950~1955년 사이에 건축된 롱샹 예배당

매료시킨다. 건축의 선구자였던 그의 작품 중 17개가 유네스코 유산에 등재되었는데, 그 중 10개가 프랑스에 있다.

길

1) 프랑스 내의 산티아고 순례길

중세의 대표적인 순례길이자 여전히 무수한 방문객의 발길을 모으는 생자크드콩포스텔 순례길(산티아고데콤포스텔라 순례길)은 프랑스에서 네 갈래 길로 갈라지는데, 각각의 길은 파리(혹은 투르), 부르고뉴의 베즐레(Vézelay), 오베르뉴의 르 퓌앙블레(Le Puy-en-Velay), 프로방스의 아를에서 시작된다. 각 루트는 성당, 성지, 병원, 교각, 십자가의 길 등 놀라운 유산으로 채워져 있는데, 주요 출발지와 경유지는 다음과 같다.

르 퓌앙블레

수천 명의 순례자가 매년 출발지로 삼고 있는 노트르담드라농시아시옹 대성당(Cathédrale Notre-Dame-de-l'Annociation)은 로마제국시대의 주요 건축물이다. 화산석으로 지어진 건물은 아랍과 비잔틴으로부터 영향을 받았다.

베즐레

베즐레 수도원은 프랑스의 주요 순례지 중 하나다. 중세 때부터 마리아 막달레나(Marie-Madeleine)의 성유물을 경배하러 사람들이 이곳을 찾고 있다.

라 샤리테쉬르루아르La Charité-sur-Loire

가장 가난한 순례들을 소수도원 수도사들이 따뜻하게 환대하던 분위기 때문에 이런 지명이 생겨났다. 다리는 14세기부터 순례객들이 서로 만나는 주요 통행로 역할을 담당했다.

부르주Bourges

베리(Berry)의 역사 중심에 놓인 생테티엔 대성당(Cathédrale Saint-Étienne)은 루아르 강 남쪽에 건축된 최초의 고딕 건물이다.

생질뒤가르Saint-Gilles-du-Gard

이곳의 대수도원 성당은 전 세계 방문객을 끌어들이고 있는데, 현재 진행 중인 공사가 조각과 색에 관련된 새로운 디테일을 밝혀내면서 옛 영광을 되찾고 있다.

생장피에드포르Saint-Jean-Pied-de-Port
피레네 산맥을 관통하기 전 마지막으로 들르는 곳으로 매년 55,000명의 순례자가 이곳을 방문한다. 순례자들은 니브(Nive) 강을 따라 지어진 바스크풍 집들을 감상하며 휴식을 취한다.

2) 유럽문화루트ICE : Itinéraire culturel européen

유럽연합이사회가 문화유산과 문화의 통합 차원에서 중요하다고 인정한 유럽의 도로 혹은 총체에 부여하는 호칭인데, 유럽연합이사회문화루트(ICCE)라고 부르기도 한다. 인증을 부여하는 책임 부서는 유럽문화루트연구소(IEIC : Institut européen des itinéraires culturels)다. 산티아고데콤포스텔라 가는 길, 바이킹 루트, 보방과 벤젤(Wenzel) 루트, 모차르트 유럽 루트, 피레네 지방 철 루트, 생마르탱드투르(Saint-Martin-de-Tours) 루트, 유럽 클뤼니수도회 유적 루트, 올리브나무 루트, 비아 레기아(Via Regia) 루트, 트란스로마니카(Transromanica), 유럽 문화유산의 로마 루트, 이테르 비티스(Iter Vitis) 와인 루트, 시토 수도원 유럽 루트, 유럽 묘지 루트, 선사시대 암벽화 루트, 역사적 온천도시 루트, 유대 문화유산 루트, 유럽 도자기 루트 등 상당히 많은 길이 프랑스를 지나가고 있다.

3) 와인 루트

2020년에 83주년을 맞이한 프랑스에서 가장 오래된 와인 루트이자 60km에 걸쳐 전설적인 와인을 생산하는 37개 마을을 지나가는 여정인 '그랑 크뤼 루트(Route des grands crus)', 마를렌아임(Marlenheim)에서 남쪽의 탄(Thann)까지 프랑스 동쪽의 119개 마을을 관통하는 '알자스 와인 루트(Route des vins d'Alsace)' 등이 유명하다.

4) GR

'대(大)트레킹(Grande Randonnée)' 코스의 약어로, 길마다 번호가 붙으며 흰색과 빨간색으로 표시된다. 최근에는 유럽 트레킹 코스를 연결하는 길에 E라는 명칭을 추가했다.

5) 도보 여행길 네트워크Réseau des Grands itinéraires pédestres

프랑스를 걸어서 둘러보며 역사와 문화를 이해하는 방식으로, 2022년 현재 17개 루트가 가담하고 있다. 지형(중부고원지대, 쥐라, 피레네, 베르코르, 보주), 역사 속의 사건(카미자르, 위그노, 카타리파), 작가와 인물(상드, 스티븐슨, 우르바누스), 전통(트랑쥐망스, 세관원), 순례(몽생미셸, 산티아고, 생기옘) 등으로 나뉜다.

- 몽생미셸 길(Les Chemins du Mont-Saint-Michel)
- GR®70 스티븐슨 길(GR®70 - Le Chemin de R-L Stevenson)
- 베리와 부르보네 사이의 소리 장인들의 길(Sur les pas des Maîtres Sonneurs entre Berry et Bourbonnais) : 프랑스 작가 조르주 상드(George Sand)의 역사소설 〈소리 장인들(Les Maîtres Sonneurs)〉(1853)은 베리(Berry)와 부르보네(Bourbonnais) 사이, 보다 정확하게는 노앙(Nohant), 생샤르티에(Saint-Chartier), 샹베라(Chambérat) 사이에서 전개된다. 18세기 말의 '백파이프 연주자들(cornemuseux)'의 삶을 다룬 작품이다. 세상에 혼자 있는 듯한 느낌을 받을 수 있는 길이다.
- 프랑스 내 산티아고 순례길(Les Chemins vers Saint-Jacques-de-Compostelle en France)
- GR®10 피레네 산맥 관통 루트(GR®10 – La Grande Traversée des Pyrénées)
- 쥐라 산맥 관통 루트(L'Échappée Jurassienne)
- 베르코르 관통 루트(Les Grandes Traversées du Vercors)
- 보주 산맥 발롱 루트(Le Tour des Ballons des Vosges, TBV) : 보주 산맥의 산(ballon)들을 둘러보는 여정으로 크게 북부 루트와 남부 루트로 나뉜다. 총길이는 260km. 시기와 여정에 따라 2–14일이 걸린다.
- GR®965 위그노와 보두아 길(GR®965 – Sur les pas des Huguenots et des Vaudois)
- GR®7 자연공원들을 통해 중부고원지대 관통하기(GR®7 - La Traversée du Massif central par les parcs)
- 걸어서 쥐라 산맥 관통하기(La Grande traversée du Jura à pied)
- 우르바누스 5세 루트(Le Chemin URBAIN V®) : 교황이 걸었던 길을 따라 5개의 유네스코 세계문화유산을 방문하는 길. 오브락(Aubrac), 로트 계곡(Vallée du Lot), 코스(Causses), 타른 협곡(Gorges du Tarn), 세벤(Cévennes), 황무지, 포도밭, 론 평원(Plaine du Rhône) 등을 만나게 된다.
- 보주 산지 관통 루트(La Traversée du Massif des Vosges)
- 생기옘 길(Le Chemin de Saint-Guilhem) : 오브락의 성소부터 랑그독 지방의 황무지로 이어지는 길. 중세 이후 십자가들로 채워진 순례길, 고대 상업로, 트랑쥐망스 루트의 성격을 동시에 안고

있다.
- GR®69 – 'La Routo® 트랑쥐망스 루트'(GR®69 - La Routo®. Sur les pas de la transhumance)
- 세벤 지방 카미자르 루트(Le Chemin Camisard en Cévennes) : 1702년에 프랑스 계곡을 떠나 은신처인 스위스 제네바를 찾아가는 7명의 청년들 여정을 따라가는 길. 탄압받던 시대의 이 이야기는 카미자르 봉기의 단초가 된다.
- GR®367 몽세귀르 성채 – 카타리파 길(GR®367 - Château de Montségur - Le Sentier Cathare)

그 외에도 '인상파의 길', '나폴레옹 루트' 등 프랑스에는 상당히 많은 특징적인 길이 존재한다.

프랑스에서 가장 아름다운 마을 Les Plus Beaux Villages de France

'프랑스에서 가장 아름다운 마을'에 선정된 장소가 제일 많은 지방은 옥시타니(Occitanie)로 무려 47개 마을이 있다. 2위는 누벨아키텐(Nouvelle-Aquitaine) 지방으로 32개, 3위는 프로방스알프코트다쥐르(Provence-Alpes-Côte d'Azur)로 18개.

⌇13개의 지방

그랑테스트

Grand-Est

행정 중심지 : 스트라스부르(Strasbourg)
데파르트망 : 10개
아르덴(Ardennes)(08), 오브(Aube)(10), 마른(Marne)(51), 오트마른(Haute-Marne)(52), 뫼르트에모젤(Meurthe-et-Moselle)(54), 뫼즈(Meuse)(55), 바랭(Bas-Rhin)(67), 오랭(Haut-Rhin)(68), 보주(Vosges)(88), 모젤(Moselle)(57)
면적 : 57,433km²
인구 : 5,511,747명

특징

2016년 이전의 샹파뉴아르덴, 로렌과 알자스를 합친 프랑스 동부지역 소재 레지옹이다. 따라서 파리에서 출발해 독일까지 이르는 프랑스 동쪽의 정서를 담아내고 있다. 이 지역이 독일의 지방어인 알자스어를 많이 구사할지라도, 그들의 심장은 프랑스 것이다. 오늘날 알자스어는 바랭과 오랭 등 언어가 구사되는 지역에 따라 서로 차이가 있다. 파리에서부터 독일까지 이어지는 축 위에는 무수한 주요 박물관들이 들어서 있는데, 퐁피두메스센터(Centre Pompidou-Metz), 운테르린덴 박물관(Musée Unterlinden), 낭시 미술관(Musée des beaux-arts de Nancy), 스트라스부르 현대미술관(Musée d'art moderne et contemporain de Strasbourg), 렝스 미술관(Musée des beaux-arts de Reims), 샬롱앙샹파뉴 고고학미술관(Musée des beaux-arts et d'archéologie de Châlons-en-Champagne), 트루아 현대미술관(Musée d'art moderne de Troyes) 등이 그런 공간들이다.

샹파뉴아르덴 이름은 축제와 우아함을 동시에 연상시킨다. 그러나 렝스(Reims)에서 랑그르(Langres)까지, 트루아(Troyes)에서 쇼몽(Chaumont)까지, 생트메네울드(Sainte-Menehould)부터 스당(Sedan)까지 역사상 가장 잔인했던 순간에 프랑스의 운명을 이보다 더 손에 쥔 지역은 없다. 클로비스왕이 렝스 대성당에서 축성(祝聖)되는 날 프랑스란 나라가 상징적으로 탄생하지 않았던가? 1792년 9월 20일에 발미 전투(Bataille de Valmy)가 혁명군의 승리로 끝나지 않았더라면? 동 페리뇽(Dom Pérignon)이라는 샴페인이 이 지역에서 태동하지 않았더라면 세상의 모든 축일에 이 권위 있는 술을 식탁에서 만날 수 있었을까? 마른(Marne) 전투를 통해 독일군을 저지하지 않았더라면 1차 세계대전의 결과는 완전히 달랐을 것이다. 그 정도로 이 지역이 프랑스 역사 속에서 지니는 의미는 각별하다. 게다가 아르덴 지방의 숲이 야생의 모습인 동시에 동화적이기에, 시간이 흐르며 무수한 신화와 이야기가 생겨나 상상계를 채우고 있다.

알자스와 로렌은 1918년 제1차 세계대전이 끝나면서 프랑스 땅으로 편입된 지역이다. 작가 알퐁스 도데(Alphonse Daudet)의 〈마지막 수업〉이 그려냈듯 이 지역은 독일과 프랑스의 정체성을 동시에 지니고 있지만, 우리가 쉽게 생각하는 것과는 실제 모습이 아주 다르다. 실례(實例)로 그랑테스트 사람들은 여느 지역 사람들보다 더 프랑스적이다. 전쟁으로 인해 치른 대가가 아주 컸기 때문이다. 미디(Midi) 지방보다 덜 빛나고 브르타뉴나 아키텐처럼 바다와 면하고 있지는 않을지라도, 오늘날 이 지역보다 더 유럽의 중심이라고 부르짖을 수 있는 나라나 지방은 없다. 알자스 중심도시인 스트라스부르는 유럽 지도의 한가운데를 차지하고 있기에 이곳에 유럽의회, 프랑스와 독일의 문화적 통합을 시도하는 아르테(ARTE) TV가 자리 잡고 있다.

알자스 지방 바깥에 자리한 흑림(黑林, 프랑스어로는 Forêt-noire, 독일어로는 Schwarzwald)은 알자스 지방과 더불어 가장 양질의 백포도주를 생산하는 지역으로 유명하다. 바랭과 오랭이라는 2개의 데파르트망으로 나뉘는 알자스 지방을 채우는 전형적인 풍경들은 지붕 위에 둥지를 튼 황새, 뱅쇼(vin chaud)와 향료가 든 빵 냄새가 넘치는 크리스마스 마켓, 슈크루트와 코코리슬링(coq au riesling)을 언제나 맛볼 수 있는 성채 마을 등이다. 그러나 변화하는 유럽의 환경에 발맞추어 역동적인 모습을 보여주는 곳이 알자스다. 스트라스부르, 뮐루즈, 콜마르에서 그런 분위기를 강하게 감지할 수 있다. 이런 주장을 확인해보기 위해서는 그 유명한 와인 루트를 따라가보거나, 전설적인 풍경과 농촌 식사를 제공하는 크레트 루트(Route des Crêtes)를 택하면 된다.

로렌은 프랑스와 독일 문화가 합쳐진 곳이라 더욱 풍부한 문화유산과 자연을 동시에 즐길 수 있다. 더구나 로렌은 유럽의 세 나라와 국경을 맞대고 있는 곳이기에 자신의 유럽적 소명을 명확하게 인식하고 있다. 인파로부터 멀어진 로렌에서는 두 개의 풍경을 맛볼 수 있기도 한데, 산업화된 로렌 북부는 광산과 광부들에 대한 자부심이 엄청난 반면 로렌 남부는 전원적인 동시에 목가적이다.

그랑테스트의
문화 코드와 상징

- Culture et Symbole -

로고

1987년에 만들어진 로고로 두 개의 하트가 겹친 모습을 하고 있다. 노란색은 샹파뉴 지방의 와인 색깔을, 녹색은 아르덴 지방의 숲의 색깔을 상징한다.

멧돼지 부아닉Woinic

세상에서 가장 큰 멧돼지 조각상으로, 아르덴 조각가 에릭 슬레지악 (Éric Sléziak)이 1983년 1월 1일부터 1993년 12월 15일 사이에 제작한 작품이다. 아르덴을 상징하며, A34 고속도로변 언덕 위에 설치되어 있다. 높이가 30피트 이상, 길이가 50피트에 달한다.

황새

알자스 지방의 대표적인 상징 중 하나. 수 세기 전부터 알자스 지방에서 야생 상태로 살고 있다. 길이가 1m, 평균 무게가 3kg 정도 나가기에 이 새를 위한 보금자리가 따로 필요한데, 알자스 지방에 만들어진 황새 둥지는 예술품 느낌이 난다. 매년 봄의 도래를 알리는 황새는 둥지를 만든 집에 행운을 가져다주는 동물로 인식되며, 황새가 자기에게로 걸어오는 모습을 본 처녀들은 자신의 약혼식이 임박했다고 해석한다.

목조구조물 가옥

알자스 지방의 건축 형태로, 중세 때부터 시작된 양식이다. 건물 외벽에 대는 나무는 다양한 의미를 내포한다. 예를 들어 마름모꼴은 집의 내용물을 보호하는 것으로 간주되며, 내부에서 빗장을 지르고 있으면 다산을 상징한다. 생탕드레 십자가(croix de Saint-André)는 다산과 부유해짐을 의미한다.

알자스 모자

다양한 모자 형태가 존재하며, 종교, 법적인 신분, 여성이 출생한 마을 등에 따라 달라진다. 커다란 검은색 리본 형태는 애당초 머리를 덮으며 리본으로 묶던 챙 없는 모자에 불과했다.

브레첼bretzel

미식가들에게는 알자스를 대표하는 상징이다. 8자 형태로 꼬인 짭짤한 주전부리인데, 달게 만들기도 한다. 전통적으로 새해를 기념할 때 든다. 15세기 말부터 스트라스부르 제빵업자 협동조합의 문장(紋章)에도 등장하고 있다.

비블레스케bibeleskaes

식도락 쪽 상징인 이 발음하기 어려운 단어는 프랑스어로 '병아리들의 치즈(fromage des poussins)'를 뜻한다. 이 음식을 준비하려면 병아리들 모이로 쓰는 응결된 우유, 귀리 가루, 밀기울 가루가 필요하기 때문이다. 오늘날 비블레스케는 백색 치즈를 감자, 지방산 햄, 흰 양파와 함께 든다. 간은 쪽파로 맞춘다. 날것 그대로, 설탕을 쳐서, 과일과 함께 다양한 방식으로 들 수 있다.

비블레스케(bibeleskaes)

크리스마스 마켓

알자스 지방에서 열리는 뮐루즈 크리스마스 마켓에는 '에토페에리(Étoffées)'란 별명이 붙었는데, 이 도시의 전통 크리스마스 마켓과 섬유산업이라는 주제를 결합한 행사다. 크리스마스 마켓은 크리스마스와 생니콜라를 경축하는 야외 행사다. 전통적으로 대림절(Avent) 기간에 열린다. 역사적으로 크리스마스 마켓은 중부유럽과 오스트리아, 스위스, 독일 등의 서유럽 국가들, 그리고 알자스, 로렌, 프랑슈콩테(Franche-Comté) 지방을 비롯한 프랑스 동부지역에서 정착된 행사였는데 최근에 프랑스 북부지역 전역으로 확대되었다. 프랑스에서는 스트라스부르, 뮐루즈, 콜마르(Colmar), 몽벨리아르(Montbéliard), 메스(Metz), 렝스(Reims) 같은 도시들이 크리스마스 마켓을 여는 도시들로 유명하다. 크리스마스 마켓을 개최하는 지역과 도시들 입장에서는 경제와 관광 측면에서 아주 중요한 이벤트인데 알자스, 특히 스트라스부르에서 열리는 크리스마스 마켓을 찾는 사람들이 매년 수백만 명에 달한다.

생니콜라 Saint Nicolas

게르만에 기원을 둔 축일이 프랑스의 그랑테스트, 특히 로렌(Lorraine) 지방에서 아주 인기를 끌고

생니콜라를 기리는 프랑스 지역들

있다. 생니콜라가 이 지역을 대표하는 성인이기 때문이다. 12월 6일에 축일이 치러진다. 이날 2명의 인물이 등장하는데, 1명은 생니콜라로 불리는 니콜라 드 미르(Nicolas de Myre)이고, 다른 1명은 푸에타르 신부(Père Fouettard, 혹은 한스 트라프(Hans Trapp)라 부르기도 한다)다. 주요한 가설에 따르면 이 축일은 보탄(Wotan)을 숭배하는 이 지역 이교도들의 고대 전통과 갓 이식된 기독교를 조율하는 과정에서 태동했다고 한다. 게르만인들의 신인 보탄은 보단(Wodan) 혹은 오딘(Odin)이라 불리기도 했는데, 이 모든 이름은 이 마을 저 마을을 떠도는 '방랑하는 신(dieu vagabond)'의 성격을 띠고 있다. 보탄은 전통적으로 자신의 말 슬레이프니르(Sleipnir)를 타고 있는 모습으로 그려졌는데, 생니콜라의 경우 나귀를 대동하고 있는 모습으로 바뀌고 있다. 또 신과 망자들 사이를 연결하는 두 마리의 까마귀도 등장한다. 까마귀의 역할은 푸에타르 신부의 그것과 유사하다.

생니콜라는 나귀와 함께 등장하며, 대주교와 비슷한 옷을 걸치고 있다. 흰 수염을 기르고 주교의 모자를 쓰고 있으며, 지팡이를 든 형태다. 푸에타르 신부는 두건이 달린 커다란 검은색 망토를 입고 있으며, 커다란 장화를 신고 때로는 채찍과 가방을 지니고 있다. 그에게는 아름다운 역할이 없다. 지혜롭지 못한 아이들을 매질하거나 아이들을 가방에 담아 데려가겠다고 위협하는 인물이기 때문이다. 또 그는 사탕 대신 석탄을 아이들에게 준다. 때때로 푸에타르 신부는 뿔과 꼬리가 달린 모습으로 묘사된다.

그랑테스트 지방의 대부분의 학교에서는 생니콜라와 푸에타르 신부가 12월 6일 어린이들을 방문하며, 때로는 아이들에게 사탕을 나눠준다. 거리에서 각 마을이 주관하는 시가행진이 열릴 때 생니콜라는 푸에타르 신부를 대동한 채 나귀를 타고 마을을 관통해 지나간다.

로렌 십자가 Croix de Lorraine

로렌 십자가는 드골 장군(Général de Gaulle) 및 제2차 세계대전 당시의 레지스탕스와 불가분의 관계를 맺고 있다. 드골 가문을 받아들인 지역인 콜롱베레되제글리즈(Colombey-les-Deux-Églises)에도 거대한 십자가가 세워져 있다. 1940년 7월 드골 장군은 해군 사령관인 조르주 티에리 다르장리외(Georges Thierry d'Argenlieu), 해군 부사령관인 에밀 뮈즐리에(Émile Muselier)와 협의한 후 레지스탕스의 상징으로 로렌 십자가를 채택했다. 나치 문양인 하켄크로이츠('스와스티카'로도 불린다)에 대항하기 위해서였는데, 아버지가 로렌 지방 출신이었던 뮈즐리에가 이 문양을 제안했다. 제2차 세계대전 기간 동안에 이 십자가는 해군 선박, 전차, 자유프랑스군(France Libre)의 전투원들을 장식했다.

로렌 지방의 유리 공예

20세기에 프랑스는 벨 에포크(Belle Époque) 시대에 들어선다. 삶의 기쁨, 경제 성장, 사회 발전으로 대표되던 시기였다. 이 시기에 로렌 지방의 유리 공예 산업은 급속도로 발전했는데, 이 지방의 예술가들은 유리 공예를 혁신하면서 지역의 상징과 모델로·삼았다.

17세기부터 이미 30개 이상의 유리공장이 이곳에서는 가동 중이었는데, 이유는 크리스탈 제조에 필요한 1차 원료를 로렌에서 쉽게 구할 수 있기 때문이었다. 크리스탈은 규토, 그리고 예전에는 고사리류의 재로부터 얻었던 가성칼륨, 납의 혼합물이었다. 그리고 로렌 지역의 무성한 숲은 연료로 쓸 수 있는 주요 자원이었다. 그러나 로지에르 제염공장(Salines de Rosières) 등이 18세기에 문을 닫자 숲을 활용하고 보헤미아 지방의 크리스탈 제품에 필적할 수 있는 바카라 유리공장(Cristallerie Baccarat)이 생겨난다. 인근의 낭시(Nancy)는 유리 제품을 다양하게 활용한 예술인 아르누보(Art nouveau)가 태동한 도시이기도 했다. 이름을 날린 예술가들은 에밀 갈레(Émile Gallé), 돔(Daum) 형제, 뮐레르(Muller) 가문이었다.

알자스 와인 루트Route des vins d'Alsace

프랑스에서 가장 오래된 와인 루트로 1953년에 개설되었다. 길이가 170km에 달하며, 동화 같은 마을과 전원에 걸쳐 있다. 이곳에서 생산되는 와인의 90%는 화이트 와인이며, 7가지 포도 품종이 재배되고 있다. 과일향이 강하고 아로마가 풍부하며 매우 섬세한 맛을 지닌 술로 평가받고 있다.

오쾨닉스부르 성Château du Haut-Kœnigsbourg을 비롯한 고성들

북쪽으로 벨기에와 룩셈부르크, 북동쪽에서 동쪽으로 독일, 남동쪽으로 스위스와 접한다. 두 개 이상의 국가와 국경을 맞대고 있는 유일한 레지옹이기도 하다. 그런 까닭에 그랑테스트 지역에는 방어를 목적으로 한 성채가 많이 들어서 있다.

한시Hansi

본명은 장–자크 왈츠(Jean-Jacques Waltz)로, 알자스 지방 출신의 유명 수채화가 겸 일러스트레이터다. 알자스 전통 의상을 입은 아이들과 황새를 자주 그렸다.

알퐁스 도데Alphonse Daudet의 〈마지막 수업La Dernière classe〉

도데가 1871년부터 1873년까지 여러 매체에 기고했던 콩트와 이야기들을 모아 발표한 《월요 이야기(Contes du lundi)》에 수록된 작품이다. 프랑스 · 프로이센 전쟁에서 패배하면서 모국어를 빼앗기게 된 피점령국의 슬픔과 고통을 어린아이의 눈을 통해 감동적으로 그려낸 작품이다.

프티트 프랑스Petite France

스트라스부르 역사 중심에 소재한 거리로 1988년에 유네스코 세계문화유산에 등재되었다. 북쪽으로는 뱅오플랑트 거리(Rue du Bain-aux-Plantes), 벵자맹—직스 광장(Place Benjamin-Zix) 및 당텔 거리(Rue des Dentelles)로, 동쪽으로는 퐁생마르탱 거리(Rue du Pont-Saint-Martin), 생마르탱 다리(Pont Saint-Martin), 물랭 가교(架橋, Passerelle des Moulins)로, 남쪽으로는 조른 제분소 운하(Canal du moulin Zorn)로, 서쪽으로는 지붕이 있는 다리들로 경계가 지어져 있다.

알자스 최초의 브라스리

'레스페랑스(L'Espérance)'는 1842년에 증기기관을 구비한 알자스 최초의 브라스리다. 1847년에 루이 슈첸베르거(Louis Schutzenberger)는 뮌헨에서 만든 저발효 기술을 알자스 지방에 처음 도입했는데, 이 기술은 연중 내내 일정한 품질을 유지하는 표준 맥주를 양조하는 것을 가능하게 해주었다.

샹파뉴아르덴의 주요 방문지

노장쉬르센Nogent-sur-Seine

Grand-Est

파리와 트루아(Troyes) 사이, 오브(Aube) 데파르트망에 자리한 곳으로 조각가 카미유 클로델(Camille Claudel), 작가 귀스타브 플로베르(Gustave Flaubert)와 떼어놓을 수 없는 마을이다. 2개의 섬이 운하로 연결되는데, 올리브 섬(Île Olive)에서는 산책하기가 아주 좋다.

2021년에 노장쉬르센은 플로베르 탄생 200주년을 기념했는데, 그럴 만한 이유가 있다. 루앙 출신의 작가가 2년마다 한 번씩 이 마을을 찾았기 때문이다. 그곳은 플로베르의 아버지가 자란 도시이자 삼촌 가족이 살던 동네였다. 플로베르는 1879년에 출간된 거의 자전적인 소설인 《감정교육(L'Éducation sentimentale)》의 배경으로 노장쉬르센을 등장시킨다. 2년 9개월 동안 노장에서 살았던 주인공 프레데릭 모로(Frédéric Moreau)는 자신의 추억과 느낌을 회상한다.

카미유 클로델(1864-1943)도 노장쉬르센에서 이름을 알렸다. 카미유 클로델의 동료인 알프레드 부셰(Alfred Boucher)가 그녀에게 1882년까지 이곳에서 조각을 가르쳤던 것이다. 카미유 클로델은 그 후 스승이자 연인이었던 오귀스트 로댕(Auguste Rodin)과 협력했다. 마을에는 2017년에 준공된 카미유 클로델 미술관(Musée Camille Claudel)이 들어서 있다.

데르 호수Lac du Der

4,800ha에 달하는 유럽에서 가장 큰 인공호수로 프랑스에서 가장 많은 새가 찾는 안식처이기도 하다. 마른(Marne) 강 흐름을 고정하기 위해 1974년에 조성했는데, 오트마른 전원 한가운데 내륙에 놓인 작은 바다이기도 하다. 호수 주변에는 아름다운 목조구조물 교회가 세워져 있다.

도르망Dormans

이 마을에 소재한 마른 전투 추모관(Mémorial des batailles de la Marne)에서 제1차 세계대전의 역사를 공부할 수 있다. 전쟁 당시 극심한 피해를 보았기에, 인근의 룩셈부르크 시가 도르망 복구를 위해 재정을 지원하도록 이 마을을 '입양'하기까지 했던 특이한 역사를 지니고 있다,

랑그르Langres

계몽주의 철학자 드니 디드로(Denis Diderot)가 출생한 도시인 랑그르는 '예술과 역사 도시'로 지정되어 있다. 높은 성벽, 인상적인 종과 종루 덕분에 샹파뉴와 부르고뉴로 들어가는 성채의 관문 같은 느낌을 준다. 2013년에는 드니 디드로 계몽주의의 집(Maison des Lumières Denis Diderot)이 문을 열었는데, 백과전서파에 할애된 최초의 프랑스 박물관에 해당한다.

여러 세기에 걸쳐 프랑스 왕들이 축성되던 도시인 렝스
는 1991년 유네스코 세계문화유산에 등재된 노트르담
대성당(Cathédrale Notre-Dame), 생레미 사원(Basilique Saint-
Rémi), 토 대주교궁(Palais archiépiscopal du Tau)의 3개 유적
과 함께 '예술과 역사 도시'로도 지정되어 있다. 노트르
담 대성당에서는 클로비스 왕이 세례를 받았으며, 수많
은 왕의 즉위식이 열렸다. 고딕 건축의 걸작으로 프랑
스의 종교 건축물 중 많은 사랑을 받고 있는 대성당은
2,303개의 조각 덕분에 세계에서 가장 많은 조상(彫像)
을 보유한 건물로 유명하다. 대성당을 장식하고 있는
웃는 천사상으로 더욱 알려져 있다. 건물의 지속적인
파괴에도 불구하고 13세기에 제작된 스테인드글라스도
여전한 아름다움을 자랑한다. 또 11세기에 지어진 아름

포므리 샴페인

'샹파뉴 포므리(Champagne Pommery)'
는 1836년에 알렉상드르 루이 포므
리(Alexandre Louis Pommery)와 나르시
스 그르노(Narcisse Greno)가 렝스에
서 함께 창업한 샴페인 회사다. 잔
알렉상드린 포므리(Jeanne Alexandrine
Pommery)라는 미망인 덕분에 명성을
얻게 된 바가 크다. 그녀는 연간 생산
량을 2백만 병까지 늘렸고, 포므리를
가장 고급스러운 상표 반열에 올려
놓은 인물이다. 메종 포므리는 2002
년에 브랑켄 모노폴(Vranken Monopole)
그룹을 통해 LVMH 그룹에 팔렸는데,
그 후 브랑켄-포므리 모노폴(Vranken-
Pommery Monopole)이란 상표로 샴페
인이 출시되고 있다.

다운 중앙홀을 고스란히 간직하고 있는 유서 깊은 생레미 사원, 국왕들의 즉위식에서 중요한 역할을 한 토 대주교궁도 렝스 시 역사를 풍부하게 만들어주고 있다. 파리로부터 TGV로 45분 걸리는 이곳에서는 샴페인을 제조하는 부티크들이 지하 저장고를 일반에게 개방하고 있다. 렝스는 에페르네(Épernay)와 더불어 샴페인의 본고장으로 불린다. 생니케즈(Saint-Nicaise) 언덕 밑에는 땅속의 대성당이라는 별명을 가진 지하 저장고가 숨어 있기도 하다.

록라투르 Roc-la-Tour

르뇨 성(Château-Regnault) 소유의 해발 400m의 숲속에 있는 유적 이름이다. 아르덴 지역의 뫼즈(Meuse)와 스무아(Semois) 경계에 자리하고 있으며, '악마의 성(Château du diable)'의 잔해로 추정되는 규암 기둥들이 특징을 이루고 있다. 1970년대에 발견된 첫 여행자의 흔적은 약 15,000년 전의 것으로 추정된다. 1935년 8월 20일 법령을 통해 록라투르는 자연유적으로 지정되었다. 자작나무 숲이 에워싸고 있으며 부서진 거대한 규암 더미가 인상적인 모습을 하고 있다. 록라투르로부터 스무아 계곡과 뫼즈 계곡(Vallée de la Meuse) 방향으로 여러 갈래 길이 나 있다.

발미 전투 제분소 Moulin de la bataille de Valmy

샌트메네울드(Sainte-Menehould)에서 10여 km 떨어진 발미 전투 제분소는 프랑스에서 가장 상징적인 역사유적 중 하나로 평가된다. 발미가 1792년 혁명 반대파, 프러시아와 오스트리아 동맹군에 맞서 거둔 군사적 승리의 무대이기 때문이다. 하지만 발미 전투 당시의 제분소는 현재 파괴되고 없다.

빌르모르쉬르반 Villemaur-sur-Vanne

오브(Aube) 데파르트망에 자리한 샹파뉴 건축 스타일의 백미가 노트르담 참사회 성당(Collégiale Notre-Dame)이다. 이 성당의 쥐베[jubé, 성당의 성가대석과 중앙홀 사이의 높은 주랑(柱廊)]는 2021년에 제작 500주년을 맞이했다. 토마(Thomas)와 자크 귀용(Jacques Guyon) 형제가 1521년에 만들었으며, 지역 문화유산의 보물로 꼽힌다.

샤를르빌메지에르 Charleville-Mézières

돔(Dom)의 석회석으로 채운 세계 마리오네트의 수도이자 시와 연극으로 대표된다. 시인 아르튀르 랭보(Arthur Rimbaud)가 태어난 도시인 샤를르빌메지에르는 뫼즈(Meuse) 강이 옆에 흐르고 있으며, 룩셈부르크에서 130km, 브뤼셀에서 150km 떨어져 있는 등 여러 가지 이점을 보유하고 있

다. 금속산업 덕분에 19세기에 발전한 이 도시는 2009년 이후 2년마다 개최되고 있는 마리오네트 페스티벌 덕분에 인형극 분야에서 세계에서 가장 중요한 도시로 이름을 날리고 있다.

샬롱앙샹파뉴 Châlons-en-Champagne

꽃이 만개한 아름다운 정원이 있는 매혹적인 도시로 많은 박물관, 교회, 목조구조물 집들을 보유한 '예술과 역사 도시'이기도 하다. 1862년에 유적으로 지정된 생테티엔 대성당(Cathédrale Saint-Étienne) 외에도 다양한 문화행사로 유명하다. 매년 여름 열리는 여기와 저기 음악제(Festival des musiques d'ici et d'ailleurs), 퓌리 페스티벌(Festival Furies), 거리극과 서커스를 부각하는 행사들이 그에 해당한다. 샬롱앙샹파뉴 소재 노트르담 앙보 성당(Église Notre-Dame-en-Vaux)은 프랑스 내 '산티아고 순례길' 자격으로 1998년에 유네스코 세계문화유산에 등재되었다.

쇼몽Chaumont

오트마른(Haute-Marne) 데파르트망의 도청 소재지인 쇼몽은 포스터의 수도로 잘 알려져 있다. 이 도시를 빛내고 있는 책과 포스터의 집(Maison du Livre et de l'Affiche), 국제 포스터와 그래픽아트 페스티벌(Festival international de l'affiche et des arts graphiques) 외에도 서유럽에서 가장 유명한 지상 고가교, 15-16세기에 지어진 무수한 저택들 등 역사유적을 주목할 만하다. 냉장고의 조상격인 쇼몽 르 부아 얼음창고(Glacière de Chaumont le Bois)를 방문하는 것도 좋다.

스당Sedan

스당 시의 명성은 프러시아 군대에 맞서 나폴레옹 3세가 패퇴한 1870년의 그 유명한 전투로부터 비롯되었다. 이 도시에서 만드는 레이스는 아주 인기가 높은데, 19세기부터 스당 태피스트리로 잘 알려진 섬유산업 덕분에 비약적인 발전을 이룩했다. 벨기에 국경으로부터 불과 수십km 떨어져 있는 이 도시는 '예술과 역사 도시'로 지정되어 있다. 도시의 성채는 유럽에서 규모가 가장 큰 것으로 알려져 있다.

에수아Essoyes

트루아(Troyes) 동남쪽에 자리한 작은 마을로, 화가 르누아르(Renoir) 덕분에 유명해진 곳이다. 에수아 출신이었던 그의 부인이 화가에게 마을을 사랑하도록 만들었기 때문이다. 르누아르 부부는 1895년에 이 마을에 완전히 정착했다. 르누아르가 묻혀 있는 곳도 이 마을이다.

에페르네 Épernay

모에에샹동(Moët-et-Chandon)을 비롯해 세계에서 가장 뛰어난 샴페인을 생산하는 10개 와이너리가 들어서 있기에 샴페인의 수도로 인정받는 마을이다. 렝스(Reims)에서 27km, 샬롱앙샹파뉴(Châlons-en-Champagne)에서 31km 떨어져 있으며, 2만ha 넓이의 포도밭이 매년 45만 명 가까운 방문객을 받아들인다. 마을 중심을 관통하는 샹파뉴 대로에서는 모에에샹동, 포르 샤브롤(Fort Chabrol) 등 유명 샴페인 브랜드가 소유한 저택을 만날 수 있다. 오빌레르(Hautvillers), 아이(Aÿ), 마뢰이유쉬르아이(Mareuil-sur-Aÿ) 등의 유서 깊은 포도원도 이곳에서 만나볼 수 있다. 샴페인에 관심이 많은 이라면 꼭 방문해야 할 마을이다.

오빌레르 Hautvillers

에페르네(Épernay) 일대에서 가장 아름다운 마을 중 하나로 샴페인 제조법을 개발한 동 페리뇽(Dom Pérignon) 수도사에 대한 추억이 서려 있는 곳이다. 그의 묘지도 이곳에 있다. 마을 한복판에 유명한 베네딕토회 수도원이 자리를 잡고 있는데, 소유주는 세계에서 가장 유명한 샴페인을 생산하는 모에에샹동 회사이다.

오트보주 Hautes-Vosges

제라르메(Gérardmer), 라 베스(La Besse), 르미르몽(Remiremont), 생디에데보주(Saint-Dié-des-Vosges), 크레트 루트, 숲과 호수들로 대표되는 오트보주는 이국적인 풍경, 맑은 공기, 탁 트인 공간을 맛볼 수 있는 장소이자 아름다운 문화유산을 보유한 지역이다. 머리를 식히기에는 최적의 방문지다.

일드프랑스(Île-de-France)와 부르고뉴(Bourgogne) 사이에 자리 잡은 오브(Aube) 데파르트망 남쪽은 3개의 주요한 승부수를 지니고 있다. 트루아 역사지구, 숲에 맞닿은 거대한 호수, 포도밭들로 채워진 작은 언덕들이 그것이다. 트루아는 파리에서 2시간이 채 걸리지 않는 샹파뉴 지방의 역사 중심지다. 알록달록한 목조구조물 가옥들, 16세기 르네상스 시대의 저택들과 무수한 박물관들, 스테인드글라스가 화려한 교회들을 통해 역사를 사랑하는 많은 사람을 불러모으고 있다. 목조구조물 집들이 차지하는 면적은 프랑스에서 가장 넓은 편이다. 트루아 구시가지(Vieux Troyes)에는 생긴 모양 때문에 '샴페인 마개(bouchon de champagne)'란 별명이 붙어있다. 영국성공회 주교관도 이곳에서 만나볼 수 있다.

Note

추천 여정

오브 데파르트망이 마련한 '스테인드글라스 루트(Route du Vitrail)'를 둘러볼 만하다. 옛날과 최근 제작된 스테인드글라스를 보유한 65개의 민간 혹은 종교적 건물을 결집하고 있다. 2021년 여름에 시작한 서비스인 웹사이트 '스테인드글라스 루트'는 이 예술을 즐기기 위한 충분한 콘텐츠를 제공한다. 영어 버전도 준비되고 있다.

알자스의 주요 방문지

Grand-Est

리보빌레Ribeauvillé

알자스 와인 루트(Route des Vins d'Alsace) 위에 자리를 잡은 아름다운 마을 중 하나로 많은 관광객이 찾는 마을이다. 꽃이 만개한 목조구조물 옛집들, 동화 속에서나 볼 듯한 매혹적인 거리, 작은 미술관, 음식이 맛깔스러운 식당들이 마을의 특징이다. 리보빌레의 포도밭에서는 가이스베르그(Geisberg), 키르슈베르그(Kirchberg), 오스테르베르그(Osterberg)라는 3개의 그랑 크뤼 와인을 만들어낸다. 중세 때 신성로마제국의 일원이었던 마을의 역사는 리보피에르(Ribeaupierre, 독일어로는 Rappolstein) 귀족 가문의 봉건제와 관련을 맺고 있는데, 이 가문은 1673년에 끝이 난다. 리보빌레는 1648년 10월 24일 체결된 베스트팔렌 조약으로 말미암아 프랑스 땅이 되었다. 2015년 현재 마을의 인구는 4,746명이다.

리크비르Riquewihr

리크비르는 관광객들이 아주 좋아하는 매력적인 마을이다. 차량 진입이 안 되는 도심에는 아름다운 옛집이 들어서 있다. 쥐프 거리(Rue des Juifs), 볼뢰르 타워(Tour des Voleurs), 리크비르 주변의 와이너리 길을 방문해볼 만하다. 인파를 피하기 위해 저녁에 방문할 것을 권장한다.

마르무티에Marmoutier

바랭 데파르트망의 마르무티에에 소재한 생테티엔 수도원(Abbaye Saint-Étienne)은 6세기에 건립된 베네딕토회 수도원이다. 1840년에 역사유적으로 지정되었다.

몰사임Molsheim

부가티(Bugatti) 공장이 있는 역사적 장소이자 부가티 재단이 자리하고 있는 곳. 하지만 이 부가티 모델들을 집중적으로 볼 수 있는 기회는 9월에 열리는 부가티 페스티벌(Festival Bugatti)이다. 이 차를 좋아하는 사람들은 절대 놓치지 말아야 할 이벤트다. 바랭에 위치한 이곳은 중세 이후의 건축 문화유산을 보유한 곳이기도 하다. 알자스 와인 루트에 놓인 아름다운 마을이다.

묑스테르Munster

프티트 발레(Petite Vallée)와 그랑드 발레(Grande Vallée)가 합류하는 지점에 자리를 잡고 있으며, 보석 같은 산들이 에워싸고 있는 묑스테르는 영광스러운 과거의 흔적을 간직하고 있다. 유명한 묑스테르(뮌스터) 치즈를 생산하는 곳이기도 하다. 인근에서 다양한 야외 활동을 즐길 수 있다.

뮐루즈Mulhouse

오랭 데파르트망의 대도시. 알자스 지방을 통틀어 스트라스부르 다음으로 큰 도시다. 산업혁명 이후 많은 인구가 몰려들면서 태동한 이 도시는 국제적인 성격을 띠고 있다. 한때 유럽 산업의 중심지였기에 '프랑스의 맨체스터(Manchester français)'란 별명을 오랫동안 유지했다. 프랑스를  통틀어 젊은이 인구 비율이 가장 높은 도시이기도 하다. 지리적으로 가까운 독일 및 스위스와 밀접한 관계를 유지하고 있다. 세계에서 가장 큰 자동차박물관(Cité de l'Automobile)이 들어서 있으며, 전기 에너지를 다룬 엘렉트로폴리스(Electropolis) 박물관, 유럽에서 가장 규모가 큰 열차박물관(Cité du train)도 만날 수 있다. '예술과 역사 도시'로 지정되었으며, 19세기 말에 프랑스 사회를 뒤흔든 알프레드 드레퓌스(Alfred Dreyfus)가 태어나 자란 곳이기도 하다. 종교개혁의 무대였기에 프랑스에서 가장 높은 생테티엔 개신교회(Temple Saint-Étienne)가 이 도시에 있다.

밀 에탕 고원Plateau des Mille étangs

'천 개의 연못'이라는 의미를 지닌 밀 에탕 고원은 보주 산맥 남쪽에 자리하고 있는데, 실제로 무수한 연못을 이곳에서 만날 수 있다. 목가적이고 매혹적인 풍경을 즐기며 산책할 수 있는 지역이기도 하다. 르 코르뷔지에가 설계한 걸작 건축물인 노트르담뒤오 예배당(Chapelle Notre-Dame-du-Haut)이 근처에 있으니 놓치지 말 것.

바르Barr

'Barru'란 이름으로 바르(Barr) 시를 처음 기록한 흔적은 788년에 발견된다. 바랭(Bas-Rhin) 데파르트망의 마을 바르는 생토딜 산(Mont Saint-Odile), 키르슈베르그(Kirchberg)와 알텐베르그(Altenberg) 언덕들 자락에 자리한 아름다운 마을로 숲과 포도밭, 역사

적인 도심에서 풍미를 느낄 수 있다. 이곳에서는 그 유명한 포도주인 '그랑 크뤼 뒤 키르슈베르그(Grand Cru du Kirchberg)'를 생산한다. 행인들이 다니는 길, 목조구조물 가옥, 조각한 돌들 등이 옛 모습을 고스란히 간직하고 있으며, 숲과 포도밭 사이로 난 오솔길들도 이국적인 맛을 더해준다.

베르가임 Bergheim

전형적인 알자스 마을로 1582년부터 1683년까지 '마녀'들을 처형한 장소로 유명하다. 교회 유골안치소 위에 세운 '마녀의 집(Maison des Sorcières)'에서는 상설전을 열고 있는데, 간간이 주제에 따라 기획전을 개최하기도 한다. 하우스 안에는 희생양을 필요로 했던 당시 농촌사회가 느꼈던 공포를 다룬 흥미로운 공간도 있다. 당시에는 오직 소문만으로도 화형을 당할 수 있었기 때문이다. 중세 때부터 약초 재배로 유명한 작은 정원도 딸려 있다.

북北보주 산맥 지방자연공원Parc naturel régional des Vosges du Nord

보주 지방자연공원은 1975년에 지정되었다. 바랭 지역 북쪽과 모젤(Moselle)을 답사
하다 보면 알자스 지방의 피에몬테(Piémont Alsacien), 로렌 고원(Plateau lorrain), 숲으로
이루어진 산지가 교대로 등장한다. 이 지역에는 많은 성 외에도 무수한 트레킹 코스
가 있는데, 트레킹을 하며 공원 내의 동식물을 관찰할 수 있다.

　보주 산맥을 등반하려면 생트마리오민(Sainte-Marie-aux-Mines)으로 가는 크레트 드
세르네(Crêtes de Cernay) 코스를 따라 트레킹한 후 블랑 호수(Lac Blanc)나 로슈 뒤 코르
보(Roche du Corbeau) 산악지대로 내려오면 된다.

빙겐쉬르모데르Wingen-sur-Moder

빙겐쉬르모데르는 알자스 지방 바랭 데파
르트망에 있는 프랑스 코뮌이다. 북(北)보
주 산맥 지방자연공원의 일부를 이루고
있다. 이 마을은 르네 랄리크(René Lalique)
에 할애된 랄리크 박물관(Musée Lalique)을
보유하고 있다. 제1차 세계대전 직후에 이
유명한 보석 세공사에게 첫 크리스탈 제
품 공방을 열어준 알자스 지방의 마을 입
장에서는 당연한 결론이었다. 박물관은
보석, 향수병, 기타 장식예술 관련 오브제
들(꽃병, 작은 조각작품들)을 전시하고 있는데,
모두 여성과 동물, 식물이라는 3개 주제를

바탕으로 르네 랄리크가 제작한 것들이다. 프랑스 최고의 유리 공예 대가를 여기서
만나볼 수 있다.

생토딜 산 Mont Sainte-Odile

알자스어로는 Odilieberri, 독일어로는 Odilienberg라고 표기하는 생토딜 산은 바랭(Bas-Rhin) 데파르트망 오트로트(Ottrott)에 소재한 보주 산맥의 산이다. 꼭대기 높이는 해발 767m. 산 위의 호엔부르 수도원(Abbaye de Hohenbourg)은 알자스 평원을 내려다보고 있는데, 알자스 지방의 수호신이자 에티숑 대공(Duc d'Etichon)의 딸인 오딜 성녀(Sainte Odile)가 세운 수도원이기도 하다. 알자스 문화의 보고인 이 수도원은 위치와 전망 때문에 상당히 많은 사람이 찾는 순례지인데, 매년 이곳을 찾는 사람도 130만 명에 달한다. 수도원이 생긴 이후 무수한 왕자들과 고위 성직자, 학자와 시인들이 생토딜 산을 찾아왔다. 맑은 날이면 흑림(黑林, Forêt-Noire)까지 보인다. '이교도들의 벽(Mur païen)'이라 불리는 옛날 벽의 잔해도 만나볼 수 있다.

셀레스타 Sélestat

스트라스부르보다는 더 내밀하고 콜마르
보다는 관광객이 덜 붐비는 도시인 셀레
스타는 자기만의 개성을 지니고 있다. 알
자스 지방에서 문화유산 규모로 스트라
스부르, 콜마르에 뒤이은 제3위 도시로, 2
개의 큰 교회, 중세도시, 르네상스 시대의

풍부한 작품들을 소장한 휴머니즘 도서관(Bibliothèque humaniste)을 보유한 중요한 곳
이다.

스트라스부르 Strasbourg

스트라스부르를 연말에 유럽 최대의 크리스마스 마켓이 열리는 도시로만 한정할
수 있을까? 알자스 지방의 중심지 스트라스부르를 오직 지역의 전통을 이어가는
장소로 해석해서는 안 된다. 겨울, 여름 가릴 것 없이 삶의 질이 높은 이 도시 전역
은 한결같이 역사의 중심이었음을 관광객들에게 드러내 보여준다. 거대한 천문시
계를 보유한 고딕 양식의 대성당, 16세기와 17세기에 걸쳐 운하 근처에 목조구조물

가옥들을 지은 동네인 프티트 프랑스(Petite France), 운하, 아주 흥미로운 박물관들이
어우러진 풍경은 스트라스부르가 프랑스에서 가장 매력적인 도시임을 입증하고 있
다. 성당을 중심으로 나선형으로 펼쳐진 역사 도심구역 그랑틸(Grande-ile)은 강과 운
하를 양옆에 끼고 있는데, 중세도시를 대표하는 유적지면서도 알자스 가옥의 특징
을 고스란히 간직하고 있다. 1871년에서부터 1918년까지 독일의 통치를 받으며 새
롭게 개조된 뇌슈타트(Neustadt) 구역도 들러볼 가치가 충분하다. 1988년 이후 그랑
틸, 2017년 7월 이후 뇌슈타트 쪽으로 확대된 지역이 유네스코 세계문화유산에 등재
되어 있다.

　1518년 이 도시에서 발생한 전염병은 2천 명의 사람들이 기진맥진해 죽을 때까지
거리에서 춤추게 만들었다.

알자스 와인 루트 Route des Vins d'Alsace

1953년에 처음 생겨난 '알자스 와인 루트'는 프랑스에서 가장 오래된 와인 루트이기

도 하다. 목조구조물 가옥, 성벽, 성, 오래된 교회 등 역사와 예술 전통이 깊은 지역을 관통하는 루트다. 바쿠스(디오니소스)에게 헌정된 신전 모습을 한 맵시 있는 음식점인 빈슈톱(Winstubs)도 이 지역에서 만날 수 있다. 와인 생산자들은 지하 저장고에서 와인을 시음하게 해준다.

어린 왕자 테마파크Parc Le Petit Prince

밀루즈(Mulhouse)와 콜마르(Colmar) 사이의 윙제르사임(Ungersheim) 마을에 소재한 테마파크로 생텍쥐페리(Saint-Exupéry)의 작품 《어린 왕자(Le Petit Prince)》를 주제로 내세운 공간이다. 가족들을 대상으로 한 이 테마파크에는 비행을 주제로 한 수십 개의

놀이시설이 들어서 있다. 역사상 가장 유명한 작가인 동시에 비행사였던 생텍쥐페리의 세계 속으로 들어가게 해준다.

에기사임Eguisheim

에기사임은 알자스 와인 루트에 놓인 매혹적인 마을 중 하나로, 알록달록한 목조구조물 가옥들이 들어선 아름다운 거리를 거닐 수 있다. 이 마을에서 교황 레오 9세(Léon IX)가 태어났기에 그에게 헌정된 예배당과 만나게 된다. 마을 중심을 차지하고 있는 에기사임 영주들의 성은 작은 광장을 내려다보고 있다.

오베르네Obernai

바랭 지역에서 가장 많은 관광객이 찾는 마을 중 하나다. 인파를 피하기 위해 가능한 한 일찍 이곳에 도착해보면 이유를 알 수 있다. 성벽에 에워싸인 오베르네는 알록달록한 지붕, 합각머리, 목조구조물 등으로 대표되는 전형적인 알자스풍의 멋진 가옥들을 보유하고 있다. 크리스마스 축제 때 이곳을 찾으면 정말 멋진 풍경과 만나게 된다.

오쾨닉스부르 성Château du Haut-Kœnigsbourg

알자스에서 가장 유명한 성채인 오쾨닉스 부르 성은 해발 757m 바위 위, 조망이 뛰어난 위치 덕을 톡톡히 보고 있다. 계곡이 내려다보이는 바위산 위에 길이 270m, 폭 40m로 건축된 성은 압도적인 느낌을 준다. 주탑의 높이는 62m. 콜마르로부터 20여km 떨어진 곳에 건설된 이 성채는 특별한 역사와 건축상의 비사를 지닌 장소다. 첫 번째 성은 12세기에 건축되었다가 파괴되었고, 다시 건설했으나 이번에도 파괴된다. 15세기에 대대적인 개조가 이루어진다. 1871년 프랑스·프로이센 전쟁의 결과에 따라 알자스 지역은 독일 소유가 되었고, 제1차 세계대전이 일어나기 전인 1900년부터 독일 황제 빌헬름 2세(Guillaume II)의 명령에 따라 리노베이션이 이루어지면서 중세시대 독일 성채의 전형적인 모습을 갖게 되었다. 성은 1908년 완전히 복원되어 독특한 옛 외양을 되찾았지만, 10년 후 프랑스 소유가 되었다. 오늘날에도 오쾨닉스부르 성의 복원 작업은 원래 형태를 존중하면서 수행되고 있다. 성채를 채우고 있는 성문의 도개교(跳開橋), 달팽이 모양의 계단, 성의 주루(主樓), 가구가 채워진 방들, 주점 등을 둘러보면 시간을 거슬러 올라가는 느낌을 받는다. 현재의 Haut-Kœnigsbourg란 명칭은 독일어 Hochkönigsburg를 프랑스어로 옮긴 표현인데, '왕의 고귀한 성(haut-château du roi)'이란 의미를 지니고 있다. 장 르누아르(Jean Renoir) 감독의 영화 〈위대한 환상(La Grande illusion)〉을 촬영한 장소이기도 하다. 매년 방문자 수는 55만에 달한다. 성인 입장료는 9€, 6-17세 아동들은 4€, 6세 미만은 무료. 11월부터 3월까지 매달 첫 번째 일요일, 유럽문화유산의 날, 박물관의 밤(Nuit des Musées)에는 무료로 입장할 수 있다. 1월 1일, 5월 1일, 12월 25일을 제외하고는 연중 내내 오픈한다.

개관 시간은 1월, 2월, 11월, 12월에 9시 30분부터 12시, 13시부터 16시, 3월, 10월에 9시 30분부터 17시, 4월, 5월, 9월에 9시 15분부터 17시 15분, 6월, 7월, 8월에 9시 15분부터 18시까지다.

카이제르스베르그Kaysersberg

아름다운 꽃의 도시인 카이제르스베르그는 1952년에 노벨평화상을 받은 알베르트 슈바이처(Albert Schweitzer) 박사가 태어난 마을이다. 주말에 어마어마한 인파가 찾을 정도로 진짜 알자스가 살아 숨쉬고 있는 곳이기도 하다. 요새화된 다리, 12세기 성  의 유적, 생트크루아 성당(Église Sainte-Croix), 목조구조물 가옥들이 도시를 채우고 있다. 이곳의 유리공예촌(Verrerie d'art de Kaysersberg)도 방문해볼 만하다.

콜마르Colmar

봄 여름 가을 겨울 할 것 없이 모든 계절에 방문하기에 좋은 도시로, Lauch 즉 '작은 베네치아(Petite Venise)'란 별명을 얻고 있다. 인구는 68,000명. 봄과 여름에는 테라스와 작은 거리, 운하가 아름다움을 제공하며, 가을이면 인근의 알자스 와인 루트가 다채로운 색깔을 선사한다. 또 겨울에는 크리스마스 마켓이 도시에 활기를 불어넣는다. 프랑스에서 가장 아름다운 미술관 중 하나인 운터린덴 미술관(Musée Unterlinden)도 놓치지 말 것. 콜마르의 역사 중심지에는 목조구조물 가옥들이 늘어서 있는데, 100여 개의 얼굴들로 장식한 메종 데 테트(Maison des Têtes)가 대표적인 건물이다. 인근에 소재한 알자스 와인 루트 마을들과 포도밭 방문은 흥취를 더해줄 것이다.

탄Thann

고딕 양식의 생티에보 참사회 교회(Collégiale Saint-Thiébaut)가 소재한 마을이다. 훨씬 규모가 큰 스트라스부르와 프리부르앙브리스고(Fribourg-en-Brisgau) 대성당들 옆에 있음에도 불구하고 라인 강 상류에 자리 잡은 주요한 고딕 건물 중 하나로 평가된다. 탄 사람들은 성당 탑의 종루에 대해 "스트라스부르가 가

장 높고 프리부르가 가장 크지만, 탄이 가장 아름답다!(Strasbourg a le plus haut, Fribourg le plus gros, Thann le plus beau!)"라는 표현을 즐겨 구사한다. 수도원 교회는 1841년 역사 유적으로 지정되었다. 탄에서는 현지인들이 '마녀의 눈(Œil de la Sorcière)'이라 부르는 엥겔부르 성(Château d'Engelbourg)의 잔해를 만나볼 수 있다. 루이 14세가 성의 파괴를 명령하지만, 여러 번 시도 후에야 성공했다. 주탑은 여러 조각이 났는데 그중 하나가 땅에 떨어지며 사진과 같은 모습을 하게 되었다. 폐허는 1898년 역사유적으로 지정되었다.

텐셸Taennchel

탄넨키르슈(Thannenkirch) 산 위 해발 992m에 자리한 이곳에서는 이상한 진동을 느낄 수 있다. 놀랄 필요는 없다. '건강에 아주 좋은 진동'인 데다가 우주와 땅이 교감하는 '생명의 파동'으로 간주된다. 40여 종의 포유동물, 80여 종의 새들이 이 지역에서 발견되기에 사냥꾼들이 많이 찾는 장소이기도 하다.

튀르카임Turckheim

튀르카임은 와인 루트 상에 놓인 아주 아름다운 마을이다. 멋진 건물들이 많다. 역사 탐방 루트를 따라가다 보면 마을의 여러 관문, 그랑뤼(Grand-rue), 근위대와 만나게 된다. 야간감시병의 군무(群舞)를 놓치면 안 된다. 튀르카임에서 5백 년 역사를 자랑하는 전통 행사다.

플렉켄슈타인 성Château de Fleckenstein

12세기에 황제 측근이었던 고트프리드 드 플렉켄슈타인(Gottfried de Fleckenstein)이 건설한 성으로 600년 이상 동안 플렉켄슈타인 가문이 소유하고 있었다. 1589년에는 건축학상의 모델로 공인되어 건축가 다니엘 스펙클린(Daniel Specklin)은 '이상적인 성(château idéal)'으로 평가하기에 이른다. 하지만 그후 100년이 채 되지 않아 루이 14세 군대가 성을 파괴해버렸다. 1898년에 성터가 유적으로 지정된 후 일반에게 공개되고 있기에 중세 성채의 형태에 대해 오늘날 살펴볼 수 있다. 아그노(Haguenau) 북쪽으로 35분 떨어진 거리에 있다.

추천 여정

스트라스부르를 출발해 셀레스타와 오베르네를 거쳐 콜마르까지 가거나, 알자스 와인 루트 혹은 크레트 루트를 택해 테마 여행을 해보는 것이 좋다. 자연을 좋아하는 사람이라면 발롱 데 보주 지방자연공원을 찾아갈 것.

가족 여행

- 동물들을 보려면 위나비르(Hunawihr)에 있는 나튀로파르크(NaturOparC)에 가면 된다. 가까운 곳에는 나비 정원(Jardin des Papillons), 메츠랄(Metzeral)의 페페르베르 농장(Ferme du Pfeifferberg), 뮐루즈의 동식물원(Parc zoologique et botanique)도 있다.
- 고성 가도(Route des Châteaux)나 에기사임 쪽의 5개 고성 가도(Route touristique des Cinq Châteaux)를 택하면 좋다.
- 뮐루즈에서는 오래 머무르는 것이 좋다. 이 도시에만 자동차박물관, 열차박물관, 엘렉트로폴리스 전기박물관이 있다.
- 과학에 관심이 많으면 스트라스부르의 르 베소(Le Vaisseau)를 방문할 것.
- 겨울에는 크리스마스 마켓을 찾을 것.
- 전쟁의 역사를 공부하고 싶다면 알자스역사박물관인 MM Park France를 찾아가면 좋다. 박물관과 놀이공원의 중간 성격을 띤 장소로 제2차 세계대전을 주제로 삼았다. 스트라스부르에서 12km 떨어져 있으며, 7000m² 이상의 공간에 유럽 최대의  컬렉션을 자랑한다. 100여 개의 마네킹, 장갑 차량, 트럭과 모터사이클, 개인 소지품들, 비행기, 소형 배 등이 MM Park를 채우고 있다. 주소는 4 rue Gutenberg, 67 La Wantzenau.

스포츠

와인 루트를 통해 랭 평원(Plaine du Rhin)에서부터 보주 산(Monts des Vosges)까지 가면서 오랭 지역을 관찰할 수 있다. 일부 사람들은 발롱 데 보주(Ballons des Vosges) 지방자연공원 오솔길을 따라 걸으며, 또 다른 사람들은 자전거를 타고서 독일의 비스바덴(Wiesbaden)과 스위스 바젤(Bâle)을 잇는 415km의 라인 벨로루트(Véloroute Rhin)를 택한 후 국경 쪽 강을 따라가거나, 보주(Vosges)를 흑림까지 잇는 250km 길이의 그린 루트(Route Verte)를 달린다.

| 로렌의 주요 방문지

낭시|Nancy

Grand-Est

도시의 많은 부분이 유네스코 세계문화유산으로 지정된 곳. 스타니슬라스 광장(Place Stanislas)의 황금색 철책이 눈부신 도시다. 개인 저택, 유명 재즈 페스티벌, 1950-60년대의 철강산업을 이야기해주는 오뒤리에브르(Haut-du-Lièvre)의 시영아파트단지(barre HLM) 등도 낭시를 연상시키는 이미지들이다.

옛도시와 신도시를 연결하기 위해 18세기에 만들어진 스타니슬라스 광장, 알리앙스 광장(Place de l'Alliance)과 카리에르 광장(Place de la Carrière)들은 아름다움과 현대성 덕분에 유네스코 세계문화유산에 등재되었다. 중세 때 지어진 건축물들과 18세

기 저택들이 조화를 이루기에 건축 양식과 섬세한 배치가 돋보이는 공간들이다. 스타니슬라스 광장은 1755년에 완공되었는데, 루이 15세 동상이 대혁명 때 사라진 후 1831년 스타니슬라스 동상으로 대체되었다. 철학자들의 친구이자 교양이 넘쳤던 군주 스타니슬라스 레진스키(Stanislas Leszczynski, 1677-1766)는 왕실도서관과 과학아카데미(Académie des sciences)를 만들어 낸 인물로, 유럽 전체에 소문이 난 그의 성들에는 '로렌 지방의 베르사유 궁(Versailles lorrain)'이라는 별명이 붙을 정도였다. 동시에 낭시는 20세기 초반에 유행했던 아르누보(Art nouveau)의 수도이기도 하다. 돔(Daum) 크리스탈, 갈레(Gallé) 유리 공예품들도 이 도시의 특산품이다.

스타니슬라스 광장의 용 조각

스타니슬라스 광장 넵튠 분수(fontaine de Neptune)의 용 조각은 2021년에 '프랑스인들이 좋아하는 유적(Monument préféré des Français)'에 선정되었다. 전설에 따르면 1750년대에 스타니슬라스 광장을 건설할 때 신화 속의 피조물들이 잠에서 깨어났다고 한다. 차후에 왕궁을 건립할 늪지대를 건조하는 도중 잠에서 깨어난 용들이 공사를 귀찮아하며 다른 곳으로 도망가지만, 스타니슬라스 공(Duc Stanislas)에게 저주를 내렸다. 저주는 뤼네빌 성(Château de Lunéville)에서 그가 화로 가까이에서 몸을 덥히다가 크게 화상을 입어 사망하는 1766년까지 계속되었다. 사람들은 용의 복수라 생각했다. 전설은 넵튠 분수의 용 조각으로 형상화되었는데, 미술관 입구 가까이에서 만나볼 수 있다. 오늘날에도 스타니슬라스 광장 아래의 지하에서 용들이 옛 하천을 누비고 다닌다고 전해진다.

두오몽 유골안치소 Ossuaire de Douaumont

제1차 세계대전의 상징적인 장소 중 하나다. 1916년 베르됭(Verdun) 전투에 참가한 병사들을 기리는 유적으로, 뫼즈 데파르트망 소재 베르됭으로부터 불과 수 킬로미터 떨어진 두오몽보(Douaumont-Vaux)와 플뢰리드방두오몽(Fleury-devant-Douaumont) 코뮌들 끝쪽에 자리를 잡고 있다.

유골안치소는 1918년 휴전이 체결된 직

후 샤를 지니스티(Charles Ginisty) 주교의 주도로 추진되었는데, 그는 베르됭에서 근무했던 인물이었다. 1932년 8월 7일에 준공된 이곳에 프랑스와 독일의 무명용사 13만 명의 유해가 안치되어 있기에 프랑스와 독일의 우정을 상징하는 장소로 인정받고 있다. 1996년 5월 2일 역사유적으로 지정되었다.

로드마크Rodemack

'프랑스에서 가장 아름다운 마을' 중 하나로 선정된 곳으로 '3개의 국경과 맞닿은 고장(Pays des Trois Frontières)' 중심을 차지하고 있다. 독일 국경까지는 20km, 룩셈부르크 국경까지는 6km. 15세기에 건립된 700m 길이의 성벽이 마을을 에워싸고 있다. 시에르크 문(Porte de Sierck)을 통해 성 안으로 들어간다. 1560년에 완공된 바이이의 집(Maison des Baillis), 역사유적으로 지정된 파비용 데 조피시에(Pavillon des Officiers), 18세기에 지어진 생니콜라 성당(Église Saint-Nicolas) 등을 만나볼 수 있다. 기하학적으로 조성한 중세정원도 놓치지 말 것.

메스Metz

병참 도시와 산업도시라는 기존의 편견을 버려야 할 정도로 메스는 녹지대를 개발하고 수로를 정비하면서 노란색과 핑크색 색깔을 되찾고 있다. 파리에서 TGV로 1

시간 반 걸리는 거리에 있다. 고딕 대성당, 중세 문, 20세기 초에 건설된 역, 황제 지구 (Quartier impérial) 등 과거를 보여주는 다양한 건축 문화유산은 고전주의와 독일 영향을 차례로 받았는데, 특히 포슈 대로(Avenue Foch)는 독일 지배 시기(1871-1918)의 분위기를 고스란히 담아내고 있다. 파리의 퐁피두센터처럼 현대예술에 할애된 퐁피두메스센터(Centre Pompidou-Metz)는 대담한 건축물로 지붕이 중국풍 모자를 연상시킨다. 문화 탐방을 한 후에는 정원에서 맑은 공기를 마실 수 있다. 메스에서는 노란색, 황토색, 금빛을 띤 갈색 축제가 항구적으로 열리고 있다.

바르르뒥|Bar-le-Duc

로렌 지방 유일의 '예술과 역사 도시'이다. 봄철 아침 윗마을 집들의 우아한 전면을 들여다보는 것만으로 그걸 확인할 수 있다. 까치밥나무 열매로 만든 잼이 맛있는 곳이기도 하다. 상업적이고도 생기가 넘치는 바르르뒥 아랫마을은 과거의 무수한 흔적을 간직하고 있다. 바르르뒥은 영웅적인 베르됭(Verdun)과 제1차 세계대전 참전 용사들의 고통스러운 기억으로 이어지는 '성스러운 길(Voie sacrée)'이 출발하는 자부심 강한 도시이기도 하다.

바카라|Baccarat

바카라는 프랑스 북동쪽 뫼르트에모젤(Meurthe-et-Moselle) 데파르트망에 소재한 마을로, 18세기부터 이곳에 자리를 잡은 세계적인 유리공예 제품에 이름을 물려주고 있다. 바카라는 에메-가브리엘 다르티그(Aimé-Gabriel d'Artigues)가 개발한 기술에 따라 크리스탈 작업을 한다. 이곳의 많은 근로자가 '프랑스 최고 노동자(Meilleur ouvrier de France)'라는 타이틀을 얻었는데, 1950년대에 공장의 예술감독이었던 롤랑-고슬랭(Roland-Gosselin)의 지도를 받으며 기술을

익혔던 덕분이다. 이곳에서 바카라 상표로 제작되는 크리스탈 제품은 전적으로 프랑스식의 노하우를 이어가면서 오늘날 전 세계의 가장 고급스러운 식탁을 장식하고 있다. 러시아 황제는 유리잔을, 에티오피아 국왕은 기념비적인 화병을, 이란 국왕은 대형 촛대를 주문했을 정도로 바카라 제품은 세계적 명성을 얻고 있다.

발롱 달자스 Ballon d'Alsace

남보주 산맥(Vosges du Sud)의 정상, 해발 1,247m에 있는 발롱 달자스는 오랭, 오트손, 보주 및 테리투아르 드 벨포르라는 4개 데파르트망이 만나는 지점이기도 하다. 눈앞에서 펼쳐지는 알자스 평원(Plaine d'Alsace), 흑림, 쥐라 산맥, 알프스 산맥의 몽블랑(Mont Blanc) 풍경에 숨이 멎는 경험을 할 수 있는 곳이다. 다른 산들과 함께 산지를 이루는 이곳은 여름과 겨울 스포츠를 좋아하는 이들이 선호하는 장소이기도 하다. 'ballon'은 '보주 산맥의 산'을 지칭하는 용어. 정상에서는 잔 다르크 조각상을 만날 수 있다.

베르됭 Verdun

로렌 지방 중심에 놓여 있으면서 언덕으로 에워싸이고 뫼즈(Meuse) 강이 관통하는 베르됭은 아랫마을과 윗마을[대성당, 세계평화센터(Centre mondial de la Paix), 프랭스리 박물관(Musée de la Princerie)]로 양분된다. 격전지였던 베르됭은 사람들이 생각하는 것처럼 슬픈 도시이기는커녕 오늘날 상큼하고도 매력적이며 과거 유산을 긍정적으로 부각할 줄도 아는 지혜를 보여주고 있다.

뷔상Bussang

수수한 뷔상 스키장이 있는 모젤 계곡에
서 가장 중요한 도시다. 강의 수원지는 불
과 3km 떨어져 있다. 하지만 뷔상 마을
은 아름다운 자연으로 이름을 알린 것이 아니다. 1895년에 모리스 포트셰르(Maurice
Pottecher)가 만든 인민극단(Théâtre du Peuple)이 뷔상을 유명하게 만든 것이다. 배우이
자 연출가인 시몽 들레탕(Simon Delétang)이 현재 극단을 이끌고 있다. 대중적인 연극
을 올리기 위해 설립된 이 극단은 여러 드라마 작가와 타 극단에 영향을 끼쳤다. 역
사유적으로 지정된 극단 건물을 방문해볼 만하다.

비츄Bitche

비츄는 솜 같은 녹지대와 신비한 숲의 움푹 들어간 지대에 들어선 마을이자 까막딱
따구리, 텡말므 올빼미(chouette de Tengmalm)의 서식처이기도 하다. 동시에 이곳은 쾌
적한 분위기의 작은 마을이자 지역을 발견하기에 이상적인 베이스캠프다. 성채, '한
계 없는 정원(Jardins sans limites)' 네트워크 소속의 현대식 공원인 평화정원(Jardin pour la
Paix)을 이곳에서 만날 수 있다.

생루이레비츄Saint-Louis-lès-Bitche

모젤 데파르트망에 소재한 마을로, 스트
라스부르에서 북서쪽으로 53.6km 떨어
져 있다. 북(北)보주 지방자연공원 내에 자
리를 잡고 있기도 하다. 마을은 생루이 크
리스탈 공장(Cristallerie Saint-Louis)과 크리
스탈 박물관으로 잘 알려져 있다. 바카라
(Baccarat)와는 달리 디자인이 아주 뛰어난
크리스탈 데코레이션 제품들 쪽으로 특화

되어 있다. 가마, 석재 가공 공장, 조명기구 공장, 공장의 샵 등을 방문할 수 있다.

마을에 유리공장이 처음 세워진 해는 1586년. 비츄 백작령에 포함되어 있었던 마을은 당시 로렌 대공들이 소유하고 있었다. 루이 15세(Louis XV) 치하이던 1766년 로렌 공작령이 프랑스 왕국에 병합되면서 프랑스의 일부가 된다. 모젤 지역의 나머지 땅과 마찬가지로 파리 코뮌(1871)부터 제1차 세계대전이 종식된 해인 1918년까지, 그리고 나치의 점령기(1940-1945)에 독일 땅이었다.

에피날Épinal

에피날 이미지Image d'Épinal

에피날 이미지는 대중적인 내용을 주제로 알록달록하게 채색한 판화를 지칭한다. 판화 쪽 장인, 채색공. 삽화가, 풍자만화가들은 나무, 금속, 돌 위에 판화를 그렸다. 그 옛날 행상들이 팔던 에피날 이미지의 이름은 에피날에 살면서 이런 종류의 그림들을 찍어내던 인쇄업자 장-샤를 펠르랭(Jean-Charles Pellerin)이 처음 만들어냈다. 오늘날 '에피날 이미지'란 표현은 프랑스어로 '판에 박은 듯한 그림', '통속적인 판화' 등 다소 부정적인 뉘앙스로 사용된다.

이미지의 도시에서 녹색 관광으로 변신하고자 에피날 시가 추진하는 정책이 결실을 보기 시작하면서 도심은 점차 매력적인 외양을 되찾기 시작했다. 옛 샤피트르 지구(Quartier du Chapitre)와 새 포구는 가장 좋은 사례에 해당한다. 도립미술관(Musée départemental d'Art)과 이미지 시티(Cité de l'Image)도 둘러볼 만하다. 게다가 에피날은 프랑스에서 가장 숲이 우거진 도시다. 화창한 날에는 수천여 종의 꽃들이 들어선 산책하기 좋은 거대한 정원으로 모젤 강가를 탈바꿈시킨다.

오트보주Hautes-Vosges

제라르메(Gérardmer), 라 베스(La Besse), 르미르몽(Remiremont), 생디에데보주(Saint-Dié-des-Vosges), 크레트 루트(route des Crêtes), 숲과 호수 등으로 대표되는 오트보주에서는 이국적인 풍경, 맑은 공기, 로렌 한가운데를 차지하고 있는 광활한 공간을 느낄 수 있다. 아름다운 문화유산을 보유한 지역이기도 하기에 머리를 식히기에는 최적의 여행지로 손색이 없다.

위캉주 U4 용광로 파크Parc du Haut-Fourneau U4 d'Uckange

위캉주 제철소는 모젤 데파르트망 위캉주에 있던 용광로를 통해 철을 생산하던 공장이었다. 21세기 초에 이곳에는 U4 용광로만이 부대시설과 함께 남아있다. 현재 역사유적으로 지정되어 있다.

제라르메Gérardmer

'보주산맥의 진주(perle des Vosges)'라는 별명이 붙은 제라르메는 섬유 중심지, 스키장, 제로메(géromé) 치즈의 고장이라는 타이틀로 만족하지 않는다. 이곳은 락 계곡(Vallée des Lacs)의 중심이자 황수선화의 수도이기도 하다. 도시는 지난 세기말에 건축된 몇몇 저택들과 이 지방의 전형적인 거대한 샬레를 보유하고 있다. 호수와 카지노, 풍성한 즐길 거리 덕분에 '보주 지방의 도빌(Deauville vosgien)'로 인정되기도 한다.

> **Note**

식도락
—

알자스, 샹파뉴아르덴, 로렌 지역이 하나의 레지옹으로 통합되었을지라도 식도락 쪽으로는 미세한 차이가 존재한다. 그랑테스트 지역의 5개 대표적인 음식은 다음과 같다.

1. 낭시 순대boudin de Nancy
검은 순대는 이미 아시리아 시대의 요리에도 등장할 정도로 세계에서 가장 오래된 음식 중 하나다. 하지만 낭시 순대는 제조법이 특별하다. 돼지 피와 피하지방을 같은 비율로 넣어 만든 순대 속에 우유, 양파, 으깬 달걀, 사리에트(sarriette)와 파슬리 같은 식물을 집어넣는다. 전통적으로는 감자 퓌레를 곁들여 팬에 구워서 먹는데, 수프나 오믈레트 형태로 들기도 한다.

2. 분네슐루프bouneschlupp

'강낭콩 수프'를 뜻하는 분네슐루프는 룩셈부르크에서 시작된 음식이지만 현재 로렌 지방 식도락 문화의 일부를 이루고 있다. 일반적으로 푸른 강낭콩, 비계, 양파, 감자로 구성되며, 이 모두를 물과 우유 속에 넣어 끓인다. 색깔을 내기 위해 홍당무 조각을 추가하기도 한다. 전통을 고집하는 요리사들은 비계를 낭시 순대로 대치하기도 한다.

3. 슈크루트choucroute

알자스 지방을 대표하는 음식이다. 잘게 썬 배추 재료를 맥주나 화이트 와인에 넣어 발효시킨 데서부터 이름이 비롯되었다. 통상 돼지고기 및 감자와 함께 든다. 레스토랑에서는 덥혀서 주식으로 드는 슈크루트 세트를 많이 먹는 편이다. 찬 훈제 배추를 샐러드로 먹기도 한다.

4. 플람쿠헨flammkuchen

언뜻 보기에 피자와 비슷하지만 이름이 가리키는 것과 같이 타르트 플랑베(tarte flambée)를 뜻한다. 아주 연한 빵 반죽을 생크림이나 백색 치즈로 덮은 후 그 위에 기름살 조각과 양파를 올린 요리다. 조합한 음식을 빵 굽는 화덕에 넣어 아주 강한 불로 몇 분간 굽는다. 화덕에서 꺼내자마자 맛보며, 일반적으로 샐러드와 함께 먹는다. 만들기가 쉬운 편이며, 간간이 묑스테르 치즈로 덮는 등 독창적으로 만들기도 한다.

5. 쿠겔호프kouglof, kougelhopf

가운데에 홈이나 구멍을 내기에 금방 알아볼 수 있는 음식이다. 럼이나, 보다 전통적으로는 키르슈에 적신 건포도와 아몬드를 넣은 브리오슈를 말한다. 예전에는 크리스마스 축제 때나 각종 행사 시에 먹던 이 음식을 오늘날에는 아침에도 먹는다. 돼지고기 조각이나 호두를 넣은 짭짤한 요리도 존재하는데, 아페리티프와 함께 들면 좋다.

기타 먹거리들

- 샴파뉴 지방에서는 와인 산지 산책부터 다양한 샴페인 하우스를 방문할 수 있다. 렝스 양념빵(pain d'épices de Reims)은 꿀을 섞은 호밀 가루를 주재료로 만든다. 또 이 지역에서는 렝스 핑크 비스킷(biscuit rose de Reims)이 유명하다. 반죽에 양홍빛을 추가한 이 비스킷은 두 번 구운 네모 난 형태의 과자로 포르토나 샴페인에 적셔서 맛본다. 1845년부터 포시에(Fossier) 공장에서 유일하게 이 비스킷을 제조하고 있다.
- 트루아의 앙두이예트(andouillette) 소시지 : 가는 끈으로 길게 자른 돼지고기 대창과 위로 구성된 요리로, 간을 낸 다음 돼지의 천연 창자 속에 내용물을 촘촘하게 집어넣은 형태다.
- 알자스에서는 수제 맥주뿐 아니라 스파클링 와인도 유명하다. 식도락을 즐기는 알자스에서만도 별 등급을 부여받은 레스토랑이 30개나 된다.
- 짭짤한 음식을 좋아한다면 슈크루트, 플람쿠헨 말고도 슈페츨레(spätzle, 밀가루에 달걀과 소금을 넣어 만드는 면요리), 담프누델른(dampfnudeln) 등이 추천 음식. 디저트를 먹기 이전에 묑스테르 치즈 몇 조각을 먹어도 좋다.

- 단 음식을 원한다면 오스테르플라덴(osterfladen), 베라베카(berawecka, 알자스 지방의 크리스마스 과자), 크리슈트슈톨레(chrischtstolle), 브레들르(bredele)를 들면 된다.

쇼핑

알자스 지방에서 살 만한 물건들이 많다. 일부 물건들은 이곳에서만 생산한다. 식도락을 좋아하는 사람들은 시골에서 만든 품질 좋은 뮝스테르 치즈, 알자스 와인, 수제 맥주, 쿠겔호프를 구입한다. 슈크루트도 포장하지 않을 이유가 없다. 수플렌아임(Soufflenheim) 자기류, 베츄도르프(Betschdorf) 소금, 황새 장식품, 켈슈(kelsch, 알자스 지방의 전통 천), 크리스마스 장식품도 알자스에서 구입할 만한 물건들이다.

노르망디

Normandie

행정 중심지 : 루앙(Rouen)
데파르트망 : 5개
칼바도스(Calvados)(14), 외르(Eure)(27), 망슈(Manche)(50),
오른(Orne)(61), 센마리팀(Seine-Maritime)(76)
면적 : 29,907km²
인구 : 3,303,500명

┃특징

노르망디는 서유럽에서 가장 멋진 지역으로 손꼽히는 동시에 파리지엥들에게 사랑
을 받는 레지옹이다. 파리 서북쪽에 자리를 잡고 있기에 주말에 많은 수도권 사람
들이 찾고 있는데, 모네의 집이 있는 지베르니(Giverny), 에트르타(Étretat), 옹플뢰르
(Honfleur)를 위시한 인상주의와 관련된 명소들이 많다. 이 지방에서는 많은 작곡가와
화가가 태어나기도 했다. 거대한 만 위에 자리한 웅장한 몽생미셸 수도원, 좁은 자
갈길과 중세 교회가 들어선 그림 같은 마을이 이곳 풍광을 채우고 있다. 농촌 풍경
은 전반적으로 온화한 느낌을 준다. 도빌(Deauville)은 파리에서 가장 가까운 바닷가
이기도 하다. 또 제2차 세계대전 당시 상륙작전이 감행된 곳이기에 전쟁을 기억하는
기념물들이 많다.

노르망디 문화는 무엇보다도 문학과 관련이 많다. 프랑스어와 마찬가지로 오일

어(langue d'oïl)로부터 파생된 언어인 노르망디어로 프랑스 문학이 많이 표현된 까닭이다. 노르망디어는 현재도 사용되고 있는데, 특히 코(Caux), 코탕탱(Cotentin) 지방 및 앵글로-노르망디 섬들에서 그 흔적이 강하다. 프랑스에서 가장 오래된 문헌이자 앵글로-노르망디어로 기술된 작품인 《롤랑의 이야기(Chanson de Roland)》는 서사시인 동시에 튀롤드(Turold)의 것으로 추정되는 11세기 말의 중세 서사시(chanson de geste)였다.

녹색 들판의 사과나무 아래서 풀을 뜯는 암소들, 목조구조물 가옥들, 크림을 많이 함유하고 있고 향기가 나는 치즈, 칼바도스 술 등이 노르망디를 연상시키는 이미지들이다. 농촌이 많고 양질의 제품을 생산하는 도시와 마을들이 많은 덕분이다. 또 작은 산업과 석유화학 산업단지, 노동자들이 사는 교외 지역과 루앙(Rouen), 르아브르(Le Havre), 캉(Caen)과 같은 역동적인 도시들이 공존하는 지역이기도 하다. 이 지역의 건축 문화유산은 중세 때 노르망디 공국의 위상이 얼마나 막강했는가를 입증해 주고 있다.

노르망디의
문화 코드와 상징
- Culture et Symbole -

사자(혹은 표범) 문장(紋章)

경계심을 나타내는 사자는 정면을 바라보고 있다. 하지만 영국과 깊은 관련을 맺고 있는 문장이기에 프랑스로부터 조롱을 받고 있다. 프랑스인들이 이 동물을 표범이라 규정하는 것과 상관없이 머리는 표범, 몸은 사자 형태를 하고 있다. 노르망디 사람들은 중세의 이상을 나타내던 용맹스러움과 고귀함에 이 동물이 부합한다고 생각한다. 문양의 기원은 12세기에 플랜태저넷 왕조까지 거슬러 올라간다. 헨리 2세(1133-1189)가 두 마리 표범이 등장하는 문장을 처음 사용했고, 사자왕 리처드가 3번째 표범을 추가했는데, 표범은 각각 영국 왕, 앙주 백작(Comte d'Anjou), 노르망디 대공을 의미한다. 일부 학자들이 이 문장을 19세기에 찾아낸 후 다시 사용하기 시작했는데, 영국인들은 3마리 표범을 고수하는 반면 노르망디 쪽에서는 2마리를 등장시키고 있다. 백년전쟁을 촉발했던 영국의 에드워드 3세는 3마리 사자에 프랑스 왕실을 상징하는 백합을 추가한 문장을 만들면서 자신이 프랑스와 영국의 왕이라 선포했다.

몽생미셸 수도원과 만
파리를 제외한 프랑스 최대의 관광지이기도 하다. 브르타뉴와 노르망디 사이에 있는 몽생미셸 만에 솟아 있다. 아브랑슈의 주교인 생오베르가 이곳에서 대천사 성 미카엘의 모습을 보고 소예배당을 세웠던 8세기 이후 베네딕토 수도회의 대수도원, 감옥 등의 역사를 거쳤다. 몽생미셸은 거의 원형으로 원주의 길이가 약 900m에 달한다.

지베르니
모네의 집에서 인상주의 화가 모네에게 영감을 준 풍경을 직접 만날 수 있다. '인상파의 길(Route des impressionnistes)'에서는 지베르니를 포함한 인상파 화가들의 흔적을 만나볼 수 있다.

에트르타
이곳의 코끼리 바위의 모습은 그림엽서에 단골로 등장하는 풍경이다. 모파상의 단편들에 자주 등장하는 무대인 에트르타에는 '라 기예트(La Guillette)'라는 모파상의 집이 있는데, 이곳에서 작가는 1884년 《벨 아미(Bel ami)》를 완성했다. 크라무아장(Cramoizan)이 설계한 정원은 원래 모습을 유지하고 있다.

옹플뢰르

포구에서 만나는 특별한 풍경은 프랑스의 다른 지역 그 어디서도 찾아볼 수 없다. 그렇기에 많은 인상파 화가들이 포구 모습을 그려내려고 옹플뢰르를 즐겨 찾았다.

유타비치Utah Beach, 오마하비치Omaha Beach

노르망디 상륙작전 해안, 캉(Caen)의 전쟁박물관을 비롯한 전쟁과 관련된 공간들

도빌Deauville과 트루빌Trouville

도빌에서의 서핑, 〈남과 여〉 촬영지, 영화인들을 기리는 도빌의 플랑슈 산책로(Planches de Deauville) 등

| 노르망디의 주요 방문지

가이야르 성Château Gaillard

외르(Eure) 데파르트망에서 꼭 방문해야 할 장소로, 사자왕 리처드(roi Richard Cœur de Lion)의 옛 성채다. 프랑스의 침략으로부터 노르망디를 지켜내기 위해 8백 년도 더 전에 건축한 이 성채는 앙들리 언덕(Colline des Andelys) 위에서 센 강을 내려다보고 있다. 영국왕들과 프랑스왕들이 격돌하는 전쟁에 대비해 사자왕 리처드는 기록적으로 빨리 이 성채를 건설했다. 이 군사 건축물을 짓는 데 1년이 걸렸을 뿐이다. 오늘날 전혀 군사적이지 않은 이 성채는 관광객들 차지가 되었다. 성채를 방문한다면 멋진 장관이 눈에 들어오는 석양 때까지 머무르면 좋다.

1198년 가이야르 성이 완공되었을 당시에는 이런 모습이었다.

건지 섬Île de Guernesey[영국령]

건지 섬은 영국 왕실령인 채널 제도의 일원이다. 면적은 77.5km², 주도는 세인트피터 포트(Saint-Pierre-Port). 빅토르 위고는 망명 중 일부 기간을 이 섬에서 보냈다. 그가 주로 머물렀던 곳은 오트빌 하우스(Hauteville House)로, 최근 대대적인 보수공사를 끝낸 후 일반에게 공개되었다. 위고는 이 집에서 1862년에 《레미제라블(Les Misérables)》을, 1866년에 《바다의 노동자들(Les Travailleurs de la mer)》을 저술했다.

그랑빌Granville

망슈(Manche) 데파르트망에서 3번째 규모의 도시로, 데파르트망의 경제적 중추 역할을 하고 있다. 그랑빌 일부가 바위가 무성한 곳까지 이어지기에 오래된 화강암 건물들을 배경으로 바닷가를 산책할 수 있다.

노르망디 상륙작전 해변Plages du Débarquement

1944년 6월 6일 미국, 영국, 캐나다, 프랑스 등이 상륙작전을 실시한 해변에는 오늘날 10여 km에 걸쳐 밝은색 모래 해변, 백악(白堊) 절벽, 100여 개의 토치카, 참호, 대포들이 널려있다. 상륙작전이 감행된 해변에는 각각 유타(Utah), 오마하(Omaha), 골드(Gold), 주노(Juno), 소드(Sword)란 이름이 붙었다. 제2차 세계대전 역사를 바꾼 전투가 벌어진 해변의 흔적이 이미 오래전에 사라졌을지라도 수만 명 병사가 묻힌 무덤은 기억의 의무를 일깨워준다. 바닷가와 내륙의 여러 장소가 이 역사적인 날에 대한 기억을 간직하고 있다.

도빌Deauville

나무가 깔린 해변 산책로, 왕립 카지노, 궁전, 빌라, 경마장 등이 도시를 채우고 있는 이미지들이다. 거의 파리 수준의 럭셔리한 분위기를 느낄 수 있다. 부유한 사람들이 드나들기에 프로방스 지방을 제외한 프랑스 지역 중 가장 사치스러운 도시로 꼽힌다. 그래서 도빌에서는 호사스러운 쇼핑과 미식 요리를 즐기거나, 멋스럽게 차려입고

경마장에서 열리는 경주를 관람하는 행태가 일반적이다. 도빌에 맞닿아 있는 트루빌은 상대적으로 수수한 해변인데, 이곳에서 기념비적인 영화 〈남과 여(Un homme et une femme)〉(1966)를 촬영했다.

디에프Dieppe

노르망디 지방에서 가장 역동적인 항구 중 하나로 파리에서 가장 가까운 곳에 자리를 잡은 해변에 있다. 파리까지의 거리는 180km. 디에프에서는 12세기부터 16세기까지 건조된 생자크 성당(Église Saint-Jacques), 옛적의 상아 세공 전통을 상기시키는 상아박물관(Musée des Ivoires)이 들어선 15세기 성을 만날 수 있다. 19세기에 프랑스 최초의 관광 형태가 등장한 도시도 디에프다.

레 장들리Les Andelys

레 장들리는 센 계곡의 가장 아름다운 장소 중 하나다. 고리 형태의 강을 내려다보는 성채, 숲으로 둘러싸인 백악 절벽, 푸른 빛이 넘치는 강, 마을의 낡은 지붕들로 유명하다. 마을은 두 구역으로 나뉘는데, 가이야르 성(Château Gaillard) 유적이 감싸고 있는 센 강가의 르 프티탕들리(Le Petit-Andely)와 내륙 쪽의 르 그랑탕들리(Le Grand-Andely)가 그것들이다.

로베르 르 디아블(악마 로베르)성Château de Robert le Diable

노르망디 대공들이 지배하는 시기까지 거슬러 올라가는 로베르 르 디아블 성은 루앙(Rouen) 근처, A13 고속도로 가장자리의 물리노(Moulineaux)에 자리 잡고 있다. 이 성은 노르망디 지방에서 가장 신비스럽고도 유명한 인물의 전설과 얽혀 있는데, 그를 둘러싼 의문은 여전히 신비에 싸여있다. 관련 책을 쓴 저자들은 악마 로베르가 벨렘의 로베르 2세(Robert II de Bellême) 혹은 경이왕 로베르(Robert le Magnifique)였을 것이라고 추정한다. 노르망디 대공이자 정복자 윌리엄(Guillaume le Conquérant)의 아버지였다. 하지만 그가 직접 이 성을 지었다는 기록은 없다. 지방의 전설이 그렇다고 전할 뿐이다.

루앙Rouen

프랑스 북부 지역 노르망디의 중심도시인 루앙은 폭격과 화재, 산업화에도 불구하고 여전히 프랑스에서 가장 아름다운 도시 중 하나다. 센 강의 항구도시로 로마제국시대와 중세에 중심지 역할을 했기에 생마클루(Saint-Maclou), 생캉(Saint-Quen) 같은 고딕 교회가 이곳에 들어서 있다. 도심은 나무와 벽돌로 지어진 집들이 채우고 있다. 클로드 모네가 일련의 그림을 통해 노트르담 대성당(Cathédrale Notre-Dame)을 그려내기도 했다. 독일 점령 당시에 피해를 봤지만, 루앙 시는 산업 발전과 관련된 주요 시설들을 강 좌안에 모으면서 자신의 영광스러운 과거를 지켜내는 데 성공했다. 대성당, 오래된 거리, 2천여 채의 목조구조물 가옥들은 방문자를 절대 실망시키지 않는다.

루앙 시의 역사 중심지는 센 강가 언덕 비탈에 있다. 중세 유산을 간직하고 있는데 그중 가장 뛰어난 건물은 고딕식 대성당이고, 건물 전면을 아름다운 조각이 장식

하고 있다. 그 외에도 사법재판소, 대형시계가 역사를 담아내고 있다. 성녀 잔 다르크가 화형을 당한 장소는 비외마르셰 광장(Place du Vieux-Marché)에 표시되어 있다.

르 모르테네 Le Mortainais

망슈(Manche) 데파르트망의 마을 르 모르테네는 목가적인 느낌을 주는 작은 골짜기로, 아서 왕의 전설과 많은 다른 이야기가 존재한다. 이 계곡에서 만날 수 있는 에기유 바위(Rocher de l'Aiguille)는 흥미로운 형상의 아르모리크 지방 사암이다. GR22 트레킹 코스를 따라 걷는 사람들은 바위에 열광한다. 전설에 따르면 아주 가까운 시냇가에서 목욕하고 있던 요정이 자신을 놀라게 한 한 젊은 병사에 분개해 병사 가슴에 꽂은 방추(紡錘)였다고 한다.

르 벡엘루앵 Le Bec-Hellouin

루앙(Rouen)과 리지외(Lisieux) 사이에 자리한 르 벡엘루앵은 노트르담 뒤 벡 수도원

(Abbaye Notre-Dame du Bec)으로 특히 유명
하다. 수도원 내부의 베네딕토회 수도사
들은 오늘날에도 도자기를 제조하고 있
다. 꽃이 만발한 거리와 목조구조물 가옥
이 눈에 들어오는 이곳은 '프랑스에서 가
장 아름다운 마을'로 선정된 적도 있다.
또 다른 종교 건축물도 둘러볼 만한데, 생

탕드레 성당(Église Saint-André), 생트프랑수아즈 로멘 수도원(Monastère Sainte-Françoise
Romaine) 등이 그런 건물들이다.

르아브르Le Havre

영불해협과 마주 보고 있는 도시 르아브
르는 2차 세계대전 때 폐허가 되었다가 건
축가 오귀스트 페레(Auguste Perret)의 설계
로 일부가 재건되었다. 선구자적 비전을
추구하던 그는 통일성 있고 근대적인 도
시 모델을 제시한 인물이었다. 이 도시의

앙드레 말로 현대미술관(MuMa)에서는 멋들어진 현대미술 작품을 감상할 수 있다.
또 르아브르의 복합문화공간 레 뱅 데 독(Les Bains des Docks)에는 스포츠센터, 게임센
터, 마사지센터 등 다양한 시설이 입주해 있기에 많은 사람이 찾는다. 1년 내내 이용
할 수 있는 노천 수영장도 있다.

리옹라포레Lyons-la-Forêt

유럽에서 가장 아름다운 너도밤나무숲 중 하나에 자리를 잡고 있다. '프랑스에서 가
장 아름다운 마을'의 하나로 선정된 곳으로 낭만적인 느낌을 받을 수 있는 마을이
다. 18세기에 지어진 목조구조물 가옥들이 분위기를 자아내기에 외르(Eure) 데파르트

망을 벗어난 바깥까지 이름이 알려졌다. 장 르누아르(Jean Renoir), 클로드 샤브롤(Claude Chabrol) 등의 감독이 이곳에서 영화를 찍었는데, 〈마담 보바리(Madame Bovary)〉도 그중 하나. 또 모리스 라벨(Maurice Ravel), 루이 아라공(Louis Aragon), 앙드레 브르통(André Breton) 같은 예술가들이 영감을 얻기 위해 이곳에서 거주하기도 했다.

리지외 Lisieux

오주(Auge) 지역의 현재 '수도'인 리지외는 제2차 세계대전 당시 13차례 폭격을 당했다. 생피에르 대성당(Cathédrale Saint-Pierre)과 사원이 다행히 폭격을 피할 수 있었기에 이 지역의 스타인 테레즈(Thérèse)를 찾는 순례 여행을 가능하게 만들었다. 1925년 성

인으로 축성된 생트테레즈(Sainte Thérèse)에
게 봉헌된 리지외 사원(Basilique de Lisieux)은
1929년부터 1937년까지 건립되었는데, 교
황 비오 11세(Pie XI)의 지지를 받은 르모니
에 대주교(Monseigneur Lemonnier)가 추진했
다. 면적이 4,500m²에 달하는 기념비적인
건물로, 종교예술의 극치를 보여준다. 플
랑부아양 양식의 다색 배합 외에도 피에르
고댕(Pierre Gaudin)이 제작한 스테인드글라
스를 만나볼 수 있다. 그는 모리스 드니
(Maurice Denis), 조르주 데발리에르(Georges Desvallières) 유파의 영향을 받은 화가다.

모르탱Mortain

모르탱보카주(Mortain-Bocage) 폭포는 프랑스 서부에서 가장 높은 폭포로, 25m 높이
에서 떨어지는 물은 특별한 경치를 선사한다. 마을 중심에서 걸어서 찾아갈 수 있으
며, 계단이 설치되어 있기에 사시사철 변하는 풍경을 감상할 수 있다. 1년 내내 이 폭
포를 방문할 수 있는데, 5월 말에서 6월 초에 개화하는 진달래꽃은 또 다른 절경을
자아낸다. 대폭포(Grande Cascade)와 소폭포(Petite Cascade)로 나뉜다.

모르트메르 수도원Abbaye de Mortemer

1134년에 건축된 시토회 수도원은 무수한 전설의 소재가 되고 있으며, 유령이 배회
하는 장소로 유명하다. 1921년에 모르트메르 수도원의 소유주가 한 사제에게 악령
을 퇴치해달라고 요구할 정도였다. 오늘날에도 일부 사람들은 이곳에서 반투명의
망자(亡者)들 모습을 목격했다고 주장한다. 프랑스 대혁명 당시 암살된 4명의 수도사
유령이 수도원 지하실을 방황한다고 전해지기도 한다.

몽생미셸Mont Saint-Michel

노르망디와 브르타뉴 경계에 놓인 몽생미셸은 유럽에서 조수간만의 차이가 가장 큰 거대한 만의 중심을 차지하고 있다. '서양의 불가사의'라고 불리는 고딕 양식의 베네딕트회 수도원과 이곳을 중심으로 생겨난 마을로 구성되는데, 파리에서 차로 3시간 반 거리에 위치한다. '서구의 진주'이자 건축학상의 대담한 걸작으로 꼽히는 몽생미셸을 찾는 프랑스 국내외 사람들은 매년 3백만 명 이상에 달한다. 지방 소재 유적으로서는 가장 많은 사람이 찾는데, 그 속에는 관광객과 순례자들이 뒤섞여 있다. 유네스코 세계문화유산에 등재된 $4km^2$에 불과한 이 공간에서는 역사와 전설, 성스러움과 세속성이 공존하고 있

다. 몽생미셸의 역사는 대천사 생미카엘이 당시 아브랑슈(Avranches) 주교였던 오베르(Aubert)에게 나타나 기도실을 지으라고 명령한 데서부터 비롯된다. 순례객들이 몰려들면서 예배당은 수도원이 되었다. 몽생미셸의 건설은 생방드리유(Saint-Wandrille)의 베네딕토수도회 수도사들이 담당한 것으로 알려져 있는데, 중세 건축가들은 이곳의 험준한 지형에도 불구하고 놀랄만한 작품을 완성하였다. 10세기에 처음으로 전기 로마네스크 양식의 교회 건물을 이곳에 축조했고, 11세기에 로마 수도원 부속교회, 13세기에 '불가사의'라 불리는 고딕 건축물이 추가되었다. 경사진 암벽 위로 기적처럼 솟아 있는 2개의 3층 건물로 상징된다. 14세기부터 15세기에 걸친 백년전쟁 기간에 몽생미셸이 영국에 완강히 저항했기에 이 장소는 프랑스의 정체성을 상징하는 공간이 되기도 했다. 대혁명 직후인 1790년에 수도사들이 떠났던 수도원은 1874년에 역사유적으로 지정되었다.

몽생미셸은 끊임없는 개보수 작업을 통해 옛날의 영광을 되찾고 있다. 몽생미셸이 19세기 모습을 되찾게 하려는 다양한 시도가 마침내 결실을 보았는데, 아스팔트 도로를 없애는 대신 수ha에 달하는 주

몽생미셸을 더 이해하기

1. 해발 156m에 자리한 수도원 꼭대기에서는 무게 820kg, 길이 3.5m에 달하는 생미카엘 대천사(Saint-Michel)상이 요한계시록 속의 용을 용맹하게 무찌르고 있다. 2016년에 새로 금장을 했다.

2. 중세시대 베네딕토회 수도사들이 몽통브(Mont Tombe, 몽생미셸의 옛 이름)를 수도원의 위치로 선택한 것은 이 바위섬이 수도원을 짓기에 최적의 장소였기 때문이었다. 만 안쪽에 자리하고 있기에 몽생미셸은 조수간만의 차에 따라 육지가 되거나 섬이 될 수 있었다. 하지만 퇴적물이 축적되면서 몽생미셸이 육지로 변할 위기에 봉착하자 2005년부터 10년간 대규모 복원공사가 진행되었다. 이곳의 조수간만 차는 무려 15m에 이른다. 밀물 때에 모든 길이 사라지고 나면 섬은 마치 물 위에 떠있는 듯한 착각을 불러 일으킨다.

3. 바닷물을 흡수한 이 지역의 풀은 염분과 미네랄이 풍부하다. 그러기에 이를 먹고 자라는 양고기에 특별한 맛을 부여하고 있다. 몽생미셸 만에서 방목으로 키워낸 해안 지방의 양고기는 최고의 맛으로 인정되면서 AOC 등급을 부여받았다. 몽생미셸 주변에서 검은색 다리를 가진 양들을 찾아볼 것.

차장이 2015년 여름에 완공되었다. 2025년경에는 쿠에농(Couesnon) 강이 만(灣)의 거대한 하구 모습을 바꾸게 될 예정이다. 몽생미셸 만도 바닷가와 마을을 통해 다양한 풍경을 제공한다.

바랑주빌쉬르메르 Varengeville-sur-Mer

디에프(Dieppe)에서 멀리 떨어지지 않은 곳에서 바다와 붙어있으면서 자연이 자유롭게 펼쳐진 마을이 바랑주빌쉬르메르. 무티에 숲 공원(Parc du Bois des Moutiers)을 채운 수많은 진달래 샴록 정원(Jardin Shamrock)의 수국들이 그걸 입증한다. 절벽 위에 조성된 해변의 묘지는 디에프 만(Baie de Dieppe) 쪽으로 멋진 풍경을 선사한다. 지척의 거리에 있는 성당에서는 조르주 브라크(Georges Braque)가 그린 스테인드글라스를 만나볼 수 있다.

바르플뢰르 Barfleur

코탕탱(Cotentin)의 작은 포구인 바르플뢰르는 '프랑스에서 가장 아름다운 마을'로 선정된 곳이다. 인구가 640명인 이 포구는 여러 편의 프랑스 영화와 벨기에 영화의 촬영 장소로 쓰이기도 했다. 포구의 레스토랑에서는 노르망디 홍합을 맛볼 수 있다. 화강암으로 지은 집들, 8각형, 뾰족탑이 없는 종 등 비정형 방식으로 지은 생

니콜라 성당(Église Saint-Nicolas)은 바르플뢰르의 매력을 더한다. 이곳에서 멀리 떨어지지 않은 곳에 가트빌 등대(Phare de Gatteville)가 있다. 프랑스에서 두 번째로 높은 등대다.

바이외Bayeux

바이외는 전쟁으로 인한 파괴의 고통을 별로 받지 않았던 잘 보존된 도시다. 그 유명한 태피스트리와 호화스러운 대성당이 많은 관광객을 끌어들이고 있다 할지라도, 옛집들과 멋진 저택, 노르망디 전투에 할애된 박물관 역시 이 도시에서 놓치면 안 되는 대상들이다. 나크르 해안(Côte de Nacre)의 전설적인 백색 모래 해변과 바이외 대성당을 방문할 경우 칼바도스(Calvados) 데파르트망 서쪽도 충분히 돌아볼 만하다. 시골 풍경의 노르망디가 펼쳐지는데, 들판은 망슈(Manche) 가장자리에서 끝난다. 그곳에서 역사에 흔적을 남긴 오마하 비치 미군묘지(Cimetière américain d'Omaha Beach)를 만날 수 있다.

바이외 태피스트리Tapisserie de Bayeux

11세기에 제작된 자수 작품으로 '마틸드 여왕의 태피스트리(Tapisserie de la reine Matilde)'라고도 부른다. 950년의 역사를 자랑하는 세계기록유산이다. 뛰어난 자수 실력을 가진 전문가들이 한 장소에 모여 함께 제작한 것으로 간주되고 있다. 폭 50cm, 길이 69.55m, 무게 350kg에 달하는 거대한 규모의 작품으로, 노르만의 잉글랜드 정복을 이끈 정복자 윌리엄(노르망디 공작)이 1066년 10월 14일 헤이스팅스(Hastings) 전투에서 잉글랜드의 해럴드 국왕과 전투를 벌이기까지의 과정을 담아내고 있다. 그 해에 1066년 앵글로색슨계 영국왕인 '참회왕 에드워드'가 후계자 없이 죽자 처남 해럴드가 일방적으로 왕위에 오른 것이 원인이었다. 정복자 윌리엄 입장에서는 자신을 군주로 모시던 해럴드를 인정할 수 없었다. 1066년을 계기로 앵글로색슨계의 600년 영국 지배가 끝이 나며, 대륙에서 온 노르만 왕조(1066-1154)가 영국을 통치하게 된다. 글은 라틴어로 쓰여 있다. 태피스트리 재질은 아마. 2007년에 유네스코 세계기록유산으로 지정되었으며, 현재 바이외 소재 바이외 태피스트리 박물관이 소장 중이다.

베르농Vernon

베르농에는 비외물랭(Vieux-Moulin)이라는 특이한 형태의 건물이 있다. 클로드 모네(Claude Monet)가 그린 그림이 미국에서도 전시되었기에 세계적으로도 잘 알려진 건물

이다. 녹지대 속의 보석 같은 이 집 풍경은 노르망디 지방을 통틀어 인스타그램에 가장 많이 사진이 올라가는 대상이기도 하다. 베르농은 에밀 졸라(Émile Zola)의 작품 《테레즈 라캥(Thérèse Raquin)》 서두에서도 여러 차례 언급된다. 테레즈가 파리로 떠나기 전에 어린 시절을 보낸 마을이 베르농이다.

벨렘Bellême

오른(Orne) 데파르트망 동남쪽에 소재한 이 '개성 있는 작은 마을(Petite Cité de Caractère)'은 언덕 위에 자리 잡고 있다. 벨렘 국유림의 면적은 2,400ha에 달하는데 2백 년도 더 된 큰키나무와 작은 계곡들, 그 사이를 흐르는 시내로 유명하다.

뵈브롱아노주Beuvron-en-Auge

칼바도스(Calvados) 데파르트망의 마을로 '시드르 루트(Route du cidre)' 위의 이상적인 장소에 놓인 이곳을 꼭 방문해볼 필요가 있다. 목조구조물 가옥, 골동품 가게, 예술가들의 작업실 등 노르망디의 매력을 한곳에 모아놓은 느낌을 준다. 카부르(Cabourg)에서 가까운 뵈브롱아노주는 식도락을 즐기기에 좋은 마을인데, 시드르, 칼바도스뿐만 아니라 카망베르와 리바로(livarot) 같은 이 지방 특산 치즈를 즐길 수 있기 때문이다.

뵐레로즈Veules-les-Roses

센마리팀(Seine-Maritime) 데파르트망의 푸르름이 넘치는 계곡에 자리 잡은 작은 해수욕장인 뵐레로즈는 방문해볼 가치가 충분하다. '프랑스에서 가장 아름다운 마을' 한가운데로 프랑스에서 가장 작은 강인 뵐(Veules) 하천이 흐르는데 길이는 1km 남짓에 불과하다. 뵐레로즈의 물냉이 재배 연못은 방문객들의 호기심을 자아낸다. 또 마을은 살이 많고 요오드를 함유한 굴에 자신의 이름을 붙이고 있는데, 뵐에서 생산하는 굴을 '뵐레즈(Veulaise)'라 부른다. 비록 이 마을이 전쟁으로 많은 고통을 겪었을지라도 마을 분위기는 사람을 끌어들

이는 힘을 여전히 간직하고 있다. 노르망디풍 초가집, 물레방아, 꽃이 만발한 정원은 알바트르 해안(Côte d'Albâtre)에 소재한 뵐레로즈의 매력을 드높이는 요소들이다.

생바스트라우그Saint-Vaast-la-Hougue

망슈(Manche) 데파르트망의 마을로 포구, 성당, 굴 파크로 유명하다. 역사 문화유산을 찾아보려면 7월 초에 열리는 '보방 주간(semaine Vauban)'에 이 마을을 방문하는 것이 가장 좋다. 라우그 성채를 방문할 수 있기 때문이다. 시간이 있다면 배를 타고 타티우 섬(Île de Tatihou)을 방문하는 것도 여행에 풍미를 더한다. 넓이가 28ha에 달하는 방대한 공간으로, 해양박물관, 정원, 보방 탑(Tour Vauban) 등이 들어서 있다.

세관원들의 길Sentier des douaniers[노르망디]

몽생미셸(Mont Saint-Michel)에서 트레포르(Tréport)까지 800km에 걸쳐 이어지는 바닷길로 노르망디 지방의 가장 아름다운 명소들을 거치고 있다. 몽생미셸 만(Baie du Mont Saint-Michel), 서부 해안, 라 아그(La Hague), 발 드 세르(Val de Saire), 코탕탱 늪지대(Marais du Cotentin), 노르망디 상륙작전이 감행된 해변들, 그라스 해안(Côte de Grâce)[옹플뢰르(Honfleur)], 나크르 해안(Côte de Nacre), 오른 하구(Estuaire de l'Orne)와 센 하구, 노르망디 다리(Pont de Normandie), 알바트르 해안(Côte d'Albâtre) 등이 그런 장소들이다. 2020년에 '프랑스인

들이 좋아하는 트레킹 코스'로 선정되었다.

셰르부르옥트빌Cherbourg-Octeville

2000년에 셰르부르(Cherbourg) 시와 옥트빌(Octeville) 시가 합쳐지면서 탄생한 셰르부르옥트빌은 군항, 상업항, 어항, 영국의 섬들과 배가 오가는 여객항, 그리고 칸 다음으로 두 번째 규모인 요트항 등 다양한 역할을 담당하고 있는 항구도시다. 셰르부르에 위치한 인공 접안시설은 카타르의 라스 라판(Ras Laffan)에 뒤이어 세계에서 두 번째로 규모가 크다. 면적은 1,500ha에 달한다. 토마-앙리 미술관(Musée d'art Thomas-Henry)과 마린 시티(Cité de la Mer)를 놓치지 말 것.

쇼제 군도Îles Chausey

1360년에 체결된 브레티니 조약(Traité de Brétigny)에도 불구하고 유일하게 프랑스 땅으로 남은 노르망디 섬들인 쇼제 군도는 5,000ha에 걸친 지역이다. 화강암으로 된 섬들이기에 이곳에서 나오는 돌들로 몽생미셸과 생말로를 짓고 파리와 런던의 도로 일부를 깔았다. 군도의 대부분은 민간 소유물이며, 나머지는 연안연구소(Conservatoire du littoral)가 소유하고 있다. 여름에 많은 관광객이 몰려들기는 하지만 나머지 기간에는 조화로움과 평화를 맛볼 수 있는 곳이다.

알랑송Alençon

알랑송이란 이름은 레이스 및 아기 예수의 성녀 테레즈(Thérèse, 테레사)를 연상시킨다. 이 도시는 많은 공연을 열고, 대학도시 기능을 충실히 하며, 녹지대를 넓히고, 레스토랑들의 품격을 높이며, 바다와 숲으로부터 가까운 지리적 이점을 극대화하는 중이다. 화강암과 청회색 지붕은 파리에서 브르타뉴까지 이어지는 옛길을 상기시켜준다.

알루빌Allouville

센마리팀(Seine-Maritime) 데파르트망의 알루빌에서는 프랑스에서 가장 오래된 참나

무를 만날 수 있다. 참나무의 움푹 들어
간 곳에 노트르담 드 라 페 예배당(Chapelle
Notre-Dame de la Paix)을 지었는데, 그 속에
든 성모상이 유명하다. 911년에 이 참나무
를 심은 것으로 전설이 전하고 있지만 실
제로는 그보다 역사가 더 길다. 과학자들
은 참나무 나이가 약 1,200년 된 것으로
추정하고 있다.

에브뢰Évreux

고딕 스타일의 노트르담 대성당(Cathédrale Notre-Dame)을 만날 수 있는 곳이다. 이 성
당은 도시에서 가장 눈에 띄는 건축물인데, 1862년에 역사유적으로 지정되었다. 내
부에서는 14세기에 제작된 일련의 스테인드글라스를 감상할 수 있다. 성당 건립은 4
세기 때부터 시작되었는데, 두 번의 화재를 겪는 등 시간이 흐르며 멋진 건물로 완성
되었다.

에트르타Étretat

에트르타는 르아브르(Le Havre)에서 디에프
(Dieppe)를 거쳐 트레포르(Tréport)까지 이어
지는 알바트르 해안(Côte d'Albâtre)에서 만
날 수 있는 자연의 경이다. 바다에 잠기는
백악 절벽의 에트르타 이미지는 전 세계에
잘 알려져 있다. 에트르타 절벽에 대해 빅
토르 위고(Victor Hugo)는 '현존하는 가장
위대한 건축물'로 명명했다. 매혹적인 에트

르타 해수욕장에서는 침식작용으로 인해 활, 바늘 같은 다양한 형상들도 발견된다.

클로 아르센 뤼팽 Clos Arsène Lupin

한국에서 《괴도 루팡》으로 불리는 작품을 쓴 모리스 르블랑(Marie Émile Maurice Leblanc)(1864-1941)의 집이다. 작가는 이곳에서 아르센 뤼팽 시리즈를 썼는데, 시리즈는 17편의 소설, 39편의 단편소설, 5개의 희곡을 포함하고 있다. 모두 1905년부터 1941년까지 쓴 작품들이다. 이 공간은 현재 작가를 기리는 박물관으로 사용되는 중이다.

에트르타의 자갈 해변은 부댕(Boudin), 모네(Monet), 쿠르베(Courbet), 마티스(Matisse) 같은 화가들에게 영감을 제공했다. 추리소설 주인공 아르센 뤼팽(Arsène Lupin)이 좋아하는 움푹 파인 바늘 바위(Aiguille creuse)를 19세기부터 많은 사람이 찾고 있는데, 작가 기 드 모파상(Guy de Maupassant)은 '바다에 코를 늘어뜨리고 있는 코끼리'로 표현한 바 있다. 또 에트르타에는 벨 에포크 시대의 빌라들이 들어서 있는데, 오르페 빌라(Villa d'Orphée), 클로 아르센 뤼팽(Clos Arsène Lupin), 라 기예트(La Guillette) 등이 대표적인 빌라들이다.

오에트르 바위Roche d'Oëtre

오에트르 바위는 노르망디 지방의 나머지 지역보다 상대적으로 높은 곳에 자리한 바위군(群)의 일부다. 그로부터 알프스 산맥을 연상시키는 '노르망디의 스위스(Suisse normande)'란 별명이 나왔다. 가장 높은 곳의 위치는 해발 362m. 하지만 오에트르 바위는 높이가 118m에 불과하다. 경치가 아주 뛰어나며, 숲이 무성한 루브르 협곡(Gorges de la Rouvre) 쪽으로 전망이 좋다.

옹플뢰르Honfleur

노르망디 지방의 모든 항구 중 가장 귀엽고, 가장 특이하며, 가장 멋진 항구다. 19세기부터 옹플뢰르는 점판암으로 덮인 건물 전면의 특이한 풍경 때문에 작가, 음악가, 화가들이 즐겨 찾던 장소였다. 예술가들은 센 강 하구의 시시각각 변하는 풍경과 오주(Auge) 지방 전원의 푸르름에 매혹되었다. 옹플뢰르는 두 얼굴을 하고 있다.

주중에는 어부들의 도시인 반면 주말이나 바캉스 기간에는 관광객들의 도시가 된다. 인상파 화가들은 이곳을 찾은 후 플뢰리 해안(Côte Fleurie)을 따라 늘어선 트루빌(Trouville), 도빌(Deauville), 카부르(Cabourg)

등을 차례로 화폭에 담았다. 모두 벨 에포크 시대부터 이름을 날렸던 해수욕장을 끼고 있는 도시들이다.

이포르Yport

코(Caux) 지방의 이 작은 어촌은 자신만의 승부수를 지니고 있다. 벨 에포크 시대에 지어진 부르주아 저택들, 그리고 작은 별장들과 산책로가 놓인 절벽에 붙은 노르망디에서 가장 아름다운 해변 중 하나가 그것이다. 에트르타(Étretat)와 페캉(Fécamp) 사이에 놓여 있으나 인근의 다른 마을들보다 덜 알려져 있기에 남모르는 장소를 찾아내는 기쁨을 이곳에서 누릴 수 있다.

저지 섬Île Jersey[영국령]

앵글로-노르만 군도에서 가장 큰 섬이다. 주도는 세인트헬리어(Saint-Hélier). 망슈(Manche) 데파르트망에 소재한 프랑스의 코탕탱(Cotentin) 반도로부터 불과 22km 서쪽에 있으며, 잉글랜드의 웨이머스(Weymouth)에서 160km 남쪽에 자리하고 있다. 너비가 약 16km, 남북 길이가 8km. 1830년부터 영국인, 1848년부터 유럽의 정치 망명자들, 제1차 세계대전 이후에 납세 기피자들이 섬에 들어왔지만 주민 대부분은 브리튼족과 혼혈인 노르만족의 후손들이다. 세인트헬리어 항과 고레이 항을 경유하여 건지 섬과 잉글랜드의 웨이머스 및 프랑스의 생말로와 연결된다. 차후에 나폴레옹 3세 자리에 오른 루이-나폴레옹 보나파르트(Louis-Napoléon Bonaparte)의 쿠데타 직후 빅토르 위고는 망명길에 올라야 했다. 그는 벨기에 브뤼셀로 피신했다가 《소인배 나폴레옹(Napoléon le Petit)》이라는 제목의 소책자를 발간한 후 브뤼셀을 떠나게 된다. 위고

모네의 집 Maison de Claude Monet

가구, 일본 판화, 도자기 등 모네가 살던 당시 그대로 보존하고 있는 장소다. 인상파의 대가였던 모네의 정원은 그 자체가 예술품으로 인정받아도 좋을 정도로 아름다운데, 정원 가꾸기와 색에 대한 모네의 열정을 고스란히 느낄 수 있는 곳이다. 그의 그림들 속에서 등장하는 일본풍의 다리, 수련, 등나무, 진달래 등을 정원에서 찾아낼 수 있다. 모네는 이 집에서 1883년부터 43년 동안 거주하다가 1926년 숨을 거두었다.

는 저지 섬으로 떠나 그곳에서 1852년부터 1855년까지 살았다. 위고가 거주했던 곳은 생클레망(Saint-Clément) 지역의 마린테라스(Marine-Terrace)였다. 저지 섬에서 위고는 나폴레옹 3세 체제에 대한 자신의 적개심과 분노를 담은 98편의 시를 담은 《징벌(Les Châtiments)》을 저술했다. 1855년에 저지 섬 당국에 의해 추방당한 후에는 건지 섬으로 떠난다.

지베르니Giverny

지베르니는 센 강가의 완만한 언덕 위의 아름다운 마을에 자리 잡고 있다. 모네는 1883년부터 1926년까지 이곳에서 살면서 마을의 이름을 알리는 데 결정적으로 기여

했는데, 현재 마을의 소교구 묘지에 묻혀 있다. 오늘날 지베르니에서는 모네의 집과 정원 말고도 지베르니 인상파미술관[Musée des Impressionnistes-Giverny, 옛 이름은 미국미술관(Musée d'Art américain)]이 주최하는 멋진 기획전을 감상할 수 있기도 하다. 또 지베르니에서는 세잔(Cézanne)이나 로댕(Rodin) 같은 예술가들이 영감을 얻기 위해 거주했던 옛 아틀리에인 보디 저택(Hôtel Baudy)도 만나볼 수 있다.

지조르Gisors

외르(Eure) 데파르트망 지조르 마을에 있는 지조르 성(Château de Gisors)은 11세기 말부터 12세기 사이에 건설된 성채다. 1862년에 역사유적으로 지정되었다. 지조르 망루(Donjon de Gisors)가 그 유명한 템플기사단의 보물을 은닉하고 있는지에 대해서는 의견이 분분하다. 벡생(Vexin)이라는 옛 이름 자체가 'ci-gît l'or', 다시 말해

'여기 보물이 묻혀 있다'는 뜻이라고 일부 사람들은 확신한다. 하지만 1950년대에 이 유적 관리인이 시도한 발굴을 포함한 여러 차례의 발굴에도 불구하고 보물은 여전히 나오지 않고 있다.

카부르Cabourg

해변의 아름다움 덕분에 19세기 중반에 조성된 도시가 카부르다. 20세기 초부터는 사교계 인사들이 찾는 해수욕장으로 유명해졌다. 도심의 빌라들, 카지노, 작가 마르셀 프루스트(Marcel Proust)를 비롯한 저명인사들을 맞이했던 그랑 토텔(Grand Hôtel)은 벨 에포크 시대를 가장 완벽하게 보여주는 도시로 카부르를 만들어주고 있다.

칸 드 라 아그Cap de la Hague

핵폐기물처리발전소에서 그다지 멀리 떨어지지 않은 라 아그(La Hague)는 눈부실 정
도로 야생이 아름답고 풍경이 다채로운 지역이다. 셰르부르(Cherbourg)에서 35km 떨
어져 있는 코탕탱(Cotentin) 돌출부에 매달린 이 작은 땅은 세상의 끝에 있다는 느낌
을 제공한다. 트레킹을 좋아하는 사람들에게는 아주 매력적인 방문지이기도 하다.
노르망디 가장 북쪽에 있는 이 돌출부에서 바람은 풍경의 일부를 이루며, 안개와 파
도도 잦다. 그래서 어느 정도 아일랜드 느낌을 주기도 한다. 가장 눈에 먼저 들어오
는 것은 SNSM(국립해상구조협회, Société nationale de sauvetage en mer)의 8각형 보트대피소
와 등대다. 위험하기 짝이 없는 블랑샤르 해협(Raz Blanchard)과 오리니 섬(Île d'Aurigny)
풍경도 우리의 마음을 뒤흔든다.

캉Caen

칼바도스 데파르트망의 주도인 캉은 노르망디 지방을 방문하는 사람들이 꼭 들러
야 하는 도시다. 피비린내 났던 노르망디 전투 당시 피해를 본 이 유서 깊은 도시는
정복자 윌리엄(Guillaume le Conquérant) 시대의 영광스러운 과거를 간직하고 있다. 캉
전쟁기념관(Mémorial de Caen)은 평화를 다지는 것이 전쟁을 다시 겪지 않는 최선의 방
법이라는 사실을 우리에게 상기시켜주는 공간이다.

콜르빌쉬르메르Colleville-sur-Mer

칼바도스(Calvados) 데파르트망 콜르빌쉬르메르 코뮌의 오마하 비치(Omaha Beach) 위

에는 노르망디 상륙작전 당시 희생당한 미군들을 기리는 미군묘지(Cimetière américain)가 들어서 있다. 오마하 비치는 1944년 6월 6일 상륙작전이 감행된 장소 중 하나. '오버로드(Overlord) 작전'을 통해 유럽에 해방을 가져다준 이들의 용기와 희생에 경의를 표하고 있다. 콜르빌쉬르메르 미군묘지는 매일 9시부터 16시 45분까지 개방한다. 예배당을 포함한 일부 공간은 일반인 출입이 금지되는 반면 나머지 장소들은 방문객들이 자유롭게 돌아볼 수 있다.

포르앙베생위팽Port-en-Bessin-Huppain

이 마을의 포구에서는 매주 일요일 아침 포르앙베생 생선경매장(Marché Criée en Port-en-Bessin)이 열린다. 주변 바다에서 잡히는 각종 해산물 모습을 볼 수 있다.

Note

추천 여정

- 예술적 영감을 얻으려면 옹플뢰르, 베르니에 늪지대(Marais Vernier), 지베르니, 팽 국립종마사육장(Haras national du Pin), 카루주 성(Château de Carrouges)을 찾아가면 좋다.
- 과거의 영광스러운 역사를 둘러보려면 바이외 태피스트리, 루앙(Rouen) 거리, 오마하 비치, 오크곶(Pointe du Hoc), 르아브르를 방문할 것.
- 다른 곳에서 만날 수 없는 절경(絕景)을 보여주는 몽생미셸 만, 에트르타 절벽, 캅 드 라 아그도 빠뜨려서는 안 된다.
- 페리호를 타고 외르토빌(Heurteauville)에서 쥐미에주(Jumièges)까지 짧은 선상 유람이 가능하다. 연안지대를 모두 살펴볼 수 있을 뿐 아니라 쥐미에주 수도원(Abbaye de Jumièges) 유적도 관람할 수 있다.
- 오주(Auge)에 위치한 스파들에서는 사과를 이용한 마사지, 찜질, 필링, 체형 관리 등의 서비스를 이용할 수 있다.

주말 여행

몽생미셸과 인근의 만, 에트르타와 페캉의 절벽들, 노르망디 상륙작전 해안, 지베르니, 루앙, 르아브르, 카부르, 옹플뢰르, 도빌 등을 방문하면 좋다.

노르망디에서 가볼 만한 바닷가들

울가트(Houlgate), 도빌, 디에프(Dieppe), 르 트레포르(Le Tréport), 트루빌쉬르메르(Trouville-sur-Mer), 빌레르쉬르메르(Villers-sur-Mer), 그랑빌 등.

스포츠

- 트레킹은 이 지역에서 사람들이 가장 많이 선택하는 스포츠다. 노르망디 지방의 센 강 쪽에 있는 부클 지방자연공원(Parc naturel régional des Boucles), 노르망디멘 공원(Parc Normandie-Maine), 페르슈 공원(Parc du Perche) 쪽에 길이 잘 나 있다.
- 자전거 도로 덕분에 자전거도 많이 탄다. 벨로세니(Véloscénie)는 파리와 몽생미셸을 연결하는 도로이며, 아브뉘 베르트 런던-파리(Avenue Verte London-Paris)는 파리와 디에프를 연결하던 옛 철길을 따라가는 길이다. 또 벨로 프랑세트(Vélo Francette)는 위스트르암(Ouistreham)을 출발해 라로셸까지 내려간다.
- 카타마랑(catamaran, 쌍동선), 육상 요트(char à voile), 카약 등의 수상스포츠도 즐길 수 있다.

가족 여행

노르망디 상륙작전 해안(Plages du Débarquement), 클레르 동물원(Parc animalier de Clères), 방되브르 성(Château de Vendeuvre)과 팔레즈 성(Château de Falaise), 셰르부르 소재 마린 시티(Cité de la Mer à Cherbourg), 비오트로피카 동물정원(Jardins animaliers Biotropica), 바이외 태피스트리, 요트를 즐길 수 있는 그랑빌 혹은 바른느빌카르트레(Barneville-Carteret) 등이 추천 대상.

식도락

- 우유, 치즈, 사과 등 노르망디에서는 맛볼 거리가 많다. 대표적인 치즈로는 퐁레베크(pont-l'évêque), 리바로(livarot), 카망베르(camembert), 뇌샤텔(neufchâtel) 등.
- 디저트 중에서는 노르망디식 애플파이(tarte normande aux pommes), 설탕 타르트(tarte au sucre), 퇴르 굴(teurgoule), 팔뤼(falue) 및 노르망디 지방의 여러 종류 사브레(sablés)를 들어볼 것. 이 디저트가 시드르와 잘 어울린다. 식사 마지막에는 트루 노르망(trou normand, 달지 않은 사과 샤베트에 중년 칼바도스를

살짝 부어낸 것)을 든다.

- 홍합, 굴, 가리비조개(coquilles Saint-Jacques), 캉 방식으로 제조한 순대(tripes à la mode de Caen), 바이외 돼지고기(cochon de Bayeux), 뇌프마르셰 고기단자(quenelles de Neuf-Marché)가 유명하다.

쇼핑

어른과 아이들을 위한 선원 패션이 유명하다. 가장 유명한 상표는 '생 제임스(Saint James)'로 이 옷을 제조하는 아틀리에는 몽생미셸 근처에 자리를 잡고 있다. 아틀리에 방문이 가능한데, 50€ 이상을 구매하면 입장료가 환불이 된다. 먹거리로는 이 지역의 대표 치즈인 카망베르, 마실거리로는 시드르로부터 증류한 알코올인 칼바도스(calvados) 술이 좋다. 전적으로 루앙에서 생산하는 당과류인 사과설탕(sucre de pomme)도 이상적인 선물이다. 비바람이 불 때를 대비해 '진짜 셰르부르 제품(le véritable Cherbourg)'이란 라벨이 붙은 셰르부르의 우산(parapluie de Cherbourg)을 구입하는 것도 재미있다.

누벨아키텐

Nouvelle-Aquitaine

행정 중심지 : 보르도(Bordeaux)
데파르트망 : 12개
샤랑트(Charente)(16), 샤랑트마리팀(Charente-Maritime)(17), 코레즈(Corrèze)(19), 크뢰즈(Creuse)(23), 도르도뉴(Dordogne)(24), 지롱드(Gironde)(33), 랑드(Landes)(40), 로테가론(Lot-et-Garonne)(47), 피레네자틀랑티크(Pyrénées-Atlantiques)(64), 되세브르(Deux-Sèvres)(79), 비엔(Vienne)(86), 오트비엔(Haute-Vienne)(87)
면적 : 84,036km^2
인구 : 5,999,982명

┃특징

프랑스 중부에서 스페인 국경까지 걸친 광활한 남서부 지역이다. 지역이 넓기에 샤랑트 지방에서부터 스페인 국경 쪽의 바스크 지방에 이르기까지 아주 다양한 정체성을 보유하고 있는 지역이기도 하다.

부르고뉴와 쌍벽을 이루는 와인 생산지인 보르도가 행정 중심지인 이곳은 내륙과 해안의 특성을 겸비하고 있다. 스페인 국경 쪽에는 언제 프랑스에 도래했는지 기원을 알 수 없는 바스크인이 살며, 스페인과 가까운 도시에서는 바이욘 축제와 같이 스페인 문화와 비슷한 행사가 열린다. 피레네 산맥 속에는 프랑스 최대의 성지 루르드가 자리를 잡고 있다. 인류 최대의 벽화인 라스코 동굴 그림이 발견된 장소이자 크로마뇽인이 살던 도르도뉴 데파르트망에서는 무수한 동굴을 체험해볼 수 있다.

거위간 요리인 푸아그라(foie gras), 땅속에서 캐내는 버섯인 트뤼프(truffe)도 이곳의 대
표적인 산물이다.

푸아투샤랑트

푸아투는 전통의 땅인 동시에 다양한 풍경을 가진 지역이다. 샤랑트 강은 연안지대
에 도달하기 이전에 '돌과 물'로 채워진 풍경을 만들어내면서 2개의 역사적인 지방인
오니스(Aunis)와 생통주(Saintonge)를 천천히 관통한다. 보다 상류 쪽에서는 종이와 만
화의 고장인 앙구무아(Angoumois)와 포도가 잘 익는 고장인 코냐세(Cognaçais)를 강이
지나간다. 역시 2개의 오래된 지방이다. 너벅선을 타고 마레 푸아트뱅(Marais poitevin)
의 푸르름 속에 빠져들 수도 있고, 멜루아(Mellois)나 가틴(Gâtine) 루트 위에서 빈둥거
릴 수도 있으며, 니오르(Niort)를 관통하는 세브르(Sèvre) 강을 따라 내려갈 수도 있고,
한여름에 푸아티에에서 축제를 즐길 수도 있다. 순례자 지팡이를 들고 산티아고 가
는 길을 택할 수도 있다. 특히 유네스코 세계문화유산으로 지정된 마을이자 '로마네
스크 예술의 시스티나 성당'으로 불리는 생사뱅에서는 기적이 역사를 압도하는 모
습도 목격할 수 있다. 비밀스럽고 현대적인 동시에 시골스러운 푸아투에서는 대조가
뚜렷한 편이다. 계곡과 숲, 늪, 해변, 전원이 풍경을 채우고 있으며 목조구조물 가옥,
견고한 성채, 산티아고 가는 길을 따라 늘어선 아름다운 교회 등 보물급 건축물들
을 찾아볼 수 있다. 샤랑트는 축제의 지역이기도 한데, 지역 특산물인 달팽이, 가금
류, 농산물도 샤랑트를 더욱 풍요롭게 만들고 있다.

페리고르

옛 이름 도르도뉴(Dordogne)는 우아한 삶, 성들, 전설로 화한 식도락을 연상시킨다.
인류의 조상인 크로마뇽인(Cro-Magnon)이 베제르(Vézère) 계곡과 동굴을 거주지로 선
택한 것은 결코 우연이 아니다. 스포츠와 문화가 차고 넘치기에 가족끼리 여행하기
에 아주 좋은 지역이기도 하다. 페리고르에서는 이상한 동물들이 그려진 선사시대
동굴을 탐사할 수도 있고, 성채를 둘러볼 수도 있으며, 아름다운 정원을 방문할 수

도 있고, 거룻배나 카누를 타고 강을 따라 내려가볼 수도 있다.

페리고르는 '1,001개 성의 고장(pays des 1001 châteaux)'으로도 불린다. 이곳에 성이 많은 이유는 중세 때부터 프랑스와 영국이 서로 영유권을 다투던 전략적 요충지였기 때문이다. 영국 왕과 프랑스 왕은 자기 땅을 지키기 위해 무수한 성채를 지었고, 자기에게 충성을 맹세하는 지방 영주에게 성채를 건설할 권리를 부여했다. 오늘날에도 페리고르 성 지도를 꼼꼼히 들여다보면 대부분의 성이 프랑스 왕국과 영국 왕 소유의 땅 사이에서 오락가락하는 경계를 중심으로 세워진 것을 알 수 있다. 백년전쟁 동안 사용되었던 성채들을 다음 세기 동안에 서서히 해체했음에도 불구하고, 종교전쟁이 프랑스 남서부를 휩쓸었기에 페리고르 지방의 성들은 활발한 역할을 떠맡았다. 이 지역의 주요 장소들은 영화의 배경으로 자주 등장하기도 한다. 리들리 스콧(Ridley Scott) 감독의 2021년 영화 〈라스트 듀얼(The Last Duel)〉은 도르도뉴 지방의 사를라라카네다, 베낙 성(Château de Beynac), 페늘롱 성(Château de Fénelon), 몽파지에(Monpazier)의 코르니에르 광장(Place des Cornières) 등에서 촬영되기도 했다.

관광 차원에서 페리고르는 4가지 색을 띤 4개 지역으로 나뉜다. 하지만 인위적으로 나눈 이 구분이 데파르트망의 행정 구분과 일치하지 않기에 점차 사라지고 있는 중이다. 색상이 검은색이든 자주색이든, 아니면 흰색이든 녹색이든 상관없이 조용하고도 평화적인 페리고르 지방은 가장 아름다운 건축의 보고(寶庫)다.

화이트 페리고르Périgord blanc

페리괴(Périgueux), 리베락(Ribérac), 두블 숲(Forêt de la Double)을 중심으로 한 지역이다. 중부와 북서쪽에 소재해 있으며, 이 지역의 석회석 색깔을 연상시킨다. 거대한 밀밭이 있기에 '페리고르의 곳간(grenier du Périgord)'이라는 별명도 지니고 있다.

그린 페리고르Périgord vert

북쪽의 드론(Dronne) 일대와 페리고르리무쟁 지방자연공원(Parc naturel régional Périgord-Limousin)을 포함한 지역이다. 라스코 동굴을 위시한 무수한 동굴이 산재한 '인간의 계곡(Vallée de l'Homme)'은 꼭 방문해야 할 대상이다. 중심 마을은 농트롱(Nontron). 칼붙이 제품 제조로도 유명한 마을이다. 녹색은 참나무와 밤나무, 그리고 이 지역을 덮고 있는 초원을 연상시킨다.

블랙 페리고르Périgord noir

남동쪽의 사를라(Sarlat)와 도르도뉴 계곡(Vallée de la Dordogne)을 포함한 지역으로 가장 아름다운 마을들과 유명한 성들이 산재해 있다. 역사적으로는 4개 중 가장 오래된 명칭이다. 검은색은 녹색 떡갈나무 숲에서 비롯되었다. 동굴이 많고, 석탄이 풍부한 곳이다.

퍼플 페리고르Périgord pourpre

남서쪽의 베르주락(Bergerac)과 주변 포도밭이 중심을 차지하고 있으며, 성곽도시들을 만나볼 수 있다. 1980년에 등장한 이 명칭은 가을철 포도나무 잎을 연상시킨다. 작품 속 주인공인 시라노(Cyrano), 거룻배, 교회가 유명한 지역이다.

아키텐

소나무숲에서 샬로스(Chalosse)의 푸른 언덕까지, 아르카송 만(Bassin d'Arcachon)에서 메독(Médoc) 포도밭까지, 피레네 산맥의 봉우리들부터 가스코뉴(Gascogne)의 추수한 농산물에 이르기까지 누벨아키텐 지방은 닮은 모습보다 서로 다른 모습이 더 많다. 지역마다 중심도시가 있고, 자신만의 역사가 있으며, 자신들의 언어가 있다. 그러기에 사람들은 랑드(Landes)와 보르도 사이, 아주네(Agenais)와 페리고르 사이, 베아른

(Béarn)과 바스크 지방 사이의 경계를 존중한다. 하지만 그들을 묶는 공통점은 역시 자기 땅에 대한 애정이다.

아키텐 지역에서는 지하자원 부족이 역설적으로 프랑스에서 가장 고급스러운 요리, 고급 와인, 식용버섯 등 농축산물의 절반을 생산하는 비옥한 땅으로 만들었다. 그러기에 프랑스 남동부의 이 지역 사람들은 식도락을 상당히 중시한다.

흥미롭게도 아키텐은 영국과 특별한 관계를 맺고 있다. 알리에노르(Aliénor, '알레에노르'라고도 표기)가 영국왕과 결혼했기에 영국인들은 아키텐 지방을 매우 애지중지했다. 보르도 와인을 전 세계에 알린 것도 영국인들이다.

리무쟁

리모주 도자기, 튈(Tulle) 레이스, 오뷔송(Aubusson) 태피스트리, 크뢰즈의 벽돌공, 밀르바슈 고원(Plateau de Millevaches)... 이 모두가 리무쟁 지방을 언급할 때 프랑스인들이 머릿속으로 떠올리는 이미지들이다. 푸아투샤랑트와 아키텐에 병합되었다가 레지옹이 재편되면서 누벨아키텐에 편입된 이 초소형 지방의 '경계'는 갈로로마시대까지 거슬러 올라가는데, 오트비엔(Haute-Vienne), 크뢰즈(Creuse), 코레즈(Corrèze)라는 3개 데파르트망을 포함하고 있다.

남쪽은 럭비를 좋아하면서 남부지방의 전형적인 분위기를 보여준다. 겉으로는 고요하게 보이는 중서부 쪽의 리모주는 실제로는 훨씬 역동적인 대학도시이며, 도자기, 칠보 등의 예술에 생기를 불어넣는 지역이기도 하다. 리무쟁 지역의 중심에는 바시비에르 호수(Lac de Vassivière)와 더불어 야생의 풍경이 펼쳐지며, 밀르바슈 지방자연공원(Parc naturel régional de Millevaches)이 경계를 이룬다. 북쪽은 고도차가 낮다. 마르슈 백작령(Comté de la Marche)에서는 조르주 상드(George Sand)나 클로드 모네(Claude Monet)의 흔적을 찾아볼 수 있다. 또한 리무쟁 지역에는 감동을 낳는 장소들이 많다. 독일군에 의한 마을 주민 학살의 슬픈 역사를 안고 있는 오라두르쉬르글란(Oradour-sur-Glane), 문자 그대로 마을 전체가 붉은색인 콜롱주라루주(Collonges-la-Rouge), 태피스트리가 세계적으로 유명한 오뷔송 등이 그런 도시들이다. 파리, 툴루즈, 리옹에서 3시간이 걸리지 않는 이곳에서는 진정한 휴식과 발견의 기쁨을 맛볼 수 있다.

바스크

바스크어로 '헤리아(Herria)'란 단어는 지방과 국민을 동시에 의미한다. 또 바스크 사람은 자신을 'Euskaldun'이라 지칭한다. '바스크어를 말하는 자'란 뜻이다. 따라서 바스크 지방을 이해한다는 것은 언어와 인간, 땅을 연결하는 연금술을 이해함을 뜻한다. 지방 곳곳에서 거친 억양의 바스크어와 백파이프 일종인 가이타(gaitas)로 연주하는 음악을 들을 수 있다. 여행객은 해변과 산악지방의 마을, 서민적인 비스트로들을 방문하면서 이 지역 분위기에 취하게 된다. 바스크 광역자치주는 총 7개의 소자치주로 구성되는데, 프랑스령 바스크 지역에는 라부르(Labourd/Lapurdi), 바스나바르(Basse-Navarre/Behe-Nafarroa), 술(Soule/Xiberoa)이, 스페인쪽 바스크 지역에는 히푸스코아(Guipúzcoa/Gipuzkoa), 비스카야(Biscaye/Bizkaia), 나바라(Navarre/Nafarroa), 알라바(Álava/Araba) 주가 있다.

문화행사

이 지방에서는 무수한 문화행사가 열린다. 일부는 전국적 혹은 국제적 명성을 얻고 있다. 주요 문화행사들은 다음과 같다.

라로셀 프랑코폴리 페스티벌 Francofolies de La Rochelle
1985년에 처음 시작된 행사로, 10만 명에서 15만 명 정도를 불러들인다. 프랑스 및 불어권의 정상급 가수들이 무대에 선다.

국제만화제 Festival international de la bande dessinée
약 20만 명이 찾는다. 매년 1월 앙굴렘(Angoulême)에서 열리는 유럽 최대의 만화제. 프랑스 및 세계의 주요 만화가들의 전시회, 사인회 등이 열린다.

브리브라가이야르드 도서전시회 Foire du livre de Brive-la-Gaillarde

개학 시기에 출판인, 작가, 독자가 서로 만나는 기회로 1981년부터 매년 3백 명 이상의 작가들이 자신의 신작을 소개하기 위해 행사를 찾고 있다. 사인회, 포럼, 낭송회 등이 주요 프로그램이다.

뮤지크 메티스 페스티벌 Festival des Musiques Métisses
1976년부터 앙굴렘에서 열리는 축제로 전 세계 음악인에게 만남의 기회를 제공하고 있다. 조니 클레그((Johnny Clegg), 칼레드(Khaled), 셰브 마미(Cheb Mami), 카사브(Kassav) 등 국제적으로 알려진 유수의 음악가들이 축제 무대를 통해 처음 선을 보이기도 했다. 매년 6만 명의 관중이 모인다.

에우스칼 헤리아 주제네안 Euskal Herria Zuzenean
바스크 지방의 언어와 문화를 소개하는 대안세계주의 성격의 축제로 생태와 지속 성장을 동시에 모색한다. 콘서트와 토론이 행사의 주축을 이루고 있다.

미모스Mimos
국제 마임 페스티벌(Festival international des arts du mime et du geste)이란 이름을 한 이 축제는 '미모프(Mim'Off)'라는 대안축제도 동반하고 있다. 1983년부터 매년 여름 페리괴에서 열린다.

누벨아키텐의
문화 코드와 상징

- Culture et Symbole -

이 지역을 연상시키는 대표적인 행사와 이미지들로는 신포니아 앙 페리고르(Sinfonia en Périgord) 페스티벌, 라스코와 파디락을 비롯한 동굴들, 푸아그라와 트뤼프(송로버섯), 리모주(Limoges) 도자기, 보르도와 레드 와인, 라로셸(La Rochelle) 항구 풍경, 보야르 성채(Fort Boyard), 필라 모래언덕(Dune du Pilat), 오라두르쉬르글란(Oradour-sur-Glane), 일드레 등이 있다.

사자 로고

누벨아키텐의 사자는 대서양 쪽을 바라보고 있다. 17세기 초에 알렉산드리아 등대를 모델로 해서 건설한 코르두앙 등대(Phare de Cordouan)가 그랬던 것처럼 '대양의 수호자(gardien de l'océan)'로 불린다.

투우 문화

누벨아키텐 지방의 남부, 다시 말해 지롱드 남부, 랑드 지방 피레네자틀랑티크 일부 지역에서는 투우 경기가 성행한다. 노빌라다(novilladas), 스페인과 포르투갈 방식의 코리다(corridas), 혹은 랑드 지방 경기 등 여러 형태가 존재한다. 바이욘, 몽드마르상(Mont-de-Marsan), 오르테즈(Orthez), 미미장(Mimizan), 모를란(Morlanne), 닥스(Dax) 소재 경기장들의 규모가 크나, 샬로스(Chalosse), 튀르상(Tursan), 베아른(Béarn) 같은 농촌 마을들도 투우장을 보유하고 있다. 2004년 기준으로 투우장 숫자는 160개에서 180개 사이에 달했다.

아키텐 지역의 상징

사자 문장

아키텐의 알리에노르(Aliénor d'Aquitaine)의 아들이었던 사자왕 리처드 문양을 빌려오고 있다. 그는 12세기 말엽에 영국 왕들과 아키텐 대공들 중에서 가장 강력한 인물이었다.

보리|borie

마른 돌로 지은 작은 오두막을 지칭하는 단어로, 마을로부터 멀리 떨어진 곳에서 일하는 농부들이 농기구들을 넣어놓거나 수확물을 임시 보관하며, 짐을 운반하는 동물들을 쉬게 하고, 악천후로부터 대피하는 장소로 이용된다. 도르도뉴(Dordogne), 로트(Lot), 아베롱(Aveyron), 캉탈(Cantal), 타른(Tarn), 타른에가론(Tarn-et-Garonne) 등 프랑스 남서부 지방의 대부분과 프로방스 지방에서 만나볼

수 있다. 최근에는 부슈뒤론(Bouches-du-Rhône), 보클뤼즈(Vaucluse) 등 남동부 지방에서도 발견된다.

리무쟁 지역의 상징

리모주 도자기|porcelaine de Limoges

국제적인 명성을 획득하고 있는 리모주 도자기는 2021년에 250번째 생일을 맞이했다. 우아한 아라베스크 무늬로 장식된 거의 반투명의 외양을 한 이 지역 도자기는 리무쟁 지역의 한 사제가 17세기에 중국으로부터 들여온 것이 기원이다. 세계적으로 알려진 이유는 루이 15세(Louis XV)가 리모주 근처의 고령토 광상(鑛床)을 사들이면서

프랑스에서 도자기 제조를 시작했기 때문이었다. 세계적으로 이름난 상표들로는 레노(Raynaud), 아르토리아(Artoria), 베르나르도(Bernardaud), 아빌랑드(Haviland), 장-루이 코케(Jean-Louis Coquet), 라플라뉴(Laplagne), 로르 자피(Laure Japy), 로얄 리모주(Royal Limoges), 타로(Tharaud), 빌르루아 에 보슈(Villeroy et Boch) 등이 있다.

바스크 지역의 상징

바스크 지역 문화는 프랑스와 스페인 일부가 공유하고 있기에, 아래 기술한 내용 중 일부는 스페인 것이다. 그러나 유럽의 국경이 점점 무의미해지는 측면에서 바스크의 정체성을 한데 묶었다.

바스크 지방기

이쿠리나(ikurrina 혹은 ikurriña)라 불리는 이 깃발은 붉은색 배경에 초
록색과 흰색 선이 가로지르는 형태를 하고 있는데, 스페인 쪽 바
스크 광역자치구(Pays basque, 바스크어로는 Euskal Herria라 부른다)의 공식
깃발로 꼽힌다. 프랑스 쪽 바스크 지방에서도 점점 자주 등장하
고 있다. 1894년 루이스와 사비노 아라나(Luis et Sabino Arana) 형제가
처음 만들어냈는데, 사비노 아라나는 Euzko Alderdi Jeltzalea
즉 바스크민족주의당을 창당한 인물이기도 하다.

바스크 전통의상

전통적으로 남녀가 검은색 옷을 자주 입고, 남자들은 베레모를
쓴다. 축제 때에는 바스크 지방기에 등장하는 녹색, 빨간색, 흰
색의 의상과 장식이 주조를 이룬다.

바이욘 축제 Fêtes de Bayonne

바스크어로 Baionako Festak, 옥시타니어로 Las Hèstas de Baiona라 지칭하는 바이욘 축제는
피레네자틀랑티크 데파르트망 바이욘에서 열리는 지방 최대의 축제다. 8월 첫 번째 주말에 앞선
수요일부터 시작해 일요일까지 이어진다. 2004년 기준 150만 명이 운집했을 정도로 프랑스에서
가장 큰 축제 중 하나다. 참가자 복장은 통일되어 있다. 흰색 옷에 빨간색 머플러와 허리띠를 두
르는데, 빨간색 베레모를 쓰기도 한다. 모두 바스크 지방기를 연상시키는 색들로, 스페인 쪽 바스
크 지방인 나바라주에서 건너온 의상이다. 축제는 프랑스 무형문화유산에 등재되어 있다. 축제 기
간에 두 차례에 걸쳐 투우 경기가 열린다.

바이욘 축제

요알둔 Joaldun

'방울을 매단 자'를 의미하는 'Joaldun'은 스페인 나바라주의 마을들인 이투렌(Ituren)과 주비에타(Zubieta)의 바스크 문화에서 유래된 인물로, 카니발이 곧 열린다는 것을 1월 마지막 주에 예고하는 존재다. '요알두나크(Joaldunak, 바스크어로 Joaldun의 복수)'는 레이스 달린 페티코트를 입고 어깨에는 양가죽을 두르며, 머리에 리본 달린 고깔모자를 쓰고 오른손에 말발굽 형태의 장신구를 들고 서 등 뒤에 매달린 소방울(요알두나크) 소리를 내며 거리를 행진한다. 로마제국 이전부터 시작돼 유럽에서 가장 오래된 민속행사 중 하나가 '요알두나크' 퍼레이드다.

비노 그리에고 Vino Griego

바스크 지방의 애창곡으로 바이욘의 15인제 럭비팀인 '페냐 바이오나(Peña Baiona)'의 공식 응원가로 쓰인다. 바이욘 축제(Fêtes de Bayonne)를 비롯한 이 지방의 주요 행사에서 자주 울려 퍼진다. 원래 제목은 'Griechischer Wein'으로, '그리스 와인'이라는 의미다. 1970년대에 독일과 오스트리아에서 유행했고, 오늘날에도 독일어권에서 자주 들을 수 있는 노래다. 프랑스 남서부 지방 문화와 프랑스 15인제 럭비대회에서도 중요한 위치를 차지하고 있다. 작곡은 오스트리아인 가수 우도 위르겐스(Udo Jürgens), 작사는 독일인 미카엘 쿤제(Michael Kunze)가 맡았다. 가사는 독일에 온 그리스인 이민 노동자들이 그리스 와인을 그리워하는 내용을 담고 있다. 1976년에 호세 벨레스(José Vélez)가 스페인어로 옮긴 버전은 제목이 '비노 그리에고(Vino Griego)'였는데, 스페인과 프랑스 남서부에서 대성공을 거두었다.

산티아고 순례길

프랑스어로는 Chemins de Saint-Jacques-de-Compostelle라고 표기하는 '카미노 데 산티아고 루트'는 프랑스와 스페인에 동시에 걸쳐 있다. 프랑스 각 성지에서 출발해 피레네 산맥을 넘어 스페인 갈리시아 지방 산티아고데콤포스텔라까지 가는 길을 지칭한다. 9세기 산티아고데콤포스텔라에서 성 야고보의 유해가 발견되었다고 알려진 후 유럽 전역에서 순례객들이 찾으면서 유명해졌다. 산티아고로 향하는 여러 갈래길 가운데 가장 많이 알려진 '프랑스 길'은 프랑스 남부 국경 쪽 마을 생장피에드포르(Saint-Jean-Pied-de-Port)에서 시작해 피레네 산맥을 넘어 스페인 산티아고데콤포스텔라까지 이르는 800km 여정으로 한 달 이상을 걸어가야 한다.

나체주의자 해안

대서양 쪽에는 아주 인기가 있는 나체주의자 해안들이 여러 군데 들어서 있는데, 그중에서도 생조르주돌레롱(Saint-Georges-d'Oléron)에 위치한 소모나르 해변(Plage des Saumonards)이 특히 유명하다. 이곳에서는 걷거나 자전거만 탈 수 있기에 아주 조용한 분위기를 즐길 수 있다. 소나무숲으로 채워진 이곳에서 보야르 성채(Fort Boyard)와 엑스 섬(Île d'Aix) 쪽으로 난 전망을 즐길 수 있다. 라 튀르발(La Turballe)에서도 아름다운 나체주의자 해변인 펜브롱 해변(Plage de Pen-Bron)을 만날 수 있다

올렌쩨로Olentzero

스페인의 바스크, 나바라 지역 신화에 등장하는 '숯 굽는 사람'으로, 이 지역만의 산타클로스 모습이기도 하다.

봐라 산사람들을Ikusi medizaleak

'봐라 산사람들을/숲과 들/산 정상에/우리는 올라가야 해/피곤해도, 길이 험해도/위로 위로/우리는 에우스깔 에리아의 바스크 사람'이라는 가사를 담고 있는 바스크 지방 민요.

미켈 라보아Mikel Laboa

1934년 6월 15일 산세바스티안(Saint-Sébastien)에서 출생했고 같은 도시에서 2008년 12월 1일 사망한 바스크 지방의 가수이자 작곡가. 가장 위대한 바스크 지방 가수 중 한 사람으로 추앙되고 있다. '바가 비가 이가(Baga Biga Higa)' 같은 노래들은 이 가수가 추구한 음악 세계가 얼마나 특이했는지를 잘 보여준다.

바사하운Basajaun

바스크 신화에 등장하는 거인으로 숲의 신령이다. 피레네 산맥에 살았다고 하며, 키는 2~3m, 턱수염이 무릎까지 내려오는 거구의 소유자다. 숲과 모든 야생동물을 돌보는 야생의 군주이기도 하다.

피카소의 〈게르니카Guernica〉

파블로 피카소가 그려낸 대작. 스페인 내전 중이던 1937년 4월 26일 나치독일은 바스크지방의 소도시인 게르니카를 폭격했다. 이에 분노한 피카소가 폭격 직후인 1937년 5월과 6월에 걸쳐 폭격의 참상을 그려낸 작품으로 현재 레이나소피아 미술관이 소장하고 있다.

ETA(바스크 조국과 자유, Euskadi Ta Askatasuna)

프랑코 독재 치하인 1958년 바스크 분리주의를 목표로 내세웠던 무장투쟁 단체. 2001년에야 무장투쟁을 포기하고 정치 세력화했다.

바람의 빗 Peigne du vent

바스크 지방자치주 기푸스코아 지방의 산세
바스티안 해변에 에두아르도 칠리다(Edouardo
Chillida)가 설치한 조각작품이다. 각각 무게가
3톤이 나가는 3개의 철제조형물로 구성되어
있다.

바스크 십자가 croix basque

바스크어로 lauburu라 부르는 바스크 십자가는 4개의 쉼표가 서
로 붙어있는 모양이다. 바람개비 비슷한 형태를 하고 있다. 집에
서나 묘지에서 이 장식을 많이 사용하고 있지만, 정확한 기원은
알려져 있지 않다. 1950년대에 들어서야 이 문양이 바스크 지방
의 정체성을 나타내는 상징으로 자리잡았다. 바스크어로 lau는
'숫자 4'를, buru는 '머리'를 의미한다. 이 형태와 비슷한 것이 나
치가 차용했던 스바스티카(svastika). 스페인 민족주의자들이 1930
년대에 바스크 지방에서 사용했지만, 나치즘이 대두하면서 스바
스티카는 더 이상 사용하지 않게 된다.

포톡 pottok

포톡은 주로 피레네 산맥 속 바스크 지방 서쪽에서 찾아볼 수 있
는 포니의 일종이다. 구석기시대까지 거슬러 올라갈 정도로 기원이
아주 오래된 이 말은 이 지역의 동굴 벽화에 등장하는 말들과 형
태가 닮았다. 바스크 지방 사람들이 오랫동안 다양한 농사일에 활
용한 포톡은 광산에서 작업할 때 동원되기도 했다.

| 푸아투샤랑트의 주요 방문지

Nouvelle-Aquitaine

니오르Niort

미나리과인 안젤리카의 주생산지인 니오르는 모든 점에
서 친환경 도시다. 주차장을 공공 정원으로 개조했고, 버
스는 유채 기름으로 운행하고 있다. 상업적이고도 활기
가 넘치는 니오르는 '프랑스의 살기 좋은 도시' 순위 중 최상위를 차지한다. 중세와
종교적 성격의 유적을 찾아 이 도시를 찾는 사람들이 많다.

라로셸La Rochelle

샤랑트마리팀 데파르트망에서 가장 중요
한 도시인 라로셸은 풍부한 건축 문화유
산, 쾌적한 해변, 다양한 먹거리, 풍부한 예
술 활동 때문에 충분히 여행해볼 만한 곳
이다. 14세기와 15세기에 요새화된 구항의
관문격인 셴 탑(Tour de la Chaîne)과 생니콜
라 탑(Tour de Saint-Nicolas)은 이 도시의 이미
지를 각인시키는 데 크게 기여했다. 전설은
멜뤼진 요정(fée Mélusine)이 생니콜라 탑을
만든 것으로 전한다. 요정이 라로셸 위를
날며 한 성의 폐허로부터 나온 돌들을 아
래로 던져 이 탑을 만들어냈다는 것이다.

　아치형 거리, 가옥들과 옛 저택들, 그로
스 오를로주 문(Porte de la Grosse horloge), 무
수한 종교적 성격의 건물들도 관광객들을
끌어들이는 데 일조하고 있다. 여름에는

프랑스 최대의 샹송 축제인 '프랑코폴리 페스티벌(Francofolies de La Rochelle)'이 이곳에서 열린다.

레 섬 Île de Ré

길이가 30km, 폭이 5km이며 대서양에 면한 섬들 중 진주로 꼽히는 레 섬은 여름철에 관광객들이 선호하는 이상적인 날씨 덕을 보고 있다. 연간 일조 시간은 2,600시간에 달한다. 1986년에 준공된 레 다리(Pont de Ré)를 통해 '대륙'에 연결되어 있기에 자동차를 타고 이 섬에 들어갈 수 있다. 하지만 100km 길이의 자전거 도로를 즐겨보지 않으면 후회할 것이다. 드넓은 해변에서 다양한 수상스포츠를 즐길 수 있는 곳이며, 유명인사들이 아주 선호하는 여행지다. 마을과 전원, 염전, 보방이 생마르탱드레(Saint-Martin-de-Ré)에 건축한 성채, 알록달록한 색깔의 항구가 레 섬을 채우고 있는 이미지들이다.

로슈포르 Rochefort

해안으로부터 수km 떨어진 로슈포르는 바다와 관련된 활동이 활발했던 도시다. 이곳에서는 멋진 요트들이 건조되기도 했다. 작가 피에르 로티(Pierre Loti)가 탄생한 도시 로슈포르는 17세기의 우아하고도 일관성 있는 건축을 보존할 줄 알았다. 또한 왕가의 도시, 박물관 도시, 온천도시인 동시에 자연 친화적인 도시이기에 다채로움을 즐기며 쾌적하게 머물 수 있다.

루아양 Royan

해수욕장을 보유하고 있는 루아양은 역사 속에서 그 특별함을 찾아볼 수 있다. 1945년에 폭격을 당했기에 1950년대에 도시를 새로 재건하며 빌라들과 카지노를 지었는데, 오늘날 카지노는 사라지고 없는 대신 해변, 정원, 요트항을 즐길 수 있다.

마레 푸아트뱅Marais poitevin

10만ha에 달하며 카마르그(Camargue) 다음으로 넓은 습지인 마레 푸아트뱅은 연안, 대륙에 연결된 섬, 늪지대라는 여러 종류의 지역으로 나뉜다. 니오르의 관문부터 대서양까지 이어지며, 방데, 되세브르(Deux-Sèvres), 샤랑트마리팀(Charente-Maritime)에 걸쳐 있다. 지역의 대부분은 지속적으로 홍수 피해를 입고 있다. 배를 타고 여행할 수 있는 이 '녹지대의 베네치아'에서는 목가적인 분위기를 느낄 수 있다. 나뭇가지가 드리운 협소한 터널 속을 지나가며 만개한 푸르름을 즐기면 아주 좋다.

마렌Marennes

샤랑트마리팀의 남서부에 걸쳐 있는 마렌 코뮌은 풍경이 다양한 곳이다. 연안 쪽에는 마렌플라주(Marennes-Plage)라고 불리는 해수욕장이 있고, 나머지 지역은 늪지대다. 생피에르드살 성당(Église Saint-Pierre-de-Salles)과 가토디에르 성(Château de la Gataudière)이 마을의 주요 유적지에 해당한다. 마을에서 가장 오래된 리슐리외의 집(Maison de Richelieu)은 추기경 것이 아니라 종손의 경리직원을 하던 인물의 소유물이었다. 재미있는 역사.

보야르 성채Fort Boyard

19세기에 건축된 보야르 성채는 로슈포르 조선소와 샤랑트(Charente) 지방 하구를 영국으로부터 방어하기 위한 아이디어의 일부로 구상되었다. 감옥으로 사용하다가

1990년까지 방치된 이곳은 오늘날 배를 타고 둘러보는 유명 관광지가 되었다. 최근에는 TV 오락프로의 무대로 활용되고 있다.

볼롱 성Château de Beaulon

루이 12세와 르네상스 시대 건축 스타일로 지어진 건물로, 1480년과 1520년에 건축을 시작해 17세기에 준공되었다. 처음에 뱅송(Vinsons) 가문이 소유했으나 현재는 크리스티앙 토마(Christian Thomas)의 소유물이다. 1987년에 역사유적에 등재되었다. 샤랑트마리팀(Charente-Maritime) 데파르트망 생디장뒤귀아(Saint-Dizant-du-Gua)에 소재해 있으며, 피노(pineau)와 코냑(cognac)을 생산하는 포도밭으로 에워싸여 있다. '푸른 샘(Fontaines bleues)'이라 불리는 분출식 용천(湧泉)으로 잘 알려져 있다. 성의 정원 모퉁이에서 만나볼 수 있다.

생트Saintes

생트는 역사와 문화가 풍부한 도시다. 갈로로마시대의 유산을 간직하고 있고, 무수한 테마별 정원이 아주 잘 관리되고 있다. '꽃의 도시(villes fleuries)' 경연대회에서 최고 점수에 해당하는 4개의 꽃을 획득하기도 했다. 생피에르 대성당(Cathédrale Saint-Pierre), 제르마니쿠스 아치(Arc de Germanicus), 담 수도원(Abbaye aux Dames) 등은 꼭 들러야 한다. 여름에 열리는 생트 페스티벌은 전 세계 100대 클래식 음악 축제에 선정되기도 했다. 이곳의 생퇴트로프 사원(Basilique Saint-Eutrope) 지하예배당은 1081년 건설된 것으로, 유럽에 있는 지하예배당 중 가장 면적이 넓으면서도 샤르트르(Chartres) 것과 더불어 가장 아름다운 지하예배당으로 인정된다. 생통주(Saintonge, 프랑스 옛 지방 명칭)에서 가장 오래된 건물이기도 한 이 지하교회는 매혹적인 분위기를 자아낸다.

쇼비니Chauvigny

에펠 탑, 엠파이어 스테이트 빌딩, 자유의 여신상 등의 초석으로 사용된 돌을 생산한 마을로 유명한 쇼비니의 인구는 7천 명인데, 중세시대의 좁은 거리가 남아있는 윗마을과 상업지구인 아랫마을로 나뉜다. 아르쿠르 성(Château d'Harcourt)과 구종 망루(Donjon de Gouzon)가 방문 대상이다.

앙굴렘Angoulême

샤랑트(Charente) 강의 굴곡과 이 강이 투브르(Touvre) 강 및 앙기엔(Anguienne) 강과 만나는 합류점을 내려다보고 있는 모롱이에 지어진 앙굴렘에는 '남서부의 발코니(balcon du Sud-Ouest)'란 별명이 붙어 있다. 구제도(앙시엥 레짐) 하에서 앙구무아

(Angoumois)의 옛 수도였던 앙굴렘은 교통의 교차지역에 있기에 중요한 전략지였다. 오늘날 '예술과 역사 도시'로 지정된 앙굴렘은 역사와 종교, 도시공학 차원의 풍부

한 문화유산을 보유하고 있기에 많은 관광객을 끌어들인다. 루아르와 가론(Garonne) 사이에서 가장 산업화된 지역으로 꼽힌다. 대표적인 산업은 16세기에 정착된 제지산업, 그리고 보다 최근의 제련업과 전기공학 관련 산업 등이다. 대학을 보유하고 있으면서도 상업적인 동시에 행정적인 도시이기도 하다. 이곳에서 매년 열리는 국제만화페스티벌(Festival international de la bande dessinée)은 국제프랑스어권영화제(Festival du film francophone)와 마찬가지로 이 도시를 전 세계에 알리는 데 크게 기여하고 있다.

앙글쉬르랑글랭Angles-sur-l'Anglin

돌산 위에 세워진 앙글쉬르랑글랭 마을은 이곳에 거주하던 앙글(Angles) 부족으로부터 이름을 얻었다. 푸아티에 주교가 1025년경에 건립한 성은 1986년에 코뮌이 손해배상 명목으로 사들였다. 오늘날 폐허 상태로 남아있는 성은 신비스럽고도 다소 기괴한 분위기를 자아내고 있다.

엑스 섬Île d'Aix

프랑스에서 인구당 박물관 수가 가장 많은 엑스 섬은 이곳 특유의 풍경 때문에 잘 알려져 있다. 게다가 섬 내에서는 자동차 통행이 금지되어 있기에 보존이 잘 된 지역이다. 낚시, 해양스포츠, 트레킹, 조류 관찰이 면적이 1.19km²에 달하는 이 섬에서 즐길 수 있는 활동들이다. 걸어서 섬을 도는 데는 3시간이 걸린다. 굴도 맛보고 나전을 다루는 마지막 장인의 아틀리에를 방문해볼 수 있다.

오브테르쉬르드론Aubeterre-sur-Dronne

'프랑스에서 가장 아름다운 마을' 중 하나
로 선정된 적이 있는 오브테르쉬르드론은
샤랑트(Charente) 데파르트망 드론(Dronne)
강변에 조성되었기에 이런 이름이 붙었다.
16개의 트레킹 코스가 있는데, 이 길들을
통해 오브테르 마을 주변의 계곡과 숲을
돌아볼 수 있다. 길을 가면서는 전통적 형
태의 가마 및 빨래터와 만나게 된다. 자기
와 나무 제품을 만드는 공예 가게가 많다.
12세기에 통돌로 지하에 건립된 생장(세
레자 요한) 지하성당(Église souterraine de Saint-

Jean)이 아주 인상적인데, 7세기에 드론 강을 내려다보는 절벽을 파 만든 교회다. 베
네딕토회 수도사들이 지었다. 높이는 20m, 길이는 31m, 폭은 11m. 1912년에 역사유
적으로 지정되었다. 앞쪽에 높이 6m의 성유물 보관함이 있다. 제1차 십자군 원정을
떠났다가 예루살렘에서 목격한 생세퓔크르(Saint-Sépulcre) 형태에서 영감을 얻었다고
한다.

올레롱 섬Île d'Oléron

프랑스 서쪽의 섬들 중 가장 면적이 넓고 '빛나는 섬(La Lumineuse)'이라는 별명이 붙
은 올레롱 섬은 여름에 많은 관광객이 찾는 섬이다. 그럴 만한 이유가 있다. 일조량
이 많고 수상스포츠가 발달해 있으며, 야생의 풍경을 간직하고 있지만 다리를 통해
육지로도 연결되어 있기 때문이다. 너무 많은 방문객 때문에 작가 피에르 로티(Pierre
Loti)가 아주 높이 평가한 섬의 매력이 떨어진다는 단점도 있다. 해변, 숲, 마을, 성채,

로마식 교회 등 모든 것이 섬에 있다. 그 유명한 마렌올레롱(Marennes-Oléron) 굴을 생산하는 굴 양식업자들도 이곳에서 만나볼 수 있다.

코냑Cognac

황갈색의 묘약인 코냑 때문에 전 세계에 이름이 알려진 마을인 코냑은 친환경 도시이기도 하다. 프랑수아 1세 공원(Parc François Ier)과 공공 정원(Jardin public)은 산책하기에 아주 좋은 공간이다. 공공 정원을 거닐다 보면 1835년에 건립된 신고딕 양식의 탑과 시청을 만날 수 있는데, 마을의 모든 길이 시청으로 이어지고 있다.

쿨롱Coulon

'녹색 베네치아(Venise verte)'의 관문 역할을 하는 쿨롱은 '프랑스에서 가장 아름다운 마을'에 선정된 바 있다. 쿨롱 항구는 세브르 니오르테즈(Sèvre niortaise) 유역의 가장 큰 항구 중 하나다. 여름에 하천 운수업이 절정에 달하는데, 관광객들이 '너벅선

(plate)'을 이용해 아름다운 작은 만들을 둘러보는 그 유명한 산책을 즐기기 때문이다. 야자나무, 바나나무, 다채로운 색깔의 덧창을 한 나지막한 흰색 집들 풍경이 매혹을 선사한다.

탈몽쉬르지롱드Talmont-sur-Gironde

'프랑스에서 가장 아름다운 마을'로 종종 지정되는 탈몽쉬르지롱드에서는 지역에서 가장 멋진 성당 중 하나인 생트라드공드(Sainte-Radegonde) 성당 건물을 만나볼 수 있다. 생통주(Saintonge) 스타일로 건립된 성당은 궁륭으로 덮이고 조각과 회랑으로 장식되어 있다.

투아르Thouars

암벽 위에 세워져 있기에 강에 에워싸인 성을 감상하려면 남쪽에서 투아르로 들어가는 것이 좋다. 손님을 환대하는 마을로 현지에서 생산하는 아페리티프를 맛보고, 중세 분위기가 물씬 풍기는 거리들을 산책해볼 수 있다.

파르트네Parthenay

파르트네는 멜뤼진 요정이 만들어낸 마을로 알려져 있다. 그러나 이곳에서는 무엇보다도 종교 관련 역사를 만날 수 있다. 산티아고 가는 길목에 놓인 마을이며, 기도하기에 최적의 장소로 《순례자들의 가이드북(Guide du pèlerin)》에 이름이 올라가 있다. 성당들 말고도 가축 시장과 오래된 다리, 문 등 역사적인 장소가 잘 알려져 있다.

푸아티에Poitiers

프랑스 중서부 지역 클랭(Clain) 강에 위치한 도시이자 비엔(Vienne) 데파르트망과 푸아투 지역의 주도이기도 하다. 도시의 중심 거리에는 특히 로마네스크 양식의 종교 건축물과 오래된 건물들이 들어서 있다. 푸아티에 인근에서 2개의 주요한 전쟁이 벌어지기도 했는데, 732년 카롤루스 마르텔루스(Charles Martel)가 이끄는 프랑크 왕국의

군대가 우마이야 왕조의 진출을 막아낸 푸아티에 전투, 1356년 9월 19일 백년전쟁 기간에 영국군이 결정적인 승리를 거두었던 또 하나의 푸아티에 전투가 그것들이다. 후자는 1358년 농민들의 반란인 자크리(Jacquerie)의 난을 유발했다.

퓌튀로스코프 테마파크 Parc du Futuroscope

1987년부터 지역 경제를 이끄는 견인차 역할을 하고 있는 테마파크. 규모로는 유로디즈니랜드에 뒤이어 프랑스 제2위의 테마파크다. 미래형 기술과 이미지를 집약한 이 공간에서 많은 영화와 영상물을 접할 수 있다. 프랑스의 대도시들로부터 멀리 떨어진 곳에 자리 잡은 퓌튀로스코프는 관광객과 자본을 푸아투샤랑트 지방으로 끌어들이고 있다.

추천 여정

- 프랑스의 옛 수도인 푸아티에(Poitiers)는 푸아투(Poitou) 지방을 탐험하는 출발지로 좋다. 푸아티에를 출발해 퓌튀로스코프(Futuroscope), 쇼비니(Chauvigny)와 앙글쉬르랑글랭(Angles-sur-l'Anglin) 같이 개성이 강한 마을, 생사뱅쉬르가르탕프(Saint-Savin-sur-Gartempe), 우아롱 성(Château d'Oiron), 셀쉬르벨(Celles-sur-Belle) 같은 공간을 찾아가면 된다.
- 마레 푸아트뱅 지역에서는 쿨롱(Coulon)에 소재한 마레 푸아트뱅의 집(Maison du Marais poitevin)에서 출발해 작은 배를 타고 녹색 베네치아를 여행한 후 레 주아조 뒤 마레 푸아트뱅(Les Oiseaux du Marais poitevin) 조류공원을 찾아가면 된다.
- 샤랑트 지방에서는 앙굴렘, 코냑, 생트, 로슈포르(Rochefort), 올레롱 섬, 루아양(Royan), 라로셸, 레 섬을 방문할 것.

가족 여행

- 퓌튀로스코프, 데피플라네트(DéfiPlanet'), 조디세 동물원(Parc animalier Zoodyssée), 생메스맹 성(Château de Saint-Mesmin) 등이 푸아투에서 찾아갈 만한 곳들이다. 샤랑트에서 방문해볼 만한 대상은 라 팔미르 동물원(Zoo de La Palmyre), 라로셸 아쿠아리움(Aquarium de La Rochelle), 라 로슈푸코 성(Château de La Rochefoucauld), 앙굴렘 만화박물관(Musée de la BD à Angoulême) 등. 레 섬의 릴로 데 니주 자연보호구역(Réserve naturelle de Lilleau des Niges), 올레롱(Oléron)의 새들의 늪(Marais aux Oiseaux)에서는 동물이나 조류를 관찰할 수 있다.

스포츠

마레 푸아트뱅에서 야외 스포츠를 즐기면 좋다. 도보 트레킹을 하거나 MTB나 자전거를 타고 800km에 달하는 자전거 도로를 이용하면 된다. 작은 보트를 타도 좋다.

쇼핑

샤랑트에서 생산하는 코냑, 피노(pineau) 와인, 몽모리용 마카롱(macaron de Montmorillon), 퓌튀로스코프 티셔츠, 맛있는 과자류인 푸아투 브루아예(broyé du poitou), 일드레 섬에서 생산하는 소금과 소금 캐러멜, 당과류인 앙젤리크(angélique), 염소 치즈를 재료로 만든 둥근 모양 과자인 투르토(tourteau), 강낭콩 모양으로 생긴 작은 초콜릿인 모제트(mogettes) 등이 구입하면 좋은 상품들이다.

아키텐의 주요 방문지

POITOU-CHARENTES

LIMOUSIN

AQUITAINE

Nouvelle-Aquitaine

닥스Dax

갈로로마시대의 문화유산에서부터 아르데코 스타일
의 건축물에 이르기까지, '빈자(貧者)들의 구멍(Trou des
pauvres)'에서부터 아레나에 이르기까지 2천 년 된 역사
를 거슬러 올라갈 수 있는 도시가 닥스다. 사람들이 아주 많이 찾는 온천도시이기

빈자들의 구멍(Trou des pauvres)

닥스의 아두르(Adour) 강가에 소재한 빈자들의 구멍은
옛날에 공중목욕탕이었다. 온천수를 공급받은 못은 진
흙으로 채워졌다. 홍수 때면 아두르 강의 진흙은 뜨거
운 물이 나오는 곳 근처에 쌓였고, 돈이 없는 병자들
은 뜨거운 진흙의 효과를 보러 이곳으로 몰려들었다.
1870년대에는 진흙을 온천까지 옮길 수 있도록 반원형
의 못이 개조되었다. 온천에 갈 여유가 없었던 닥스 주
민들은 오랫동안 빈자들의 구멍을 찾았다. 오늘날 빈자
들의 구멍으로의 자연적인 물 공급은 끊겨버렸다.

도 하다. 닥스 시의 문장(紋章)에는 성채도
시를 나타내는 탑, 아키텐을 상징하는 사
자, 아두르 강과 19세기까지 아주 활발했
던 해상 활동을 나타내는 물결치는 파도,
'ACQS' 시의 중세 이름이 등장한다. 라틴
어 'CIVITAS DE AQVIS'에서 파생된 단어
인데 이 구호는 'Regia Semper', 다시 말
해 '항상 왕권의'이라는 뜻이다. 오직 왕권
에만 충성하는 자유로운 도시이기에 영주
의 권한을 벗어난다는 얘기였다. 닥스는
고대부터 온천, 랑드 지방과 스페인의 투
우, 럭비로 이름을 알리고 있다. 닥스 럭비
팀은 1904년에 창단되었다.

랑드 드 가스코뉴 지방자연공원Parc naturel régional des Landes de Gascogne

소나무숲으로 덮인 이 지역에는 산책과 여가 활동에 좋은 4개 공간이 있다. 소낙과
뮈레 아틀리에 지트(Atelier Gîte de Saugnac et Muret), 그라우 센터(Centre du Graoux), 아르
카숑 만 자연의 집(Maison de la Nature du bassin d'Arcachon) 및 라 그랑드 랑드 생태박물
관(Écomusée de La Grande Lande)이 그런 곳들이다.

로슈포르 조선소 Arsenal de Rochefort

17세기 말에 해상 권력을 막강하게 만든 루이 14세는 프랑스 왕국과 식민지들 사이의 교역을 도울 배들을 빨리 건조할 조선소를 짓기로 결심한다. 조선소는 1666년 건조되었으며, 그에 따라 바둑판 모양으로 된 로슈포르 시가 탄생했다. 미국 독립전쟁 당시 라파예트(La Fayette)가 탑승했던 역사적인 3개 돛대 범선인 '레르미온(L'Hermione)' 호도 이 조선소에서 20년 이상 걸려 원래 모습과 똑같이 다시 제작되었다. 조선소의 역사는 국립해양박물관(Musée national de la Marine)에서 접할 수 있다.

몽드마르상 Mont-de-Marsan

'3개 하천의 도시(Ville aux Trois Rivières)'인 몽드마르상은 투우로 유명한 거대한 마을이다. 아르마냑(Armagnac) 지방의 곡식 상인들이나 와인 판매상들이 타고 다니던 형태의 작은 배를 타고 미두즈(Midouze) 강에서 유람하면서 로마제국시대 집들의 유적이나 제1제정 스타일의 행정 건물들을 볼 수 있다. 프랑스에서 가장 아름다운 100대 명소 중 하나로 꼽힌 생로슈 시장(Marché Saint-Roch)을 들러도 좋다.

몽 페르뒤 Mont Perdu

프랑스와 스페인에 한 발씩 걸치고 있는 독특한 산세를 자랑하는 곳이다. 피레네 산맥에 자리 잡은 몽 페르뒤 정상의 높이는 3,352m에 달한다. 스페인 쪽에는 유럽에서 가장 크고 깊은 것으로 알려진 두 개의 협곡이 자리하고 있으며, 프랑스 쪽에는 3개  의 협곡이 있다. 그중에서도 가바르니 원곡은 이 지역에서 가장 중요한 명소로 꼽힌다.

미미장Mimizan

랑드 해안의 가는 모래 해변은 길이가 106km에 달하는데, 언덕과 소나무숲이 뒤를 떠받치고 있다. 데파르트망 북쪽의 미미장과 비스카로스에서는 다양한 활동을 즐길 수 있는데, 도보나 자전거를 타고 떠나는 트레킹, 해변 즐기기, 산호초 색깔의 거대한 호수 방문, 지역 특산물로 만든 맛있는 요리 등이 그것들이다.

베제르 계곡Vallée de la Vézère

도르도뉴의 베제르 계곡은 선사시대 인류가 가장 먼저 정착했던 곳에 속한다. 구석기시대까지 거슬러 올라가는 150개의 유적지가 이곳에 산재해 있는데, 라스코 (Lascaux) 동굴을 비롯하여 채색 그림으로 아름답게 장식된 동굴이 30여 개 있다. 라스코 동굴은 현재 라스코 IV가 오픈해 방문자들에게 동굴에 대한 소개를 비롯한 교육적인 역할을 담당하고 있다.

보르도Bordeaux

갈르리 보르들레즈 Galerie Bordelaise
생트카트린 거리 깊숙이 들어선 갈르리 보르들레즈는 보르도의 역사유적지이기도 하다. 낭만적인 장식이 넘치는 이곳에 오늘날 프랑스 최대 규모의 독립서점인 몰라(Mollat) 서점이 입주해 있다. 《독사의 둥지(Le Noeud de vipères)》라는 소설로 유명한 프랑수아 모리악(François Mauriac)도 이곳으로 책을 사러 오곤 했다.

파리에서 TGV로 불과 2시간 5분 걸리는 지롱드 데파르트망의 주도이자 파리에 이어 프랑스에서 두 번째로 많은 문화재를 보유한 도시다. 가론 강과 륀(Lune) 항구 주변으로 무려 347개의 문화유산이 들어서 있다. 보르도 도심은 18세기 계몽주의 시대에 지어진 건물들 덕분에 아주 우아한 외양을 하고 있으며, '거대한 종(Grosse Cloche)'이란 이름이 붙은 중세 망루와 같은 유적들을 간직하고 있다. 2000년대에 새로 정비된 가론(Garonne) 강가는 긴 산책을 하기에 아주 좋은 길로 변신했다. 문화의 부흥, 와인들의 명성과 함께 보르도는 새로운 도약을 맞이하고 있는 중이다.

보르도와 인근 지역은 유명한 와인 산
지 이외에도 프랑스적인 삶을 추구하는
다양한 문화로도 유명하다. 보르도에서
는 생트카트린 거리(Rue Sainte-Catherine)
를 산책하고, 시테 뒤 뱅(Cité du Vin) 와인
박물관을 방문하며, 현대미술관(CAPC)에
서 미술작품을 감상하고, 그랑 테아트르
(Grand Théâtre) 극장에서 저녁 공연을 관
람할 수 있다. 분수가 물을 뿜는 거울 광
장은 어린이들에게 잊지 못할 추억을 만
들어주는 명소다.

보르도 근방의 와인 루트들Routes du vin de Bordeaux

보르도 인근 지역에서는 성과 포도밭이 지롱드(Gironde), 가론(Garonne), 도르도뉴 강변을 따라 끝없이 이어진다. 프랑스 최대의 와인 생산 지역은 포도주 호칭에 따라 크게 5개 루트로 나뉜다.

1) '고성 루트(Route des châteaux)' : 보르도 북쪽의 강 좌안, 지롱드 강 하구를 따라가는 길로 '메독(Médoc)'으로 대표된다. 18세기부터 이미 유명한 '샤토 마르고(Château Margaux)'를 위시한 가장 많은 고급 크뤼(crus)를 생산하는 지역으로 유명하다. 와인과 별도로 성도 둘러볼 가치가 있다. 19세기 초에 네오-팔라디오식(néo-palladien)으로 콜로닐라 후작(marquis de la Colonilla)이 건립한 성은 '메독 지방의 베르사유 궁(Versailles du Médoc)'을 자처했다. 이 루트를 따라가며 레스파르(Lesparre)에서 14세기의 투르 카레(Tour Carrée), 베르퇴이유(Vertheuil)에서 11-12세기에 건립된 대수도원 성당을 만나볼 수 있다.

2) '언덕 루트(Route des coteaux)' : 지롱드와 도르도뉴 강 우안에 자리한 이 루트에서는 '코트 드 블라이(Côtes de Blaye)'와 '코트 드 부르(Côtes de Bourg)' 라벨의 와인을 생산한다. 블라이(Blaye)에서는 보방이 건축한 성채를, 부르에서는 역사유산을 찾아볼 수 있다. 또 부르에서는 13세기 성채의 유적뿐 아니라 20세기에 석유 탱크로 개조된 동굴들도 만나게 된다. 갈로로마시대 저택들의 유적이 남아있는 고리악(Gauriac)과 플라삭(Plassac) 마을들도 둘러볼 것.

3) '문화유산 루트(Route du patrimoine)' : 지역의 대표 와인이 '생테밀리옹(Saint-Émilion)'이다. 유네스코 세계문화유산으로 지정된 생테밀리옹 중세마을은 꼭 들러야 한다. 생테밀리옹 문화유산의 대부분은 마을 아래 땅속에 있는데, 통로 길이가 200km 이상에 달한다. 그 대부분은 오늘날 술 저장고로 사용되고 있다. 이 지역에서는 2009년에 스위스 건축가 마리오 보타(Mario Botta)가 포제르 성(Château Faugères)에 건설한 '술 저장고 성당(chai-cathédrale)'도 방문해볼 수 있다.

4) '성곽도시 루트(Route des bastides)' : 도르도뉴와 가론 사이에 소재해 있기에, 이곳에서 생산하는 와인이 '앙트르되메르(Entre-Deux-Mers)'라 불린다. 중세 때 지어진 성곽도시와 성채가 많은 지역. 그중 백미는 생마케르(Saint-Macaire). 하지만 지역에서 가장 명소는 카디악(Cadillac) 성곽도시 안에 있는 에페르농 대공들의 성(Château des ducs d'Épernon)이다. 최초의 에페르농 대공이었던 앙리 3세(Henri III)가 자신의 힘을 과시하기 위해 건립한 멋진 성이다. 대혁명 때에 국가에 몰수되었고, 19세기에 여자 감옥으로 사용되었다. 작가 프랑수아 모리악(François Mauriac)의 거처였던 말라가르 성(Château de Malagar)도 방문해볼 만하다.

5) '그라브 루트(Route des Graves)' : 보르도로부터 가장 남쪽에 소재한 지역으로, '페삭레오냥(Pessac-Léognan)', '그라브(Graves)', '소테른(Sauternes)' 등의 와인을 생산한다. 랑드 숲(Forêt des Landes) 가장자리에 놓여 있다. 몽테스키외(Montesquieu)가 거주했던 브레드 성(Château de la Brède), 19세기에 비올레-르-뒥(Viollet-le-Duc)이 개조한 로크타이야드 성채(Château-fort de la Roquetaillade) 등 풍부한 문화유산이 많다. 덜 유명하기는 하지만 아름다운 말 성(Château de Malle)도 방문해볼 만하다. 보르도 의회 의장의 숙소로 17세기 초에 건설된 이 성에는 멋들어진 프랑스식 정원이 들어서 있다. 1855년부터 아주 유명해진 소테른을 생산하는 곳이다.

비스카로스 Biscarrosse

랑드(Landes) 지방에서 가장 유명한 해수욕장이자 수상비행기의 본고장이다. 가는 모래가 있는 해변과 연결되는 호숫가에서 해양스포츠를 즐기기 좋은데, 가스코뉴 랑드 숲(Forêt des Landes de Gascogne)에는 유럽에서 가장 규모가 큰 소나무들이 들어서 있다.

빌르뇌브쉬르로 Villeneuve-sur-Lot

베네딕토회 수도원을 중심으로 형성된 도자기 제조인과 농부들의 이 옛 도시는 로테가론(Lot-et-Garonne) 데파르트망에서 가장 거대한 성곽도시가 되었다. 성왕 루이(Saint Louis)의 동생이었던 푸아티에의 알퐁스 백작(Comte Alphonse)이 만든 마을이다. 강을 내려다보는 빌르뇌브쉬르로에서는 돌과 황토색 벽돌로 지어진 성채, 성문과 탑을 만날 수 있다. 비외 다리(Pont Vieux)에서 바라보는 전망이 아주 좋다.

생사뱅 Saint-Savin

생사뱅쉬르가르탕프 수도원(Abbaye de Saint-Savin-sur-Gartempe)은 비엔(Vienne) 데파르트망의 생사뱅에 있으며 유네스코 세계문화유산에 등재된 곳이다. 10-11세기에 제작된 420m²의 완벽한 프레스코 벽화를 전 세계에서 유일하게 보존하고 있는 수도원으로 로마네스크 건축의 걸작으로 평가된다. 그래서 이곳에 붙여진 별명은 '로마제국시대의 시스티나 성당'.

생테밀리옹 Saint-Émilion

보르도에서 북동쪽으로 35km 떨어진 생테밀리옹은 프랑스에서 포도 재배로 가장 유명한 지역 중 하나로, 고대 로마인들은 비옥한 고원, 비탈, 협곡과 평야가 끝없이

펼쳐진 이곳에 포도나무를 심었다. 그러기에 생테밀리옹은 석회석 협곡 위에 지어진 중세마을이자 보르도 지역의 고급 와인을 생산하는 포도밭으로 전 세계에 이름을 알리고 있다. 산티아고 순례길 위에 놓인 생테밀리옹 주변에는 7개 마을과 포도밭이 존재한다. 마을은 은자(隱者)이자 혈거인이면서 기적을 행하던 브르타뉴의 한 수도사 이름을 하고 있다. 11세기에 통돌로 지어진 성당이 있으며, 지하에 갤러리와 지하납골당 등의 문화유산이 있다.

아르카숑Arcachon

소나무숲이 에워싼 우아한 해수욕장인 아
르카숑은 연중 내내 방문할 수 있는 곳이
다. 만과 대양 사이에서 독특한 위치를 차
지하고 있는 데다가 벨 에포크 시대의 우
아함 때문에 주말에 이곳을 찾는 사람들
이 많다. 거대한 해변에서는 다양한 해양
스포츠를 즐기기에 적당하다. 남쪽에는 그 유명한 필라 모래언덕(Dune du Pilat)이 있
다. 높이가 100여 미터에 달하는 이 언덕은 유럽에서 가장 높은 모래산이다. 언덕에
서 한쪽으로는 대양을 바라볼 수 있고, 다른 쪽으로는 가스코뉴 랑드 숲 풍경을 감
상할 수 있다.

오스고르Hossegor

멋진 이 해수욕장에서는 서핑을 즐기는 사람들이 많다. 서핑 세계 챔피언십이 열리는
장소이기 때문이다. 멋진 가게에서 시간을 보내거나 유행이 넘치는 분위기의 바에서
술을 들 수 있다. 카지노 건물을 포함해 스페인풍, 아르데코 스타일, 1930년대 바스
크-랑드풍의 빌라들을 만날 수 있는 도시다.

캅브르통Capbreton

옛날에 아주 활발했던 어촌으로 캐나다 쪽의 테르뇌브(Terre-Neuve)까지 대구를 잡으
러 갈 정도였다. 현재는 요트항이자 해수욕장으로 이름을 알리고 있다. 부레(Bourret)
하천과 부디고(Boudigau) 하천이 끝나면서 대서양과 만나는 장소가 바로 오스고르
다.

캅페레Cap-Ferret

어부들과 굴 양식업자들의 마을로, 마을의 집들은 나무로 지어져 있다. 1981년에 아

름다운 장소 목록에 등재되었는데, 소나무숲 뒤로 숨은 빌라들이 많은 곳이다. 필라 모래언덕과 등대 꼭대기까지 올라가보거나 해변을 잇는 작은 열차를 타보면 좋다.

코르두앙 등대Phare de Cordouan

'바다의 베르사유 궁(Versailles de la mer)', '왕들의 등대(phare des rois)', '등대의 왕(roi des phares)'이라 불리는 코르두앙 등대는 1584년부터 25년 이상 공사한 후 지롱드 (Gironde) 하구의 한 바위섬에 1611년 모습을 드러냈다. 별명에는 충분한 이유가 있다. 앙리 3세와 앙리 4세의 주문에 따라 등대 안에 예배당과 대리석 장식, 조각작품 등을 설치했기 때문이다. 완공 당시 등대는 '세계 8번째 불가사의'로 불리기도 했다.

지금도 작동 중인 프랑스에서 가장 오래된 이 등대는 1862년에 역사유적으로 지정되었다. 높이가 16m에 달하는 다변형의 건축물로 오귀스탱 프르넬(Augustin Fresnel) 의 발명품인 회전 렌즈를 보유하고 있다. 코르두앙이란 이름은 코르도바(Cordoue) 와 인을 하역하러 온 스페인 상인들이 붙인 이름이다. 샤랑트마리팀(Charente-Maritime) 과 지롱드 쪽의 육지로부터 각각 7km 떨어져 있기에 등대를 편하게 방문할 수 있다. 2021년에 유네스코 세계문화유산에 등재되었다.

퓌졸Pujols

'프랑스에서 가장 아름다운 마을' 중 하나로 선정된 이 중세마을은 재단한 돌로 지어졌다. 로트 계곡(vallée du Lot)과 마스 계곡(vallée de la Masse)의 고도 187m에 들어서 있다. 목조구조물 가옥 근처에 있는 작은 정원들을 산책하면 좋다. 첨두아치 형태의 마을 관문, 생니콜라 성당(Église Saint-Nicolas)의 종탑과 우물이 아직 남아있다. 여러 전시회를 열고 있는 생트푸아 성당(Église Sainte-Foy)에서 바라보는 파노라마가 장관이다.

필라 모래언덕 Dune du Pilat

1978년에 국립 대명승지(Grand Site national)로 지정된 필라(혹은 Pyla라고 표기하기도 함) 언덕은 아르카숑 만의 스타다. 흰 모래가 이어지는 이 거대한 언덕은 랑드 지방 소나무숲과 대서양 사이에 자리 잡고 있는데, 높이가 109m에 달하기에 오늘날 유럽에서 가장 높은 모래언덕이 되었다. 높이는 매년 달라진다. 면적이 6,000만m²나 되기에 파리의 노트르담 대성당을 무려 600개나 품을 수 있다.

Note

추천 여정

- 지역의 중심지인 보르도부터 시작해 중세도시 생테밀리옹, 거대한 군사 성채가 들어서 있는 블라이(Blaye), 캅페레를 차례로 방문하면 좋다.
- 무엇보다도 가장 즐거움을 제공할 방문지는 필라 모래언덕. 이곳에서는 아르카숑 만(Bassin d'Arcachon) 전체가 눈에 들어오는데, 비스카로스부터 캅브르통까지 랑드 지방 해변이 끝없이 펼쳐진다.
- 작은 온천도시인 닥스, 아젱(Agen) 혹은 카스티요네스(Castillonnès), 빌르레알(Villeréal), 몽플랑캥(Monflanquin) 같은 성곽도시들을 방문해봐도 좋다.

가족 여행

- 보르도의 캅 시앙스(Cap Sciences)는 놀이와 과학적 탐구를 연계시킨 공간이며, 보자르미술관(Musée des Beaux-Arts)은 어린이들을 위한 테마별 방문과 아틀리에를 동시에 운영하고 있다. 야외를 맛보고 싶으면 가스코뉴(Gascogne)에 소재한 랑드 지방자연공원(Parc naturel régional des Landes)을

찾을 것. 소나무숲에서 솔잎 냄새를 맡거나, 카누를 타고 레르(Leyre) 하천을 따라 내려가거나, 르 테크 조류보호구역(Réserve ornithologique du Teich)에서 새들을 관찰하면 좋다. 가족과 함께 자전거를 타려면 우르탱플라주(Hourtin-Plage)에서 출발해 쿠소 못(Étang de Cousseau)을 거쳐 라카노(Lacanau)까 지 가는 여정을 추천할 만하다. 기타 방문하기 좋은 장소들로는 카스텔라(Castella)에 소재한 라스 투르넬 동굴(Grotte de Lastournelle)과 퐁티루 동굴(Grotte de Fontirou), 가보딩 성채(Forteresse de Gavaudun), 그랑주쉬르로트 미로(Labyrinthe de Granges-sur-Lot) 등을 들 수 있다.

아키텐에서 어떤 해변을 찾을까?

아키텐은 대서양에 면한 해수욕장들과 연안지대로 잘 알려져 있다. 아르카숑과 비아리츠(Biarritz)는 가장 유명하며, 그 외에도 오스고르(Hossegor), 라카노(Lacanau), 앙데르노레뱅(Andernos-les-Bains), 세뇨스 (Seignosse), 술락쉬르메르(Soulac-sur-Mer), 게타리(Guéthary) 등이 프랑스인들이 많이 찾는 해변들이다.

주말 여행

자전거로 랑드 지방을 둘러보거나, 비스카로스와 미미장 같은 랑드 해변, 라스코 동굴 주변의 베 제르 계곡, 페리고르 쪽을 찾아가면 좋다. 도시가 대상일 경우 보르도와 사를라를 꼭 들러야 한다. 아르카숑 만도 지나쳐서는 안 된다.

스포츠

야외에서 서핑이나 카이트 서핑을 즐길 수 있지만, 무엇보다도 '라 벨로디세(La Vélodyssée)'를 이용 해 자전거를 타는 것이 좋다. 랑드 지방 도시들인 비스카로스와 타르노스(Tarnos) 사이의 163km를 잇는 프랑스에서 가장 긴 자전거 도로다. '스캉디베리크(Scandibérique)'나 '카날 데 되 메르(Canal des 2 mers)' 도로를 이용해도 좋다. 잘 정비된 트레킹 코스도 많다. 동굴 탐사는 페리고르 지방에서 누릴 수 있는 멋진 스포츠 중 하나다.

쇼핑

바다를 끼고 있는 지역이니만큼 바다에 얽힌 기념품들을 구입하면 좋다. 즈크 신발(espadrille), 지방 특유의 줄무늬가 들어간 식탁보 등이 여행의 추억을 되살릴 수 있는 물건들이다.

| 페리고르의 주요 방문지

Nouvelle-Aquitaine

돔Domme

돔은 페리고르 지방에서 가장 아름다운 성곽도시로 간 주된다. 사를라에서 수 킬로미터 떨어진 곳에 있으며 1281년에 조성된 이 '페리고르의 아크로폴리스(Acropole du Périgord)'는 절벽 위에서 도르도뉴 계곡을 내려다보고 있다. 중세와 르네상스 시대에 건축된 아름다운 저택들, 좁은 거리는 시간을 거슬러 올라가 과거 속으로의 여행을 가능하게 한다.

라 로크가작La Roque-Gageac

이 중세도시는 '프랑스에서 가장 아름다운 마을' 중 하나로 선정되었는데, 사를라 주교들이 동굴을 파 성채를 만든 절벽 자락에 자리 잡고 있다. 열대정원과 르네상스 스타일의 마누아르 드 타르드(Manoir de Tarde)를 방문하고, 아름다운 저택들로부터 그다지 멀리 떨어지지 않은 곳에 소재한 '로마제국시대의 길'을 걸어보면 좋다. 마을 입구에서 기구를 타고 말라르트리 성(Château de Malartrie)을 감상할 수 있다. 도르도뉴 강에서 거룻배를 타고 유람하는 방식도 좋다.

라 로크 생크리스토프La Roque Saint-Christophe

라 로크 생크리스토프는 길이 1km, 높이 60m에 달하는 석회석 단층애(斷層崖)다. 에 지 마을(ville des Eyzies) 근처 페작르무스티에(Peyzac-le-Moustier) 코뮌에 자리를 잡고 있다. 1588년까지 사람이 살았던 옛 네안데르탈인 유적지다.

라스코Lascaux

블랙 페리고르의 중심을 차지하고 있으며 크로마뇽인이 발견된 땅인 베제르 계곡에는 벽화가 그려진 무수한 동굴들이 있다. 몽티냑(Montignac)에 소재한 라스코 동굴은 백화 현상이 생긴 이후 동굴을 보호하기 위해 일반인 출입이 금지되었다. 동굴에서 200m 떨어진 곳에 복제 동굴 라스코 II가 만들어져 있는데, 너무 잘 재현했기에 17,000년 전 아티스트들의 재능을 감상하기에 전혀 부족함이 없다. 현재는 동굴벽화 해석센터에 해당하는 라스코 IV가 건립되어 관광객들을 맞이하고 있다. 하지만 라스코 II, 레 제지(Les Eyzies) 및 인류의 기원과 관련된 다른 명소들을 놓치면 안 된다. 시간을 거슬러 올라가는 여행을 만끽할 수 있는 지역이다.

레 제지드타약시뢰이유Les Eyzies-de-Tayac-Sireuil

블랙 페리고르에 위치한 레 제지드타약시뢰이유는 '선사시대의 작은 세계 수도(petite

capitale mondiale de la préhistoire)'로 인정된다. 사를라에서 20km 떨어진 이곳에서 그 유명한 크로마뇽인이 발견되었다. 동굴을 방문하려면 사전에 예약해야 한다. 암벽에 그려진 인류 최초의 그림이나 조각들을 만날 수 있는데, 일상생활이나 동물들을 표현하고 있다. 베제르 계곡에서 카누를 타고 탐사하는 것도 가능하다. 레 제지 마을을 내려다보고 있는 원시인 조각은 1931년에 폴 다르데(Paul Dardé)가 제작한 것으로, 마을의 중심에 들어선 국립선사시대박물관(Musée national de Préhistoire)을 방문할 때 만나볼 수 있다. 선사시대 때 사용하던 물건들을 전시하고 있는 곳이다.

로카마두르Rocamadour

신비스러운 '검은 마리아(Vierge noire)'를 축성하는 로트(Lot) 지방의 이 도시는 12세기에 로마, 예루살렘, 산티아고데콤포스텔라에 이어 4번째로 유명한 성소였다. 순례자들과 관광객들이 끊이지 않는데, 알주 협곡(Canyon de l'Alzou)의 절벽에 매달

린 마을과 성당을 직접 접하면 대단히 강렬한 느낌을 받는다. 중력의 법칙을 뒤흔드

는 것처럼 보이기도 하기에 프랑스에서 가장 많은 사람이 찾는 지방 명소 중 하나이기도 하다. 전설에 따르면 한국의 이차돈처럼 신앙 때문에 참수를 당했던 성인 아마두르(Saint Amadour)가 자신의 목을 들고 걸어간 후 그 목을 내려놓은 곳에 이 성소가 생겨났다고 한다. 돌산 속에 설치된 케이블 철도를 타라고 가이드북에 나오지만, 순례자의 길을 걸어서 아랫마을까지 내려갔다가 성까지 올라갈 때만 타는 것이 낫다. 주변에는 오투아르(Autoire), 카레낙(Carennac), 루브레삭(Loubressac), 브르트누(Bretenoux), 몽발랑(Montvalent), 글뤼주(Gluges), 크레스(Creysse), 마르텔(Martel)과 같은 멋진 마을들, 몽탈 성(Château de Montal)과 카스텔노 성(Château de Castelnau) 등이 포진해 있다.

마르케삭 공중정원 Jardins suspendus de Marqueyssac

베작(Vézac)의 마르케삭 공중정원은 강의 굴곡을 내려다보는 해발 130m 높이의 암벽 돌출부에 자리 잡고 있다. 이 정원은 손으로 직접 재단한 15만 그루의 회양목이 담을 이루고 있는 산책길의 길이가 무려 6km 이상에 달한다. 전망 좋은 곳이 많다. 여름철에 마르케삭은 매주 목요일 저녁마다 1천여 개의 초로 뒤덮인다.

몽바지약Monbazillac

이 도시는 단맛이 나는 화이트 와인 생산지로 잘 알려져 있다. 포도밭은 1550년에 건축된 몽바지약 성 내 영지에 자리를 잡고 있다. 돌출 회랑을 보유한 4개의 탑과 지하실 때문에 유명한 건축물이다. 트레킹족을 위한 오솔길을 걸어보고, 거기서 멀리 떨어지지 않은 탑 및 교회만 남은 15세기의 말푸라 제분소(Moulin de Malfourat)를 방문해보면 좋다. 동굴 탐험도 가능한 곳이다.

몽티냑Montignac

블랙 페리고르 지역에 있는 몽티냑은 1940년에 라스코 동굴이 발견된 마을이다. 베제르 계곡에서 발견된 동굴들은 현재 유네스코 세계문화유산에 등재되어 있다. 해발 800m에 자리 잡은 중세마을인 레구르두(Régourdou)의 지층을 만나보고, 좁은 거리를 거닐며, 필로티 위에 지은 돌출부 형태의 집들을 감상하고, 교회와 성을 둘러보면 좋다.

몽파지에Monpazier

1284년에 건축된 이 전형적인 영국식 성곽 도시는 퍼플 페리고르의 중심을 차지하고 있다. 이름은 '평화의 산(Mont de la paix)'이라는 의미. '프랑스에서 가장 아름다운 마을' 중 하나로 선정되었고 페리고르 지방에서 가장 보존이 잘된 성곽도시인 몽파

지에는 '국립 대명승지'로 지정된 마을이기도 하다. 에두아르 1세(Edouard 1er)와 당시 비롱(Biron) 주교였던 피에르 드 공토(Pierre de Gontaut)가 조성한 이 마을은 왕이 건설한 랄랭드(Lalinde), 보몽(Beaumont), 몰리에르(Molière) 성곽도시들과 함께 수호지역을

더 공고히 하는데 목표를 두었다.

코르니에르 광장(Place des Cornières)은 황토색과 백색 집들로 에워싸여 있다. 14세기 시장(Halle)을 둘러볼 것. 생도미니크 성당(Église Saint-Dominique)으로 가다가 프랑스에서 가장 오래된 십일조 징수 곳간인 메종 뒤 샤피트르(Maison du chapitre)를 만나게 된다.

밀랑드 성Château des Milandes과 정원

무지개 부족tribu arc-en-ciel
가수 조제핀 베이커는 1937년부터 이 성을 대여했다가 10년 후에 새 남편인 조 부이용(Jo Bouillon)과 함께 성을 사들였다. 그리고 비슷한 시기에 성에 물과 전기, 중앙 난방 시스템이 들어온다. 그녀는 자신이 '세상의 마을(Village du Monde)'이라고 명명한 아방가르드 느낌의 관광단지를 개발하며, 그곳에서 9개 국적의 12명 입양아와 함께 거주하게 된다. 조제핀 베이커는 입양아들에게 '무지개 부족'이라는 별명을 붙였다.

도르도뉴 데파르트망 카스텔노라샤펠(Castelnaud-la-Chapelle) 코뮌에 자리한 역사 유적으로 50m 높이에서 도르도뉴 지역을 내려다보고 있다. 클로드 드 카르다이약(Claude de Cardaillac)은 1489년에 남편인 프랑수아 드 코몽(François de Caumont)으로부터 밀랑드 성을 짓는 허락을 받아냈다. 그 후 성은 카스텔노 성(Château de Castelnaud)과 함께 코몽 영주들의 주요 거처로 사용되었다. 20세기의 유명 아티스트이자 미국 출신의 프랑스 무용가 겸 가수였던 조제핀 베이커(Joséphine Baker)에게 대여되었던 성은 2012년에 '명사들의 집(Maison des Illustres)'

이라는 타이틀을 문화부로부터 부여받았다. 현재의 정원은 20세기 초에 쥘 바슈로 (Jules Vacherot)가 설계했는데, 명품이 탄생함에 따라 역사유적으로 지정되었다. 도르도뉴 계곡으로 전망이 난 성 앞에서는 맹금류들의 공연이 열린다.

베르주락Bergerac

베르주락은 이 지역에서 생산하는 에샤르망(écharmant), 몽라벨(montravel), 몽바지악 (monbazillac) 같은 와인 색깔과 마찬가지로 퍼플 페리고르의 중심을 차지하고 있다. 도르도뉴 지방에서 두 번째 크기의 도시로 백년전쟁 기간 동안 무려 여섯 차례나 국적을 바꾼 곳이다. 16세기에는 개신교의 지성적 수도이기도 했다. 아름다운 역사유적을 간직하고 있는 곳인데, 도심은 아주 잘 복원되어 있다. 목조구조물 가옥들을 둘러보고, 담배박물관(Musée du tabac)과 베르주락 와인박물관(Maison des vins de Bergerac)을 방문해보면 좋다. 마을에서는 에드몽 로스탕(Edmond Rostand)의 희극에 나오는 주인공 시라노 드 베르주락(Cyrano de Bergerac) 동상과 만날 수 있지만, 정작 시라노는 베르주락을 방문한 적이 한 번도 없다.

베낙에카즈낙Beynac-et-Cazenac

현기증 나는 152m 높이의 절벽에서 '프랑스에서 가장 아름다운 마을' 중 하나인 베낙에카즈낙 마을을 내려다보는 베낙 성 (Château de Beynac)은 900년도 더 이전인 12세기부터 도르도뉴 지방에 터를 잡고 있다. 성에서는 5백 년에 걸친 프랑스 역사를 만나볼 수 있는데, 관련 인물과 사건들은 사자왕 리처드(Richard Coeur de Lion), 아키텐의 알리에노르, 시몽 드 몽포르(Simon de Montfort), 백년전쟁 등이다. 12세기에 건설된 견고한 망루, 르네상스 시대 계단, 아주 인상적인 15세기 페리고르 남작령 지역들(États des Baronnies)의 방, 13세기 식당 등의 완벽한 상태는 방문자들을 중세 분위기에 젖어들게 해준다.

보나길 성Château de Bonaguil

영화와 보나길 성

로베르 엔리코(Robert Enrico) 감독의 1975년 영화 〈추상(Le Vieux Fusil, '낡은 총'으로도 번역)〉 일부가 보나길 성 지하에서, 대부분의 장면이 브뤼니켈 성(Château de Bruniquel)에서 촬영되었다.

토머스 에드워드 로렌스(Thomas Edward Lawrence), 일명 '아라비아의 로렌스(Lawrence d'Arabie)'는 1907년과 1908년 고고학자 자격으로 보나길 성에서 한 달 이틀 간 체류했다. 그는 1908년에 이 성에 대해 전문서적을 출간하기도 했는데, "성채가 너무 완벽해 이걸 폐허라 부르는 것이 우스울 정도다"라고 보나길 성을 평가하기도 했다.

거대한 규모의 보나길 성은 케르시(Quercy)와 페리고르 사이 로테가론(Lot-et-Garonne) 데파르트망의 생프롱쉬르레망스(Saint-Front-sur-Lémance) 코뮌에 자리를 잡고 있다. 하지만 성의 소유주는 퓌멜(Fumel) 코뮌. 성의 이름은 '훌륭한 바늘(Bonne aiguille)'에서 비롯되었는데, 깎아지른 듯한 성의 모습이 모든 공격으로부터 자신을 지켜낼 수 있다는 의미에서였다. 성은 1862년에, 예배당은 1963년 4월 12일에 역사유적으로 지정되었다.

드론(Dronne) 하천으로 에워싸인 언덕 위에 있기에 그로
부터 '페리고르의 베네치아(Venise du Périgord)'란 별명이
나왔다. 수도원, 생로슈 탑(Tour Saint-Roch)을 방문하고,
페를르바드 고인돌(Dolmen de Peyrelevade)과 로마제국 당
시의 길을 관찰해볼 수 있다. 산책하면서는 프랑스에서
가장 오래된 종탑 중 하나를 만나게 된다. 그런 다음
팔꿈치 모양으로 굽은 다리와 수도사들의 정원을 거닐
면 좋다.

비롱 성Château de Biron

언덕 위에 만들어진 성채로 백년전쟁과 종교전쟁으로 인한 피해로 내부를 고친 후 8
세기 동안 공토-비롱(Gontaut-Biron) 가문의 소유물이었다. 성 내의 각 방들은 이탈리
아 르네상스 스타일, 고딕 스타일, 비올레-르-뒥(Viollet-le-Duc) 건축 스타일로 개조되
었다. 대조를 이루는 건물들은 비롱 성의 특징이기도 하다. 주탑에는 2개의 횡와상

무덤이 들어서 있다.

사를라라카네다 Sarlat-la-Canéda

사를라의 별명은 '페리고르 지방의 멋진 응석꾸러기'. 아주 아름다운 건축물, 풍부한 역사 문화유산, 코카뉴(Cocagne) 지방의 명성에 어울리는 요리, 푸아그라가 이 도시를 채우고 있는 콘텐츠다. 문화유산의 마법 같은 걸작으로 불려도 지나침이 없다. 중세 건물이 고스란히 남아있기에 영화 촬영 장소로 선호되는 도시다. 아주 가까이 위치한 도르도뉴 계곡(Vallée de la Dordogne)은 굽이마다 호사스러움의 극치를 보여준다. 성, 공중정원, 숲과 중세마을을 방문하면서 진정한 행복을 맛볼 수 있다.

망자들의 초롱Lanterne des Morts

12세기 말에 지어진 아주 특이한 모양의 건물이다. 일부 사람은 20세기 중반까지 시장에서 팔던 설탕 빵에 비교하기도 한다. 다른 이름은 생베르나르 타워(Tour Saint-Bernard)다. 혹자는 '무어인 타워(Tour des Maures)'라 지칭한다. 궁륭 형태가 동양을 연상시키기 때문이다. 건축물 형태는 의외로 단순하다. 둥근 예배당 위에 길쭉한 형태의 지붕이 올라간 모습이다. 연대기 작가인 장 타르드(Jean Tarde)는 1147년 사를라를 방문한 생베르나르가 병자들을 빵으로 축복했으며, 이를 기념하기 위해 사람들이 축복받은 빵 형태의 예배당을 세웠다고 전한다. 내부에는 램프가 설치되었는데, 밤이 되면 좁은 출구를 통해 귀신 같은 불빛을 내보냈다. 세상을 떠난 영혼들을 안내하기 위해서였다.

에리냑Eyrignac

에리냑 영주의 성 정원(Jardins du manoir d'Eyrignac)은 500년 이상의 역사를 자랑한다. 유행을 따라가면서 정원들은 이탈리아로부터 영감을 얻은 프랑스식 정원이었다가 영국식 정원으로 탈바꿈했다. 성과 정원은 200ha에 달하는 영주의 땅 내에서 '왕자들의 프롱드 난(Fronde des Princes)'이 일어난 후 폐허가 된 지역 위에 건축되었다. 주목 조각들과 회양목 자수품들을 감상하고, 삼나무들 사이를 산책하며, 장미원 근처에서 열리는 콘서트를 즐길 수 있다.

카두앵Cadouin

숲이 무성하고 계곡이 있는 장소에 자리를 잡고 있는 카두앵은 산티아고 가는 길의 일부를 이루는 시토회 수도원으로 잘 알려진 곳이다. 생루이 문(Porte Saint-Louis), 옛 시장, 생베르나르 분수(Fontaine Saint-Bernard)를 둘러볼 수 있다.

카두앵의 성의(聖衣)(Saint-Suaire de Cadouin)

진품 논란을 불러일으켰던 예수의 수의다. 여러 세기에 걸쳐 역사와 전설이 뒤섞인 성의는 그리스도 수난 당시의 의복으로 인정되었다.

시몽 드 몽포르에 따르면 카두앵 수도원이 '예수님의 성의'를 소유하게 된 시기는 1201~1214년 사이였다. 산티아고로 가는 순례자들은 이 수도원을 반드시 거쳐갈 수밖에 없었다. 성의는 백년전쟁 때 툴루즈가 가져갔다가 루이 11세의 명령에 따라 다시 카두앵으로 되돌아오기도 했다. 종교전쟁 동안 잊혔다가

1644년 랭장드르(Lingendres) 대주교가 이 수의가 진품임을 보증하는 문서를 만든 이후에 순례객이 다시 카두앵을 찾기 시작했다. 루이 다로드(Louis d'Arodes, 1660-1666) 신부와 피에르 마리(Pierre Mary, 1666-1696) 신부가 이 문서를 활용했는데, 프랑스 혁명으로 인해 가톨릭이 크게 위축되자 성의는 다시 세상의 관심으로부터 멀어졌다. 페리괴의 다베르(Dabert) 대주교는 1866년 예수의 수의를 다시 내세워서 숭배의 대상이 되게 한다. 하지만 1934년 예수회 소속의 한 역사학자는 성의에서 아랍문자를 발견해낸 후 파티마 왕조 때 이집트를 통치하던 칼리프 알-무스탈리(Al-Mustaïi, 1094 –1101)) 시대에 해당하는 11세기 말에 짠 것으로 수의를 평가했다. 원래 성의를 수도원 회랑에서 볼 수 있었지만, 보수 작업을 위해 2005년 7월부터 일반에게 공개하지 않고 있다. 2012년부터는 복제품이 전시되고 있다

카스텔노 성 Château de Castelnaud

거대한 중세 성채로 그 안에 1985년에 개관한 중세전쟁박물관(Musée de la Guerre au Moyen Age)이 들어서 있다. 검, 대포, 보호용구, 투창 무기 등 희귀한 진품들을 소장하고 있는 카스텔노 성은 카스텔노 라 샤펠(Castelnaud La Chapelle)에 소재해 있다. 중세 전쟁박물관에서는 약 3백 점의 무기와 갑옷이 전시되고 있으며 14세기와 15세기 의상의 재현, 이머시브 세노그래피가 이를 보완하고 있다.

튀르삭 Tursac

원시인의 생활 모습을 공부할 수 있는 곳이 도르도뉴(Dordogne) 데파르트망 튀르삭

에 자리를 잡고 있는 '프레이스토파르크(Préhistoparc)'다. 화석인류학연구소와 파리의 자연사박물관 소속 고생물학 교수인 장-루이 엥(Jean-Louis Heim)이 협력하면서 1984년에 만들어진 테마파크다. 선사시대 유적이 다수 발견된 '인간의 계곡' 중심을 차지하고 있는 파크는 5ha 면적에 걸쳐 수만 년 전에 이 지역에 살았던 네안데르탈인과 크로마뇽인의 일상생활을 보여주고 있다. 관람 시설 외에도 부티크와 피크닉 장소를 구비하고 있다.

파디락 동굴 Gouffre du Padirac

케르시(Quercy)에 위치한 구멍이 뚫린 이 동굴은 여름 바캉스 기간에 많은 사람이 찾는다. 매년 45만 명 내외를 받아들이기에 유럽에 소재한 동굴 중 가장 많은 방문객을 맞이하는 곳이다. 전설은 악마가 성인을 시험하다가 땅을 꺼뜨린 것으로 전한다. 동굴 내부의 온도는 13도.

지질학과 관련해서는 프랑스에서 많이 알려진 장소이자 프랑스 지하 문화유산 중 최고의 장소로 꼽히는데, 수 세기에 걸쳐 침식되면서 만들어진 바위가 비현실적인 지하 호수와 만나는 특별한 지형을 자랑한다. 이 예외적인 동굴은 동굴 탐험의 꽃이 되기 이전에 오랫동안 집단적 상상력을 살찌우기도 했다. 엘리베이터를 타고 바닥까지 내려가 잠깐 걷다 보면 관광객들을 태우는 보트가 나타나며, 배를 타고 동굴 안의 신비를 체험할 수 있다.

페리괴는 페리고르 지방에서 가장 인구가 많은 도시로 누벨아키텐의 중동부에 자리하고 있다. '4개의 꽃'을 부여 받은 이 도시는 화이트 페리고르의 일 계곡(Vallée de l'Isle)에 위치한 문화와 관광의 중심지다. 갈로로마시대, 중세와 르네상스의 역사 문화유산을 관광객들에게 제공하고 있다. '예술과 역사 도시'로 지정된 페리괴는 44개의 등재 혹은 지정된 역사유적을 보유한 곳이다. '프랑스박물관(Musées de France)'에 편입된 3개 박물관이 들어서 있는데, 그 중 2개가 시립박물관이다. 생프롱 대성당(Cathédrale Saint-Front)은 유네스코 세계문화유산으로 지정되었다.

이 도시는 로마제국이 갈리아 지방을 점거한 기원전 1세기에 조성되었다. 로마인들이 일 평원(Plaine de l'Isle)에 정착한 후 베수나(Vesunna)라는 도시를 만들어낸 것이다. 페리괴는 '시테(Cité, 옛 도시 베수나)'와 퓌생프롱(Puy-Saint-Front)이 1240년에 통합되면서 생겨난다. 문화유산을 찾는 관광객이 늘어남에 따라 페리괴는 페리고르 지방의 식도락 중심지로 부상했다. 지역을 활성화하기 위해 많은 문화 축제와 스포츠 행사가 열리고 있다.

추천 여정

선사시대와 역사시대가 함께 풍요로운 지역은 아마도 도르도뉴가 세계에서 유일할 것이다. 추천하는 일부 여정은 다음과 같다.

* 그린 페리고르 지방의 브랑톰에서부터 출발해 부르데이유 성(Château de Bourdeilles)을 거쳐 페리괴까지 가는 여정이 좋다. 그런 다음 몽티냑을 통해 베제르 계곡에 들어가보고, 세계에서 가장 유명한 동굴 중 하나인 라스코를 찾아간다.
* 라 로크 생크리스토프에서 계곡을 즐기며, 라 마들렌(La Madeleine) 혈거마을, 레 제지, 뷔그(Bugue), 리뫼이유(Limeuil)를 차례로 찾는다.
* 성곽도시를 둘러보고 싶으면 카르두앵(Cadouin)을 거쳐 몽파지에를 찾아간다. 도르도뉴를 거슬러 올라가면서는 이 지역에서 가장 아름다운 성들인 카스텔노 라 샤펠 성, 베낙에카즈낙 성을 찾는다.

주말 여행

주말에 이 지역을 방문한다면 사를라를 돌아보거나 라스코 주변의 베제르 계곡을 찾는 것이 좋다.

스포츠

* 지역이 마련한 식도락 관련 루트들을 따라가면 좋다. 베르주락 와인 루트(Route des Vins de Bergerac), 푸아그라 루트(Route du foie gras), 페리고르 호두 루트(Route de la noix du Périgord) 등 다양한 루트가 존재한다.
* 트레킹을 하기에도 좋은 지역이다. 다채로운 풍경이 전개되는 이 지역을 총 780km의 트레킹 도로가 채우고 있다. 카약과 카누도 이 지역에서 즐길 수 있는 스포츠다.

페리고르, 도르도뉴에서 방문해볼 만한 마을들

'프랑스에서 가장 아름다운 마을'로 지정된 장소가 도르도뉴 지방에 많다. 생타망드콜리(Saint-Amand-de-Coly), 생레옹쉬르베제르(Saint-Léon-sur-Vézère), 돔, 몽파지에, 라 로크가작, 벨베스(Belvès), 리뫼이유(Limeuil), 카스텔노 라 샤펠 등은 방문해볼 만한 가치가 있다.

페리고르, 도르도뉴에서 어떤 성들을 방문할까?
———

역사가 풍부한 도르도뉴 지방에는 성을 찾아가는 여정이 다양하다. 베르주락 일대(pays de Bergerac)와 블랙 페리고르 경계 쪽에는 요새화된 성곽도시들이 즐비하다. 이시작(Issigeac)과 중세 거리들, 몽파지에, 비롱 성(Château de Biron), 랑케 성(Château de Lanquais)이 그에 해당한다. 도르도뉴를 거슬러 올라가면서 밀랑드 성, 그리고 그와 완전히 다른 스타일인 카스텔노 성을 만날 수 있다. 페늘롱 성(Château de Fénelon), 코마르크 성(Château de Commarque), 로스 성(Château de Losse), 퓌기엠 성(Château de Puyguilhem)도 둘러볼 만하다.

쇼핑
———

'라 모리니(La Maurinie)' 상표의 푸아그라 통조림 제품이 유명하다. 가을에 이 지방을 방문한다면 호두가 좋다. 페리고르 캐비어(caviar du Périgord) 제품도 유명한데, 화이트 페리고르에 소재한 뇌빅(Neuvic)에서 철갑상어를 양식하고 있기 때문이다. 몽바지약(monbazillac)을 제외한다면 상대적으로 잘 알려지지 않은 이 지방의 와인도 구입할 만한데, 베르주라쿠아(bergeracois), 뒤라스(duras) 등이 그런 와인들이다.

| 리무쟁의 주요 방문지

Nouvelle-Aquitaine

게레Guéret

프랑스에서 가장 작은 도청 소재지 중 하나로, 7세기 말
에 한 수도원으로부터 마을이 생겨난 후 1514년에 마
르슈(Marche) 지역의 수도가 되었다. 고딕 스타일의 모네
루 성(Château des Moneyroux)을 방문하면 좋다. 시립박물관 정면에 프랑스식과 영국
식 정원이 조성되어 있다. 인근의 전원과 숲을 산책하다가 동물원에서 샤브리에르
(Chabrières) 늑대를 만나게 된다.

리모주Limoges

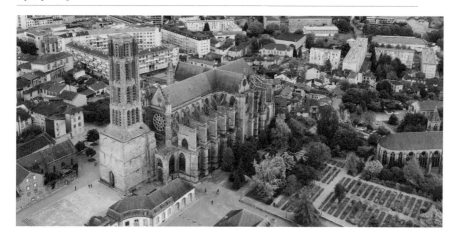

오트비엔(Haute-Vienne)의 주도인 리모주는 '예술과 역사 도시'로 선정된 곳이다. 유적
으로 지정된 17개 기념물이 있으며, 아름다운 목조구조물 가옥들이 많다. 도시 한가
운데 위치한 탕플 안뜰(Cour du Temple)은 콩쉴라 거리(Rue du Consulat)와 탕플 거리(Rue
du Temple)를 서로 연결하는 장소로 목조구조물 건물, 아케이드형 갤러리, 르네상스
스타일의 우아한 계단이 인상적인 곳이다. 리모주는 도자기로 이름난 도시인데, 도

예소 중 하나는 여전히 비엔(Vienne) 근처에 자리를 잡고 있다. 식도락 전통으로 유명한 부셰 구역(Quartier des Bouchers)을 둘러본 후 에베셰 정원(Jardins de l'Evêché)을 산책하면 좋다.

바시비에르 호수Lac de Vassivière

1,000ha 면적의 바시비에르 호수는 리무쟁 지역의 가장 중요한 저수지이다. 6개의 호수, 수상스포츠를 즐길 수 있는 3개의 요트항이 있다. 밀르바슈 지방공원에 속하는 호수는 '산과 댐의 예술과 역사 고장(Pays d'art et d'histoire des Monts et Barrages)'으로 지정되었다. 소나무숲을 관통하는 길을 드라이브하고 섬에 들어가기 위해 작은 다리를 건넌 후 예술과 풍경 국제센터(Centre international d'Art et du Paysage) 및 조각공원을 방문하면 좋다.

본느발Bonneval

오트비엔(Haute-Vienne) 데파르트망에 자리한 본느발 성(Château de Bonneval)은 프랑스에서 가장 오래된 귀족 가문 중 하나인 본느발 후작들이 살았던 곳이다. 가문은 성을 1,000년도 더 넘게 보유하고 있다. '악마의 탑(Tour du Diable)'에는 신비한 전설이 얽혀 있다. 지진이 났을 때 파괴되었던 성을 한 여행자가 하룻밤 사이에 재건했는데, 영주 딸의 손을 얻는 조건에서였다. 영주는 악마로 변하며, 미쳐버린 그는 탑에 구멍을 냈다고 한다.

브리브라가이야르드Brive-la-Gaillarde

브리브라가이야르드는 매력이 넘치는 마을이다. 방문객들은 구도심의 협소한 거리

를 걸으며 문과 저택들을 만나볼 수 있다. 7월 14일 광장(Place du 14 Juillet)에는 희한한 등대 겸 급수탑이 세워져 있고, 그 주위에 생마르탱 탑(Tour Saint-Martin)과 석루조가 위치한다. 이곳의 시장(市場)을 조르주 브라상스(Georges Brassens)가 노래한 적이 있기에 시장은 가수 이름을 붙이고 있다. 대회에서 메달을 획득한 드누아 부티크(Maison Denoix)의 증류공장도 방문해보면 좋다.

생쥐니앙 Saint-Junien

생쥐니앙은 럭셔리한 장갑을 제조하는 마을로 피혁산업 전통이 여전히 활발한 곳이다. 로마네스크 양식의 12세기 참사회 교회에 은자(隱者) 생쥐니앙의 석회석 묘가 들어서 있기에 이런 마을 이름이 붙었다. 장이 서는 날에 옛 도심은 북적거린다. 화가 코로(Corot)에게 영감을 제공한 비엔(Vienne)과 글란(Glane) 강가의 전원도 돌아보면 좋다.

아르낙퐁파두르Arnac-Pompadour

코레즈 데파르트망에 소재한 코뮌. 리무쟁 지역의 표지판에는 단지 '퐁파두르 (Pompadour)'라 표시되어 있다. 퐁파두르란 이름은 루이 15세(Louis XV) 덕분에 세계적으로 알려졌는데, 왕이 자신이 총애하던 르 노르망 데티올 부인(Madame Le Normant d'Étiolles)에게 퐁파두르 성을 선물로 주었기 때문이다. 말과 승마 경기가 언급될 때 자주 등장하는 이름이기도 하다. 애당초 왕실 종마를 사육하고 군대 기마대를 양성하는 역할을 하다가 국가가 운영하는 사육장으로 변신했다.

오라두르쉬르글란Oradour-sur-Glane

오라두르쉬르글란은 리무주 북서쪽으로 20km 지점에 자리한 비극의 장소다. 1944년 6월 10일 퇴각하던 독일의 SS 사단이 643명의 마을 사람들을 학살한 어두운 역사의 장소이기 때문이다. 오트비엔 지역에서 가장 많은 사람이 찾는 기념관을 방문해보면 당시 역사를 이해할 수 있다. 희생자들 이름이 적힌 표지판, 교회의 벽, 묘지 등을 둘러볼 수 있다.

오뷔송Aubusson

크뢰즈(Creuse) 데파르트망에 소재한 태피스트리의 고장 오뷔송은 움푹 들어간 계곡에 자리를 잡고 있다. 시계탑(Tour de l'Horloge)은 옛 망루였는데, 중부고원지대(Massif central)의 전형적인 밤나무 지붕 널로 뒤덮여 있다. 발르네의 집(Maison des Vallenet)은 성의 돌들로 지은 것으로 현재

는 테라드 다리(Pont de la Terrade)와 마찬가지로 주탑의 2개 벽면만 남아있다. 역사지구를 산책하면 좋다.

오뷔송이 태피스트리의 본거지로 자리 잡게 된 이유에 대해서는 여러 설명이 가능하다. 그 중 하나는 732년 푸이티에(Poitiers)에서 사라센 세력이 패주할 때 생존자들이 이곳을 찾아와 정착했다는 것이다. 반면 조르주 상드(George Sand) 및 19세기의 여러 작가들은 15세기 말에 오뷔송에서 40km 떨어진 부르가뇌프(Bourganeuf)에서 유배 중이던 오토만제국 왕자 지짐(Zizim)이 태피스트리 문화를 가져왔다고 주장한다. 또 일부는 이미 14세기에 부르봉 루이 1세(Louis Ier de Bourbon)와 그의 플랑드르 출신 아내인 마리 드 에노(Marie de Hainaut)가 플랑드르 지방의 태피스트리를 크뢰즈 지방에서 생산할 수 있도록 했다고 강조한다. 오늘날 오뷔송에서는 2016년 개관한 태피스트리 국제도시(Cité Internationale de la Tapisserie)에서 오뷔송과 태피스트리의 만남을 살펴볼 수 있다.

콜롱주라루주Collonges-la-Rouge

콜롱주는 그 옛날 산티아고 가는 길의 경유지였다. 마을을 채우고 있는 건물들은 대부분 15세기와 16세기에 붉은색 사암으로 지어진 것들이다. 따라서 마을의 작고

아름다운 시골 거리들을 산책하면서 시각적으로 강렬한 느낌을 받는다. 현관과 합각머리가 화려하며 관리가 잘 된 생피에르 성당(Église Saint-Pierre)을 둘러보고, 1897년까지 기름과 와인 시장이 있었던 옛 시장을 방문하면 좋다.

퀴르몽트Curemonte

퀴르몽트는 '프랑스에서 가장 아름다운 마을' 중 하나로 선정되었던 장소로 작은 탑들과 콜롱주라루주(Collonges-la-Rouge) 지역의 방패꼴 가문으로 장식한 집들이 들어서 있는 옛 중세도시다. 사암으로 된 바위 위에 자리하고 있는 이 마을에서는 생 틸레르(Saint Hilaire), 플라(Plas), 라 조안니(La Johannie) 등의 3개 성을 만나볼 수 있다. 12세기에 건립된 로마네스크 양식의 생 파트롱 바르텔레미 성당(Église du Saint patron Barthélemy)을 방문하면 좋다. 그런 다음 콜레트(Colette) 전시를 열고 있는 알 오 그랭 (Halle aux grains)도 찾아가본다.

Note

추천 여정

먼저 리모주를 방문한 후 오라두르쉬르글란을 찾아간다. 그런 다음 오 리무쟁(Haut Limousin) 쪽으로 향한 후 모르트마르(Mortemart)를 거쳐 블롱 산(Mont de Blond)과 앙바작 산(Mont d'Ambazac)의 야생 오솔길들을 걷는 것이 좋다. 생파르두 호수(Lac de Saint-Pardoux)와 바시비에르 호수에서는 물놀이를 즐길 수 있다. 그런 다음 밀르바슈 고원(Plateau de Millevaches)을 찾아간다. 오뷔송, 크로장(Crozant), 콜롱주라루주, 튀렌(Turenne), 퀴르몽트(Curemonte), 세귀르르샤토(Ségur-le-Château), 생로베르(Saint-Robert), 트라바삭(Travassac), 부르가뇌프(Bourganeuf), 게레(Guéret), 생기가 넘치는 브리브(Brive)도 방문해볼 만한 마을들이다.

가족 여행

리모주 아쿠아리움(Aquarium de Limoges)에서는 해파리와 상어를, 게레 산 파크(Parc des monts de Guéret)에서는 늑대를, 레누 동물원(Parc zoo du Reynou)에서는 호랑이와 기린을, 아르낙퐁파두르 종마사육장(Haras d'Arnac-Pompadour)에서는 경주용 말을, 리무진 파크(Limousine Park)에서는 리무쟁산(産)의 검은색 엉덩이 돼지, 양과 송아지를 만날 수 있다. 네드(Nedde)에 있는 곤충 시티(Cité des Insectes)도 방문해볼 만하다.

가족 전체가 즐기기에는 노아이유(Noailles)의 파주 동굴(Gouffre de la Fage), 베이락(Veyrac)의 페에릴란드(Feeriland), 라 누아이유(La Nouaille)의 바니제트 영지(Domaine de Banizette), 생파르두 호수(Lac de Saint-Pardoux), 바시비에르 호수가 좋다.

주말 여행

크뢰즈 계곡(Vallée de la Creuse), 브리브(Brive), 브리브 라 가이야르드, 쉬드 크뢰주아(Sud Creusois) 등이 최적지이다.

스포츠

일요일에 트레킹을 하는 사람들을 위한 길이 완벽하게 정비되어 있다. 이 지역에서 사람들이 즐기는 스포츠는 자전거 여행과 승마, 카누와 카약이다. 야외 스포츠 천국인 크뢰즈(Creuse)에서는 1,800km에 달하는 트레킹 코스와 만날 수 있다. 낚시를 좋아하는 사람들은 길이가 3,400km 이상에 달하는 리무쟁 지방의 하천을 즐겨 찾는다.

리무쟁에서 어떤 성들을 방문할까?

중세 역사와 불가분의 관계를 맺고 있는 지역이기에 성을 둘러보는 코스가 많다. 중세 성들을 방문하는 루트에는 사자왕 리처드 이름이 붙어있다. 카르 성(Château des Cars), 라스투르 성(Château de Lastours), 샤토셰르비 탑(Tour de Château-Chervix)은 폐허만 남아있는 반면 본느발 성(Château de Bonneval), 샬뤼스 성(Château de Châlus)은 여전히 웅장한 위용을 보여준다. 샬뤼세 성(Château de Châlucet), 빌르몽텍스 성(Château de Villemonteix), 부삭 성(Château de Boussac), 메를 성채(Forteresse de Merle) 등도 방문해봐야 할 대상들이다.

리무쟁의 데파르트망

3개 데파르트망이 리무쟁을 구성하는데, 오트비엔(Haute-Vienne), 크뢰즈(Creuse) 및 코레즈(Corrèze)가 그에 해당한다.

쇼핑

리무쟁에서 구입할 만한 기념품이 많은데, 일부 상품은 전형적인 리무쟁 문화를 담아낸 것들이다. 리모주 도자기가 가장 먼저 거론되며, 구리에 유약을 칠한 제품, 지역의 식도락 관련 제품들도 좋다.

| 바스크와 베아른의 주요 방문지

게타리|Guéthary

생장드뤼즈와 비다르 사이에 자리한 이 작은 포구는 고래 사냥으로 특화되었던 옛 과거를 상기시킨다. 해변이 쾌적하며 서핑을 즐기는 사람들이 많이 찾는다. 서핑족이 도전하는 2개의 전설적인 파도 이름은 '파를르망티아(Parlementia)'와 '아발랑슈(Avalanche)'.

Nouvelle-Aquitaine

라 륀|La Rhune

피레네 지방에서 가장 유명한 산인 라 륀은 선사시대부터 나폴레옹 때까지 국왕, 목동, 밀수입자들의 땅이었다. 역사가 풍부한 장소로 1813년에는 나폴레옹 전쟁의 무대가 되기도 했다. 트레킹하기에 아주 좋은 장소이나, 톱니바퀴로 움직이는 작은 열차가 시속 8km의 속도로 관광객들을 산 정상까지 싣고 가기도 한다. 정상에서는 대서양, 피레네 산맥, 비다소아 계곡(Vallée de la Bidassoa) 쪽으로 숨이 막히는 절경을 감상할 수 있다. 선사시대부터 바스크 지방에서 존재해왔던 유명한 작은 말인 포톡(pottok)을 라 륀 산에서 많이 찾아볼 수 있다. 연중 일부 시기에는 산악지방에서 거의 자유롭게 방목한다.

라 륀 열차|Train de La Rhune

1924년부터 운행되기 시작한 이 열차는 생티냐스 고개(Col de Saint-Ignace)부터 프랑스와 스페인 국경에 놓인 해발 905m의 라 륀(La Rhune) 산 정상까지 4.2km를 잇고 있다. 날씨가 좋을 때면 360도 전망을 감상할 수 있다. 라 륀 산 정상에 올라가서는 바스크 지방의 라타투이 요리인 피페라드(piperade), 염소 치즈와 이차수(Itxassou) 체리로 만든 잼으로 근사한 피크닉을 즐길 수 있다.

라 바스티드클레랑스 La Bastide-Clairence

가스코뉴의 생도들

프랑스 대중문학에서 가스코뉴 사람은 언제나 충동적이고 성급한 인물로 묘사된다. 알렉상드르 뒤마(Alexandre Dumas)의 《삼총사》속의 다르타냥, 에드몽 로스탕(Edmond Rostand)의 희곡 《시라노 드 베르주락(Cyrano de Bergerac)》의 주인공이 좋은 예라고 할 수 있다.

문학 쪽의 신화는 19세기에 만들어졌다. 가시엥 쿠르티 드 상드라스(Gatien Courtilz de Sandras)가 다룬 실제 인물 다르타냥(D'Artagnan)으로부터 뒤마는 전형적인 인물을 창조해냈다. 가난하고 지적이며 대담하고도 무시무시한 검객인 한 가스코뉴 젊은이가 파리로 상경한 후 한 부대에 생도로 들어간다. 나중에 에드몽 로스탕은 《시라노 드 베르주락》에 등장하는 '가스코뉴의 생도들 부대(Compagnie des Cadets de Gascogne)'를 상상하면서 '가스코뉴의 생도들'이라는 표현을 대중화시켰다.

중세 때 건설된 바스크 지방 북부의 마을로 '프랑스에서 가장 아름다운 마을'로 선정된 적이 있다. 주도로와 정사각형의 광장 등 프랑스 남서부 성곽도시의 전형적인 구조를 갖추고 있다. 라부르(Labour) 지역 스타일로 짓고 붉은색과 녹색으로 칠한 목조구조물 가옥들이 돌로 지은 나바르 지방 스타일의 집들과 공존하는 풍경을 보여준다. 또 라 바스티드클레랑스에서는 프랑스에서 가장 오래된 펠로타 경기장을 만나볼 수 있다. 16세기 초까지 거슬러 올라가는 이 경기장에서 오늘날 바스크 펠로타를 즐기는 사람들이 많다.

바레투 계곡 Vallée du Barétous

베아른의 험준한 바레투 계곡은 가스코뉴 생도들의 본거지이자 삼총사의 고장이다. 풍경은 서로 조화를 이루고 있는데, 베아른과 바스크 지방 경계에 놓인 이 산악지방에는 거대한 숲이 들어서 있다.

바이욘 Bayonne

바이욘 축제 Fêtes de Bayonne

피레네자틀랑티크(Pyrénées-Atlantiques) 지방 바이욘에서 1932년부터 열리고 있는 바이욘 축제는 바스크어로 'Baionako Festak', 옥시타니어로 'Las Hèstas de Baiona'라고 부른다. 스페인 팜플로나에서 열리는 산 페르민 축제의 사촌 격으로 소들의 경주, 꽃마차 퍼레이드, 콘서트, 투우 경기 및 불꽃놀이 행사, 펀 페어(fun

바스크 지방의 주도 바이욘은 두 개의 강이 만나고 언덕들에 둘러싸인 지점에 자리를 잡고 있다. 이 도시의 많은 비스트로가 보여주듯이 자신만의 라이프스타일을 즐길 줄 아는 매력적인 도시다. '예술과 역사

도시(Ville d'Art et d'Histoire)'로 지정되었으며, 멋진 대성당과 흥미로운 바스크 박물관을 보유하고 있다. 니브(Nive) 강 우안에 자리 잡은 프티바이욘(Petit-Bayonne)은 밤이 되면 특히 활기를 찾는다. 세계적으로도 이름이 난 바이욘 축제(Fêtes de Bayonne)는 매년 8월에 개최되는데, 프랑스에서 규모가 가장 큰 축제 중 하나로 꼽힌다. 엄청난 숫자의 방문객이 흰색 옷, 붉은색 머플러와 허리띠를 두른 장관을 보여준다.

fair)가 열린다. 통상 7월 마지막주 수요일에 시작해 일요일까지 계속된다. 8월 첫 주 수요일에 시작했으나, 몇 년 전부터 축제를 찾는 인파(바이욘 축제 참가자를 특별히 지칭하는 'Festayres'란 표현도 있다)가 너무 많아지자 시작 시기를 앞당기기도 한다. 주말이 7월과 8월에 걸쳐 있는 경우에도 늘 8월 첫 주 주말에 축제를 끝낸다. 바이욘 축제는 프랑스 무형문화유산에 등재되어 있다. 몇 년 전부터 5일 동안 축제를 찾는 사람 숫자가 1백만 명을 넘어서고 있다. 인파 측면에서 세계에서 가장 큰 축제 중 하나로 발돋움한 것이다.

비다르Bidart

비아리츠와 생장드뤼즈 사이의 바스크 해안에 면한 비다르는 대서양을 굽어보고 있다. 길이가 5km가 넘는 이곳 해안에 몸을 눕힌 후 편안하게 쉴 수도 있고, 흰색과 붉은색으로 치장한 전형적인 바스크 지방 가옥들을 거리에서 감상할 수도 있다. '물랭 드 바실루르(Moulin de Bassilour)' 부티크 (1129 rue Bassilour)에서는 바스크 케이크 같은 지역의 대표적인 기호품을 살 수 있다.

비아리츠Biarritz

19세기 말부터 개발된 온화한 기후의 거대한 해변도시인 비아리츠는 유럽 왕족들이 대거 찾았던 장소. 바스크 리비에라의 분위기를 잘 살렸기에 눈길을 끄는 아름다운 빌라들이 많다. 오늘날에는 서핑

족이 즐겨 찾는 해변으로 유명하다. 해수를 이용한 치료요법을 즐기는 사람도 많다. 성모마리아 바위(Rocher de la Vierge)에서 가스코뉴 만(Golfe de Gascogne)으로 내려다보는 풍경이 압권이다. 역사와 건축에 관심이 많다면 나폴레옹 3세의 아내였던 외제니(Eugénie) 황후의 주문에 따라 1864년에 건축된 제국 예배당(Chapelle Impériale)을 방문하면 좋다. 로마네스크-비잔틴 양식과 히스패닉-모레스크 건축 스타일을 혼합해 지은 건물은 역사유적으로 분류되어 있으며, 멕시코의 검은 성녀인 노트르담 드 과달루페(Notre-Dame de Guadalupe)에게 경의를 표하고 있다.

바스크 쪽 해안에는 비다르, 게타리, 생장드뤼즈, 앙다이(Hendaye) 같은 해수욕장과 항구가 들어서 있다. 대서양을 향한 풍광이 아름다운 곳들이다.

사르Sare

륀(Rhune), 악수리아(Axuria), 이반텔리(Ibanteli) 산들의 자락에 있는 마을이 '프랑스에서 가장 아름다운 마을' 중 하나로 선정된 사르다. 이곳에서는 주민들이 중앙광장 놀이터에서 바스크 펠로타를 즐기는 풍경을 목격할 수 있다. 또 바스크 지방 전통악기인 '찰라파르타스(txalapartas)'와 피카소가 그린 〈게르니카〉 프레스코의 복제품도 만나볼 수 있는 마을이다. 사르에서는 해발 440m 높이의 리자리에타 고개(Col de Lizarrieta)까지 올라가는 것이 가능하다.

생장드뤼즈 Saint-Jean-de-Luz

스페인으로 들어가는 길목에 놓인 생장드뤼즈는 바스크 해안에서 만날 수 있는 가장 아름다운 만(灣) 중 하나 속에 똬리를 틀고 있다. 루이 14세는 나중에 유명한 해수욕장으로 변신한 이 포구에서 스페인 공주와 결혼식을 치렀다. 생장드뤼즈에서 열리는 세스타 푼타(Cesta Punta) 국제대회를 통해서는 바스크 지방의 전통 구기 종목인 펠로타(pelota) 경기를 볼 수 있다. 6월에 이 도시를 찾는다면 생장 축제(Fêtes de la Saint-Jean)를 만나볼 수 있다. 그때 이 도시 주민들은 바스크 문화를 기리기 위해 검은색과 붉은색 옷을 착용한다. 나머지 시기에 생장드뤼즈를 찾는다면 역사유적으로 지정된 생장바티스트 성당(Église Saint-Jean-Baptiste)까지 이어지는 도심을 산책하거나 해안의 오솔길을 걸어보면 좋다. 생트바르브 곶(Pointe de Sainte-Barbe)에서는 가까이로 바다 해변의 절벽이, 보다 멀리로 륀(Rhune)과 트루아 쿠론(Trois couronnes) 산들이 눈에 들어오는 파노라마가 절경이다.

생장피에드포르 Saint-Jean-Pied-de-Port

바스크 지방 내륙 시즈 고개(Cols de Cize) 자락에 숨은 진짜 보석이자 산티아고 가는 길목에 놓인 도시다. 그 옛날 로마제국이 건설한 이 작은 도시는 오랫동안 상업을 위한 교통 중심지였다. 12세기에 바스 나바르(Basse Navarre) 지역의 성채도시로 확장되었던 생장피에드포르는 포장도로와 성채를 보유한 아름다운 옛 도시 모습을 보여준다. 중세의 작은 거리, 폭포를 만든 정원, 핑크빛 사암으로 지은 집들의 매력을 즐길 수 있다.

선인(善人)들의 길 Chemin des Bonshommes

프랑스의 아리에주(Ariège)부터 시작해 피레네 산맥을 넘어 스페인 카탈루냐 지방의 베르구에다(Berguedà)까지 걸친, 마지막 카타리파 사람들의 역사에 얽힌 길이다. 카타리파 사람들이 종

교재판을 피해 카탈루냐 지방에서 은신처를 구했기 때문이다. 오늘날 이 루트는 프랑스에서 'Chemin des Bonshommes'로, 스페인에서는 'Camí dels Bons Homes'로 불린다. 도로명은 GR107로 2개 국가, 2개 문화를 잇는 역할을 하고 있다. 푸아(Foix), 로크픽사드(Roquefixade), 몽세귀르(Montségur), 몽타이유(Montaillou), 바가(Baga), 베르가(Berga)를 거친다.

시부르Ciboure

라벨의 집

1630년에 건립된 건물로 1993년에 역사유적으로 등재되었다. 주소는 27 Quai Ravel과 12 Rue Pocalette. 에스테바니아의 집(Maison Estebania), 마자랭의 집(Maison Mazarin), 라벨의 집(Maison Ravel) 등 다양한 표현으로 불린다. 시부르 항구 쪽으로 전망이 난 이 집에서 프랑스 작곡가 모리스 라벨(Maurice Ravel)이 1875년 3월 7일 태어났고, 1937년 12월 28일 파리에서 사망했다. 우리에게 〈볼레로(Boléro)〉의 작곡가로 유명한 음악인이다. 뒤로는 아름다운 생뱅상 성당(Église Saint-Vincent)이 보인다.

시부르의 도매상인이자 선주(船主)였던 에스테반 데체토(Esteban d'Etcheto)가 자신이 암스테르담에서 목격했던 건물들에 대한 애정 때문에 네덜란드풍으로 지었다. 생장드뤼즈에 소재한 생장바티스트 성당(Église Saint-Jean-Baptiste)에서 1660년 6월 9일 루이 14세가 스페인 공주와 결혼식을 올릴 때 추기경 마자랭(Mazarin)이 이 집에서 1660년 5월 8일부터 6월 15일까지 체류하기도 했다.

현재 건물에는 관광안내소와 국제라벨음악아카데미(Académie internationale de musique Ravel)가 입주해 있다.

대양에서 얼마 떨어지지 않은 시부르는 17세기 전반에 걸쳐 건설한 소코아 성채(Fort de Socoa)에서 내려다보이는 곳이다. 포구에서는 '바텔레쿠(batteleku)'를 관찰할 수 있는데, 바스크 지방의 선박 건축을 특징짓는 알록달록한 색깔의 배들이다.

아스프 계곡Vallée d'Aspe

야생의 계곡으로 매혹적인 마을, 원곡, 협곡 등 방문해볼 곳이 많다. 피레네 산맥의 야생 곰들이 특히 사랑하는 거주지다. 철로를 대량으로 놓고자 하는 개발주의자들에 맞서 지역의 환경론자들이 환경을 지켜내려고 운동을 벌이는 장소이기도 하다.

아이노아Ainhoa

'프랑스에서 가장 아름다운 마을' 중 하나로 선정된 곳이다. 목조구조물 가옥들, 채색 덧창, 돌출부를 만든 건물이 화려한 풍광을 연출하고 있다. 문 위의 횡목(橫木)에 해당하는 상인방(上引枋)은 이곳 집들의 역사를 이야기해준다. 아이노아는 산티아고로 내려가는 순례객들이 쉬어가는 중요한 거처이기도 했다.

앙다이 Hendaye

바스크어로 'Hendaia'라 부르는 앙다이는 해안과 맞닿은 프랑스 끝쪽, 스페인과 국경이 맞닿아 있는 도시다. 길이가 3km에 달하는 가는 모래의 해수욕장으로도 유명한 이곳은 완만하게 경사진 긴 해변을 보유하고 있으며, 휴식과 서핑 장소로 잘 알려져 있다. 역사유적으로 지정된 아바디아 성(Château d'Abbadia)이 들어서 있는데, 네오고딕 양식의 이 건물의 설계는 비올레-르-뒥(Viollet-le-Duc)이 담당했다. 20세기에 지어진 앙다이 소재 건물 중에서 60채 정도가 유적으로 지정되어 있다. 쌩귀디(Txingudi) 항구와 만이 앙다이플라주(Handaye-Plage)와 앙다이빌(Hendaye-Ville)을 분리한다. 바로 이곳의 '바크하르 에체아의 집(Maison Bakhar Etchea)'[혹은 '고독한 자의 집(Maison du solitaire)'으로도 불림]에서 작가 피에르 로티(Pierre Loti)가 1923년에 영면했다.

에스플레트 Espelette

바스크 요리에 꼭 들어가는 재료인 붉은 대형고추는 에스플레트의 명성을 세계에 알린 효자상품이다. 9월부터 각 집이 고추를 화환 장식으로 엮은 후 바깥에서 말리기에, 가을이 되면 돌출부를 갖춘 바스크 지방의 그림 같은 가옥들은 집의 외벽을 고추로 아름답게 장식한다. 수확한 고추들은 10월에 미사를 통해 축성되며, 이를 기

바스크 지방의 자랑 에스플레트 고추

에스플레트 고추는 빨갛고 윤기가 나며 순한 매운맛과 풍부한 과일향으로 유명하다. 고추를 이용한 바스크 요리들은 별미로 간주되는데, 고추와 토마토를 넣은 오믈렛 '피페라드(piperade)'도 그중 하나다. 에스플레트 마을의 에우즈카디(Euzkadi) 레스토랑에서는 바이욘 햄을 넣은 훌륭한 피페라드를 맛볼 수 있다. 매년 10월 마지막 주에 에스플레트 고추를 주제로 한 페스티벌이 열린다.

넘해 개최하는 축제는 수천 명의 관광객을 불러모으고 있다. 나바라 지방의 귀족 가문이었던 에스펠라타(Ezpeleta) 가문이 세운 이 마을에 성채가 들어섰지만 오늘날에는 하나의 탑만 남아있다. 마을의 '아틀리에 뒤 피망(Atelier du Piment)'은 고추 시식을 겸한 안내 코스를 마련하고 있다.

오소 계곡 Vallée d'Ossau

트랑쥐망스 Transhumance

트랑쥐망스는 소, 사슴, 말, 양 등의 가축들이 겨울 목축지와 여름 목축지 사이에서 계절적인 이동을 하는 것을 지칭한다. 가축들을 살찌우게 하는 동시에 가축 숫자를 늘리는 것이 목적이다. 거의 모든 대륙에서 성행하는데, 역사가 페르낭 브로델(Fernand Braudel)에 따르면 이 '현명한 노마디즘 형태'의 기원은 4천 년 전까지 거슬러 올라간다. 반면 서구에서는 20세기부터 트랑쥐망스가 점진적으로 줄어드는 경향이 있다. 지중해와 알프스 지역에서 도로를 따라 이루어지는 트랑쥐망스는 2019년 12월 유네스코 인류무형문화유산에 등재되었다. 남프랑스에서는 오브락(Aubrac), 생레미드프로방스(Saint-Rémy-de-Provence)에서 열리는 트랑쥐망스가 유명하다. 2021년 5월 22-23일 오브락(Aubrac) 마을에서 열리기로 되어 있던 제40회 트랑쥐망스 축제(Fête de la Transhumance)는 코로나바이러스 때문에 취소되었다.

베아른(Béarn)에서 꼭 들러야 할 장소다. 조상 때부터 내려오는 전통인 트랑쥐망스(transhumance, 계절에 따른 목축떼 이동)로 유명한 곳이기도 한데, 매년 7월에 열리는 '에스티바드(Estivade)' 때 이 풍경을 직접 목격할 수 있다. 염소 치즈는 옛날 방식으로 제조하며, 여러 종류의 방향식물을 넣어 향기가 나게 한다. 오소 계곡은 2개의 스키장도 구비하고 있다.

피레네 산맥의 가장 아름다운 계곡 중 하나인 오소 계곡 말고도 주변에는 푸르탈레 고개(Col du Pourtalet)와 오비스크 고개(Col de l'Aubisque), 아이유 호수(Lacs d'Ayous) 등 명소가 많다. 숨을 멎게 하는 풍경이 즐비한 오소 계곡은 산책자들과 트레킹족, 겨울의 스키족 모두가 선호하는 대상이다.

올로롱생트마리 Oloron-Sainte-Marie

이 아름다운 촌락은 베아른 지방에서 가장 오래된 마을이다. 매혹적인 풍경을 제공하는데, 아스프의 급류 속으로 가파르게 떨어지는 느낌을 주는 일련의 건물들이 가장 눈에 들어온다. 올로롱생트마리는 1937년에 스페인 공화주의자들의 주요 은신처였기에 격동의 역사를 지닌 현장이기도 하다. 이 '예술과 역사 도시'를 그냥 지나치지 말 것.

이차수 Itxassou

식도락을 좋아하는 사람들이라면 한번 정도 이름을 들어봤을 마을이 이차수다. 검은색 버찌로 유명하기에 매년 6월 초에 버찌 축제가 열릴 때 수천 명의 관광객이 이 마을을 찾아온다. 우르주무(Urzumu), 몬다라인(Mondarrain), 아르차멘디(Artzamendi) 산들의 자락에 이차수 마을이 들어서 있기에, 평원과 산악지방 모습을 동시에 접할 수 있다.

아르투스트 미니열차 Petit train d'Artouste

고도 2천m 위의 피레네자틀랑티크 지방 절경을 감상하게 해주는 열차. 장난감과 비슷하게 생겼지만, 유럽에서 가장 높은 길을 운행하는 기록을 보유하고 있다. 72명이 탈 수 있으며, 1시간 정도를 달린다. 매년 10만 명의 관광객이 열차를 이용한다. 과거에는 열차가 노동자들을 실어 나르는 역할을 담당했다. 프랑스에서 전기에 대한 수요가 폭증하던 1924년에 피레네 지방에서 가장 큰 호수의 물을 활용하기 위해 수력발전소 건설이 시작된다. 5년 만에 댐을 건설하기 위해 공사 현장까지 2천 명의 인부를 태우고 가는 열차가 필요하게 된 것이다. 종착역에 도착한 후 15분 걸으면 아르투스트 호수(Lac d'Artouste) 및 폭포와 만날 수 있다.

카쿠에타 협곡 Gorges de Kakouetta

카쿠에타 협곡은 왕복 2시간의 산책이 가능하도록 정비되었다. 높이가 200m에 달하는 인상적이고도 협소한 계곡 사이를 걷게 된다. 암벽을 따라 로프가 매달려있기에 안전하다. 협곡 길은 20m 이상 높이의 폭포에 도착하면서 끝이 난다.

시라노 드 베르주락 Cyrano de Bergerac

많은 재능이 있음에도 코가 너무 커서 어떤 여자도 자기를 사랑하지 않을 것이라고 느끼는 못생기고 수줍음이 많은 주인공 시라노의 감정적인 문제를 둘러싸고 전개되는 희곡 작품이다. 희극과 정념을 능수능란하게 혼합하고, 줄거리를 속도감 있게 전개하면서 에드몽 로스탕이 그려낸 역사극은 당대 관객들에게 아주 신선한 느낌을 주었다. 정치적 풍자와 과학적 공상을 결합한 작품을 썼던 역사 속의 실제 인물 시라노 드 베르주락(1619-1655)과는 아무런 관련이 없다.

온천도시인 캉보레뱅은 자연과 건축을 유쾌하게 결합한 곳이다. 온천이 들어선 건물들은 프랑스에서 가장 혁신적인 형태로, 아르데코 스타일을 고수하면서 최근에 개조되었다.《시라노 드 베르주락(Cyrano de Bergerac)》(1897)을 쓴 에드몽 로스탕(Edmond Rostand)이 20세기 초에 건축한 호사스러운 거처 빌라 아르나가(Villa Arnaga)에서는 정자가 딸린 호사스러운 영국식 정원, 오렌지나무 밭, 장미원이 우리의 눈을 사로잡는다. 빌라 내부에는 로스탕 가문 및 작품과 관련된 많은 자료가 잘 보존되어 있다. 전체 면적은 4ha.

캉프랑 국제역Gare internationale de Canfranc

캉프랑 국제역은 프랑스와 스페인 국경에 놓인 기차역이다. 프랑스의 포(Pau)를 캉프랑까지, 스페인의 사라고사(Saragosse)를 캉프랑까지 잇던 노선이 놓여 있다. 지리적으로는 스페인 아라곤 자치주의 우에스카(Huesca) 지방, 캉프랑 코뮌에 속한다. 건물 길이가 240m에 달하기에 파리의 생라자르(Saint-Lazare) 역만큼이나 거대한 규모를 자랑한다. 해발 1,200m 위에 위치하면서 1928년부터 사용되다가 승객이 없자 1970년부터 프랑스 쪽에서 열차 운행이 중단되었다. 주건물은 오랫동안 쓰이지 않다가 2000년부터 20년에 걸친 개조작업 끝에 호텔로 변신할 예정이다. 프랑스 쪽의 열차 운행 재개도 검토되고 있다.

포Pau

베아른 지방의 역사와 지리 중심지인 포는 인구가 15만 명에 육박한다. 1512년에 나바라(Navarre) 왕들의 거처가 되었는데, 나바라 왕국의 한 왕은 나중에 프랑스 국왕 앙리 4세가 된다. 포는 바다와 산악지방 사이에 놓인 특별한 지리적 이점을 안고 있다. 대학도시인 동시에 여러 산업시설과 주요 연구소가 들어서 있기에 프랑스의 실리콘 밸리로 꼽히는 도시다. 샹티이(Chantilly) 다음으로 프랑스에서 두 번째로 유명한 승마훈련센터가 있는 곳이기도 하며, 럭비팀이 유명하다.

Note

추천 여정

- 프랑스 쪽 바스크 지방 바이욘에서는 거리를 즐기는 것이 좋다.
- 바닷가에 가보려면 생장드뤼즈 같은 포구를 찾거나 벨 에포크 시대의 빌라들이 화려한 자태를 뽐내는 비아리츠를 찾으면 좋다.
- 내륙지방 분위기를 맛보고 싶다면 아이노아, 생테티엔드바이고리(Saint-Étienne-de-Baïgorry)를 방문한 다음 생장피에드포르와 몰레옹리샤르(Mauléon-Licharre)의 매력을 맛보면 좋다. 베아른 쪽에서는 '예술과 역사 도시'인 올로롱생트마리, 아스프 계곡, 오소 계곡, 혹은 바레투 계곡이 둘러볼 만한 장소들이다. 포, 도노스티아(Donostia), 주타리아(Getaria), 톨로사(Tolosa), 제스토아(Zestoa) 등도 추천 방문지다.

가족 여행

아이들은 생장드뤼즈 만의 잔잔한 물, 비아리츠 아쿠아리움, '오션 시티(Cité de l'Océan)' 파크를 좋아한다. 바다를 떠나서는 라 륀 열차를 타보거나, 사르 동굴(Grottes de Sare)을 방문하면 좋다. 에스플레트에서는 바스크 과자박물관(Musée du gâteau basque)과 아틀리에 뒤 피망(Atelier du piment) 방문이 필수 코스다. 베아른의 아스트베옹(Aste-Béon)에서는 독수리 절벽(Falaise aux Vautours)에서 인상적인 맹금류를 관찰할 수 있다. 스페인 쪽의 바스크 지방에 소재한 팔라시오 레알 데 올리테(Palacio Real de Olite)에서는 월트 디즈니의 세계를 만나게 된다. 위롤라 계곡(Vallée d'Urola)에서는 증기기관차를 타고 유람이 가능하다.

주말 여행

비아리츠에서 바닷바람을 쐬거나 포도주로 유명한 베아른 지방의 쥐랑송(Jurançon) 쪽을 돌아보면 좋다. 바스크 내륙지방에서는 이차수(Itxassou)나 에스플레트가 추천 코스.

스포츠

바스크 지방에서 인기 있는 스포츠는 럭비와 바스크식 펠로타 경기이다. 파도 덕분에 최근에는 서핑이 인기를 끌고 있으며, 온화한 기후 때문에 골프 역시 영국인들과 지역 명사들로부터 인기를 얻고 있다. 트레킹하기에 좋게 길들도 정비가 잘 되어 있다.

바스크 지방과 베아른에서 방문해야 할 도시들

비아리츠, 생장드뤼즈, 바이온, 앙다이는 꼭 찾아가야 할 도시들이다. 하지만 앙글레(Anglet), 에스플레트, 비다르(Bidart), 시부르(Ciboure), 위뤼뉴(Urrugne), 캉보레뱅, 이차수(Itxassou), 아이노아, 사르, 포, 소브테르드베아른(Sauveterre-de-Béarn), 올로롱생트마리 등도 방문해보면 좋다.

바스크 지방에서 가볼 만한 바닷가

바스크 지방은 산과 바다를 동시에 품고 있는 지역으로 유명하다. 생장드뤼즈와 비아리츠에 소재한 해수욕장들은 프랑스에서 가장 중요한 해수욕장들로 꼽힌다. 앙다이, 비다르, 앙글레(Anglet), 게타리, 시부르(Ciboure), 소코아(Socoa) 등도 가볼 만한 바닷가들이다.

쇼핑

바스크 지방의 전형적인 상품이 많다. 즈크 신발, 바스크 베레모, 생장드뤼즈에서 만든 가죽 핸드백, 바스크 십자가 문양으로 장식한 보석, 바이온 햄, 에스플레트 고추로 만든 식료품 등 매우 다양한 편이다.

식도락

푸아투샤랑트

굴, 홍합, 쌍각조개, 국자가리비, 맛조개 등 해산물을 많이 드는 편이다. 생선도 요리 재료로 다양하게 쓰이는데, 오징어, 작은 가자미, 농어, 칠성장어, 민어, 청어, 루아양 정어리(sardine de Royan), 마레 푸아트뱅 지역의 상징인 뱀장어 등이 유명하다. 농산물로는 샤랑트 멜론, 레 섬(Île de Ré)에서 생산하는 감자가 잘 알려져 있다. 디저트로는 샤랑트 갈레트(galette charentaise), 옥수수 가루로 만드는 샤랑트 미야스(millas charentais), 코르뉘엘(cornuelles), 핀 드 바르브지외(pine de Barbezieux)를 맛봐야 한다.

아키텐

전식으로 모래가 많은 랑드 지역에서 생산하는 아스파라거스, 아키텐 캐비어(caviar d'Aquitaine), 푸아그라, 굴, 바이욘 햄을 많이 먹는다. 주메뉴로는 포이약 양고기(agneau de Pauillac) 요리, 바자스 쇠고기(bœuf de Bazas) 요리, 카술레, 콩피(조려서 지방으로 싼 고기), 오리 가슴살 요리, 사를라라카네다 사과(pommes sarladaises) 요리 중에서 선택하면 좋다. 단 음식으로는 카눌레(cannelés), 프랄린(pralines), 랑드 투르트(tourtière landaise), 랑드 파스티스(pastis landais, 아니스·오렌지꽃 향을 넣은 베아른 지방의 과자), 말린 자두 등이 손에 꼽힌다. 이 지역의 대표 와인인 보르도가 가장 유명하지만, 쥐랑송(jurançon), 베르주락(bergerac), 마디랑(madiran), 파슈랑뒤빅빌(pacherenc-du-vic-bilh) 등도 잘 알려진 와인들이다.

도르도뉴와 페리고르

거위와 오리로부터 얻는 푸아그라 주생산지로 특히 유명한 지역이다. 날것대로, 반쯤 익혀서, 통조림 형태 등으로 다양하게 팔리고 있다. 또 페리고르는 프랑스에서 송로버섯이 가장 풍부한 지역 중 하나다. 밤, 호두, 표고버섯을 재료로 한 음식들도 많다. 치즈 중에서는 카베쿠 뒤 페리고르(cabécou du Périgord)가 가장 유명하다.

리무쟁

밤으로 유명한 지역이다. 가르뷔르(garbure)처럼 수프로 만들어 먹거나, 자크(jaques)처럼 구워서 들거나, 다진 속을 넣어 반죽해 들거나, 우유 속에 넣어 끓이거나, 케이크로 드는 등 다양한 방법으로 밤을 맛볼 수 있다. 또 프랑스를 통틀어 가장 숲이 무성한 지역 중 하나이기에 그물버섯(cèpes), 지롤(girolles), 알버섯(oronges), 나팔버섯(trompettes-de-la-mort), 턱수염버섯(pieds-de-mouton) 등 다양한 버섯을 만나게 된다. '퀴 누아르(cul noir)'라는 돼지고기도 유명한데, 이 고기로 햄, 순대, 소시지, 유명한 밤 순대를 만든다. 코레즈(Corrèze)는 푸아그라, 오리 가슴살 요리(magret), 콩피(confit, 조려서 지방으로 싼 고기) 등으로 독자적인 음식을 뽐낸다. 애플파이, 브레조드(bréjaude, 배추, 순무, 비계를 섞어 만든 수프), 믹(mique) 등도 이름이 나왔으며, 달콤한 주전부리로는 크뢰주아(creusois), 불리구(bouligou), 마스팽(massepain) 등이 유명하다.

바스크

바스크식의 요리 비밀은 아주 높은 온도로 데운 금속판을 이용하는 방식인데, 그렇게 요리할 때 재료의 즙과 맛이 고스란히 보존되기 때문이다. 바닷가 쪽에서는 멸치, 정어리, 오징어, 돔을 많이 요리하는 편이고, 내륙지방에서는 돼지고기 요리가 많다. 바이욘 햄이 유명하지만, 무엇보다도 이 지역 음식에 별미를 제공하는 것은 에스플레트 고추다. 단 음식으로는 바스크 과자도 이상적이다. 바스크 지방의 레스토랑 어디에서든 '장봉 드 바이욘(jambon de Bayonne)', 즉 바이욘 햄을 만날 수 있다. 부활절 일요일 전 주인 성주간(聖週間)에 바이욘을 찾는 여행객이라면 니브 강변에서 열리는 '푸아르 오 장봉(Foire au jambon, 햄 시장)'을 체험해보는 것도 좋다. 바스크 지방에서 유일하게 원산지 통제제도, 즉 AOC 인증을 받은 이룰레기(irouléguy) 와인을 곁들인다면 바이욘 햄의 풍미를 제대로 느낄 수 있다.

바스크 연안에서는 다양한 생선과 해산물이 요리 재료로 활용된다. 생장드뤼즈 만에서 바다를 내려다보며 대구살로 속을 채운 피키요 고추를 즐기거나 석쇠구이 메를루 스테이크를 시도해봐도 좋다. 또한 올리브유와 채소를 곁들인 참치 스튜 '마르미타코(marmitako)', 먹물 또는 양파와 고추 마멀레이드에 곁들여 먹는 꼴뚜기 '치피론(chipiron)', 오븐에 참치와 채소, 콩을 함께 구워낸 참치 카술레(cassoulet de thon)에 바스크 전통 사과주 '사가르노(sagarno)'를 곁들이는 것도 잊지 말아야 한다. 바스크 연안의 미식 체험을 마쳤다면 산악지대로 발걸음을 돌려 미셸 고이코에체(Michel Goicoechea)의 방카 송어(truite de Banka) 양식장을 방문해본다.

햄 등을 만드는 데 쓰이는 돼지고기 외의 육류 역시 바스크 요리에서 큰 역할을 한다. '풀레 바스케즈(poulet basquaise)'는 볶은 양파와 피망, 닭고기를 화이트 와인에 천천히 졸여 만드는 음식이다. '아초아 드 보(axoa de veau)'는 송아지 고기와 피망, 에스플레트 고추를 넣은 스튜로 이차수(Itxassou) 마을 내 온도리아(Ondoria) 레스토랑에서 유명한 메뉴다. 또 이차수 마을은 블랙 체리의 본고장으로 유명한데, 체리는 잼으로 만들어 양젖 치즈와 함께 먹는다.

디저트
코코아 빈이 프랑스로 유입된 것은 1490년대 바이온을 통해서였다. 그때부터 바이온은 초콜릿 제조로 명성을 쌓아왔다. 초콜릿박물관(Musée du Chocolat)을 둘러본 뒤 메종 카즈나브(Maison Cazenave)에서 핫 초콜릿을 한 잔 마시면 좋다. 또한 어느 제과점에서도 가토 바스크(gâteau basque)를 만나볼 수 있다.

바스크 식도락 루트(Route Gourmande des Basques)
바이온에서부터 알뒤드(Aldudes)까지, 제시된 여행로를 따라가면 지역별로 현지인들이 생산하는 특산품을 맛볼 수 있다. 처음에는 3명의 장인만이 프로그램에 참가한 데 비해 현재는 피에르 오테이사(Pierre Oteiza), 아케르벨츠(Akerbeltz), 로레치아(Loreztia), 아르나바르 농장(Ferme Arnabar)을 포함한 10여 명의 생산업자들이 루트에 동참하고 있다. 농장과 아틀리에를 개방하면서 바스크 지방의 참모습을 보여주는 것이 목적이다.

3개의 코스가 권장되는데,

- 미식가의 산(La Montagne du gourmet) : 생장피에드포르(Saint-Jean-Pied-de-Port)에서 알뒤드 계곡(Vallée des Aldudes)까지 가는 코스로 식도락과 풍광을 연계시킨다.
- 언덕들의 캐릭터(Le Caractère en coteaux) : 아스캥(Ascain)에서 에스플레트와 엘레트(Hélette)를 거쳐 이라티(Iraty)까지 이어지는 코스로 내륙지방 분위기를 맛보게 해준다.
- 해안의 부드러움(Les Douceurs de la côte) : 생장드뤼즈에서 휴식하면서 바이온에서 사르까지 가는 코스로 도시와 대양 사이의 조화를 맛보게 한다.

알아두면 좋은 가게들
- 피에르 오테이사(Pierre Oteiza)
  알뒤드, 파리, 보르도, 바이온, 비아리츠, 생장드뤼즈, 아이노아 등에서 체인점을 만나볼 수 있는데, 햄,

수프, 스튜 등 바스크 상품을 구입할 수 있다.
- 메종 차이야(Maison Chailla)

비아리츠 실내 푸드마켓인 메종 차이야는 파리의 레알(Les Halles)에도 입점해 있다. 에스플레트 고추, 양젖 치즈, 가토 바스크 등 바스크와 랑드(Landes) 지방의 최고급 특산품을 구입할 수 있다.

부르고뉴프랑슈콩테

Bourgogne-Franche-Comté

행정 중심지 : 디종(Dijon)

데파르트망 : 8개

코트도르(Côte-d'Or)(21), 두(Doubs)(25), 쥐라(Jura)(39), 니에브르(Nièvre)(58), 오트손(Haute-Saône)(70), 손에루아르(Saône-et-Loire)(71), 욘(Yonne)(89), 테리투아르 드 벨포르 지구(Territoire de Belfort)(90)

면적 : 47,784km²

인구 : 2,783,039명

┃특징

프랑스 중동부의 부르고뉴는 다양한 볼거리, 먹거리와 체험으로 유명한 고장이다. 보르도 지역과 더불어 가장 유명한 와인 산지이며, 디종 겨자, 달팽이 요리, 코코뱅 등 프랑스 요리를 빛내는 이름들이 많다. 지역을 대표하는 와인들로는 피노 누아르(pinot noir), 샤르도네(chardonnay), 샤블리(chablis), 보졸레(beaujolais) 등이 있다. 운하망이 관통하고 있고 장엄한 저택들로 채워진 곳인데 일부 저택들은 고급 호텔로 개조되었다. 동쪽으로는 스위스와 국경을 이웃하고 있기에 퐁뒤 등 일부 스위스 요리를 여기서 맛볼 수 있다. 그러기에 신선한 공기를 들이마시고, 유네스코 세계문화유산으로 지정된 유적지를 방문하며, 고급 요리를 맛보거나 프랑스에서 가장 오래된 와인 가도를 따라갈 수 있는 최적의 지역이다. 자전거를 타고 니베르네(Nivernais) 운하를 거슬러 올라가면서 아름다운 포도밭을 둘러보거나 본(Beaune) 수도원에서 열리는 전설적인 와인 경매 현장을 방문해볼 수도 있다. 와인 산지에서는 와인과 어울리는 요리가 어떤 것인지를 공부할 수 있고, 카시스 시럽과 스파클링 와인을 섞는 방법에 대해 노하우를 익히는 것이 가능하다. 역사와 문화도 풍부하다. 디종은 대공들이 거주하는 궁전이 위치한 도시였는데, 궁에는 미술관이 들어서 있다. 샬롱쉬르손에서는 프랑스 최대의 거리극 축제가 열린다.

부르고뉴프랑슈콩테에는 세계문화유산으로 지정된 명소가 많다. 퐁트네 수도원(Abbaye de Fontenay), 베즐레 사원(Basilique de Vézelay), 세계적인 건축가 르 코르뷔지에가 설계한 롱샹(Ronchamp)의 노트르담뒤오 예배당(Chapelle Notre-Dame-du-Haut), 브장송 성채(Citadelle de Besançon), 산티아고 가는 길의 일부인 라 샤리테쉬르루아르(La Charité-sur-Loire) 소재 노트르담 소수도원(Prieuré Notre-Dame)과 아스캥(Asquins) 소재 생자크르마죄르 성당(Église Saint-Jacques-le-Majeur), 부르고뉴 대공들의 궁(Palais des ducs de Bourgogne) 등이 그런 장소들이다. 샬랭 호수(Lac de Chalain)와 클레르보(Clairvaux)의 그랑 락(Grand Lac)에 위치한 선사시대 팔라피티크 유적도 특별한 풍경을 선사한다.

부르고뉴의 클리마(climats)는 거대한 문화의 총체를 이루고 있다. 두 가지 요소로 구성되는데, 첫째는 포도밭, 코트도르(Côte-d'Or) 마을들, 본(Beaune)이고 둘째는 역사 도시 디종으로 이루어져 있다. 오스피스 드 본(Hospices de Beaune), 벨포르 성채(Citadelle de Belfort), 클뤼니 수도원(Abbaye de Cluny)은 꼭 찾아가야 할 대상이다.

부르고뉴

파리의 관문 역할을 하던 멋진 지역 부르고뉴는 오랜 칩거 생활에서 벗어나고 있다. 지역을 관통하는 고속도로는 부르고뉴를 유럽의 중심으로 만들면서 평화로운 촌락을 방문하는 즐거움을 사라지게 했다. 뱅스노 대피소(Refuge de Vincenot)에서 콜레트 대피소(Refuge de Colette)까지, 오트 코트(Hautes Côtes)에서 퓌자이(Puisaye)까지, 니베르네(Nivernais)에서 뱅잔(Vingeanne)까지 이르는 길들은 색과 맛이 모두 다른 느낌을 준다. 그런 까닭에 본(Beaune) 언덕에서 뉘생조르주(Nuits-Saint-Georges)와 부조 포도밭(Clos de

Vougeot)을 거쳐 디종에 이르는 세계적으로 이름난 와인 루트로 부르고뉴를 한정해서는 안 된다. 모르방(Morvan)의 검은 숲, 상스(Sens)를 에워싸고 있는 경작지, 녹음이 우거지며 풍경이 호사스러운 느낌을 주는 샤롤레(Charolais)와 브리오네(Brionnais), 브레스(Bresse)의 농촌 건축물, 코트도르(Côte-d'Or) 북쪽의 절제된 풍경은 이 지역이 얼마나 풍요로운지 잘 보여준다. 베즐레(Vézelay), 클뤼니(Cluny), 대공들의 궁도 대표적인 방문 대상이다. 아울러 부르고뉴 및 니베르네의 운하들은 고속도로와 TGV로는 맛볼 수 없는 여행의 즐거움을 선사한다.

프랑슈콩테

동쪽은 쥐라 산맥, 북쪽은 보주 산맥, 남쪽은 브레스(Bresse), 서쪽은 부르고뉴 지방과 가까운 지역이 프랑슈콩테. 그러기에 높은 고원, 폭포, 강과 촘촘한 숲 등의 풍경이 지역을 채우고 있다. 총면적의 절반을 나무가 채우고 있기에 생태 관광에 최적화된 지역이기도 하다. 배가 다닐 수 있는 하천의 길이만도 5,350km에 달하며 80개 이상의 호수, 수천 개의 못이 산재해 있기에 물과 친근한 지역이다. 프랑슈콩테가 갖는 최고의 강점은 쥐라 산맥에 눈이 내리는 시즌이다. 그때가 되면 스키를 즐기는 무수한 사람들이 스키장으로 변모한 마을들을 찾는다.

강한 맛의 치즈들인 모르비에(morbier), 콩테(comté), 몽도르(mont-d'or), 캉쿠아요트(cancoillotte) 등이 이곳에서 생산된다. 또 옐로우 와인(vin jaune), 샹플리트(champlitte), 아르부아(arbois) 등의 와인을 이곳에서 만날 수 있다. 이름만 들어도 맛난 몽벨리아르(montbéliard), 모르토(morteau), 뤽쇠이유 햄(jambon de Luxeuil), 푸주롤 버찌(cerises de Fougerolles)도 프랑슈콩테를 찾을 때 들어보면 좋다.

부르고뉴프랑슈콩테의
문화 코드와 상징
- Culture et Symbole -

로고

왼쪽 위의 쪽빛 바탕에 황금색 백합이 들어간 문양은 현대 부르고뉴를, 오른쪽 위와 왼쪽 아래의 황금 사자는 프랑슈콩테를, 오른쪽 아래의 푸른색+노란색 줄무늬는 옛 부르고뉴를 상징한다.

달팽이 요리

프랑스에서 쓰는 다양한 음식 재료 중의 하나가 '에스카르고(escargot)'라 부르는 독특한 향을 가진 달팽이로 크기가 4~4.5cm에 달한다. 15세기 중엽 프랑스 어느 지방의 포도 경작지에서 달팽이가 포도나무 잎을 갉아 먹어 포도 농사를 망치는 일이 잦아지자 달팽이를 식용으로 먹도록 영주가 명령했다는 설이 전해진다.

부르고뉴 와인

부르고뉴는 보르도와 함께 프랑스 와인을 대표하는 지역이다. 보르도 와인과는 달리 미세한 단위의 포도밭 도멘(domaine)이 있다. 지역 단위로는 코트 도르(Côte d'Or), 보졸레(Beaujolais), 마코네(Mâconnais), 코트 샬로네즈(Côte Châlonnaise), 샤블리(Chablis), 도합 다섯 지역으로 나뉜다. 로마네 콩티(romanée conti), 샤블리(chablis) 등 세계적인 와인을 생산하는 곳도 부르고뉴 지방이다.

클리마climats

디종 남쪽의 클리마는 코트 드 뉘(Côte de Nuits)에서부터 코트 드 본(Côte de Beaune)까지 이어지는 넓은 포도밭을 중세 때부터 미세하게 나눈 작은 구획으로, 지구상에서 가장 유명한 레드 와인들이 이곳에서 생산된다. 38개 마을을 관통하며, 부르고뉴 지역의 32개 그랑 크뤼(grands crus)를 생산한다. 수 세기에 걸쳐 포도 재배자들이 기울인 노력과 땀이 양호한 조건의 일조량과 만나면서 1,247개의 경이로운 포도밭이 완성되었다. 2015년에 부르고뉴의 클리마는 유네스코 세계문화유산에 등재되었다. '그랑 크뤼 루트(Route des Grands Crus)'라고도 불린다.

스탕달Stendhal의 작품《적과 흑Le Rouge et le Noir》

프랑슈콩테 지방의 작은 마을 베리에르(Verrières)에서 태어난 쥘리앙 소렐(Julien Sorel)의 성장과 좌절을 그려낸 작품이다. '적(赤)'은 군복을, '흑(黑)'은 사제복을 의미하고 있다. 위선과 타산으로 사회적 성공을 성취한 출세주의자 쥘리앙에게 닫힌 사회가 주는 의미를 다루고 있는 사회소설의 걸작.

코코뱅coq au vin

일종의 스튜로 닭고기를 와인, 돼지 비계, 버섯과 함께 넣어 조리한 음식이다. 부르고뉴산 와인을 사용하지만 다른 프랑스 지방에서는 지역 와인으로 코코뱅을 만든다.

퐁뒤fondu

작은 항아리 그릇을 불에 올려놓고 다양한 치즈 등을 녹여가며 먹는 요리를 말한다. 스위스, 사부아 등의 프랑스 일부 지역, 이탈리아 북부 피에몬테주, 발레다오스타주 등 프랑스어를 주로 사용하는 알프스 지역에서 많이 먹는 음식이다.

| 부르고뉴의 주요 방문지

Bourgogne-Franche-Comté

게들롱 성채Château fort de Guédelon

1997년부터 부르고뉴 지방의 지도에 새로 등장한 이름
이 게들롱이다. 13세기에 성을 짓던 방식으로 돌을 쌓아
가며 새로 중세의 고성을 만들고 있는 곳으로, 이 꿈이
실현되어가는 과정을 지켜보고 있는 사람들을 매번 놀라게 하고 있다. 필립 오귀스

트(Philippe Auguste) 때 정립된 건축 방식과
13세기에 구사하던 방식을 이용해 완전히
새로운 건물이 이곳에서 만들어지고 있다.

디종Dijon

부르고뉴 대공들의 수도 디종은 겨자와 양념빵으로 대표될 정도로 식도락 측면에
서 프랑스에서 유명한 도시다.《뉴욕 타임스》지가 최근 선정한 '방문해볼 만한 세계
주요도시 Top 15'에 디종을 포함시킬 정도로 오늘날의 디종은 큰 매력을 보유하고
있다. 세계적으로 이름난 포도밭으로 들어가는 관문 역할을 하는 디종은 자연 속에
서 마음껏 도취해볼 수 있는 장소이기도 하다.

1. 대공들의 흔적을 찾아내기

디종 역사지구와 부르고뉴 기후는 유네스코 세계문화유산에 등재될 정도로 유명하다. 최근 완벽하게 개조된 대공들의 궁전 안에는 보자르미술관(Musée des Beaux-Arts)이 들어서 있다. 용담공 필립(Philippe le Hardi, 1363-1404), 용맹공 장(Jean sans Peur, 1404-1419), 선량공 필립(Philippe le Bon, 1419-1467), 담대공 샤를(Charles le Téméraire, 1467-1477) 등의 대공들은 부르고뉴보다 플랑드르, 오스트리아, 네덜란드, 스페인에 더 잘 알려져 있다. 대공들의 무덤, 모세의 우물(Puits de Moïse), 키르 호수(Lac Kir)를 방문하면서 디종을 누비다 보면 어느덧 역사 한가운데 들어가 있는 자신을 발견하게 된다. 대공들의 역사는 시리즈물로 제작될 정도로 다채롭다. 정략결혼, 자신의 아버지를 구출하는 아들들, 왕의 동생을 암살하지만 정작 자신도 차후 샤를 7세 자리에 오르는 왕세자의 명령에 따라 처형되는 대공, 복수하기 위해 영국과 결탁하는 선량공 필립, 차가운 겨울에 당시 근처에서 늑대들의 제물이 되는 담대공 샤를 등 다채로운 역사 콘텐츠가 디종을 채우고 있다.

2. 시간 속으로의 산책

디종 부르주아들의 요구에 따라 1395년에 용담공 필립(Philippe le Hardi)은 '가메(gamay)'라는 이름을 가진 해로운 식물을 금지하는 대신 피노 누아르(pinot noir)를 권장하는데, 이러한 결정을 통해 일부 와인업자는 막대한 부를 쌓는다. 와인을 짓이겨 밟는 사람들이 입던 핑크빛 바지를 뜻하는 '바뢰제(Bareuzai)' 동상 건너편의 프랑수아 뤼드 광장(Place François Rude) 테라스에서 와인을 들면 좋다.

지역 양념빵인 '파베 드 상테(pavé de santé)'를 먹어보고, 노트르담 교회 앞의 작은 돌부엉이를 만지면 재미있다. 왼쪽 손으로 부엉이를 쓰다듬을 경우 모든 소원이 성취된다는 전설이 있다. 성당 뒤쪽에는 1483년에 지어진 목조구조물 가옥인 밀리에르의 집(Maison Millière)이 있는데, 이 집 앞에서 제라르 드파르디외(Gérard Depardieu)가 출연한 영화 〈시라노 드 베르주락〉의 일부 장면이 촬영된 바 있다.

3. 자연 속에서 와인을 맛보기

도심의 몽주 거리(Rue Monge)를 지나가면 옛 병원 건물이 나온다. 2019년에 식도락과 와인 시티(Cité de la gastronomie et du vin)가 들어선 건물이다. 거기서부터 길이 2.2km의 우슈(Ouche) 하천이 시작되며 키르 호수까지 이어진다. 이곳에서는 디종식 화이트 카시스(blanc-cassis à la dijonnaise) 와인을 들 수 있는데, 1/3은 카시스 크림, 2/3는 알리고테(aligoté)를 섞은 술이다. 모세의 우물을 방문한 다음에는 멋진 샹몰 샤르트뢰회 수도원(Chartreuse de Champmol) 터, 발루아 대공들의 지하묘지를 찾아가면 좋다.

4. 슈노브Chenôve 와인 양조장

1404년에 건립된 건물로 2개의 거대한 압착기는 대공 소유의 포도 재배 영지의 규모를 짐작하게 해준다. 구시가지의 옛날 비스트로에서는 저렴한 식사를 해볼 수 있다.

5. 한잔을 들려면?

오랫동안 디종은 부르고뉴 수도 타이틀을 본(Beaune)에 양보했지만, 식도락과 와인 시티의 개장, 와인바의 급증과 더불어 최근 분위기가 급변하는 중이다. 예약을 통해야만 일부 사람들에게 개방하는 와인 루트 위의 가게들을 굳이 찾아갈 이유가 없다. 디종 시내에서 최상의 겨자, 최고의 양념빵, 그리고 좋은 와인으로 충분히 식도락을 즐길 수 있다.

라 샤리테쉬르루아르 La Charité-sur-Loire

사람들은 유네스코 세계문화유산에 등재된 로마네스크 양식의 걸작인 클뤼니 수도회의 노트르담 소수도원 교회(Église prieurale Notre-Dame)를 보러 이곳을 찾는다. 게다가 마을은 아주 아름다운 장소 덕을 보고 있는데, 유럽에서 가장 야생의 강으로 남아있는 루아르 강 쪽 다리에서 역사도시와 종루의 멋진 풍경이 눈에 들어온다. 푸이이(Pouilly)와 라 샤리테(La Charité) 사이의 20km에 걸친 강은 자연보호구역으로 지정되어 있다. 게다가 이 마을은 애서가들이 선호하는 장소이기도 하다.

모르방 Morvan

모르방의 둥근 정상은 옛 산지가 마모되었다는 표식이다. 옛날에는 카레레통브(Quarré-les-Tombes)와 뵈브레 산(Mont Beuvray) 주변의 늑대들 때문에 모르방에 올라가는 것을 겁냈기에, 1970년에 모르방 지방자연공원(Parc naturel régional du Morvan)이 지정되기 이전에는 부르고뉴의 4개 데파르트망 사람들 그 누구도 이 멋진 곳까지 올라가려고 시도하지 않았다. 화강암은 모르방에 야생의 분위기를 만들어내면서 녹색의 천국을 유지하는 데 일조하고 있다. 웅장한 모르방 호숫가를 따라 드라이브를 즐길 수 있다.

베즐레 Vézelay

모르방 지방자연공원 한가운데 자리한 베즐레는 '프랑스에서 가장 아름다운 마을' 중 하나로 선정된 곳이다. 로마네스크 양식의 생트마리마들렌 사원(Basilique Sainte-Marie-Madeleine)으로 유명한 기독교의 주요 성지 중 하나로, 유네스코 세계문화유산

에 등재된 곳이기도 하다. 1120-1150년에 건립되었으며, 로마네스크 예술의 명작으로 꼽히는 사원 건물이 1840년부터 비올레-르-뒥(Viollet-Le-Duc)에 의해 완벽하게 복원되었다. 작은 마을은 300m 높이의 언덕 위에 들어서 있는데, 아시시의 성 프란체스코(Saint François d'Assise)가 이곳에 프랑스 최초의 프란체스코회 수도원을 건립했다. 베즐레 수도원은 11세기부터 유럽 전역에 알려지면서 성녀 마들렌(Sainte Madeleine)의 성유물을 안치하게 된다. '성스러운 언덕(Colline sacrée)' 위의 사원과 언덕은 1979년 유네스코 세계문화유산에 등재되었다.

이 마을은 산티아고 순례길이 시작되는 곳이기에 순례자들의 주요 방문지이기도 하다. 베즐레에서 출발하는 순례길에는 'via Lemovicensis'라는 이름이 붙어있다. 또 사람들은 고급 와인 때문에 이곳을 찾기도 한다. 언덕 위에서는 부르고뉴 지방의 포도밭과 모르방 지방자연공원이 한눈에 들어온다. 작은 거리를 걷고 성벽을 따라 산책하면 좋다.

본Beaune

중세 말기에 세워진 오스피스 드 본(Hospices de Beaune)은 아름다운 건물의 결정체다. 지붕에 다색 기와가 올려져 있기 때문이다. 매년 가을에 이곳에서는 권위 있는 와인 판매 시장이 열린다. 1859년부터 이 지역에서 나는 와인을 팔기 시작한 것이 현재 세계에서 가장 오래된 와인 판매 행사가 된 것이다. 생산업자들 일부는 본처럼 부르고

채색 지붕

본의 '오스피스 드 본(Hospices de Beaune)'을 처음 방문하는 사람들은 동남아시아에서나 볼 수 있는 채색 지붕 형태에 놀라게 된다. 하지만 유약을 바른 기와는 역사적으로 부르고뉴 지방 특유의 건축에 들어가는 요소였다. 다색의 유약을 바른 평평한 기와지붕, 마름모 문양은 부르고뉴의 상징 중 하나였다. 비슷한 모습이 12세기의 노르망디와 일드프랑스 지방에서 발견되나, 시토회 수도원(Abbaye de Cîteaux)이 이러한 형태의 건축을 발전시킨 것으로 본다. 가장 유명한 건물들로는 오스피스 드 본, 알록스 코르통 성(Château d'Aloxe Corton), 라 로슈포 성(Château de La Rochepot), 상트네 성(Château de Santenay), 빌라 페뤼송(Villa Perrusson), 오텅 군사학교(École militaire d'Autun) 등이 있다. 그러나 브루 왕립수도원(Monastère royal de Brou)이 보여주듯 문양이 모두 동일하지는 않다.

뉴 그랑 크뤼 루트(Route des Grands crus de Bourgogne)상의 마을들에서 온 사람들로, 루트는 제브레샹베르탱(Gevrey-Chambertin), 뉘생조르주(Nuits-Saint-Georges), 포마르(Pommard), 뫼르소(Meursault) 포도밭을 관통하고 있다. 또 매년 여름 이곳에서는 바로크음악축제(Festival de la musique baroque)가 열린다. 행사의 주축 멤버는 조르디 사발(Jordi Savall). 영화 〈세상의 모든 아침(Tous les matins du monde)〉의 음악감독을 맡았던 인물이다. 바흐, 헨델 이전의 음악에 심취한 사람이라면 누구나 빠져들 만한 축제다.

본에서는 오스피스 드 본 이외에도 부르고뉴 대공들의 저택(Hôtel des Ducs de Bourgogne), 본 망루(Beffroi de Beaune), 시립 문서보관소(Archives municipales), 가스파르-몽주 도서관(Bibliothèque Gaspard-Monge), 노트르담 수도원(Collégiale Notre-Dame), 생니콜라 성당(Église Saint-Nicolas), 생테스프리 예배당(Chapelle du Saint-Esprit) 등을 만나볼 수 있다.

비브락트 Bibracte

에뒤엥(Eduens)의 중심도시이자 요새도시인 비브락트는 해발 821m의 뵈브레 산(Mont Beuvray) 위에 3개의 축을 중심으로 조성되어 있다. 베르생제토릭스(Vercingétorix)가 로마인들에 맞서 갈리아인

들을 규합시킨 후 전쟁을 벌이던 시기에 역사 속으로 들어온 번창한 갈리아 도시, 고고학 연구의 중심지, 유적에 들어가는 관문 역할을 하는 박물관이 그것이다.

생마르탱드라메르 Saint-Martin-de-la-Mer

코트도르(Côte-d'Or) 데파르트망에 소재한 마을로 모르방 지방자연공원(Parc naturel régional du Morvan) 동쪽에 있다. 모르방의 중심을 차지하고 있는 이 마을은 산과 하천, 연못으로 특징지어진다. 알리니앙모르방(Alligny-en-Morvan) 마을과 샹부 호수(Lac de Chamboux)를 공유하고 있다. 호빗 마을이 들어선 곳이다.

호빗의 집 Maisons de Hobbit

숙박할 수 있는 호빗의 집 이름은 '피에르 롱드 영지(Domaine de la Pierre Ronde)'로, 소리외(Saulieu)에서 3분, 디종(Dijon), 오세르(Auxerre), 샬롱쉬르손(Chalon-sur-Saône), 크뢰조(Creusot)에서 1시간 걸린다. 주소는 Domaine de la Pierre Ronde, Lac de Chamboux, 21210 St-Martin-de-la-Mer, 전화번호는 03 80 84 13 07, 06 99 09 30 21이다.

생소뵈르앙퓌제 Saint-Sauveur-en-Puisaye

19세기 작가 시도니-가브리엘 콜레트(Sidonie-Gabriel Colette)의 생가가 있는 마을이다. 콜레트는 1873년에 욘(Yonne) 데파르트망의 이 부르주아 가옥에서 태어났다. 콜레트의 어머니 시도(Sido)가 무신론자이자 철 이른 페미니스트였기에 콜레트 가족은 자신들을 좋아하지 않는 마을 사람들을 멀리하면서 이 집과 정원에 틀어박혀 살았다. 1891년 시도의 맏딸이 결혼하면서 돈이 많이 들자 콜레트 가족은 루아레(Loiret) 지방의 샤티용콜리니(Châtillon-Coligny)로 이사한다. 이러한 가족사는 작가에게 많은 영감을 제공했다. 자신의 여러 작품에서 콜레트는 이 집을 등장시키는데, 소설 《클로딘의 집(La Maison de Claudine)》에서는 작품의 주인공으로 내세

우기도 했다. 콜레트를 예찬하던 한 팬이 1925년에 이 집을 구입한 후 그녀에게 선물하나, 마을 사람들이 그녀의 소유를 저지했다. 그럼에도 그녀는 평생 이 집의 소유자로 남아있었다. 2011년부터는 콜레트의 집 협회(Association La Maison de Colette)가 소유하면서 내부를 개조한 후 2015년 5월부터 일반에게 개방하고 있다.

샤블리Chablis

샤르도네(chardonnay) 품종의 고급 부르고뉴 화이트 와인을 생산하면서 전 세계에 잘 알려진 마을인 샤블리는 '식도락이 탁월한 명소(Sites remarquables du goût)'로 선정되었다. 중세 초기부터 이곳의 포도밭은 아주 유명했다. 1940년 제2차 세계대전 도중 이 도시의 거의 모든 목조건축물이 파괴되었음에도 불구하고 샤블리는 스렝(Serein) 강을 따라 그늘 아래서 산책할 수 있는 매혹을 여전히 제공하고 있다.

샤토뇌프아녹수아Châteauneuf-en-Auxois

샤토뇌프아녹수아의 멋진 독수리 둥지 풍경은 종종 운하, 배와 더불어 사진에 담기며, 중세 성, 시장, 산책로, 15세기 성당은 그림 같이 아름다운 모습을 보여준다. 중세

에 건립된 오래된 집들을 외국인들이 많이 사들였기에 여름에는 아주 독특한 분위기를 만들어내는 곳이다.

샬롱쉬르손Chalon-sur-Saône

부르고뉴에서 가장 산업화된 도시이자 인구가 가장 많은 도시. 마콩(Mâcon)과는 달리 샬롱에는 도심도 있고 주변에 흥미로운 옛 도시도 있다. 또한 부두를 보유하고 있지 않은 대신 활기가 넘치는 섬을 끼고 있다. 동명의 와인을 생산하고 있으며, 매년 프랑스 굴지의 거리극 축제를 개최한다. '예술과 역사 도시' 타이틀을 부여받은 곳이다.

솔뤼트레푸이이Solutré-Pouilly

솔뤼트레푸이이 마을은 수천 년에 걸쳐 강력한 바람이 만들어낸 석회석 급경사면 바위인 로슈 드 솔뤼트레(Roche de Solutré)가 연출하는 장관 덕분에 아주 유명하다. 솔뤼트레는 구석기시대의 한 시기에 자신의 이름을 부여한 고고학 쪽 유적 때문에 세계적으로 이름이 난 선사시대 유적지이기도 하다. 프랑수아 미테랑 대통령은 솔뤼트레푸이이를 매년 방문하는 순례지로 택하면서 이 마을 이름을 대외적으로 알리는 데 기여했다.

스뮈르아녹수아Semur-en-Auxois

아르망송 하천(Rivière de l'Armançon)을 내려 다보는 중세마을로 부르고뉴 레지옹 중심을 차지하고 있다. 북쪽이나 서쪽에서 이 마을로 진입할 때 스뮈르아녹수아 풍경이 훨씬 멋있다. 졸리 다리(Pont Joly), 성벽, 망루 타워, 오래된 집들, 대성당의 첨탑, 아르

망송(Armançon)에서 끝나는 절벽 등 마을 전체가 잔잔한 물속에 비친다.

오세르Auxerre

오세르는 관광객들에게 박물관, 시계탑이 있는 구도심, 목조구조물 가옥들, 멋진 식사를 제공한다. 상업적인 동시에 꽃이 만개하는 도시인 오세르는 폴베르 다리(Pont Paul-Bert)에서 출발해 욘(Yonne) 강둑을 따라 중세교회와 오래된 집들을 쾌적하게 감상하며 산책할 수 있는 장소다.

오툉Autun

산업화와 어느 정도 거리가 멀었던 오툉은 로마제국 사람들이 만들어놓은 모습을 얼마 전부터 뛰어넘고 있다. 거의 모든 건축 스타일이 서로 조화를 이루는 모습을 만날 수 있는데, 인상적인 갈로로마시대 유적을 보유한 부르고뉴 지방의 유일한 도시이기도 하다. 또한 도시 곳곳에서 종교적인 성격을 띤 과거 유산과 만날 수 있다.

클뤼니Cluny

로마네스크 양식의 걸작이었던 클뤼니 수도원(Abbaye de Cluny)은 중세 때 서구의 기독교 수도원 중 그 규모가 가장 컸다. 대부분 대혁명 때 파괴되었을지라도 클뤼니 수도원 유적은 이 종교적 건물단지의 옛 영광과 위엄이 어느 정도였을지를 짐작하게 해준다. 12세기와 13세기 당시의 종교적이고도 군사적이며 민간의 성격을 골고루 갖춘 장소이기도 하다. 세월 속 마멸에도 불구하고 오랫동안 서구 전체에 영향을 끼쳤던 클뤼니는 놀라운 연상작용을 불러일으키는데, 도시의 지혜로운 보존 정책이 기여한 바가 크다. 포도밭과 숲, 매혹적인 마을과 뛰어난 식도락 문화를 겸비한 곳이다.

파레르모니알Paray-le-Monial

지방의 한적한 도시인 파레르모니알의 주요 수입원은 순례자들로부터 나온다. 사크레쾨르 사원(Basilique du Sacré-Cœur)을 매년 40만 명 가까운 사람들이 방문하기 때문이다. 파레르모니알 사원은 루르드(Lourdes) 다음으로 대중적인 순례지로, 프랑스에서 가장 아름다운 로마네스크 양식의 교회 중 하나로 꼽힌다. 매우 잘 보존된 사원은 권위 있는 클뤼니 수도사들의 영향력 덕분에 중세 때 건축되었는데, 클뤼니로부터 불과 수십 킬로 떨어진 곳에 지어진 이곳의 건물들은 현재 일부 흔적만이 남아있다. 지척의 거리에 있는 모르방(Morvan)도 방문해볼 것.

퐁트네 수도원Abbaye de Fontenay

유네스코 세계문화유산에 등재된 퐁트네 수도원은 1118년 숲이 무성하고 아름다운 부르고뉴 계곡에 생베르나르(Saint Bernard)가 건립할 당시 모습이 고스란히 남아있다. 전 세계의 시토회 수도원 중 가장 오래된 곳이다. 소박한 건축 양식, 교회, 수도원, 식당, 기숙사, 빵집, 대장간은 초기 시토회가 이상향으로 꿈꾼 자급자족 사회의 모습을 보여준다. 교회, 수도원 건물, 부속건물들을 온전히 보존한 아주 희귀한 사례에 해당한다. 거대한 규모의 수도원 교회는 단순한 삶을 그대로 반영하고 있다. 나무로 만들어진 멋진 궁륭이 있는 기숙사와 로마네스크 양식의 수도원을 놓치지 말 것.

추천 여정

넓은 지역이기에 효과적인 여정이 필요하다.

- 대공들의 도시인 디종에서 부르고뉴의 수도인 본까지 가면서 그랑 크뤼 루트(Route des Grands Crus), 일명 '포도밭의 샹젤리제 거리(Champs-Elysées de la vigne)'를 택하면 좋다. 그런 다음 부르고뉴 운하를 따라가다 보면 샤토뇌프(Châteauneuf)에 도착하며, 그 후 퐁트네 수도원까지 올라간다. 가로지르는 길을 택하면 베즐레에 도달하며, 거기서 야생의 호수와 모르방 숲(Forêts du Morvan)으로 들어갈 수 있다. 종착지는 퓌제(Puisaye). 인근에는 게들롱 성과 생파르조 성(Château de Saint-Fargeau)이 있다.
- 디종 시장을 돌아보고, 본에서 와인을 맛본 후 그 유명한 오스피스를 방문해본다. 그림엽서 속의 풍경을 이곳에서 만날 수 있다. 그런 다음 시인 라마르틴(Lamartine)의 발자취를 따라 마콩(Mâcon) 주변을 둘러보면 좋다.
- 한여름에는 모르방 쪽으로 산책하면 쾌적하다. 샤리테쉬르루아르(Charité-sur-Loire)에서는 뛰어난 문화유산을 만나고, 오세르에서는 옛 거리를 산책해본다.

가족 여행

중세 때와 같은 방식으로 성채를 건설하고 있는 게들롱을 방문하거나, 아르시쉬르퀴르 동굴(Grottes d'Arcy-sur-Cure)을 찾아간다. 트레킹족을 위한 오솔길들, 물놀이하기 좋은 호수들이 넘쳐나는 옥수아(Auxois) 지방을 찾아가려면 미리 힘을 비축하는 것이 좋다.

주말 여행

디종에서 대공들의 궁전을 찾거나, 니베르네 운하(Canal du Nivernais)를 방문하거나, 샤리테쉬르루아르, 베즐레에서 문화 기행을 해본다.

스포츠

자전거 타기와 트레킹이 이 지역에서 즐길 수 있는 주요 스포츠다. 자전거 도로 길이만 800km에 달하는데, 운하의 목가적인 풍경을 즐기면서 벌채한 목재를 숲에서 끌어내던 옛길을 누빌 수 있다. 표고차가 작은 데다가 주변에 볼거리가 많다. 트레킹족을 위해 손에루아르(Saône-et-Loire) 데파르트망은 1997년에 44km의 길을 정비했는데, 클뤼니와 지브리(Givry) 사이를 잇고 있다. 남쪽의 라 그랑드 부클(La Grande boucle)도 좋다. 마콩(Mâcon)에서 샬롱쉬르손까지 145km를 잇는 길로 포도밭 사이를 지나간다.

쇼핑

식도락으로 유명한 고장인 만큼 선택의 폭이 상당히 넓다. 뵈프 부르기뇽(bœuf bourguignon), 초콜릿 형태로 만든 에스카르고(escargots, 달팽이), 당과류, 디종 겨자 등이 대표적이다. 느베르(Nevers)에서 제조하는 자기류를 비롯해 부르고뉴 접시, 잔, 화병 등도 유명하다. 지역 문양이 들어간 토트 백(tote bags)도 최근 유행하는 상품이다.

| 프랑슈콩테의 주요 방문지

돌Dole

파스퇴르의 집 Maison de Louis Pasteur

화학자이자 미생물학자인 루이 파스퇴르가 태어난 집은 돌의 파스퇴르 거리 43번지에 자리를 잡고 있는데 1923년부터 루이 파스퇴르(1822-1895)를 기리는 박물관으로 사용되고 있다. 같은 해에 역사유적으로 지정되었으며, '명사들의 집(Maisons des Illustres)' 타이틀을 부여받기도 했다. 박물관은 파스퇴르의 생애와 학술적 성과 전부를 알 수 있도록 해주고 있다. 보수공사가 1995년에 이루어졌고, 2007년에 면적을 확장했다. 2개 층 8개의 방에서 전시물을 만나볼 수 있다.

Bourgogne-Franche-Comté

비록 도청 소재지가 아닐지라도 돌은 쥐라(Jura)의 주요 도시이며, 1678년까지 프랑슈콩테 지방의 중심도시였다. 예외적인 역사 문화유산을 보유한 도시로, 각 거리를 지날 때마다 과거의 영광을 보여주는 멋진 건물들이 나타난다. 돌과 생클로드(Saint-Claude) 사이를 운행하는 리뉴 데 지롱델(Ligne des Hirondelles) 철도 노선이 유명하다.

루 계곡과 샘Vallée et source de la Loue

화가 쿠르베(Courbet)는 루 샘(Source de la Loue)을 무려 14차례나 그렸다. 그만큼 아름답다는 얘기다. 움푹 파인 바위의 구덩이 바닥에 있는 깊은 구멍으로부터 물이 솟아나오기에 하천의 탄생을 멋지게 설명해주는 곳이다. 아르케스낭(Arc-et-Senans)과 돌(Dole) 사이에 있는 루 계곡(Vallée de la Loue)은 '사랑의 계곡(Val d'Amour)'이라는 우아한 별명을 갖고 있으며, 루 하천은 프랑스에서 가장 아름다운 하천 중 하나다. 물길이 잔잔할 때면 이 하천에서 수영도 가능하다. 20km에 걸쳐 높이가 229m까지 달하는 깊은 계곡을 지나면 가파른 절벽 자락에 들어선 매혹적인 마을들이 나타난다.

몽벨리아르Montbéliard

산업과 푸조(Peugeot) 공장만으로는 몽벨리아르에 대한 설명이 불가능하다. 높은 곳에 자리 잡은 성 자락의 중세 거리, 형형색색의 가옥들, 르네상스 시대의 사원, 18세기에 지어진 저택들, 소시지와 투체(touché) 등의 특별한 식도락 거리, 대학도시, 멀티미디어, 지방 맥주인 '라 그리프 뒤 리옹(La Griffe du Lion)'이 몽벨리아르를 대표하는 이미지들이다.

벨포르Belfort

그 유명한 협로의 중심에 놓인 벨포르는 오랫동안 병참 도시와 산업도시의 이미지를 보유하고 있었다. 하지만 파스텔 색조의 건물들, 차분한 리듬, 멋지게 재생한
구도심을 보유한 맛깔스러운 도시이기도 하다. 성채 아래에 놓인 사자상으로 유명한데, 벨포르(Belfort) 성채와 사자상은 2020년 9월 18일 '프랑스인들이 좋아하는 유적' 1위에 뽑혔다. 사자상은 자유의 여신상을 만든 바르톨디(Bartholdi)가 1875년부터 1880년까지 제작한 작품이며, 성채는 보방이 설계했다.

벨퐁텐 호수Lac de Bellefontaine

이탄지(습생식물의 퇴적지)를 만나볼 수 있는 곳으로, 오쥐라 자연공원(Parc naturel du Haut-

Jura)의 중심을 차지하고 있는 이 호수에서 여름에 물놀이를 즐길 수 있다.

봄레메시외Baume-les-Messieurs

'프랑스에서 가장 아름다운 마을' 중 하나이자 '개성 있는 백작령 소도시(Petite Cité comtoise de caractère)'인 봄레메시외의 경사는 계곡 아래까지 끝없이 내려가는 느낌을 준다. 장엄한 수도원을 보유한 이곳은 프랑슈콩테 지방의 가장 아름다운 장소 중 하나로 꼽힌다. 푸르름이 넘치는 원곡의 끝자락에 둥지를 튼 마을은 높은 계곡으로 에워싸여 있다. 무료로 방문할 수 있는 튀프 폭포(Cascade des Tufs)는 동화적인 느낌을 준다. 로마네스크 양식의 황실 수도원(Abbaye Impérial)과 '쥐라 산맥의 몽생미셸'로 불리면서 프랑스에서 가장 아름다운 동굴 중 하나로 꼽히는 봄 동굴(Grottes de Baume)도 방문해볼 만하다. 쥐라 산맥 쪽에서 가장 흥미로운 장소 중 하나다.

브장송Besançon

두(Doubs)의 도청 소재지가 있는 곳이자 청회색과 베이지색의 두 가지 색으로 무장한 가옥들의 도시 브장송은 '프랑스 최고의 녹지대 도시' 타이틀을 여러 차례 부여받았다. 2008년에 유네스코 세계문화유산에 지정된 보방 성채를 보유한 이 대학도시는 고대부터 두 하천이 거의 완벽하게 감싸고 있다. 로마제국시대의 검은 문(Porte Noire), 중세 대성당, 18세기에 조성된 거리 등이 도시의 역사를 증거하고 있다. 보방이 건설한 17세기 성채는 주요 작품이다. 아주 잘 보존된 성채의 면적은 12ha에 달하며, 성벽 뒤에는 3개의 박물관과 동물원이 자리하고 있다.

　화가 귀스타브 쿠르베(Gustave Courbet)의 고향이자 브장송 남쪽에 자리한 루 계곡은 화가에게 주요한 영감의 원천이었다. 목가적인 루 샘으로부터 브장송의 풍부한 문화유산에 이르기까지 자연과 문화를 동시에 만날 수 있는 지역이다.

생클로드 Saint-Claude

두 개의 높은 산인 바야르 산(Mont Bayard)과 샤보 산(Mont Chabot) 사이의 좁은 계곡에 들어선 생클로드 마을은 파이프 제조로 쥐라 산맥에서 잘 알려져 있다. 돌(Dole)이나 롱스르소니에(Lons-le-Saunier)와는 너무나 다른 서민적인 마을이다.

샤토샬롱 Château-Chalon

멋진 전망을 보여주는 중세의 문화유산이다. '개성 있는 백작령 소도시(Petite Cité comtoise de caractère)' 타이틀을 보유하고 있는 급경사 위의 마을로, 해발 222m에서 세이유 하천(Cours de la Seille)을 내려다보고 있다. 4개 전망대에서는 지역에 대한 멋진 파노라마를 선사한다. '프랑스에서 가장 아름다운 마을' 중 하나인 샤토샬롱은 쥐라 산맥 쪽에서 가장 유명한 관광지이다. 샤토샬롱은 쥐라 포도밭에서 생산하는 동명의 AOC 등급의 옐로우 와인 이름이기도 하다. 이 와인은 프랑슈콩테 지역의 음식들인 트뤼트 오 블뢰(truite au bleu), 트뤼트 오 뱅 존(truite au vin jaune, 옐로우 와인에 담근 송어 요리), 옐로우 와인 소스를 넣은 삿갓버섯 영계 요리인 풀라르드 오 모리유(poularde aux morilles), 삿갓버섯을 넣은 빵 껍질 요리 크루트 오 모리유(croûte aux morilles), 코코 뱅 존(coq au vin jaune), 풀레 아 라 콩투아즈(poulet à la comtoise) 등과 완벽하게 어울리며, 주사위 모양으로 자른 콩테(comté) 치즈, 생호두, 푸아그라, 건과일 등과 함께 들기도 한다.

소 뒤 두Saut du Doubs

소 뒤 두와 저수지는 '국립 대명승지'로 지정되어 있으며, 프랑슈콩테 지방의 가장 뛰어난 자연보호구역에 속한다. 거품을 일으키며 27m 높이에서 떨어지는 프랑스의 나이아가라 폭포를 보유하고 있다.

쇼 숲Forêt de Chaux

쇼 숲은 쥐라(Jura)와 두(Doubs) 데파르트망에 걸쳐 있는 돌(Dole)의 동쪽에 자리를 차지하고 있다. 프랑스에서 가장 활엽수가 무성한 지역 중 하나인데, 특히 떡갈나무가 많이 들어서 있다. 벌목 작업자들을 위해 만든 통나무집이 많은 곳이다.

시암 성Château de Syam

팔라디오(Palladio, 이탈리아 건축가)식으로 지어진 빌라로, '시암 성', '팔라디오 빌라(Villa palladienne)', '카르노 성(Château Carnot)' 등으로 불린다. 19세기에 오쥐라(Haut-Jura)의 샹파뇰(Champagnole) 남쪽 시암(Syam)에 건축된 건물이다. 정확하게는 1822년부터 1830년까지 건설되었다. 시암 제련소 주인이 소유하고 있던 건물과 정원은 1994년 5월 19일에 역사유적으로 지정되었으며, 시암 제련소도 같은 해 10월 19일 역사유적에 등재되었다. 제련소 사장은 이탈리아를 아주 좋아하던 인물이었는데, 200년 동안 실내장식이 전혀 바뀌지 않았기에 소중한 보물들을 보유하고 있는 곳이다. 2021년에는 5월 1일부터 10월 17일까지 문호를 개방했다.

아르부아Arbois

아르부아 이름을 대외적으로 알린 것은 와인이다. 그러나 또 다른 스타인 루이 파스퇴르(Louis Pasteur)의 이름을 빠뜨려서는 안 된다. 파스퇴르 자신도 이 지역의 포도밭을 소유하고 있었는데, 1878년에 그는 이곳에서 포도 발효에 대한 실험을 직접 시도한 바 있다. 생쥐스트 성당(Église Saint-Just)과 56m 높이의 종탑이 내려다보고 있는 아르부아는 뛰어난 도시 건축미를 자랑하는데, 번창했던 와인 사업의 결과물이다.

아르케스낭Arc-et-Senans 왕립제염소와 살랭레뱅Salins-les-Bains 대형제염소

부르고뉴프랑슈콩테 지방의 아르케스낭 왕립제염소는 과거 소금을 제조하던 시설이었다. 계몽주의 시대의 산업이 낳은 합리적이고도 미학적이었던 건축 형태를 드물게 보여주고 있다. 그 시대에 만연했던 진보의 이상을 담아냈기 때문이다. 1982년에 유네스코 세계문화유산에 등재된 이 제염소는 18세기 말에 로렌과 프랑슈콩테 소재 제염소들의 감독관이자 재능 있는 건축가였던 클로드-니콜라 르두(Claude-Nicolas Ledoux)가 구상한 후 원호 모양으로 지었다. 아르케스낭으로부터 21km 떨

어진 살랭레뱅 대형제염소는 1,200년 동안이나 사용되었는데, '흰색의 금'을 채취하기 위해 염전 노동자들이 겪어야 했던 어려움을 이곳에서 느껴볼 수 있다. 오늘날 살랭레뱅에서 사람들은 온천에서 휴식을 즐긴다.

에리송 폭포Cascades du Hérisson

일레 호수(Lac d'Ilay)와 봉리외 호수(Lac de Bonlieu)에서 흘러나오는 물들이 2개 하천을 만들어내며 생긴 아름다운 에리송 천은 15km에 걸쳐 발 호수(Lac de Val)와 샹블리 호수(Lac de Chambly)를 관통하다가 두시에(Doucier) 남쪽 2km 지점에서 엥(Ain) 강과 만난다. 31개 감상 포인트를 지닌 에리송 폭포는 쥐라 산맥 쪽에서 가장 이름난 명소 중 하나다.

오르낭Ornans

오르낭은 강물 속으로 빠져 들어가는 다리가 놓인 아름다운 도시다. 저녁에 조명이 들어올 때 가옥과 저택들을 둘러보며 산책하면 더없이 멋지다. 화가 귀스타브 쿠르베(Gustave Courbet)가 태어난 마을이기도 하다. 쿠르베가 그려낸 6m 길이의 〈오르낭의 매장(Un enterrement à Ornans)〉(1849-1850)은 매우 유명한 그림이다. 작품 속에 담긴 '민중'의 이미지에 대해 당시 귀족들이 격노했다고 한다. "지금까지 우린 한번도 그걸 허용하지 않았다"라고 귀족들은 주장했다.

클레르보레락Clairvaux-les-Lacs 호수

클레르보 호숫가에서 인간이 살기 시작한 것은 신석기시대부터인 것으로 보인다. 당시를 증거하는 많은 유물이 20세기 초에 발견되었다. 그랑 락(Grand Lac)과 클레르보레락 호수의 팔라피티크 유적은 1979년과 1980년 역사유적에, 2011년 6월 27일 유네스코 세계문화유산에 지정되었다.

팔라피티크palafittique

'말뚝 위에'라는 의미가 담긴 팔라피티크는 선사시대에 세워진 알프스 주변의 수상가옥 유적을 뜻한다. 알프스 호수와 늪을 둘러싸고 있는 이 가옥은 기원전 5천 년에서 5백 년 사이에 지어졌다.

⟨ Note ⟩

추천 여정

- 오르낭 계곡(Vallée d'Ornans)을 찾고 화가 쿠르베가 좋아하던 루 하천(La Loue)을 따라 내려가면 좋다.
- 군사 건축물 전문가 보방이 남긴 무수한 흔적을 돌아본다.
- 아르케스낭 왕립제염소에서 하룻밤을 보낸다.
- 브장송에 있는 대혁명 광장(Place de la Révolution) 쪽 카페에서 프루동(Proudhon) 작품을 읽는다.
- 쥐라 산맥의 오트콩브(Hautes-Combes)를 트레킹한다.
- 룰 유적(site de la Loulle)에서 공룡의 거대한 발자국을 찾아본다.
- 벨포르에서 레 죄록케엔(Les Eurockéennes) 페스티벌을 즐긴다.
- 알자스 지방의 산들에 올라가 파노라마를 감상한다.
- 롱스르소니에(Lons-le-Saunier)에서 프랑스 국가 '라 마르세예즈'를 작곡한 루제 드 릴(Rouget de Lisle)의 흔적을 찾아본다.
- 여행 중 간간이 쉬어가며 모르토(morteau) 소시지, 따뜻한 통에 담긴 몽도르(mont d'or) 치즈와 쥐라 치즈 등을 맛본다.
- 아르부아(Arbois) 근처 레 플랑슈(Les Planches)에 위치한 튀프 폭포(Cascade des Tufs)에서 물놀이를 즐긴다.

식도락

부르고뉴는 겨자, 양념빵, 카시스 크림뿐만 아니라 수맹트랭(soumaintrain), 샤우르스(chaource), 에푸아스(époisses), 라피에르키비르(la-pierre-qui-vire), 염소 치즈 등으로도 유명하다. 뵈프 부르기뇽(bœuf bourguignon), 코코뱅(coq au vin), 외 앙 뫼레트(œufs en meurette), 구제르(gougères), 파슬리가 들어간 햄(jambon persillé)은 부르고뉴 지역에서만 찾아볼 수 있는 특별한 먹거리이다. 또한 부르고뉴는 세계 최상품의 와인을 생산하는 지역 중 하나다. 이 지역을 빛내는 와인들로는 포마르(pommard), 샤사뉴몽트라셰(chassagne-montrachet), 볼네(volnay), 뫼르소(meursault) 등이 있다.

쇼핑

아이들에게는 쥐라산 나무로 만든 장난감, 몽벨리아르(Montbéliard) 암소 인형이나 스라소니 인형 등이 좋다. 먹거리로는 압생트나 용담속 술, 몽보종(Montbozon)·빌리오트(Billiotte)·뷔에즈(Vuez)에서 나는 과자류, 무트(Mouthe) 비스킷, 아페리티프용 막뱅(Macvin) 그리고 사바냉(savagnin), 뱅 드 파이유(vin de Paille), 뱅 존(vin Jaune) 등 쥐라 쪽에서 생산하는 와인들, 전나무 시럽, 리엠(Rieme) 시럽, 엘릭시아(Elixia) 레모네이드, 요리책 등이 이 지역에서 살 수 있는 기념품들이다.

브르타뉴

Bretagne

행정 중심지 : 렌(Rennes)
데파르트망 : 4개
코트다르모르(Côtes-d'Armor)(22), 피니스테르(Finistère)(29), 일에빌렌(Ille-et-Vilaine)(35), 모르비앙(Morbihan)(56)
면적 : 27,208km²
인구 : 3,340,379명

|특징

프로방스와 더불어 가장 많은 사람이 찾는 땅 브르타뉴. 관광에 필요한 모든 필요
충분조건을 겸비하고 있을 정도로 브르타뉴는 매력적인 지방이다. 아서 왕 이야기
를 비롯한 전설과 전통이 이 지역에 신비를 더하고 있고, 카르낙을 비롯한 거석문화
는 역사의 해석을 거부하고 있으며, 대서양에 면한 거친 파도와 야생화는 바다 건너
미지의 세계를 늘 꿈꾸게 해준다. 브르타뉴 지방어인 켈트어에서 따온 이름들인 '아
르모르(Armor)'와 '아르고아트(Argoat)'의 고장에서는 다양한 기후가 자아내는 특별
한 풍경을 감상할 수 있다. 아르모르는 '해안의 고장'이라는 의미를 가지며, 아르고
아트는 '내륙지방'이라는 뜻을 가진다. 해변, 절벽, 광야, 중세도시 등 역사와 문화의
중심 지방인 브르타뉴에서는 켈트 정서와 맞물린 전통 축제와 행사가 끊이지 않으
며, 음악과 음식도 더없이 풍요롭다. 다양한 형태로 열리는 페스트노즈(fest-noz)는 브

르타뉴 지방의 대표적인 전통 축제 중 하나다. 세상의 끝 페스티벌(Festival du Bout du Monde), 낡은 쟁기 페스티벌(Festival des Vieilles Charrues), 코르누아이유 페스티벌(Festival de Cornouaille), 푸른 그물 페스티벌(Festival des Filets Bleus), 로리앙 인터켈트 페스티벌 (Festival interceltique de Lorient) 등 이 지역의 대표적인 음악 축제들은 브르타뉴의 여름을 화려하게 장식해준다. 요트 경기 루트 뒤 럼(Route du Rhum), 솔리테르 뒤 피가로 (Solitaire du Figaro), 모르비앙 범선 주간(Semaine du Golfe du Morbihan)은 브르타뉴 지방의 해양 정신을 잘 보여주며, 문학축제인 에토낭 부아야죄르(Festival Etonnants Voyageurs) 는 여행자의 호기심을 만족시켜줄 것이다.

길이가 300km, 폭이 100km에 달하는 브르타뉴는 마치 삼지창처럼 대서양을 향해 뻗어있다. 시대가 바뀌면서 왕국, 공국, 레지옹으로 위상이 차례로 변한 이 지역은 곶과 절벽, 만과 해변으로 채워진 풍경이 특징이다. 브르타뉴 연안보다 더 단절되고 예측 불가능한 기슭을 찾아보기 힘들 정도로 이 지역은 수천 년간 대양의 공격에도 불구하고 침식되지 않은 견고함을 보여준다. 아르모리크 산지(Massif armoricain)는 프랑스를 통틀어 가장 평평하면서도 단단한 부조 형태를 하고 있다.

브르타뉴 북부의 풍경은 극도로 다양하다. 작은 숲, 시드르를 제조하는 과수원, 민둥산, 아레 산(Monts d'Arrée)의 황야, 하천이 흐르는 계곡, 채소밭 등이 교대로 등장한다. 위풍당당한 도시인 생말로(Saint-Malo)에서부터 신비스러운 브로셀리앙드 숲, 브르타뉴 건축의 백미인 레옹(Léon)의 소교구 영지를 거쳐 항구도시 브레스트에 이르기까지 이 지역 여행은 전설과 역사를 넘나들며 호연지기를 기르기에 좋다. 코트 데므로드(Côte d'Emeraude), 성벽으로 둘러싸인 생말로, 신비한 그라니 로즈 해안(Côte de Granit rose), 세관원들의 길(Sentier des Douaniers) 등은 브르타뉴의 신비를 느낄 수 있는 대표적인 장소들이다.

브르타뉴 남부에서도 땅과 바다는 서로 만나고 있다. 'abers' 혹은 'rias'라 불리는 물이 깊은 포구들은 하루에 2번 조수간만의 차를 경험한다. 비구덴 일대(Pays bigouden), 모르비앙 만(golfe du Morbihan), 푸에스낭(Fouesnant)에서 만날 수 있는 특이한 모양의 무스테를랭(Mousterlin) 모래톱, 키브롱 반도(presqu'ile de Quiberon)의 야생 해안은 이 지방의 아름다움을 만끽할 수 있는 곳들이다. 셍 섬(Île du Sein), 그루아 섬(Île de Groix), 브레아 섬(Île de Bréhat), 글레낭 군도(Archipel des Glénan), 우에상 섬(Île d'Ouessant), 벨일앙메르 섬(Belle-Île-en-Mer)은 가공되지 않은 자연환경으로 이름난 지역들이다. 세 틸(Sept-Îles, 7개의 섬)은 프랑스 해안의 가장 중요한 조류보호구역으로 코뿔바다오리, 가마우지, 북방 가넷과 같은 희귀 조류들이 서식하고 있다. 캅 프레엘(Cap Fréhel) 또 한 바다와 광야를 사이에 둔 조류보호구역이 있는 지역이다. 수백km에 달하는 연 안을 따라 형성된 모르비앙 만(Golfe du Morbihan)은 브르타뉴어로 '프티트 메르petite mer(작은 바다)'라는 뜻을 지니고 있는데, 무안 섬(Île aux Moines)처럼 야생보호구역이다.

브르타뉴 사람들과 문화

브르타뉴 지방을 제대로 이해하려면 무엇보다도 이 지방만의 독특한 문화를 이해해 야 한다. 2010년에 실시된 한 여론조사에 따르면 거의 70%에 가까운 브르타뉴 사람 들이 자기 지방문화에 애착을 느낀다고 답했는데, 그들이 좋아하는 문화 장르는 음 악과 노래(69%), 언어(33%), 춤(27%), 요리(21%), 문학(2%) 순서였다.

언어
브르타뉴어는 콘월어, 웨일스어와 더불어 고대 브리튼어에 속하는데, 브리튼섬 남부에 살았던 켈트족이 구사하던 언어였다. 현재의 웨일스 지역을 침략한 게일족과 픽트족의 압력을 피해 5 세기경에 현재의 아르모리크(Armorique) 지방으로 이주해 온 사람들이 들여온 언어이기도 했다.

미술
브르타뉴는 여러 세기에 걸쳐 무수한 예술가들에게 영감을 제공한 장소였다. 잘 알려진 화가 들은 폴 고갱(Paul Gauguin), 에밀 베르나르(Émile Bernard), 폴 세뤼지에(Paul Sérusier), 막심 모프라(Maxime Maufra) 같은 퐁타벤 유파(École de Pont-Aven)와, 19세기에 벨일앙메르 섬에서 그림을 그렸던 클로드 모네(Claude Monet) 등의 인상파 화가들. 20세기부터 현재에 이르는 기간 동안 브르타뉴는 베르나 르 뷔페(Bernard Buffet), 장 카르주(Jean Carzou), 에밀 로셰(Émile Rocher) 같은 화가들에게도 영향을 끼친 바 있다.

음악과 노래

브르타뉴 지역 전체가 자부심을 가지는 분야가 음악이다. 페스트노즈 행사 때 전통음악과 켈트 음악을 연주하는 그룹은 무수하다. 대표적인 음악인들로는 알란 스티벨(Alan Stivell), 트리 얀(Tri Yann), 질 세르바(Gilles Servat), 드네즈 프리장(Denez Prigent) 등이 있다. 켈트 락, 브르타뉴 랩, 켈트 팝 등 현대음악을 들려주는 음악인도 많은데, 마트마타(Matmatah), 레드 카르델(Red Cardell), 마노(Manau), 그웬닌(Gwennyn) 등이 대표적이다.

춤

브르타뉴 농부들이 양차 세계대전 기간까지 추던 전통춤을 '브르타뉴 무용(danse bretonne)'이라 부른다. 주로 함께 추는 형태가 많다. 최근에도 많은 전문 무용 그룹이 새로 생겨나고 있다.

켈트족에 관한 10가지 진실

영국 작가 톨킨(J. R. R. Tolkien)은 《반지의 제왕(Seigneur des Anneaux)》 3부작을 쓰기 위해 켈트 신화를 연구했고, 르네 고시니(René Goscinny)와 알베르 위데르조(Albert Uderzo)는 골루아족의 한 마을을 만화 〈아스테릭스(Astérix)〉 시리즈 속 배경으로 등장시켰다. 무수한 상상을 불러일으키는 켈트족에 대해 알아두어야 할 사실을 10가지로 정리해본다.

1) 켈트족에게는 유머 감각이 있었다.

술병에 '술을 드세요. 당신이 사랑스러워질 테니.' 같은 문구를 새길 정도로 켈트족에게는 유머가 풍부했다. 영국 역사가 그레이엄 로브(Graham Robb)는 "만약 유머가 문명의 표식이라면 켈트 문명은 고대에 가장 진보했던 문명 중 하나였다"라고 진단한다.

2) 영국의 베르생제토릭스(Vercingétorix anglais)는 여자였다.

이름은 부디카(Boudicca), 보디카(Bodica), 보디캐(Bodicae) 등 다양하게 불렸다. 하지만 이 모든 켈트 단어는 '승리(Victoire)'를 의미한다. 이케니족의 여왕이었던 그녀는 서기 60년에 자신의 아버지가 사망하자 로마제국 점령군을 그레이트브리튼 섬 바깥으로 쫓아내기로 결심한다. 12만 명의 병사를 이끌고 런던과 당시 로마 식민지였던 카물로두눔(Camulodunum), 베룰라니움(Verulanium)을 포위했던 그녀는 파울리누스(Paulinus) 총독의 군대에 대패했다. 전하는 이야기에 따르면 그녀는 전투가 끝날 때 독약을 마신 후 자결했다고 한다.

3) 개고기를 먹었다.

쇠고기, 양고기, 말고기뿐만 아니라 부유한 켈트족은 개고기도 먹었다. 나머지 음식은 밀, 보리, 조 등의 시리얼, 채소와 우유였다.

4) 여자는 남자와 동등한 존재였다.

프랑스 여성들은 1965년 이전에 남편의 동의 없이 은행에서 계좌를 열 수 없었다. 반면 켈트족 여인들은 재정적으로 독립했고 이혼할 수 있었다. 결혼할 때부터 재산은 공동 소유였고, 배우자가 사망하면 성에 관계없이 유산을 물려받을 수 있었다. 왕이 죽으면 여성이 왕좌에 올라 남녀로 구성된 군대를 지휘하기도 했다.

5) 켈트족은 소금을 채취하면서 부를 축적했다.

음식물을 저장할 수 있는 유일한 수단이었던 소금은 켈트족에게 황금과도 같았다. 오스트리아 할슈타트 사람들은 소금 광산 덕분에 부자가 되었는데, 그들은 여러 세기에 걸쳐 소금 덩어리를 캐냈다. 그리고 축적된 부 덕분에 켈트족은 보헤미아 지방과 현재의 부르고뉴 지방에서의 영향력을 확대할 수 있었다.

6) 켈트족은 시간을 밤의 숫자로 계산했다.

카이사르의 《갈리아 전기》 속에 등장하는 이야기로 고고학적인 발굴이 이 사실을 입증한 바 있다. 켈트족은 음력을 사용한 것으로 보이는데, 365일이 농업에 관련된 축제로 채워져 있었다.

7) 불멸의 영혼을 믿었다.

켈트족은 죽은 자를 집기, 음식물과 함께 묻었다. 왕자가 죽었을 때에 무기, 항아리, 금은 장식물과 함께, 부유하게 살던 사람이 죽었을 경우 호사스러운 마차와 함께, 여자가 사망했을 때에는 보석과 함께 묻었다.

8) 향연이 실제로 존재했다.

켈트 문화에서 향연이 차지하는 의미는 각별했다. 정치 회합이 끝날 때나 종교 축제, 장례식이나 출생 때 엘리트 계급은 부를 나눠주면서 자신의 권력을 과시했다. 음유시인들은 군사적인 승리를 노래하거나 지역의 전설을 들려주었다.

9) 드루이드(druide)는 문제 해결사였다.

의사, 수학자, 구전 전통의 수호자, 의식(儀式) 진행 책임자, 교사였던 드루이드들은 많은 역할을 담당했다. 기원전 5세기부터 여러 민족의 드루이드들은 카르뉘트(Carnutes) 지방(샤르트르와 오를레앙 사이)에서 회합을 열기 시작했다. 전쟁을 피할 수 있도록 민족들 사이의 이견을 조율하고, 여러 부족의 규칙을 조화롭게 만들기 위함이었다. 이러한 작업은 정치적인 일치를 끌어냈으며, 그 덕분에 공동의 프로젝트를 추진할 수 있었다. 포장도로 건설 등이 그 좋은 예다.

10) 켈트족은 몸을 푸른색으로 칠하고 전투에 임했다.

전쟁터에서 적에게 공포심을 심어주기 위해 켈트족은 다양한 수단을 동원했다. 그들은 벌거벗은 채 전투를 벌이기도 했으며, 몸에 푸른색을 칠하기도 했고, 더 커 보이기 위해 머리털을 세워 올리기도 했다. 전투가 끝난 다음에는 적들의 시신과 포로의 몸에서 머리를 베어내곤 했다.

브르타뉴의
문화 코드와 상징

- Culture et Symbole -

브르타뉴 지방기

흑백이 교차하는 9개의 줄과 흰 바탕에 검은 반점 무늬 문양으로 채워져 있다. 가장 일반적인 것은 11개 문양이 들어가 있는 형태다. 11개 문양은 성직자 계급을 상징한다. 브르타뉴에 가톨릭 신자들이 많았기 때문이다. 브르타뉴어로는 지방기를 '그웬 하 두(Gwenn ha Du)'라 부르는데 '백과 흑'이란 의미다. 피에르 드 드뢰(Pierre de Dreux)는 브르타뉴 대공 자리에 오르기 전에 사제를 역임했던 인물이었다. 담비를 브르타뉴의 상징으로 지정한 자도 바로 그다. 오른쪽 그림 중 위의 깃발 이름은 '크로아즈 두(Kroaz du)'. 브르타뉴어로 '검은 십자가'를 의미한다. 중세 때부터 브르타뉴 지방에서 사용한 가장 오래된 깃발 중 하나로 특히 항해하는 배들이 많이 내걸었다.

브르타뉴 지방의 섬들

브르타뉴에는 방문해볼 만한 멋진 섬들이 많다.

1) 브레아 섬Île de Bréhat

온화한 기후 덕분에 다양한 종류의 꽃과 식물을 만날 수 있는 곳이다. 미모사, 유칼리나무, 아가판서스, 수국, 동백꽃 등이 만개한 길을 산책할 수 있다.

2) 바 섬Île de Batz

로스코프 만에 있는 섬으로 해안을 따라 조성된 산책길을 걸으며 다양한 풍경을 접할 수 있다. 194개 계단을 오르면 섬 전체, 피니스테르 해안 전망이 눈에 들어온다. 영불해협 쪽 전망은 장관이다.

3) 우에상 섬Île d'Ouessant

미국에서 가장 가까운 섬이라 부를 정도로 프랑스 서쪽 끝에 소재한 섬이다. 이루아즈(Iroise) 바다의 격랑을 구경할 수 있는 곳. 대륙에서 20여 km 떨어져 있으며 변덕스러운 기후를 고스란히 받

아들이고 있다. 우에상 해안의 깎아지른 듯한 절벽은 이 섬이 일상적으로 마주하는 파도의 위력이 얼마나 강한지를 증명해주고 있다.

4) 몰렌 섬Île de Molène
아주 작은 섬으로 파도와 계절에 따라 풍경이 변한다. 동식물에게는 천국이기에 이곳에서는 돌고래, 바다표범, 여러 종류의 바닷새들을 만날 수 있다.

5) 케메네스 섬Île de Quéménès
아주 작은 섬으로 실제로는 몰렌 군도(Archipel de Molène)의 일부를 이룬다.

6) 셍 섬Île de Sein
배를 타고 도착하면 작은 마을과 시장, 레스토랑과 호텔, 임대용 주택과 어부들 집을 만나게 된다. 가족적인 분위기를 느낄 수 있다.

7) 글레낭 군도Archipel des Glénan
브르타뉴 지방의 카리브 해(Caraïbes bretonnes)라고 불리는 지역. 피니스테르 지방 푸에스낭 만(Large de Fouesnant)에 자리하고 있다. 셀 수 없는 무수한 섬, 작은 섬, 바위들로 구성되어 있다. 카리브 해처럼 백색 모래 해변과 반투명의 바다가 천국 같은 풍경을 제공한다.

8) 그루아 섬Île de Groix
로리앙에서 배를 타고 45분 걸린다. 그루아 섬은 두 가지의 분위기를 제공하는데, 서쪽의 야생 해안은 사람이 더 많이 사는 동쪽 분위기와 완전히 다르다. 동쪽 해변들은 가족이 즐기기에 좋다.

9) 벨일앙메르Belle-Île en mer 섬

브르타뉴의 섬들 중 가장 유명하다. 키브롱 반도(Presqu'île de Quiberon)에서 14km 떨어져 있다. 연중 내내 여러 해운회사가 운항한다. 항구와 야생의 장소 등 섬의 여러 장소에서 다양한 분위기를 맛볼 수 있다.

10) 우아 섬île d'Houat

황금빛 모래 해안, 옥빛 물 색깔이 그림엽서 같은 풍경을 제공한다. 숨이 멎을 듯한 풍경에 놀랄 수도 있다. 자연과 침묵을 사랑하는 이들에게는 가장 이상적인 방문지다.

11) 아르즈 섬île d'Arz

브르타뉴의 모든 섬이 이야기를 보유하고 있는데, 아르즈 섬은 뱃사람들과 연결되어 있다. 이 섬의 대다수 남자들이 섬을 떠나 바다와 관련된 상업과 군사 쪽 경험을 쌓았기에 그들을 주제로 한 박물관이 들어서 있다.

12) 무안 섬île aux moines

모르비앙 만(Golfe du Morbihan)에 있는 섬으로 가장 접근이 쉽다. 바로크 음악, 지방음악, 월드 뮤직을 내세운 콘서트들이 섬의 여름을 채운다.

켈트 깃발

켈트 문화와 관련된 지역의 깃발을 합성해 만든 켈트 지역 깃발을 보면 브르타뉴가 소통하고 있는 켈트권 지역들을 알 수 있다. 스코틀랜드(Écosse), 아일랜드(Irlande), 웨일스(Pays de Galles) 및 영국 서부의 2개 섬인 맨 섬(île de Man)과 콘월 섬(îles Cornouailles), 스페인 북부의 갈리시아(Galice)와 아스투리아스(Asturies)가 그런 지역들이다. 중심에 놓인 것은 켈트의 대표적 문양인 트리스켈. 우리의 삼족오 문양을 닮았다.

트리스켈triskèle

'세 개의 다리'란 뜻으로 인간의 3개 다리를 표현하고 있다. 'triskell' 혹은 'triskel'이라 표기하기도 한다. 서로 중첩된 3개의 나선, 원 내부에서 조화를 이루는 같은 모양의 3개 돌출부 형태로 많은 버전이 존재한다. 1920년대부터 브르타뉴 지방에서 다시 등장했지만, 원래 고대 켈트인들이 즐겨 사용한 문양이다. 기원전 450년에서 200년경에 해당하는 라 텐(La Tène) 후기켈트문명 때 제작된 보석에서 이 문양이 자주 등장한다. 스바스티카(svastika)와 마찬가지로 태양 혹은 항구적인 운동을 연상시킨다. 여러 해석이 존재하는데, 가장 일반적인 해석은 3개의 갈래가 각각 물, 흙, 불을 상징한다고 한다. 다른 해석은 하늘, 땅, 물을 의미한다고. 또 하나의 해석은 켈트 종교의 주요 신들인 루그(Lug), 오그메(Ogme), 다그다(Dagda)를 의미한다고 전한다.

켈트 십자가
둥근 고리 안에 십자가가 들어가 있는 형태를 하고 있다. 라틴 쪽의 십자가에다 원을 추가한 모습으로, 십자가의 모습은 좌우 상하가 같은 것이 많다. 켈트 문화의 대표적인 상징 중 하나이기도 하다.

바가드 bagad
브르타뉴어로 '그룹(groupe)'을 뜻한다. 'bagad ar sonerion'의 약어로, 연주단체 정도로 해석할 수 있다. 백파이프, 봉바르드(bombarde) 및 타악기로 구성된다. 최초의 그룹은 1932년 파리에서 에르베르 멘(Hervé Le Menn)이 조직한 KAV(Kenvreuriezh ar Viniaouerien)이다. 브르타뉴에 만들어진 첫 단체는 1943년 결성된 보다데그 아르 소네리온(Bodadeg ar Sonerion).

칸 하 디스칸 Kan ha diskan
'화답송' 정도로 번역할 수 있는 이 음악의 형태는 같은 제목의 노래를 두 가수가 부르는 식이다. 한 가수의 마지막 구절을 다른 가수가 반복하여 부르며 시작하고, 이 가수의 끝 구절을 아까 가수가 다시 반복하는 식이다. 페스트노즈에서 종종 들을 수 있다. 대표적인 음악인으로는 고아덱(Goadec) 시스터즈, 얀–팡슈 크메네르(Yann-Fanch Kemener) 등이 있다.

그웨르지우 gwerziou
가사 속에 슬픈 내용이나 역사를 담고 있는 브르타뉴 지방 노래.

비구덴 bigouden
여성이 착용하는 브르타뉴 전통 모자. 브르타뉴의 대표적인 상징으로 일반적인 길이는 30cm 전후다. 펭마르(Penmarc'h) 지방의 모자 높이는 무려 40cm에 달한다.

패트릭 성인 Saint Patrick

서기 385년경에 태어나 461년 3월 17일 숨을 거둔 그리스도교 성인으로, 오늘날 그를 기리는 행사가 3월 17일 세계 전역에서 열린다. 아일랜드를 복음화한 인물이자 아일랜드 기독교를 정립한 위인으로 추앙받고 있다. 켈트 문화권인 브르타뉴와도 관련된다.

흰 담비에게 손대지 마 Touche pas à la Blanche Hermine

1970년 질 세르바(Gilles Servat)가 부른 노래로 브르타뉴의 정체성을 확인하는 도발적인 내용을 담고 있다. 그 후 이 노래는 자유와 정의를 부르짖는 브르타뉴 지방의 애창곡이 되었다. 담비가 브르타뉴와 낭트의 상징이 된 이야기는 1477년 낭트에서 태어나 브르타뉴 공작부인이자 몽포르 백작부인이 된 안 드 브르타뉴(Anne de Bretagne)와 관련을 맺고 있다. 어느 날 안은 개들에게 쫓기던 담비를 한 마리 발견한다. 담비는 진흙으로 된 늪지대를 건너면서 하얀 털을 더럽히는 대신 자살하는 방식을 택했다. 동물의 결연함을 본 안은 담비를 상징으로 삼으며 '불명예보다는 죽음을!(Plutôt la mort que le déshonneur!)'이라는 구호를 채택한다. 1499년에 프랑스 여왕 자리에 오르는 안 드 브르타뉴의 문장(紋章)은 블루아 성(Château de Blois), 앙부아즈 성(Château d'Amboise) 등에서 찾아볼 수 있다.

베카신 Bécassine

파리로 올라가 좌충우돌하는 브르타뉴 출신 하녀를 여주인공으로 내세운 같은 제목 만화의 캐릭터.

시드르 cidre 와 크레프 crêpe

브르타뉴 지방의 대표적인 음식이며, 일반적으로 크레프를 사과주인 시드르와 함께 든다. 브르타뉴 전역에서 크레프 가게들을 만나볼 수 있다.

페스트노즈 fest-noz

'밤의 축제(fêtes de nuit)'라는 뜻을 가진 브르타뉴어. 1950년대에 하(下)브르타뉴 지방에서 고안해낸 춤을 바탕으로 공동작업을 하는 농촌사회 구성원들이 벌이는 축제를 지칭하는 표현이다. 주로 무도회가 열리며, 거의 모든 세대가 자리를 함께 가진다. 문화 전파를 위해 브르타뉴 바깥쪽에서도 많이 열리고 있다. 중세로부터 시작된 오랜 전통에도 불구하고 우리가 알고 있는 형태의 페스트노즈는 1950년대에 뢰이즈 로파르즈(Loeiz Roparz)가 고안해냈다. 향토 음식인 갈레트, 크레프, 시드르, 맥주 등이 덧붙여지기에, 춤과 식도락을 함께 즐기는 방식이다. 최근 페스트노즈에 참가하는 일부 그룹들은 신시사이저 같은 악기를 동원하기도 한다. 금관악기들도 점점 많이 동원되기에 일부 음악은 동유럽 음악과 유사한 소리를 낸다. 브르타뉴의 문화적인 요소들을 모두 결집한 덕분에 유네스코가 브르타뉴 지방의 무형문화유산으로 지정했다.

코르느뮈즈Cornemuse

우리가 백파이프라고 부르는 악기의 브르타뉴 지방 명칭이다. 전 세계에 100여 개 이상의 형태가 존재한다. 유럽 전역, 코카서스, 마그레브, 페르시아만, 북인도 등에서 연주되고 있다.

브르타뉴의 아이콘으로 자리 잡은 카스텔 뫼르의 집Maison de Castel Meur

코트다르모르(Côtes-d'Armor) 데파르트망 플루그레스캉(Plougrescant) 소재. 1861년 건설되어 지금은 건물주의 직계 후손이 살고 있다. 폭풍우 때 바다에서 부는 거센 바람으로부터 스스로를 보호하기 위해 사진과 같은 형태로 지었다. 당시에는 건축 허가가 필요 없었기에 이런 형태의 건물을 짓는 것이 가능했다.

로테뇌프 조각바위Rochers sculptés de Rothéneuf

일에빌렌(Ille-et-Vilaine) 데파르트망 생말로 코뮌에 위치. 생말로에서 5km 떨어진 외곽지역에 있는 이곳은 로테뇌프 곶 직전 노트르담데플로 예배당(Chapelle Notre-Dame-des-Flots) 옆에서 만나볼 수 있다. 생말로의 해적인 로테뇌프 가문의 대서사시를 그려낸 300개 이상의 환상적인 조각들은 아돌프 쥘리앙 푸에레 신부(Abbé Adolphe Julien Fouéré)(1839-1910), 일명 푸레 신부(Abbé Fouré)의 작품들이다. 1893년(혹은 1894년 말)부터 1909년(혹은 1907년)까지 13~14년 동안 '신에 미친 자(fou de Dieu)' 푸레는 아침부터 저녁까지 돌을 깎고 새기면서 작품들을 만들어냈다. 또 그는 '대단한 광기(Haute Folie)', '로테뇌프 은자의 처소(Hermitage de Rothéneuf)', '은자의 집(Maison de l'Ermite)' 그리고 보다 나중에는 '나무박물관(Musée Bois)'이라 불린 마을 내의 자기 집에서 목각 조각들을 제작했다. 1910년 2월 10일 숨을 거둔 이 신부는 라파누이와 비슷한 그랑 푸앵튀(Grand Pointu)에서 대양을 내려다보며 편히 잠들어 있다. 현재 이곳은 사유지라 방문하려면 입장료를 지불해야 한다. 역사유적으로도 지정되어 있지 않다.

순례제pardon

브르타뉴에는 예수 수난군상, 순례제, 소성당 등 특히 종교 관련 유적지가 많은데, 보포르 해양수도원(Abbaye maritime de Beauport)과 반 소재 생피에르 대성당(Cathédrale Saint-Pierre de Vannes)은 중세시대의 아름다운 건축물로 유명하다. 종교심이 깊은 이 지방에서는 순례제와 관련된 전통이 길며 이 행사를 대단히 중시한다. 종교적 성격의 의식으로, 의식이 진행되는 동안 사람들은 자신이 저지른 과오에 대해 용서를 빌면서 교회 혹은 예배당 쪽으로 순례 행진을 벌인다. 가장 유명한 행사는 오레(Auray)에서 열리는 생탄 대순례제(Grand Pardon de Sainte-Anne)다. 관광객들이 순례제에서 특히 관심을 가지는 대상은 의상이다. 지역과 자신을 동일시하는 표식이기도 한 의상은 축제 때를 제외하고는 거의 입지 않는데, 여자들이 머리에 쓰는 레이스 모자가 가장 특별한 풍경을 만들어내고 있다.

브르타뉴어

프랑스어와는 완전히 다른 이 언어의 몇 개 단어를 알아두면 좋다. 자주 등장하는 단어들을 들자면, Amann(버터), An Argoat(내부에), Arvor(연안), Bagad(단체), Bara(빵), Bihan(작은), Binioù-bras(백파이프), Binioù-korz(전통적인 백파이프), Bras(큰), Bre(산), Breizh(브르타뉴), Bro(지방), Du(검은), Enez(섬), Fest-Noz(밤의 축제), Fest-Deiz(낮의 축제), Gouren(브르타뉴식 씨름), Gwenn(흰), Gwin(포도주), Kastell(성), Kenavo(안녕), Kêr(도시)이다.

코리강Korrigans

브르타뉴 전설 속에 등장하는 존재로 꼬마 악마에 비유된다. 외관은 초라한데, 호의와 악의를 동시에 지닌 인물로 극도로 관대하다가도 무시무시한 복수를 하는 양면성을 지닌다. 브르타뉴의 디낭 성(Château de Dinan), 크로종 반도(Presqu'île de Crozon)에 거주하면서 용기와 금을 만들어낼 줄 아는 재능 덕에 주민들로부터 존경을 받는 대상이다. 브르타뉴어로 '코리강'이라는 단어는 '작은 난장이'라는 의미. 언덕의 보물을 지키는 코리강들은 아주 부자이지만 믿을 수 없을 정도로 탐욕스럽다. 겨울에는 거의 활동하지 않다가 날씨가 좋아지면 밤에 자신들이 춤을 추는 불 주위로 인간을 불러 모은다. 그때 인간들은 죽임을 당하거나 지하 동굴로 보내진다. 코리강들이 땅속에서 태어나고 죽기 때문이다. 코리강은 기독교회에 대한 브르타뉴의 저항을 상징하기도 하는데, 밤이 되면 교회 주변에서 사제들을 대상으로 짓궂은 장난을 친다고 전해진다.

10월 31일에는 고인돌 근처에서 코리강들이 맹위를 떨치면서 자신의 희생자들을 지하세계로 데려가기 위해 시도한다고 한다. 이러한 전통은 코리강을 할로윈 축제에 연결하고 있다. 할로윈은 켈트족의 새해인 11월 1일 열리는 사마인(Samain) 축제에 기원을 두고 있는데, 시간이 흐르면서 오늘날 우리가 아는 형태로 변모했다.

등대 루트 Route des Phares

프랑스 가장 서쪽 피니스테르(Finistère) 지방 바닷가를 채우고 있는 등대들 모습은 이 지역의 아름답고도 환상적인 풍경과 분리해 생각할 수 없다. 수적으로 기록을 세운 피니스테르 지방을 비롯해 브르타뉴 해안은 세상에서 가장 많은 등대가 밀집해 있는 지역이기도 하다. 북(北)피니스테르(Finistère Nord)의 등대 루트는 이루아즈(Iroise) 바다의 거대함에 맞서 브르타뉴 한쪽에 꿈의 길을 만들어놓고 있다. 비에르주 섬(Île Vierge)부터 생마티외 곶(Pointe Saint-Mathieu)이나 트레지엥 등대(Phare de Trézien)를 거쳐 스티프 등대(Phare du Stiff)에 이르는 동안 4개의 등대와 하나의 등대 박물관을 방문해볼 수 있다. 등대 꼭대기까지 올라간 후 망망대해를 감상해보시길.

기타 상징들로는 붉은색 화강암으로 채워진 그라니 로즈 해안(Côte de granit rose), 우에상 섬과 얀 티에르센(Yann Tiersen), 바다와 수부(水夫)와 섬, 카르낙(Carnac)과 거석문화, 아서 왕·원탁의 기사·마법사 멀린(Merlin)·호숫가에서 만나는 중세 기사 전설이 얽힌 마을인 브로셀리앙드(Brocéliande), 브르타뉴의 자유를 상징하는 백조, 이브 성인(Saint Yves)과 브르타뉴 축제, Breizh(브르타뉴)를 줄여 표기한 Bzh 등이 있다.

| 브르타뉴의 주요 방문지

Bretagne

게랑드Guérande

루아르(Loire) 강과 빌렌(Vilaine) 강의 하구, 브리에르 (Brière) 늪지대와 대양 사이에 놓인 게랑드는 브르타뉴에 서 아직도 옛 성벽 전체가 남아있는 특이한 경우다. 4개 의 기본 방위, 방테즈(Venntaise), 비지엔(Bizienne), 사이예(Saillé), 생미셸(Saint-Michel, 이곳에 게랑드 고장 박물관이 들어서 있다) 문들, 탑과 비밀문, 성문과 망루 사이의 성벽 덕분에 도시 는 작은 카르카손 분위기를 풍긴다. 테올로갈 타워(Tour Théologale)와 비지엔 문 사이 의 벽을 따라 판 외호는 격조를 보여준다.

그라니 로즈 해안Côte de Granit Rose

페로스기렉(Perros-Guirec)에서부터 라니옹 만(Baie de Lannion)에 이르는 해안은 20여km에 걸쳐 희귀한 화강암으로 구성된 붉은색 바위들로 채워져 있다. 코트다르모르(Côtes-d'Armor) 데파르트망의 이 해 안을 그라니 로즈 해안이라 부른다. 야생의 풍경 이 이어지는 곳이다. 모래가 깔린 해변, 해수욕장, 환상적인 형태의 바위들, 세관원들의 길, 등대, 항구와 섬들이 이 지역을 채우고 있는 풍경들이지만, 시간이 만들어낸 그라니 로즈 해안의 빛깔과 모습이 브르타뉴에서도 특별하기에 많은 이들이 찾고 있다.

그루아 섬Île de Groix, Enez Groe

로리앙 만에 있는 그루아 섬은 벨일(Belle-Île)과 분위기가 아주 다르다. 훨씬 더 야생 의 분위기를 보여주는 섬의 길이는 8km, 폭은 3km다. 선돌, 고인돌 등 선사시대 유 적을 도처에서 발견할 수 있다. 그루아 섬 북서쪽에 있는 펜멘 곶(Pointe de Pen-Men)은 자연보호구역으로 많은 종류의 새들을 이곳에서 관찰할 수 있다. 굵은 모래알이 깔린 해변, 인상적인 지옥 구멍(Trou de l'Enfer)도 방문객들의 호기심을 자극한다.

글레낭 군도Archipel des Glénan

해안으로부터 18km 떨어진 곳에 있는 십여 개의 섬들은 브르타뉴의 섬들이라기보다 카리브 해의 섬들에 닮아있다. 백색 모래, 에메랄드 빛을 한 투명한 바다가 대표적인 모습이다. 청동기시대에는 공동묘지였다가 17세기까지 해적들의 소굴이었던 이곳은 대혁명 전후 시기에 프랑스인들과 영국인들이 서로 차지하려고 애썼던 땅이기도 했다. 오늘날에는 요트학교로 잘 알려져 있다. 자연보호구역인 데다가 스킨스쿠버 다이빙, 요트를 비롯한 다양한 스포츠를 즐길 수 있는 장소이기에 자연을 사랑하는 사람들에게는 천국처럼 느껴지는 곳이다.

두아르느네Douarnenez

이스Ys, 바다속 2만 해리에 있는 도시
낚싯배가 가득한 두아르느네 항구에서 종소리가 들린다면 분명히 파도속에 숨겨진 전설의 도시 이스에서 흘러나온 소리일 것이다. 전설에 따르면 그라들롱(Gradlon)왕은 자신의 딸 다훗(Dahut)을 위해 해수면보다 낮은 도시 이스를 건립했다. 하지만 이곳은 타락한 도시가 되며 악마의 저주를 받게 된다. 악마는 자기 모습을 감추고 다훗 공주를 유혹하여 공주가 가지고 있던 제방의 열쇠를 빼앗는다. 악마가 그 열쇠로 제방의 문을 열자 도시와 시민들은 모두 물속에 잠기고 만다.

어촌인 두아르느네는 브르타뉴인들의 기억 속에 대단히 중요한 마을 중 하나다. 그 기억을 채운 영웅들은 성인이나 왕자, 귀부인들이 아니라 뱃사람이자 노동자들이다. 전통적으로 정어리를 잡아 생계를 꾸려갔던 소시민들이었기에 마을 주민들에게는 'penn sardin'이란 별명이 붙어있다. 브르타뉴어로 '정어리 대가리'란 의미다. 열악한 노동조건에 항의해 이 마을 여인들이 20세기 초(1905년과 1924년)에 벌인 파업은 유명하다. 피니스테르 데파르트망에서 5번째로 큰 마을이지만 눈에 들어오는 아름다운 건물 모습은 없다. 그렇지만 물에 띄운 배에 조성한 박물관을 방문해볼 만하다. 이런 형태의 박물관으로는 프랑스에서 유일하다.

디나르Dinard

에므로드 해안(Côte d'Émeraude)에 자리한 해수욕장의 명성은 생테노가(Saint-Énogat) 덕을 본 바가 크다. 야생의 해안을 찾던 돈 많은 사람들이 19세기에 찾아낸 작은 촌락이 생테노가다. 온화한 기후, 랑스(Rance)와 영불해협의 만남, 아름다운 바다

풍경, 영국과 가까운 거리, 인근의 멋진 도시 생말로 등 매력적인 요소가 많은 곳이다. 에클뤼즈 해변(Plage de l'Écluse)에 해수욕을 위한 시설이 들어서 있으며, 카지노, 테니스 코트, 골프장이 이 도시를 찾는 사람들을 만족시켜주고 있다. 영국인, 미국인, 파리 사람들이 많이 찾는 도시이기도 하다. 매년 영국영화제가 열리기에 해수욕장 입구에는 영화 〈새〉에서 착안한 알프레드 히치콕(Alfred Hitchcock) 감독의 동상이 세워져 있다.

디낭Dinan

브르타뉴 지방에서 가장 아름다운 '예술과 역사 도시' 중 하나. 여름에 영국인들을 위시한 많은 관광객이 찾는 이곳은 꼭 들러볼 만하다. 생소뵈르 사원(Basilique Saint-Sauveur), 메르시에 광장(Place des Merciers) 및 코르들리에 광장(Place des Cordeliers) 주변의 거리들

이 핫플레이스다.

라 라트 성채Fort La Latte

라 라트 선돌Menhir de La Latte

성까지 이어지는 길에 '라 라트 선돌'이 서 있다. 가르강튀아(Gargantua)의 이빨이나 손가락으로 이야기되는 돌이다. 전설에 따르면 거인 가르강튀아가 영국으로 돌아가기 위해 영불해협을 뛰어넘다가 잃어버린 것이라 한다. 그의 나막신과 지팡이 흔적들도 발견된다. 또 다른 전설은 가르강튀아가 코리강들과 격렬한 전투를 벌인 후 캅 프레엘(Cap Fréhel)에서 죽었다고 전한다. 캅 프레엘 근처 바다에서 만나볼 수 있는 무수한 섬들이 거인의 조각이라는 얘기다.

라 라트 성채는 영불해협(Manche)과 에므로드 해안(Côte d'Emeraude) 쪽으로 전망이 난 바다 쪽의 성채다. 전략적인 위치에 자리를 잡고 있기에 접근이 쉽지 않다. 바로 그런 이유 때문에 영국인들은 이 요새를 더욱 차지하고 싶어했지만 한번도 성공하지 못했다. 14세기에 건립되었으며, 보방이 1690년부터 1715년까지 요새로 개조했다. 성채 입구까지 걸어가다 보면 바위 위에 세워진 성채의 장관과 만날 수 있다. 망루까지 계단을 걸어 올라간 후에는 토니 커티스나 소피 마르소가 된 기분을 느낄 수 있다. 숨을 멎게 만드는 풍경을 바라보며 자유를 만끽할 수 있는 곳이다. 성채는 여러 영화의 배경으로 사용되었는데, 토니 커티스와 커크 더글라스가 주연을 맡은 1957년 영화 〈바이킹(Les Vikings)〉, 랑베르 윌슨과 소피 마르소가 배역을 맡은 〈혁명가의 연인 슈앙(Chouans!)〉이 대표적인 영화들이다. 브르타뉴 지방의 성채 중 가장 유명한 라 라트 성채는 1925년에 역사유적에

지정되었다. 1892년부터 소유자가 여러 차례 바뀌었다가 1931년부터 프레데릭 조위옹 데 롱그레(Frédéric Joüon des Longrais)가 대대적으로 개보수한 후 유지 관리하고 있다. 전기가 이 성에 들어오기 시작한 때는 불과 2001년부터였다. 매년 8월 이곳에서는 기사들의 시합, 매 조련 시범, 공연이 열린다.

라즈 곶Pointe du Raz

프랑스 본토에서 가장 서쪽에 있는 라즈 곶은 세상의 끝에 도달한 느낌을 주는 장소다. 브르타뉴어로는 'Penn Ar Bed'라고 지칭하는데, 대서양 바다를 둘로 쪼갠 것 같은 화강암 돌출부를 가리킨다. 절벽은 바다속으로 잠겨 있는데, 바다에 격랑이 일 때면 풍경이 장관이다. 멀리 생 섬(Île du Sein)에 세워진 2개 등대인 라 비에이유 등대(Phare de La Vieille)와 트레베넥 등대(Phare de Tévennec)는 종종 거친 파도 거품에 뒤덮인다. 산책하면 아주 멋있는 곳이다. 랑드 지방을 휩쓸어가는 바람, 높은 바위를 강타하는 파도 등 자연의 힘을 느낄 수 있는 명소이기도 하다.

랑레프Lanleff

랑레프 교회(Temple de Lanleff)는 독특한 구조를 하고 있다. 두 개의 둥근 성벽 사이로 산책로가 나 있으며, 성벽 내부는 하늘을 향해 열려 있다. 하지만 이러한 독특한 건축 양식 외에도 이곳에는 특별한 전설이 존재하는데, 가난해서 미치광이가 된 한 탐욕스러운 여인이 악마와 거래를 했다는 내용이다. 금화 몇 닢에 자기 아이를 팔아넘긴 여인이 아이를 판 대가를 받으려 하자 그녀의 몸은 불길에 휩싸이고 만다. 교회를 둘러싼 돌에 지옥의 불길이 떨어져서 영원한 흔적을 새겼다고 전해진다.

렌Rennes

창조적인 동시에 축제 분위기가 차고 넘치는 브르타뉴의 역사 중심지 렌은 뛰어난 건축 문화유산을 보유하고 있다. 목조구조물 형태의 집들, 브르타뉴 의회, 오페라, 시청을 포함한 18세기 건물들이 밀집해 있기 때문이다. 정원 역시 아주 사랑을 받는 공간이며, 현대예술과 스트리트 아트도 독특한 위상을 차지하고 있다. 대학생들의 도시이자 축제가 많이 열리는 도시답게 렌은 인상적인 많은 바들이 즐거움을 제공한다. 렌의 대표적인 유적인 고등법원 건물은 그 옛날 브르타뉴 의회로 사용되었던 장소다.

로리앙Lorient

모르비앙(Morbihan) 데파르트망에 소재한 항구도시 로리앙은 브르타뉴 레지옹에서 세 번째로 큰 규모를 자랑한다. 도시의 역사는 동인도회사가 파우에딕(Faouédic)이라 불리는 곳에 필요한 건물을 짓기 위해 루이 14세로부터 땅을 얻어냈던 1666년까지 거슬러 올라간다. 그 후 로리앙 조선소는 프랑스 최초의 철갑선을 포함하여 수많은 배를 건조하기 시작했다. 또한 1920년대에는 케로만(Keroman) 어항(漁港)이 건설되면서 어업 분야에서 비약적인 발전이 이루어졌다. 제2차 세계대전 당시에는 도시가 거의 완전히 파괴되었다. 독일이 이 도시에 잠수함 기지를 건설했기 때문이었다. 도시의 재건은 1970년대까지 지속되었고, 1980년대 말에 상당한 변화를 겪는다. 1995년에 개교한 브르타뉴쉬드 대학(Université de Bretagne-sud), 2000년대 초에 프랑스 최대 규모 페스티벌 중 하나가 된 로리앙 인터켈트 페스티벌(Festival interceltique de Lorient)의 도약도 변화의 시기를 같이하고 있다.

로리앙 인터켈트 페스티벌Festival interceltique de Lorient

1960년대에 미국이 상업화시킨 아일랜드 음악이 오늘날 켈트 음악의 주류로 간주되고 있기는 하지만, 로리앙 페스티벌을 통해 소개되는 켈트 음악의 스펙트럼은 훨씬 다채롭고 화려하다. 역사를 거슬러 올라가 언어와 인종적 정체성을 찾아 나선 로리앙 페스티벌이 소개하는 지역들만도 족히 10개 지역이 넘으며, 참가 국가 및 지역은 점차 확대되고 있는 추세이다.

비록 켈트 국가(브르타뉴를 프랑스와 분리시켜 생각해야 할까?), 켈트 음악(체코를 비롯한 동유럽의 켈트 음악을 어디 편입시켜야 할까?), 켈트 문화(전기 켈트 문화인 할슈타트 문명과 후기 켈트 문화인 라텐 문명은 오늘날 켈트 음악과 어떤 연관을 맺고 있을까?)의 정체성에 관련해 다양한 정의가 존재할지라도, 로리앙은 복잡다단한 이런 문제들을 음악을 통해 풀어내는 데 성공하고 있다.

오늘날 로리앙 페스티벌이 점점 주목받는 데는 몇 가지 이유가 있다. 스코틀랜드, 아일랜드, 웨일스 등 켈트 지역의 많은 인구가 호주, 뉴질랜드, 캐나다, 남미 등으로 이민을 떠났음에도 불구하고 프랑스 브르타뉴 지방에서는 음악과 구전 전통 측면에서 그 어떤 단절도 일어나지 않았다. 흐름이 단절된 유일한 시기는 양차 세계대전 사이의 기간뿐이다. 비록 농촌들이 공동화되고, 전통음악을 업으로 삼는 사람들이 더 이상 설 자리를 찾지 못했으며, 도시들이 살아있는 문화를 '민속(folklore)'이라는 이름으로 폄하했음에도 불구하고 켈트 음악은 강좌와 연수, 학교 교육을 통해 지방적 분파주의, 정책 입안자들의 중앙집권주의와 싸워나가며 기적적으로 살아남을 수 있었다. 타의 추종을 불허하는 프랑스인들의 기획력이 페스티벌을 돋보이게 하고 있음은 말할 필요도 없다.

로리앙 인터켈트 페스티벌은 유럽에서 열리는 켈트 관련 행사 중에서도 가장 규모가 크고 대중적인 행사로서, 현재 전 세계에서 가장 중요한 켈트 문화 축제로 꼽아도 손색이 없다. '브르타뉴 방식의 멜팅 팟(melting pot)'으로 불릴 수 있을 정도로 장르의 혼합을 강조하는 로리앙 페스티벌은 파리 중심의 문화를 극복한 대표적인 사례로 꼽히며, 한 지역의 음악이 지역적 정체성을 뛰어넘어 세계성을 확보하는 데 성공한 가장 모범적인 행사에 해당한다. 또 페스티벌은 급변하는 유럽과 세계 질서에 발맞추어 전통을 현재에 조율시킨 성공적인 사례로 꼽힌다. 사회 구성원들의 정체성 변화에도 부합하고 있다는 얘기다. 로리앙 측은 켈트 음악의 확산을 위하여 '켈트의 밤(Nuit celtique)' 혹은 '성 패트릭의 밤(Nuit de Saint Patrick)' 행사를 파리에서 열었고, 코르시카의 다성음악(polyphonie)을 적극 수용함으로써 켈트 음악의 외연을 점차 확대해나가는 중이다.

1971년 시작된 인터켈트 페스티벌은 켈트 국가 예술가들에게 가장 큰 연례 행사다. 매년 8월 초에 약 6,500명에 달하는 예술가들이 프랑스 브르타뉴 지방의 항구 로리앙에 집결한다. 지역적으로는 스코틀랜드, 아일랜드, 웨일스, 맨 섬, 콘월 섬, 스페인 북부의 아스투리아스와 갈리시아 지방, 프랑스의 브르타뉴 지방, 호주와 뉴질랜드, 미국, 캐나다의 아카디아 지방이 골고루 섞여 있다. 인터켈트 페스티벌은 뿌리를 찾는 행사인 동시에 미래를 함께 모색하는 자리인 까닭에 전통음악가, 클래식 연주자, 포크, 재즈, 락 음악 종사자, 안무가, 화가 및 조각가, 작가, 영화인, 학자를 망라한 모두가 이 종합 예술제를 찾고 있다.

페스티벌이 처음부터 성공을 거둔 것은 아니다. 일견 불가능해 보이는 도박을 성사시킨 것으로 정평이 난 로리앙 페스티벌은 크게 4가지 모험을 시도한 것으로 인정된다. 첫 번째 모험은 인근 도시 브레스트(Brest)가 원치 않던 행사를 로리앙으로 가져온 것이다. 두 번째 모험으로는 문화를 파생시킨 사회와 문화 사이의 일치, 다시 말해 표본실에 박제된 문화 대신 전통문화를 일상 속으로 끌어들이는 방식을 선택했다. 그동안 문화적으로 서로 연대할 생각을 한 번도 해보지 않았던 켈트 인종의 다양한 공동체들을 한데 묶는 것이 세 번째 모험이었고, 불확실한 성공을 위해 파리로 무작정 상경하는 지역 출신 예술가들을 잡아놓은 것은 네 번째 모험이다. 그에 따라 예술가들의 재능을 극대화하고 지역 문화를 활성화하기 위한 시장이 강구되며, 로리앙 페스티벌은 브르타뉴 음악인들에게 호구책을 제공하는 일종의 제2시장을 형성했다. 비록 1980년대에 브르타뉴 음악에 대한 관심이 퇴조했을지라도 문화단체들과 음악원의 지원을 받아 브르타뉴 지역은 수천 명의 음악인을 양성하고 있으며, 페스티벌 주최측은 음악인들에게 충분한 숫자의 관객들을 만들어주기 위해 노력하고 있다.

로슈포르앙테르 Rochefort-en-Terre

로슈포르앙테르는 '개성 있는 작은 마을(Petite cité de caractère)'로 선정되었는데, 브르타뉴 내륙지방에서 가장 아름다운 곳 중 하나다. 이곳에서는 광고용 간판도, 전봇대도 볼 수 없다. 17세기에 건립된 대부분의 집을 꽃들과 담쟁이덩굴이 뒤덮고 있다. 많은 관광객이 이곳을 찾음에도 불구하고 고유의 분위기를 유지하고 있는 마을이다.

로스코프 Roscoff

로스코프는 전형적인 브르타뉴 항구다. 경제적으로는 도약하고 있지만, 자체만의 매력과 건축 측면의 동질성을 여전히 유지하고 있기 때문이다. 아름다운 옛 모습을 지켜내기 위해 현대식의 새 항구는 먼 곳에 건설했다. 해수 치료요법인 탈라소테라피(thalassothérapie)로도 잘 알려진 도시다.

로크로낭 Locronan

'그랑플라스(Grand'Place)' 광장은 무수한 영화와 TV 시리즈물의 무대가 된 곳이다. 로

만 폴란스키(Roman Polanski) 감독의 영화
〈테스(Tess)〉, 소피 마르소(Sophie Marceau)
가 출연한 〈혁명가의 연인 슈앙(Chouans!)〉,
오드리 토투(Audrey Tautou)가 주연을 맡
은 〈인게이지먼트(Un long dimanche de
fiançailles)〉, 최근에 제작된 TV 시리즈 〈새
매(L'Épervier)〉 등이 이곳에서 촬영된 작품들이다.

피니스테르(Finistère) 데파르트망의 이 마을에서는 6년마다 '트로메니 드 로크로낭
(Troménie de Locronan)'이라는 진귀한 행사가 7월 2번째 일요일과 3번째 일요일 사이
에 열린다. 최근에는 2013년과 2019년에 열렸다. 생로낭(Saint Ronan)을 기리는 행사의
기원은 무려 5세기경으로 거슬러 올라가는데, 이날 수천 명의 사람이 브르타뉴 전통
복장을 하고서 12km 길이의 행렬을 이루며 성스러운 분위기를 연출한다.

리지오Lizio

모르비앙 데파르트망의 마을 리지오(Lizio)
에서 로베르 쿠드레(Robert Coudray)가 30년
동안 벌이고 있는 기상천외한 모험의 세계
가 바로 '고철장수 시인의 세계(Univers du
Poète Ferrailleur)'다. 이미 고철이 된 오브제

들은 자기 주변의 세계에 관심이 많은 로베르 쿠드레의 손을 거쳐 새로운 색깔을 부
여받으며 재탄생되고 있다. 폐기된 조각, 쓸모가 없어진 기계, 낡은 건축물, 정원, 영
화, 게임, 환경적인 집 등 모든 것이 유머와 마법, 감동과 어우러지며 이 공간을 특별
하게 만들고 있다. 이상한 오브제로 채워진 오토마타, 음악분수, 바람으로 움직이는
토템을 통해 로베르 쿠드레는 이상하고도 상상력 넘치는 대성당을 자유롭게 건축
하는 중이다.

모르비앙 만golfe du Morbihan

일종의 내해(內海)이자 연안지대인 모르비앙 만은 아르즈(Arz) 섬, 무안 섬 같은 섬들로 채워져 있다. 고인돌·선돌·봉분 같은 역사 문화유산이 풍부하며, 무수한 새들이 찾는 자연 공간이다.

모를레Morlaix

망슈(Manche)와 아레 산(Monts d'Arrée) 사이, 피니스테르 데파르트망 북쪽의 모를레 만(Baie de Morlaix)은 로스코프, 수도원 지역, 모를레 등 민간 혹은 종교적 차원에서 예외적인 문화유산을 보유하고 있다. 모를레는 쾌적한 항구도시로, 3개 언덕 사이에서 오래된 집들이 모를레 하천(Rivière de Morlaix) 옆에 세워져 있다. 피니스테르 데파르트망에서는 3번째로 큰 도시다. 랜턴을 내건 멋진 집들의 풍경을 감상하고 좁은 골목길을 돌아보면 좋다.

인근에서는 바 섬(Île de Batz)을 방문하고 세관원들의 길 GR34를 따라 걸으면 멋진 여행을 할 수 있다.

반Vannes

바다와 땅이 조화를 이루는 멋진 브르타뉴 도시다. 이곳에서는 조수의 흐름과 계절에 따라 풍경이 변한다. 반으로 들어가는 관문 쪽에서는 수채화 분위기의 섬들이 멋지게 이어지는 해협을 감상할 수 있다. 연중 내내 온화한 기후가 이어지기에 반 앞바다의 섬들은 늘 푸르름을 자랑한다.

대서양에 면한 모르비앙 데파르트망 소재 벨일앙메르 섬은 브르타뉴 지방에서 가장 큰 섬이다. 키브롱 반도(Presqu'île de Quiberon) 남쪽으로 30여 해리(12.3km) 떨어진 곳에 자리한 벨일은 이름에 어울리는 풍경을 보유하고 있다. 키브롱에서 배를 타고 45분 걸린다. 프랑스 본토를 기준으

케르도니스의 과부veuve de Kerdonis

1911년 4월 18일 케르도니스 등대지기였던 데지레 마틀로(Désiré Matelot)가 갑자기 숨을 거두었다. 등대불이 꺼지면 안 되었기에 그의 아내는 슬퍼할 겨를조차 없었다. 2명의 연장자의 도움을 받아 그녀는 밤새 등대를 가동했고, 배들의 난파를 막아낼 수 있었다. 등대관리국이 이러한 노력을 인정하지 않으면서 그녀를 축출하려고 하자 벨일 사람들이 그녀 편을 들며, 파리 신문들도 앞다투어 보도하기 시작한다. 후에 마틀로 과부는 사과와 배상, 메달을 받았다.

로 할 때 벨일은 코르시카와 올레롱(Oléron) 섬 다음으로 크다. 푸르름이 우거진 전원, 멋진 해변, 항구, 바위가 무성한 절벽, 내포, 야생 해안, 마을 풍경이 아름다운 곳이다. 그러기에 섬을 찾아 화폭을 들고 건너온 화가들이 많은데, 그중 대표적인 화가

가 모네다. 1999년 에리카(Erika) 호가 벨일 해안에 좌초되면서 입은 피해로부터 섬이 무사히 복구되었다는 역사도 알아두면 좋다. 해안가 쪽의 숨은 길들은 또 다른 매력을 제공한다. 배가 섬에 접근할 때 웅장한 모습을 드러내는 보방 성채도 인상적이다.

등대가 세워져 있는 풀랭 섬(ilot des Poulains)은 연극배우 사라 베르나르(Sarah Bernhardt) 와 불가분의 관계를 맺고 있다. 그녀가 1894년에 풀랭에 있는 작은 성채를 매입해 친구들을 맞이하기 위한 2채의 작은 빌라를 그곳에 지었기 때문이다. 성채는 오늘날 일반에게 공개되고 있다. 선착장 쪽의 르 팔레(Le Palais), 풀랭 등대(Phare des Poulains), 소종(Sauzon) 마을이 주요 방문 포인트다.

브레스트 Brest

오세아노폴리스 Océanopolis

대양에 할애된 과학문화센터로 브레스트의 물랭 블랑(Moulin Blanc) 요트항 근처에 있다. 1990년에 처음 문을 연 이 공간은 온대기후에 사는 해양동물을 보여주려는 의도에서 유럽에 사는 해양동물 종류의 60%를 모아놓은 장소였다. 2000년에는 전면적인 개조를 통해 극지대와 열대기후에 사는 해양동물들 역시 관찰할 수 있게 되었다. 100여 개의 아쿠아리움을 구비하고 있다. 다양한 멀티미디어 시설도 공간에 대한 이해를 돕고 있다. 종의 생리, 환경 보호, 생태계의 작동 방식 등을 공부할 수 있다. 1천 종의 1만 개 해양 동식물을 만날 수 있는 거대한 공간으로 총면적은 8,700m² 에 달한다. 해수 용적만도 4백만 리터에 달하는데, 그 중 1백만 리터가 상어들을 위한 수조에 사용된다.

암석이 있는 만에 자리를 잡은 브레스트는 해군 기지가 들어서기에 완벽한 장소였다. 브레스트는 요트 행사로도 유명한 도시다. 생마르탱(Saint-Martin) 혹은 르쿠브랑스(Recouvrance) 구역들이 아름답기는 하지만, 전후에 지어진 건물들이 빼곡한 이 도시에는 전반적으로 볼거리가 별로 없다. 반면 브레스트는 축제를 즐길 줄 안다. 거의 매일 밤 바들이 흥청거리고, 여름에 '항구에서의 목요일(Jeudis du port)' 행사가 열리며, 오래된 범선들이 한자리에 모이는 거대한 행사가 개최되는 흥미로운 도시다.

브레아 섬 Île de Bréhat

브레아 섬에서는 두 개 지역을 다리가 연결하고 있다. 저택과 빌라들이 산재한 섬은 조수와 날씨에 따라 끊임없이 변하는 풍경을 걸어서 산책하게 만든다. 섬의 수국들은 너무나 거대하기에 표현해낼 말을 잊게 만든다. 감상용으로는 최고. 사치스럽고 이국적인 식물들이 자라기에 최적의 기후이기에 '꽃의 섬(île aux fleurs)'으로 불리고 있다.

브레아 섬을 효과적으로 여행하기

길이가 3.5km, 폭이 1.5km에 달하는 브레아 섬은 걷거나 현지에서 대여하는 자전거를 타고 둘러볼 수 있다. 자동차는 섬으로 들어올 수 없다. 하선장에서부터 섬의 최북단에 있는 파옹 등대(Phare du Paon)까지 멋진 풍경이 이어지지만 조수 흐름에 따른 분위기 변화를 맛보려면 섬에서 1박하는 것이 권장된다.

유명한 유리 제조 공장을 먼저 방문한 후 마을의 아름다운 집들을 나중에 감상하는 것이 좋다. 그런 다음 생미셸 예배당(Chapelle Saint-Michel), 비를로 조수제분소(Moulin à marée du Birlot), 크루아 모데즈(Croix Maudez)를 차례로 방문한다. 섬의 북서쪽에 소재한 크루아 모데즈에서는 바다 쪽으로 난 멋진 풍경을 만나볼 수 있다. 아르 프라트 다리(Pont Ar Prat)를 건넌 다음부터는 풍경이 바뀌면서 파옹 등대까지 야생의 풍경이 이어진다.

브로셀리앙드Brocéliande

콩페르 성

바랑통 샘

행정적으로는 팽퐁(Paimpont)이라 부르는 곳으로 아서 왕, 원탁의 기사를 비롯한 켈트 전설들이 풍성한 지역이다. 아서 왕, 마법사 멀린, 원탁의 기사 등 켈트 전설을 찾아 브로셀리앙드(Brocéliande)에서 방문해야 할 장소 다섯 군데는 다음과 같다.

1. 팽퐁 소재 '비밀의 문(Porte des secrets)'
2. 콩페르 성(Château de Comper)에 자리한 '아서 왕 상상계센터(Centre de l'imaginaire arthurien)'
3. 팽퐁 소재 '바랑통 샘(Fontaine de Barenton)'
4. 트레오랑튁(Tréhorenteuc) 근처의 '발 상 르투르(Val sans retour, '돌아올 수 없는 계곡'의 의미)'
5. 브로셀리앙드 거석군의 '몽트뇌프 선돌(Menhirs de Monteneuf)'

전설의 땅 브르타뉴

브르타뉴 지방은 브로셀리앙드 숲(Forêt de Brocéliande)부터 아레 산(Mont d'Arrée)에 이르기까지 아름답고 놀라운 풍경을 자랑한다.

• 호수의 여왕 비비안의 거처 콩페르 성Château de Comper

브르타뉴 전설에 따르면 이곳은 호수의 여왕(Dame du Lac)이라 불리던 요정 비비안(Viviane)이 살던 곳이었다. 요정 비비안은 마법사 멀린(Merlin)의 스승이었으며, 요정과 멀린은 열렬히 사랑하는 사이였다. 멀린은 아름다운 비비안을 위해 깊은 콩페르 연못 속에 수정으로 만든 궁전을 지었다. 콩페르 성 안에는 아서 왕 상상계센터가 자리 잡고 있는데 봄부터 10월 31일까지 문을 연다. 멀린, 아서 왕, 요정 모르간, 랜슬롯(Lancelot)의 영상들을 만나볼 수 있다.

• 황금나무Arbre d'Or

1990년에 아서 왕 전설의 배경이 된 발 상 르투르 계곡에 대형 화재가 발생하면서 400ha의 숲을 태워버렸다. 이곳은 요정 모르간(Morgane, 모르가나)이 자신을 배신한 애인들을 독살시킨 곳으로 알려져 있다. 화재 후 숲을 재생하기 위한 노력의 하나로 조각가 프랑수아 다뱅(François Davin)은 1991년에 〈황금나무〉(〈브로셀리앙드의 황금(L'Or de Brocéliande)〉이라고 불리기도 한다)라는 작품을 만들었다. 인간의 부주의로 인한 화재로 검게 그을린 밤나무 줄기에 달린 5,000개의 황금 나뭇잎은 자연의 위대한 생명력을 상징한다. 인간이 원한다면 숲이 영원할 수도 있다는 메시지를 전하고 있다.

• 발 상 르투르Val sans retour

'위험한 계곡(Val périlleux)', '거짓 연인들의 계곡(Val des faux amants)'이라는 별명이 붙은 이 장소는 브로셀리앙드 숲에 얽힌 아서 왕 스토리와 관련을 맺고 있다. 행정적으로는 팽퐁 숲(Forêt de Paimpont)이라 불린다. 자주색의 가파른 바위들은 요정 공주이자 아서 왕의 의붓동생인 모르간의 성격을 연상시킨다. 자신을 속인 아름다운 귀요마르(Guyomard) 커플에게 복수하기 위해 모르간은 그들의 몸이 불과 얼음으로 고통을 받도록 한 다음 그들을 계곡의 자주색 바위 속에 가두어버렸다. 그 바위가 '거짓 연인들의 바위(Rocher des Faux Amants)'다. 요정의 분노로 화석이 된 젊은 연인들은 '요정의 거울(Miroir aux fées)' 위에서 모습을 찾아볼 수 있다. 용맹스럽고 왕비에 대한 사랑이 가득했던 랜슬롯은 비비안 요정이 준 마법의 반지의 도움을 받아 모르간의 저주를 끝장내지만, 마법에서 풀려난 연인들은 자신들의 젊음이 사라진 사실을 발견하게 된다. 트레오랑튁(Tréhorenteuc)은 4km 길이의 발 상 르투르 코스를 떠나는 출발점이다. 미리 겁을 먹을 필요는 없다. 위험하지도 않고, 되돌아올 수도 있다.

• 요정의 거울

켈트 전설에 따르면 물은 다른 세상(Autre Monde)과의 경계를 의미한다. 물을 건너는 자는 영생과 기쁨, 풍요가 넘치는 왕국에 도달할 수 있다고 한다. 다른 세상에서는 요정들이 망자들을 반갑게 맞이하는데, 아름답고 용맹스러운 전사(戰士)들은 특히 환영받는 존재들이다. 하지만 계곡 입구의 작은 연못 '요정의 거울'은 마법의 피조물들이 넘쳐나는 다른 세상이 있다고 당신에게 주의를 준다. 나무와 구름이 물에 비치는 곳이며, 7명 요정의 거처로 알려진 장소다.

- **아프 계곡**Vallée de l'Aff

브로셀리앙드 숲과 코엣키당(Coëtquidan) 평원 사이에 자리 잡고 있으며, 게니에브르(Guenièvre, 귀네비어) 여왕이 원탁의 기사 중의 한 명인 호수의 랜슬롯(Lancelot du Lac)에게 사랑을 고백한 장소로 알려져 있다.

- **바랑통 샘**fontaine de Barenton

브로셀리앙드 숲속에는 바랑통 샘이 흐르고 있는데, 샘물의 탄산수는 몇 가지 병을 치료하는 효과가 있는 것으로 알려져 있다. 특히 마음의 상처를 치료하고 사랑하는 사람을 만날 수 있다기에 많은 사람이 이 샘물을 찾는다. 샘을 성소로 간주하면서 브르타뉴 사람들은 이곳에서 소원을 빈다. 크레티엥 드 트루아(Chrétien de Troyes)의 12세기 소설에서 언급되기도 한 바랑통 샘은 멀린과 비비안이 만난 장소이기도 하다. 날씨가 좋을 때 이곳을 방문하면 샘 옆의 평

아프 계곡

평한 돌에 물을 붓는 걸 삼가야 한다. 즉시 폭풍우와 천둥 번개가 몰아칠 수 있다는 속설이 있기 때문이다.

비트레Vitré

렌(Rennes) 동쪽에 있는 인구 15,910명의 도시. 중세 때에는 아주 중요한 도시였는데, 17세기 말까지 직물과 섬유의 유통으로 부를 축적한 곳이다. 브르타뉴의 독립을 옹호한 경계 도시 중 하나이기도 하다. 브르타뉴에서 가장 아름다운 중세거리와 멋진 성을 만나볼 수 있다. 중세의 군사 건축을 보여주는 성에서는 생로랑(Saint-Laurent), 베엘(Véel), 몽타필랑(Montafilant), 아르장트리(Argenterie), 오라투아르(Oratoire) 탑들로 에워싸인 안뜰이 인상적이다. 플랑부아양 고딕 양식의 노트르담 성당(Église Notre-Dame)에서는 다양한 형태의 합각머리, 외부의 설교용 강단이 방문객의 흥미를 끈다.

생말로Saint-Malo

생말로는 브르타뉴 지방에서 가장 많은 사람이 찾는 도시다. 그럴 만한 이유가 있다. 멋진 성벽과 바다가 에워싸고 있는 이 도시는 탁월한 건축미를 자랑하며, 20세기 초에 건설된 빌라들 사이를 걷는 황홀한 산책 기회를 제공한다. 인상적인 성벽 내

부에는 역사 거리가 들어서 있다. 성벽 산책, 생뱅상 대성당(Cathédrale Saint-Vincent) 및 생말로 구도심 방문을 놓치지 말 것. 브르타뉴의 거친 바람을 염두에 두고 건설된 성채도시는 항해자들과 해적들에 대한 추억을 안고 있다. 또 성채는 방파제가 만들어진 해변과 이어지면서 해안의 또 다른 '진주'인 디나르(Dinard)를 감상하게 만든다. '해적들의 도시'란 별명이 붙은 생말로는 그 옛날

뒤게-트루앵(Duguay-Trouin)이나 쉬르쿠프(Surcouf)가 프랑스의 적들 선박에 대항하기 위해 출항했던 항구였다. 또 자크 카르티에(Jacques Cartier) 같은 탐험가나 어부들이 대서양 건너 테르뇌브(Terre-Neuve) 쪽으로 출발했던 장소이기도 하다.

생말로를 방문할 때 꼭 알아두어야 할 내용들

• 자크 카르티에Jacques Cartier

자크 카르티에(1491. 12. 31. - 1557. 9. 11.)는 프랑스 탐험가로, 지금의 캐나다 지역을 처음으로 탐험한 유럽인이다. 첫 번째 항해 때 자크 카르티에는 프랑수아 1세로부터 중국과의 무역을 위한 항로를 찾아내라는 명령을 받은 후 1534년 4월 두 척의 배로 출항했다. 현재의 뉴펀들랜드 및 캐나다 동부 연안을 조사하고 세인트로렌스(Saint-Laurent) 만을 건너 프린스에드워드 섬을 발견했다. 가스페 반도의 동쪽 끝에 도달해 세인트로렌스 강 하구 부근을 탐험한 후에는 일대를 누벨프랑스(Nouvelle-France)라고 명명했다. 1535~1536년 두 번째 항해 때에는 세인트로렌스 강을 거슬러 올라가 스타다코네(Stadaconé, 현재의 퀘벡 시)를 발견하며, 스타다코나와 그 주변의 땅을 '캐나다'라고 명명했다. 생말로 성벽 위에는 그를 기리는 동상이 대서양을 바라보며 서 있다.

• 로베르 쉬르쿠프Robert Surcouf

로베르 쉬르쿠프(1773. 12. 12. - 1827. 7. 8.)는 프랑스 해적이자 장교였다. 13세 때부터 배를 탔고, 해적선 선장이 되었다. 유럽의 바다뿐만 아니라 인도 쪽 바다에서 영국의 군인들과 상인들을 괴롭혔다. 그의 활동은 생말로 인근 땅 800ha를 사들이게 할 정도로 쉬르쿠프를 부유하게 만든다. 그의 동상 역시 생말로 성벽 위에서 만나볼 수 있다.

쉬르쿠프는 1800년 8월 31일 〈콩피앙스(Confiance)〉 호(18문의 대포, 승선 인원 190명)를 타고 인도양에서 영국 배 〈켄트(Kent)〉 호(36문의 대포, 승선 인원 437명)를 탈취하는데, 이로 인해 그는 아주 유명해졌다. 이를 기념해 몇 년 뒤 만들어진 노래가 '8월 31일에(Au 31 du mois d'août)'다.

• 프랑수아-르네 드 샤토브리앙François-René de Chateaubriand

1768년 9월 4일 브르타뉴 지방의 오래된 귀족 가문의 둘째 아들로 생말로에서 태어났다. 1791년에 아메리카 대륙을 여행하는데, 훗날 저술의 밑바탕이 되는 중요한 경험이 된다. 프랑스 대혁명으로 인해 1793년부터 영국에서 혹독한 망명 시절을 보내며, 파리로 돌아온 후 1801년에 《아탈라(Atala)》를, 1802년에는 나폴레옹의 보호 아래에서 《르네(René)》와 《기독교의 정수(Génie du christianisme)》를 발표했다. 작품들이 대성공을 거두면서 샤토브리앙은 프랑스 낭만주의의 시작을 화려하게 알린다. 이어 《순교자들(Les Martyrs)》, 《나체즈족(Les Natchez)》이 포함된 《전집(Œuvres complètes)》을 발간하고 1844년에는 《랑세의 삶(Vie de Rancé)》을 출판했다. 그 후 작가는 《무덤 너머의 회상(Mémoires d'outre-tombe)》을 30여 년에 걸쳐 집필했다. 또한 샤토브리앙은 왕당파의 일원으로 두 번의 장관직과 영국 대사를 비롯한 세 번의 대사직을 수행하기도 했다. 1848년 80세의 나이로 사망하기까지 루이 16세 치하, 프랑스 대혁명, 나폴레옹 치하, 왕정복고 등의 극심한 정치와 사회의 변화 속에서 정치가·작가로 격동의 인생을 살았다. "샤토브리앙처럼 될 것. 그렇지 않으면 별 의미가 없다"고 빅토르 위고가 말했을 정도로 그는 동시대와 후대에 많은 영향을 주었다. 생말로 인근 그랑 베 섬(Île du Grand Bé)에 그가 묻힌 해변의 묘지가 있다.

- **럼 루트**Route du Rhum

2019년에 제12회를 맞이한 이 행사는 홀로 요트를 타고 생말로를 떠나 대서양을 횡단해 카리브 해의 과들루
프까지 도달하는 여정. 거리는 6,560km며, 매년 11월 초에 시작해 12월 초까지 열린다. 1백여 척이 동시에 떠
나는 풍경이 상상력을 한껏 자극하기에 수십만 명이 출발 장면을 보기 위해 생말로를 찾는다.

- **프랑스에서 가장 긴 이름의 카페**

생말로의 생트바르브 거리(rue Sainte-Barbe) 3번지에서는 프랑스에서 가
장 이름이 긴 카페를 만날 수 있다. 가게 이름은 '항구 맞은편 도시 끝
거리 아래 구석에 자리한 카페(Le Café du coin d'en bas de la rue du bout de
la ville d'en face du port)'. 장-자크 사무아(Jean-Jacques Samoy) 씨가 운영한
다. 다른 이름은 '라 자바, 앵트라뮈로스(La Java, Intramuros)'.

생쉴리악Saint-Suliac**과 랑스 계곡**Vallée de la Rance

랑스 계곡은 지역의 가장 특징적인 하구 중 하나다. 썰물 때면 거대한 지역이 모습을
드러내는 반면 밀물 때에는 해협 모습으로 변한다. 디낭에서 출발해 디나르와 생말
로에 이르는 강변을 산책하기에 아주 좋은 지역이다. 아름다운 마을이 연이어 모습
을 드러낸다.

생카도Saint-Cado 섬

사랑에 빠진 이가 석양이 질 때 꼭 찾아야 하는 진주 같은 장소가 생카도 섬(Île de
Saint-Cado)이다. 리아스 한가운데 자리한 섬은 돌다리에 의해 육지에 연결되어 있다.
지역의 영적 지도자였던 카도(Cado)라는 성인이 진흙에 빠지지 않고 자신을 보러올
수 있도록 자신의 지지자들을 위해 6세기에 만들었다고 전해진다. 예배당은 11세기
부터 건립되기 시작했고, 16세기와 19세기에 연차적으로 보강되었다.

생테고넥Saint-Thégonnec

아주 오래전부터 여러 문명의 신화와 전설에 등장하는 존재가 '늑대인간(loup-garou)'
이다. 가장 널리 퍼진 버전은 보름달이 뜰 때마다 이 인간이 새벽까지 피에 굶주린
늑대로 변신한다는 것. 늑대는 야생의 충동과 고백할 수 없는 우리의 무의식을 대변

한다. 아니라면 늑대에 대한 조직적인 살육을 설명해낼 길이 없다. 생테고넥 수도원 박물관(Musée du cloître Saint-Tégonnec)은 악마와 비슷한 이 짐승을 교육적인 방식으로 소개하고 있다.

성인들의 계곡Vallée des Saints

브르타뉴어로는 'Traoñienn ar Sent'라 부르는 곳으로, 코트다르모르 데파르트망 소재 카르노에(Carnoët) 코뮌에 만들어지고 있다. 2009년에 시작된 이 프로젝트는 여전히 진행 중인데, 해발 230m의 언덕 위에 기념비적인 조각상들을 세우는 작업이다. '서기 3천 년의 브르타뉴 지방 이스터 섬(île de Pâques bretonne du troisième millénaire)'을 만드는 대역사(大役事)로, 평균 높이가 2.5m에서 7m에 달하는 거대한 화강암 조각상으로 언덕을 채우면서 브르타뉴 지방의 집단 기억을 영속시키려는 의도에서 시작되었다. 브르타뉴 지방의 전설과 신화가 모두 동원되고 있다.

세관원들의 길Sentier des douaniers[브르타뉴]

GR34 혹은 세관원들의 길은 해변의 길들 중 가장 유명한 루트로 몽생미셸 만에서부터 생나제르(Saint-Nazaire)까지 브르타뉴 해안 전체에 걸쳐 있다. 길이는 2,000km 이상에 달한다. 코트다르모르(Côtes-d'Armor) 데파르트망에서는 랑스 하구(Embouchure de la Rance)에서 라니옹 만(Baie de Lannion)까지 이어진다. 작은 내포(內浦), 절벽, 해수욕장과 자연 명소, 만과 하구 등이 끝없이 계속되는 트레킹 코스다.

최초의 '세관원들의 길'은 프랑스 대혁명 직후인 1791년에 만들어졌다. 세관원들이 해안에서 이루어지는 모든 밀수행위를 감시하기 위해 만들어졌는데, 해안을 감시하고 영국 배들의 불법 상륙을 통한 밀수를 저지하는 것이 목적이었다. 1831년에는 세관경비대(Corps Militaire des Douanes)가 창설되며, 조난 당한 자를 구조하고 난파된 배

들을 주민들이 약탈하지 않도록 감시하는 등의 경찰 업무를 떠맡게 된다. 길은 폐쇄되었다가 1968년에 코트 다르모르 지역의 베그레귀에(Beg-Léguer)(라니옹)와 포르마보(Pors-Mabo)(트레뵈르덴) 사이에서 다시 개통되었다.

아베르 일대pays des Abers

일종의 피요르드인 아베르(Abers)는 바다가 육지 안까지 들어온 풍경이다. 피니스테르 북쪽에서 만날 수 있는 이러한 모습은 산이 없는 대신 목가적이고도 매혹적인 느낌을 준다. 해안에서는 야생의 바윗덩어리들을 만날 수 있는데, 그러한 대조가 인상적인 효과를 낳고 있다.

아레 산Monts d'Arrée

높이가 384m에 달하며 광야로 에워싸인 트레브젤 바위(Roc Trévezel)는 브르타뉴 지방 아르모리크 고원지대에서 두 번째로 높은 장소이다. 하늘이 어두워질 때면 약간 무서운 느낌을 제공한다. 별로 매혹적이지는 않으나, 바로 그 때문에 사람들은 이 산을 좋아한다. 아레 산 산악지대

헐벗은 산

아레 산에는 왜 나무가 거의 없을까? 전설에 따르면 숲이 울창하던 시절 하늘은 아기 예수의 탄생을 경축하기 위해 베들레헴으로 가라고 이 지역 나무들에게 명령했다고 한다. 대양을 건너기를 거부하자 하늘이 저주를 내렸고, 그 때문에 아레 산 나무들은 불모의 모습을 띠게 되었다고 한다.

는 다양한 늪, 능선과 습지 등으로 '지옥의 문으로 들어가는 산'이라고 불린다. 망자들이 살아 있는 사람들을 사로잡아 지옥문이 있는 예운 엘레즈(Yeun Elez)로 함께 빠져 들어갔다고 전해지는 곳이다. 능선과 이탄지(泥炭地)는 하(下)브르타뉴(Basse-Bretagne) 지방의 구전 이야기와 동화에 등장하는 앙쿠(Ankou) 및 많은 피조물이 배회하는 몽환적인 풍경에 아주 들어맞는 느낌이다. 앙쿠는 죽음을 의인화하면서 종종 악마와 동일시되는 존재다. 덜컹거리는 짐수레 소리를 내며 죽음이 다가오는 풍경을 상상해보는 것만으로도 아레 산은 충분히 방문할 가치가 있다.

에르키|Erquy

캅 데르키(Cap d'Erquy)에는 해수욕장 분위기의 작은 항구가 들어서 있다. 생자크 조개(coquille Saint-Jacques, 가리비조개)로 유명한 항구이기에 겨울에는 들뜬 분위기와 쓸쓸한 해안의 우수가 공존하는 곳이다. 여름에는 많은 사람이 해변을 찾는다. 이곳을 찾는다면 캅 프레엘(Cap Fréhel)도 둘러볼 것.

우에상 섬|Île d'Ouessant

길이가 8km, 폭이 4km에 달하며 인구가 850명에 불과한 작은 섬이지만 유네스코가 국제생태보호구역으로 지정한 곳이다. 바위가 무성한 절벽, 내포, 양들이 풀을 뜯는 목초지, 교회, 예수 수난군상(受難群像), 등대가 우에상 섬을 대표하는 풍경들이다. 새들 외에도 바다표범들이 즐겨 이곳을 찾는다. 영불해협과 대서양 사이,

브레스트 앞바다에 자리하고 있다. 유럽에서 가장 작은 풍차를 이곳에서 만나볼 수 있다.

위엘과트Huelgoat

피니스테르(Finistère) 데파르트망의 깊은 숲속에 무질서한 돌더미가 마을 어귀까지 걸쳐 있다. 무수한 켈트 전설을 낳은 장소로, '브르타뉴 지방의 퐁텐블로(Fontainebleau breton)'라는 별명이 붙어 있다, 아르장(Argent) 하천이 굽이굽이 흐르는 위

엘과트 숲(forêt de Huelgoat)의 바위들은 단순한 대형 화강암이 아니다. 라블레(Rabelais) 의 유명한 소설에 나오는 주인공 거인 가르강튀아(Gargantua)는 숲속의 주민들로부터 식사 접대를 받는다. 하지만 너무 적은 양의 검은 밀 죽에 화가 난 가르강튀아는 레옹(Léon) 쪽으로 방향을 잡는다. 그가 지나가며 여기저기 던진 바위들이 쌓여서 만들어진 화강암이라는 버전이다. 또 다른 설도 있다. 전설에 따르면 플루예(Plouyé)와 베리엥(Berrien) 주민들은 서로 미워하며 끊임없이 돌을 던져댔다. 증오가 증폭되면서 돌의 크기도 점점 커져갔고, 서로에게 던진 돌들이 가운데 놓인 위엘과트로 떨어졌다고 한다. 실제로는 열대기후와 혹한기를 차례로 거치며 돌들이 침식되면서 이런 풍경을 만들어냈다. 아르모리크 지방자연공원의 일부를 이루는 이곳에서는 숲에 조성된 많은 오솔길을 걸으며 멋진 산책을 즐길 수 있다.

카르낙Carnac

자연보호구역과 플루아르넬(Plouharnel) 굴 양식장, 트리니테쉬르메르 항구(Port de la Trinité-sur-Mer) 사이, 그리고 키브롱 맞은편에 자리한 쾌적한 해변도시 카르낙은 키브롱에서 멀리 떨어지지 않은 브르타뉴 남쪽 소재 해수욕장이다. 가는 모래가 깔린 해변이 여러 개 있기에 계절에 따라 사람들이 다소 붐비기도 한다. 기원을 알 수 없는 3

천여 개의 신석기시대 거석군 때문에 세계적으로 이름이 알려져 있다. 마을 중심에서는 선사시대박물관(Musée de la Préhistoire), 생코르넬리 성당(Église Saint-Cornély), 르네상스 스타일의 기념물 등을 만날 수 있다.

캅 프레엘Cap Fréhel

높이가 70m에 달하는 캅 프레엘의 편암과 핑크빛 사암 절벽들은 영불해협을 바라보고 있는데, 바닷가에 사는 수많은 조류가 바위의 굴곡에서 서식하고 있다. 또 가시양골담초와 히드가 뒤덮인 벌판을 산책할 수 있는 곳이다. 바다를 내려다보고 있는 높이 103m의 등대, 라 라트 성채(Fort de La Latte)를 여기서 만나볼 수 있다.

캉칼Cancale

왕과 귀족들이 소비하던 굴을 생산하는 지역이었기에 이 마을은 식도락 쪽으로 이름난 곳이었다. 남쪽으로 절벽 위에 난 길에서 눈에 들어오는 전망은 아주 멋지다. 다닥다닥 붙은 어부들의 집이 매혹을 제공하며, 항구의 부두에서는 늘 활기가 넘친다.

캥페르Quimper

작은 중세 거리들과 평화로운 소광장들로 채워져 있기에 개성이 넘치는 곳이다. 옛 성벽은 아직도 도시 일부를 에워싸고 있다. 프레롱(Fréron), 르네 마덱(René Madec), 막스 자콥(Max Jacob) 같은 유명 인물들이 태어난 도시이기도 하다. 오늘날에는 피니스테르 남쪽의 중심을 형성하고 있다.

케리올레 성Château de Kériolet

케리올레 성은 피니스테르(Finistère) 데파르트망의 콩카르노(Concarneau) 코뮌 뵈젝콩크(Beuzec-Conq) 가까이 소재한 신고딕 양식의 성이다. 1984년 12월 21일 이 성의 전면과 지붕, 경호실, 벽난로, 스테인드글라스가 역사유적에 등재되었다. 19세기 건축의 백미인 이 건물은 러시아 황녀이자 니콜라스 2세(Nicolas II) 황제의 고모였던 제

나이드 나리슈킨 유수포프(Zénaïde Narischkine Youssoupoff)와 그의 남편인 샤를 드 쇼보(Charles de Chauveau) 백작의 남다른 운명과 관계를 맺고 있다. 원래 13세기 초에 지어졌던 케리올레 저택은 황녀의 주문에 따라 건축가 조제프 비고(Joseph Bigot)에 의해 개조되었다. 30년의 나이차에도 불구하고 평민 신분이었던 남편에게 반한 그녀는 그가 정치적 야망을 이룩할 수 있도록 2개의 귀족 작위를 사들이며, 남편은 쇼보 백작 겸 세르 후작(marquis de Serre)이 된다. 심장병으로 남편이 1889년에 사망하자 황녀는 케리올레를 떠나 파리로 가며, 파리에서 90세가 넘은 1893년에 숨을 거두었다. 20세기에 성의 주인은 여러 차례 바뀌는데, 그중에는 황녀의 증손자였던 펠릭스 유수포프(Félix Youssoupoff)도 들어있었다. 라스푸틴(Raspoutine)의 암살에 동참한 것으로 유명한 인물이다. 케리올레 성은 1988년에 아름답게 복원되었다.

코르누아이유Cornouaille

캅 시쥥(Cap Sizun) 절벽들로부터 브르타뉴 리비에라(Riviera bretonne)에 이르는 지역에 걸친 코르누아이유는 다채로운 풍경을 보여준다. 전설적인 라즈 곶도 이곳에서 만날 수 있다. 피니스테르 데파르트망 남쪽은 방문자들을 사로잡는 멋진 자연을 자랑하는데, 수백 킬로미터에 달하는 해안, 바람이 몰아치는 들판, 푸르름이 넘치는 전원, 잔잔한 하천 등이 그것들이다. 캥페르, 콩카르노, 두아르느네, 퐁타벤 같은 아름다운 도시들이 많다.

콩부르 성Château de Combourg

프랑수아-르네 드 샤토브리앙(François-René de Chateaubriand)이 어린 시절 일부를 이곳
에서 살았기에, 작가를 사랑하는 사람들에게는 잘 알려진 곳이다. 지방의 전설에 따
르면 밤에 이 성에서 유령이 배회한다고 한다. 렌과 생말로 사이, 일에빌렌 데파르트
망 소재 콩부르 마을에 있다.

콩카르노Concarneau

콩카르노는 프랑스에서 트롤망 어선들이
드나드는 세 번째 항구이자 참치잡이 규
모로는 유럽에서 가장 큰 항구다. 바다를
향해 성채가 세워져 있다. 영국을 비롯한
외세의 침입을 막기 위해 성벽이 14세기부
터 건설되었으며, 루이 14세(Louis XIV) 치
하 때 보방(Vauban)이 보강했다. '예술과 역사 도시'로 선정되기도 했던 이 도시는 유
명한 해수욕장과 멋있는 망루를 보유하고 있기도 하다. 석양이 질 때 풍광이 화려해
지는 성벽을 자랑한다. 전통적으로 정어리가 많이 잡혔던 이 마을에서는 1905년부터
매년 '푸른 그물 축제(Fête des Filets bleus)'가 열리고 있다. 어업에 종사하는 이들의 사
정이 어려워지자 그들을 지원하기 위한 기금 조성이 목적이었던 행사였다.

크로종 반도Presqu'île de Crozon

크로종 반도는 가파른 절벽, 황량한 들판, 해변 풍경이 펼쳐지는 야생의 땅끝인데 이
모든 것이 푸르른 바다와 좋은 대조를 이룬다. 산책하기에 아주 좋다. 브르타뉴의
진짜 얼굴을 만나볼 수 있는 장소다.

키브롱은 남브르타뉴에서 가장 아름다운 장소다. 키브롱 반도(半島)는 아주 가느다란 혓바닥 모양의 땅으로 대륙과 연결된다. 서쪽에는 들쭉날쭉한 암석들이 무성한 야생 해안(Côte sauvage)이, 동쪽에는 가족끼리 즐길 수 있는 해수욕장이 자리를 잡고 있다. 특히 서쪽의 야생 해안은 전혀 도시화되지 않았기에 많은 매력을 지니고 있다. 자연과 수상스포츠를 사랑하며 일광욕을 즐기는 사람들이 많이 찾는다. 1년 일조량도 2천 시간이 넘는다.

트레파세 만Baie de Trépassés

황혼이 질 때 당신은 방황하는 영혼들, 곧 '크리리엔[Krierien, 프랑스어로 '소리치는 자 (crieurs)'라는 의미]'을 만난다. 고독 속에서 떠도는 존재들이다. 일곱 명씩 무리를 지어 이 예배당, 저 예배당을 전전하는데, 절

망적으로 소리를 질러대는 생장데그레브 (Saint Jean-des-Grèves)가 그들 무리를 이끌고 있다.

페로스기렉Perros-Guirec

코트다르모르 해안에서 가장 유명한 해변도시로 벨 에포크 시대의 매력을 간직하고 있다. 돌로 지어진 호화 빌라들이 바다를 내려다보고 있는 곳이다. 항구, 해변, 바닷

가의 오솔길이 그라니 로즈 해안(Côte de Granit Rose) 쪽에서 휴가를 보내려는 사람들에게 이상적인 환경을 제공하고 있다. 4개 지역으로 구성되어 있으며, 각 구역은 자신만의 매력과 특징을 지니고 있다. 페로스기렉을 방문한다면 근처의 팽폴(Paimpol), 브레아(Bréhat), 그라니 로즈 해안을 절대 놓쳐서는 안 된다.

퐁타벤Pont-Aven

콩카르노에서 20여 분 떨어진 곳에 자리한 퐁타벤은 1890년 이지도르 펜벤(Isidore Penven)이 처음 만들어낸 갈레트와 '퐁타벤 유파'로 유명하다. 퐁타벤 유파는 19세기 말에 폴 고갱(Paul Gauguin)을 중심으로 형성된 화가 그룹으로, 폴 세뤼지에(Paul Sérusier), 에밀 베르나르(Émile Bernard), 모리스 드니(Maurice Denis) 같은 화가들이 소속되어 있었다. 퐁타벤의 빛과 아름다움이 화가들에게 영감을 주었던 덕분이다. 따라서 퐁타벤 미술관은 모리스 드니부터 폴 고갱에 이르는 세계적인 화가들의 작품을 소장하고 있다. 옛 물레방아, 아담한 포구, 작은 다리들이 놓인 하천, 고갱에게 영감을 제공한 나무 그리스도가 있는 트레말로 예배당(Chapelle de Trémalo)이 볼거리다.

피니스테르(Finistère) 데파르트망에 있는 이 마을 중심에는 171개 조상(彫像)들로 구성된 유명한 예수 수난군상(受難群像)이 세워져 있다. 1602년부터 1604년까지 건축되었는데, 십자가와 기둥들은 중세부터 18세기까지 연차적으로 만들어진 유적이다.

수난군상은 흑사병으로부터 살아남았음을 기념하여 만들어진 봉헌물이다. 그에 따라붙은 이름이 '흑사병 십자가(Croix de la Peste)'. 흑사병 위험이 멀어지면서 신과 수호성인에게 감사드리기 위해 지어졌기 때문이다. 브르타뉴어로는 'Kalvar Plougastell-Daoulaz' 혹은 'Kroaz ar vossen'이라고 부른다.

Note

주말 여행

등대 루트(Route des phares)를 따라가며 북(北)피니스테르(Finistère Nord) 쪽을 찾아가거나, 그라니 로즈 해변, 키브롱 만, 모를레 만을 찾으면서 낭만적인 남(南)피니스테르를 여행하면 좋다. 도시를 찾는다면 생말로, 디나르, 렌이 주요 방문지다.

연인끼리의 여행

브르타뉴에는 연인끼리 즐길 만한 루트가 많다.
- 북브르타뉴에서는 플루에스카(Plouescat)의 케렘마 해변(Plage de Keremma), 타히티 해변(Plage de Tahiti), 사블도르 해변(Plage des Sables-d'Or)처럼 흰 모래가 깔린 해변 위를 산책하면 좋다.
- 브레아 섬, 루에 섬(Île de Louët) 등을 찾아간다.
- 강렬한 느낌을 받고 싶다면 기구를 타고 코트 데므로드(Côte d'Émeraude) 위를 날아본다.

- 남브르타뉴에서는 블롱 항구(Port du Belon)나 로스브라 항구(Port de Rosbras) 사이의 해변을 따라 걷거나 멋진 파노라마가 펼쳐지는 해안 산책길을 따라가본다.
- 활동적인 사람은 자전거를 타고 뤼 반도(Presqu'île de Rhuys)를 찾아가거나 로제오 항구(Port du Logeo)에서 일몰을 감상한다.

추천 여정

- 북브르타뉴에서는 렌, 브로셀리앙드 숲, 생말로, 디나르, 캉칼(Cancale), 디낭, 그라니 로즈 해안, 로스코프(Roscoff), 아베르 일대(Pays des Abers)를 찾을 것.
- 남브르타뉴에서는 캠페르, 콩카르노, 포르닉(Pornic), 크로종 반도, 키브롱 야생 해안을 찾아간다.

가족 여행

- 브로셀리앙드 숲을 찾아가 원탁의 기사와 관련된 전설 속으로 들어가본다.
- 브르타뉴의 아름다운 해변들에서 해수욕을 즐긴다.
- 카르낙에서 거석 유적들을 돌아본다.
- 맛있는 브르타뉴 갈레트를 맛본다.
- 아쿠아리움을 찾아간다. 생말로 대수족관(Grand Aquarium de Saint-Malo), 브레스트의 오세아노폴리스, 크루아직(Croisic)의 오세아리움(Océarium)은 모든 연령층이 선호할 만한 장소들이다.
- 퐁 스코르프(Pont Scorff) 동물원에서 동물들과 만난다.
- 비스킷 공장, 통조림 제조공장, 시드르 제조공장 등 브르타뉴의 특산품을 만들어내는 공장들을 방문해본다.

스포츠

트레킹은 브르타뉴에서 즐길 수 있는 활동 중 하나다. 연안 길, 세관원들의 길, 브르타뉴 대트레킹 도로 등 총 5,000km가 정비되어 있다. 벨로루트(Véloroutes), 벨로디세(Vélodyssée), 외로벨로4(EuroVelo 4) 등 자전거 도로의 길이도 1,800km에 달한다. 카이트 서핑, 육상 요트, 서핑 등 다양한 수상스포츠를 즐길 수 있으며, 걸어서 하는 낚시도 이 지역에서 느낄 수 있는 재미다. 긴장을 완화하고 휴식을 취하기 위해서는 이 지역에 산재한 스파를 찾는 것도 좋다.

브르타뉴의 중세도시들

주로 성채들로 브르타뉴에 산재한 중세도시들을 알아볼 수 있다. 가장 아름다운 중세도시는 디낭으로, 길이가 2,700m에 달하는 성벽이 도시를 에워싸고 있다. 또 생말로의 성벽 길이도 2km 이상에 달한다. 콩카르노, 반, 캥페르, 엔느봉(Hennebont), 몽콩투르(Moncontour)에서도 성채를 만날 수 있다.

식도락
—

전통적이고 민속적인 것을 아끼는 브르타뉴 요리는 해산물, 육류, 과일 등 다양한 재료를 쓰면서 아주 다양한 음식들을 선보이고 있다. 또 브르타뉴의 짭짤한 갈레트와 달콤한 크레프는 지방 이름을 대외적으로 알리고 있다. 쿠인아만(kouign-amann), 트라우마드(traou-mad), 파르(fars, 케이크의 일종), 코트리아드(cotriade), 키그 하 파르즈(kig ha farz, 고기와 야채를 곁들인 요리), 홍합과 굴, 농어, 순대 등도 브르타뉴에서 맛봐야 할 음식들이다. 신선한 캉칼(Cancale) 굴, 갈레트 드 블레 누아(galettes de blé noir, 크레프의 일종), 퐁타벤 지역의 갈레트 요리, 브레스트의 퐁퐁(pompon) 과자를 맛보면 좋다. 또 브르타뉴 지방 특산물인 '프랭스 드 브르타뉴(prince de Bretagne)' 아티초크는 겨울에 거의 얼지 않고 여름에는 가뭄이 없는 이 지방 기후의 덕을 보고 있으며 바닷가에서 자라기에 특히 맛이 뛰어난 것으로 알려져 있다. 주발에 마시는 시드르(cidre), 슈셴(chouchen, 전통주) 등은 이 지방 음식에 분위기를 더해준다.

쇼핑
—

그 어느 곳보다 특산물이 많은 이 지방에서는 구입할 만한 제품이 많다. 브르타뉴의 특산 과자인 쿠인아만, '늪지대의 신주(神酒)(nectar des marais)'란 별명이 붙은 게랑드 소금(fleur de sel de Guérande), 시드르, 로리앙 근처 몽드 드 카라브레이즈(Monde de Carabreizh) 공장에서 만드는 짭짤한 버터 캐러멜(caramel au beurre salé), 다양한 생선 통조림 등이 이 지역의 대표 상품들이다.

상트르-발 드 루아르

Centre-Val de Loire

행정 중심지 : 오를레앙(Orléans)
데파르트망 : 6개
셰르(Cher)(18), 외르에루아르(Eure-et-Loir)(28), 앵드르(Indre)(36), 앵드르에
루아르(Indre-et-Loire)(37), 루아르에셰르(Loir-et-Cher)(41), 루아레(Loiret)(45)
면적 : 39,151km²
인구 : 2,559,073명

▌특징

프랑스 지도를 들여다보면 파리 남쪽에서 서쪽을 거쳐 서북쪽까지 이어지는 벨트가
전통적으로 왕당파들의 본거지였다. 따라서 파리 남서쪽에 자리한 이 레지옹에는 왕
족과 귀족들이 찾던 수많은 고성과 성채들이 산재해 있다. 백년전쟁 당시 영국에 맞
서 잔 다르크가 군대를 일으킨 곳도 오를레앙이다. 상트르-발 드 루아르 레지옹에
서는 남성적인 샹보르 성부터 여성적인 쉬농 성까지 지역의 다양한 성들이 관광객들
을 유혹한다. 게다가 프랑스 르네상스가 시작된 장소이기에 프랑수아 1세의 초청으
로 프랑스 땅을 방문한 레오나르도 다빈치의 자취를 찾아볼 수 있다. 유네스코 세
계문화유산으로 등록된 길이 280km의 아름다운 루아르 계곡 지역에는 프랑스에서
가장 긴 루아르 강이 흐르고 있으며, 역사가 숨을 쉬는 20여 개의 고성, 맑은 공기
를 느낄 수 있는 정원, 뛰어난 와인 산지를 만나게 된다. 상세르(Sancerre)와 푸이이퓌

메(Pouilly-Fumé)는 백포도주가 유명한 와인 생산지다. 상대적으로 고도차가 낮은 지역이라 '라 루아르 아 벨로(La Loire à Vélo)'를 포함해 길이가 800km에 달하는 자전거 도로가 잘 닦여있다. 블루아(Blois)에서 슈농소(Chenonceau)를 거쳐 샹보르(Chambord)에 이르기까지 자전거를 타고 가며 지역의 문화와 역사, 식도락을 즐기는 여행이 가능하다.

루아르 지방의 성들

왕들이 샤토 드 라 루아르(Châteaux de la Loire) 지역을 선택한 것은 우연의 결과가 아니다. 지리적으로 프랑스의 중심을 차지하고 있는 데다가 일부 성들이 자신을 세상의 중심으로 삼기 위해 서로 싸웠기 때문이다. 샤를 7세부터 앙리 3세까지 모두 아홉 명의 왕이 이 지역에 궁전을 지었다. 샤토 드 라 루아르 지역은 프랑스라는 나라의 천재들이 모두 동원된 축제 같은 느낌을 준다. 이곳에는 문학이 있고, 웅장한 건축물이 있으며, 맛있는 와인과 섬세한 요리가 있다. 롱사르(Ronsard), 라블레(Rabelais), 다빈치(da Vinci), 데카르트(Descartes), 리슐리외(Richelieu), 발자크(Balzac), 그라크(Gracq) 등이 모두 지역과 관련을 맺고 있는 인물들이다.

발루아 왕조의 마지막 왕들은 샤토 드 라 루아르 지역에서 르네상스와 프랑스의 영광을 결합했다. 365개의 작은 종루가 달린 샹보르, 귀부인들의 성인 슈농소, 르네상스 시대를 통해 중세를 조망해볼 수 있는 블루아, 성벽 위에 세워진 앙부아즈(Amboise) 등 프랑스 굴지의 성들이 서로 인접해 있다.

샹트르-발 드 루아르의
문화 코드와 상징

- Culture et Symbole -

성과 성채

쉬농(Chinon), 슈농소(Chenonceau), 샹보르(Chambord), 블루아(Blois), 아제르리도(Azay-le-Rideau), 슈베르니(Cheverny), 빌랑드리(Villandry), 발랑세(Valençay), 로슈(Loches), 앙부아즈(Amboise), 샤토가이야르(Château-Gaillard), 위세(Ussé), 쇼몽쉬르루아르(Chaumont-sur-Loire), 블레(Blet), 에네르비엘(Ainay-le-Viel), 부주(Bouges), 샤토됭(Châteaudun), 랑제(Langeais), 르 리보(Le Rivau), 샤므롤(Chamerolles), 쉴리쉬르루아르(Sully-sur-Loire), 지엥(Gien), 보르가르(Beauregard), 빌르사뱅(Villesavin), 탈시(Talcy), 지죄(Gizeux) 등이 있다.

레오나르도 다빈치와 클로 뤼세Clos Lucé 성

앙드르에루아르 데파르트망 앙부아즈(Amboise)에 있는 고성으로 레오나르도 다빈치가 말년을 보낸 곳으로 유명하다. 프랑스 왕 루이 11세는 1471년에 투렌 영주 위그 당부아즈(Hugues d'Amboise, 1055-1129)가 건립했던 성채를 자기 부하인 에티엔 르 루(Etienne le Loup)에게 하사했지만, 1490년경에 샤를 8세가 에티엔으로부터 다시 성채를 사들이면서 클로 뤼세는 프랑스 왕실의 성으로 변신했다. 그후 샤를 8세는 아내인 안 드 브르타뉴(Anne de Bretagne, 1477-1514)에게 이 성을 선물했으며, 이후 성의 소유권은 프랑수아 1세의 어머니인 루이즈 드 사부아(Louise de Savoie)에게로 넘어간다. 프랑수아 1세와 그의 여동생인 마르그리트 드 나바르(Marguerite de Navarre)가 합리적 사고와 인문주의, 르네상스 미술에 지대한 관심을 갖고 있었기에 클로 뤼세 성은 르네상스 문인과 예술가들이 즐겨 방문하는 장소가 되었다. 레오나르도 다빈치가 프랑수아 1세의 초청을 받아들인 것은 1516년이다. 클로 뤼세 성에 자리 잡은 레오나르도 다빈치는 1519년에 사망할 때까지 이 성에서 다양한 실험과 연구를 거듭하면서 왕실로부터 큰 존경을 받았다.

상트르-발 드 루아르의 주요 방문지

CENTRE

Centre-Val de Loire

가르질레스당피에르Gargilesse-Dampierre

'프랑스에서 가장 아름다운 마을' 100개 중 하나로 선정
된 가르질레스당피에르는 19세기에 아주 유명한 지지자
를 얻었다. 작가 조르주 상드(George Sand)가 알지라 빌
라(villa Algira)에 거주했던 것이다. 오늘날 이 장소는 일반에게 문호를 개방하고 있다.
베리(Berry) 지방의 이 마을을 화가 클로드 모네(Claude Monet)도 사랑했다. 아름다운
골목길을 돌아보고, 11세기와 12세기에 건립된 로마네스크 양식의 노트르담 성당
(Église Notre-Dame)을 방문하며, 미술관이 입주해 있는 성을 찾아가면 좋다. 멋진 조화
를 보여주기에 '프티트 스위스(Petite Suisse)'라는 별명이 붙은 인근의 숲과 언덕도 산
책하기에 좋다.

노앙Nohant

앵드르(Indre) 데파르트망의 노앙에는 작가 조르주 상드(1804-1876)의 집(Maison de
George Sand)이 소재하고 있어 시간 속으로의 여행을 가능하게 해준다. 어린 시절 작

가가 거주하던 집은 그 후 작가의 집필 공간이 되었다. 바로 이곳에서 조르주 상드는 작품 대부분을 썼고, 리스트(Liszt), 루소(Rousseau), 뒤마 피스(Dumas fils), 고티에(Gautier), 쇼팽(Chopin), 발자크(Balzac), 플로베르(Flaubert), 들라크루아(Delacroix), 투르게네프(Tourgueniev) 같은 친구와 연인들을 맞이했다. 상드가 사용하던 가구와 오브제들이 잘 보존되어 있다.

랑제 성Château de Langeais

1465년에 루이 11세(Louis XI)는 랑제에 새로운 성을 건설하기로 결심한다. 양식은 15세기 말에서부터 16세기 초에 일어난 건축상의 변화를 반영하고 있다. 성채의 기존 형태를 띠면서도 큰 창문이 달린 쾌적한 주거 형태를 추가한 것이다. 랑제 성은 역사적인 결혼식이 거행된 장소이기도 하다. 바로 이곳에서 샤를 8세(Charles VIII)와 안 드 브르타뉴(Anne de Bretagne)의 결혼식이 1491년에 거행되었다. 두 사람의 결혼은 브르타뉴 공국이 프랑스 왕국에 통합되기 시작하는 순간을 의미했다.

로슈Loches

시인 알프레드 드 비니(Alfred de Vigny)가 태어난 마을이다. 언덕 위에 층층이 만들어진 마을은 앵드르 계곡(Vallée de l'Indre)과 주변 전원을 내려다보고 있다. 중세도시이기에 15세기, 16세기, 17세기에 지어진 집들을 이곳에서 만나볼 수 있다. 옛 성채에는 4개의 관문 중 피쿠아 문(Porte Picois)과 코르들리에 문(Porte des Cordeliers)만 남아있다.

몽소로Montsoreau

루아르(Loire)와 비엔(Vienne)이 합류하는 지점에 자리하고 있는 몽소로는 '매력적인 도시(Village de charme)' 라벨을 부여받았을 뿐만 아니라 '프랑스에서 가장 아름다운 마을' 중 하나로 선정된 바 있다. 자신만만한 마을의 성 모습이 그런 타이틀을 뒷받침한다.

몽트레조르 성Château de Montrésor

몽트레조르 성이 들어선 암석 봉우리에서는 마을과 하천이 어우러진 멋진 풍경이 눈에 들어온다. 11세기에 건립된 성채도 볼 수 있다. 성 안에는 사냥 트로피들, 이탈리아 화가들의 그림, 뉘른베르크 금은 세공품, 르네상스 시대의 상감세공 가구들, 폴란드 국왕들이 선물한 보물 등 진귀한 물건들이 전시되어 있다.

발 드 루아르Val de Loire

블루아, 쉬농, 오를레앙, 소뮈르, 투르 같은 역사가 풍성한 도시, 세계적으로 명성을 얻고 있는 고성들, 아름다운 정원, 동굴형 집, 백토와 푸른 돌로 만든 아름다운 저택 등 다채로운 풍경이 자신만의 매력을 뽐내는 지역이다.

방돔Vendôme

방돔 백작령의 옛 중심지였던 방돔에는 11세기부터 유명했고 오늘날 역사유적으로
지정된 트리니테 드 방돔(Trinité de Vendôme) 베네딕토회 수도원이 들어서 있다. 좌우
날개 부분이 로마네스크 양식이지만, 16세기 초에 건축된 전면은 플랑부아양 고딕
양식이다. 높이가 무려 80m에 달하는 종루가 마을을 굽어보고 있는데, 작은 언덕으
로부터 마을까지 완만한 경사가 이어지기에 방돔을 편안하게 둘러볼 수 있다.

보르가르 성Château de Beauregard

루아르에셰르(Loir-et-Cher) 데파르트망 셀
레트(Cellettes) 코뮌에 소재한 성. 블루아 남
쪽으로 10여km 떨어져 있다. 15세기 말부
터 건축이 시작되어 16세기에 준공된 성은
1840년에 역사유적으로 지정되었다. 프랑
수아 1세(François Ier)가 사냥을 갈 때마다
찾았던 보르가르 성은 여러 장관과 고위공직자들의 거처이기도 했다. 성은 르네상
스 시대의 전형적인 양식과 아주 잘 정돈된 가옥 형태를 동시에 띠고 있다.

초상화로 역사를 공부할 수 있는 '명사들의 갤러리(Galerie des Illustres)'는 재미있는
공간이다. 프랑스와 유럽 역사를 장식하는 총 327명 인물의 초상화가 연대기순으로
소개되고 있다. 바닥에 깔린 5,600개의 델프트(Delft) 자기 타일도 방문객을 놀라게
한다. 명사들의 갤러리 외에도 16세기 남녀 문인들의 이름을 새겨놓은 옛 도서관, 가
구 컬렉션, 12개의 주제별 소정원을 만나볼 수 있다.

부르주Bourges

중세도시 부르주 거리들은 무수한 목조구조물 가옥들로 채워져 있다. 유리창, 삼각
면, 조각품으로 특히 유명한 부르주의 생테티엔 대성당(Cathédrale Saint-Étienne)은 중세
에 축조된 고딕 양식의 걸작으로 평가된다. 최초의 순교자, 최초의 부사제인 에티엔

성인에게 헌정된 대성당이다. 1183년에 건축이 시작된 후 3세기에 걸쳐 완공되었으며, 1992년에 유네스코 세계문화유산에 등재되었다. 6개의 연단을 보유한 프랑스 유일의 성당으로, 셰르(Cher) 지방의 가장 아름다운 유적 18개를 잇는 '자크 쾨르 루트(Route Jacques Cœur)'의 중심 장소이기도 하다. 부르주 대성당의 탑은 1506년에 파괴되었다가 1542년에 다시 건설되었는데, 높이가 66m에 달한다. 탑의 계단 수는 396개로 세계 기록을 보유하고 있다. 자크 쾨르 궁(Palais Jacques Cœur)도 둘러볼 만하다. 15세기에 가장 부유한 시민 중 한 사람이 건축한 집으로 르네상스 시대를 담아낸 저택 중 하나다.

블루아 성Château royal de Blois

왕립 블루아 성은 오랜 기간에 걸쳐 성을 차지했던 사람들에 의해 성격이 매번 바뀐 중세 성채였다. 13세기부터 블루아의 백작들은 이 성을 프랑스 왕국의 가장 중요한 거점 중 하나로 삼았다. 1498년에 블루아 백작이었던 루이 도를레앙(Louis d'Orléans)

은 프랑스 국왕 자리에 오른 후 블루아를 왕국의 수도로 삼고, 업무를 집전하고 사람들을 맞이할 수 있는 왕궁으로 성채를 개조했다. 그 후 프랑수아 1세는 프랑스에 르네상스 스타일을 도입하게 된다.

빌랑드리 성과 정원Château et Jardins de Villandry

발 드 루아르 지역에 건축된 마지막 르네상스 성이다. 풍경과 자연을 제어하면서 기하학과 질서를 강조하고, 소유주의 힘과 위대함을 강조하는 방식은 앙드레 르 노트르(André Le Nôtre)가 17세기 '고전적' 정원을 건축하며 내건 승부수였다. 투르(Tours)와 아제르리도(Azay-le-Rideau) 사이에 자리하고 있는데, 조아생 카르발로(Joachim Carvallo)가 1906년 이 성을 구입한 덕분에 파괴를 모면할 수 있었다. 이곳에서 유럽에서 가장 아름답고 전형적인 프랑스식 정원을 만나볼 수 있는데, 물의 정원, 사랑의 정원, 음악의 정원 등이 질서정연하게 배열된 모습을 테라스에서 감상할 수 있다. 성과 정원의 조화는 이곳을 살아 있는 장소로 만들고자 했던 성주 가문의 의지를 반영한다.

사셰 성Château de Saché

앵드르에루아르 데파르트망에 소재해 있으며 발자크 성(Château de Balzac)이라는 별명을 가지고 있는 곳이다. "나는 수도원에 들어가듯이 이 성 깊숙이 은신하려고 사셰 성을 찾는다.(Je suis venu me réfugier ici au fond d'un château, comme dans un monastère.)"라고 19세기의 대문호 오노레 드 발자크(Honoré de Balzac)는 쓰고 있다. 그의 눈에 사셰 성은 글을 쓰고 영감을 얻기에 이상적인 장소였다. 사셰 성 모습은 발자크의 작품《골짜기의 백합(Le Lys dans la Vallée)》속에서 클로슈구르드 성(Château de Clochegourde)이라는 가상의 이름으로 그려지고 있다. 이곳에서 19세기 전반기의 가구와 장식을 만나볼 수 있다.

상블랑세Semblançay

투르(Tours) 북쪽으로 15km 떨어진 곳에 자리를 잡고 있으며, 풀크 네라(Foulques Nerra) 때문에 폐허가 된 상블랑세 성은 오늘날 주탑과 도개교(跳開橋) 기둥만 간직하고 있다. 매년 여름 이곳에서는 빛과 소리의 공연인 '세노페에리(Scénoféerie)'가 열리는데, 샘과 관련된 투렌(Touraine) 지역의 중세 전설을 다룬 이 야외 공연은 마을 이름을 대외적으로 알리는 데 크게 기여했다. 갈로로마시대로부터 프랑스 대혁명에 이르기까지의 시기를 다룬 공연은 프랑수아 1세의 재정 감독관이었던 자크 드 본(Jacques de Beaune)의 거처가 있는 공원에서 열린다.

세노페에리Scénoféerie의 줄거리

1. **갈로로마인들**(Les Gallos-romains) : 루아르 하늘 아래서 마르셀리우스(Marcellus) 총독은 백부장 세리알리스(Cérialis)를 맞이한다. 두 사람은 로마제국의 보호령이 된 것이 평화와 번영을 가져왔다고 자축한다.
2. **풀크 네라와 십자군 원정**(Foulques Nerra et les Croisades) : 10세기 말엽에 우르바누스 교황은 투르에서 십자군 원정을 설파한다. 순례자들과 십자군 군대는 샘에서 이는 파동에서 자신들의 열정을 얻지만, 평민들은 신에 대한 두려움과 호전적인 풀크 네라에 대한 근심 걱정에 휩싸여 있다. 풀크 네라는 이 지역을 차지한 맹주로, 성과 수도원을 건설하고, 십자군 원정을 떠난 후에는 지나가는 길마다 고문과 살인을 자행하던 인물이었다. 하지만 인생 말엽에 그 역시 신에 대한 두려움과 회한을 느끼게 된다.

3. **중세시대**(La Scène médiévale) : 죽음의 공포가 사라질 때면 귀족과 평민들은 축제를 벌였다. 왕족들도 화려한 패물을 걸치고 춤을 췄었고, 기사들은 혈기 왕성한 군마를 타고 시합을 벌였다. 어릿광대들은 공연을 통해 분위기를 띄웠다. 현재를 즐기는 삶이 지배적이었지만 흑사병이 창궐하면서 모두를 휩쓸어가며, 죽은 사람들은 손수레에 실려가 불태워진다.
4. **르네상스**(La Renaissance) : 프랑수아 1세가 이탈리아 예술에 문호를 개방하자 모든 창작 분야에서 부와 아름다움이 넘쳐나기 시작한다. 재정 감독관인 자크 드 본은 자신 소유의 영지에서 자신의 영광을 기리는 대축제를 개최한다.
5. **18세기**(Le XVIIIe siècle) : 보부상이 파리에서 상블랑세에 도착한다. 18세기 중반에 석학들은 왕국의 강자들

을 공격하면서 새로운 사상을 설파하고 있었는데, 철학자들의 이론은 가장 신분이 낮은 자에게까지 전파된다.

6. **대혁명**(La Révolution) : 오랫동안 억제되던 민중들의 불만이 표출하면서 혁명이 발발한다. 민중들은 자유를 찾기 위해 피로 물든 전투에 기꺼이 참가했다.

7. **결말**(Le Final) : 화자(話者)인 할아버지는 이야기를 끝낸 후 손자인 벵자맹(Benjamin)을 데리고 이 지역 역사, 열정, 두려움, 희망의 증인이었던 샘으로 향한다. 그런 다음 그들은 몽환적인 상상의 세계로 떠난다. 공연은 모든 시대에 걸친 등장인물들이 음악의 홍수 속에서 서로 만나면서 마무리된다.

상세르Sancerre

셰르(Cher) 데파르트망에 소재한 상세르는 2021년에 '프랑스인들이 좋아하는 마을(Village préféré des Français)'에 선정되었다. 루아르 계곡과 베리 지방의 전원 사이에서 이름난 포도주를 생산하는 포도밭을 끼고 있다. 이 중세도시 한복판을 15세에 건립된 '자크 쾨르의 집(Maison de Jacques Cœur)'이 차지하고 있다. 자크 쾨르는 샤를 7세(Charles VII)의 유명 재무관이었다.

샤르트르Chartres

보스(Beauce) 평원 중심에 있는 샤르트르
는 대성당과 중세 거리로 유명한 도시다.
12세기와 13세기에 지어졌고 1979년 유
네스코 세계문화유산에 등재된 노트르담
(Notre-Dame) 대성당은 성모마리아에게 바

쳐진 프랑스에서 규모가 가장 큰 고딕 양식의 성당 중 하나다. 대성당의 스테인드글
라스는 중세 때부터 가장 잘 보존된 축에 속한다. '샤르트르 청색'을 포함한 특이한
색깔들 때문에 전 세계에 잘 알려져 있는데, 화려한 색상의 172개 유리창으로 구성되
어 있다. 2개로 나뉜 구도심은 대성당이 위치한 윗마을과 외르(Eure) 강에 면한 아랫
마을로 구분된다. 거리, 다리, 건물들이 놀랄 만큼 조화를 이루고 있다.

샤르트르 대성당의 미로Labyrinthe de la Cathédrale de Chartres

샤르트르 대성당을 방문할 때 방문객들은 바닥에 그려진 미로 그림에
깊은 인상을 받는다. 중세에 미로가 수행한 기능 중 하나는 환자나 병
석에 누워 있는 사람들이 가상으로나마 예루살렘으로 순례 여행을 떠
나 하늘의 왕국에 도달할 수 있도록 하기 위함이었다. 일부 사람들은
신비스럽다고 이야기하고 또 다른 사람들은 '마법'과 관련을 맺고 있
다고 평가하는 이 미로는 온갖 상상의 대상이 된다. 샤르트르 대성당
이 비록 늦게 건축되었을지라도 대부분의 중세 대성당들이 이런 형태
의 순례길을 보유하고 있었는데 순례자는 '미제레레(Miserere)'를 암송
하며 이 여정을 따라 걷곤 했다. 미로 입구는 서쪽에 있으며, 순례자는
동쪽으로 길을 나아간다.

중세 때 부활절이 되면 '빛의 예배(office de la lumière)'라 불리는 한 의
식이 미로 위에서 거행되었는데, 이상한 형태의 춤이었다. 춤 속에서
그리스도(테세우스)는 지옥(미로)을 지나가고, 사탄(미노타우로스)과 대결하며, 막강한 힘을 가진 죽음에 승리를 거
둔다. 그런 다음 준비가 되어있는 모든 자에게 노란색 빛, 다시 말해 영생을 향한 확실한 길(실타래)을 제공한
다. 부활절의 그리스도는 죽은 자 가운데서 처음 살아나신 분이었다.

미로는 지베(Givet)의 검푸른 돌과 272개 백색 베르셰르(Berchères) 석 타일로 구성했는데, 이 숫자는 수태고
지(受胎告知)와 출생 사이의 날짜 수에 해당한다.

피카시에트의 집Maison Picassiette

샤르트르의 묘지 청소부였던 레몽 이지도르(Raymond Isidore)의 꿈은 '삶을 아름답게 만들기(Embellir sa vie)'였
다. 샤르트르 언덕 위 대성당과 가까운 곳의 한 수수한 집이 접시 조각으로 만든 믿을 수 없는 상상의 세계

를 감추고 있다. 1930년에 레몽 이지도르는 직접 집을 지으며 아직 마르지 않은 콘크리트 벽에 접시 조각을 붙이기 시작했다. 그 후 바닥, 벽, 지붕, 침대, 테이블, 의자, 화병, 재봉틀, 가구 등 모든 것이 접시 조각으로 치장된다. 이웃 사람들은 '접시의 피카소(Picasso de l'assiette)'라는 뜻의 '피카시에트'로 그를 조롱조로 부르기 시작했다. 30년 동안 그는 수백만 개의 접시 조각을 모아 몽생미셸, 에펠 탑, 신과 동물, '정신의 무덤(Tombeau de l'Esprit)' 등 자신의 상상 속 세계를 표현해냈다. 1981년 샤르트르 시가 매입했고, 1983년 유적으로 지정되었다.

샹보르 성 Château de Chambord

유네스코 세계문화유산에 등재되었으며, 매년 75만 명의 방문객을 맞이하고 있는 샹보르 성의 정원 넓이는 무려 5,440ha에 달한다. 크기가 파리 시와 거의 같다. 경계를 에워싼 벽의 둘레만 32km에 달한다. 성을 채운 방 숫자는 426개, 벽난로는 280개. 1519년부터 1547년까지 이러한 규모의 성을 짓게 한 인물은 프랑수아 1세였다. 왕이 사망하기 직전에 건축이 끝났는데, 그는 외호(外濠)에 물을 대기 위해 루아르 강의 흐름을 변경하는 계획까지 세울 정도였다. 동화적인 풍경과 정원을 비롯한 주변 환경 때문에 루아르 지역에서 가장 유명한 성 중 하나로 꼽힌다.

샹틀루 탑 Pagode de Chanteloup

루아르 계곡의 성들 한가운데 자리를 잡
은 탑의 높이는 44m에 달한다. 1775년에
건립된 현대적이면서도 이국적인 이 탑은
18세기 때와 마찬가지로 여전히 우리를
놀라게 한다. '슈아죌 대공의 광기(Folie du

duc de Choiseul)'로 불리는 탑은 큐 가든(Kew Gardens)으로부터 영감을 얻어 건축가 루
이-드니 르 카뮈(Louis-Denis Le Camus)가 설계해 건축되었다. 건축물을 지을 당시 아
주 유행하던 중국풍은 루이 14세 때부터 시작되었는데, 18세기에 중국으로 떠났던
최초의 배들이 돌아오면서 절정을 이루었다. 7층 탑은 중국 스타일을 서구의 네오클
래식적 요소와 뒤섞고 있는데, 16개 기둥이 지탱한다. 앙부아즈(Amboise) 숲과 계곡을
내려다보는 이 건축물은 건축 당시 사냥용 망루로 사용되었다.

쇼몽쉬르루아르 성 Château de Chaumont-sur-Loire

쇼몽쉬르루아르 성은 돌과 포석(鋪石)으로 된 아주 아름다운 내부를 자랑한다. 건축
과 장식 측면에서 중세 분위기를 고스란히 간직하고 있다. 카트린 드 메디치(Catherine
de Médicis)의 소유물이었는데, 그녀가 자신의 라이벌인 디안 드 푸아티에(Diane de
Poitiers)로 하여금 더 아름답고 덜 육중한 슈농소(Chenonceau) 성과 맞바꾸는 걸 받아
들이도록 했기 때문이었다. 매년 쇼몽쉬르루아르 성의 정원에서는 국제 정원축제가
열린다. 개최 기간 측면에서 프랑스에서 가장 긴 기간 동안 열리는 축제다. 축제를
통해 형형색색의 다양한 꽃을 감상해볼 수 있다.

쉬농 Chinon

'예술과 역사 도시'인 쉬농은 탑과 망루, 총안으로 에워
싸인 매혹적이고도 작은 도시다. 도시가 풍기는 조화
는 백토로 지은 건물들의 동질성과 우아함 덕분이다.

물을 따라 산책하다 보면 이 도시가 풍기는 신비로운 분위기를 느낄 수 있다.

슈농소 성과 정원Château et jardins de Chenonceau

프랑스에서 가장 많은 사람이 방문하는 사유지이기도 한 슈농소 성은 16세기의 건축물로 루아르 지역에서 가장 오래된 건물 중 하나다. 몸통은 1515년부터 1521년까지, 셰르(Cher) 쪽 다리는 1555년에, 회랑은 1576년에 각각 건설되었다. 16세기에 성은 '귀부인들의 성(Château des Dames)'이라는 별명을 얻었는데, 앙리 2세의 아내인 카트린 드 메디치와 왕이 총애하던 정부(情婦)였던 디안 드 푸아티에에 얽힌 역사 덕분이다. 프랑스의 영광을 상징하는 성 내부에는 호위병들의 방, 디안 드 푸아티에의 방, 프랑수아 1세의 방, 식당 등 무수한 방이 들어서 있다. 아름다운 정원으로도 잘 알려져 있는데, 성 입구에서부터 정원이 이어진다. 숲속에 만들어진 미로도 방문해볼 것.

슈베르니 성Château de Cheverny

블루아 성, 샹보르 성과 더불어 루아르 지역에서 가장 유명한 성 중 하나다. 백토보다 내구성이 더 뛰어나며 시간이 흐르면서 더 단단해지는 부레 돌(pierre de Bourré)로 17세기 전반기에 건축된 슈베르니 성은 수백 년 동안 위로(Hurault) 가문이 소유하고 있다. 내부에서는 멋진 장식, 아름다운 돌계단, 15-17세기의 뛰어난 무기 컬렉션과 만날 수 있다. 왕이 쓰던 방에는 파리의 한 아틀리에에서 제작한 6개의 태피스트리가 있다. 내부 장식이 너무나 멋지기에 공녀(Grande Mademoiselle)는 슈베르니 성을 '마법의 궁전(Palais enchanté)'이라 부를 정도였다. 슈베르니 성은 일반에게 최초로 개방된 민간인 소유의 성이기도 하다.

아제르리도 성Château d'Azay-le-Rideau

질 베르틀로(Gilles Berthelot)를 위해 1518년부터 건축되기 시작한 아제르리도 성은 역사유적으로 지정되어 있다. 이탈리아 르네상스 스타일로 지었기에 아주 우아한 느낌을 주면서 지역의 다른 많은 성들에 영향을 끼쳤다. 군사 건축의 엄격함을 상징하는 돌출 회랑과 원형 길은 건축의 나머지 부분과 조화를 잘 이루고 있다. 내부에서는 궁륭 형태의 식당, 거대한 벽난로, 플랑드르 지방의 태피스트리, 16세기 스페인풍의 서재를 만날 수 있다.

아프르몽쉬르알리에Apremont-sur-Allier

알리에(Allier) 강변에 자리를 잡은 아프르몽쉬르알리에 중세마을은 '프랑스에서 가장 아름다운 마을' 중 하나로 선정된 바 있다. 베리(Berry) 지방의 전형적인 특징을 표현해낸 아름다운 집들에는 꽃들이 가득하며, 모스 성(Château de Meauce)이 마을을 굽어보고 있다. 꽃공원(Parc Floral)은 꽃을 좋아하는 방문객의 기대를 저버리지 않는다.

왕립 앙부아즈 성Château royal d'Amboise과 클로 뤼세Clos Lucé 성

루이 11세, 샤를 8세, 루이 12세가 앙부아즈에서 거주한 왕들이었다. 투렌(Touraine) 지방의 중심, 루아르 강가에 건설된 이 매혹적인 도시에 거대한 앙부아즈 성이 들어서 있다. 15세기부터 19세기까지 프랑스 국왕들의 거처였던 장소로, 건물은 여러 차례에 걸쳐 개조되었다. 르네상스 스타일  의 외양을 갖췄기에 오늘날 국제적인 명성을 얻고 있다. 르네상스 예술의 극치인 클로 뤼세 성에서는 안 드 브르타뉴도 거주한 적이 있다.

에페르농Épernon

에페르농은 외르에루아르(Eure-et-Loir) 데파르트망에 소재한 개성 강한 도시다. 샤랑트(Charente) 및 페리고르(Périgord)와 밀접한 관계를 맺은 이 작은 중세마을은 무수한 역사를 간직하고 있다. 에페르농 대공은 앙구무아(Angoumois) 지방의 통치자였으며 빌르부아라발레트 성(Château de Villebois-Lavalette)을 소유하고 있었다. 또 샤르트르(Chartres)를 함락할 때 앙리 4세(Henry IV)를 도와주었던 비롱 영주(seigneur de Biron)는 에페르농에 와서 살기도 한다. 조제핀 베이커(Joséphine Baker)는 자신이 페리고르 지방에 갖고 있던 밀랑드 성(Château des Milandes)을 팔아치운 후 에페르농 성에서 1969년에 거주했다.

오를레앙Orléans

잔 다르크라는 인물만큼이나 전설적인 도시가 오를레앙이다. 1429년 영국에 의한 그 유명한 봉쇄 시 바로 이곳에서 프랑스의 운명이 결정된 것이다. 그다지 호감이 가지 않는 도시로 오랫동안 평가받았던 오를레앙은 보도(步道), 공원, 건물의 외관을 개조하고 강을 살리면서 도시 이미지를 쇄신하고 있다. 고딕 양식의 오를레앙 대성당(Cathédrale d'Orléans)은 종교전쟁 중인 1568년에 개신교도들에 의해 대부분 파괴되긴 했지만 13-15세기의 일부 스타일을 보존하고 있다. 하지만 17세기부터 19세기에 이르는 기간 동안 앙리 4세, 루이 14세 등의 지시에 따라 많은 부분이 재건축될 수 있었다.

위세 성Château d'Ussé

방어 차원에서 15세기에 건립된 위세 성은 시간이 흐르며 파티를 여는 레지던스로 성격이 바뀌었다. 고딕-르네상스 스타일의 예배당은 전면 조각이 뛰어나다. 예배당 내부에 있는 유약을 칠한 자기 성모마리아상은 르네상스 시대의 대가 중 한 사람인 델라 로비아(Della Robbia) 작품이다. 근위병들의 방은 무기 컬렉션, 갤러리, 플라망 지역의 태피스트리가 채우고 있다.

지엥Gien

지엥은 루아르 강변 오른쪽에 세워진 흥미로운 도시다. 폭격당한 후 파괴되었다가 같은 모양으로 다시 제작된 17세기 돌다리는 이 도시에 독특한 외양을 부여하고 있다. 사냥박물관, 도자기 제조소, 지엥 칼, 고급 와인 등은 이 도시만의 특별한 자랑거리다. 박물관은 다색 돌과 벽돌로 건축된 르네상스 스타일의 건물인 지엥 성 내부에 자리 잡고 있다. 포르오부아 정원(Jardin du Port-au-Bois)에서는 강을 따라 쾌적한 산책이 가능하다.

캉드생마르탱Candes-Saint-Martin

앵드르에루아르(Indre-et-Loire) 데파르트망에 소재한 '프랑스에서 가장 아름다운 마을' 중 하나. 생마르탱 참사회교회(Collégiale Saint-Martin)는 마르탱 성인(Saint Martin)의 집이 있던 자리에 건립되었다. 서기 397년 11월에 성인이 사망한 장소도 이곳이다. 그의 유해는 투르(Tours)로 옮겨졌다. 반경 10km 이내에 퐁트브로 수도원(Abbaye de Fontevraud), 쉬농 왕립 성채(Forteresse royale de Chinon), 또 다른 '프랑스에서 가장 아름다운 마을'인 몽소로(Montsoreau)가 자리를 잡고 있다.

클로 뤼세 성 Château du Clos Lucé

클로 뤼세는 루아르 계곡 내 앙부아즈 언덕에 자리한 작은 성이다. 바로 이 성에서 프랑수아 1세의 초청을 받았던 레오나르도 다빈치가 자신의 생애 마지막 3년을 보낸다. 다빈치는 자신의 새로운 발명과 왕이 의뢰한 대형 프로젝트에 몰두했다. 젊은 군주는 다빈치와 대화를 나누기 위해 거의 매일 이 성을 찾았다. 이 대가에 대해 무한한 존경심을 품고 있었기에, 프랑수아 1세는 다빈치를 '아버지(mon père)'라 부르고 그를 '왕의 수석 화가, 건축가 겸 엔지니어(Premier peintre, architecte et ingénieur du roi)'로 임명했을 정도였다. 핑크빛 벽돌과 흰 돌로 만들어진 건물의 전면은 르네상스 시대 모습 그대로다. 성은 루아르 강의 지류인 아마스(Amasse) 하천이 지나가는 공원 내부에 자리를 잡고 있다.

탈시 성 Château de Talcy

루아르에셰르(Loir-et-Cher) 데파르트망에 소재한 성으로, 18세기 파리에 거주하던 성 주인들의 예술 컬렉션을 만나볼 수 있는 곳이다. 13세기에 건축된 성이지만 1517년부터 이탈리아 은행가인 베르나르 살비아티(Bernard Salviati)가 개조하기 시작했다. 그의 딸이었던 카상드르 살비아티(Cassandre Salviati)는 시인 피에르 드 롱사르(Pierre de Ronsard)에게 영감을 제공했다. 그녀가 없었더라면 카상드르에게 바치는 그 유명한 송가(頌歌)인 'Mignonne, allons voir si la rose(나의 달콤한 사랑이여 와서 봐주세요, 아침의 장미꽃이)'도 우리가 접할 수 없었을 것이다. 아그리파 도비네(Aggripa d'Aubigné)도 이 성에 끌린 인물이다. 개신교도였던 그는 종교전쟁 당시 이곳에서 은신처를 구했는데, 그 역시 베르나르 살비아티의 딸을 미친 듯이 사랑했지만 그녀로부터 퇴짜를 맞았다. 18세기 초에 뷔르자(Burgeat) 가문이 성을 구입하면서 정원이 만들어졌다가 프랑스 대혁명 직전에 주인이 바뀐다. 성을 거처로 바꾼 것은 스타페르(Stapfer) 가문이다. 1933년부터 국가가 소유하고 있으며, 역사유적으로 지정되어 있다.

투르Tours

프랑스 중부지방의 주요 교차로에 놓인 투르는 루아르(Loire)와 셰르(Cher) 사이에 걸쳐 있다. 갈로로마시대의 옛 도시였으며, 권위 있는 대성당이 보여주듯이 프랑스사와 교회사에 있어 아주 중요한 장소였다. 제1차 프랑스 르네상스가 시작된 요람이었던 투르는 생마르탱 회랑(Cloitre Saint-Martin)의 유적처럼 예술적으로 도약했던 역사를 여전히 간직하고 있다. 열린 도시이자 위치가 탁월한 도시이기도 하다. 투르 시내와 생가티엥(Saint-Gatien) 대성당, 올리비에 드브레 현대미술창작센터(Centre de création contemporaine Olivier Debré), 구시가지를 방문해보면 좋다.

추천 여정

상트르–발 드 루아르 지역은 문화유산과 고급스러운 라이프스타일을 동시에 만날 수 있는 곳이다. 놓치지 말아야 할 대상은 샤르트르의 노트르담 대성당, 부르주의 생테티엔 대성당, 오를레앙의 생트크루아(Sainte-Croix) 대성당 등. 앙부아즈에 있는 클로 뤼세 성의 매력에 빠져보고, 로슈(Loches)와 쉬농에 있는 왕립 성채를 둘러보며, 빌랑드리(Villandry)의 왕실 정원을 방문하고 그 유명한 샹보르 성을 찾아가봐도 좋다. 솔로뉴(Sologne), 브렌 지방자연공원(Parc naturel régional de la Brenne), 오를레앙 숲(Forêt d'Orléans)도 시간이 날 경우 방문해야 할 대상이다.

가족 여행

- 생테냥(Saint-Aignan)에 위치한 보발 동물원(ZooParc de Beauval)은 아이들이 꼭 찾아가야 하는 곳이다.
- 가족이 모두 즐기려면 아제르페롱(Azay-le-Ferron)에 소재한 오트투슈 자연보호구역(Réserve de la Haute-Touche), 블루아(Blois)에 소재한 로베르–우댕 마법의 집(Maison de la magie Robert-Houdin), 바탕(Vatan)에 자리하고 있는 서커스박물관(Musée du Cirque), 그랑프레시니(Grand-Pressigny)에 위치한 선사시대박물관(Musée de la Préhistoire), 앙부아즈의 클로 뤼세 공원(Parc du Clos Lucé)을 찾아가면 좋다.
- 가족이 함께 잊을 수 없는 추억을 남기려면 리니위세(Rigny-Ussé)에 소재한 위세 성(Château d'Ussé)에서 1박을 해본다. 샤를 페로(Charles Perrault)가 작품 《잠자는 숲속의 공주(Belle au bois dormant)》를 구상한 장소다.

스포츠

야외 활동을 위한 많은 시설이 정비되어 있다. 트레킹을 위한 도로 길이는 4,600km에 달한다. 자전거 도로를 이용해서는 숲 사이로 난 길을 누빌 수 있다. 가장 유명한 자전거 도로의 이름은 '라루아르 아 벨로(La Loire à vélo)'. 10여 개의 골프장과 50여 개의 승마장도 이 지역에서 찾아볼 수 있다. 카약은 루아르 강과 루앵(Loing) 강에서 즐길 수 있는 스포츠다. 루아르, 브리아르(Briare), 니베르네, 루앵 강들에서는 면허가 없이도 배를 운전하는 것이 가능하다.

주말 여행

투르, 투렌(Touraine)으로 떠나든지 샤르트르, 앙부아즈를 찾으면 좋다. 라블레의 고장인 쉬농도 추천 대상이다.

어떤 성들을 방문해야 할까?

오늘날 루아르 지역의 성들은 전 세계 사람들이 찾고 있다. 샹보르 성부터 시작해 셰르(Cher) 강에 놓인 아치로 유명한 슈농소 성, 리보 성(Château du Rivau)의 현대식 정원, 전형적인 르네상스 스타일의 아제르리도 성, 그 자체가 역사책인 블루아 성을 방문해본다. 슈베르니 성, 보르가르 성, 지엥성, 쇼몽 성도 추천 대상이다.

루아르 성들을 효과적으로 둘러보는 방법

자동차와 자전거를 빌리거나 루아르 지역의 성들을 쉽게 이동하게 해주는 셔틀을 탈 수 있다. 성들 사이의 거리는 보통 15-20km에 불과하다. 자동차가 가장 자유롭게 이동할 수 있는 수단이기는 하지만, 성의 주차장은 대개 유료인 데다가 비싸다. 일부 성들로는 셔틀이나 미니버스를 타고 이동할 수 있다. 시간이 허락한다면 자전거를 빌려 타는 것이 좋다. 성들 사이의 여정이 표지판에 잘 표시되어 있다.

샤토 드 라 루아르 지역의 가장 아름다운 정원들

루아르 지역 성들뿐 아니라 웅장한 정원들 역시 사람들에게 잘 알려져 있다. 가장 아름다운 정원을 가려내기가 힘들지라도, 일부 정원들은 그림 같은 풍경을 선사한다. 빌랑드리 정원, 샹보르 성의 프랑스식 정원, 문화부가 '멋진 정원(Jardin Remarquable)'으로 지정한 리보 성의 정원, 슈베르니 성의 정원, 슈농소 성의 카트린 드 메디치 정원, 앙부아즈 성의 왕실 정원 등이 그런 장소들이다. 쇼몽쉬르루아르 성에서 열리는 국제정원페스티벌도 놓치지 말 것.

식도락

귀족 문화가 찬란했기에 풍부하고도 섬세한 요리가 많은 지역이다. '다르장퇴이유(d'Argenteuil)'라 불리는 백색 아스파라거스, 다양한 종류의 염소 치즈, 리예트(rillettes)와 리용(rillons, 기름을 뺀 돼지나 거위 고기), 푸아스(fouace), 샤르트르 파테(pâté de Chartres), 피티비에(pithiviers, 종달새고기 파이), 멘치코프(mentchikoff), 프랄린(praline, 아몬드 설탕 졸임 과자), 마들렌(madeleine) 과자를 맛볼 수 있는 곳이다. 와인 중에서는 쉬농(chinon), 푸이이(pouilly), 상세르(sancerre), 발랑세(valençay)를 마셔볼 것.

쇼핑

발 드 루아르(Val de Loire)에서 생산하는 뮈스카데(muscadet) 와인, 낭트와 섬의 기계들(Machines de l'Île) 포스터, 쿠앵트로(Cointreau) 술, 숄레 손수건(mouchoir de Cholet), 토스트에 얹어 먹으면 좋은 투르 리예트(rillettes de Tours) 등을 구입하면 좋다. 냉장고 마그넷, 머그잔도 최근 지역에서 관광객들이 많이 찾는 상품이다.

오드프랑스

Hauts-de-France

행정 중심지 : 릴(Lille)
데파르트망 : 5개
엔(Aisne)(02), 노르(Nord)(59), 와즈(Oise)(60), 파드칼레(Pas-de-Calais)(62),
솜(Somme)(80)
면적 : 31,814km²
인구 : 5,962,662명

┃특징

북동쪽으로 벨기에와 접해 있고, 서쪽과 북쪽으로는 영불해협 및 북해와 연결되는
지역이다. 지역 내 가장 큰 도시들로는 릴과 아미엥을 들 수 있다. 프랑스 가장 북부
에 자리한 레지옹으로 벨기에와 겹치는 문화가 많다. 실제로 방문해보면 프랑스 여
느 지방과는 달리 쓸쓸한 느낌을 준다. 19세기의 문호 에밀 졸라가 작품《제르미날
(Germinal)》의 무대로 삼은 광산이 소재해 있으며, 해변 풍경은 황량하다. 그러기에 오
래전부터 이 지역에 대해 언급할 때 사람들은 연중 내내 날씨가 춥고 비가 내리며, 서
글프고, 아름다운 풍경이 없다는 식으로 부정적으로 이야기했다. 하지만 인파가 들
끓는 지중해와는 달리 가는 모래가 끝없이 펼쳐지는 오팔 해안(Côte d'Opale), 불로네
숲(Bocage du Boulonnais)과 아베누아 숲(Bocage de l'Avesnois), 플랑드르 야산들, 생토메르
늪(Marais de Saint-Omer)에 대해서도 그렇게 혹평할 수 있을까? 역사가 풍성한 릴, 아라

스, 캉브레, 칼레, 됭케르크 같은 도시들에 대해서도 그렇게 단언할 수 있을까? 오드 프랑스 지역에는 박물관이 차고 넘친다. 지난 시대의 낡은 산업 유산은 오늘날 환골 탈태하고 있는 중이며, 광산의 흙더미·공장·공방들은 휴식과 여가를 제공하는 문화공간으로 탈바꿈했다.

이 지역은 바람이 많이 불기에 연 축제가 유명하며, 철새 도래지도 있다. 꼭 방문해 볼 필요가 있을 정도로 노지카(Nausicaá)는 수준급 해양박물관 모습을 점점 갖춰가고 있다. SF소설에 관심이 많은 사람은 아미엥을 방문하면 좋다,《80일간의 세계일주》,《바다밑 2만리》의 작가로 유명한 쥘 베른(Jules Verne)이 이 도시 출신이기에 그를 기념하는 공간이 많다.

오드프랑스에는 먹거리와 즐길 거리도 많다. 딸기, 마늘, 수제 맥주, 순대, 양배추가 지역의 특산물들이며, 마녀와 거인들이 축제를 채우는 주인공들이다. 헌 물건을 사고파는 장터가 열리는 지방으로 유명하기에 이곳에서 지역 주민들의 따뜻한 분위기를 맛볼 수 있다. '에스타미네(estaminet)'로 불리는 작은 카페나 브라스리를 방문해 봐도 좋다.

노르파드칼레의 광산 단지(Bassin minier)는 18세기부터 20세기까지 축적된 석탄 채굴의 기술과 건축의 역사를 보여주는 가치 있는 유산이다. 12만ha에 이르는 방대한 지역에 흙더미, 갱도 구멍, 철도역, 광산촌 등 과거의 모습이 고스란히 보존되어 있다. 또 이 지역은 11세기에서부터 17세기까지 로마, 고딕, 르네상스, 바로크 양식으로 만들어진 23개 베프루아(beffroi)가 아름다운 종과 함께 유네스코 세계문화유산에 등재된 특이한 곳이다. 도시를 내려다보고 있는 거대한 탑인 베프루아는 원래 망을 보고, 경종을 울리며, 거주민들에게 시각을 알려주는 역할을 담당했다.

반면 피카르디는 프랑스에서 가장 잘 알려지지 않은 땅이기도 하다. 영불해협으로 이어지는 솜 만과 마르캉테르 조류공원 말고도 알라트 숲(Forêt d'Halatte), 티에라슈(Thiérache) 녹지대 등은 보존이 잘 된 자연보호지역으로 꼽힌다. 지역만의 전통과 관습도 풍부하다. 대표적인 건물은 아미엥 대성당이며, 생리키에(Saint-Riquier), 코르비(Corbie), 아브빌(Abbeville) 등의 수도원, 호사스러운 성들이 프랑스사를 점철한 역사적 건물들이다. 제1차 세계대전이 한창이던 1916년에 솜 전투가 벌어졌던 전쟁터나, 슈맹 데 담 전쟁터를 방문하면 큰 감동을 받을 수 있다.

유네스코 세계문화유산

이 지역에는 산티아고 가는 길의 일부분으로 유네스코 세계문화유산에 등재된 건축물들이 많다. 도면의 일관성, 3층으로 된 내부구조, 건물 전면의 조각으로 유명한 아미엥의 노트르담 대성당(Cathédrale Notre-Dame), 폴르빌(Folleville)의 생자크르마죄르에 생장바티스트 성당(Église Saint-Jacques-le-Majeur-et-Saint-Jean-Baptiste), 콩피에뉴(Compiègne)의 생자크 성당(Église Saint-Jacques) 등이 그에 해당한다. 그 외에도 노르, 파드칼레, 솜에 산재한 총 23개의 베프루아, 보방이 건축한 아라스 성채(Citadelle d'Arras) 같은 군사 건축물, 109개 지역에 산재해 있는 353개의 광산 관련 유적도 세계문화유산에 등재되어 있다.

고딕 건물들

특히 왕실 영지에 속했던 이 지역의 남부에는 12-13세기에 고딕 건축이 절정에 달했던 시기를 대표하는 건축물이 많다. 대성당들이 초기 고딕 건축 양식을 잘 보여주고 있는데, 누아용(Noyon), 랑(Laon), 상리스(Senlis)에 자리한 대성당들이 대표적인 건물들이다. 북부의 아라스(Arras), 캉브레(Cambrai), 테루안(Thérouanne) 대성당들도 초기 건축 양식으로 지어졌지만 오늘날에는 사라지고 없다. 이 지역 고딕 건축의 절정기는 경쾌함과 거대주의로 설명되는데, 수아송(Soissons), 아미엥(Amiens), 보베(Beauvais)의 대성당들이 그런 양식을 대변하고 있다. 피카르디 지역은 플랑부아양 고딕 양식이 꽃을 피운 장소이기도 한데, 아브빌(Abbeville)의 생뷜프랑 성당(Église Saint-Vulfran), 뤼(Rue)의 생테스프리 예배당(Chapelle du Saint-Esprit), 생리키에 대수도원 성당(Abbatiale de Saint-Riquier)에서 그런 형태를 만날 수 있다. 생캉탱(Saint-Quentin)에 소재한 생캉탱 사원(Basilique Saint-Quentin)은 로마네스크 양식과 바로크 양식을 혼합하고 있다.

성채와 성곽도시

오드프랑스는 중세 때 건립된 성채와 요새도시가 밀집한 지역이다. 대표적인 장소들로는 불로뉴쉬르메르(Boulogne-sur-Mer) 요새도시, 몽트뢰이유 성채(Citadelle de Montreuil), 16세기에 건축되었다가 17세기 초에 장 에라르(Jean Errard)가 개조한 둘렌스 성채(Citadelle de Doullens)와 아미엥 성채(Citadelle d'Amiens) 외에도 아라스(Arras), 릴(Lille), 모뵈주(Maubeuge), 칼레(Calais), 케스누아(Quesnoy), 베르그(Bergues), 그라블린(Gravelines), 콩데쉬르레스코(Condé-sur-l'Escaut), 앙블르퇴즈(Ambleteuse) 성채 등이 유명하다.

성

오드프랑스 남부에 중세 때 건축된 일부 성들이 남아있다. 쿠시(Coucy), 세트몽(Septmonts), 페르앙타르드누아(Fère-en-Tardenois), 라 페르테밀롱(La Ferté-Milon) 성들이 그에 해당한다. 반면 피에르퐁 성(Château de Pierrefonds)은 제2제정 때 비올레-르-뒥(Viollet-le-Duc)이 완전히 복원했다. 또 다른 일부 성들도 근대에 상당한 변화를 겪었는데, 루이 15세를 위해 고전적인 스타일로 재건축된 후 왕이 거주했던 콩피에뉴 성(Château de Compiègne)이 그런 경우였다. 이 성에는 거대한 영국식 정원과 제2제정 박물관(Musée du Second-Empire), 자동차와 관광 박물관(Musée de la voiture et du tourisme)이 들어서 있다. 샹티이 성(Château de Chantilly)의 콩데 박물관(Musée Condé)에서는 풍부한 문화유산을 만나볼 수 있다. 이곳 정원의 설계는 르 노트르가 담당했다. 샹티이 성에서는 18세기에 지어진 마굿간과 말 박물관(Musée du Cheval)을 만나볼 수 있기도 하다. 블레랑쿠르 성(Château de Blérancourt)에는 프랑스와 미국 관계를 다룬 박물관이 입주해 있다. 15세기에 건립된 솜 지역의 랑뷔르 성(Château de Rambures)은 보존이 잘 된 편이다. 파드칼레 지역의 성들로는 오늘날 프랑스와 영국 관계에 할애된 아르들로 성(Château d'Hardelot), 고고학과 인종학 방면의 박물관이 들어선 불로뉴쉬르메르 성(Château de Boulogne-sur-Mer), 올렝 중세성(Château médiéval d'Olhain)을 들 수 있다.

오드프랑스의
문화 코드와 상징

- Culture et Symbole -

로고

끊어지지 않고 이어진 프랑스 영토와 하트 모양이다. 프랑스 북부 오드프랑스 주민들이 프랑스와 연결된 모습을 시사한다. 하트는 북프랑스 사람들의 보편적 정서인 관대함, 환대, 인간적 온기를 동시에 의미하고 있다.

소설 〈제르미날Germinal〉

《제르미날》은 1885년 출판된 에밀 졸라의 소설로 루공마카르(Rougon-Macquart) 총서의 13번째 책이다. 정치적 민중 봉기와 노사 문제를 다루고 싶었던 졸라가 1884년 북프랑스 앙쟁(Anzin) 탄광의 파업을 직접 돌아본 뒤에 이 대작을 썼다.

제1차 세계대전의 기념 장소들

솜 전투(Bataille de la Somme), 슈맹 데 담(Chemin des Dames) 등은 프랑스에서 아주 자주 접할 수 있는 단어들로, 제1차 세계대전의 참상을 상기시켜준다. 전쟁을 영원히 기억할 수 있도록 오드프랑스 지방에는 기억과 평화를 강조하는 많은 기념물들이 들어서 있다.

1) 페론Péronne의 생캉탱 산 기념관Mémorial du Mont Saint-Quentin

전쟁 기간 내내 페론 시는 독일군이 점령하고 있었다. 1918년 9월 생캉탱 산에서 벌어진 영웅적인 전투가 끝난 후 호주의 한 대대가 페론 시를 해방시켰다. 1992년에 건립된 박물관은 프랑스인, 영국인, 독일인, 호주인 등 전쟁 당사자들이 바라본 전쟁을 비교적 관점에서 다루고 있다.

2) 나우르 지하도시Cité souterraine de Naours

중세시대부터 이 백악(白堊) 채석장은 전쟁기간 동안 현지 주민들의 은신처로 사용되었다. 광장, 복도, 방과 예배당 등이 조성되어 있다. 19세기 말에 다시 발견된 나우르 동굴은 솜(Somme) 전선에 투입된 병사들이 휴식하면서 흔적을 남긴 장소였다. 당시의 약

2,800개 낙서가 남아있다.

3) 슈맹 데 담Chemin des Dames
'여인들의 길(Chemin de Dames)'이라는 시적인 표현은 샬뤼스(Chalus) 공작부인의 거처를 찾을 때 이 길을 종종 택했던 루이 15세(Louis XV)의 여인들로부터 차용한 것이다. 이름과는 달리 수시로 주인이 바뀌는 피비린내 나는 전투가 이곳에서 있었다. 직접 전투에 참가했던 아라공(Aragon), 아폴리네르(Apollinaire) 같은 문인들이 자신들 작품 속에서 이 장소에 대해 언급한 바 있다.

4) 파이 마을 유적Vestiges du village de Fay
솜 지방의 이 마을은 1915년에 완전히 파괴된 후, 동쪽으로 수백 미터 떨어진 장소에 다시 조성되었다. 폐허가 된 교회 자리 등이 오늘날 전쟁의 참상을 상기시켜준다.

5) 르통드 숲속의 빈터Clairière de Rethondes
와즈(Oise) 지방의 이곳에서 포슈(Foch) 원수와 베강(Weygand) 장군이 며칠간 협상한 후 1918년 11월 11일 5시 15분에 휴전협정이 조인되었다. 현재 빈터에는 승리와 평화를 상징하는 휴전박물관이 들어서 있고, 포슈가 탔던 차량을 재구성해 전시하고 있다.

그 외에도 바람과 연 축제[디에프, 베르크쉬르메르...], 육상 요트(char à voile), 불로뉴쉬르메르(Boulogne-sur-Mer)에 자리한 노지카 아쿠아리움 겸 국립해양센터(Aquarium Nausicaá : Centre National de la Mer), 그리고 홍합요리와 프렌치프라이 등 벨기에로 넘어가는 길목의 음식문화가 이 지역을 연상할 때 떠오르는 이미지들이다.

| 노르파드칼레의 주요 방문지

NORD PAS DE CALAIS

PICARDIE

Hauts-de-France

됭케르크Dunkerque

프랑스에서 세 번째 크기의 상업항. 제2차 세계대전 때 막대한 피해를 본 됭케르크는 경제와 문화 측면에서 재 도약하고 있다. 노르(Nord) 지방의 축제 분위기를 제대로 담아내고 있는 됭케르크 카니발은 이 도시의 역동적인 변화를 잘 보여주는 행사 중 하나다. 됭케르크 미술관과 항구박물관도 둘러볼 만하다.

두에Douai

플랑드르(Flandre)와 아르투아(Artois) 경계에 자리한 노르파드칼레 지방의 사법 중심지 두에는 역사가 풍부한 곳이다. 중세 때에는 나사 제조산업이 대단히 활발했고, 1887년까지 주요 대학이 소재한 곳이었으며, 19세기에는 광산업의 중심지이기도 했다. 두 차례에 걸친 세계대전의 파괴로부터 기적적으로 살아남은 멋진 유적들을 많이 보유한 도시다.

루베Roubaix

라 피신(La Piscine), 플랑드르 매뉴팩추어 (Manufacture des Flandres) 같은 30여 개의 문화시설, 레스토랑, 서점, 카페들이 루베 거리를 채우고 있다. 1927년부터 1932년까지 지어진 아르데코 스타일의 수영장이었다가 2001년에 앙드레-딜리장 예술산업박물관 (Musée d'art et d'industrie André-Diligent)으로 변신한 '라 피신'은 꼭 방문하는 것이 좋다. 거대한 풀 위로 돌출한 태양 형태의 스테인드글라스가 유명한 곳이다. 19세기부터 제작된 응용미술 분야의 작품들, 장식미술품, 조각, 회화, 데생들을 전시하고 있다.

르 크로투아 Le Crotoy

프랑스 북부 솜 데파르트망 소재 도
시로, 19세기에는 '파리 사교계의 도
시(cité mondaine du tout Paris)'로 불렸다.
외제니(Eugénie) 황후의 향수를 담당
했던 게를랭(Guerlain)이 이곳에서 활동했기 때문이라고 한다.

르 투케파리플라주 Le Touquet-Paris-Plage

르 투케파리플라주는 20세기 초에 영광을 누렸던 해수욕장으로 1920년대에 전 세계
의 상류층 부르주아 계급 사람들을 불러들였다. 도시의 매력이 사라진 오늘날까지
도 이곳은 상류층 사람들이 거주하는 해변이다. 앵글로색슨 스타일, 아르데코, 신(新)
중세풍, 신고전주의적 스타일로 지어진 아름다운 빌라들을 이곳에서 만나볼 수 있
다. 르 투케와 맞닿은 숲도 산책하면 좋다.

릴 Lille

벨기에와 파리에서 가까운 릴에는 그랑플라스(Grand'Place), 시청사, 높이 104m의 망
루, 옛 증권거래소, 보방 성채, 대규모 박물관 등 볼거리가 많다. 아름다운 거리와 19

세기에 지어진 가옥과 저택들이 즐비한 릴 구도심을 놓쳐서는 안 된다. 이 예술과 식도락의 도시는 여러 문화가 교차하는 유럽 수도인 데다가 삶의 질이 높은 곳이다. 역동적이고 매력적이며 방문객을 환대하는 곳이기에 주말에 방문하면 좋다. 그랑플라스는 중세시장이 있던 장소인 샤를 드골 광장(Place Charles-de-Gaulle)을 부르는 또 다른 이름으로 릴의 최중심에 자리하고 있다. 완벽하게 복원된 후 1921년에 역사유적으로 지정되었는데, 17세기부터 20세기에 이르는 건축사를 보여준다. 유럽에서 가장 아름다운 광장 중 하나로 꼽힌다. 상인들에게 안식처를 제공하기 위해 17세기 중반에 건축가 쥘리엥 데스트레(Julien Destrée)가 설계했다. 사각형 모양 내부에는 24개 집들이 아케이드 모양의 정원을 에워싸면서 화려한 옛 시대를 재현한다.

마루알Maroilles

동명의 치즈로 유명한 마루알 마을의 인구는 1,500명이다. 마을은 울타리를 친 골목길로 군데군데가 끊겨 있다. 벽돌이나 청색 돌로 지은 18개의 예배당과 기도실로 채워진 문화유산을 자랑한다. 마을의 성당은 1969년에 역사유적으로 지정되었다. 베르트 광장(Place Verte)에서는 나폴레옹을 기리기 위해 1807년에 건립된 개선문(Arc de Triomphe)과 1932년에 지은 키오스크 아 뮈지크(Kiosque à Musique)를 만나볼 수 있다.

메르레뱅Mers-les-Bains

영불해협에 면한 메르레뱅에는 19세기 말 벨 에포크(Belle Époque) 시대에 지어진 600여 채에 달하는 알록달록한 빌라들이 각자 개성을 뽐내고 있다. 지난 시대의 분위기를 맛보기 위해서라도 충분히 방문해볼 만한 곳이다. 솜 만(Baie de Somme)에서 30km 떨어진 피카르디 지방의 해수욕장으로 두 차례의 세계대전에도 불구하고 폭격을 피할 수 있었던 보석 같은 곳이다.

발랑시엔Valenciennes

노르(Nord) 지방의 대도시 중 하나로 전통적으로 노동자가 많고 서민적이었으며, 오랫동안 철강산업의 중심지였다. 와토(Watteau), 아르피니(Harpignies), 파테르(Pater)를 비롯한 위대한 화가들, 카르포(Carpeaux), 살리(Saly) 등의 권위 있는 조각가들이 출생한 도시이기도 하다. 프랑스에서 플랑드르 예술에 할애된 두 번째 미술관이 개관하고 20세기 말에 아름다운 극장이 건설되면서 도시는 다시 중흥기를 맞고 있다.

베르그Bergues

바다 쪽 플랑드르 지방에 자리한 베르그는 영화 〈알로, 슈티(Bienvenue chez les Ch'tis)〉가 배경으로 등장시켰던 도시다. 이곳에서는 보방이 건축한 성벽을 감상할 수 있고, 작은 거리들을 거닐 수도 있으며, 지역의 유명한 산물인 베르그 치즈를 맛볼 수도 있다.

베르크쉬르메르Berck-sur-Mer

예전에 수수한 어촌이었던 베르크쉬르메르는 19세기 말에 상당한 발전을 이룩했다. 가족들이 많이 찾고 대중들의 사랑을 받는 해수욕장이 있는 곳이다. 프랑스에서 가장 유명한 의료 관광지로도 꼽힌다. 연 축제가 국제적으로 유명하다.

불로뉴쉬르메르Boulogne-sur-Mer

비므뢰와 아르들로(Hardelot) 사이에 놓인 불로뉴쉬르메르는 프랑스의 중요한 어항이기도 하다. 둑을 따라 걷다 보면 거친 동시에 열정적인 독특한 도시 분위기를 느낄 수 있다. 13세기에 건축된 성벽이 에워싸고 있는 도시로, 성 내의 박물관에서는 고고학과 인종학 관련 소장품들을 전시

하고 있다. 불로뉴를 방문한다면 국립해양센터인 노지카(Nausicaá)에 꼭 들러야 한다. 36개 수족관이 10,000종의 해양동물을 전시하고 있는 공간이다.

비므뢰 Wimereux

비므뢰는 오팔 해안(Côte d'Opale)에 자리한 해수욕장 중 가장 아름다운 곳이다. 19세기 말에 도시가 만들어졌으며, 아직도 당시 풍광을 간직하고 있다. 제방길을 따라 아름다운 가옥들이 늘어서 있다. 아래쪽 해변은 밀물 시에 완전히 물에 잠겨버린다. 20세기 초에 건립된 해변 빌라들의 모습이 아름답다.

생타망레조 Saint-Amand-les-Eaux

파리 북쪽에서 유일하게 온천이 있는 도시로, 바로크 스타일의 플랑드르 르네상스를 보여주는 아름다운 탑이 들어선 곳이다. 탑의 이름은 '수도원 탑(Tour abbatiale)'. 7세기에 아망(Amand) 수도사가 처음 지었고, 17세기에 니콜라 뒤부아(Nicolas Dubois) 사제가 재건축한 수도원 잔해의 일부다. 그랑플라스(Grand' Place)에서는 땅에서 물이 솟아나는 풍경을 목격할 수 있는데, 샘들은 옛날에 수도원까지 연결되던 도랑을 이루었다. 온천의 효능이 고대부터 잘 알려져 있기에 아직도 매년 1만 명 정도가 이 도시를 찾고 있다.

아라스 Arras

플랑드르 건축 양식으로 지어진 그랑플라스(Grand'Place)와 에로 광장(Place des Héros)이라는 2개의 멋진 공간이 아라스의 이름을 빛내고 있다. 망루가 있는 시청사에서 광장이 내려다보인다. 18세기에 건축된 아름다운 저택들, 종교적 성격의 건물들, 아르데코 양식의 건물들, 보방 성채가 주요 방문 대상이다.

오팔 해안 Côte d'Opale

벨기에와의 국경과 솜 만(Baie de Somme) 사이의, 길이가 무려 120km에 달하는 오팔 해안을 채우는 풍경은 절벽, 언덕, 해변, 항구, 해수욕장들이다. 이 해안에 면한 도시들로는 됭케르크, 칼레, 불로뉴쉬르메르가, 자연 유적으로는 블랑네(Blanc-Nez)와 그리네(Gris-Nez) 곶들이, 사람들이 선호하는 해수욕장으로는 르 투케파리플라주, 비므뢰, 베르크쉬르메르 등이 유명하다.

칼레 Calais

여행자 숫자 측면에서 프랑스 제1의 항구이자 세계 제2위의 항구다. 영국과 가까운 지리적 이점 덕분에 발전한 곳이다. 1885년에 생피에르(Saint-Pierre)와 구(舊)칼레(Vieux Calais)가 통합된 도시이기도 한 칼레는 부르주아 조각상, 레이스, 대형여객선으로 잘 알려져 있다. 시청사, 칼레 미술관, 레이스와 국제 패션 시티(Cité internationale de la Dentelle et de la Mode), 게 타워(Tour de Guet)도 놓치지 말 것.

칼레의 용

칼레 시가 도시의 경제, 관광, 문화를 촉진하기 위해 마련한 프로젝트의 일환이다. 도시 공간을 활성화하고, 특히 이민자들의 사태 이후 혼란스러워진 도시 분위기를 재정비하기 위해 추진되었다. 라 마신(La Machine) 컴퍼니가 제작한 십여 개의 다양한 형태의 기계장치들을 칼레 바닷가에 배치하는 것이 목적이다. 그에 따라 도시의 일부 장소들은 아틀리에나 문화공간으로 탈바꿈하게 된다. 칼레의 용이 바닷가와 리스방 성채(Fort Risban)에서 거주하는 반면 여행 도마뱀들(Varans de Voyage)은 돔붕케르(Dombunker)에, 이구아나 가족(Famille des Iguanes)은 니윌레 성채(Fort Nieulay)에, 대형 이구아나(Grand Iguane)는 생피에르 구역(Quartier Saint-Pierre)에 각각 거주하면서 매일 칼레 사람들을 찾아 나설 예정이다.

캅 블랑네 | Cap Blanc-Nez

캅 블랑네 절벽은 '국립 대명승지'로 지정되었는데, 너무 많은 사람이 찾기에 복원을 고려하고 있다. 날씨가 좋을 때면 멀리 두브르(Douvres) 백색 절벽까지 보인다. 주변에는 목초지와 유채밭이 있고, 아래쪽 해변에는 전쟁 중 절벽 꼭대기에 설치했던 토치카들의 잔해가 남아있다.

블랑네(Blanc-Nez, '흰색 코'라는 의미)는 석회암 색깔에서, 그리네(Gris-Nez, '회색 코'라는 의미)는 사암 색깔에서 비롯된 이름이다. 각각의 높이가 134m와 45m에 달하는 이 장엄한 절벽은 길이가 23km에 달하는 비상 만(Baie de Wissant)을 내려다보는 망루 역할을 하고 있다. 침식된 바위, 언덕, 해변, 작은 골짜기, 철새 관찰소 등이 이곳에서 만날 수 있는 풍경들이다.

캉브레 | Cambrai

성직자이자 저술가인 페늘롱(Fénelon), 비행기 조종사 블레리오(Blériot)가 태어난 고장으로 유명한 순대를 생산하는 지역이다. 노르 지방에서 가장 매력적인 박물관 중 하나가 이 도시에 들어서 있다. 1992년에 '예술과 역사 도시(Ville d'Art et d'Histoire)'로 지정되었다.

⟨ Note ⟩

추천 여정

- 지역의 수도인 릴(Lille)을 방문한 다음 루베(Roubaix)에서 박물관으로 개조된 아르데코 스타일의 옛 수영장 '라 피신'을 방문해보고 빌르뇌브다스크(Villeneuve-d'Ascq)에서 현대미술관 LaM을 찾는다.
- 릴 남쪽에 자리를 잡은 루브르박물관 랑스지원(Louvre-Lens)은 이 지역을 활성화하고 있는 대표적인 박물관 중 하나다.
- 도시 쪽 관광을 마쳤으면 오팔 해안(Côte d'Opale)에서 거대한 해변, 야생 언덕과 절벽을 만나본다.
- 남쪽으로 내려가면서 아르들로(Hardelot), 르 투케(Le Touquet), 베르크플라주(Berck-Plage), 메를리몽

(Merlimont)을 방문한다.

- 이 지방을 떠나기 전에 유네스코 세계문화유산에 등재된 광산 단지(Bassin minier)를 찾아간다.

가족 여행

- 오팔 해안의 넓은 해변은 아이들이 놀기에 좋다. 캅 블랑네로 올라가 영국 땅을 바라보는 것도 흥미롭다.
- 르 투케(Le Touquet)와 아르들로(Hardelot)에서 육상 요트를 타거나, 불로뉴쉬르메르에 있는 노지카 해양센터(Centre Nausicaá), 에타플쉬르메르(Étaples-sur-Mer)에 있는 마레이스(Maréis) 해양박물관을 찾 아가면 된다. 바다를 즐긴 다음에는 생토메르(Saint-Omer) 늪지대에서 자연을 즐기면 좋다.

방문해볼 도시들

오드프랑스는 아직 잘 알려지지 않은 도시들이 많은 레지옹이다. 특히 방문해볼 만한 도시들은 릴 (Lille), 칼레(Calais), 불로뉴쉬르메르(Boulogne-sur-Mer), 됭케르크(Dunkerque), 몽트뢰이유(Montreuil), 아라스 (Arras), 생토메르(Saint-Omer), 루베(Roubaix), 베르크(Berck), 투르쿠앵(Tourcoing), 모뵈주(Maubeuge) 등. 파리 에서 가깝기에 주말에 찾기 좋다.

스포츠

투창 등 던지는 운동과 관련된 스포츠를 이 지방에서 즐긴다. 활쏘기도 지역에서 성행하는 스포 츠다.

| 피카르디의 주요 방문지

NORD PAS DE CALAIS

PICARDIE

Hauts-de-France

기즈Guise

장-바티스트 앙드레 고댕(Jean-Baptiste André Godin)은 자신의 기업을 통해 얻은 부(富)를 노동자들과 공유하기 위해 1859년부터 1884년까지 엔(Aisne) 데파르트망 기즈 마을에 '사회적 궁전(palais social)'인 '파밀리스테르 드 기즈(Familistère de Guise)'를 지었다. 샤를 푸리에(Charles Fourier)가 주창한 팔랑스테르(phalanstère)로부터 영감을 얻은 공동생활체 주거시설이다. 극장, 정원, 수영장을 갖추고 있으며, 면적만도 20ha에 달한다. 19세기와 20세기의 사회사와 경제사에서 아주 중요한 위치를 차지하는 '파밀리스테

르 드 기즈'는 2015년에 '올해의 유럽 박물관상(European Museum of the Year Award)'을 받았다. 1991년에 건물과 옛 정원이 역사유적으로 지정되었고, 2010년부터 박물관을 운영하고 있다.

파밀리스테르 드 기즈는 3월부터 10월까지는 매일, 11월부터 2월 사이에는 화요일부터 일요일까지 오픈한다.

라 페르테밀롱La Ferté-Milon

작가 라신(Racine)의 고향인 라 페르테밀롱은 미완성된 성의 폐허 자락, 우르크 하천(Rives de l'Ourcq)변에 세워진 작은 마을이다. 빌레르코트레(Villers-Cotterêts) 남쪽으로 9km 떨어진 곳에 자리를 잡고 있다. 최초의 영주 중 한 사람이었던 밀롱(Milon)이 이

곳에 'ferté', 다시 말해 성채를 지었는데, 그로부터 페르테밀롱이라는 이름이 비롯되었다.

랑Laon

풍부한 종교적 문화유산과 잘 보존된 건축물들을 보유하고 있는 랑은 6세기부터 종교와 지성의 중심지 역할을 담당했던 도시다. 특히 위그 카페(Hugues Capet) 왕이 이 곳에서 한동안 머무르기도 했다. 도시가 번창했던 12세기와 13세기에는 노트르담 대성당(Cathédrale Notre-Dame)을 새로 건립하기도 했는데, 1235년에 준공된 이 대성당은 산 정상을 차지하고 있다.

마르캉테르 조류공원Parc ornithologique du Marquenterre

면적이 200ha 이상인 마르캉테르 조류공원은 거대한 철새보호구역이다. 1968년에 미셸 장송(Michel Jeanson)의 주도로 만들어진 이 유일무이한 장소는 1994년에 자연보호구역으로 지정되었는데, 수백 종의 새들이 이곳을 찾고 있다. 반은 땅이고 반은 물인 마르캉테르는 '땅에 있는 바다(mer qui est en terre)'란 의미를 지니고 있다.

발루아르 수도원Abbaye de Valloires

18세기 바로크 건축 스타일의 시토회 수도원으로 정원이 아주 멋진 곳이다. 솜 만과 오티 강(Fleuve de l'Authie)에서 가깝다.

보베Beauvais

제2차 세계대전 당시 막대한 피해를 본 보베는 와즈(Oise) 데파르트망에서 가장 중요한 도시다. 생피에르 대성당(Cathédrale Saint-Pierre)과 목조구조물 가옥들은 과거의 영

광을 보여주는 동시에 이 지역이 노르망디와 아주 가깝다는 점을 상기시켜준다. 생피에르 대성당의 특이한 외관은 이 건물을 건축할 때 직면한 기술적인 어려움과 성당 건축에 필요한 자금을 필사적으로 모았던 주교들의 노력을 동시에 보여준다.

상리스Senlis

2004년에 조성된 와즈 지방자연공원(Parc naturel régional de l'Oise) 내, 샹티이(Chantilly)와 몽 레베크(Mont L'Évêque) 사이에 왕립도시 상리스가 들어서 있다. 최근에 보수된 옛 주교관에 들어선 예술과 고고학 박물관(Musée d'Art et d'Archéologie)을 비롯한 여러 박물관을 이곳에서 만날 수 있는데, 베느리 박물관(Musée de la Vénerie), 아프리카 원주민 기병 박물관(Musée des Spahis)이 그런 공간들이다.

생발레리쉬르솜Saint-Valéry-sur-Somme

솜(Somme) 데파르트망에 자리한 코뮌으로, 2020년부터 솜 만-피카르디 마리팀 지방자연공원(Parc naturel régional Baie de Somme - Picardie Maritime)의 일부를 이루고 있다. 르 크로투아(Le Crotoy), 르 우르델(Le Hourdel)과 더불어 솜 만의 3개 주요 항구 중 하나다. 역사로부터 잊힌 작은 마을이

지만, 바로 이곳에서 1066년에 기욤 드 노르망디(Guillaume de Normandie)가 영국을 정벌하러 떠났다. 윗도시와 아랫도시로 나뉜다.

생캉탱Saint-Quentin

아미엥(Amiens)과 렝스(Reims) 사이에 자리한 생캉탱은 엔(Aisne) 데파르트망에서 가장 중요한 도시다. 제1차 세계대전 이후 새로 지어진 건물들이 많은데, 그런 까닭에 이곳에서는 아르데코 스타일이 민간 혹은 종교적인 고딕 예술과 공존하고 있다.

생토메르Saint-Omer

부르주아 분위기를 풍기면서도 약간은 몸에 맞지 않는 옷을 걸친 듯한 느낌을 주는 생토메르는 보행로가 발달하고 비스트로들의 분위기가 흥겨운 도시다. 피카르디 지방에서 가장 중요한 문화유산 중 하나인 노트르담 대성당(Cathédrale Notre-Dame)이 이곳에 있기에 격조 있는 산책을 할 수 있는 곳이다. 1777년에 프뤼주 자작부인(vicomtesse de Fruges)을 위해 지은 상들랭 저택(Hôtel Sandelin)과 박물관도 방문해볼 만하다.

샹티이Chantilly

파리 북쪽의 샹티이를 대표하는 4개의 단어는 성, 숲, 말 그리고 크림이다. 경마장과 말들을 조련하는 승마센터로 전 세계에 잘 알려져 있다. 샹티이 성은 프랑스에서 가장 아름다운 박물관 중 하나가 들어선 공간으로도 유명한데, 성 주변은 떡갈나무와 보리수나무가 에워싸고 있다. 수도권의 가장 중요한 녹지대이기도 하다.

솜 만 Baie de Somme

파리로부터 2시간 떨어진 거리에 있으며 자연보호구역으로 지정된 피카르디의 거대한 지역으로 해안의 길이만도 75km에 달한다. 해변, 언덕, 늪지대, 절벽, 마을, 항구, 목초지가 솜 만을 채우고 있는 풍경들이다. 걷거나 자전거와 배를 타고, 혹은 피카르디 지방의 말 엔손(Henson)이나 증기기관차를 타고 돌아볼 수 있으며, 걸으며 하는 낚시를 즐길 수도 있다. 야생인 동시에 청명한 풍경, 어부들의 노랫소리가 들리는 포구, 놀라운 동물들이 사는 보호구역, 섬세한 식도락 때문에 주말에 방문하기에 이상적인 장소다. 생발레리쉬르솜(Saint-Valery-sur-Somme) 항구와 크로투아(Crotoy) 항구 사이에 자리한 솜 만에서는 낯선 풍경을 즐길 수 있다. 이곳에 소재한 마르캉테르 조류공원에서 철새들을 관찰할 수 있기 때문이다.

수아송Soissons

수아송은 뤼테스(Lutèce)와 파리가 중요해지기 훨씬 이전에 프랑스에서 가장 비중이 큰 도시였다. 서기 486년에 클로비스(Clovis)가 로마제국 군대를 물리친 후 수아송을 왕실의 거처로 삼았기에 이 도시는 프랑스 수도가 된다. 그럼에도 불구하고 수아송은 지방의 작은 도시들의 매력을 간직할 줄 알았다. 아름다운 문화유산을 간직하고 있는데, 특히 대성당은 루벤스(Rubens)의 걸작 그림을 보유하고 있다.

슈맹 데 담Chemin des Dames

랑(Laon)과 렝스 사이에 있는 슈맹 데 담('부인들의 길'이란 의미)은 한쪽으로는 엘레트(Ailette) 계곡, 다른 쪽으로는 엔 계곡(Vallée de l'Aisne)을 내려다보는 별로 넓지 않은 고지다. 루이 15세의 두 딸과 관련된 이름인 슈맹 데 담은 명명된 지 얼마 지나지 않아 전략적인 승부와 동의어가 되었다. 제1차 세계대전 때 이곳에서 연합군과 독일군 사이에 피비린내 나는 전투가 벌어지면서 수만 명의 사망자를 냈기 때문이다.

아미엥Amiens

제2차 세계대전 기간에 도시의 60% 이상이 파괴되었음에도 생기가 넘치고 색깔이 다채로우며 역사가 풍부한 아미엥은 오늘날 솜 지방에서 가장 중요한 도시로 젊고도 역동적인 이미지를 창출해내는 데 성공했다. 쥘 베른(Jules Verne)의 고향이기도 한 아미엥은 고딕 건축의 걸작품인 노트르담 대성당(Cathédrale Notre-Dame)을 보유하고 있다. 18세기의 클래식 고딕 성당 중 가장 큰 규모를 자랑하며, 프랑스 성당 중에서 가장 넓은 내부 공간을 가지고 있다. 중세에 대성당 전면을 장식하던 색깔이 야간 조명을 밝힐 때 복원되는데, 야간 전시의 이름은 '크로마(Chroma)'. 이 멋진 건물의 자락에 생뢰 지

쥘 베른 투어

샤를 뒤부아 거리(rue Charles Dubois)에 있는 쥘 베른 생가와는 별도로 도시 전역에서 작가 흔적을 만나볼 수 있는 여정이다. 길이는 총 2.6km에 달하며, 16개 장소를 거치게 된다. 역, 쥘 베른 광장, 작가가 거주했던 두 군데 집, 서커스극장, 박물관, 그가 자문역 자격으로 드나들던 시청, 대성당 등이 프로그램에 포함되어 있다.

구(Quartier Saint-Leu)가 있는데, 작은 거리를 알록달록한 색깔의 집들이 채우고 있다. 공상과학소설의 선구자였던 쥘 베른의 흔적을 만나려면 '쥘 베른 박물관(Musée Jules Verne)', '쥘 베른 서커스극장(Cirque Jules Verne)'을 찾아가면 된다.

아스테릭스 테마파크Parc Astérix

1989년 4월 30일에 개장한 테마파크와 3개의 호텔을 거느린 관광단지로, 2002년부터 콩파니 데 잘프(Compagnie des Alpes)사가 운영 책임을 맡고 있다. 테마파크는 위데르조(Uderzo)와 고시니(Goscinny)가 그려낸 만화 주인공인 아스테릭스의 세계를 담아냈다. 와즈(Oise) 데파르트망의 플라이이(Plailly)에 자리하고 있는데 파리에서부터 북쪽으로 30여km 떨어진 곳이다. 세계 최고의 테마파크에 시상하는 테아 어워드(Thea Award)를 수상한 유럽 굴지의 놀이공원 중 하나로 37개의 놀이시설을 구비하고 있으며, 2019년 기준으로 232만 명이 아스테릭스 테마파크를 찾았다.

에르므농빌Ermenonville

공원과 숲으로 유명한 에르므농빌 마을은 낭만주의자들이 특히 사랑한 장소로 이름을 알리고 있다. 파리에서 받는 스트레스를 피해 이 마을을 즐겨 찾은 장-자크 루소(Jean-Jacques Rousseau)나 제라르 드 네르발(Gérard de Nerval)의 발자취를 따라 걸으

면서 명상에 잠기기에 좋은 곳이다. 루소의 그 유명한 저서《고독한 산책자의 명상 (Les Rêveries du promeneur solitaire)》이 이곳에서 저술되었다.

제르브루아Gerberoy

보베에서 북서쪽으로 21km 떨어진 곳에 자리한 제르브루아는 작은 언덕 위에서 테랭(Thérain) 하천이 물을 대는 녹지대를 내려다보고 있다. '프랑스에서 가장 아름다운 마을' 중 하나로 선정된 곳이다. 그 어떤 현대식 건물도 들어서 있지 않다는 차원에서 특별하다. 신선한 공기를 맛보기에는 최적의 마을이다. 봄에 이곳을 방문하면 환상적인 풍경과 만날 수 있다.

크루아Croix

로베르 말레-스티븐스(Robert Mallet-Stevens)가 1929년에 설계한 빌라 카브루아(Villa Cavrois)는 릴에서 수km 떨어진 노르(Nord) 데파르트망 크루아 시에 자리를 잡고 있다. 노르 지방의 섬유산업을 이끌던 산업가인 폴 카브루아(Paul Cavrois)는 1932년에 건물을 인수한 후 그곳에서 1986년까지 살았다. 건물은 팔리고, 약탈당하며, 방치되는 과정을 차례로 겪었다. 20세기 초의 이 걸작 건축물은 역사유적으로 지정된 지 4반세기가 지난 후 12년간의 개보수 작업을 거쳐 다시 빛을 보게 된다.

콩피에뉴Compiègne

파리에서 근접한 곳에 있는 콩피에뉴는 왕들이 선호하는 도시였다. 그러기에 콩피에뉴 성은 잔 다르크, 성대한 왕실 결혼 등 역사와 관련된 많은 이야기를 보유하고 있다. 제2차 세계대전 때 나치즘에 희생된 자들을 기리는 기념관도 콩피에뉴에서 만나볼 수 있다.

페론Péronne

세계대전기념관(Historial de la Grande Guerre)은 솜 데파르트망의 페론에 자리를 잡고 있다. 제1차 세계대전의 역사를 전시한 공간인 동시에 국제연구소와 자료센터를 갖춘 장소다. 국제전문가들이 1986년에 구상한 이 기념관은 비교사적인 측면을 강조하고 있다. 다시 말해 전쟁 당사자들이었던 독일·프랑스·영국 사회를 서로 비교하면서 전쟁이라는 갈등에 대해 보편적이고도 인류학적인 고찰을 시도한다.

피에르퐁 성Château de Pierrefonds

콩피에뉴(Compiègne) 가까이 자리하고 있으며 19세기에 건축가 비올레-르-뒥(Viollet-

le-Duc)에 의해 재창조된 피에르퐁 성은 복원과 고고학, 순수한 창작품 사이의 관계를 놀랄 만큼 멋지게 조화시키고 있다. 성체의 완벽한 보호 시스템에 기사도의 상상계로부터 영감을 얻은 영주의 거처를 결합하고 있기 때문이다.

Note

추천 여정

프랑스에서 푸른색과 회색의 조화가 가장 아름다운 솜 만과 바다표범들, 마르캉테르 조류공원, 절벽, 주변 해변을 둘러보면 좋다. 아미엥, 보베, 누아용, 상리스, 수아송, 랑 등에서는 고딕 양식의 대성당들을 돌아본다. 생리키에(Saint-Riquier), 발루아르(Valloires), 피에르퐁(Pierrefonds), 샹티이, 콩피에뉴에서는 성들과의 만남을 가진다. 솜 전투의 기억이 뒤얽힌 장소에서 추억의 길(Circuit du Souvenir)을 돌며 지난 시대의 비극을 간접적으로 체험해볼 수 있다.

주말 여행

솜 만의 거대한 공간에서 맑은 공기를 들이마시는 것도 좋고 콩피에뉴 숲, 아미엥 소재 대성당, 브레(Bray)와 티에라슈(Thiérache)를 방문해도 좋다.

스포츠

지역의 고도차가 낮기에 트레킹, 자전거, 승마 등을 즐기기에 좋다. 이 지역을 관통하는 산책길에는 GR du Littoral, EuroVélo3, GR122, GR12 등의 이름이 붙어 있다. 고고학 탐사가 인기 있는 활동 중 하나며, 마르캉테르 조류공원에서의 철새 관찰도 꼭 해볼 만한 체험이다.

피카르디 바닷가를 찾아가려면

그다지 유명하지는 않지만 피카르디 지방의 해수욕장은 더없이 쾌적하다. 바다를 만나려면 르 크로토아(Le Crotoy), 올트(Ault), 생발레리쉬르솜, 카이외쉬르메르(Cayeux-sur-Mer), 메르레뱅, 포르마옹(Fort-Mahon), 켄드(Quend)로 가면 좋다.

피카르디에서 여행 경비를 아끼려면?

피카르디는 상대적으로 여행비가 적게 드는 지역이다. 무료 박물관도 많고, 패스를 구입하면 할인
해준다. 문화유적이 풍성한 상리스(Senlis), 랑(Laon), 생캉탱(Saint-Quentin)을 걸어서 돌아볼 수 있고, '프
랑스에서 가장 아름다운 마을'로 선정된 와즈 데파르트망의 제르브루아, 엔 데파르트망의 파르퐁
드발(Parfondeval)을 방문해볼 수도 있다. 아미엥에서는 멋진 조명이 설치된 대성당을 감상할 수 있으
며, 솜 만에서는 최고의 자연 경치를 즐길 수 있다. 역사에 관심이 많은 사람들은 '추억의 길'을 걷
거나 슈맹 데 담 인근을 방문해보면 좋다.

식도락

노르파드칼레

짭짤한 음식으로 감자튀김, 홍합+감자튀김, 플라망식 카르보나드(carbonade flamande, 양파를 넣어 숯
불에 구운 고기 요리), 맥주를 섞은 수탉 요리(coq à la bière), 플라미슈(flamiche), 프리카델(fricadelle), 오슈포
(hochepot), 풋제블레쉬(potjevleesch), 와테르조이(waterzoï, 화이트 와인을 넣은 벨기에식 생선 수프) 등이 있다. 이
러한 요리들은 보통 지방 고유의 맥주와 곁들여 먹는다. 디저트류로는 크라클랭(craquelin), 와플
(gaufre), 설탕 파이(tarte au sucre), 베르주아즈(vergeoise)가 유명하다.

피카르디

피카르디 지방에서 원산지명칭표시제도(AOC, 프랑스에서 시행하고 있는 제도로 와인, 증류주, 농축 우유, 천연수 등
원산지 명칭 표시와 지리적 표시를 보호 대상으로 하고 있음)의 적용을 받는 3개 제품은 마루알(maroilles) 치즈, 샴
페인, 그리고 염분을 머금은 솜 만 목초지에서 키운 양이다. 그 외에도 피카르디 지방의 요리에 자
주 들어가는 재료로는 파리 버섯(champignons de Paris), 사냥 고기, 수아송 강낭콩(haricot de Soissons),
고구마, 수성 나물 등이 있다. 또 이 지방에서는 우유 잼, 플라미슈(flamiche), 가토 바튀(gâteau battu),
피셀 피카르드(ficelle picarde, 그라탕류), 프리카델(fricadelle) 소시지, 와플, 감자튀김, 아미엥 마카롱(macaron
d'Amiens), 샹티이 크림, 롤로(rollot, 연질 치즈)를 많이 먹는다. 음료수로는 드 클레르크(De Clerck), 엘 벨
(El Belle) 등 피카르디의 일부 브라스리에서 제조하는 수제 맥주가 유명하다. 피카르디에서 제조하는
샴페인도 외국에서 잘 알려져 있다.

쇼핑

슈티(Ch'ti) 컬러의 티셔츠[대표적인 샵은 릴에 소재한 르 갈로드롬(Le Gallodrome)], '사뵈르 앙 오르
(Saveurs en Or)'와 '테루아르 드 피카르디(Terroirs de Picardie)' 등의 상표가 들어간 특산물 패키지 바구니,
나무로 제작한 게임용품, 델롬(Delhomme) 샴페인, 마리 마린스(Marie Maryns) 같은 수제 잼류, 바이오
화장품과 비누 등을 제조하는 '사보느리 드 로뮈(Savonnerie de Romu)' 제품들이 좋다.

오베르뉴론알프

Auvergne-Rhône-Alpes

행정 중심지 : 리옹(Lyon)

데파르트망 : 12개[리옹광역시(Métropole de Lyon) 포함]

앵(Ain)(01), 알리에(Allier)(03), 아르데슈(Ardèche)(07), 캉탈(Cantal)(15), 드롬 (Drôme)(26), 이제르(Isère)(38), 루아르(Loire)(42), 오트루아르(Haute-Loire) (43), 퓌드돔(Puy-de-Dôme)(63), 론(Rhône)(69D)+리옹광역시(69M), 사부아 (Savoie)(73), 오트사부아(Haute-Savoie)(74)

면적 : 69,711km^2

인구 : 8,032,377명

| 특징

프랑스의 중부지역과 남동부에 자리한 오베르뉴론알프는 오베르뉴와 론알프 (Rhône-Alpes)를 묶어 총 12개의 데파르트망과 지역자치주 형태의 광역시로 구성되어 있다. 리옹이 주도다. 이 새로운 레지옹은 지질과 기후, 사회, 경제, 문화 차원에서 아주 다양한 공간들을 한군데로 모으고 있다.

오베르뉴

화산학자들에게 천국인 오베르뉴 지형은 놀라울 정도다. 200개 이상의 다양한 형태의 화산이 오래된 캉탈 산지에서부터 퓌 산지(Chaîne des Puys)까지 펼쳐져 있다. 퓌 산지-리마뉴 단층(Faille de Limagne)은 32km 길이, 700m 높이의 긴 단층을 따라 80개의 화산이 늘어선 형태로 유명하다. 캉탈 화산(Volcan du Cantal)은 유럽을 통틀어 규모가 가장 큰 화산이다.

프랑스의 중심을 차지하고 있는 오베르뉴 지방에는 진회색을 띤 마을들이 많다. 몽골처럼 고지대에 자리한 거대한 방목장과 천국 같은 계곡이 대표적인 풍경인데, 처음에는 불신하다가 조금 친해지면 익살스럽고, 아주 친해지면 관대해지는 오베르뉴 사람들의 기질도 대외적으로 잘 알려져 있다. 최근에는 매력과 진정성을 찾는 바캉스족으로부터 각광을 받는 지역이다. 화산지대인 오베르뉴는 특별한 풍광을 자랑한다. 리마뉴의 긴 단층 지대, 퓌 산맥의 화산이 만들어내는 장엄한 풍경, 입체감 넘치는 세르(Serre) 산이 방문객을 압도한다. 오베르뉴 남쪽의 코스(Causses)와 세벤(Cévennes)은 지중해 농목축업을 만들어내는 골짜기들이 여기저기 숨겨진 고원지대로 돌로 만든 마을과 큰 농지들이 자리를 잡고 있는데, 중세시대의 거대한 수도원을 보는 느낌이다. 로제르(Lozère) 산에서는 여름철에 목축 이동 전통이 여전히 이어지고 있다.

오베르뉴 지방은 유럽에서 가장 방대한 자연 보전지역 중 하나이다. 호수, 화산, 계곡, 숲, 연못, 야생동물, 야생화 등 특별한 자연환경이 구비되어 있으며, 볼빅(Volvic)을 포함한 109개의 수원(水源), 100여 개의 화산, 2만km에 달하는 하천이 조성되어 있다. 오베르뉴 화산 지방자연공원(Parc naturel régional des volcans d'Auvergne)의 플롱브 뒤 캉탈(Plomb du Cantal), 퓌 드 돔(Puy de Dôme), 퓌 드 상시(Puy de Sancy) 같이 수려한 풍경을 배경으로 산행이 가능한데, 리브라두아포레 지방자연공원(Parc naturel régional Livradois-Forez)은 숲, 산맥, 계곡을 지나는 등산로를 갖추고 있다. 오베르뉴는 겨울 스포츠 활동을 위한 스키장도 매우 잘 정비되어 있어 알파인 스키, 노르딕 스키, 눈신 등반, 스키 썰매, 스노우보드 등 다양한 겨울 스포츠 활동이 가능하다. 여름에는 래프팅과 같은 수상스포츠를 비롯해 패러글라이딩, 암벽 등반 등과 같은 스포츠를 즐길 수 있다.

프랑스에서 두 번째로 유명한 온천지역인 오베르뉴는 치유 효과가 뛰어난 온천수로 유명하기에 온천을 찾는 방문객들이 많은 곳이다. 온천에서는 스파(spa)와 하맘(hammam, 터키식 목욕탕) 같은 시설들을 이용할 수 있다.

생피에르 드 생플루르 대성당(Cathédrale Saint-Pierre de Saint-Flour)과 노트르담뒤포르 사원(Basilique Notre-Dame-du-Port)은 순례자의 길에 자리한 주요 유적지이다. 제르고비의 집(Maison de Gergovie)에서는 갈리아 전쟁 당시의 용감한 용사 베르생제토릭스(Vercingétorix)를, 뒥 중세 성채(Forteresse médiévale des Ducs)에서는 부르봉 왕가의 역사를 만날 수 있다. 클레르몽페랑(Clermont-Ferrand)의 에스파스 미슐랭(Espace Michelin)에서는 미슐랭의 대표적인 마스코트인 비벤둠(Bibendum)에 대해 자세히 알 수 있다. 티에르(Thiers)에는 칼 박물관(Musée de la Coutellerie) 같은 특별한 테마를 가진 공간이 들어서 있다.

오베르뉴 지역의 문화와 예술은 매우 다양한데, 오리약(Aurillac) 국제거리극축제와 티에르(Thiers) 팜파리나 축제(Festival de la Pamparina)는 오베르뉴 지방을 대표하는 거리축제다. 영화 팬들을 위한 클레르몽페랑 국제단편영화제, 클래식 음악제인 페스티벌 드 라 셰즈디외(Festival de La Chaise-Dieu) 등도 오베르뉴 지방을 빛내는 행사들이다. 그외에도 오베르뉴 하늘을 형형색색으로 장식하는 국제 열기구 행사와 미각을 자극하는 유럽 미식축제(Les Européennes du goût)가 유명하다.

또한 오베르뉴 지방은 화산과 관련된 다양한 장소에서 가족 단위의 특별한 시간을 보낼 수 있다. 테마파크 PAL(Parc d'attractions et animalier), 뷜카니아(Vulcania) 화산 테마파크, 랑테지 화산(Volcan de Lemptégy) 유적지, 엘렉트로드롬(Electrodrome) 과학교육 문화센터에서는 오베르뉴만의 특징을 공부할 수 있다.

알프Alpes, 우리 쪽에서는 '알프스'라 지칭

거대한 산맥 알프스에는 해발 4,000m가 넘는 무려 80개 이상의 봉우리가 1,200km에 걸쳐 거대한 물고기 형상으로 누워있다. 물고기 꼬리는 지중해로, 입은 다뉴브 강을 향한다. 알프스는 프랑스의 3개 지역에 걸쳐 있는데, 사부아(Savoie)와 오트사부아(Haute-Savoie) 데파르트망에 걸친 '역사적 사부아', 드롬(Drôme), 이제르(Isère) 및 오트잘프(Hautes-Alpes) 데파르트망에 걸친 '도피네(Dauphiné)', 오트잘프 남부, 알프드오트프로방스(Alpes-de-Haute-Provence)의 산악지방 계곡, 알프마리팀(Alpes-Maritimes) 데파르

트망 북부를 포함한 '오트프로방스(Haute-Provence)'가 그것들이다.

산 중의 여왕으로 불릴 만한 알프스 산맥의 정상은 몽블랑(Mont Blanc)으로, 모든 산악인이 방문하고 싶어 한다. 보주(Bauges)와 샤르트뢰즈(Chartreuse) 같은 멋진 자연 공원, 바누아즈 국립공원(Parc national de la Vanoise)은 야생 염소, 영양 및 보호받는 동물들의 도피처이기도 하다. 고지대에는 검고도 청록색을 띤 호수들이 들어서 있다.

우아장(Oisans), 에크랭(Écrins), 메르캉투르(Mercantour) 산지들은 우리가 상상하는 알프스 모습, 즉 흰색의 봉우리와 빙하 그대로다. 알피니즘 천국인 이곳은 겨울이면 눈으로 덮이고 봄에는 격류가 흐르며, 짧은 여름철에는 방목이 이루어진다. 곳곳에 매력적인 마을이 들어서 있으며, 계절에 따라 푸른 용담속이나 백합 등이 풍경에 운치를 더한다.

남쪽은 암소보다 양이 더 많은 곳으로 산의 모습은 백색에 가깝다. 햇볕을 받으면 바위들이 눈부신 백색을 띠는 곳이다.

아르데슈Ardèche, 드롬Drôme

아르데슈와 드롬은 쌍둥이 데파르트망이다. 아르데슈를 통과하는 86번 지방도로는 회색과 에메랄드빛 언덕, 성과 마을을 교차하며 지나가기에 프랑스에서 가장 아름다운 도로 중 하나다.

오베르뉴론알프의
문화 코드와 상징

- Culture et Symbole -

공파농gonfanon

오베르뉴의 상징으로, 외스타슈 3세(Eustache III)를 중심으로 모인 오베르뉴 지역 기사들이 제1차 십자군 원정을 떠날 때 들었던 깃발에서 비롯된 것으로 추정한다. 또 다른 버전은 이 문장이 오리약 수도원(Abbaye d'Aurillac) 깃발인 것으로 간주하고 있다.

퓌드돔Puy-de-Dôme

오베르뉴 북부, 부르보네, 리오네의 일부를 합하여 구성되었다. 중부고원지대(Massif Central)의 다양한 지형을 포함하고 있으며, 3개의 주요 산맥과 그 사이를 지나 북쪽 방향으로 흐르는 강들을 포함하고 있다.

뷜카니아Vulcania

클레르몽페랑(Clermont-Ferrand)에서 가까운 80여 개의 휴화산으로 이루어진 퓌 산지(Chaînes des Puy)의 자연공원 속에 자리한 화산 테마파크로 2002년에 개장했다. 일반 대중들이 화산, 지구과학을 쉽게 접할 수 있도록 하자는 취지 아래 만들어졌다. 다양한 놀이기구와 영상체험관 등을 통해 화산에 관한 정보를 접하고 자연과 과학의 세계를 체험할 수 있다.

오베르뉴론알프의 명소 25곳

- **드롬**(Drôme) **데파르트망** : 슈발 우체부의 이상적인 궁전(Palais idéal du Facteur Cheval), 그리냥 성 (Château de Grignan), 발랑스 식도락 시티(Cité consacrée à la gastronomie à Valence)
- **론**(Rhône) **데파르트망** : 제오파크 보졸레(Geopark Beaujolais)
- **루아르**(Loire) **데파르트망** : 피르미니의 르 코르뷔지에 건축단지(Site Le Corbusier à Firminy)
- **리옹광역시**(Métropole de Lyon) : 푸르비에르 사원(Basilique de Fourvière)
- **사부아**(Savoie) **데파르트망** : 부르제 호수(Lac du Bourget)
- **아르데슈**(Ardèche) **데파르트망** : 콩브 다르크(Combe d'Arc), 아벤 도르냐 명승지(Grand site de l'Aven d'Orgnac), 퐁 다르크 동굴(Caverne du Pont d'Arc)
- **알리에**(Allier) **데파르트망** : 팔(PAL) 테마파크
- **엥**(Ain) **데파르트망** : 조류공원(Parc des Oiseaux)
- **오트루아르**(Haute-Loire) **데파르트망** : 르 퓌앙블레(Le Puy-en-Velay)
- **오트사부아**(Haute-Savoie) **데파르트망** : 카이유 다리들(Ponts de la Caille), 안시 호수(Lac d'Annecy), 프티 페이(Petit Pays), 샤모니몽블랑(Chamonix-Mont-Blanc)
- **이제르**(Isère) **데파르트망** : 그르노블의 케이블카와 바스티유 요새(Téléphérique et la Bastille de Grenoble), 샤르트뢰즈 동굴(Caves de la Chartreuse), 뮈르 열차(Train de la Mure)
- **캉탈**(Cantal) **데파르트망** : 리오랑(Lioran)
- **퓌드돔**(Puy-de-Dôme) **데파르트망** : 퓌 산지(Chaîne des Puys)와 리마뉴 단층(Faille de Limagne), 아방튀르 미슐랭(Aventure Michelin), 랑테지 화산(Volcan de Lemptégy), 뷜카니아(Vulcania) 테마파크

리옹Lyon

루그두눔(Lugdunum) 고대 구역에서부터 중세 골목길까지, 푸르비에르(Fourvière) 언덕의 로마제국시대 극장에서부터 구도심의 르네상스 주택까지, 클래식한 건축의 프레스킬(Presqu'île) 구역에서부터 특별한 주거용 건물이 밀집한 크루아루스(Croix-

Rousse) 언덕까지 걸쳐 있으며, 손(Saône) 강과 론(Rhône) 강이 한줄기로 모이는 갈리아의 옛 수도 리옹은 하나의 거대한 야외박물관이다. 라이프스타일과 역동성은 2천 년의 역사를 자랑하는 리옹을 특징 짓는 단어들이다. 비단과 인쇄술의 고장이었던 리옹은 경제, 문화, 식도락 측면에서 오늘날 프랑스와 유럽에서 가장 거대한 도시 중 하나가 되었다. 기뇰(Guignol), 콩플뤼앙스(Confluence) 구역, 테트 도르 공원(Parc de la Tête d'Or), 채색 벽, 장 누벨(Jean Nouvel)이 설계한 오페라, 박물관들, 벨르쿠르 광장(Place Bellecour) 등 이 도시에는 즐길 거리가 넘쳐난다. 유네스코가 이 도시의 500ha를 세계문화유산으로 지정한 것은 우연이 아니다. 리옹에서 만날 수 있는 건축상의 특징인 트라불(traboules, 한 구획의 집들 사이로 난 길)도 재미있다. 행인들이 마당이나 건물의 계단을 거쳐 하나의 거리에서 다른 거리로 넘어가는 통로다.

　리옹에는 손 강과 론 강 문화를 융합하는 상징적인 박물관이 들어서 있다. 19세기 말에 채색 벽, 낮의 시장과 밤의 조명을 예찬했던 리옹은 푸르비에르와 크루아루스로 상징되는 두 가지의 라이프스타일이 공존하고 있는 곳이기도 하다. 옛 오텔디외(Hôtel-Dieu) 건물은 오늘날 국제 식도락 시티(Cité internationale de la gastronomie)로 개조된 후 가장 많은 리옹 사람이 찾는 장소가 되었다. 최신 감각을 자랑하는 카페들에서 사람들은 브런치를 즐기고 저녁에 축제를 벌인다. 수십 년 전에만 하더라도 상상하지 못했던 풍경으로, '모든 나이대의 산책자들이 강둑을 거닐고 새로 정비된 녹지대를 즐기고 있다. 또 리옹에서는 젊은 예술가들이 새로운 분위기를 만들어내는 중이다. 리옹이 식도락도시 타이틀을 부여받기에 충분한 반열에 올라섰기에 보퀴즈 (Bocuse) 학교에서 새로운 요리를 배우는 사람들도 많다.

리옹의 주요 방문지

푸르비에르 언덕Colline de Fourvière

로마제국이 기원전 1세기에 푸르비에르 언덕을 최초로 점거하면서 루그두눔은 나르본과 더불어 갈리아 지방의 중심지가 되었다. 17세기부터 언덕은 종교단체들이 선호하는 장소 역할을 하기 시작한다. 1853년에 리옹을 방문했던 역사학자 미슐레(Michelet)는 '일하는 언덕' 크루아루스와 대립시켜 이 언덕을 '기도하는 언덕(colline qui prie)'이라고 명명했다. 오늘날에도 이 언덕 위에는 유수의 학교와 푸르비에르 사원(Basilique de Fourvière)을 비롯한 종교시설들이 여전히 들어서 있다.

보라스의 안뜰Cour des Voraces

그 유명한 '보라스의 안뜰'은 리옹에서 가장 유명한 트라불 중 하나다. 보라스의 안뜰은 역사적으로도 중요성을 지니는 대상인데, 1831년과 1834년에 바로 이곳의 카뉘(canuts, 리옹 견직물공장 직공)들이 반란을 일으켰던 본거지였기 때문이다. 또 보라스의 안뜰에서는 19세기 중반에 생겨나 1848년 혁명에 연루되었던 비밀결사단체 '레 보라스(Les Voraces)'가 회합을 가지기도 했다.

가다뉴 뮤지엄Musée Gadagne

1998년에 시작되어 2009년에 완성된 리옹 역사박물관(Musée d'Histoire de Lyon)과 세계 마리오네트 박물관(Musée des Marionnettes du monde) 리노베이션 프로젝트는 대성공을 거두었다. 역사유적의 외관을 지켜내면서도 새로운 공간 창출에 성공한 것이다. 갈로로마시대, 중세와 르네상스 시대의 유적을 발굴하면서 건물 아래를 파냈다.

보자르 미술관Musée des Beaux-Arts

보자르 미술관은 17세기에 건축되었던 생피에르(Saint-Pierre) 베네딕토회 수도원 자리에 들어서 있다. 1801년에 미술관으로 변신한 이곳에서는 베로네제(Véronèse), 틴토레토(Tintoret), 루벤스(Rubens), 샹페뉴(Champaigne) 그림들을 만나볼 수 있다. 지방에서 가장 규모가 큰 미술관 중 하나로 총면적이 14,500m²에 달한다. 건축가 뒤부아(Dubois)와 빌모트(Wilmotte)가 효과적으로 개조한 덕분이다. 상설전에 할애된 전시실만 70개에 달하는데 파라오시대 예술부터 20세기 회화까지를 망라한다.

테트 도르 공원Parc de la Tête d'Or

뉴요커들이 센트럴 파크를 찾는 것처럼 리옹 사람들이 약속 장소로 삼는 곳이 테트 도르 공원이다. 많은 리옹 시민들이 이곳에서 스포츠를 즐기고, 산책하며, 독서하고, 일광욕을 즐긴다. 시립정원, 식물원, 동물원, 장미원, 그리고 망자들을 위한 인상적인 기념비가 들어서 있는 총면적 105ha의 공간을 찾는 사람들만도 매년 2백만 명이 넘는다.

벨르쿠르 광장Place Bellecour

벨르쿠르 광장은 도시의 최중심에 자리하고 있는데, 이곳에서 푸르비에르 언덕이 보인다. 면적이 6ha에 달하기에 보르도의 캥콩스 광장(Esplanade des Quinconces), 파리의 콩코르드 광장(Place de la Concorde)에 뒤이어 프랑스 세 번째 규모를 자랑한다. 루이 14세의 명령에 따라 18세기 초에 에네 수도원(Abbaye d'Ainay)이 소유하고 있던 옛 과수원 자리에 조성되었다. 루이 14세 조각상이 광장 한복판을 차지하고 있다.

테로 광장Place des Terreaux

테로(terreaux, '부식토'라는 의미)는 그 옛날 크루아루스와 프레스킬을 분리하는 보루였다. 16세기에 공공 광장으로 탈바꿈했는데, 돼지를 사고 파는 시장이 열렸고 이곳에서 사형을 집행했다. 1994년에 테로 광장은 리옹 건축가 크리스티앙 드르베(Christian Drevet)에 의해 다시 개조되었다. 그 후 테로 광장의 69개 분수는 광섬유로 조명을 밝히게 된다. 가장 중심이 되는 분수는 바르톨디 분수(Fontaine Bartholdi)다.

크루아루스 지구Quartier de la Croix-Rousse

19세기 초에 견직공업이 부상하면서 크루아루스에는 독특한 주거 형태가 등장했다. 19세기 중

반이 되자 견직산업과 유관 분야에 종사하는 직공 숫자가 5만 명을 넘어서게 된 것이다. 그로 인해 직공들의 이동 거리를 줄일 수 있도록 건물을 이용한 트라불이 생겨났다. 크루아루스의 서민적이고 기능적인 집들을 오늘날 감각이 뛰어난 부르주아 계급이 탐을 내면서 크루아루스는 예전 형태를 유지하면서도 유행이 넘치는 거리로 변신했다. 언덕과 좁은 골목길을 누비며 역사 속으로 들어가보시길.

구(舊)리옹 Vieux Lyon

구리옹이라 불리는 리옹 역사지구는 5구에 소재해 있다. 생조르주(Saint Georges), 생장(Saint Jean), 생폴(Saint Paul) 지역들을 포함한다. 르네상스 시대의 보석 같은 느낌을 주는 구리옹은 이러한 형태로는 베네치아 다음으로 유럽에서 두 번째로 큰 규모를 자랑하며, 유네스코 세계문화유산에 등재되어 있다. 전체 면적은 427ha에 달하는데, 손 강과 푸르비에르 언덕 사이에 자리 잡고 있다. 이 구역에 소재한 건물들의 완벽한 조화는 시간을 거슬러 올라가는 느낌을 주면서 방문자들의 눈을 즐겁게 해준다.

| 리옹 주변의 주요 방문지

리옹 주변을 돌아보고 싶다면 가볼 곳이 많다. '프랑스에서 가장 아름다운 마을'로 선정된 우앵(Oingt), 페루주(Pérouges) 중세마을 등을 찾아갈 수도 있고, 보졸레 포도밭을 방문할 수도 있다. 또 오 블뢰 호수(Lac des Eaux Bleues), 낭튀아 호수(Lac de Nantua) 등에서 조용한 분위기를 맛볼 수도 있고, 슈발 우편배달부의 이상적인 궁전(Palais idéal du facteur Cheval)이나 조류공원 등에서 특별한 경험을 해볼 수도 있다. 스피드를 즐기는 사람이라면 겨울에 스키장을 찾으면 된다. 피르미니(Firminy)에서는 건축가 르 코르뷔지에가 설계한 특이한 건축물을 만나볼 수 있다.

생테티엔Saint-Étienne

'예술과 역사 도시'인 생테티엔은 14세기부터 20세기까지 걸친 풍부한 건축 문화유산을 보유하고 있다. 드로그리 탑(Tour de la Droguerie), 부르스 뒤 트라바이유(Bourse du Travail), 시청사, 도청사, 무기제조소(Manufacture d'Armes), 역사유적으로 분류된 유럽 대륙에서 철로 만든 가장 오래된 다리 등이 그것들이다. 공원과 정원 등 녹지대도 아주 넓은 편이며, 면적이 700ha에 달한다. 처음 건설할 때부터 지금까지 중단없이 전차가 다니고 있는 드문 도시 중 하나다.

페루주Pérouges

엥 평원(Plaine de l'Ain)을 내려다보고 있는 중세도시로 리옹에서 30km 떨어져 있다. '프랑스에서 가장 아름다운 마을' 중 하나로 선정된 바 있다. 전형적인 중세 건축물들이 들어서 있기에 십여 편의 영화가 이곳에서 촬영되었다. 리옹에서 열린 G7 회담에 참석했던 미국 대통령 빌 클린턴(Bill Clinton)이 1996년에 이 마을을 방문했다.

Note

리옹에서 어떤 교통수단을 이용할까?

선택의 폭이 넓다. 4개의 지하철 노선이 새벽 5시부터 자정까지 도시 전역에서 운행되며, 그 외에도 5개의 전차 노선과 많은 버스 노선들이 지하철을 보완한다. 운동을 좋아하는 사람들은 리옹과 빌뢰르반(Villeurbanne)에 산재한 348곳의 Vélo'V 자전거 보관소를 이용하면 된다. 날씨가 좋다면 3월 중순부터 12월 말까지 손 강 위를 운행하는 바포레토(Vaporetto)를 이용해도 좋다. 택시도 많은 편이다.

리옹 추천 여정

• 트라불을 택해 도시를 거닐어보기. 315개의 사설 파사주(통행로)는 한 거리에서 다른 거리로 넘어

가는 것을 가능하게 해주고 있다. 자코뱅 광장(Place des Jacobins)과 라르그 파사주(Passage de l'Argue)는 가장 인기 있는 코스다.

- 1980년대에 젊은 아티스트들이 그린 벽화를 감상하고 매일 밤 조명을 밝히는 250군데의 기념물을 구경한다. 야간 조명이 절정에 달하는 시기는 당연히 12월 초에 열리는 빛의 축제(Fête des lumières) 때이다.
- 축구를 좋아한다면 이 지역의 팀인 올랭피크 리오네(Olympique Lyonnais) 경기를 참관하기를. 제를랑 경기장(Stade de Gerland)이나 리옹 그랜드스타디움(Grand Stade de Lyon)을 찾아가면 된다.

리옹을 하루 방문할 경우

단 하루만 리옹을 방문한다면 프레스킬(Presqu'île), 테로 광장, 벨르쿠르 광장, 오텔디외(Hôtel-Dieu), 구(舊)리옹 거리들, 가다뉴 뮤지엄, 영화와 미니어처(Cinéma et Miniature) 박물관, 푸르비에르 사원을 찾고, 리옹의 향토 음식을 파는 서민식당인 '부숑(bouchons)'에서 점심을 들어보는 것이 바람직하다.

비가 올 때 리옹에서 무엇을 할까?

도시의 박물관, 교회나 유적을 찾아가면 된다. 트라불 방문. 폴 보퀴즈 실내시장(Halles de Paul Bocuse)에서의 지역 농산물 구입, 하이퍼마켓에서의 쇼핑도 추천할 만하다. 전형적인 리옹식의 티나 커피를 들어도 좋다. 비가 많이 내린다면 연극이나 영화를 감상한다. 음악과 미술 방면으로는 리옹 오페라나 콩플뤼앙스 박물관(Musée des Confluences)이 리옹 사람에게 친숙한 공간들이다.

기타 즐길거리들

- 동브(Dombes) 연못을 찾거나, 부샤(Bouchat) 숲을 자전거를 타고 달려보거나, 글레(Glay) 채석장을 방문한다.
- 보졸레(beaujolais) 와인을 생산하는 샤토 드 몽믈라(Château de Montmelas) 와인하우스를 찾아가거나 코트 뒤 론(côtes du Rhône) 와인 산지의 포도밭을 들러본다.

쇼핑

리옹파르디외(Lyon-Part-Dieu) 하이퍼마켓은 유럽에서 규모가 가장 큰 쇼핑센터로 꼽힌다. 또 현대적이고 환기가 잘되며 강에서 가까운 콩플뤼앙스 쇼핑센터(Centre commercial de Confluence) 역시 유명하다. 야외에서의 쇼핑을 선호한다면 레퓌블리크 거리(Rue de la République), 카레 도르(Carré d'Or), 벨르쿠르 광장, 자코뱅 광장(Place des Jacobins), 구(舊)리옹으로 가면 좋다.

| 오베르뉴의 주요 방문지

Auvergne-Rhône-Alpes

라보디외Lavaudieu

로마네스크 양식의 수도원 주위에 건설된 라보디외 마을은 브리우드(Brioude) 동남쪽으로 12km 떨어진 곳에 자리하고 있는데, '프랑스에서 가장 아름다운 마을' 중 하나로 선정된 바 있다. 전경을 보려면 마을의 높은 장소로 올라가는 것이 좋다. 또 빛을 감상하면서 마을 거리를 즐기려면 이른 아침이나 오후가 끝나갈 무렵 이곳을 찾는다.

라 셰즈디외La Chaise-Dieu

해발 1,082m의 고원 위에 자리한 라 셰즈디외는 오베르뉴 자연의 한복판을 차지하고 있다. 그물버섯과 지롤(girolles) 버섯을 생산하는 본고장이자 트레킹의 최적지이다. 독일가문비나무로 채워진 검은색 숲은 녹색의 목초지 및 바람이 끊임없이 불어대는 공간과 교차하며, 이러한 오베르뉴 풍경으로부터 거대한 라 셰즈디외 수도원의 실루엣이 눈에 들어온다. 여름에 이 마을은 유명한 음악 페스티벌을 열면서 일종의 작은 아비뇽으로 변신한다.

르 퓌앙블레Le Puy-en-Velay

그 옛날 오베르뉴 지역 화산들은 르 퓌앙블레에 격렬한 마그마를 쏟아냈다. 그리고 현무암 고원이 식자 인간들은 자연이 빚어낸 봉우리들을 종교적인 건물로 치장하기 시작했다. 산티아고로 가는 출발점이기도 한 이 도시가 가진 매력과 비밀은 무엇보다도 그런 건물들에 허세가 전혀 들어있지 않다는 점이다. 도시 한가운데 있는 에기유 바위(Rocher d'Aiguilhe)에는 예배당이 세워져 있으며, 자락에는 로마네스크 예술의 백미인 노트르담드라농시아시옹 대성당(Cathédrale Notre-Dame-de-l'Annonciation)이 자리를 잡고 있다. 코르네이유 바위 (Rocher Corneille) 위에서는 노트르담 드 프랑스(Notre-Dame de France) 조각상을 만날 수 있다. 미디 지방의 호의적인 손님맞이 분위기를 제대로 느끼게 해주는 역동적인 도시다.

리옴Riom

오베르뉴 지방의 옛 행정 중심지였던 리옴은 박물관 도시이기도 하다. 예술과 건축에 관심이 많은 방문자라면 대단한 행복감을 느낄 수 있다. 게다가 '예술과 역사의 고장' 타이틀을 부여받은 이 도시가 바위 위에 자리하고 있기에 리마뉴 평원(Plaine de la Limagne)과 콩브라이유(Combrailles) 사이에서 중요한 전략적 요충지 역할을 담당했다. 현재는 활발한 현대적인 도시로 탈바꿈하는 중이다.

몽도르Mont-Dore

몽도르는 퓌드돔(Puy-de-Dôme) 데파르트망
의 산지다. 15세기까지 올라가는 목가적인
전통을 지닌 이 깊은 산 속에서 19세기부
터 온천 관광이 발달하기 시작했다. 하지
만 오베르뉴 산악지대의 상시(Sancy) 자락
에 자리한 몽도르 온천장(Station thermale du
Mont-Dore)은 이미 고대에서부터 많은 사
람이 찾는 장소였다. 온천장은 36°C에서
44°C에 이르는 온천수를 공급 받았는데,
면역 체계를 강화하는 실리카를 함유한
것으로 잘 알려져 있다. 장엄한 교회의 이
면에서는 오늘날 생넥테르(saint-nectaire)를
제조하고 있는데 오베르뉴 고원에서 생산
하는 치즈 중 최상급에 속한다. 겨울에는
스키족이, 사계절 내내 트레킹족이 찾는
고장이기도 하다.

상시 케이블카Téléphérique du Sancy
몽도르(Mont-Dore) 역에서 출
발해 중부고원지대(Massif
Central) 정상까지 올라가는
쉽고도 편리한 수단이다. 케
이블카를 타고 현기증 나는
높이까지 올라간 후 20분에
걸쳐 나무계단을 더 걸으면
퓌 드 상시(Puy de Sancy)에 도
달한다. 여름에는 분화구, 겨울에는 몽도르 스키장 슬
로프와 만날 수 있다.

물랭Moulins

천년의 역사를 자랑하는 도시, 알리에(Allier) 데파르트망의 중심도시, '예술과 역사 도
시'인 물랭은 물랭쉬르알리에(Moulins-sur-Allier)로도 불린다. 풍부한 역사와 건축 문화
유산, 목가적인 전원 풍경을 동시에 즐길 수 있다. 건축상의 보물, 교회, 대성당, 망
루, 종교예술, 의상 등에 할애된 5개 이상의 박물관, 아름다운 저택들을 이 도시에서
만나볼 수 있다. 보행자들에게 최적화되어 있기에 구도심, 고풍스러운 마리니에 지구
(Quartier des Mariniers), 알리에 둑길(Berges de l'Allier)을 천천히 감상하는 것이 가능하다.

뷜카니아Vulcania 화산 테마파크

2002년 2월 20일 퓌드돔(Puy-de-Dôme) 데파르트망의 생투르스레로슈(Saint-Ours-les-Roches) 코뮌에 개장한 테마파크로, 클레르몽페랑 북서쪽으로 15km 지점에 위치해 있다. 발레리 지스카르 데스탱(Valéry Giscard d'Estaing) 전 대통령의 제안에 따라 건립되었으며, 현재 '유럽 화산공원(Parc européen du volcanisme)'이라는 이름이 붙어있다. 화산 연구, 지구 보호에 대한 관심 제고를 목적으로 내세우고 있다. 오베르뉴론알프 도의회가 소유하고 있는데, 2017년 기준으로 방문객이 335,000명에 달한다.

브리우드Brioude

알리에 평원(Plaine de l'Allier) 속, 그리고 마르주리드 산(Mont de la Margeride)과 블레 산(Mont du Velay)이 끝나는 자락에 있는 마을이다. 1천 년 이상의 역사를 보유한 옛 도심에서 놓치지 말아야 할 대상은 생쥘리엥 사원(Basilique Saint-Julien). 오베르뉴 지역의 가장 아름다운 로마네스크 성당 중 하나다. 낚시와 트레킹, 레이스의 고장이기도 하다.

비쉬 Vichy

고대로마시대부터 이 '뜨거운 물이 나오는 마을(village des eaux chaudes)'은 치유 효과가 뛰어난 온수로 이름을 날렸다. 16세기에 부르보네(Bourbonnais) 지역이 프랑스 왕국에 병합된 이후 비쉬 온천은 거의 기적을 낳는 물로 명성을 얻었다. 많은 유명 인사가 건강 회복을 위해 이곳을 찾자 나폴레옹 3세는 근대식 온천시설을 비쉬에 건립했다. 타인을 위해서가 아니라 자신의 필  요를 채우기 위해서였는데, 작업 규모는 실로 거대했다. 알리에(Allier) 하천에 둑을 쌓고 오페라와 카지노를 지었던 것이다. 비록 의학적인 목적으로 온천시설이 바뀌었을 지라도 비쉬를 찾는 관광객들은 여전히 많다. 주중에는 차분한 분위기지만 주말에는 활기가 넘치는 동네 모습을 보여주고 있다. 비쉬에서 스파테라피를 체험해보는 것도 좋다.

살레르스 Salers

캉탈 데파르트망에서 가장 매혹적인 마을이다. '프랑스에서 가장 아름다운 마을'로 선정된 적이 있는 살레르스에는 멋진 저택들과 귀족들의 거처가 들어서 있다. 이 정도 높이의 고립된 마을로서는 예외적인 경우다.

생넥테르 Saint-Nectaire

마을 이름은 오베르뉴 지방의 유명 치즈 중 하나의 이름을 떠올리게 한다. 하지만 무엇보다도 생넥테르는 로마네스크 양식의 보물 교회가 들어서 있는 장소다. 오늘날에는 물놀이 테마파크가 로마제국시대의 온천 역할을 대신하고 있다.

생푸르생쉬르시울Saint-Pourçain-sur-Sioule

크기는 작지만 아주 중요한 소도시인 생푸르생은 알리에(Allier) 데파르트망 중심에 자리하고 있다. 중세 때 왕국에서 많은 양의 화폐를 주조하던 10개 아틀리에 중 하나가 이곳에 있었다. 가방 제조로 유명한데, 생푸르생쉬르시울에 거주하는 가장 많은 숫자의 근로자가 루이 뷔통(Louis Vuitton) 사를 위해 일하고 있다. 프랑스에서 유서 깊은 포도밭 중 하나가 이 코뮌에 있기에 와인 산업에 종사하는 사람들도 많다.

생플루르Saint-Flour

오리약(Aurillac)의 영원한 라이벌이자 '예술과 역사 도시'로 지정된 바 있는 생플루르는 바람의 영향을 많이 받은 현무암 위에 세워진 마을이다. 캉탈(Cantal) 데파르트망에 소재한 코뮌으로, 자줏색과 백색을 띠는 대공들의 거처가 들어서 있다. 중세도시와 가톨릭 분위기를 짙게 느낄 수 있는 곳으로 1317년에 교구가 들어섰다.

오베르뉴의 산악지역인 마르주리드(Margeride) 중심에 자리 잡은 큰 마을이다. 해발 높이는 960m. 산뜻한 빛깔의 기와지붕, '영국인들의 탑(tour des Anglais)'이란 이름을 가진 네모난 모양의 거대한 망루가 가장 먼저 눈에 들어오는 곳이다. 위에서 내려다 보면 거리들이 한곳으로 집중되는 모습을 하고 있다. 작은 박물관과 몇몇 유적들은 이 지역을 공포로 떨게 한 제보당의 야수를 상기시켜준다.

제보당의 야수Bête du Gévaudan

제보당의 야수는 1764년 6월 30일부터 1767년 6월 19일까지 인간을 공격한 동물을 지칭한다. 당시 자료에 따르면 피해자를 대부분 사망에 이르게 한 이러한 공격은 88–124차례에 걸쳐 감행된 것으로 추정된다. 주로 목축을 업으로 하던 제보당(Gévaudan) 지역 북쪽에서 일어났다. 일부 사례는 오베르뉴 남쪽, 그리고 비바레(Vivarais)와 루에르그(Rouergue) 북쪽에서 발생했다.

제보당의 야수 사건은 군대를 동원하기도 했고, 온갖 종류의 소문을 낳았다. 소문은 '야수'의 정체에 관련된 것도 있었고, 인간을 습격하는 이유에 대한 것도 있었다. 동물은 늑대, 외국에서 들어온 동물, 늑대인간(loup-garou)으로, 보다 최근에는 연쇄살인범으로 간주되었다. 습격의 이유는 신의 징벌에서부터 살인 훈련을 받은 동물이라는 얘기까지 다양했다. 프랑스 전역에 걸쳐 당시 늑대 수가 2만 마리에 불과했는데, 100여 건의 공격 사례는 범상치 않은 일이었다. 7년전쟁 직후 판매에 어려움을 겪던 신문들 입장에서는 이 뉴스가 대단한 호재였다. 몇 달 사이에 언론에 게재된 관련 기사만도 수백 개에 달했다.

1764년부터 1767년까지 두 마리의 짐승이 사살되는데, 그중 한 마리는 큰 늑대였고, 다른 한 마리는 늑대와 비슷한 갯과 동물이었다. 1765년 9월에 큰 늑대를 사냥한 자는 왕실 소총보관소 소속의 프랑수아 앙투안(François Antoine)이었다. 이후 언론과 왕실은 제보당 문제에 더 이상 관심을 가지지 않게 된다. 1767년 6월 19일에 두 번째 동물을 처치한 자는 장 샤스텔(Jean Chastel)로 라 베세이르생마리(La Besseyre-Saint-Mary) 출신이었다. 전하는 이야기에 따르면 샤스텔이 죽인 동물이 제보당의 야수였을 것이라고 한다. 그날 이후 더 이상의 희생자가 발생하지 않았기 때문이다.

오리약Aurillac

캉탈(Cantal)의 행정 중심지이자 산업화와 거리가 멀었던 이 옛 도시는 오늘날 상업적

으로 상당한 발전을 이룩하고 있다. 약간은 따분한 옛 이미지를 떨쳐버리면서 오리 약은 역동적인 문화정책을 펼치는 중인데, 거리극 축제(Festival de théâtre de rue)는 국제 적인 명성을 획득하고 있다. 옛 도심은 건축 면에서도 이 도시가 얼마나 공을 들였는 지를 잘 보여준다.

오브락 고원Plateau de l'Aubrac

캉탈, 아베롱(Aveyron), 로제르(Lozère)에 걸친 거친 땅으로, 바로 그러한 이유 때문에 사람들이 좋아한다. 완만한 부조, 광야, 숲, 하천, 폭포 및 호수 때문에 스코틀랜드의 하이랜드(Highlands)와 어느 정도 비슷한 느낌을 준다. 일부 마을, 촌락과 농장들은 야생의 매력을 지닌 자연의 중심에 인간이 달라붙어 있는 것 같은 착각을 불러일으 킨다.

캉탈 산지Monts du Cantal

퓌 마리(Puy Mary), 플롱 뒤 캉탈(Plomb du Cantal, 정상 높이는 1,855m) 같은 화산들이 만들 어낸 산지를 산책하는 경험은 목가적인 풍경을 사랑하는 이들에게 최고의 기회를 제 공한다. 퓌 마리에서 내려다보이는 파노라마는 장관이다. 살레르스나 오리약에서는 멋진 식도락 체험을 해볼 수도 있다.

오베르뉴 지방의 퓌 드 돔 아래서 자연과 문화를 동시에 맛보고자 하는 사람들이 찾는 도시다. 클레르몽페랑 입구에서부터 2개의 지방자연공원들이 자신의 모습을 당당하게 보여준다. 산악지방 풍경을 지닌 오베르뉴 화산공원(Parc des Volcans d'Auvergne), 모든 산책자를 위해 보존된 공간인 리브라두아포레 공원(Parc Livradois-Forez)이 그 공원들이다. 클레르몽페랑 노트르담 성모승천 대성당은 지방에서 나는 현무암으로 지어졌기에 멀리서도 검은색의 압도적인 풍경을 찾아낼 수 있다. 성당 앞 광장에는 십자군 원정을 명령한 우르바누스 2세 교황의 조각상이 세워져 있다. 이곳에서 열리는 단편영화제는 세계적인 명성을 얻고 있는 중이다.

템플기사단(성전기사단)

제2차 십자군 원정 당시 생겨난 단체가 템플기사단이다. 1119년경에 설립된 후 1312년까지 활동한 조직으로 전성기 때의 규모는 15,000명에서 20,000명 사이였다. 프랑스어로는 Ordre du Temple이라 부르며, 소속 기사들을 성전기사(Templiers)라고 지칭했다. 그들의 강력한 세력에 위협을 느낀 프랑스 국왕 필리프 4세[프랑스어로는 필립 르 벨(Philippe le Bel)]는 기사들이 그리스도를 부정하고, 우상을 숭배하며, 동성애를 자행하고, 십자가에 침을 뱉었다는 죄목을 뒤집어 씌워 성전기사단을 제압한다. 1307년 프랑스의 성전기사 수도사 다수가 필리프 4세에 의해 체포되어 고문 끝에 거짓 자백을 하고 화형을 당한 것이다.

1314년 11월 필리프 4세는 파리에서 그다지 멀지 않은 곳에 거주하고 있던 삼촌인 로베르 드 클레르몽(Robert de Clermont) 백작을 방문한다. 그들은 함께 사냥을 나갔는데 왕이 멧돼지에 받혀 다리를 다친다. 배와 가마를 이용해 긴급히 퐁텐블로 성으로 후송되었으나 필리프 4세는 1314년 11월 29일 숨을 거두었다. 30년 통치가 끝나는 순간이었다. 그에게는 3명의 아들이 있었지만 그 누구도 왕위를 제대로 이어가지 못하고 죽는다.

템플기사단의 마지막 총장이었던 자크 드 몰레(Jacques de Molay)가 1314년 3월 19일 화형을 당하며 필리프 4세의 아들들을 '저주받은 왕들(rois maudits)'로 부른 적이 있었다. 클레멘트 교황 역시 자크 드 몰레가 화형을 당한 후 불과 1달 뒤에 죽었다. 저주가 실현된 것일까?

몽페랑 약사의 집(Maison de l'apothicaire à Montferrand)

중세 때에 식물을 재료로 한 약품 말고도 의사들은 두 가지 방법을 더 사용했다. 하나는 사혈(瀉血)이었고 다른 하나는 관장이었는데, 관장은 여러 질병에 듣는 만병통치약으로 인식되었다. 대플리니우스(Pline l'ancien)는 관장의 기원에 대해 다음과 같이 설명해준다. "고대 이집트에서 따오기는 나일강의 물고기들을 삼키면서 모래도 같이 먹었기에 늘 속이 막히곤 했다. 그럴 때마다 따오기

는 수의사로 변신하며 부리를 물로 채운 다음 하수구 청소부처럼 모래를 강제로 뱉어냈다."

그로부터 착안한 관장은 중세 약학의 상징이 되었다. 클레르몽페랑에 소재한 '몽페랑 약사의 집'에는 관장을 표현해내는 나무 조각이 걸려 있다. 환자는 관장을 기다리며 엉덩이를 하늘로 쳐들고 있고, 반대쪽 의사는 관장을 준비하고 있다. 주소는 2 rue de la Rodade. 건물은 1992년에 역사유적으로 지정되었다.

투르느미르 Tournemire

오베르뉴 지방에서 가장 아름다운 성으로 꼽히는 앙조니 성(Château d'Anjony)이 소재한 마을이다. 잔 다르크 측근이었던 루이 당조니(Louis d'Anjony)가 특이한 느낌의 이 멋진 성을 짓게 했다. 멀리서 보면 다갈색을 내는 현무암의 우아함이 풍경을 압도하는 느낌이다. 산봉우리 면적이 별로 없기에 건축가는 탑들을 촘촘하게 모은 후 수직적인 느낌의 이 건물을 완성했다. 레오투앵 당조니(Léotoing d'Anjony) 가문이 5세기 전부터 성을 소유하며 거주하고 있다. 성 내의 예배당은 전형적인 오베르뉴 양식.

티에르 Thiers

티에르는 칼과 대장간의 마을이다. 꼬불꼬불하고 거의 3차원에 가까운 옛날 거리를 보유하고 있으며, 계단은 길고도 걷기 어려운 형태를 하고 있다. 일부 회교도 거주지를 연상시키는 미로 덕분에 지중해 쪽 분위기를 강하게 풍긴다. 르 피루(Le Pirou)와 부르주아 가옥들, 오래된 작업장들, 나무 덧창을 댄 집들이 옛 분위기를 고스란히 간직하고 있다.

파뱅 호수 Lac Pavin

송어와 곤들매기가 많이 잡히는 곳이라 낚시꾼들이 좋아하는 장소다. 호수 가장자리의 높이는 수면보다 거의 40m 높다. 여러 하천의 물이 이곳으로 들어오는데, 물 색깔은 짙은 녹색이다. 가장자리를 포함해 호수의 깊이는 90m에 달한다.

폴리냑 Polignac

오트루아르(Haute-Loire) 데파르트망에 자리 잡은 마을로, 마을의 집들은 마을로부터 100여 미터 떨어진 거대한 성채를 중심으로 원형으로 배열되어 있다. 성채는 현무암 바위 부조 위에 들어서 있다.

퓌 드 돔 Puy de Dôme과 퓌 산지 Chaîne des Puys

파노라미크 데 돔 Panoramique des Dômes **전망 열차**
15분에 걸쳐 관광객을 퓌드돔 정상까지 데리고 간다. 퓌 산지-리마뉴 단층의 휴화산들을 360°로 감상할 수 있다. 대륙이 끊어진 모습은 세계에서 유일한 풍경일 것이다. 출발역은 퓌드돔 자락에 있는 오르신(Orcines) 코뮌. 클레르몽페랑에서 15분 거리에 있다.

클레르몽페랑 서쪽의 퓌 산지는 100여 개에 달하는 화산들의 총체를 이룬다. 6천 년의 역사를 자랑하는 지역이다. 격렬한 불의 분출로 탄생한 돔 산(Monts Dôme)으로부터 출발할 수 있는데, 가장 높은 곳은 퓌 드 돔으로 높이가 해발 1,465m에 달한다. 걸어서 정상까지 올라갈 수 있지만, 2012년 봄부터 작은 기차가 정상까지 운행되고 있다. 정상에서는 이 지역의 놀랄 만한 장관이 한눈에 들어온다. 화산학자들에 따르면 퓌 드 돔은 복잡한 플레(Pelée) 화산 타입으로 그 어떤 분화구도 없고, 용암이 흐른 흔적이 전혀 없는 화산이다. 정상에는 거대한 TV 송출용 안테나가 들어서 있다. 퓌 산지-리마뉴 단층(Chaîne des Puys - Faille de Limagne)은 2018년 7월에 유네스코 세계문화유산에 등재되었다.

퓌드상시Puy-de-Sancy, 상시 산지Massif du Sancy

몽도르 산지(Massif des Monts Dore)에 소재한 화산인 퓌드상시는 중부고원지대(Massif central)에서 가장 높은 곳으로, 해발 1,886m에 자리하고 있다. 퓌드상시의 경사면은 아주 멋진 산책길을 제공한다. 중부고원지대 전역이 눈에 들어오는 파노라마를 보려면 케이블카를 타고 앙페르 협곡(Gorges d'Enfer) 위를 지나가면 된다. 장엄한 풍경이 눈에 들어온다.

추천 여정

- 알리에 데파르트망에서 선두 자리를 다투는 3개 도시인 몽뤼송(Montluçon), 비쉬, 물랭(Moulins)에서부터 출발한다. 그런 다음 클레르몽페랑을 방문하고 퓌 드 돔에 올라가 퓌 산지 파노라마를 감상한다. 퓌 산지에서는 패러글라이딩을 하거나 기구를 타보는 것도 좋다.
- 오베르뉴 화산 지방자연공원에서는 캉탈 산(Monts du Cantal)까지 올라가본다.
- '프랑스에서 가장 아름다운 마을'로 선정된 살레르스에 들르고, 오리약과 중세도시 생플루르를 찾아간다. 마지막 방문지는 르 퓌앙블레(Le Puy-en-Velay)로 마을의 매력에 빠져들기에 아주 좋은 곳이다.
- 프랑스에서 가장 맛있는 치즈들을 시식해본다.
- 방목의 세계를 알려면 오트 숌(Hautes Chaumes) 지역을 트레킹한다.
- 로마네스크 예술의 걸작인 오르시발(Orcival), 생넥테르(Saint-Nectaire) 소재 성당들을 방문한다.
- 알라뇽 협곡(Gorges de l'Alagnon)을 누비고 다녀본다.
- 오브락 고원(Plateau de l'Aubrac)의 황홀한 풍경 속을 걸어본다.

가족 여행

아이들이 화산에 관심이 있으면 뷜카니아 지구탐험파크, 랑테지 화산을 찾아간다. 세계에서 가장 큰 타이어를 보려면 라방튀르 미슐랭(l'Aventure Michelin)을, 여우원숭이를 만나려면 오베르뉴 동물원(Parc animalier d'Auvergne)을 방문한다. 소그에 위치한 제보당의 야수 환상박물관(Musée fantastique de la Bête du Gévaudan)에서는 흥미로운 역사와 만날 수 있다. 조르단 협곡(Gorges de la Jordanne)을 누비고 다녀도 좋다.

주말 여행

시울 계곡(Vallée de la Sioule), 물랭(Moulins), 그랑 클레르몽(Grand Clermont), 오베르뉴 화산들, 비쉬 등을 찾아가면 가성비 높은 여행을 할 수 있다.

스포츠

트레킹은 이 지역에서 가장 선호하는 스포츠다. 퓌 드 돔에서 GR441을 택해 퓌 산지 투어(Tour de la Chaîne des Puys)를, GR30을 택해 오베르뉴 호수 투어(Tour des lacs d'Auvergne)를 할 수 있다. 오트루아르

(Haute-Loire) 지역에서는 GR70을 택해 스티븐슨의 길(Chemin de Stevenson)을 걷거나, GR65를 선택해 산티아고 가는 길을 걸어본다. GR40을 통해서는 블레 화산 투어(Tour des volcans du Velay)를, GR de pays를 통해서는 메장제르비에 산지 투어(Tour du massif du Mézenc-Gerbier)를 해볼 수 있다. MTB를 위시해 자연에서 즐기는 스포츠가 이 지역에서는 성행한다. 급류타기, 스키, 암벽 등반, 카누 등이 그런 스포츠들이다.

오베르뉴의 데파르트망

오베르뉴는 퓌드돔(Puy-de-Dôme), 오트루아르(Haute-Loire), 캉탈과 알리에(Allier)라는 4개 데파르트망을 보유하고 있다.

방문해볼 만한 오베르뉴 도시들

화산의 명성으로 잘 알려져 있지만, 오베르뉴에는 화산 이외에도 방문해볼 만한 럭셔리한 도시와 마을들이 많다. 클레르몽페랑, 르 퓌앙블레, 비쉬, 몽도르(Mont-Dore), 살레르스, 오리약, 생넥테르, 물랭(Moulins), 몽뤼송(Montluçon), 볼빅(Volvic), 생플루르 사이에서 고를 수 있다.

쇼핑

치즈는 꼭 구입하고, 이 지역에서 생산하는 와인과 맥주 등도 사면 좋다. 버터를 바른 렌즈콩 파테(pâte à tartiner aux lentilles), 장티안(gentiane) 브랜디, 치즈, 마편초향을 넣은 카스테라(baba à la verveine)도 추천 목록. 유약을 바른 용암이나 화산석도 오베르뉴에서만 살 수 있는 기념품이다. 오브락(Aubrac) 고원에서는 '뷔롱 드 카므잔(Buron de Camejane)'을 만날 수 있는데 '뷔롱(buron)'이 이 지방의 치즈 제조소를 가리키는 단어다. 이곳에서는 오브락 암소 치즈인 '푸름(Fourme)' 제조과정을 구경하고 치즈와 감자 퓌레로 만든 음식인 알리고(aligot)를 시식할 수 있으며, 치즈 제품 구입도 가능하다.

아르데슈와 드롬의 주요 방문지

Auvergne-Rhône-Alpes

그리냥Grignan

그리냥 성(Château de Grignan)을 찾는 사람은 많을지라도 활판인쇄박물관(Musée de la Typographie)과 문학 행사를 찾는 이들은 적어서 아쉽다. 장미꽃이 만발한 매혹적인 작은 거리들을 산책하면 아주 좋다.

니옹Nyons

언덕들의 원곡 사이에 틀어박힌 마을이다. 원산지증명(AOC) 등급을 부여받은 검은 올리브로 유명한데, 이 지역의 모든 요리에 들어가는 재료다. 마을과 마을 주변에서는 송로버섯이나 라벤더꿀 같은 양질의 먹거리를 생산하기도 한다. 아름다운 다리와 건물의 전면 장식이 이 마을의 과거의 영광을 증명해준다.

디Die

움푹 들어간 산속에 자리하고 있으며 육중한 글랑다스 절벽들(Falaises du Glandasse)이 내려다보고 있는 디는 남프랑스의 전형적인 풍경을 지닌 쾌적한 마을이다. 중요한 식물생산센터가 이곳에 들어서 있으며, 유명한 과일향 포도주인 클레레트 드 디(clairette de Die)를 제조하고 있다. 옛 성벽 사이에 놓인 촘촘하고도 좁은 도로들과 중세 분위기가 디의 매력을 더해준다.

레 방 Les Vans

암석이 많은 경사면에 들어선 레 방은 올리브를 생산하는 마을이다. 아르데슈(Ardèche) 남쪽에 자리를 잡은 이 마을 주위로 아름다움을 경쟁하는 듯한 풍경이 포진하고 있기에 이상적인 캠핑 장소이기도 하다. 이곳은 또 호기심이 많은 사람을 끌어들이는 요정의 나무인 파이올리브 나무(bois de Païolive)의 고장이다.

몽브룅레뱅 Montbrun-les-Bains

몽브룅레뱅은 '프랑스에서 가장 아름다운 100개 마을(Les 100 Plus Beaux Villages de France)' 중 하나로 선정된 곳으로, 원래는 방어용 목적으로 조성된 이 마을에서 가장 먼저 눈에 들어오는 풍경은 돌로 지어진 성탑, 망루, 교회의 종 등이다. 몽브룅레뱅 중세마을은 '미디의 돌(Pierre du Midi)'로 불리는 석회질 사암을 빻은 갈황색 부조 위에 건설되었다. 방투(Ventoux) 산에서 가깝다.

몽텔리마르 Montélimar

정감이 가는 아주 쾌적한 작은 마을로, 누가(nougat)와 라벤더로 유명한 곳이다. 식도락으로도 이름을 알리고 있다. 아름다운 건물들, 멋진 박물관을 감상하면서 조용하고도 협소한 거리와 광장을 산책하면 좋다. 프로방살(Provençales) 길에는 플라타너스가 늘어서 있는데 저녁이 되면 활기가 넘친다.

발랑스 Valence

강을 끼고 있는 조용한 도시로 부르주아 분위기가 느껴지는 곳이다. 남부 프랑스를 특징짓는 꼬불꼬불한 길들, 플라타너스가 그림자를 드리우고 있는 광장들, 비스트로들의 테라스에서 맛보는 햇볕이 인상적이다. 매혹적인 이 오래된 마을 곳곳에 보물 같은 건축물들이 흩어져 있다.

발롱퐁다르크Vallon-Pont-d'Arc

프랑스에서 카누-카약으로 발롱퐁다르크보다 더 유명한 마을은 없다. 아르데슈 협곡(Gorges de l'Ardèche)을 따라 내려가는 출발지이기에 이 지역을 방문할 경우 꼭 들러야 할 장소다. 여름에 아르데슈 협곡에서는 장엄한 절벽 아래서 종종 3천 척 이상의 배가 급류를 따라 미끄러져 내려가는 장관을 목격할 수 있다.

뷔레바로니Buis-les-Baronnies

옛날에 보리수의 본고장이었던 뷔레바로니에는 20여 년 전만 하더라도 '보리수의 월스트리트(Wall Street du tilleul)'란 별명이 붙어있었다. 하지만 유명했던 보리수 시장은 오늘날 그 명맥만 유지하고 있을 뿐이다. 상업이 융성했던 과거를 보여주는 건물들이 많은데, 아르카드 광장(Place des Arcades),

도미니크회 수도원(Couvent des Dominicains) 등이 그런 건물들이다. 〈지붕 위의 기병(Le Hussard sur le toit)〉을 비롯하여 많은 영화들을 이곳에서 촬영했다.

쇼베 동굴Grotte Chauvet

아르데슈 골짜기의 쇼베 동굴 안에는 인류 역사상 현존하는 가장 오래된 회화 작품이 있다. 기원전 3만 년에서 3만 6천 년 사이에 그려진 이 벽화들은 1994년에야 발롱퐁다르크(Vallon-Pont-d'Arc) 코뮌 근처

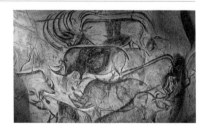

에서 우리에게 그 모습을 드러냈다. 출입이 금지된 실제 동굴로부터 수 킬로미터 떨어진 곳에 완벽하게 재현한 복제 동굴에만 들어가 볼 수 있는데, 머나먼 과거에서 온 맘모스, 곰, 동굴사자, 오록스 소 그림들을 만날 수 있다.

아르데슈 협곡Gorges de l'Ardèche

아르데슈 협곡은 극도로 풍부한 자연을 보여주는 관문 역할을 하지만 이 지역에는 협곡을 세상에 알리고 있는 동굴들을 위시한 다른 명물들도 많다. 아르데슈 협곡에 들어선 마을들은 전원과 낮은 산, 하천 사이 곳곳에서 휴식을 제공한다. 아르데슈 협곡은 '프랑스판 미니 그랜드캐년(Grand Canyon)'으로 불리기도 한다. 높은 석회석 절벽 아래에는 아르데슈 하천이 30km에 걸쳐 굽이굽이 흐르는데, 이곳에서 수상스포츠를 즐길 수 있다. 멋들어진 황무지 한가운데 설치된 전망대에서는 아르데슈 협곡을 자세하게 감상할 수 있다. 대표적인 자연 유적은 퐁다르크(Pont d'Arc)로, 높이가 54m, 길이가 60m에 달하는 아치형 암석이다.

오트리브Hauterives

1879년 4월 어느 날, 우편배달부 페르디낭 슈발(Ferdinand Cheval)은 자신의 궁전을 드롬(Drôme) 데파르트망 오트리브에 건설기로 마음먹는다. 배달을 마치고 돌아올 때 만난 아주 이상한 형태의 돌 위에 자신의 꿈을 덧씌우기로 한 것이다. '슈발 우편배달부의 이상적인 궁전(Palais idéal du Facteur Cheval)' 모습은 자연, 그림엽서, 화보잡지로부터 영감을 얻었다. 그 후 33년간 슈발 우편배달부는 배달을 하면서 모은 돌들로 궁전을 짓는 일에 지칠 줄 모르고 몰두하게 된다.

이곳을 직접 방문해보면 온갖 놀림감이 되었던 한 외로운 인간의 꿈과 만날 수 있다. 그가 만든 세계는 몽환적이고 기이한 동시에 감동적이다. 예술과 건축에 대해 슈발이 무지했을지라도 회교 사원, 힌두교 신전, 이집트 무덤, 미로, 폭포 등 우리가 상상할 수 있는 모든 것이 그 속에 들어있다. 슈발 우편배달부의 이상적인 궁전은 1969년 앙드레 말로(André Malraux) 문화부장관에 의해 역사유적으로 지정되었다. 슈발 우편배달부를 주인공으로 한 영화가 2019년 1월 16일 프랑스에서 개봉되기도 했다. 감독은 닐스 타베르니에(Nils Tavernier) 제목은 〈슈발 우편배달부의 놀라운 이야기(L'Incroyable Histoire du facteur Cheval)〉

제르비에드종크 산Mont Gerbier-de-Jonc

높이가 해발 1,551m에 달하는 제르비에드종크 산은 생마르시알(Saint-Martial)과 생퇼랄리(Sainte-Eulalie) 코뮌들 사이에 자리를 잡고 있다. 기괴한 형태는 점토성 용암으로부터 비롯된 것인데, 화산이 분출한 후 용암이 굳어지면서 만들어진 모습이다. 제르비에드종크 산에 올라가기는 쉽다. 표고차가 150m에 불과하기에 잘 정비된 길을 30분만 올라가면 된다. 정상에서는 환상적인 풍경이 눈에 들어온다.

크레스트Crest

52m에 달하는 크레스트 탑(Tour de Crest)은 프랑스에서 가장 높은 주루(主樓)를 자랑한다. 900년의 역사를 안고 있는데 중세 주루(12-15세기), 감옥이 들어선 탑(15-19세기) 등을 거쳤다. 아주 개성이 강한 그래피티와 멋진 전망을 감상할 수 있는 곳이다. 또 피감자들의 생활 조건과 그들의 일상과 탈주 시도, 간수의 역할, 유적과 크레스트 시 사이의 관계 등에 대해서도 알아볼 수 있는 장소다.

탱레르미타주Tain-l'Hermitage

탱레르미타주는 미식가라면 꼭 들러야 할 곳이다. 코트뒤론(Côtes-du-rhône) 북쪽에서 명품 와인을 생산하는 중심지로 오늘날 전 세계에 알려져 있다. 마을이 내려다보이는 작은 언덕 위를 산책하고, 탱레르미타주 와인의 지하 저장고를 방문하면 좋다. 또 탱에는 아주 유명한 초콜릿 '쇼콜라 발로나(Chocolats Valrhona)'를 제조하는 공장이 있다.

투르농쉬르론Tournon-sur-Rhône

매혹적인 투르농쉬르론은 상업이 발달하고 포도밭 한가운데 위치한 활기 넘치는 작은 마을이다. 도피네(Dauphiné)와 중부고원지대(Massif central)가 교차하는 지점에 있기에, 경사가 진 바위 위에 건립된 봉건영주의 성은 론(Rhône) 강과 두 계곡(Vallée du Doux)을 수 세기 전부터 지켜보고 있다. 공놀이를 하는 사람들, 플라타너스가 그림자를 드리운 테라스, 오래된 돌들은 남프랑스 분위기를 한껏 느끼게 해준다.

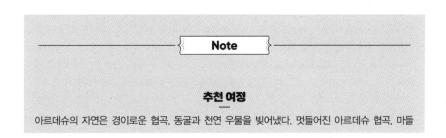

Note

추천 여정
—
아르데슈의 자연은 경이로운 협곡, 동굴과 천연 우물을 빚어냈다. 멋들어진 아르데슈 협곡, 마을

렌 동굴(Grotte de la Madeleine), 마르잘 천연 우물(Aven Marzal), 생마르셀 동굴(Grotte de Saint-Marcel), 오르냑 천연 우물(Aven d'Orgnac) 등이 그런 명소들이다. 맛있는 술을 찾는 자라면 와인 루트를 따라가면서 드롬 쪽에서 에르미타주(hermitage)와 크로즈에르미타주(crozes-hermitage)를, 아르데슈 쪽에서 생조제프(saint-joseph)와 생페레(saint-péray)를 들어보면 좋다. 역사에 관심이 있는 사람들은 루르 성(Château des Roure), 라바스티드드비락 양잠장(Magnanerie à Labastide-de-Virac), 르 부셰(Le Bouschet)에 소재한 비바레 프로테스탄트 박물관(Musée du Vivarais protestant)을 방문할 것. 중세마을과 만나고 싶으면 알바라로멘(Alba-la-Romaine), 보귀에(Vogüé), 발라쥑(Balazuc), 샤브릴랑(Chabrillan), 지고르에로즈롱(Gigors-et-Lauzeron)이 방문 대상이다. 드롬에서는 그리냥(Grignan)에서 레 바로니(Les Baronnies)까지 걸친 드롬 프로방살(Drôme provençale) 지역, 드롬 계곡의 멋진 마을들, 베르코르(Vercors)를 빠뜨리면 안 된다. 그곳에서 환상적인 트레킹을 즐길 수 있다.

가족 여행

가족 구성원 모두가 주로 아르데슈에 소재한 동굴과 천연 우물을 보고 감탄할 수 있다. 그중에서도 쇼베2 동굴(Grotte Chauvet 2), 마르잘 천연 우물, 오르냑 천연 우물, 포레스티에르 천연 우물(Aven de la Forestière)이 뛰어나다. 드롬 쪽에서는 타이스 선사시대 동굴(Grotte préhistorique de Thaïs), 베르코르의 라 샤펠(La Chapelle)에 위치한 드레블랑슈 동굴공원(Parc et grotte de la Draye-Blanche)을 방문하면 좋다. 슈발 우편배달부의 이상적인 궁전, 몽레알 성(Château de Montréal), 루르 성도 추천 방문지다. 식도락을 좋아한다면 탱레르미타주에 자리한 발로나 초콜릿 제조공장을 찾거나 몽텔리마르에 있는 아르노-수베랑 박물관(Musée Arnaud-Soubeyran)에서 누가를 맛보면 행복할 것이다.

주말 여행

자전거를 타고 아르데슈를 돌아보고, 아르데슈 협곡에서 자연을 만끽하며, 아르데슈 지하의 동굴들, 드롬 계곡, 그리냥(Grignan)과 만나면 좋다.

스포츠

아르데슈에서는 트레킹을 즐기기에 좋다. GR7, GR4, GR42 등 많은 루트가 산책과 트레킹을 위한 길들이다. 드롬에서도 트레킹족은 베르코르, 디우아(Diois), 드롬 계곡, 드롬 프로방살의 작은 마을들 주변에서 트레킹을 즐길 수 있다. 비아로나(ViaRhôna), 돌체 비아(Dolce Via), 부아 두스 드 라 페르(Voie douce de la Payre), 쉬르 레 루트 드 라르데슈아즈(Sur les routes de l'Ardéchoise), 그랑 트라베르세 드 라르데슈(Grande Traversée de l'Ardèche) 등이 자전거 도로인데, 드롬에만 1,000km 이상의 자전거 도로와 3,000km의 정비된 트레킹 길이 있다. 동굴 탐험, 암벽 등반, 패러글라이딩, 카누-카약도 이 지역이 선호하는 스포츠다.

아르데슈와 드롬에서 방문해야 할 마을들

발롱퐁다르크(Vallon-Pont-d'Arc), 보귀에(Vogüé), 발라쥑(Balazuc), 앙트레그쉬르볼란(Antraigues-sur-Volanes), 알바 라 로멘(Alba la Romaine), 라봄(Labeaume), 미르망드(Mirmande), 라 가르드아데마르(La Garde-Adhémar), 엘롱(Ailhon), 그리냥, 르 포에라발(Le Poët-Laval) 등.

알프의 주요 방문지

Auvergne-Rhône-Alpes

그르노블Grenoble

그르노블은 베르코르, 샤르트뢰즈(Chartreuse) 및 벨르돈 (Belledonne)이라는 3개 산지가 에워싸고 있는 지리적 이점을 누리고 있다. 동계올림픽을 개최한 도시이자 젊은 도시이며, 61,000명의 학생을 거느린 대학도시다. 파리에 뒤이어 학술과 연구 분야에서 2위를 차지하고 있다. 삶의 질 차원에서 프랑스 최고 도시인 그르노블은 경탄을 자아낼 만큼 슬기롭게 리모델링한 옛 도심을 보유하고 있으며, 프랑스 최고의 미술관 중 하나가 들어서 있을 정도로 문화도 풍요롭다.

드롬 계곡Vallée de la Drôme

베르코르와 프로방스 사이에 놓인 드롬 계곡은 지중해와 알프스의 성격을 동시에 지니고 있기에 예외적인 기후와 풍경을 자랑하는 곳이다. 산 중턱에 들어선 마을들,

와인, 트레킹, 역사유적 등을 동시에 즐길 수 있다. 크레스트(Crest), 수(Sâou), 미르망드
(Mirmande) 쪽은 사계절 내내 방문이 가능하다. 보다 남쪽에 소재한 그리냥과 인근지
역은 방문자들에게 프로방스 분위기를 한껏 느끼게 해준다.

몽블랑 산지 | Massif du Mont-Blanc

오트사부아(Haute-Savoie) 데파르트망에 들어서 있는 몽블랑 산지는 숨을 막히게 할
정도로 깊은 인상을 준다. 사부아(Savoie), 이탈리아의 아오스타 계곡(Vallée d'Aoste), 스
위스의 발레 캉통(Canton du Valais)에 모두 걸쳐 있는 몽블랑 산지는 태곳적부터 인간
들을 매혹하고 있다. 예민한 사람들은 케이블카를 타고 올라갈 때 현기증을 느끼기
도 한다. 해발 4,810m 높이의 몽블랑(Mont Blanc)은 유럽에서 가장 높은 산인데, 샤모
니(Chamonix) 계곡에서 아주 선명하게 보인다. 이 산지의 10개 이상 산들 높이가 4천
m 이상이며, 60개가 3천m 이상이다. 장관을 이루는 산지의 또 다른 꼭대기들은 빙
하 바다(Mer de Glace)와 에기유 뒤 미디(Aiguille du Midi)인데, 해발 3,842m에 위치한 에
기유 뒤 미디의 테라스에서는 알프스 산맥으로의 파노라마를 감상할 수 있다. 에기
유 드 샤모니(Aiguilles de Chamonix), 에기유 베르트(Aiguille Verte), 탈레프르 빙하(Glacier
de Talèfre), 그랑드 조라스(Grandes Jorasses), 거인의 이빨(Dent du Géant)에서 알프스 경치
를 즐긴 후 프랑스 쪽 알프스에서 가장 거대한 빙하인 블랑슈 계곡(Vallée Blanche)으
로 내려오는 것이 좋다. 빙하 바다에 도착하면 모험은 끝이 난다.

므제브 | Megève

겨울 스포츠의 성지 같은 므제브는
아름다운 산악지방 마을이다. 시내
풍경, 작은 누대(樓臺)를 구비한 집들,
세련된 가게들 등이 사치스럽고도
편안한 분위기를 만들어내고 있다.
로스차일드(Rothschild) 가문, 장 콕토(Jean Cocteau)를 비롯한 무수한 인물들이 이 우아

한 스키장의 매력에 빠진 바 있다. 스포츠를 즐기거나 휴식을 취하기에 이상적인 장소 중 하나다.

바누아즈 국립공원Parc national de la Vanoise

사부아(Savoie) 데파르트망의 모리엔(Maurienne)과 타랑테즈(Tarentaise) 사이, 높이가 해발 1,280m에서부터 3,855m에 달하면서 53,000ha의 면적을 차지하고 있는 바누아즈 국립공원은 총 28개의 코뮌을 포함하고 있는 지역이다. 야생 염소, 야생 영양, 다양한 종류의 산토끼, 황제독수리, 인상적인 수염수리 등 다른 지역에서는 잘 찾아볼 수 없는 동물들이 거주하고 있다. 2천여 종의 식물들도 분포하고 있는데, 계곡과 고개를 올라가기가 쉽기에 모두가 즐길 수 있는 자연유산이기도 하다. 이 국립공원은 14km에 걸쳐 이탈리아의 그란데 파라디조(Grand-Paradis) 국립공원과 붙어있기에 프랑스와 이탈리아 국경에 걸쳐 있다. 이 두 국립공원은 1972년에 자매 결연을 맺었다.

베르코르 산지 Massif du Vercors

이제르(Isère)와 드롬(Drôme) 2개 데파르트망에 걸쳐 있는 베르코르 산지는 알프스적인 동시에 지중해적이며, 야생 동식물을 만나볼 수 있는 평화로운 안식처다. 공략 불가능한 바위 때문에 오랫동안 고립된 상태로 남아있던 베르코르는 역사적으로 영적인 동시에 저항의 땅이었다. 야외 활동, 특히 트레킹의 명소로 인정을 받고 있지만 베르코르는 여전히 미지의 땅이다. 이 천국에서 트레킹족은 자기만의 기호에 따라 고원, 절벽, 협곡을 찾아 떠난다. 정상의 높이는 2,341m.

브리앙송 Briançon

브리앙송 마을은 자연이 교차하는 지점에 자리를 잡고 있다. 특히 이탈리아와 가까운 지리적 이점을 이용해 자신만의 역할과 기능을 담당하고 있다. 이 병참도시의 성채 건설을 보방이 떠맡았는데, 18세기와 19세기에 걸쳐 동쪽의 이탈리아 방향으로 성채가 만들어졌다. '그랑 세르슈발리에(Grand Serre-Chevalier)'를 통해 접근이 가능하다. 에크랭 국립공원(Parc national des Ecrins)과 몽주네브르 역(Station de Montgenèvre)이 가까운 곳에 있다.

샤모니 계곡 Vallée de Chamonix

사부아에서 가장 사람이 붐비는 곳으로 여러 마을과 스키장을 만날 수 있다. 이곳에서 몽블랑뿐만 아니라 피즈 산지(Chaîne des Fiz), 아라비스 산지(Chaîne des Aravis), 테트 누아르(Tête Noire) 등을 감상할 수 있다. 또 샤모니에는 유럽에서 가장 고도가 높은 골프장이 들어서 있다.

샹베리|Chambéry

샹베리에는 슬프고도 우울한 도시란 낙인 이 오랫동안 찍혀 있었다. 하지만 그건 이 도시를 모르는 소리다. 도심의 집들은 바 랜 핑크색, 황토색, 그린 아몬드색 등 사르 데냐풍의 색깔을 되찾았다. 사부아(Savoie) 대공들이 살던 옛 도시이자 피에몬테사르 데냐(Piémont-Sardaigne) 왕국의 수도였던 샹

베리는 20년 전부터 도시의 외양을 바꾸면서 우리에게 놀라움을 지속적으로 제공하 고 있다.

안시|Annecy

호수와 산들 사이의 이상적인 위치에 자리 잡은 아름다운 안시는 좁은 폭의 중세 거 리, 녹색의 평지, 꽃이 만발한 호숫가, 운하 덕분에 이탈리아의 베네치아나 벨기에의 브뤼헤 분위기가 나는 도시다. 중세시대의 운하와 거리들로 더없는 매력을 발산하는

옛 도심, 산으로 에워싸인 청록색 빛의 '사부아 지방의 베네치아(Venise savoyarde)' 호수 를 안고 있는 안시는 사계절 내내 찾아도 좋은 보물이다. 오랜 역사 때문에 건축 문 화유산이 풍부한 곳이며, 문화와 자연, 관광과 야외 활동을 결합해 주말에 찾아도 아주 좋은 장소이기도 하다. 19세기부터 정비되기 시작한 샹드마르스 오솔길(Allées du Champ-de-Mars)을 따라 산책하다 보면 베리에 산(Mont Veyrier), 아라비스 산지(Chaîne des Aravis) 풍경과 마주하게 된다. 정면으로는 앵페리알 팔라스 공원(Parc de l'Impérial Palace)과 호텔 겸 카지노인 '벨 에포크(Belle Époque)'도 눈에 들어온다.

안시의 역사 중심지는 12세기에 도약했고, 15세기가 되면 사부아 대공이 주민들

에게 화재를 피하기 위해 돌로 집을 지으라고 요구한다. 페리에르 다리(Pont Perrière)에서는 옛 감옥(Vieilles Prisons) 혹은 팔레 드 릴(Palais de l'île)이라 불리는 건물이 눈에 들어온다. 감옥, 상서국, 사법재판소를 차례로 거친 건물로, 도시를 관통하는 티우(Thiou) 하천이 건물을 에워싸고 있다. 간선도로인 생클레르 거리(Rue Saint-Claire)에서는 16세기와 17세기에 건설되었으며 르네상스 시대의 도시 건축 모델이었던 아치형 통로에 무수한 레스토랑들이 들어서 있다. 생클레르 거리 끝에서는 페리에르 문(Porte Pérrière)과 생클레르 문(Porte Saint-Claire)을 차례로 만날 수 있다.

안시 호수 Lac d'Annecy

오트사부아 데파르트망에 소재한 안시 호수는 온화한 풍경 덕분에 많은 사랑을 받는 곳이다. 격조가 있는 빌라들, 그림에 나올 듯한 성들, 운하, 분수, 12세기에 건축된 일 궁전(Palais de l'Isle) 등이 호수 주변을 채우고 있다. 예전에는 오염 때문에 악명이 높았으나 지금은 유럽에서 가장 투명하고도 깨끗한 호수 중 하나로 변신했다. 호수 둘레길 길이는 40km. 자전거를 좋아하는 사람들은 평지에서 멋진 시간을 보낼 수 있다.

에기유 뒤 미디 Aiguille du Midi

36km/h의 놀라운 속도를 자랑하는 케이블카를 타고 20분 안에 올라갈 수 있는 곳이다. 몽블랑 산지의 해발 3,842m에 자리 잡고 있기에 알프스 산맥의 샤모니 봉우리 중에서 가장 높은 정상 중 하나다.

케이블카에 탑승한다면 크레바스 위에서 작동이 중지되는 경우가 없으니 걱정할 필요가 없다. 봉우리에서는 아찔한 구름다리를 만날 수 있다.

에비앙레뱅Évian-les-Bains

20세기 초에 황금기를 맞이하며 유명해진 곳이다. 그 시기에 에비앙레뱅은 이웃 도시 앙피옹레뱅(Amphion-les-Bains)을 대신하면서 알프스 산맥에서 가장 많은 사람이 찾는 온천도시가 되었다. 여느 온천도시와 다를 바가 별로 없지만, 세계적으로 이름이 난 생수 덕을 보고 있다. 젊고 국제적일 것이라고 생각하는 사람들의 기대치와는 달리 에비앙은 소박하고도 서민적인 도시다.

에크랭 국립공원Parc national des Écrins

프랑스의 국립공원 중에서 규모가 가장 큰 에크랭 국립공원은 1973년에 문을 열었다. 관광 진흥과 알프스 산맥의 자연 문화유산 보호라는 두 가지 임무를 띠고 있지만, 지역 동식물이 더없이 다양해졌기에 두 번째 목적은 벌써 충족되었다. 이곳에서

에델바이스, 푸른색 엉겅퀴, 알프스 산맥의 매발톱꽃 등 희귀한 식물들을 만나볼 수 있다.

엑스레뱅Aix-les-Bains

엑스레뱅은 닥스(Dax) 다음으로 프랑스 두 번째 규모의 온천이 있는 곳이다. 비시즌일 때 엑스는 창백한 온천도시 분위기로 바뀌지만, 풍부한 역사를 자랑하는 문화유산을 보유하고 있는 곳이기도 하다. 이 도시는 수상스포츠를 즐길 수 있는 장소로 자신을 알리면서 젊은 모습을 되찾고 있다.

우아장 산지Massif de l'Oisans

우아장은 몽블랑 산지와 더불어 알프스 산맥에서 가장 웅장한 산지에 속한다. 만년설, 빙하, 뾰족한 등성이가 돋보이는 지형이며, 산을 타는 사람들에게 천국인 곳이다. 우아장에는 아름다운 스키장이 들어서 있다. '높은 고원(Plateau d'altitude)'이라 불리는 계곡의 움푹 들어간 부분에 자리 잡은 알프뒤에즈(Alpe d'Huez)와 레 되잘프(Les Deux-Alpes)는 잊을 수 없는 절경을 선사한다.

이부아르Yvoire

호수 쪽으로 이어지는 중세마을, 작은 항구 위에 지어진 성의 탑, 꼬불꼬불한 골목길이 오래된 집, 만개한 꽃들과 어우러진 곳이다. '프랑스에서 가장 아름다운 마을' 중 하나로 선정된 바 있다. 당연히 여름철에는 관광객 인파가 차고 넘치며, 주차장도 모두 유료로 운영된다.

피에르 협곡Gorges du Fier

오트사부아(Haute-Savoie) 데파르트망의 안시에서 10km 떨어진 로바니(Lovagny) 코뮌에 자리를 잡고 있다. 프랑스에서 가장 아름다운 자연 명소 중 하나로, 바위에 매달린 통행로 덕분에 장엄한 협곡을 감상할 수 있다. 피에르(Fier)는 알프스 산맥을 지나가는 주요 하천 중 하나로서 바로
이 하천이 수천 년에 걸쳐 피에르 협
곡을 만들어냈다. 해발 2천m가 넘는
샤르뱅 산(Mont Charvin)에서 발원하
며 론(Rhône) 강과 합류하면서 끝이
나는 하천은 다양한 형태의 거대한
암석들로 에워싸인 풍경을 만들어냈
다. 하천 위 25m에 설치된 길이 252m의 통행로가 개통한 시기는 1869년. 방문객들
은 안전하게 '거인들의 솥(Marmites de géants)', '암석더미의 혼돈(Chaos de blocs rocheux)',
'암석들의 바다(Mer des Rochers)' 같은 흥미로운 지형을 감상할 수 있다. 3월 15일부터
10월 15일까지 오픈한다.

Note

추천 여정

이제르(Isère) 데파르트망에서의 여행은 비엔(Vienne)의 갈로로마시대 유적, 크레미외(Crémieu) 중세
도시, 생탕투안라베이(Saint-Antoine-l'Abbaye) 수도원 방문과 더불어 시작한다. 그런 다음 그르노블
(Grenoble)에서 휴식. 연이어 베르코르, 샤르트뢰즈 산지(Massif de la Chartreuse), 남알프스에 소재한 에
크랭 국립공원, 메르캉투르 국립공원(Parc national du Mercantour)에서 자연의 아름다움과 만난다. 브리
앙송(Briançon), 바르셀로네트(Barcelonnette), 세르퐁송 호수(Lac de Serre-Ponçon)도 빠뜨려서는 안 된다. 안
시, 탈루아르(Talloires), 이부아르(Yvoire) 등지에서는 사부아 및 오트사부아의 다양한 얼굴과 만난다.
그런 다음 몽블랑 산악열차를 탄다. 사부아로 내려와서는 부르제 호수(Lac du Bourget)에서 배를 타보
고, 엑스레뱅에 있는 오트콩브 수도원(Abbaye de Hautecombe)을 찾아간다. 그 다음 샹베리(Chambéry)를
찾으면 좋다. 마지막으로 바누아즈 국립공원, 보주(Bauges)와 샤르트뢰즈(Chartreuse) 지방자연공원을
산책한다.

가족 여행

알프스 지역은 아이들을 데리고 가족이 함께 여행을 떠나기에 좋은 곳이다. 이제르와 오트잘프에 소재한 많은 작은 박물관들은 동식물의 발견을 주제로 다루고 있다. 지역의 동굴들 중 하나를 방문해도 좋다. 해방감을 맛보려면 안시 호수, 에그블레트 호수(Lac d'Aiguebelette), 부르제 호수에서 가족과 함께 수상스포츠를 즐기면 된다. 스키를 좋아하는 사람들은 레 카로즈다라슈(Les Carroz-d'Arâches), 콩블루(Combloux), 라 샤펠다봉당스(La Chapelle-d'Abondance) 시설에 반할 것이다.

스포츠

북유럽에서 즐기는 스포츠들인 알파인 스키, 노르딕 스키, 눈신 등반, 등반개가 끄는 썰매, 스노보드, 스노블레이드, 피겨스케이팅, 루지 등이 겨울에 성행된다. 날씨가 좋아지면 바누아즈 투어(Tour de la Vanoise), 타랑테즈 그랜드투어(Grand Tour de Tarentaise), 몽블랑 투어(Tour du pays du Mont-Blanc) 같은 트레킹 여정이 줄을 잇는다. 자전거 타기, 래프팅, 카누, 패러글라이딩 등도 이 지역에서 즐길 수 있는 스포츠다.

겨울에 갈 만한 알프스 스키장들

알프스 산맥은 스키를 즐기기에 최적의 장소다. 알파인 스키를 즐기기 위한 스키장이 차고 넘친다. 레 트루아 발레(Les Trois Vallées)[쿠르슈벨(Courchevel), 레 메뉘르(Les Ménuires), 메리벨(Méribel), 발 토랑스(Val Thorens)], 발디제르(Val-d'Isère), 티뉴(Tignes), 레 자르크(Les Arcs), 라 플라뉴(La Plagne), 랄프 뒤에즈(L'Alpe d'Huez), 레 되잘프(Les Deux-Alpes), 빌라르드랑스(Villard-de-Lans), 세르슈발리에(Serre-Chevalier), 프라 루(Pra Loup) 등이 대표적인 스키장들이다.

여름에 갈 만한 알프스

시티 브레이크, 자연으로의 도피, 트레킹, 스포츠 활동 등 여름 바캉스 기간에도 알프스에서는 즐길 거리가 많다. 도시를 좋아하는 사람들은 엑스레뱅의 온천, 샤모니, 안시 호수, 그르노블, 브리앙송(Briançon)을 찾아가면 되고, 자연을 즐기고 싶다면 메르캉투르 국립공원, 에크랭 국립공원, 바누아즈 국립공원, 베르코르 고원(Plateau du Vercors), 보포르탱(Beaufortain)이 추천 대상이다.

알프스가 걸친 나라들

알프스 산지가 걸친 나라는 무려 8개국이다. 이탈리아 북부, 프랑스 남동부, 독일 남부, 모나코, 오스트리아, 리히텐슈타인, 스위스, 슬로베니아가 그런 국가들이다.

식도락

리옹

크넬(quenelles, 고기단자), 리옹 순대(andouillette lyonnaise), 그라두블(gras-double, 소의 위), 리옹 샐러드(salades lyonnaises), 그라통(gratons, 지방에 튀긴 돼지나 오리 고기), 프랄린 파이(tarte aux pralines) 등 리옹에는 맛있는 음식이 많다. 이 향토 음식을 맛보려면 리옹의 '부숑(bouchons)'을 찾아가야 한다. 또 리옹에는 폴 보퀴즈(Paul Bocuse) 같은 세계적인 요리 거장이 운영하는 고급 레스토랑이 많다.

오베르뉴

치즈로 유명한 오베르뉴 지방에는 AOC 등급을 부여받은 프랑스 최고의 치즈가 많다. 블뢰 도베르뉴(bleu d'Auvergne), 가프롱(gaperon), 푸름 당베르(fourme d'Ambert), 생넥테르, 캉탈, 살레르스 등의 유명 치즈가 대부분 산지 이름을 그대로 따고 있다.

오베르뉴는 간단한 재료로 맛있는 요리를 만드는 지방으로도 유명하다. 퓌(Puy)의 초록 렌즈콩 돼지고기 요리, 수프에 사용되지 않은 나머지 고기를 이용해 만드는 푼티(pounti), 감자 퓌레(purée)와 치즈를 주성분으로 해서 만든 음식인 알리고(aligot), 속을 채운 양배추 요리인 슈 파르시(chou farci), 고기와 야채찜 요리인 포테 오베르냐트(potée auvergnate), 감자, 치즈, 마늘과 소금으로 만든 그라탕의 일종인 트뤼파드(truffade), 빅 파이(tarte de Vic), 파티아(patia), 내장 요리인 트리푸(tripou) 등이 잘 알려진 음식들이다. 생푸르생(saint-pourçain), 코트 도베르뉴(côtes d'Auvergne), 샹튀르그(chanturgue) 로제 와인 등은 이 지방에서 생산하는 대표적인 와인들로 오베르뉴 음식과 환상적인 조화를 이룬다.

아르데슈 드롬

아르데슈에서는 밤과 감자가 왕이기에 밤 크림, 밤 아이스크림, 밤 수프, 미크(mique), 크리크(crique) 등 이 재료들로 만든 음식이 많다. 또 이곳에서는 봉빈(bombine), 마우슈(maouche), 카이예트(caillette)를 비롯해 피코동 드 라르데슈(picodon de l'Ardèche), 구둘레(goudoulet), 쿠쿠롱(coucouron) 등의 아주 좋은 치즈를 맛볼 수 있다.

드롬에서는 라비올(raviole), 샤뵈이유 카이예트(caillette de Chabeuil), 르 트리카스탱(Le Tricastin)의 브루이야드 드 트뤼프(brouillade de truffes) 요리를 맛볼 수 있다. 치즈로는 피코동 드로무아(picodon drômois), 톰 드 셰브르(tomme de chèvre)가 유명하다. 단것을 좋아하는 사람들은 포뉴 드 로망(pogne de Romans), 쉬스(suisse), 몽텔리마르 누가(nougat de Montélimar), 탱레르미타주 초콜릿(chocolat de Tain-l'Hermitage)을 들어볼 것.

알프

타르티플레트, 라클레트, 크로지플레트 등 풍성하고 맛있는 치즈 요리가 많다. 치즈 중에서는 보포르(beaufort), 아봉당스(abondance), 톰 드 사부아(tomme de Savoie), 르블로숑(reblochon) 같은 치즈 외에도 이름이 덜 알려진 탁월한 염소 치즈들이 있다. 퐁뒤와 라클레트용으로는 크로제(crozets) 같이 알프스 지방에서 생산하는 스타 상품들이 유명하다.

단것을 좋아하는 사람들에게는 사부아 케이크(gâteau de Savoie), 레쥘(rézules), 뷔뉴(bugnes), 생주닉스

브리오슈(brioche de Saint-Genix), 단맛 버전의 마타팡(matafan) 등을 추천할 만하다. 식사의 마지막은 야생쑥주인 제네피(génépi) 한잔으로 마무리한다.

옥시타니

Occitanie

행정 중심지 : 툴루즈(Toulouse)
데파르트망 : 13개
아리에주(Ariège)(09), 오드(Aude)(11), 아베롱(Aveyron)(12), 가르(Gard)(30), 오트가론(Haute-Garonne)(31), 제르(Gers)(32), 에로(Hérault)(34), 로트(Lot)(46), 로제르(Lozère)(48), 오트피레네(Hautes-Pyrénées)(65), 피레네조리앙탈(Pyrénées-Orientales)(66), 타른(Tarn)(81), 타른에가론(Tarn-et-Garonne)(82)
면적 : 72,724km²
인구 : 5,924,858명

▎특징

프랑스 지방을 통틀어 옥시타니보다 역사가 더 풍요로운 지역을 만날 수 있을까? 유럽 최대의 성채 카르카손이 육중한 모습으로 우리를 압도한다면, 알비는 유럽에서 가장 화려한 채색 성당으로 방문객들의 숨을 멎게 만든다. 무려 13개의 데파르트망을 품고 있는 거대한 지역으로, 프랑스 본토를 기준으로 옥시타니 면적은 누벨아키텐(Nouvelle-Aquitaine) 다음으로 넓다. 바스크 지방이나 코르시카가 오랫동안 프랑스로부터 떨어져 나가려고 애썼다면, 이 지방을 지배하고 있는 정서는 파리에 대한 반감, 중앙에 대한 섭섭함이다. 다른 식으로 표현하자면, 파리로 설명되는 프랑스 북부와는 완전히 다른 정서가 이곳에는 오래전부터 정착되어 있었다는 얘기다. 그 정도로 옥시타니는 대서양과 지중해 사이에서, 파리와 스페인 사이에서 자신이 세상의 중심이라는 인식을 오랫동안 공고히 하고 있었다. 가톨릭에 대한 반감이 커지면서 자신들만의 기독교를 만들어낸 곳도 이 지역이고, 프랑스 국왕들이 늘 정복을 꾀했던 곳도 이 지방이었다.

행정 개편 이후 새로 등장한 이름인 옥시타니는 특히 18세기에 다양한 문화와 역사를 만들어낸 지방과 영토를 보유하고 있다. 랑그독[Languedoc : 상(上)랑그독과 하(下)랑그독(Haut et Bas-Languedoc), 카탈루냐 지방[Pays catalans : 루시용(Roussillon), 세르다뉴(Cerdagne), 발레스피르(Vallespir), 콩플랑(Conflent), 캅시르(Capcir)], 푸아 백작령(Comté de Foix), 옛 가스코뉴(Gascogne) 지방의 동쪽 지역[아르마냑(Armagnac), 코맹주(Comminges), 쿠즈랑(Couserans), 비고르(Bigorre), 콩도무아(Condomois), 네부장(Nébouzan), 리비에르베르됭(Rivière-Verdun)]과 귀옌Guyenne[케르시(Quercy), 루에르그(Rouergue)]가 그런 지역들이다. 가스코뉴, 케르시, 세벤, 랑그독, 루시용 등의 멋진 땅들과 미디 운하를 거느리고 있고, 피레네 산맥에 걸쳐 있으며 지중해와도 연결된 옥시타니는 풍요로운 자연환경, 오랜 역사를 지닌 도시와 마을들, 상징적인 기념물들이 차고 넘치는 멋진 레지옹이다.

그러기에 옥시타니 지역은 늘 관광객들이 차고 넘친다. 40만 명 이상이 찾는 명소만도 13개를 보유하고 있는 지역으로, 그중 3개가 오드(Aude) 데파르트망에 소재해 있다. 코로나바이러스 이전에 상대적으로 관광이 자유롭던 2019년 프랑스관광청 통계를 빌자면 옥시타니 각 지역을 찾았던 관광객 숫자는 다음과 같다. 괄호 속은 데파르트망 이름.

1. 카르카손 중세도시(Cité médiévale de Carcassonne(오드) : 1,791,000명
2. 나르본의 대성당과 마르샹 다리(Narbonne : Cathédrale et Pont des marchands)(오드) : 1,270,000명
3. 에그모르트(Aigues-Mortes)(가르) : 1,000,000명
4. 미요 고가교(Viaduc de Millau)(아베롱) : 904,300명
5. 퐁 뒤 가르(Pont du Gard)(가르 다리) : 848,200명
6. 툴루즈의 생세르냉 사원(Basilique Saint-Sernin)(오트가론) : 754,800명
7. 카르카손 성채와 성(Remparts et Château Comtal de Carcassonne)(오드) : 627,400명
8. 알비의 생트세실 대성당(Cathédrale Sainte-Cécile)(타른) : 600,000명
9. 루르드 성소(Sanctuaires Lourdes)(오트피레네) : 550,000명

10. 파디락 동굴(Gouffre de Padirac)(로트) : 500,000명
11. 툴루즈 우주항공센터(Cité de l'Espace)(오트가론) : 408,000명
12. 베지에의 퐁세란 수문(Écluses de Fonséranes)(에로) : 408,000명
13. 님 아레나(Arènes de Nîmes)(가르) : 407,600명

미디피레네 Midi-Pyrénées

이상한 형태의 화강암 더미가 넘치는 시도브르(Sidobre)의 준엄한 숲, 몽타뉴 누아르(Montagne Noire) 산과 라콘 산(Monts de Lacaune)의 가파른 부조, 그랑 코스(Grands Causses)에서 맛볼 수 있는 스텝 지방의 고독, 오브락(Aubrac) 방목장의 간결함은 우리를 미디피레네 북쪽의 로트(Lot), 아베롱(Aveyron), 타른(Tarn)으로 향하도록 만드는 감동적인 이미지들이다. 방문객은 계곡에 둘러싸인 채 평원과 언덕을 차례로 지나가게 된다. 지역의 풍광은 케르시(Quercy) 정원들의 우아함 혹은 알비주아(Albigeois)나 카스트레(Castrais)에서 곡물을 생산하는 모습과 극명한 대조를 이룬다. 일부 사람들은 17세기에 태동한 도시 모델인 성곽도시의 바둑판 배열 형태도 찾아낼 수 있을 것이다.

이 지방의 다양함은 지역 특산물에서도 잘 드러난다. 케르시 지방의 검은 다이아몬드인 송로버섯, 로카마두르의 염소젖 치즈인 카베쿠(cabécou), 지존의 치즈 로크포르(roquefort)는 미디피레네의 대표 산물들이다. 그리고 이 지방의 이야기에서는 방문객이 도처에서 과거의 유령과 만나게 만들 정도로 전설이 차고 넘친다.

지중해와 대서양의 영향을 동시에 받은 미디피레네 남부, 곧 미디피레네, 피레네, 가스코뉴(Gascogne)의 문화다양성에 대해 그 누가 불평을 쏟아낼 수 있을까? 피레네 산맥의 계곡으로부터 제르스(Gers)와 타른에가론(Tarn-et-Garonne)의 완만한 산등성이, 로라게(Lauragais)의 둥근 형태에 이르기까지 각 마을은 해묵은 전통의 공동문화유산을 지니고 있다. 미디피레네는 젊은 세대의 새로운 열망 덕을 보고 있기도 한데, 툴루즈가 그 중심도시다.

랑그독루시용 Languedoc-Roussillon

옥시타니 일부가 된 랑그독과 루시용은 대서양과 지중해를 이으며 서로 뒤섞이기

도 한 지역이다. 툴루즈는 카르카손에 영향을 끼쳤고, 카탈루냐는 피레네 산맥 가장 자리에 진을 쳤으며, 님에서는 프로방스 분위기가 나는 등 서로 다른 정체성을 가진 지역이었다. 그러기에 이 지역에서는 페탕크와 카술레, 모자랍 교도의 회랑과 스페인의 투우, 2개의 비슷한 언어인 카탈란어와 옥시타니어가 공존한다. 제2의 로마를 꿈꾸었던 이 지역에서 유대-아랍 지식의 축적은 스페인 다음으로 방대했으며, 로마네스크 예술도 찬란한 빛을 발했다. 그러기에 옥시타니 지방에 내리쬐는 태양 빛은 마치 메스를 들여대는 것처럼 각 마을을 미세하게 분할하고 있는 느낌이다.

옥시타니의
문화 코드와 상징
- Culture et Symbole -

옥시타니 지방기

옥시타니를 상징하는 색깔은 빨간색과 노란색으로, 지방기는 빨간색 바탕
위에 노란색 옥시타니 십자가가 그려진 형태를 하고 있다. 십자가 모양은
정사각형인데, 4개의 십자가 끝에는 3개의 구슬이 달려있다.

옥시타니 민요 '노래한다면Se Canto'

'새가 노래한다면 노래하게 두어라/나를 위해 노래하는 게 아니라/나의 님을 위해 노래하는 것/내
게서 멀리 떨어져 있는 님을'이라는 가사로 시작하는 노래로, 지역의 대표적인 음악이다.

십자군 원정

약탈로 점철되었던 제4차 십자군 분위기가 연장되면서 당시 자유국으로 남아있던 옥시타니도 희
생양이 되었다. 1208년 교황은 랑그독 지역으로 피신한 카타리파 이교도들을 숙청하기 위해 십
자군 전쟁을 시작했고, 남부 지역의 군주들도 교황의 전투 명령을 받아들였다. 하지만 트랑카벨
(Trencavel) 자작의 영역이자 카타리파 이교도들의 주요 활동지였던 베지에(Béziers), 카르카손, 알비는
저항을 계속했다. 십자군이 베지에를 탈환하고 시민들을 학살하자 카타리파 교도들은 카르카손
으로 피신했다. 십자군 전쟁 기간에 많은 권력 남용과 약탈이 발생하고 재산을 빼앗기자 실망한
지역 군주들은 태도를 바꾸어 카타리파를 지지하기 시작했다. 카타리파 서사시는 마지막까지 잔
인하고 비극적이었다. 1244년 3월 16일 카타리파의 최종 전선인 몽세귀르(Montségur)가 불타오르자
수백 명의 카타리파인들은 개종을 거부하며 화염 속에 몸을 던졌다. 무수한 사람들이 희생된 후
옥시타니는 최종적으로 프랑스 땅이 되었다.

카타리파의 길Sentier Cathare

'카타리파의 길'은 오드(Aude) 지방 포르라
누벨(Port-la-Nouvelle)에서부터 아리에주(Ariège)
지방 푸아(Foix)까지 총 250km에 걸쳐 있
다. 12단계에 걸친 여정을 통해 카타리파
성채를 방문해볼 수 있다.

카타리파 Les Cathares

구약성경, 교황과 천주교를 거부한 카타리파는 남부 프랑스의 알비와 툴루즈를 중심으로 생겨난 후 18세기까지 활동했던 흐름으로, 옥시타니를 이해하기 위해 반드시 공부할 필요가 있다. 이원론과 영지주의를 바탕으로 한 이들의 교리는 11세기에 주로 랑그독 지역에 전파되었으며, 12세기에서 13세기까지 교세를 확장하였다. 위의 '십자군 원정'에서 일부 기술한 내용을 항목별로 더 자세히 정리해보자.

1) 기원

10세기부터 12세기 사이에 프랑스의 미디(Midi) 지방에서 신비한 '이단'이 모습을 드러낸다. 카타리파가 너무나 빨리 세를 확산했기에 가톨릭교회는 이 종교를 뿌리뽑기 위해 전쟁을 벌이지 않을 수 없었다. 그에 따라 프랑스 왕국은 두 차례에 걸친 십자군 원정을 감행하는데, 이면에는 랑그독과 아키텐을 지배하려는 프랑스 국왕의 야심이 숨어 있었다. 카타리파 진압은 1244년 몽세귀르 성채가 함락되면서 종료되었다.

2) 옥시타니 문화

12세기에 프랑스 남서부 지방은 루아르 강 북쪽 지방들 분위기와 매우 달랐다. 두 지역은 오크어(langue d'oc)와 오일어(langue d'oïl)라는 서로 다른 언어를 사용하고 있었는데, 남서부 지방에서는 찬란하고도 세련된 문화가 꽃을 피우고 있었다. 성들을 전전하면서 트루바두르, 시인, 음악가들은 사랑, 영예뿐 아니라 강자의 권리를 부정하는 풍자적인 내용을 노래했다. 이러한 생각과 가치는 지역에 만연했는데, 교양이 높은 이 지역의 대도시 사람들은 로마제국에 대한 기억을 그리워하고 있었다. 규칙과 법들은 강자들의 권력 남용을 제한했고, 권력자들이 봉신들과 맺고 있는 관계를 통제했다. 반면 북쪽의 일드프랑스 지방에서는 왕이 말을 잘 듣지 않는 봉신들을 다양한 방식으로 억누르고 있었다. 랑그독과 아키텐 지방의 도시들의 주민들은 자신들을 통치하는 집정관과 시행장관들을 직접 선출했는데, 선출된 인물들은 영주들과 동등한 자격으로 대화할 수 있었다. 이 정도로 자유로웠던 미디 지방 도시들은 외래 사상의 수용에도 더 적극적이었다. 그들의 상업 활동(툴루즈는 유럽에서 세 번째 도시였다)은 많은 국가와 교류하게 만든다. 식료품과 필수품을 교환하던 상인들은 새로운 사상을 접한 후 옥시타니 지방에 그것들을 전파했다.

3) 카타리파의 기원

이러한 분위기에서 새로운 종교가 퍼져나가기 시작한다. 새 종교가 거둔 성공은 너무나 커서 가톨릭교회는 두려움을 느꼈다. 하지만 가톨릭에게도 책임이 있었다. 자체 개혁이 불가능하기에 사방에서 공격을 받던 가톨릭은 카타리파가 도약할 기반을 이미 마련해주고 있었다. 카타리파가 등장하기 훨씬 이전부터 많은 수도사는 교회, 사제, 성사(聖事)에 맞서 반란을 권고하고 있었다. 신과 인간이 맺고 있는 관계를 단순화하고, 교회가 강요하는 사치스러운 틀로부터 벗어나기를 그들은 강조했다. 카타리파는 단순한 운동 이상이었고, 로마 가톨릭과는 완전히 다른 종교였다. 그 종교는 이미 역사가 오래된 것이었는데, 기원전 7세기부터 고대의 주요한 인물 중 한 사람이자 페르시아 예언자인 조로아스터(Zoroastre)를 중심으로 발전한 사상을 내포하고 있었다. 조로아스터는 우주 속에 환원할 수 없으며 영원히 서로 투쟁하는 두 개의 원칙인 선과 악이 존재한다고 주장했다. 고대 전체에 걸쳐 조로아스터 사상은 상당한 영향을 끼쳤고, 특히 기원후 3세기에 예언자이자 마니교의 창시자였던 마네스(Manès)가 다시 채택한 터였다. 10세기에 불가리아에서 발전한 이러한 학설은 이단의 창시자였던 드 보고밀(De Bogomile)의 이름을 딴 보고밀파(bogomiles)를 낳았다. 그들은 마니교가 추종하던 종교적 개념들을 채택했다. 사람들은 종종 카타리파와 보고밀파 사이의 관계를 설정하기도 하지만, 오늘날 이런 시각은 비판을 받고 있다. 비록 두 개 사상이 아주 유사할지라도 카타리파는 기독교, 마르시온(Marcion)와 그노시스의 학설에서 직접 파생한 것으로 간주된다. 따라서 카타리파는 성서 연구의 산물이며, 복음서에 대한 다양한 해석을 제안하면서 침례, 성찬, 결혼 등 가톨릭교회가 집행하는 모든 성사를 거부했던 운동이다.

4) 신자와 완덕자(完德者, Parfaits)

카타리파, 그리고 어떤 의미에서는 사제 역할을 담당하던 'Parfaits' 혹은 'Bonshommes'라는 명칭의 완덕자들은 아주 엄격한 규율을 준수했다. 그들은 자주 금식했으며, 평상시에도 특정 음식들을 들 수 없었다. 또 사원을 지을 수 없었으며, 기회가 닿을 때마다 기도를 올렸다. 그들은 '위령 안수 의식(Consolamentum)'을 제외한 모든 성사를 거부했다. 신자들 역시 완덕자들에게 요구되는 사항들을 지켜야 했다. 거짓말하지 말고, 단언하지 말며, 성관계를 가지지 않는 것 등이 그런 내용이었다. 서훈을 받을 때면 자신을 이끈 완덕자 앞에서 무릎을 꿇고 성령이 임하는 것을 체험했다. 자유롭게 의견을 개진할 수 있던 카타리파 사람들은 검은색 옷을 입는 것을 선호했지만, 탄압을 받은 후에는 검은색 혁대를 옷 속에 감추는 것으로 만족해야 했다.

5) 카타리파의 도약

카타리파는 '순수함'을 의미하는 그리스어 'catharos'에 기원을 두고 있다. 인간이 영혼의 가장 순수한 상태에 도달하도록 하는 것을 목적으로 삼았기 때문이다. 시련으로 받아들여지는 지상에서의 삶을 영위하는 동안 인간은 깨끗한 행실을 통해 물질, 육체 세계, 지상의 천박한 필요와 관계를 끊도록 노력해야 한다. '알비주아(albigeois, '알비 사람들'이란 의미)'라고도 불렸던 카타리파 사람들은 악이 선, 다시 말해 정화된 영혼에 대립한다고 생각했다. 영혼을 정화하는 데 성공한 자는 죽음 이후에 선 속에서 영원히 휴식하게 되며, 그렇지 않은 사람들은 사람의 몸으로 무한정 다시 태어난다. 그러기에 카타리파 사람들은 죽음이 곧 해방이라고 생각했다. 죽음에 대한 무시는 그들을 프랑스 국왕 및 교황에 대적하게 했다. 1147년부터 알비 사람들의 마음을 돌리기 위해 수도사들이 파송되었지만, 모두 실패했다. 마지막 시도는 도미니크 수도회를 창설한 도미니크 성인에 의해 이루어졌다. 그러나 그는 제한적인 성공만을 거두었을 따름이다. 그에 따라 교황은 성전(聖戰)을 벌일 생각을 점차 품게 된다. 카타리파와 가톨릭의 완전한 단절은 교황 특사가 살해되던 1208년에 벌어진다.

6) 알비파에 대한 첫 번째 십자군 원정(1209-1218)

교황 특사의 살해는 이노센트 3세 교황이 이단을 퇴치할 십자군을 동원하도록 만들었다. 프랑스 국왕인 필립 오귀스트(Philippe Auguste)는 이러한 부름에 응했고, 자신의 가장 강력한 봉신들인 부르고뉴 대공(Duc de Bourgogne), 몽포르(Montfort)와 생폴(Saint-Pol) 백작들이 군대를 지휘하도록 했다. 그에 따라 30만 명의 십자군이 론 계곡(Vallée du Rhône)으로 내려간다. 툴루즈 백작이자 교황 특사의 살해를 독려했다는 의심을 받았던 레몽 6세(Raymond VI)는 교회 편에 섰고, 자기 사람들과 대립하는 입장이 되었다. 십자군은 성채로 둘러싸인 베지에(Béziers)를 포위했다. 하지만 1209년 7월 22일 안전하다고 오판한 주민들은 성벽 아래 진주한 십자군을 공격했다. 원정을 위해 채용된 용병들과 기사들은 성문이 열린 기회를 이용해 길을 만들었고, 십자군 일부를 성안으로 진입하게 한다. 도시는 불탔고, 주민들은 살육을 당했다. 신자와 이단을 어떻게 구분하는지 묻는 병사들에게 시토회 사제였던 아르노 아말릭(Arnaud Amalric, 혹은 아르노 아모리(Arnaud Amaury)라고 부르기도 한다)은 다음의 유명한 문장으로 답했다. "모두 죽여라. 신께서 자기 사람들을 알아보실 테니!(Tuez-les tous, Dieu reconnaîtra les siens!)" 그러나 시토회 소속의 연대기 작가 세제르 드 하이스터바흐(Césaire de Heisterbach)가 남긴 이런 기록은 역사적 사실과 다른 것으로 오늘날 평가받고 있다.

베지에 다음은 카르카손 차례였다. 십자군은 1209년 7월 말에 공격을 예고했다. 카르카손에서 저항을 이끌던 우두머리는 젊은 자작인 로제 드 트랑카벨(Roger de Trencavel)이었다. 포위는 3주간 지속되었고, 십자군은 포위된 사람들이 휴전 교섭에 응하도록 도시의 물을 끊어버렸다. 교섭에 응한 트랑카벨은 십자군의 포로가 되었다. 용맹스러웠던 십자군 기사 시몽 드 몽포르가 트랑카벨의 역할을 이어받아 도시를 통제하지만, 카르카손 사람들은 그에게 적대적이었다. 1218년 사망할 때까지 시몽 드 몽포르는 자신에게 반항하는 사람들과 끊임없이 전쟁을 벌여야 했다.

7) 승리한 동시에 패배한 자인 시몽 드 몽포르

십자군이 신앙을 부정하는 이단자에게 목숨을 부지하게 해주겠다고 전했지만 요구에 응한 사람은 극소수였다. 십자군 원정의 의미는 시간이 흐를수록 극명해졌다. 북부 영주들이 남부를 장악하는 것이 목적이었다. 툴루즈 백작과 아라곤 왕은 그런 현상을 걱정하다가 1213년 함께 힘을 합쳐 뮈레 성(Château de Muret)에 있던 시몽 드 몽포르를 공격하기로 결심한다. 하지만 수적 우위에도 불구하고 공격은 금방 끝났다. 피에르 다라곤(Pierre d'Aragon)은 죽임을 당했으며, 레몽 6세는 툴루즈에서 무릎을 꿇었다. 그러나 카타리파 사람들은 그를 깊이 신뢰하면서 신앙을 부정하기보다는 노래를 부르며 화형대로 자발적으로 향했다. 영국으로 피신했던 레몽 6세와 그의 아들 레몽 7세가 영국에서 되돌아오자 카타리파 사람들은 그들을 열광적으로 환영했다. 대중들의 봉기는 십자군을 툴루즈에서 몰아내버렸다. 이 소식을 접한 시몽 드 몽포르가 툴루즈로 달려가나 거기서 그는 1218년 살해된다. 자신의 가장 잔인한 적이 죽자 카타리파 사람들은 승리의 함성을 질렀다.

8) 시몽 드 몽포르라는 존재

알비주아를 진압하는 책임을 맡았던 이 십자군 지도자는 용맹과 잔인함으로써 전쟁을 이끌었다. 그는 이미 제4차 십자군 원정에서 자신의 진가를 보여준 터였다. '북부의 엄격주의(puritanisme du nord)'를 대표하는 그는 '남부(미디)의 자유주의(méridional libertin)'를 대표하던 인물인 레몽 6세의 완벽한 적이었다. 그들 두 사람은 2개의 상이한 문화를 각각 상징하고 있었다.

9) 알비파에 대한 두 번째 십자군 원정

1224년에 새로운 위협이 옥시타니 지방에 가해진다. 새 국왕 루이 8세(Louis VIII)는 자기 아버지 필립 오귀스트보다 더 무자비했다. 미디 지방의 영주들과 백작들이 자기 땅에 다시 정착하던 1226년 십자군이 두 번째로 랑그독 지방을 찾는다. 지휘자는 국왕이었다. 대부분의 도시는 손쉽게 함락되며 왕에게 복종한다. 오직 아비뇽만이 3달에 걸쳐 저항했다. 루이 8세가 사망하면서 툴루즈가 포위에서 벗어날 수 있었지만, 툴루즈 백작은 1229년 모 조약(Traité de Meaux)을 통해 프랑스 국왕과 가톨릭교회에 충성하고, 이단을 퇴치하며, 자신의 무남독녀를 프랑스 새 국왕인 루이 9세(Louis IX)의 동생과 결혼시키겠다고 서약했다. 랑그독을 프랑스에 복속시키기 위함이었다. 조약이 체결되고 레몽 7세가 툴루즈로 되돌아간 후 종교재판소가 만들어졌고, 일련의 도미니크회 신부들에게 운영 책임이 맡겨졌다. 무제한의 권력을 행사하면서 종교재판관들은 이단을 색출하기 위해 미디 지방을 누비고 다녔다. 하지만 1242년 카타리파 기사들이 종교재판관들을 살해하자 미디의 열망을 담은 두 번째 봉기가 일어나 이 지방을 뒤흔든다.

10) 몽세귀르 성채의 함락

최종적인 평화는 1243년 로리스(Lorris)에서 프랑스 국왕과 툴루즈 백작 사이에 체결되었다. 옥시타니의 독립, 무엇보다도 카타리파의 독립이 끝나는 순간이었다. 하지만 카타리파에게 최후의 일격을 가하기 위해서는 몽세귀르 성채를 차지해야 했다. 그 장소는 카타리파 신도 400명이 왕권을 거부하면서 은신했던 장소였다. 몽세귀르 성채의 높은 위치는 카타리파에게 대단한 안도감을 주었는데, 1년 동안 그들은 이곳에서 성공적으로 왕과 교황에 대항했다. 성채를 포위했던 1만 명의 병사들은 무력감만 느꼈을 따름이다. 그러나 1244년 7월 어느 날 밤, 이 장소의 지형을 아주 잘 알며 암벽 등반에 능수능란한 산악인들 덕분에 병사들은 성채 안으로 들어가 카타리파를 완전히 진압하는 데 성공한다. 숨을 곳이 없었던 마지막 카타리파 사람들은 추격당하는 짐승 취급을 받았고, 살아남은 완덕자들은 카탈루냐, 시칠리아, 롬바르디아로 피신했다. 이를 계기로 당대에 가장 세련되었던 문화 역시 사라졌다. 트루바두르들이 노래하던 기사도 신화, 기사들의 명예, 궁정 연애로부터 태동한 옥시타니 문명이 사라져버린 것이다.

11) 난공불락의 몽세귀르 성채

몽세귀르는 다른 성들과는 달랐다. 이 성을 지은 건축가들은 쉽게 방어할 수 있는 건물을 짓는 동시에 카타리파 성소를 건설한다는 의지를 품고 있었다. 건물의 방향은 우연의 결과가 아니다. 건물의 주축은 한 해의 일부 시기(춘분과 동지)에 태양이 뜨고 지는 지점을 수평으로 연결한 장소들의 연장선상에 놓였다. 카타리파에게는 태양이 빛과 선의 상징으로서 중요한 역할을 담당하고 있었다. 몽세귀르는 오늘날 옥시타니 부활의 상징적인 장소로 인정된다.

12) 카타리파의 보물

몽세귀르가 함락된 후 많은 카타리파 신자들은 이탈리아로 이주한다. 그러기에 카르카손 인근에 숨겼던 알라릭(Alaric)의 위지고트 보물이 이탈리아로 건너간 것으로 추정된다. 하지만 20세기 초에

1209년 8월 15일 : 교황이 보낸 십자군에 에워싸인 카르카손, 그리고 이 도시로부터 맨몸으로 쫓겨나는 카타리파 신도들.(런던의 British Library 소장, Photo D.R.)

렌르샤토(Rennes-le-Château)에서 베랑제 소니에르 신부(Abbé Béranger Saunière)가 출처를 모르는 막대한 돈을 지출하자 사람들은 이 사제가 보물을 찾아냈다고 확신했다. 카타리파의 보물이었을까? 몽세귀르가 포위되었을 때 일군의 사람들이 성을 빠져나와 미지의 장소로 떠났다는 사실을 잊지 말자.

프레데릭 미스트랄 Frédéric Mistral

프로방스 지방에서 태어난 인물로, 민중들이 800년 동안 계속 사용해온 언어인 옥시타니어로 시를 써서 1914년 노벨문학상을 받았다. 지역어 부흥운동인 펠리브리주(félibrige)를 시작했고, 시집 《미레유(Mirèio)》를 펴냈다.

카르카손 Carcassonne

빌 바스(Ville basse)와 시테(Cité)의 두 시가지로 나뉘는데, 시테에는 유럽에서 가장 규모가 크고 압도적인 중세성 유적이 있다. 시테의 성벽은 485년에 처음 축조되었는데, 1247년부터 시테에 건축물들이 들어서기 시작했다. 루시용 지방이 1659년에 프랑스에 합병되자 카르카손은 변경 요새로서의 지위를 잃고 쇠퇴하기 시작했다.

툴루즈 Toulouse

1317년 대주교관구가 된 툴루즈에는 중세 성당이 많은데 고딕 양식과 로마네스크 양식이 혼재하고 있다. 수많은 르네상스 양식의 건축물들로 인해 프랑스에서 가장 화려한 외관을 자랑하는 도시이기도 하다. '핑크빛 도시(ville rose)', 카피톨(Capitole), 카술레(cassoulet) 등이 툴루즈의 대표적인 이미지들이다.

콩크 Conques 와 산티아고 가는 길

4세기에 순교한 기독교 성인인 아젱(Agen)의 성녀 푸아(Sainte-Foy)의 유품을 보관하고 있는 콩크는 중세시대에 유명한 순례지였다.

아비뇽

프로방스 지방의 중심도시이자 유럽에서 가장 규모가 큰 고딕 건물인 옛 교황청이 소재한 도시. 아비뇽은 이탈리아와 스페인을 잇는 도로의 요충지 덕분에 일찍부터 상업 중심지로 번영을 누렸

다. 현재 유네스코 세계문화유산으로 지정된 교황청에서는 14세기에 프로방스 출신의 5명의 교황을 포함한 7명의 교황들이 1309년 클레멘스 5세부터 68년 동안 아비뇽에서 거주했다. 로마 교황청과 프랑스 사이의 세력 다툼이 끊이지 않았던 중세 때 로마 교황청이 아비뇽으로 옮겨 오면서 가톨릭의 중심이 되었기 때문이다. 생베네제 다리도 아비뇽의 대표적인 상징이다.

트루바두르troubadour
10–12세기에 남프랑스 옥시타니에서 생겨난 음유시인 집단을 가리킨다. 종교음악 위주였던 중세 분위기에서 벗어나 낭만과 사랑을 노래했기에 궁중문화에 혁신을 가져왔다. 트루바두르 문화는 영국, 독일, 스페인, 이탈리아를 비롯한 유럽 전역으로 퍼져나가 중세 음악과 문학 전반에 큰 영향을 끼친다.

부데고Bodega
동물의 가죽을 꿰맨 후 바람을 불어넣어 백파이프 방식으로 연주하는 전통악기를 코르느뮈즈(Cornemuse)라 부르는데, 그중에서도 돼지 한마리의 통가죽으로 만든 가장 큰 악기를 부데고라 부른다.

카술레cassoulet
메주콩에 오리고기를 박은 후 뚝배기에 끓여낸 옥시타니 서부의 전통 음식.

나다우Nadau
나다우 혹은 루스 데 나다우(Los de Nadau, 옥시타니어로 '크리스마스' 혹은 '크리스마스 사람들'을 의미)는 1973년에 창설되었고 가스코뉴–베아른 음악을 노래하는 그룹이다. 가스코뉴 문화, 그리고 보다 넓게는 옥시타니 문화를 이어가는 것을 목적으로 삼는다. 2000, 2005, 2010, 2014년에 파리의 올램피아(L'Olympia)에서 네 차례 공연을 했다. 'De cap tà l'immortèla'와 'L'encantada'는 그들이 부른 가장 유명한 두 곡의 노래들이다. 그동안 8백 회 이상의 공연을 열었으며, 9개 앨범을 출시했다.

가바르니 원곡Cirque de Gavarnie
피레네 산맥에 자리 잡은 이곳에서 장엄하고도 환상적인 가바르니 폭포를 만날 수 있다. 프랑스와 스페인 국경에 걸친 몽페르뒤 산지(Massif du Mont-Perdu)의 높이는 3,000m가 넘는다. 남쪽으로는 오르데사(Ordesa), 아니스클(Aniscle), 피네타(Pineta) 계곡들이, 북쪽으로는 웅장한 가바르니(Gavarnie), 가장 면적이 넓은 트루무즈(Troumouse), 야생의 풍경이 펼쳐지는 에스토브(Estaube) 원곡들이 자리를 잡고 있다. 1997년에 이 지역의 30,000ha 이상이 유네스코 세계문화유산에 등재되었다.

| 랑그독루시용의 주요 방문지

Occitanie

나르본 Narbonne

나르본은 이 지역 전체를 관장하던 로마제국의 수도였다. 당시 나르보네즈(Narbonnaise)라 불리던 이 도시는 대단한 규모의 항구였지만 그러한 위용은 루이 12세에 의해 완전히 지워져버렸다. 루이 12세가 로마제국시대 유적의 돌들로 성채를 짓고 성벽과 탑을 쌓았기 때문이었다. 그렇지만 나르본에서는 아직도 질 에슬랭 망루(Donjon Gilles Aycelin)와 생마르시알 탑(Tour Saint-Martial)을 비롯한 성벽 유적, 고딕 양식의 생쥐스트(Saint-Just)와 생파스퇴르(Saint-Pasteur) 대성당들, 대주교궁(Palais des Archevêques), 고대의 곡식저장소였던 오레움(Horreum)을 만나볼 수 있다. 미디 운하와 연결된 종크시옹 운하(Canal de Jonction)가 관통하는 나르본은 낭만이 넘치는 도시이기도 하다. 샤를 트레네(Charles Trenet)가 이곳에서 태어났는데, 그를 기리는 기념관에서 이 가수에 대한 추억을 만나볼 수 있다.

로마시대 공공창고 오레움Horreum

'오레움'은 곡식, 올리브유, 와인, 생필품, 의복, 심지어 대리석을 보관하는 공공창고를 지칭하는 라틴어다. 나르본(Narbonne)에 가면 기원전 1세기의 갈로로마시대 모습을 볼 수 있는 지하 유적이 남아있다. 오레움 내부 습도는 아직까지 완벽하게 유지되고 있는데, 1975년 박물관으로 개조되었고 와인 창고로 사용되고 있다. 매우 잘 보존된 벽은 로마인들이 건축 쪽의 지식과 노하우를 통달하고 있었는지를 보여준다. 1961년에 역사유적으로 지정되었다. 주소는 7 rue Rouget de l'Isle.

나바셀 원곡Cirque de Navacelles

몽펠리에에서 1시간 반 걸리는 나바셀 원곡은 그랑 코스 산지(Massif des Grands Causses) 남쪽에서 흐르는 비스 하천(Rivière Vis)의 굴곡에 의해 만들어진 천연 원곡이다. 2011년 6월 유네스코 세계문화유산에 등재되었다. 원곡 아래에서는 나무로 뒤덮인 옛 사행천이 작은 언덕을 에워싸고 있다.

전망이 뛰어난 곳에서 보면 아주 아름다운 풍경을 지닌 장소다. 2016년에 '프랑스의 대명승지(Grand site de France)' 타이틀을 부여받았다. 남프랑스 고딕 양식으로 지어진 생퓔크랑 대성당(Cathédrale Saint-Fulcran)이 있는 쾌적한 마을 로데브(Lodève)를 찾아가거나, 고블랭(Gobelins)에 배속되어 있으며 고품질의 양탄자를 제작하는 사보느리(Savonnerie)를 방문하면 좋다.

님 아레나 앞의 투우사 동상

니메뇨 2세(Nimeño II)로도 불리는 크리스티앙 몽쿠키올(Christian Montcouquiol) 모습이다. 1954년 독일에서 태어났고, 1989년 투우 경기 중 중상을 입은 후 1년 넘게 재활을 받았지만 결국 왼팔이 움직이지 않자 1991년에 자살로 생을 마감했던 프랑스 국적의 투우사였다.

원형경기장, '메종 카레(Maison Carrée)'라는 이름의 신전, 마뉴 탑(Tour Magne)으로 불리는 성벽 유적 등을 통해 로마제국 분위기를 가장 짙게 느낄 수 있는 도시다. 새로 지어진 로마제국박물관(Musée de la Romanité)에서는 고대부터 중세까지 이 도시와 인근 지역에 걸친 역사를 이해할 수 있다. 인근의 퐁 뒤 가르(Pont du Gard)는 남프랑스의 로마제국시대 주요 유적 중 하나로 평가된다. 가르동(Gardon) 하천에 놓인 퐁 뒤 가르를 방문한 다음에는 황무지와 포도밭, 올리브나무밭을 가로질러 구도심이 멋지게 복원된 위제스(Uzès)를 방문하면 좋다.

님Nîmes과 악어

아우구스투스의 병사들 중 일부는 이집트 원정이 끝난 후 님에 정착했다. 그들이 이집트에서 거둔 승리는 종려나무에 매달린 악어 모습으로 형상화되었는데, 님에서 찍어내는 동전에 새겨졌다가 훨씬 나중인 프랑수아 1세(François 1er) 때 이 도시의 상징이 되었다. 프랑수아 1세는 1533년과 1536년 사이에 님을 방문한 것으로 보이며, 그때 옛 로마제국시대의 동전을 접했다고 한다. 동전은 '님 동전(as de Nîmes)', '제국 식민지 메달(médaille coloniale impériale)', '두폰디우스(dupondius)' 등으로 불리고 있었다. 동전에는 종려나무에 매달린 악어 모습이 새겨져 있었고, 'COL NEM'이라는 글귀가 쓰여 있었다. Colonia Nemausensis, 즉 '님 식민지'라는 뜻이었다. 종려나무에 묶인 악어는 옥타비우스(Octave)(그리고 보다 나중에 아우구스투스)와 아그리파(Agrippa)가 안토니우스와 클레오파트라에게 거둔 승리, 그리고 이집트가 맛본 패배를 의미한다.

라 그랑드모트La Grande-Motte

에로(Hérault) 데파르트망 몽펠리에 아주 가까이에 1960년대에 건설된 이 휴양단지는 건축가 장 발라뒤르(Jean Balladur)의 야심을 온전히 담아낸 곳이다. 그는 특히 멕시코의 테오티후아칸(Teotihuacán) 피라미드 같이 콜럼버스 발견 이전의 피라미드들로부터 영감을 얻어 특이한 건물들을 지었다. 녹지대, 포낭 호(湖)(Étang du Ponant)와 오르 호(Étang de l'Or), 무수한 모래 해변, 바다 등으로 채워진 라 그랑드모트에서는 다양한 수상스포츠와 자연에서의 산책을 즐길 수 있다.

라스투르 성채Châteaux de Lastours

옥시타니어로 'Las Tors', 다시 말해 '탑들'을 지칭하는 장소로, 라스투르(Lastours) 코뮌의 해발 300m 높이에 우뚝 솟은 4개의 카타리파 성채로 구성되어 있다. 오르비엘 계곡(Vallée de l'Orbiel)과 그레지유 계곡(Vallée du Grésillou)으로 고립된 울창한 검은 숲에 자리하고 있다. 카바레(Cabaret), 쉬르드팽(Surdespine), 케르티너(Quertinheux), 투르 레진(Tour Régine) 등 공중에 떠 있는 느낌의 웅장한 4개 성채는 1905년에 역사유적으로 지정되었으며, 아직도 발굴이 계속되고 있는 중이다.

망드Mende

망드는 목조구조물 가옥들, 고딕 양식의 노트르담에생프리바 대성당(Cathédrale Notre-Dame-et-Saint-Privat), 노트르담 다리(Pont Notre-Dame), 르네상스 시대의 저택 등 역사를 담아낸 건축들이 많은 곳이다. 게다가 인근에는 석회질 고원인 코스 드 망드(Causse de Mende), 타른 협곡(Gorges du Tarn), 오브락 고원(Plateau de l'Aubrac), 마르주리드 산(Montagne de la Margeride)과 세벤 산(Montagne des Cévennes) 등 로제르(Lozère) 데파르트 망의 풍요로운 자연이 자리잡고 있다. 산책과 트레킹, 동굴 탐험과 암벽 등반 등 다양한 활동을 이곳에서 즐길 수 있다.

몽펠리에Montpellier

남프랑스의 에너지원인 몽펠리에는 지역에서 가장 매력적인 도시 중 하나로, 많은 관광객과 대학생, 새로운 이주자를 끌어들이고 있다. 차량 통행이 금지된 역사지구와 새로 조성한 거리의 건축물이 잘 조화를 이루고 있다. 문화 활동이 활발하며 쾌적한 산책, 온갖 종류의 유흥을 즐길 수 있는 곳이다. 역사지구 중심을 차지하고 있으며 활기가 넘치는 코메디 광장(Place de la Comédie)에서부터 가장 오래된 건물이 중세시대까지 거슬러 올라가는 에퀴송 지구(Quartier de L'Écusson)까지 산책하면 좋다.

미네르브Minerve

에로(Hérault) 데파르트망에 자리한 '프랑스에서 가장 아름다운 마을'이자 12세기의 카타리파 마을. 세스 협곡(Gorge de la Cesse)과 브리앙 협곡(Gorge du Brian) 위에 들어선 미네르브는 1210년에 7주 동안 포위되었다가 시몽 드 몽포르에 의해 파괴된다. 십자군은 이 마을의 카타리파 사람 140명을 화형대로 보냈다. 뛰어난 자연환경을 즐기면서도 프랑스 역사에 대해 생각해볼 수 있는 장소다.

미디 운하Canal du Midi

오트가론(Haute-Garonne), 오드(Aude), 에
로(Hérault) 데파르트망에 걸쳐 있다. 가
론(Garonne) 강으로부터 지중해까지 이어
지며 남프랑스를 관통하고 있는데, 세트
(Sète)에서는 2020년에 미디 운하 개통 350

주년을 경축한 바 있다. 배가 다닐 수 있는 이 운하는 루이 14세가 처음 건설을 구
상했다. 배를 타거나 걷거나 MTB 자전거로 돌아볼 수 있는 미디 운하 주변 환경은
더없이 쾌적하며, 플라타너스, 서양물푸레나무, 파라솔 소나무, 팽나무 그늘 아래서
멋진 풍경을 즐길 수 있다. 운하를 끼고 있는 작고도 매력적인 마을들에서 휴식하면
더욱 좋다.

베르메이유 해안Côte Vermeille

베르메이유 해안은 남프랑스 끝의 페르피냥과 스페인 국경 사이에 자리를 잡고 있
다. 산악지방, 포도밭, 원곡, 콜리우르(Collioure), 바뉠(Banyuls) 등의 작은 어촌, 그리고
푸른 지중해 바다가 교차하는 곳이다.

베지에Béziers

카타리파 역사가 서려 있는 베지에에는 프랑스에서 최대 규모를 자랑하는 길이
240m, 폭 28m, 높이 12m의 수로교가 놓여 있다. 미디 운하의 일부를 이루는 수로
교 이름은 '오르브 운하다리(Pont-canal de l'Orb)'. 구조물은 오르브 강의 급변하는 유
량을 조절하여 배가 운항할 수 있도록 만들어졌는데, 수로교에서 아래로 흐르는
강을 감상할 수 있다. 건축은 미디 운하 작업 총책임자였던 위르뱅 마게스(Urbain
Maguès)가 주도했다. 1858년부터 가동되기 시작했으며, 1996년 8월 29일에 역사유적
으로 지정되었다. 베지에 쪽 미디 운하에 놓인 8개 수문 총체를 지칭하는 퐁세란 수
문(Écluses de Fonséranes)은 많은 관광객이 찾는 장소 중 하나다. 기술적으로 프랑스

가 세계에서 가장 앞섰던 때 만들어진 경제적 걸작품이다. 오르브 운하다리의 건설로 인해 2개 수문은 더 이상 사용하지 않는다.

베지에는 길이 너무나 좁기에 큰 차량이 들어가기 어렵다. 생나제르 대성당(Cathédrale Saint-Nazaire)도 접근이 어려우니 인근 지역에 주차하는 것이 좋다. 윗마을에서 카르카손 방향으로 내려가며 만날 수 있는 방투즈 탑(Tour Ventouse)은 13세기부터 14세기 사이의 건축적 요소를 담아낸 사치스러운 형태를 하고 있다.

살스르샤토 Salse-le-Château

피레네조리앙탈(Pyrénées-Orientales) 데파르트망의 페르피냥에서 북쪽으로 17km 떨어진 살스르샤토에 자리하고 있는 성채가 살스 성채(Forteresse de Salses)다. 이 성채는 아라곤 왕국의 페르디난도 2세(Ferdinand II), 그의 아내이자 카스티야의 여왕이었던 이

사벨라(Isabelle de Castille)가 알함브라 궁전을 설계했던 군사건축 전문가 프란시스코 라미로 로페스(Francisco Ramiro Lopez)에게 위임해 루시용(Roussillon) 평원 한가운데에 1497년부터 1503년 사이에 건설했다. 당시로서는 건축 쪽의 첨단기술을 동원해 불과 6년 만에 완공했다.

무수한 장애에도 불구하고 1백여 명의 인부들은 110×84m 건물을 올리는 데 성공한다. 살스 성채 건설에 들어간 비용은 당시 스페인 왕국 연간 예산의 20%를 차지할 정도로 막대했다.

프랑스와 스페인이 번갈아가며 차지하다가 1659년에 루시용(Roussillon) 지방이 프랑스에 병합되면서 프랑스 땅이 되었다. 전략적인 의미를 덜 띠게 되자 성채는 1691년에 보방(Vauban)이 부분적으로 개조한 후 주둔지로 성격을 달리하게 된다.

샹 성Château du Champ

로제르(Lozère) 데파르트망 알티에(Altier) 코뮌에 자리한 세벤 국립공원 내에 있다. 옛날에는 제보당(Gévaudan) 지방에 속했다. 이 지역 역사를 품고 있는 소중한 장소 중 하나로, 성의 기원은 13세기 말까지 거슬러 올라간다. 옛날 로마제국 군대 주둔지 장소에 성이 건축되었으며, 주둔지를 뜻하는 라틴어인 'campus'로부터 성의 이름 'Champ'이 비롯되었다고 추정한다. 한 가문이 소유하고 있는데, 여인들에 의해 대부분의 상속이 이루어졌다. 콜린 세로(Coline Serreau) 감독의 영화 〈산티아고... 우리들의 메카로 가는 길(Saint-Jacques... La Mecque)〉(2005)을 촬영한 주요 장소 중 하나다.

생파풀Saint-Papoul

오드(Aude) 데파르트망 생파풀에는 생파풀 베네딕토회 수도원(Abbaye de Saint-Papoul)이 있다. 카타리파 역사에 얽힌 22개 주요 유적 중 하나다. 1846년 역사유적 분류 대상이 되었고, 2007년에 등재되었다. 수도원 성당 북쪽 후진(後陣)과 소후진(小後陣)의 상부 장식과 까치박공에서는 인간과 괴물 머리의 조각상을 만나볼 수 있다.

중세 로마예술의 보물이 되어 수 세기 동안 전해져 내려오고 있는 조각들은 미스터리에 쌓인 카베스타니 장인(maître de Cabestany)의 작품들이다. 삼각형 얼굴에 튀어나온 눈, 긴 손가락 등 기괴한 형상들이 우리의 눈을 사로잡는다.

세벤Cévennes

세벤은 프랑스의 중심을 차지하고 있는 중부고원지대(Massif central)에 놓인 산들이다. 로제르 산(Mont Lozère)에서 에구알 산(Mont Aigoual)까지 걸쳐 있으며, 국립공원을 포함한 자연보호구역이다. 밤나무가 무성한 숲, 편암 판석으로 지붕을 한 옛 촌락들이 이어지면서 다양한 풍경을 제공한다. 동시에 이 지역은 역사가 서린 고장이다.

1685년 낭트 칙령이 폐지되면서 위협을 느낀 칼뱅파 신도들인 '카미자르(camisards)'가 이곳에서 루이 14세에 대항해 저항운동을 벌였기 때문이다. 세벤에서는 비단 산업이 발달하기도 했는데 19세기에 절정을 이루었다. 세벤 지역에 소재한 박물관들이 그 사실을 확인시켜준다. 1960-70년대에는 히피족이 이곳으로 몰려들면서 지역 인구를 늘리는 데 기여했다. 오늘날에는 세벤의 자연 보호를 위해 운동을 벌이는 사람들이 많다. 세벤 국립공원(Parc national des Cévennes)은 2018년에 '별이 총총한 하늘 국제보호구역(Réserve internationale de ciel étoilé)' 라벨을 획득하기도 했다.

스티븐슨의 길 Chemin de Stevenson

카누를 타고 북유럽을 향해한 후 첫 여행기를 출간했던 젊은 작가이자 여행가였던 스코틀랜드인 로버트 루이스 스티븐슨(Robert Louis Stevenson)은 1878년 가을 르 모나스티에쉬르가제이유(Le Monastier-sur-Gazeille)부터 생장뒤가르(Saint-Jean-du-Gard)까지 걸어서 여행하기로 마음먹는다. 우리에게 《보물섬》, 《지킬박사와 하이드씨》의 작가로도 잘 알려진 인물이다. 유일한 동료는 짐을 나르는 나귀 모데스틴(Modestine)뿐이었는데, 작가가 65 프랑과 브랜디 한 잔에 사들인 동물이었다. 그의 경험은 《당나귀와 함께한 세벤 여행(Voyage avec une âne dans les Cévennes)》이라는 제목의 책으로 남는다. 20세기 초부터 스티븐슨 팬들이 작가가 답습했던 여정을 따라 세벤 지방을 여행하기 시작했는데, 오늘날 GR70 트레킹 코스가 스티븐슨이 지나갔던 루트와 거의 겹친다. 길이는 272km.

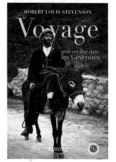

세트 Sète

에로(Hérault) 지방에서 바다를 향해 열린 도시인 세트에는 종종 '독특한 섬(île singulière)'이라는 별명이 따라붙는다. 바닷가에 자리 잡은 산이 섬 모습과 흡사하기 때문이다. 라틴어 cetus에서 이름을 따왔는데, '고래'라는 의미다. 그 옛날 뱃사람들이 배를 타고 이 도시로 들어올 때 멀리서부터 생클레르 산(Mont Saint-Clair)을 좌초한 대형고래 형상으로 느꼈기에 붙인 이름이었다. 세트는 지중해 연안 지역에서 와인 무역 덕분에 번성한 두 번째 규모의 상업항이자 가장 큰 포구다. 세트 항이 루이 14세 때 만들어졌기에, 여름 최대의 행사로 해상 창 경기(joutes nautiques)가 열리는 생루이 축제(Fête de Saint Louis) 때 루이 14세를 기리고 있다. 왕이 미디 운하(Canal du Midi)에 진입하는 어귀에 항구를 건설하라고 명령을 내림에 따라, 1666년 7월 29일 세트 항구가 준공된 것이다. 미디 운하가 끝나는 두 개 지역 중 하나이기도 하며, 산책하기에 아주

해상 창 경기 joutes nautiques

세트 항구가 개항하던 1666년 7월 29일 처음 열린 경기로 경기 규칙은 아주 단순하다. 창으로 상대방을 밀어 물속에 빠뜨리면 된다. 수상 창 시합을 하는 선수는 길이가 2.8m인 창과 방패로 무장한 채 수면으로부터 2m 위의 '탱텐(tintaine)'에 올라가며, 상대 선수를 물안으로 빠뜨리는 경기다. 18세기에 이 스포츠는 붉은색을 한 기혼자들과 푸른색을 한 젊은 미혼자들을 서로 겨루게 했다. 오늘날에도 이 색깔은 의상과 배, 그리고 창에 동일하게 적용되며, 나머지 의상은 흰색으로 통일한다. 매년 8월에 생루이 그랑프리(Grand Prix de la Saint-Louis) 대회가 열리는데 우승자는 깃발 위에 이름이 새겨지는 영예를 누린다.

좋은 도시다. 토 연못(Étang de Thau) 쪽으로 전망을 낸 어부들의 작은 집들로 채워져 있는 푸앵트 쿠르트(Pointe Courte) 같은 장소를 방문해보면 좋다. 박물관과 다양한 축제를 자랑하는 예술의 도시 세트는 가수 조르주 브라상스(Georges Brassens), 시인 폴 발레리(Paul Valéry), 연극인 장 빌라르(Jean Vilar), 영화감독 아녜스 바르다(Agnès Varda)가 태어난 곳이기도 하다. 바르다는 이 도시에서 누벨 바그(Nouvelle Vague)의 탄생을 알리는 자신의 첫 작품을 촬영했다. 발레리의 그 유명한 '해변의 묘지'도 세트에서 만나볼 수 있다.

세트의 몰리에르 극장 Théâtre Molière

2003년에 역사유적에 등재된 '남프랑스의 가장 아름다운 이탈리아식 극장'이다. 연극, 무용, 샹송, 클래식 및 현대 음악, 성악, 서커스에 활애된 40개 이상의 공연이 열리는 장소다. 건축가 앙투안 구르(Antoine Gour)의 설계에 따라 1904년 개관되었다. 제1차 세계대전 기간인 1914-18년, 그리고 2011년부터 2013년까지 2년에 걸친 보수 기간을 제외하고는 문을 닫은 적이 없다.

아그드 Agde

칸 다그드(Cap d'Agde) 쪽 연안에서는 다양한 수상스포츠를 즐길 수 있는 요트항, 그랑드 콩크 해변(Plage de la Grande Conque), 용암 분출로 인해 형성된 바위들이 차고 넘치는 해안 등 볼거리가 많다. 미디 운하가 지나가는 지역에서는 원형 수문, 토 연못(Étang de Thau), 바냐(Bagnas) 및 그랑드 마이르(Grande Maïre) 자연보호구역을 만나볼 수 있다. 내륙 쪽의 길은 원형으로 조성된 마을들인 코(Caux), 네지냥레베크(Nézignan-l'Évêque), 생퐁드모쉬엥(Saint-Pons-de-Mauchiens) 및 한때 몰리에르가 거주했던 페즈나스(Pézenas)로 연결된다. 포도밭들도 이곳 풍경을 채우고 있다.

에그모르트 Aigues-Mortes

석호와 늪, 운하 사이에 놓인 에그모르트는 중세시대의 군사 건축 모델이다. 해상 무역을 활성화하고 십자군 전쟁을 원활하게 치르려는 루이 9세의 의지 덕분에 13세기에 생겨난 에그모르트는 17세기에 지중해 연안에서 가장 중요한 항구였다. 점차 쇠락해가던 에그모르트는 카마르그(Camargue) 한가운데 위치한 염전을 보러 오는 사람들 덕분에 오늘날 많은 관광객이 찾는 도시로 변신했다. 방대한 자연지역인 카마르그는 언덕, 갈대밭, 늪지대로 구성된 습지대다.

루 드라페 Lou Drapé 의 전설

지역의 전설에 따르면 루 드라페(혹은 'lo Drapet'라고도 표기)는 밤마다 중세 성채 주위를 도는 말(馬)로, 길에서 방황하는 아이들을 등에 실어 납치하는 동물이다. 납치된 아이들이 되돌아오는 법은 없었다. 이 환상 속의 동물의 등은 많은 아이를 태웠기에 길게 늘어졌으며, 50명, 100명 등 필요에 따라 그 등이 늘어났다고 한다.

전설의 기원은 정확히 알려져 있지 않지만, 이 이야기는 에그모르트 어린이들에게 겁을 주고 아이들이 밤늦게까지 돌아다니지 않도록 지어낸 것으로 보인다.

프레데릭 바지유(Frédéric Bazille), 〈에그모르트에 있는 왕비의 문(Porte de la Reine à Aigues-Mortes)〉(1867).

에로 협곡 Gorges de l'Hérault

에구알 산(Mont Aigoual)에서 발원하는 하천이 흐르는 에로 협곡은 서로 맞닿을 듯한 절벽이 장관을 연출한다. 로마네스크 양식의 젤론 수도원(Abbaye de Gellone)이 소재한 작은 중세도시인 생기옘르데제르(Saint-Guilhem-le-Désert)에 도착하면 에로까지 악마의 다리(Pont du Diable)가 놓여 있다. 여러 장소에서 수영, 카누, 트레킹, 암벽 등반 등을 즐길 수 있다. 산티아고 가는 길 여정 위에 자리하고 있는 생기옘르데제르는 수도 원을 중심으로 건설된 마을이다. 살라구 호수(Lac du Salagou)와 나바셀 원곡(Cirque de Navacelles) 쪽은 목농주의와 지중해의 생태 다양성을 존중하는 전통으로 이름이 나 있다. 역사와 자연, 트레킹을 좋아하는 사람들이 방문해볼 만한 곳이다.

위제스Uzès

멀리서부터 기와지붕 위로 높이 솟은 4개의 중세 탑이 눈에 들어온다. 공국(公國)의 탑들인데, 과거의 영광을 보여주는 이 탑들은 위제스에 '프랑스 최초의 공국(premier duché de France)' 타이틀을 부여하고 있다. 위제스의 문화유산은 영화 배경에 어울리 는데, 모든 풍경이 라틴 분위기를 자아낸다. 아치형 통로가 있는 광장들과 저택들은 중세 이탈리아의 도시국가를 연상케 한다. 도시 전체가 보호구역으로 지정된 위제스 는 지속적인 복원 대상이 되고 있다.

카니고Canigó(프랑스어로 'canigou')

지역의 종교적이고도 사회적인 신화의 상징인 카니고는 자신의 형태로부터 이름을 얻어내고 있다. 'canigó'는 '개의 이빨'이란 의미다. 아라곤의 필리프 3세는 이곳 정상 에 올라간 최초의 왕으로 추정된다. 비행기가 막 운항을 시작하던 초창기에 카니고 는 비행기가 자주 추락하던 지역이었다. 카니고에 집중된 철과 망간이 자석 역할을 했기 때문이었다. 보호종 동식물이 아주 많은 카니고 산지는 트레킹을 하는 사람들 에게 숨이 멎는 듯한 풍경을 선사하고 있다.

카르카손Carcassonne

아래로 미디 운하가 지나가는 중세도시가 카르카손이다. 2천 년의 역사를 자랑하는

카르카손을 거쳐간 사람들은 갈리아인, 로마인, 위지고트족, 사라센족, 프랑크족 등이다. 2개로 분리된 지역으로, 아랫마을은 현대적이고 상업적이며 행정적인 반면 윗마을은 육중한 성채가 감싸고 있으며 유네스코 세계문화유산으로 지정된 지역이다. 유럽을 통틀어 가장 규모가 큰 중세 도시이자 프랑스에서 가장 많은 관광객이 찾는 도시 중 하나다. 수많은 망루, 이중 성곽, 성채와 멋진 고딕 성당이 모여있는 카르카손은 엄청난 위용을 자랑한다. 길이가 약 3km에 달하는 이중 성벽 중간중간에 52개 이상의 탑이 우뚝 자리를 지키

카르카손을 지켜낸 카르카스 공주

샤를마뉴 군대가 5년간 포위했던 카르카손을 홀로 지휘했던 카르카스(Carcas) 공주는 성의 주민들에게 식량이 얼마나 남았는지 알아보라고 지시했다. 남은 식량 전부인 새끼 돼지와 밀 포대 한 개를 시민들이 공주에게 건네자 공주는 새끼 돼지에게 밀을 모두 먹인 후 가장 높은 탑에서 돼지를 던지라고 명령했다. 공주의 이 전략은 대성공을 거두었다. 돼지 뱃속에 밀이 가득한 것을 보고 카르카손 성채 내에 식량이 풍부하다고 믿은 샤를마뉴 대제는 성채의 포위를 풀고 물러났다고 한다. 적들이 물러가자 카르카스 공주는 종을 울리게 했다. '카르카스가 종을 울리다(Carcas sonne)'에서부터 지명 '카르카손(Carcassonne)'이 유래되었다.

고 있다. 옥시타니의 보석이라고 해도 좋을 이곳은 19세기에 무려 50년이 걸려 비올레-르-뒥(Viollet-le-Duc)에 의해 복원되었다. 성벽 내부에서는 백작의 성(Château Comtal), 생나제르 사원(Basilique Saint-Nazaire) 등 역사가 충만한 거리들을 산책할 수 있다. 카르카손 맞은편, 오드(Aude) 지역 강 건너편에서는 성곽도시 생루이(Saint-Louis)가 자리잡고 있는데, 이곳에는 다양한 시대에 걸쳐 건축된 저택들이 즐비하다. 매년 7월 14일 카르카손에서는 지방에서 열리는 최대의 불꽃놀이 행사와 만날 수 있다.

카르카손 주위에는 카타리파 성채들이 주로 코르비에르(Corbières) 산지에 포진해 있는데, 대표적인 것들로는 아길라르(Aguilar), 라스투르(Lastours), 몽세귀르(Montségur), 페이르페르튀즈(Peyrepertuse), 퓔로랑스(Puilaurens), 케리뷔스(Quéribus), 테름(Termes) 성채 등이 있다.

카르카손의 다섯 아들들 Les Cinq Fils de Carcassonne

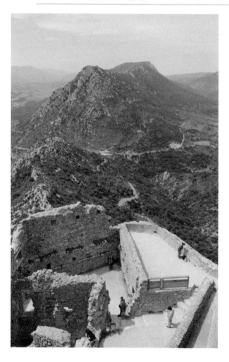

카르카손 주위의 5개 중세 요새를 지칭하는 개념으로, 아길라르(Aguilar), 페이르페르튀즈(Peyrepertuse), 퓔로랑스(Puilaurens), 케리뷔스(Quéribus), 테름(Termes) 등 5개 요새가 거기 해당한다. 카르카손을 공격하려고 했던 아라곤 왕국의 군대는 요새를 구축한 이 전선을 보고 퇴각해야만 했다. 프로방스어로 '페이라페르튀제스(Pèirapertusés)'는 '조각된 돌'을 의미한다. 전설에 따르면 카타리파가 활동하던 시대에 이곳에는 바위 사이로 성에 들어갈 수 있는 비밀의 문이 있었다고 한다. 하지만 이 비밀 문은 여전히 발견되지 않고 있다.

카르카손 성채에 뒤이어 1862년에 역

사유적에 등재되었음에도 불구하고 몽세귀르 성채는 1989년 3월에야 '카타리파 성 (château cathare)'으로 분류되었다. 하지만 유네스코 세계문화유산 등재 신청서류에 등장하는 이러한 호칭은 공격받고 있다. 이 성들 대부분이 수리되었고, 대부분 알비파에 대한 십자군 원정이 이루어진 후에 지어졌기 때문이었다. 아라곤 왕국과의 경계를 튼튼히 하기 위해 국왕이 성채 건설을 지시한 것이다. 1960년대부터 이 성채들을 관광 목적으로 홍보하기 시작하자 이런 오해는 부각되었다. 등재 신청할 대상은 실제로는 존재하지 않는 '카타리파 성채들'이 아니라 현재의 시리아 땅에 십자군이 지은 '기사들의 크락(Krak des chevaliers)'을 본 따 필립 오귀스트(Philippe Auguste) 왕이 건축을 명령한 군사 성채였다. 전문가들은 '필립 오귀스트 방식의 군사 건축 모델(modèle d'architecture militaire philippienne)'을 강조했다.

카브르스핀 대형동굴 Gouffre Géant de Cabrespine

카르카손 북쪽으로 30분 떨어진 곳에 있는 동굴로 아담한 카브르스핀(Cabrespine) 마을을 굽어보고 있다. 깊이가 250m, 면적이 160만m²에 달하기에 가장 아름다운 유럽 10대 동굴에 들어간다. 설명을 들으며 둘러볼 수 있는 투어는 바닥으로부터 200m 위에 설치된 발코니에서 시작된다.

동굴 내부 온도는 연중 내내 14°C로 일정하다. 비수기에는 원하는 만큼 내부에 머무

르면서 동굴을 감상할 수 있다.

카스텔북Castelbouc

로제르(Lozère) 데파르트망 타른 협곡에 위치한 마을. 성의 최초 흔적은 12세기까지 거슬러 올라간다. 당시에는 라르작(Larzac) 템플기사단 지휘관이었던 엘리 드 몽브룅 (Élie de Montbrun)의 가신 에티엔 드 카스텔북(Étienne de Castelbouc)의 소유물이었다. 16세기에 이 지방의 무수한 성은 파괴되는 비극을 맞았고, 1592년에 카스텔북 성도 같은 운명을 겪게 된다. 종교전쟁 당시 개신교도들이 은신처로 사용하지 못하도록 하기 위함이었다. 마을에 얽힌 재미난 일화가 있다. 십자군 전쟁 기간 동안 모든 남자가 전쟁터로 떠나자 홀로 남은 카스텔북 영주는 마을의 모든 여자를 기쁘게 해주어야 했다. 결국 그는 기진맥진해서 숨을 거두게 되며, 그 후 저녁마다 염소 형상을 한 영주의 유령이 성 위를 떠돌아다녔다고 한다. 마을 이름은 그로부터 비롯되었다.

코스 메장Causse Méjean

로제르(Lozère) 데파르트망에 있는 코스 메장 풍경은 스텝(대초원) 모습과 아주 흡사하다. 농장과 거석 유적들이 띄엄띄엄 눈에 들어오는 경치 속을 오가는 목동들과 목축떼를 만날 수 있다. 산세가 험하고 숲이 많은 지역으로, 가르(Gard) 데파르트망 남쪽의 세벤 지역에서 가장 중요한 장소이기도 하다.

콜리우르Collioure

'베르메이유 해안의 보석'으로 불리는 작은 포구다. 피레네 산맥과 지중해가 만나는 지점에 자리를 잡고 있으며, 스페인 국경으로부터는 20여km 떨어져 있다. 핑크빛 궁륭과 종루, 구도시의 해변, 왕족들이 살던 성, 작열하는 태양 빛을 받는 형형색색의 배들이 정박하고 있는 항구는 많은 화가
를 이곳으로 불러들였다. 배들은 예전에
멸치를 잡던 용도로 쓰였지만, 지금은 관
광용으로 활용되고 있다. 특히 야수파가
이곳을 많이 찾았는데 야수파의 대표적인
화가인 마티스(Matisse)는 이 도시로부터 지
대한 영향을 받으면서 10년을 콜리우르에서 거주했다. 무레 지구(Quartier du Mouré)의
알록달록한 거리, 항구와 해변, 지중해와 피레네 산맥이 동시에 들어오는 전망대에
올라보면 그 이유를 쉽게 이해하게 된다. 생텔므 성채(Fort Saint-Elme)는 콜리우르와
그 인근 지역을 내려다보고 있다. 접근하기가 어렵기는 하지만 멋진 전망을 감상하
러 충분히 올라갈 만하다. 성과 성채들은 콜리우르가 과거에 스페인 국경 가까이 위
치한 전략 도시였음을 상기시켜준다. 바위가 많은 야생의 바다 풍경은 포르방드르
(Port-Vendres), 바닐, 세르베르(Cerbère)를 거쳐 포르부(Portbou)까지 이어진다.

콜리우르에서는 13세기에 지어진 마요르카 왕궁, 보방이 손을 댄 16세기의 생텔므
성채, 현대미술관 등을 둘러볼 만하다. 베르메이유 해안에서는 포르방드르, 바닐, 세
르베르바닐 해양자연보호구역(Réserve naturelle marine de Cerbère-Banyuls) 등이 주요 방문
지다. 해변에서 해수욕을 즐기고 이 지역에서 나는 와인을 즐기러 수많은 사람이 콜
리우르를 찾는다.

타른 협곡 Gorges du Tarn

로제르 산(Mont Lozère)부터 시작되는 타른 협곡은 소브테르(Sauveterre)와 메장(Méjean)
석회질 고원 사이에서 만들어진 계곡이다. 야생의 풍경, 고립되고 평화로운 분위기
를 맛볼 수 있는 곳이다. 종트 협곡(Gorge de la Jonte)과 더불어 여름에 많은 사람이 찾
는 아름다운 곳 중 하나다. 협로와 거대한 원곡이 교차하는 골짜기는 장관을 이루
며, 골짜기 사이로 난 도로 위에서는 멋진 전망이 눈에 들어온다. 돌과 신선한 물 외
에도 아름다운 숲이 여러 헥타르에 걸쳐 펼쳐지는 장소다. 카누-카약을 타고 내려갈

수도 있고, 경비행기를 탈 수도 있다. 하천 역시 타른 협곡의 장관을 만들어내는 데 일조했는데, 절벽 높이는 500m에 달한다. 생테니미(Sainte-Enimie), 플로락(Florac), 이스파냐(Ispagnac), 케작(Quézac), 생셸리뒤타른(Saint-Chély-du-Tarn), 라 말렌(La Malène) 같은 협곡에 면한 작은 마을들은 쾌적한 휴식을 제공한다.

페르피냥Perpignan

카탈루냐 지방의 프랑스 쪽 대도시 페르피냥의 도심에는 역사유적들이 많다. 가장 오래된 것은 중세까지 거슬러 올라가는데, 대표적인 유적은 캉포상토 수도원 겸 묘지(Cloître-cimetière du Campo Santo), 카사 싼쏘(Casa Xanxo), 대성당들과 교회들, 마요르카 왕궁(Palais des rois de Majorque), 팜(Pams) 저택 등이다. 마요르카 왕궁은 1300년 이후 고딕 스타일로 건설되었는데 지중해에서 페르피냥이 차지하고 있던 정치적, 경제적, 문화적 위상을 상기시켜준다. 이아생트 리고 미술관(Musée d'art Hyacinthe Rigaud)은 마이욜, 피카소, 뒤피, 뤼르사(Lurçat) 등의 작품을 소장하고 있다. 도시를 벗어나면 리브잘트 수용소기념관(Mémorial du camp de Rivesaltes)을 만날 수 있다. 페르피냥 인근에는 카네앙루시용(Canet-en-Roussillon), 아르줄레스쉬르메르(Argelès-sur-Mer), 르 바르카레스(Le Barcarès) 등의 유명 해수욕장이 자리를 잡고 있다.

페즈나스Pézenas

페즈나스는 놀랄 만큼 풍요로운 유산을 지닌 작은 마을이다. 로마제국시대에 라틴법을 따르던 식민지였던 이곳의 모직물은 아주 유명하다. 이민족들이 침입하던 시기에 일반인들의 기억에서 사라졌던 페즈나스는 성왕 루이(Saint Louis)가 1261년에 마을을 사들인 후 개발했기에 마을에는 '랑그독 지방의 베르사유 궁(Versailles du

Languedoc)'라는 별명이 붙을 정도였다. 작사가 겸 작곡가, 배우였던 보비 라푸앵트 (Boby Lapointe)(1922-1972)가 태어난 고향이기에 현재 마을에 그에게 헌정된 박물관이 들어서 있다.

퐁 뒤 가르Pont du Gard, '가르 다리'

유네스코 세계문화유산에 등재된 퐁 뒤 가르는 프랑스에서 가장 상징적인 로마제국시대의 유적 중 하나다. 가르동(Gardon) 지역에 건설된 이 다리는 수도교 중 걸작이다. 기술과 예술이 조합된 명품이지만 정작 건축가 이름은 알려져 있지 않다. 매년 125만 명이 이곳을 찾기에 방문객 순위로 프랑스에서 다섯 번째 유적이다. 이 수도교는 로마제국 당시 막 도시화된 님 식민지에 물을 공급하려는 목적에서 건설되었다. 퐁 뒤 가르의 아치는 가르동 협곡 (Gorges du Gardon)을 가로지르고 있는데 2개 기슭 사이의 경사는 12m에 불과하다. 그 덕분에 다리를 지을 때 정교한 계산과 기술이 가능했다.

퐁프루아드 수도원Abbaye de Fontfroide

랑그독루시용 지역에서 가장 아름다운 건물 중 하나로 매혹적인 동시에 야생적인 느낌이 나는 장소. 11세기에 건설된 후 12세기와 13세기에 확장을 거듭하면서 다른 수도원을 만들어내는 데 기여했다. 시토회 수도원인 이곳에서 1명의 교황과 여러 명의 추기경을 배출했다. 회랑과 장미의 풍경이 환상적인 곳이다.

Note

추천 여정

- 피레네조리앙탈에서는 페르피냥을 출발해 콜리우르 항구까지 내려갔다가 천연 단맛이 나는 와인으로 유명한 바뉠을 찾아간다. 그런 다음 내륙지방으로 들어가 프라드(Prades)와 카니고 지역을 둘러본다.
- 오드에서는 페이르페르튀즈, 케리뷔스, 퓔로랑스 등 카타리파 성채들을 방문한 다음 카르카손 중세 성채를 찾는다. 수도원 중에서는 황무지에 몸을 숨기고 있는 퐁프루아드(Fontfroide)가 특히 매력적이다.
- 에로에서는 몽펠리에, 암벽 위에 자리 잡은 베지에, 포토제닉한 도시 세트(Sète)를 먼저 찾은 다음 내륙지방으로 들어가 생기엠르데제르(Saint-Guilhem-le-Désert)부터 오랑그독 공원(Parc du Haut-Languedoc)을 거쳐 몽타뉴 누아르(Montagne Noire)까지 방문하면 좋다.
- 가르에서는 님(Nîmes)과 퐁 뒤 가르가 필수 코스이나, 카마르그(Camargue)와 랑그독 지방의 매혹적인 마을들인 보케르(Beaucaire), 위제스(Uzès), 뤼상(Lussan), 카스티용뒤가르(Castillon-du-Gard) 등도 방문하면 좋다.
- 마지막으로 로제르 쪽에서 세벤 산지의 맑은 공기를 들이마시고, 타른 협곡에서 카약을 타본다.

가족 여행

• 일쉬르테트(Ille-sur-Têt), 가르 지방의 루송 프레이스토라마(Préhistorama de Rousson), 에스페라자(Espéraza)에 소재한 공룡박물관(Musée des Dinosaures), 에로 지방 메즈(Mèze)에 위치한 공룡평원(Plaine des Dinosaures)을 찾아가면 좋다. 카브르스핀 동굴(Gouffre de Cabrespine)과 리무지 동굴(Grottes de Limousis)에서는 땅속 깊숙이 들어가보고, 에스타젤(Estagel), 케리뷔스, 페이르페르튀즈, 필로랑스 등의 카타리파 성채에서는 중세 기사가 된 기분을 느껴본다. 위제스에서는 하리보 사탕박물관(Musée du bonbon Haribo)에 들르고, 타른 협곡에서는 카누-카약을 타본다.

주말 여행

몽펠리에, 매력적인 카탈루냐 도시 페르피냥, 지중해의 태양이 작열하는 세트를 방문하면 좋다. 카마르그, 베르메이유 해안, 퐁 뒤 가르와 그 주변, 몽타뉴 누아르를 찾는 것도 좋은 방법이다.

랑그독루시용의 데파르트망

미디피레네(Midi-Pyrénées)와 합쳐지면서 옥시타니 레지옹을 구성하기 전까지 랑그독루시용에는 피레네조리앙탈(Pyrénées-Orientales), 가르(Gard), 오드(Aude), 에로(Hérault), 로제르(Lozère)라는 이름의 5개 데파르트망이 있었다.

랑그독루시용의 어느 바닷가를 찾을까?

랑그독루시용 지방의 해수욕장들은 수가 많은 데다가 대중적이다. 그로 뒤 루아(Grau du Roi), 캅 다그드(Cap d'Agde), 그랑드 모트(Grande Motte), 아르줄레스쉬르메르(Argelès-sur-Mer), 콜리우르(Collioure), 팔라바레플로(Palavas-Les-Flots), 포르바르카레스(Port-Barcarès), 세트(Sète)가 바캉스를 보내기 좋은 장소들이다.

ㅣ미디피레네의 주요 방문지

Occitanie

가바르니 원곡Cirque de Gavarnie

16세기부터 무수한 식물학자, 과학자, 화가, 시인, 소설
가가 가바르니 원곡을 찾으면서 '피레네주의(Pyrénéisme)'
란 용어가 탄생했다. 또 빅토르 위고(Victor Hugo)는 자신
의 유명한 시 '신(Dieu)' 속에서 가바르니를 '불가능하고도 멋진 대상', '자연의 콜로세
움'으로 규정하면서 이 장소를 전설의 반열에 합류시켰다.

사람들이 일반적으로 생각하는 바와는 달리 가바르니 원곡은 침식작용에 의한
것이 아니라 고원 주위로 산들을 만들어낸 판의 운동에 의한 것이다. 주변의 길이가
14km, 해발 1,700m 높이의 웅장한 벽을 427m 높이의 폭포가 장식하고 있다. 이곳
에서 멀리 떨어지지 않은 곳에 픽 뒤 미디(pic du Midi)와, 나폴레옹 3세 때 조성한 온천
마을 코트레(Cauterets)가 자리하고 있다. 벨 에포크 시대의 건축물들은 아주 아름답
다. 마을로부터 나오면 에스파뉴 다리(Pont d'Espagne)에 도달하는데, 고브 계곡(Vallée

de Gaube) 및 마르카도 계곡(Vallée du Marcadau)으로 트레킹을 떠나는 명소다.

나작Najac

언덕 위에 세워진 난공불락의 나작 왕립성(Château royal de Najac)이 인상적인 마을이다. 프랑스와 영국의 국왕, 알비 사람들, 그리고 기타 세력으로부

터 무수한 공격을 받았음에도 불구하고 성이 함락된 적은 단 한번도 없다. 나작은 여름에 관광객이 차고 넘치는 매력적인 마을이지만 아베롱만의 독특한 분위기를 여전히 간직하고 있다. '프랑스에서 가장 아름다운 마을' 중 하나로 선정된 적이 있는 마을의 집들은 편암 지붕을 올린 형태. 나작 왕립 성과 성채(Forteresse royale)는 13세기 중반에 건립된 건물로, 테라스에서 멋진 전망을 감상할 수 있다. 왕립 성채에는 14세기에 템플기사들이 투옥되기도 했다.

니오Niaux 동굴과 마스다질Mas-d'Azil 동굴

아리에주(Ariège) 데파르트망에 소재한 2개의 멋진 동굴이 니오 동굴과 마스다질 동굴이다. 니오 동굴은 선사시대 공원이 들어서 있는 타라스콩쉬르아리에주(Tarascon-sur-Ariège) 근처에 있는데, 동굴 내부의 '살롱 누아르(Salon noir)'에서는 들소, 말, 야생염소, 사슴 등 80개 이상의 선사시대 동물 그림과 만날 수 있다. 파미에(Pamiers)와 푸아(Foix) 근처에 자리한 마스다질 동굴도 인상적인 장소다. 자연이 만든 터널 속에 하천이 흐르고 도로가 나 있는데, 선사시대의 다양한 흔적을 찾아낸 동굴이다.

라 로미외La Romieu

제르스(Gers) 데파르트망 한가운데 자리하고 있으며 '고양이들의 마을'이라는 별명이 붙은 라 로미외는 '프랑스에서 가장 아름다운 마을' 중 하나로 선정된 적이 있다. 산

티아고 가는 길 명목으로 유네스코 세계문화유산에 등재된 멋진 수도원이 내려다보고 있다. 1062년 로마 순례로부터 돌아온 2명의 수도사가 이곳에 소수도원을 건립했다. '라루미외(Larroumieu)'란 명칭은 가스코뉴어로 '순례자'를 뜻했다. 14세기에 이 마을 출신이 교황청의 고위 공직을 맡으면서 생피에르 수도원(Collégiale Saint-Pierre)이 들어섰다.

거리는 고양이 조각으로 가득한데, 한 광장에서는 반쯤 고양이 모양을 한 앙젤린(Angéline) 조각상과 만날 수 있다. 1342년부터 3년간 겨울 혹한과 봄·여름 장마가 계속되자 라 로미외 마을에는 기근이 닥친다. 살아남는 유일한 길은 마을의 고양이를 잡아먹는 방법밖에 없었다. 고아 출신이자 동물을 사랑했던 앙젤린은 암수 고양이 두 마리를 조심스럽게 감춘다. 이번에는 풍작이 나자 쥐가 곳간에 들끓기 시작했다. 그러자 앙젤린은 자기가 숨긴 고양이 커플이 낳은 새끼 고양이들을 입양하라고 마을 사람들에게 제안하며, 마을은 쥐의 피해로부터 벗어날 수 있었다. 시간이 지나자 앙젤린의 얼굴과 귀가 고양이와 비슷해졌다고 한다. 오늘날에도 앙젤린 동상은 마을 중앙광장을 차지하고서 마을 사람들을 응시하는 중이다.

라 쿠베르투아라드 La Couvertoirade

'프랑스에서 가장 아름다운 마을' 중 하나로 선정된 적이 있는 라 쿠베르투아라드는 석회질 고원인 코스 뒤 라르작(Causse du Larzac) 한가운데 자리를 잡고 있다. 13세기에 템플기사단은 라르작(Larzac) 땅 일부를 기증받은 후 거기에 '마스 에마르(Mas Aymar)'란 성채를 건설한다. 15세기에는 주민들의 요구에 따라, 그리고 그 유명한 '루티에(routiers)'(백년전쟁 와중에 이 지역에 거주하면서 마을들 약탈을 일삼던 용병들을 지칭)로부터 자신을 보호하기 위해 '말타 기사단'이라 불리던 자선 수도회 소속 수도사들(hospitaliers)이 5년에 걸쳐 성벽을 세웠다. 관련 역사는 라 시피온 저택(Hôtel de La Scipione)을 방문하면서 공부할 수 있다. 골목길을 산책하며 저택, 프랑스 유일의 템플기사단 성, 성당, 말타기사단 문양들을 만나게 된다.

렌르샤토 Rennes-le-Château

옥시타니 레지옹 오드 데파르트망에 소재한 마을 렌르샤토는 툴루즈에서 99km, 몽펠리에서 150km 떨어진 산속의 오지에 자리하고 있다. 1년에 300일 이상 바람이 불 정도로, 라제스(Razès)가 내려다보이는 막달라 탑(Tour Magdala) 옆 언덕에 올라서면 광풍이 몰아친다. 자그마한 생트마리 마들렌 성당(Église Sainte-Marie-Madeleine) 입구 붉은색 성수반의 악마 조각상도 기괴한 분위기를 자아낸다.

해발 435m에 자리 잡은 이 작은 마을 렌르샤토는 19세기 말에서 20세기 초에 걸쳐 본당에서 거주하던 한 신부에 의해 유명해졌다. 그의 이름은 베랑제 소니에르 (Bérenger Saunière)였다. 1885년 6월 그가 부임한 후 마을에 들어선 성당과 건물의 외양이 바뀌었다. 소니에르는 1891년부터 성당을 개보수하기 시작했고, 성당 가까이에 빌라와 정원, 온실과 테라스가 딸린 건물을 지었다. 그러는 동안 소니에르가 보물

을 찾아냈다는 소문이 퍼져나갔다. 역사적 증거가 부재함에도 불구하고, 그가 1885년에 기원과 성격을 알 수 없는 보물을 찾아냈다는 무수한 설들이 존재한다. 허구 작품들이 살을 붙여 미화시킨 이러한 일화 때문에 다양한 차원의 조사가 이루어졌고, 프랑스 및 외국 언론들이 이곳을 취재하면서 렌르샤토는 유럽 및 앵글로색슨 국가들에서 국제적인 명성을 얻게 되었다. 게다가 교단은 미사를 돈으로 거래한 의혹 때문에 소니에르 신부를 대상으로 조사를 시작했는데, 당시로서는 심각한 처벌 대상이 되는 죄목이었다. 신부는 재산이 어디서 생겼는지를 상세하게 밝히기를 거부하고 침묵으로 일관했다. 역사와 선사 관련 유적이 넘치는 지역이 옥시타니였지만 이러한 에피소드 덕분에 이 작은 마을에 1960년대 말부터 관광객들이 쇄도하기 시작했다. 논쟁적인 이야기임에도 불구하고 시와 시의회는 땅을 사들인 후 베랑제 소니에르 신부를 내세운 박물관을 만들기로 결정한다. 현재 박물관은 이 작은 동네 한복판에 있다.

《다빈치 코드》와 얽힌 이야기도 재미있다. 1982년 렌르샤토의 신비에 대해 여러 영화가 제작된 후 3명의 영국 저널리스트 헨리 링컨(Henry Lincoln), 마이클 베이전트(Michael Baigent), 리처드 리(Richard Leigh)는 《신성한 수수께끼(L'Énigme sacrée)》라는 에세이집을 공동 저술했다. 책은 엄밀한 역사적인 검증 없이 시온 수도원(Prieuré de Sion)에 관한 중세 역사, 템플기사단, 카타리파, 메로빙거 왕조, 성배, 기독교의 기원 이야기를 뒤섞고 있었다. 막달라 마리아가 예수 사이에서 낳은 아이와 함께 프랑스 땅에 왔다는 내용도 빠뜨리지 않았다. 책은 국제적인 반향을 불러일으켰다. 그 후 2003년에 미국 베스트셀러 소설가 댄 브라운(Dan Brown)이 《렌의 황금(L'Or de Rennes)》과 《신성한 수수께끼》 같은 저작을 바탕으로 렌르샤토에 얽힌 소문을 다시 다룬 《다빈치 코드》를 출간한다. 소니에르 신부의 비밀을 파헤치려는 사람들로 더욱 붐비게 되자, 마을은 몰래 땅을 파헤치는 것을 공식적으로 금지하기에 이른다.

로데즈Rodez

도청 소재지가 위치한 이곳은 아베롱(Aveyron) 데파르트망의 중심지이기도 하다. 지역 내 모든 관광명소로부터 가깝다. 예전에 번창했던 로데즈는 프랑스의 대도시 중에서 가장 망각의 대상이 된 장소다. 오랜 역사를 자랑하는 로데즈는 13세기부터 16세기까지 건립되었고 종루 높이가 87m에 달하는 노트르담 대성당(Cathédrale Notre-Dame), 17세기에 지어진 주교관, 아름다운 중세 건물들을 지켜내는 데 성공했다. 1960년대부터 도시가 팽창하면서 쾌적한 동시에 상업적이고 관광객이 많이 찾는 활기찬 도시로 변신했다. 검은색의 변조로 유명한 현대화가 피에르 술라주(Pierre Soulages)에게 할애된 미술관이 이곳에 들어서 있다. 이름은 술라주 미술관(Musée Soulages).

로제르트Lauzerte

케르시 블랑(Quercy blanc) 지역에 소재한 중세마을로, 산티아고 가는 루트의 길목에 놓인 곳이다. '프랑스에서 가장 아름다운 마을' 중 하나로 선정된 적이 있는 이 마을에는 '케르시 지방의 톨레도(Tolède quercynoise)'라는 별명이 붙어있다. 2019년에는 스테판 베른(Stéphane Bern)이 진행하

는 TV 프로에서 '프랑스인들이 좋아하는 마을' 4위에 올랐다. 생바르텔레미 성당 (Église Saint Barthélemy)과 지역에서 가장 아름다운 코르니에르 광장(Place des Cornières) 주위로 고딕과 르네상스 스타일의 옛 가옥들이 들어서 있다. 성채는 백년전쟁 당시 프랑스와 영국 사이에서 로제르트가 수행하던 역할을 상기시켜준다.

원래 로제르트는 갈리아 지방의 요새도시였는데, 현재 이름은 서기 천년을 전후해 라틴어 'lucerna', 다시 말해 램프에서 따왔다. 마치 등불처럼 멀리서도 보이는 이상적인 위치에 있었기 때문이라고 한다. 12세기 말엽에 툴루즈 영주가 언덕을 선물로 받자 거기에 'castelnau', 즉 성이 보호하는 도시를 지었다. 로제르트는 세계적으로 유명한 도예가였던 자크 뷔슈홀츠(Jacques Buchholtz)의 도시이기도 하다.

루르드Lourdes

1858년에 베르나데트 수비루(Bernadette Soubirous)라는 소녀가 마사비엘 동굴(Grotte de Massabielle)에서 18차례나 성모 마리아가 나타나는 모습을 보았다고 주장했다. 얼

마 지나지 않아 루르드 마을은 프랑스에서 가장 유명한 성지가 되면서 가톨릭 신도들의 순례 장소로 자리를 잡기 시작했다. 매년 루르드의 여러 성소는 이곳을 찾는 수백만 명의 신자들을 맞아들이고 있다. 노트르담 지성소(Sanctuaires Notre-Dame), 노트르담뒤로제르 사원(Basilique Notre-Dame-du-Rosaire), 무염수태 사원(Basilique de l'Immaculée-Conception), 마사비엘 동굴 등이 방문해볼 만한 곳들이다. 하지만 신자, 비신자를 구분할 필요 없이 오늘날 많은 방문객이 루르드 마을을 내려다보면서 피레네 산맥 쪽으로 멋진 전경을 제공하는 성채를 찾고, 피레네 산지에서 트레킹을 즐기고 있다. 매년 이곳을 찾는 약 5백만 명의 순례자와 관광객을 대상으로 한 270여 채의 숙소가 있는 루르드는 프랑스에서 파리 다음으로 많은 숙박시설을 갖춘 도시이기도 하다.

뤼숑Luchon

뤼숑은 오트가론(Haute-Garonne) 데파르트망에 소재한 아름다운 온천 마을로, 역사는 로마제국시대까지 거슬러 올라간다. 벨 에포크 시대에 지어진 빌라와 저택이 많다. 가장 놀라운 건물은 지하 회랑에 만들어진 천연 목욕탕인 바포라리움(Vaporarium)이다. 유럽에서는 이런 형태가 유일하다. 해발이 3,404m에 달하는 아네토(Aneto) 산을 비롯한 높은 봉우리들에 에워싸여 있는 뤼숑은 방문객들에게 리스 계곡(Vallée du Lys), 앙페르 폭포(Cascade d'Enfer), 오 호수(Lac d'Oô)로의 트레킹 같은 스포츠 활동을 제안한다. 쉬페르바녜르(Superbagnères) 스키장은 겨울에 사람들로 붐빈다.

마르시악Marciac

가스코뉴 지방의 아름다운 요새인 마르시악은 세계 재즈의 수도로 불린다. 매년 여름 세계정상급의 재즈 뮤지션들이 '재즈 인 마르시악(Jazz in Marciac)' 축제를 통해 멋진 연주를 들려주기 때문이다. 축제 기간에는 지역의 음식도 각광을 받고 있다. 마르시악에서 다른 요새와 성, 포도밭으로 찾아 떠나기가 쉽다.

몽토방^{Montauban}

12세기에 세워진 몽토방은 타른에가론(Tarn-et-Garonne) 데파트르망의 중심도시로, 광장 주변으로 핑크빛 벽돌로 만들어진 아름다운 집들이 조성된 전형적인 중세 신도시 모습을 하고 있다. 타른(Tarn) 하천에 걸쳐 있는 퐁 비외(Pont Vieux), 생자크 성당(Église Saint-Jacques), 고딕 양식의 남프랑스 건축물들, 앵그르 미술관(Musée Ingres), 부르델(Bourdelle)의 조각 작품들을 다수 소장하고 있는 옛 주교관 등을 둘러볼 만하다. 앵그르와 부르델은 두 사람 모두 몽토방에서 태어났다.

무아삭^{Moissac}

타른 하천과 가론 운하(Canal de Garonne)가 관통하는 무아삭 마을은 운이 좋은 편이다. 로마네스크 양식의 생피에르 수도원교회(Église abbatiale Saint-Pierre) 경내가 세계에서 가장 아름다운 공간으로 평가되기 때문이다. 회랑은 멋들어진 기둥머리가 장식하고 있다. 무아삭과 인근 지역에서 만날 수 있는 AOC 등급의 샤슬라(chasselas) 포도는 시간이 흐르며 더욱 맛이 좋아지는 고급 품종이다. 아르데코 스타일의 아름다운 건물인 위바리움(Uvarium)에서 치료를 받을 때 이 포도의 주스를 마시게 된다.

미디 운하^{Canal du Midi}

미디 운하에 대해 모든 것을 알고 싶다면, 유네스코에 등재되었으며 운하에 물을 흘려보내는 가장 중요한 역할을 담당하는 생페레올 저수지(Bassin de Saint-Ferréol)를 방문하면 된다. 이곳에 만들어진 미디 운하 박물관과 정원이 운하의 역사를 말해주고 있다. 루이 14세 치하인 17세기에 건설되기 시작한 미디 운하의 일환으로 1667년에 착공된 댐은 200년 이상 동안 유럽에서 가장 큰 댐이었다. 저수지 주변의 '엔지니어의 집(Maison de l'ingénieur)'에서는 몽타뉴 누아르(Montagne Noire)의 물을 끌어오면서 미디 운하를 설계한 피에르-폴 리케(Pierre-Paul Riquet)의 일생을 살펴볼 수 있다.

미요Millau

노트르담 드 레스피나스 성당(Église Notre-Dame de l'Espinasse) 등의 중세 건물, 저택들, 에롤 공동세탁장(Lavoir de l'Ayrolle) 등 18세기에 만들어진 건물들을 감상하며 산책하기 좋은 도시다. 2004년에 타른 계곡(Vallée du Tarn)에 놓인 고가교 때문에 더욱 유명해졌다. 코스 뒤 라르작(Causse du Larzac, '라르작 고원') 자락에 소재한 마을로, 로크포르(roquefort) 치즈에 들어가는 우유를 제공하는 암양들을 키우는 곳이다. 보다 남쪽에 실바네스 시토회 수도원(Abbaye cistercienne de Sylvanès)이 자리 잡고 있다.

미요 고가교Viaduc de Millau

높이가 343m에 달하기에 아베롱(Aveyron) 지방 하늘과 맞닿아있는 도로로, 세상에서 가장 높은 케이블 다리이기도 하다. 2004년부터 A75 고속도로가 이 다리를 통해 루주 고원(Causse Rouge)에서 라르작 고원까지 2.5km 길이를 연결하고 있다.

넓은 의미로는 클레르몽페랑과 베지에를 잇는 셈이다. 배의 돛을 닮은 장선은 경쾌한 느낌을 준다. 20세기 초의 가장 아름다운 예술작품 중 하나로도 꼽히는데, 미셸 비를로죄(Michel Virlogeux)와 노먼 포스터(Norman Foster)가 공동 설계한 작품이다. 3년에 걸쳐 건설되면서 다리에 206,000톤의 콘크리트, 36,000톤의 강철 셔터가 들어갔는데, 에펠 탑을 건설할 때 필요했던 철보다 5배가 더 많은 분량이다. 또 에펠 탑보다 더 높은 기둥들은 시속 200km의 바람에도 견딜 수 있도록 설계되었다. 다리 건설에 3억2천만 유로라는 막대한 비용이 들어갔기에 통행료를 받고 있다.

벨카스텔Belcastel

벨카스텔은 프랑스에서 가장 아름다운 마을로 꼽혀도 손색이 없는 대상이다. 집들이 아베롱(Aveyron) 하천을 약간은 무질서하게 따라 내려가는 풍경은 상당히 시적인 느낌을 준다. 묘지와 조각상들이 역사유적으로 지정된 성당, 고딕 형태의 다리, 돌이 박힌 골목길, 견고한 가옥들, 성은 이 마을이 중세 때 얼마나 화려했는지를 잘 보여주고 있다.

뷔가라슈Bugarach

오드(Aude) 데파르트망에 소재한 마을로, 코르비에르 산지(Massif des Corbières)의 정상인 해발 1,230m의 '페슈 드 뷔가라슈 (Pech de Bugarach)'를 이 마을에서 만날 수 있다. 블랑크(Blanque)라는 하천이 마을을 지나간다. 뷔가라슈 마을에 사람이 살기 시작한 시기는 13세기부터인데, 19세기에는 오드 지역 계곡의 경제 발전에 주요한 역할을 담당했다. 오드 지방의 포르라누벨 (Port-la-Nouvelle)에서 아리에주(Ariège) 지방의 푸아(Foix)까지 이어지는 카타리파 루트상에 자리를 잡고 있다. '선택받은 자'인 '빌리버들(believers)' 무리가 2012년 12월 21일의 지구 멸망을 피해 간다는 믿음 때문에 200여 명 인구에 불과한 이 작은 마을의

'뒤집힌 산(montagne inversée)'이 전 세계 매스컴을 장식한 적이 있었다. 산의 1억3천5백만 년 전 석회질 지층이 1,500만 년 전 지층 위에 놓여 있는 형태였기 때문이었다. 이러한 비정상적인 지형은 자극(磁極)을 뒤바꾸었고, 지구 멸망이 올 때 자극의 전복이 지구 회전을 전복시키기에 이 장소가 가장 안전하다는 논리였다. 또 다른 소문은 정상에 외계인들의 지하 기지가 있으며, 오리온 성좌 출신의 외계인들이 수메리아인들에게 지식을 전수했다는 주장. 그들 논리에 따르면 니비루(Nibiru)라는 행성이 2012년 12월에 지구와 충돌한다는 내용이었다. 물론 지구 멸망은 도래하지 않았다.

아주 가까운 곳에 또 다른 '미스테리'의 무대인 렌르샤토(Rennes-le-Château) 마을이 자리 잡고 있다.

브루스르샤토Brousse-le-Château

타른(Tarn) 데파르트망에서 찾아볼 수 있는 '프랑스에서 가장 아름다운 마을' 중 하나. 10세기에 지어진 성, 13세기에 건축된 다리를 만나게 된다. 레스토랑도 하나밖에 없고 종종 만석이기에 이곳을 찾아가려면 따로 먹거리를 준비하는 것이 낫다.

브뤼니켈Bruniquel

타른에가론 데파르트망에 소재한 마을로 2021년 7월에 '프랑스에서 가장 아름다운 마을' 중 하나로 선정되었다. 절벽 위에 들어선 이 마을에서 로베르 엔리코(Robert Enrico)의 영화 〈추상(Le Vieux fusil, '낡은 총'으로도 번역되었음)〉(1975)이 촬영되었다.

빌르프랑슈드콩플랑Villefranche-de-Conflent

'프랑스에서 가장 아름다운 마을' 중 하나이자, 보방(Vauban) 성채 네트워크의 일환으로 3개 유적이 유네스코 세계문화유산에 지정된 마을이다. 문화유산과 보방에 관심이 많다면 꼭 들러야 할 장소다. 이국적인 느낌을 받을 수 있다. 그 옛날 콩플랑(Conflent)의 상업 중심지로, 풍부한 역사와 문화유산은 빌르프랑슈드콩플랑을 프랑스에서 가장 많은 관광객이 찾는 50대 명소 중 하나로 만들었다. 세르다뉴 백작(comte de Cerdagne)이 11세기에 세웠고 17세기에 보방이 보강한 성채와 비그리 탑(Tour de la Viguerie), 리베리아 성채(Fort Libéria), 부유한 상인들이 거주하던 단층 가옥, 생자크 로마네스크 성당(Église romane Saint-Jacques) 등이 마을의 볼거리다. 인근에서는 카날레트 동굴들(Grottes des Petites et Grandes Canalettes), 코바 바스테라 동굴(Grotte Cova Bastera) 등을 방문할 수 있다. 카탈루냐 지방의 상징인 '옐로우 트레인(Train Jaune)'의 출발지이기도 하다. 종착역은 라투르드카롤(Latour-de-Carol).

생기옘르데제르Saint-Guilhem-le-Désert

에로 협곡(Gorges de l'Hérault) 속 높은 절벽에 들어선 멋진 옛 마을 생기옘르데제르는 시간 속으로의 여행을 제공한다. '프랑스에서 가장 아름다운 마을' 중 하나로 선정되기도 했다. 인구가 250명인 이 마을은 2010년에 환경부가 수여하는 '프랑스 대명승지(Grand site de France)' 라벨을 부여받기도 했다. 마을에서는 포도밭, 올리브나무밭,

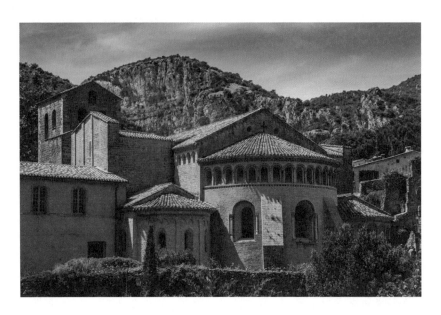

성, 거석 유적들로 이루어진 멋진 풍경이 내려다보인다. 이 지역을 '사막(désert)'으로 규정하면서 기엠 성인은 인간의 부재(不在)를 소망했다. 에로 협곡을 건넌 그는 '베르 두스(Verdus)' 강가에 정착하기로 마음먹는데, 거친 암석과 맑은 물이 특별한 지역이 었기 때문이다. 자신의 영성을 채울 장소로 이곳을 택한 기엠 성인은 협곡을 지성소 로 삼았다. 바위가 무성한 산지 속에 몸을 숨기고 있는 생기엠르데제르는 오늘날 세 계적으로 이름을 알리고 있다.

생시르크라포피 Saint-Cirq-Lapopie

로트(Lot) 데파르트망의 해발 100m 언덕 위에 조성된 아름다운 중세마을 생시르크 라포피는 2012년에 '프랑스의 가장 아름다운 마을'에 선정된 바 있다. 카오르(Cahors) 에서 수km 떨어져 있다. 영화에 등장하는 무대와 닮았지만, 이곳은 진짜 중세마을이 다. 부러진 활 형태의 문들을 주의깊게 살피면서 중세의 협소한 거리, 돌로 지어진 가 옥, 목조구조물, 성, 성당들을 감상할 수 있다. 이 지방에서 가장 아름다운 장소 중 하나로 여러 차례 공인된 마을은 산티아고 순례길 길목에 놓여 있다. 20세기 초반의

유명 시인이자 작가인 앙드레 브르통(André Breton)이 생시르크라포피를 찬양한 대표적인 인물이다.

아르마냑Armagnac

먹고 마실 거리가 많은 이 지역에서 아르마냑은 같은 이름의 브랜디를 만들어내는 마을로 더욱 유명하다. 아주 오래된 테나레즈 길(Voie de la Ténarèze) 주위를 누비고 다니다 보면 고딕 양식의 대성당과 저택들이 들어서 있는 콩동(Condom) 같은 마을, 플라랑 시토회 수도원(Abbaye cistercienne de Flaran), 라레생글(Larressingle) 성채 마을, 요새 도시 몽레알뒤제르스(Montréal-du-Gers), 푸르세(Fourcès) 원형 마을 등을 만나게 된다.

아리에주Ariège 데파르트망

조용히 피레네 산맥의 풍경과 푸르름을 즐기기에 부족함이 없는 지역이다. 하지만 산봉우리들이 전부는 아니다. 중세의 요새 마을, 성, 역사유적, 선사시대 동굴, 온천 등 이 지역에서는 방문해볼 곳이 차고 넘친다.

아베롱 협곡Gorges de l'Aveyron

아베롱 협곡은 멋진 풍경을 제공한다. 아름다운 생탕토냉노블발(Saint-Antonin-Noble-Val) 마을 근처에 있는 절벽 위 전망대에서 감상하면 가장 좋다. 수영, 카누, 암벽 등반, 동굴 탐사 등 다양한 스포츠 활동을 즐길 수 있다. 계곡과 석회질 고원 사이에서 들러볼 곳도 많다. 중세 때 지어진 마을들이 많은데, 그중에는 요새 형태의 촌락도 다수가 들어있다. 카일뤼(Caylus), 빌르프랑슈드루에르그(Villefranche-de-Rouergue), 나작

(Najac), 빌르뇌브(Villeneuve)가 그런 마을들이다.

알비|Albi

툴루즈처럼 붉은색과 오렌지 톤이 섞인 수천 개 벽돌로 만들어진 마을인 타른(Tarn) 데파르트망의 수도 알비는 유네스코 세계문화유산에 등재된 도시다. 남부의 13세기

알비(Albi)의 툴루즈-로트렉 미술관

주교의 거주지로 사용되던 알비 소재 베르비 궁은 약 10년 이상의 보수 공사와 재시공을 통해 2012년 4월 2일 툴루즈-로트렉 미술관으로 새롭게 변신했다. 이 도시에서 출생한 화가 툴루즈-로트렉의 주요 작품 세계를 만나볼 수 있는 소중한 공간이다. 생트세실 대성당과 붙어 있기에 함께 방문하면 좋다. 아름다운 베르비 궁의 정원은 전형적인 프랑스식 정원 형태를 하고 있다.

고딕 양식이 특징이자 견고한 요새 모습을 한 생트세실(Sainte-Cécile) 대성당은 옥시타니 지방에서 가장 유명한 도시 알비를 내려다보고 있다. 종탑 높이는 78m에 달한다. 대성당 내부의 채색 장식은 황홀감을 자아낸다. 과거에는 주교의 도시였고, 카타리파 탄압을 위해 모집된 십자군 기지였던 이곳에서는 드넓은 베르비 궁(Palais de la Berbie)과 중세시대에 지어진 거주 지역이 그림 같은 모습을 보여준다. 알비의 전성기는 중세의 끝에서 르네상스 초기에 걸쳐 있다. 이 시대에 알비 상인들은 파스텔 매매를 활성화했는데, 파스텔은 잎사귀가 대단히 멋진 청남색을 띤 지역 식물이었다. 그와 더불어 알비는 '축제의 고장(pays de cocagne)' 수도로 자리 잡게 된다. 대성당, 타른 강에 놓인 다리, 평화로운 전원 풍경, 벽돌로 지어진 르네상스 시대의 저택들, 목조구조물 가옥, 온화한 기후, 맛있는 먹거리 때문에 남프랑스에서 꼭 방문해야 할 도시 중 하나다. 오늘날 베르비 궁 안에는 이 도시에서 출생한 화가를 기리는 툴루즈-로트렉 미술관(Musée Toulouse-Lautrec)이 들어서 있다.

오르 계곡Vallée d'Aure과 루롱 계곡Vallée du Louron

오트피레네(Hautes-Pyrénées) 데파르트망에 소재한 오르 계곡과 루롱 계곡은 멋진 산악지방 풍경을 선사한다. 걸어서 혹은 산악자전거를 타고 여행할 수 있는 곳이다. 아스팽 고개(Col d'Aspin) 쪽으로 난 파노라마는 장관이다. 올롱(Aulon)과 네우비엘(Néouvielle) 같은 자연보호구역에는 10여 개 호수, 50여 개 마을이 자리잡고 있는데, 사랑콜랭(Sarrancolin) 중세 성채 마을, 생로랑드제조(Saint-Laurent-de-Jézeau)와 비엘오르(Vielle-Aure) 같은 로마제국시대의 교회 등을 그곳에서 만나볼 수 있다. 생라리술랑(Saint-Lary-Soulan)이나 페라귀드(Peyragudes) 같은 마을은 연중 내내 즐길 거리를 선사하고 있다.

오르그 딜쉬르테트Orgues d'Ille-sur-Têt

페르피냥(Perpignan)에서 30km 정도 떨어진 곳에 자리한 오르그(Orgues) 유적은 프랑스 유일의 풍경을 보여준다. 악천후와 비가 오랫동안 빚어낸 모래와 진흙 기둥 형태를 하고 있기 때문이다. 터키의 카파도키아(Cappadoce)처럼 '요정의 굴뚝(cheminées de fées)'이라 불리는 기암들이 땅

위에 우뚝 솟아 있으며, 침식이 자국을 남겼기에 마치 달 풍경처럼 가죽이 벗겨진 형상을 하고 있다. 1981년 보호구역으로 지정되었는데, 일쉬르테트 마을이 1992년부터 이곳을 관리하기 시작했다. 방문자 숫자를 통제하기에 오늘날에는 입장권이 있어야 유적 내부로 들어갈 수 있다. 둘러보는 데 1시간 정도가 걸리는데, 아름다운 길을 따라가면 자연의 걸작품을 만나게 된다. 상상력을 채우고 감동을 받기에 좋은 장소다.

오슈Auch

오슈의 역사 중심지에서는 이 마을 출신인 다르타냥(d'Artagnan)처럼 검을 꺼낼 필요가 없이도 즐길 수 있다. 마을과 경사진 거리를 내려다보고 있는 생트마리 대성당(Cathédrale Sainte-Marie)의 실루엣은 압도적이다. 길이가 무려 100m나 된다. 플랑부아

양 양식의 이 고딕 건물 안에는 참나무로 조각한 성직자석, 스테인드글라스, 보물 등 귀중한 물건들이 많다. 14세기에 건립된 아르마냑 탑(Tour d'Armagnac)도 멋진 모습을 하고 있다. 놀라운 계단길을 만날 수 있는 곳이기도 하다.

카니구 산지 Massif du Canigou

정상의 높이가 2,784m에 달하는 카니구 산지는 여러 활동을 즐기기에 안성맞춤이다. 특히 옐로우 트레인(Train Jaune)을 이용해 여러 장소를 둘러볼 수 있다. 예를 들어 악천후가 만들어낸 모래와 진흙 절벽인 일쉬르테트(Ille-sur-Têt), 아주 좁은 푸 협곡(Gorges de la Fou), 세라보나(Serrabona), 생미쉘드퀵사(Saint-Michel de Cuxa), 로마제국 시대의 종교적인 건축물을 만날 수 있는 생마르탱 뒤 카니구(Saint-Martin du Canigou), 보방이 군사 요새를 축조한 빌르프랑슈드콩플랑(Villefranche-de-Conflent) 중세도시, 아멜리레뱅(Amélie-les-Bains)이나 요(Llo) 같은 온천도시 등이 그에 해당하는 명소들이다.

카스텔노 드 몽미랄 Castelnau de Montmiral

한국어로 '성곽도시'를 의미하는 '바스티드(Bastides)'는 정치적, 경제적인 공동의 범주를 택하고서 건설된 마을이다. 미디피레네 지방의 카스텔노 드 몽미랄 마을은 아케이드가 중세를 완벽하게 보존하고 있는 대표적인 바스티드다. 마을은 베르(Vère) 유역을 감시하기 위한 전략적인 목적에서 건설되었다. 마을의 중심에서는 목조구조물 가옥들과, 지붕이 덮인 아름다운 광장을 만날 수 있는데, 이 지역 건축물

의 전형적인 모습이다. 마을은 '프랑스에서 가장 아름다운 마을' 중 하나로 선정된
바 있다.

카스트르 Castres

산티아고 가는 길의 경유지이자 정치인 장 조레스(Jean Jaurès)가 태어난 마을인 카스
트르는 아구(Agout) 하천 가까이 지어진 '채색 집(Maisons Colorées)'들이 노란색, 녹색,
파란색, 핑크색 및 베이지색을 뿜내는 인상적인 동네다. 박물관과 옛 저택 등 찾아갈
보물이 많다. 루이 14세의 정원사였던 앙드레 르 노트르(André le Nôtre)가 설계한 에
베셰 정원(Jardin de l'Évêché)은 역사유적으로 지정되어 있다. 장 조레스 박물관(Musée
Jean Jaurès), 고야 미술관(Musée Goya)도 이곳에서 만나볼 수 있다. 고야 미술관은 14세
기부터 현재까지 스페인 거장들의 걸작 회화와 조각을 소장하고 있다. 플라테 성당
(Église de la Platé)의 차임벨, 생브누아 대성당(Cathédrale Saint-Benoît)도 둘러볼 만하다. 아
케이드로 둘러싸인 중앙 광장의 테라스에서 와인을 한 잔 든 후 아구 하천을 따라
산책하거나 17세기에 지어진 목조구조물 주택들이 들어선 작은 거리들을 산책하면
좋다.

카오르 Cahors

원래 이 도시는 갈리아 지방주였다가 로마제국 수중에 마지막으로 넘어간 곳이었
다. 온천, 원형경기장 등 당시 흔적이 일부 남아있기는 하지만 오늘날 카오르에서

는 주로 중세 문화유산을 만날 수 있다. 대성당 주변, 바데른(Badernes) 및 수비루(Soubirous) 등 3개 지역이 거기 해당한다. 동명의 와인을 생산해내는 포도밭에 둘러싸인 카오르에서는 3개의 탑과 작은 악마를 상징하는 조각으로 장식된 발랑트레 다리(Pont Valentré)를 만나볼 수 있다. '악마의 다리(Pont du Diable)'로도 불리는 발랑트레 다리는 유네스코 세계문화유산에 등재되어 있는데, 다리의 건설은 이 도시의 경제가 절정을 구가하던 1308년에 시작되어 무려 70년이 걸렸다. 로마네스크 양식인 동시에 고딕 양식인 생테티엔 대성당(Cathédrale Saint-Étienne)도 주요 유적이다. 카오르는 로트 계곡(Vallée du Lot)에 자리 잡고 있는데, 강 위에는 멋들어진 중세마을 생시르크라포피(Saint-Cirq-Lapopie)가 들어서 있다. 선사시대 그림이 발견된 페슈메를 동굴(Grotte du Pech-Merle)도 근처에 있다.

코르드쉬르시엘Cordes-sur-Ciel

콩크와 툴루즈를 잇는 도로에 놓인 마을이자 '프랑스에서 가장 아름다운 마을' 중 하나로 선정된 적이 있는 코르드쉬르시엘은 찾아갈 가치가 충분한 곳이다. 알비에서 20km 떨어진 장소에 있다. '백 개 탄두의 도시(Cité aux cent ogives)'란 별명이 붙은 이곳은 돌과 벽돌로 채워진 개성 강한 중세도시다. 1222년에 마을이 만들어졌지만 놀랍도록 잘 보존된 마을은 주변 지역으로의 전망이 탁월한 암석 위에 세워졌다. 그랑뤼(Grand-Rue)를 따라가다 보면 마을 중심에 도달한다. 좁은 거리들을 산책하며 건물 전면을 조각으로 장식한 아름다운 고딕풍 집들을 감상할 수 있다. 코르드쉬르시엘 인근에서는 펜(Penne), 바우르(Vaour), 미야르(Milhars), 생마르탱라게피(Saint-Martin-Laguépie) 같은 또 다른 중세마을들도 만나볼 수 있다.

콩동 Condom

아르마냑(Armagnac)의 중심도시 콩동에는 역사유적이 많기에 고색창연한 돌들을 좋아하는 이들에게는 완벽한 행선지다. 바이즈(Baïse) 강에서 유람선을 타거나, 5월에 열리는 반다스 이 페냐스 유럽축제(Festival européen de Bandas y Peñas)를 찾아가면 좋다. 2021년에는 8월 10일에 '플록 축제(Fête du Floc)'가 열렸는데, 제르스(Gers), 랑드(Landes), 로테가론(Lot-et-Garonne) 지방에서 생산하면서 1990년부터 AOC-AOP 등급을 부여받은 리큐어인 '플록 드 가스코뉴(Floc de Gascogne)' 출하를 기념하는 이벤트였다.

콩크 Conques

건축과 현관 조각이 탁월한 데다가, 특히 생트푸아(Sainte Foy) 황금 조각상을 위시한 희귀한 금은 세공품 보물들을 소장한 생트푸아 수도원교회 덕분에 유명해진 마을이다. 옛 모습을 완벽하게 간직하고 있는 명소로 '프랑스에서 가장 아름다운 마을' 중 하나로 선정된 곳이다. 11세기에 건축된 로마네스크 양식의 교회 전면은 최후의 심판을 묘사하고 있다. 특히 성당 내 미니멀리즘 스타일의 스테인드글라스는 20세기에 피에르 술라주(Pierre Soulages)가 제작했다. 20세기부터 산티아고 가는 길의 '주

요 경유지'로 선포되었고, 산티아고 순례길과의 연관성 때문에 1998년에 유네스코 세계문화유산으로 지정되었다. 언덕 위에 자리잡고 있기에 중세 때 지어진 아름다운 가옥들이 아래로 내려다보인다. 샤를마뉴(Charlemagne) 대제의 아들인 경건왕 루이 (Louis le Pieux)가 콩크 수도원을 건립한 날짜를 서기 819년 4월 8일로 간주하기에 지난 2019년 콩크에서는 '콩크 1200년(Les 1200 ans de Conques)' 행사를 치른 바 있다.

퀴비에르쉬르시노블Cubières-sur-Cinoble

오드(Aude) 데파르트망 쿠이자(Couiza) 캉통의 동쪽 끝 마을로 렌레뱅(Rennes-les-bains) 과 튀샹(Tuchan)을 잇는 옛길의 교차로에 자리하고 있다. 해발 1,231m로 코르비에르 (Corbières) 산지의 정상을 차지하고 있는 픽 드 뷔가라슈(Pic de Bugarach), 갈라뮈스 협곡(Gorges de Galamus), 그리고 퓔로랑스(Puilaurens), 페이르페르튀즈(Peyrepertuse), 케리뷔스(Quéribus) 소재 카타리파 성채들 사이에 놓인 아글리 계곡(Vallée de l'Agly)에서 만날 수 있다.

갈라뮈스 협곡Gorges de Galamus과 갈라뮈스 소재 생탕투안 은자의 처소Ermitage Saint-Antoine de Galamus

카타리파 성채들인 페이르페르튀즈 성(Château de Peyrepertuse)과 케리뷔스 성(Château de Quéribus) 서쪽으로 수km 떨어진 곳에 있으며, 생폴드프누이예(Saint-Paul-de-Fenouillet)와 퀴비에르쉬르시노블(Cubières-sur-Cinoble) 코뮌에 걸쳐 있다. 자연유산과 문화유산을 동시에 지니고 있기에 꼭 방문해볼 만하다.

14세기경에 은자(隱者)들이 이 협곡 내의 천연동굴들을 찾기 시작하며, 이 장소를 앙투안 성인의 보호 아래 놓는다. 협곡 내 절벽의 구멍 속에 만든 '은자의 처소'는 숨이 멎는 풍경을 제공한다. 건물들은 1395년부터 지어진 것으로 보이는데, 19세기에 이르러 은자의 처소는 종교적 소명을 인정받는다. 여러 은자가 장소를 지키면서 건물을 새로 짓고, 부활절과 성신강림축일(Pentecôte) 때 이곳을 찾는 순례 행렬을 맞아들였다. 은자들은 1930년경까지 갈라뮈스에 거주하면서 이 장소에 영성을 부여했다.

툴루즈Toulouse

가론(Garonne) 강과 미디 운하가 관통하는 툴루즈는 테라코타 벽돌로 지은 건축물 때문에 '핑크빛 도시(Ville rose)'란 별명을 얻었다. 잘 보존된 역사지구, 쾌적한 생활, 수많은 바와 레스토랑으로 인해 많은 관광객을 불러들이고 있다. 전통 음식은 카술레(cassoulet). 에어버스(Airbus) 조립공장이 있는 곳이기도 하다. 11세기 로마네스크 양식의 생세르냉 사원(Basilique Saint-Sernin), 13-14세기의 자코뱅 교회(Église des Jacobins)와 고딕 양식의 경내, 16세기 건축물인 아세자 저택(Hôtel d'Assézat), 18세기 건축 양식을 자랑하는 시청사와 카피톨 광장(Place du Capitole), 많은 저택들은 남프랑스를 찾는 여행객들이 이 도시를 피해갈 수 없도록 만든다. 그 외에도 오귀스탱 미술관(Musée Augustins), 현대예술 방면의 아바투아르 미술관(Musée Abattoirs), 아에로스코피아(Aéroscopia), 우주 비행사들의 생활을 관찰해 볼 수 있는 시테 드 레스파스(Cité de l'Espace) 과학센터, 자연사박물관(Muséum d'Histoire naturelle) 등의 공간이 방문자들의 눈을 즐겁게 해준다. 아바투아르(Abattoirs) 공연장에서는 콘서트나 다양한 공연을 즐길 수 있다.

기계의 전당Halle de La Machine

2014년부터 낭트 소재 라 마신(La Machine) 컴퍼니가 툴루즈 시의 지원을 받아 몽토드랑(Montaudran) 구역에 만들어낸 창작과 보급 장소다. 준공은 2018년 11월. 몽토드랑 에어로스페이스(Montaudran Aerospace) 지역의 재정비는 건축가 다비드 망쟁(David Mangin)이 맡았다. 6,000m² 넓이의 거대한 공간에는 예술가들이 고안하고 제작한 200여 점의 다채로운 수제 기계들이 전시되어 있다. 높이 14m에 달하는 미노타우로스(Minotaure)를 비롯해 거대한 거미인 아리안(Ariane), 특이하게 생긴 나이팅게일, 포도주 따르는 기계, 소리 내는 냄비, 제빵 기계 등 기계 종류도 다양하다. 미노타우로스에게는 '신전의 수호자(Le Gardien du Temple)'란 별명이 붙어있다. 도슨트들이 기계와 연결된 전선이나 끈을 당기며 기계에 생명을 불어넣는데, 관객들 역시 다양한 기계들을 직접 체험해볼 수 있다. 미노타우로스는 도로로 재정비된 2km 길이의 코스를 50명까지 태우고 시간대별로 이동한다.

페이르페르튀즈Peyrepertuse

페이르페르튀즈 성채의 잔해는 13세기에 가톨릭교회가 이단으로 규정한 알비 사람들 혹은 카타리파 사람들을 대상으로 치른 전쟁을 상기시킨다. 절벽 꼭대기에 지어진 이 성채에서는 주변의 아름다운 풍광이 한눈에 들어온다. 옥시타니 지방에는 아리에주(Ariège) 데파르트망에 소재한 몽세귀르 성채를 위시해 약 30여 개의 '카타리파 성채(châteaux cathares)'가 존재한다.

펜 성Château de Penne

펜 성은 타른(Tarn) 데파르트망 펜(Penne) 마을에 소재한 12세기 성채로 메로빙거 왕조 때 건립되었다. 지역을 보호하던 성전기사단과 연결되기도 했지만, 예외적인 상황이 이 성으로 하여금 케르시(Quercy) 지역 역사에서 극도로 중요한 역할을 떠맡게 했다. 알비파 사람들을 대상으로 한 십자군 원정이 시작되었을 때, 13세기 초부터 알비 사람들이 소유하고 있던 펜 성은 카타리
파 교리에 동조한 펜 영주와 시몽 드 몽포
르(Simon IV de Montfort) 사이에서 벌어진 피
비린내 나는 전쟁의 무대가 되었다. 14세
기부터 16세기 사이의 기간에는 프랑스인
과 영국인들이 성채를 번갈아 차지하기도

했다. 420년 동안 폐허 상태로 남아 있다가 1980년에 한 변호사가, 그리고 그 후 건
축가 악셀 르텔리에(Axel Letellier)가 구입했다. 2006년부터 복원 작업을 하고 있다.

푸아Foix

아리에주(Ariège) 데파르트망에 소재한 푸아 성(Château de Foix)은 12세기에 건축된 성
으로 기원은 10세기까지 거슬러 올라간다. 여러 차례 증축되었으며, 19세기에 대대적
인 복원이 이루어졌다. 18세기 말부터 1864년까지 성은 감옥으로 쓰였는데, 19세기
중반에는 200명의 죄수가 수용되어 있었다. 당시 투옥되었던 자들이 벽에 남긴 낙서
를 오늘날에도 관찰할 수 있다. 1930년대부터 성은 도립박물관이 되었고, 중세 때의
전쟁 무기 그리고 지금은 사라진 생볼뤼지엥 수도원(Cloître Saint-Volusien) 유물들을 이
곳에서 만나볼 수 있다.

피작Figeac

산티아고 가는 길목에 놓인 도시이자 예술과 역사의 고장인 피작은 역사유적을 많
이 보유하고 있다. 도시를 산책하다 보면 로제타스톤을 복제해 놓은 거대한 검은색
화강암을 만날 수 있는데 조지프 코수트(Joseph Kosuth)의 작품이다. 이 도시 출신이
자 이집트 상형문자를 해독해낸 장-프랑수아 샹폴리옹(Jean-François Champollion)을 기
리기 위해 제작한 조각이다. 로트(Lot) 데파르트망에 소재한 아름다운 인근 마을들
도 둘러볼 만한데, 마르시약쉬르셀레(Marcilhac-sur-Célé), 페셀(Faycelles), 카자르크(Cajarc)
등이 추천 대상이다.

케이블카를 타고 픽 뒤 미디 정상인 해발 2,877m까지 올라갈 수 있다. 면적이 1,000㎡에 달하는 정상의 테라스에서는 피레네 산맥 전경이 한눈에 들어온다. 그다지 멀리 떨어지지 않은 곳에 있는 가바르니 협곡(cirque de Gavarnie) 풍경을 이러한 장관에 추가할 수 있다. 유럽에서 가장 맑은 하늘을 관찰하는 것이 가능하기 때문에 픽 뒤 미디에서는 1882년부터 천체관측소를 가동 중이다. 저녁이나 밤에 종종 행사를 벌이기도 한다. 이곳에서 식사와 숙박도 가능하다.

⟨ Note ⟩

추천 여정

- 로트(Lot), 아베롱(Aveyron)과 타른(Tarn)에서는 카오르(Cahors)와 이 도시 상징인 발랑트레 다리(Pont Valentré)를 먼저 만나고, 로카마두르(Rocamadour)를 방문한 후 마르텔(Martel), 카레낙(Carennac), 루브레삭(Loubressac) 같은 도르도뉴 계곡의 여러 마을과 파디락 동굴(Gouffre de Padirac)을 찾아간다. 또한 걷기를 좋아하는 사람들은 타른 협곡에서 트레킹을 즐기고, 다른 사람들은 미요 고가교(Viaduc de Millau), 알비, 코르드쉬르시엘을 방문하면 환상적인 여행을 해볼 수 있다.
- 미디피레네(Midi-Pyrénées), 피레네(Pyrénées), 가스코뉴(Gascogne)에서는 툴루즈, 무아삭, 몽토방(Montauban), 오슈(Auch)를 찾는다. 마다질과 니오에서는 동굴을 방문하고, 푸아(Foix)와 몽세귀르에

서는 성을 찾아가면 좋다.
- 마지막으로 가바르니 원곡과 트루무즈 원곡(Cirque de Troumouse)도 방문하길. 이 지방의 상징인 픽 뒤 미디도 찾아가 본다.
- 계절이 맞으면 마르시악 재즈 페스티벌을 찾아 음악을 즐긴다.

가족 여행

- 미디피레네에서는 미디 운하에서 작은 유람선을 타고, 툴루즈 자연사박물관(Muséum d'histoire naturelle de Toulouse)을 방문하며, 메르빌 성(Château de Merville)의 미로에서 길을 잃어본다. 동물들을 좋아한다면 아르줄레스가조스튀(Argelès-Gazostu)의 피레네 동물원(Parc animalier des Pyrénées), 라펜(Lapenne)의 들소 농장(Ferme aux Bisons), 오를뤼(Orlu) 소재 늑대의 집(Maison des loups à Orlu)이 추천 대상이다.
- 로트, 아베롱, 타른에서는 카누나 카약을 타고 셀레(Célé), 두르비(Dourbie), 아구(Agout) 하천을 따라 내려가면 재미있다. 카르보니에르(Carbonnières), 라카브(Lacave), 쿠냑(Cougnac) 동굴들과 파디락 동굴에서 환상적인 지하 체험을 해볼 수도 있다.

주말 여행

피레네 국립공원(Parc national des Pyrénées), 비고르(Bigorre)의 픽 뒤 미디, 제르(Gers)의 마을들, 타른(Tarn) 구석구석, 아리에주, 툴루즈, 알비를 찾으면 좋다.

스포츠

트레킹은 이 지역에서 가장 많이 즐기는 스포츠다. 케르시(Quercy)의 코스 지방자연공원(Parc naturel régional des Causses)은 피레네 국립공원, 산티아고 가는 길(Chemins de Saint-Jacques-de-Compostelle), 아베롱과 더불어 트레킹족들에게는 천국이다. 암벽 등반, 낚시, 패러글라이딩, 동굴 탐사와 같은 야외 스포츠도 즐길 수 있다.

식도락

랑그독루시용

카술레(cassoulet), 부이야베스(bouillabaisse), 앙쇼이아드(anchoïade) 등이 대표 음식이지만, 부이이나드(bouillinade), 부이야베스와 비슷한 지중해 생선요리인 부리드(bourride), 세트에서 제조하는 빵으로 속에 짧게 자른 오징어와 낙지, 매운 토마토 소스가 들어가는 티엘 세투아즈(tielle sétoise), 오야다(ollada), 루시요나드(roussillonnade) 등도 들면 좋다. 디저트로는 크렘 카탈란(crème catalane)과 루스키유(rousquille)를 사람들이 선호한다.

미디피레네
이곳에서는 오리가 왕이다. 특히 툴루즈 일대와 가스코뉴 쪽이 그렇다. 오리 고기를 잼, 스테이크, 푸아그라 등과 곁들여 먹으며, 카술레에도 넣는다. 트뤼파드(truffade), 알리고(aligot), 팔레트(fallette), 트리푸(tripous), 에스토피나도(estofinado), 미크 르베(mique levée), 무르타이롤(mourtaïrol), 가토 아 라 브로슈(gâteau à la broche) 등 군침이 넘어가게 하는 특식이 많다.

쇼핑

자기류, 보석류, 철제품, 가죽제품 등 여러 가지 수공예 제품들을 구매할 수 있는 지역이다. 그중 가장 유명한 상표는 독특한 모양의 라기올(Laguiole) 칼이다. 푸아그라 및 트뤼프 쪽으로도 다양한 제품을 구할 수 있다. 혹은 지역의 특별 음식인 카스텔노다리 카술레(cassoulet de Castelnaudary), 툴루즈 비올레트(violettes de Toulouse), 알비산(産) 크로캉(croquants d'Albi) 등도 유명한 먹거리 제품들이다. 옥시타니에서 생산하는 와인들도 좋다.

일드프랑스

Île-de-France

행정 중심지 : 파리(Paris)
데파르트망 : 8개
파리(Paris)(75), 센에마른(Seine-et-Marne)(77), 이블린(Yvelines)(78), 에손
(Essonne)(91), 오드센(Hauts-de-Seine)(92), 센생드니(Seine-Saint-Denis)(93), 발
드마른(Val-de-Marne)(94), 발두아즈(Val-d'Oise)(95)
면적 : 12,011km²
인구 : 12,278,210명(파리 인구는 2,228,409명으로 21,129명/km²로 인구밀도가 아
주 높은 편이다)

특징

파리 및 수도권에 해당하는 일드프랑스 지역에서는 전통과 현대가 조화를 이루고
에너지와 생동감이 넘친다. 무엇보다도 이 지역은 문화유산이 풍부하다. 고딕 건축
이 태동한 곳으로, 그중의 백미는 파리의 노트르담 대성당(Cathédrale Notre-Dame), 생
외스타슈 성당(Église Saint-Eustache), 콩시에르주리(Conciergerie), 생트샤펠(Sainte-Chapelle),
생드니 사원(Basilique de Saint-Denis), 루아요몽 수도원(Abbaye de Royaumont), 뱅센 성
(Château de Vincennes) 등이다. 르네상스 시대 건축으로는 안 드 몽모랑시(Anne de
Montmorency)가 16세기에 건축한 발 두아즈(Val d'Oise) 소재 에쿠앙 성(Château d'Écouen)
이 있다. 베르사유, 보르비콩트(Vaux-le-Vicomte), 퐁텐블로(Fontainebleau), 랑부이예
(Rambouillet)에 소재한 성들도 일드프랑스의 대표적인 건축물들이다. 유네스코 세계
문화유산에 등재된 이 지역의 명소들은 파리의 센 강 연안(Paris Rives de Seine), 퐁텐블

로 궁과 정원, 베르사유 궁과 정원, 중세시장이 열리던 도시 프로뱅(Provins) 등이다.

역사적으로 유서가 깊지는 않지만 몽마르트르 언덕 위의 사크레쾨르 사원(Basilique du Sacré-Cœur)은 로마-비잔틴 양식의 건축물이다. 반면 파리의 대회교사원(Grande Mosquée de Paris)은 에스파냐-무어 스타일을 하고 있다. 파리권에는 현대적 양식의 건축물도 많다. 파리의 퐁피두센터(Centre Georges-Pompidou), 라 데팡스 소재 그랑드 아르슈(Grande Arche de La Défense), 프랑스 국립도서관(Bibliothèque Nationale de France)이 현대에 건립된 건물들이다. 일드프랑스 쪽에는 마른라발레(Marne-la-Vallée), 세르지퐁투아즈(Cergy-Pontoise), 에브리(Évry), 믈룅세나르(Melun-Sénart), 생캉탱앙이블린(Saint-Quentin-en-Yvelines) 같은 신도시들에 그런 건물들이 많다.

파리와 일드프랑스 지방은 '예술과 역사 도시' 타이틀을 부여받은 8개 도시를 거느리고 있는데 파리, 불로뉴비양쿠르(Boulogne-Billancourt), 에탕프(Etampes), 랑부이예, 생캉탱앙이블린, 퐁투아즈(Pontoise), 모(Meaux), 누아지엘(Noisiel) 등이 그에 해당한다.

역사, 관광과 관련해서는 4개 루트를 보유하고 있다. '작가의 집 역사 루트(Route historique des maisons d'écrivain)', '노르망디벡생 루트(Route Normandie-Vexin)', '프랑수아 1세 루트(Route François 1er)' 및 '인상파 화가들의 길(Parcours des Impressionnistes)'이 그것이다. 그러기에 파리와 일드프랑스 지방을 효과적으로 여행하려면 무엇보다도 이 지역을 채우는 주요 행사와 공간에 대한 최소한의 지식을 공부해두면 좋다.

파리Paris

에펠 탑, 개선문, 사크레쾨르(Sacré-Cœur) 사원, 앵발리드, 콩코르드 광장, 노트르담 대성당 등의 기념물들, 루브르, 오르세, 퐁피두센터 등의 박물관과 미술관, 몽테뉴 거리(Avenue Montaigne), 샹젤리제, 오스만 대로(Boulevard Haussmann) 같은 쇼핑족을 위한 거리, 생제르맹데프레(Saint-Germain-des-Prés), 카르티에 라탱(Quartier Latin), 마레(Marais) 지구, 레알(Les Halles), 벨빌(Belleville), 몽마르트르(Montmartre) 같은 독특한 지역들, 오페라, 코메디 프랑세즈, 필하모니 드 파리 같은 공연장들, 튈르리, 뤽상부르, 뷔트쇼몽(Buttes-Chaumont) 같은 녹지대들, 바와 클럽, 유명한 레스토랑들, 센 강, 그리고 낭만적인 아름다움을 겸비한 시테 섬과 생루
이 섬... 이 모든 것이 파리를 세계 관광의
중심지 중 하나로 만들고 있다. 또 서쪽의
부르주아 거리와 동쪽의 서민적인 거리의
대조에도 불구하고 중심은 '보헤미안 부
르주아' 거리들이 자리를 차지하고 있다.
여전히 파리는 새로움을 도모하고 있는

데, 그에 따라 최근에 만들어진 공간이 음악의 도시(Cité de la musique), 카르티에 재단
(Fondation Cartier), 케 브랑리 박물관(Musée du quai Branly), 필하모니 드 파리(Philharmonie
de Paris), 루이뷔통 재단(Fondation Louis-Vuitton) 등이다. 이러한 변신은 앞으로도 금방
끝날 것 같지 않다.

　파리는 또 역사와 뒤얽힌 도시로 갈로로마시대, 중세, 고전주의 시대, 나폴레옹 3
세 치하, 현대를 모두 경험한 장소이기도 하다. 바스티유 감옥 습격, 오스만 남작
(baron Haussmann)의 도시 정비, '진보'의 도시, 공포와 밀고(密告)의 도시, 하지만 다시
축제를 벌이는 도시. 그리고 5월 혁명 당시의 소르본 대학 점거, 바리케이드... 세상의
축소판이 파리이기에 이곳에서는 편견을 배제하고 기호와 취향에 따라 자유롭게 여
정을 짜면 된다. 좋아하는 그림들을 소장한 미술관에서 하루를 보내도 좋고, 팡테옹
에 들러 프랑스를 빛낸 위인들의 발자취를 훑어보는 것도 좋으며, 센 강변의 중고서
적 가판대를 기웃거려 보는 것도 좋고, 물랭 루주(Moulin Rouge)에서 나신(裸身)의 무용
수들이 등장하는 밤의 공연을 찾아도 좋다. 생투앙(Saint-Ouen) 벼룩시장을 찾아가는
것도 색다른 경험이 될 수 있다. 이러한 다채로움은 수도 파리에서만 맛볼 수 있는
행복이다.

일드프랑스 île-de-France

문화와 식도락, 정원과 카페로 유명한 세계적인 도시 파리를 감싸고 있는 지역이 일
드프랑스로 숲과 성, 농장들이 즐비하다. 농가에서 나는 우유로는 브리(brie) 치즈를

제조한다.

파리가 정치와 경제, 문화 측면에서 수도권을 퇴색시키기는 했지만, 가까이서 들여다보면 일드프랑스에도 무수한 보물들이 산재해 있다. 빛나는 광채로 태양왕이 만들어낸 베르사유 궁, 유럽 유일의 디즈니랜드, 옛날 왕실의 거처였던 생제르맹앙레(Saint-Germain-en-Laye) 성과 퐁텐블로(Fontainebleau) 성, 인상파 화가들이 누비고 다니며 불멸의 그림들을 남겼던 센 강변의 작은 마을들 등은 일드프랑스에서 만날 수 있는 특별한 장소들이다. 콘크리트로 상징되는 파리 외곽의 쓸쓸한 모습과는 달리 호감이 가는 선술집, 과실수가 심어진 녹지대, 유구한 역사를 자랑하는 유적과 마주칠 수 있는 지역이 일드프랑스이기도 하다.

파리와 일드프랑스의
문화 코드와 상징
- Culture et Symbole -

파리 문장과 모토

파리 시의 모토는 'Fluctuat nec mergitur'로, '흔들릴지언정 가라앉지 않는다'라는 뜻을 지니고 있다. 파리 시의 문장 역시 이 모토를 담아낸다. 센 강을 통해 노르망디 해변까지 나아가는 범선을 그려내고 있는데, 배는 1210년부터 1789년 프랑스 대혁명까지 대(大)상인 가운데서 선출된 '파리 시장'이 관리한 파리 자치제가 뱃사공 길드 인장을 채택한 데서 비롯된 것으로 보인다.

일드프랑스 지방기

3개의 백합이 그려진 푸른색 깃발 형태를 하고 있다. 프랑스 왕국의 문장을 바탕으로 하고 있는데, 이 지역이 프랑스 왕들의 영토였다는 사실을 상기시켜준다.

파리

에펠 탑, 콩코르드 광장과 오벨리스크, 샹젤리제 거리와 개선문, 몽마르트르 언덕과 사크레쾨르 사원, 몽파르나스 묘지, 카타콩브, 뤽상부르 공원, 카르티에 라탱, 퐁피두센터, 루브르박물관, 오르세미술관, 센 강, 퐁뇌프 다리 등.

일드프랑스

베르사유 궁전, 지베르니(Giverny), 퐁텐블로(Fontainebleau)와 바르비종(Barbizon), 샹티이(Chantilly)와 말 박물관, 생제르맹앙레(Saint-Germain-en-Laye), 생드니(Saint-Denis) 사원과 왕들의 무덤, 오베르쉬르와즈(Auvers-sur-Oise)와 반 고흐, 유로디즈니랜드, 아스테릭스 테마파크 등.

Note

주요 박물관과 미술관

* **파리** : 루브르 박물관(Palais du Louvre), 퐁피두센터 현대미술관(Musée National d'Art Moderne-Centre Pompidou), 국립자연사박물관(Muséum National d'Histoire Naturelle), 오르세 미술관(Musée d'Orsay), 케 브 랑리–자크 시라크 박물관(Musée du Quai Branly-Jacques-Chirac), 로댕 미술관(Musée Rodin), 기메 국립 아시아미술관(Musée National des Arts Asiatiques Guimet), 과학산업 시티 테마파크(Cité des Sciences et de l'Industrie) 등을 추천할 만하다.

* **일드프랑스** : 에쿠앙 소재 국립르네상스미술관(Musée national de la Renaissance d'Écouen), 뫼동(Meudon) 의 로댕 박물관(Musée Rodin), 세브르(Sèvres)의 세라믹 시티(Cité de la Céramique), 말메종성 국립박물 관(Musée National des Châteaux de Malmaison), 르 부르제(Le Bourget)의 항공우주박물관(Musée de l'Air et de l'Espace), 퐁투아즈(Pontoise)의 카미유 피사로 미술관(Musée Camille Pissarro) 등을 방문해볼 만하다.

주요 문화행사들

무엇보다도 주요 축제와 각 축제가 열리는 시기를 염두에 두어야 한다. 방리외 블뢰(Banlieues bleues), 솔리데이즈(Solidays), 록 앙 센(Rock en Seine), 생제르맹데프레 재즈 페스티벌(Festival Jazz à Saint-Germain-des-Prés), 상상계 페스티벌(Festival de l'imaginaire), 뤼마니테 페스티벌(Fête de l'Humanité) 등이 파리권의 주요 행사들이며, 일드프랑스의 유명 축제로는 센생드니 국제무용제(Les Rencontres chorégraphiques internationales de Seine-Saint-Denis), 크레테유 국제여성영화제(Festival international de films de femmes de Créteil), 스갱 섬(Île Seguin)에서 열리는 센 뮈지칼 축제(Seine Musicale) 등이 있다.

파리에서는 어떤 교통수단이 좋을까?

파리 시내에서 이용할 수 있는 교통수단은 매우 다양하다. 지하철(Métro), RER, 전차(tramway), 버스 등 다양한 수단들은 파리뿐 아니라 교외 지역을 거미줄처럼 연결하고 있다. 파리에는 총 16개의 지 하철 노선이 운행 중이다. 방문객들이 할인된 가격으로 티켓을 구입할 수 있으니 지하철이나 RER 역, RATP(파리교통공사)가 지정한 샵에 문의하면 된다. 스포츠를 좋아하는 사람에게는 벨리브메트로 폴(Vélib'Métropole)이 기계식 자전거(녹색)나 전기식 자전거(푸른색)를 대여해준다. 택시는 잡기가 힘들 고, 요금도 비싼 편이다.

파리에서 꼭 해봐야 할 일들

늘 역동적인 파리에서 해볼 만한 일들은 정말 많다. 국립박물관, 파리 시가 운영하는 박물관, 국가가 지정한 유적 등 문화 탐방을 할 만한 장소가 도처에 널려 있기 때문이다. 밤에 들를 만한 장소도 센 강변, 와인바, 칵테일바, 테라스, 루프탑 등 다양하다. 그리고 연중 끊이지 않는 미술, 연극, 콘서트, 영화, 오페라 쪽의 다양한 전시와 공연은 이 도시가 제공하는 큰 매력이다.

주요 공연장

- **파리** : 아코르호텔 베르시 아레나(Accorhôtels Bercy Arena), 올랭피아(Olympia), 팔레 데 콩그레(Palais des Congrès), 카지노 드 파리(Casino de Paris), 그랑 렉스(Grand Rex), 알렉시스그뤼스 샤피토(Chapiteau Alexis-Gruss), 팔레 데 스포르(Palais des Sports), 필하모니 드 파리(Philarmonie de Paris), 시테 드 라 뮈지크(Cité de la Musique), 가르니에 국립오페라극장(Opéra National Garnier)과 바스티유 오페라극장(Opéra Bastille de Paris), 시르크 디베르 부글리온(Cirque d'Hiver-Bouglione) 공연장 등.

- **일드프랑스** : 센 뮈지칼 드 불로뉴비양쿠르(Seine musicale de Boulogne-Billancourt), 테아트르 드 생캉탱앙이블린(Théâtre de Saint-Quentin-en-Yvelines), 테아트르 드 주느빌리에(Théâtre de Gennevilliers), 테아트르 드 낭테르아망디에(Théâtre de Nanterre-Amandiers), 보비니 MC93(MC93 de Bobigny), 생드니 프랑스 국립경기장(Stade de France de Saint-Denis), U 아레나 드 낭테르(U Arena de Nanterre) 등.

파리의 주요 방문지

Île-de-France

개선문Arc de Triomphe
원래는 나폴레옹 군대의 영광을 기념하기 위해 1836년에 세운 개선문은 대혁명 군대와 제국 군대에 헌정되었다. 거의 50m 높이를 자랑하는 개선문은 오늘날 프랑스에서 벌어지는 모든 거대한 사건의 증인이 되고 있으며, 애국심의 가장 중요한 상징 중 하나로 자리매김하고 있다.

그랑 팔레Grand Palais
파리 제8구 샹젤리제 거리 가장자리, 프티 팔레(Petit Palais) 맞은편에 자리한 기념물로 2개 건물 사이를 윈스턴─처칠 대로(Avenue Winston-Churchill)가 지나가고 있다. 77,000m²의 드넓은 공간에서 아주 권위 있는 전시회들이 정기적 혹은 부정기적으로 열리고 있다.

노트르담 대성당Cathédrale Notre-Dame
빅토르 위고(Victor Hugo)의 소설 작품 《노트르담 드 파리(Notre-Dame de Paris)》를 통해 잘 알려진 뛰어난 고딕 양식의 건축물 노트르담 대성당은 파리의 모든 유적들 가운데 주인공에 해당한다. 1년에 1,200만 명 이상이 방문하는 이 기념비적인 건물은 1163년부터 1196년까지 파리 시 대주교

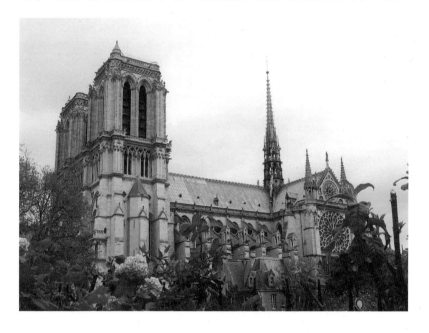

직을 맡았던 모리스 드 쉴리(Maurice de Sully)의 제안에 따라 당대의 최고 건축가들이 설계했다. 하지만 건축가들 이름은 익명으로 처리되었다. 1340년에 준공된 다음에는 잔 다르크의 복권 재판, 1804년의 나폴레옹 대관식 등 대단히 중요한 사건을 목격한 증인이 된다. 광장 앞뜰 바닥에는 '제로 포인트(point zéro)'가 표시되어 있다. 이 지점에서 수도 파리부터 프랑스 다른 도시까지의 거리가 계산된다. 대성당의 2개 탑 높이는 69m에 달한다. 북쪽 타워에서 계단을 이용해 건물 꼭대기까지 올라갈 수 있다. 19세기에 비올레-르-뒥(Viollet-le-Duc)의 상상력을 통해 탄생한 쉬메르 회랑(Galerie des Chimères)을 통해서는 남쪽 타워로 갈 수 있는데, 거기서 파리에 대한 멋진 전경과 성당 지붕을 감상할 수 있다.

라 빌레트 공원Parc de La Villette
파리 북동부의 제19구에 위치한 복합문화공간. 옛 도축장이 떠난 자리에 1993년에 들어선 이 파크는 현대적인 분위기와 감각적인 디자인, 과학과 예술, 자연과 문화의 융합이 돋보이는 장소다. 아이들을 위한 과학관, 고급 연주회가 열리는 콘서트홀, 세계의 악기를 전시하는 음악박물관, 과학산업 시티(Cité des Sciences et de l'Industrie) 등을 포함하고 있다. 과학산업 시티에서는 과학과 기술을 주제로 한 다양한 전시물들과 프로그램을 만날 수 있다. 여름에 이곳 잔디밭에서는 야외영화제가 열린다.

루브르 박물관Musée du Louvre
애초 루브르는 센 강 우안을 보호하려는 목적으로 건설된 성채였다. 그러나 준공 이후부터 공간의 성격이 계속 변모했는데, 1793년에는 중앙예술박물관이 들어서기도 했다. 오늘날 루브르는 매년 850만 명 이상의 관광객이 찾으면서 세계에서 가장 붐비는 박물관 중 하나가 되었다. 중세부터 1848년까지의 서구 예술작품들과 그 이전의 문명들을 소개하고 있다. 2012-2013년 사이에 마련된 공간에서는 이슬람 예술작품들도 전시하고 있다. 박물관이 소장하고 있는 수많은 걸작들, 뜰에서 만나는 유리 피라미드는 방문객들의 눈을 황홀하게 만들어준다.

뤽상부르 공원Jardin du Luxembourg
17세기에 조성된 뤽상부르 공원은 파리 최중심을 차지하고 있는 쾌적한 녹지대로 파리 시민들로부터 대단히 사랑을 받는 공간이다. 공원 안에는 상원 건물이 들어서 있다. 뤽상부르 공원 뜰에서 종종 대규모의 야외 사진전이 열리는 반면, 상원 건물은 수준 높은 기획전에 공간을 제공하고 있다.

몽마르트르Montmartre
파리에서 가장 많은 관광객이 몰리는 장소 중 하나인 몽마르트르 언덕은 파리 18구의 해발 130m에서 작은 마을 형태를 띠고 있다. 이곳 분위기가 다소 작위적이기는 하지만 그와 상관없이 관광객들은 몽마르트르를 즐겨 찾는다. 문화행사와 와인, 식도락을 뒤섞으며 매년 10월

초에 열리는 몽마르트르 포도 수확 축제(Fête des vendanges de Montmartre)는 놓치기 아까운 행사. 서민적인 축제 분위기를 즐길 수 있다. 오드리 토투(Audrey Tautou)가 발군의 연기를 보여준 영화 〈아멜리에〉가 이곳을 더욱 사랑스럽게 만들었다. 언덕 위의 사크레쾨르(Sacré-Cœur) 사원, 언덕 아래의 물랭 루주와 피갈(Pigalle) 거리, 화가 툴루즈–로트렉 등이 많은 이야기를 낳은 장소다. 테르트르 광장(Place du Tertre)은 몽마르트르 언덕 위의 중심 광장으로 이곳에서 관광객을 상대로 초상화를 그리는 무명 화가들과 테라스가 잘 알려져 있다.

파리의 알렉상드르 3세 다리(Pont Alexandre III), 개선문(Arc de Triomphe)과 마찬가지로 샤토랑동 돌(pierre du Chateau-Landon)로 지었는데, 이 건설 자재는 물을 흡수하지 않는 특성을 띠고 있다. 물을 흡수하기에 침식되고 노화하는 대부분의 건물과 달리 늘 깨끗한 백색을 보여주는 이유는 그 때문이다. 사원은 1919년 건립된 후 단 한번도 개보수된 적이 없다.

사크레쾨르 사원의 비밀

사크레쾨르 사원의 종루 높이는 91m로 1912년에 공사가 끝났다. 뤼시엥 마뉴(Lucien Magne)의 작품이다. 로마네스크–비잔틴 양식의 종탑을 채광창이 있는 원추형 지붕의 돔이 감싸고 있으며, 외랑(外廊)에는 앙리 부샤르(Henri Bouchard)가 조각한 4개의 천사상이 들어서 있다.

종탑은 무게가 19톤에 달하면서 세계에서 가장 큰 종인 '사보야르드(Savoyarde)'를 숨기고 있는데, 종은 지금도 여전히 작동 중이다. 사부아(Savoie) 지방의 4개 교구가 선물한 것으로, 파카르(Paccard) 기업이 1895년 안시(Annecy)에서 제조했다.

보주 광장 Place des Vosges

1800년까지 루아얄 광장(Place Royale)으로 불렸던 보주 광장은 파리 3구와 4구에 걸친 마레(Marais) 지구에 소재한 공간이다. 루이 메트조(Louis Métezeau)가 구상한 이 광장은 샤를르빌메지에르(Charleville-Mézières)에 있는 뒤칼 광장(Place Ducale)의 '여동생'에 해당한다. 도핀 광장(Place Dauphine) 직전에 건설되었기에 파리에서 가장 오래된 광장으로 꼽힌다. 1954년 10월 26일에 역사유적으로 분류되었다. 정치계, 예술계 및 방송계의 유명 인물들이 거주하는 구역으로도 잘 알려져 있다.

생마르탱 운하 Canal Saint-Martin

주로 파리 10구와 11구를 관통하는 길이 4.55km의 운하다. 빌레트 도크(Bassin de la Villette)를 센 강과 연결된 아르스날 항구(Port de l'Arsenal)까지 연결하고 있다. 원래 수도 파리까지 식수를 끌어오려고 만든 이 운하는 1825년 준공되었는데, 9개의 수문과 2개의 회전 다리를 보유하고 있다. 우르크 운하(Canal de l'Ourcq), 빌레트 도크, 생드니 운하(Canal Saint-Denis)와 더불어 총길이가 130km에 달하는 파리 운하망을 구축하고 있다. 1993년 2월 23일에 역사유적에 등재되었다.

생트샤펠 성당 Église Sainte-Chapelle

거대한 성유물함인 생트샤펠 성당은 장래에 생루이(Saint Louis, 성왕 루이)가 되는 루이 9세(Louis IX)가 13세기에 건축하게 한 고딕 건축 양식의 보물이다. 고딕 예술의 정수를 보여주는 가장 아름다운 곳 중 하나다. 예수가 십자가에 못 박힐 때 썼다는 가시나무 면류관, 십자가 파편 등을 보관하기 위해 루이 9세가 성당 건축을 명령했으며 1248년에 완공되었다. 세계신기록을 보유한 스테인드글라스 숫자는 1,113개로 신구약 이야기들을 표현해내고 있다. 창세기의 아담과 이브부

터 모세의 탈출기, 그리스도의 유년 시절 등 성경 속 내용이 제단을 중심으로 왼쪽부터 오른쪽까지 시대순으로 진행된다. 스테인드글라스의 아름다움은 8백 년 전부터 이 성당을 전 세계에 알리는 데 기여했다. 스테인드글라스 면적은 600m²가 넘는다.

샹젤리제 Champs-Élysées

해가 뜨나 비가 오나, 낮이나 밤이나 상관없이 샹젤리제 거리에는 늘 관광객들이 붐빈다. '세상에서 가장 아름다운 대로'란 별명을 가진 이곳에는 럭셔리한 상품을 파는 부티크에서부터 대량 판매를 목적으로 하는 체인점에 이르기까지 다양한 상점들이 밀집해 있다. 또 샹젤리제 거리의 카페, 레스토랑, 영화관과 극장은 파리지엥들도 불러들인다. 최대 명절인 7월 14일 대혁명 기념일에는 이 거리에서 군사 퍼레이드가 열린다.

시테 섬 Île de la Cité

파리를 관통하는 센 강 중심에 놓인 22ha의 공간으로, 프랑스사 속에서 중요한 위상을 차지하

고 있다. 정치, 종교, 사법 등 모든 권력이 이
곳을 중심지로 삼았기 때문이다. 10세기에 위
그 카페(Hugues Capet)는 왕궁을 섬 위에 지었고,
2세기가 더 흐른 후 파리 대주교였던 모리스
드 쉴리(Maurice de Sully)는 유럽을 통틀어 가장
야심찬 노트르담 대성당을 짓게 했으며, 13세
기에 생루이(Saint-Louis) 왕은 예수의 가시면류
관을 보관한 생트샤펠 성당을 짓게 했다. 그
리고 앙리 4세(Henri Ⅳ)는 당시로서는 가장 현
대적인 다리인 퐁뇌프(Pont Neuf)를 건설했다.

알렉상드르 3세 다리 Pont Alexandre Ⅲ
1900년 만국박람회 때 건설된 다리로 수도 파리에서 가장 우아한 다리다. 유일한 금속 아치는
길이가 109m에 달하는데 건설 당시로서는 혁신적인 기술이었다. 다리 양축에서 앵발리드의
황금 지붕, 그랑팔레와 프티팔레가 눈에 들어온다.

에펠 탑 Tour Eiffel
1789년 프랑스 대혁명 100주년을 기념하는
1889년에 준공된 에펠 탑은 영원한 파리를 상
징한다. 사건에 따라 색깔을 바꾸면서 파리지
엥들의 삶과 함께하고 있다. 매년 7백만 명이
방문하기에 세계에서 가장 많은 사람이 찾는
유료 기념물로 꼽힌다. 7년마다 성형수술이
이루어진다. 60톤의 특수 그림이 18,000개의
철근 장선에 적용되는데, 25명의 화가가 줄에
매달려 역할을 담당한다. 작업방식은 19세기
이후 전혀 변화하지 않았기에 안전 장비와 사
전 교육이 필수적이다.

오르세 미술관 Musée d'Orsay
19세기 후반에 문을 연 오르세 미술관은 1848
년부터 1914년까지 제작된 조각, 회화, 건축,
장식미술, 그래픽 미술, 사진 등의 예술작품을
대상으로 한 공간이다. 특히 인상파 화가들의
그림을 많이 소장하고 있다. 기차역을 미술관

으로 개조했기에 자연 채광이 남다른 건물이다. 이 미술관이 마련하는 기획전은 예술가들을 그들의 창작물과 연계시키면서 해당 시기의 역사적, 경제적, 사회적 맥락을 강조하고 있다.

자르댕 데 플랑트Jardin des Plantes

오랫동안 실험용 정원 역할을 하던 자르댕 데 플랑트는 풍부한 컬렉션을 자랑한다. 의학과 약학 전공 학생들을 위해 17세기에 조성된 이 식물원은 면적만도 23.5ha에 달한다. 자연사박물관(Muséum national d'Histoire naturelle), 연구용 동물원, 연구소가 들어서 있다. 또한 주제별로 나뉜 자르댕 데 플랑트는 산악지방 정원, 생태 정원, 미로, 장미원, 온실 등을 구비하고 있다.

카르티에 라탱Quartier Latin

센 강 좌안(rive gauche)에 소재한, 파리에서 가장 오래된 구역 중의 하나다. 뤼테스 온천유적지(Thermes de Lutèce)를 중심으로 형성된 카르티에 라탱(라틴 구역)은 파리 5구와 6구 거의 전체를 뒤덮고 있다. 아벨라르(Abélard)가 1215년 생트주느비에브(Sainte-Geneviève) 언덕 위에 정착하면서 대학의 요람이 된 카르티에 라탱에는 문학 및 인문과학,

법학 및 의학 관련 대학들, 콜레주 드 프랑스(Collège de France), 앵스티튀 드 프랑스(Institut de France, 프랑스 학술원), 국립미술학교(Beaux-Arts)와 고등사범학교(École Normale Supérieure) 등의 그랑제콜들, 생트 주느비에브, 마자린(Mazarine) 등의 도서관, 클뤼니 미술관(Musée de Cluny), 자연사박물관, 자르댕 데 플랑트를 위시한 여러 기관과 명소가 밀집해 있다. 크게는 서로 교차하는 생미셸(Saint-Michel) 대로와 생제르맹데프레(Saint-Germain-des-Prés) 대로를 중심으로 카르티에 라탱이 형성되어 있다. 생제르맹데프레에는 카페 드 플로르(Café de Flore), 레 되 마고(Les Deux Magots)를 비롯한 유명 카페들이 많다.

케 브랑리 미술관Musée du quai Branly

식물이 뒤덮고 있는 럭셔리한 벽 뒤로 케 브랑리 미술관은 아프리카, 아시아, 오세아니아 및 아메리카 문명과 예술을 다룬 멋진 공간을 숨기고 있다. 뛰어난 컬렉션, 현대적인 건축은 이 미술관을 파리에서 가장 인상적인 장소 중 하나로 만들고 있다.

콩코르드 광장Place de la Concorde

콩코르드 광장은 넓이 차원에서 프랑스에서 두 번째로 큰 광장이자 자전거 이용자들에게 가장 미움을 받는 공간이다. 오벨리스크 주위로 끊임없이 차량들이 오가기 때문이다. 하지만 죄드폼 미술관(Musée du Jeu de Paume)과 해양박물관(Musée de la Marine)을 방문해보기 위해서라도 이곳을 찾아갈 필요가 있다. 이집트 룩소르에서 건너온 3천 년 역사의 오벨리스크는 이집트가 상형문자를 해독해낸 샹폴리옹에게 감사의 표시로 선물한 것이다.

튈르리 공원 Jardin des Tuileries

이곳 땅의 진흙으로 기와(tuile)를 만들었기에 튈르리 정원이라는 이름이 붙었다. 예전에는 공공 하역장이었다가 카트린 드 메디치가 구입한 후 공원으로 만들었는데, 1세기가 지난 다음 건축 가 르 노트르가 아름답게 꾸민 후 아주 인기 있는 프랑스식 공원으로 변신했다.

팡테옹Panthéon

파리 5구에 자리한 네오클래식 스타일의 건물. 카르티에 라탱(Quartier latin) 최중심, 생트주느비에 브 언덕 위에 놓인 팡테옹은 파리 5구 시청, 앙리 4세 고등학교(Lycée Henri-IV), 생테티엔뒤몽 성 당(Église Saint-Étienne-du-Mont), 생트주느비에브 도서관(Bibliothèque Sainte-Geneviève), 법과대학에 에워싸 여 있다. 앞길인 수플로 거리(Rue Soufflot)는 뤽상부르 정원까지 이어진다. 애당초 18세기에 주느 비에브 성녀의 성골함(聖骨函)을 모신 성당을 계획했다가, 프랑스 대혁명 이후 프랑스 역사를 빛 낸 위인들을 기리는 장소로 성격을 달리했다. 반면 군인들은 앵발리드(Invalides)에 들어간다. 볼 테르(Voltaire), 장−자크 루소(Jean-Jacques Rousseau), 빅토르 위고(Victor Hugo), 루이 브라이유(Louis Braille), 사디 카르노(Sadi Carnot), 에밀 졸라(Émile Zola), 장 조레스(Jean Jaurès), 장 물랭(Jean Moulin), 장 모네(Jean Monnet), 피에르와 마리 퀴리(Pierre et Marie Curie), 앙드레 말로(André Malraux), 알렉상드르 뒤마(Alexandre Dumas) 등의 위인들이 이곳에 잠들어 있다.

페르 라셰즈 묘지 Cimetière du Père Lachaise

페르 라셰즈 묘지는 파리에서 가장 큰 묘지이자 세계적으로 유명한 묘지 중 하나다. 파리 20 구에 자리하고 있으며 많은 유명 인사가 이곳에 묻혀 있다. 매년 이곳을 찾는 방문객만도 350 만 명 이상에 달하기에 세상에서 가장 붐비는 묘지다.

퐁피두센터 Centre Pompidou

조르주 퐁피두(Georges Pompidou) 전 대통령의 희망에 따라 렌조 피아노(Renzo Piano)와 리처드 로저스(Richard Rogers)가 설계한 퐁피두센터, 일명 보부르(Beaubourg)는 현대예술에 할애된 공간이다. 현대예술 소장 규모로는 유럽 최대를 자랑한다. 센터 내 공공도서관 좌석 수는 2천 석 이상에 달하며, 20세기 현대예술자료센터, 영화관과 공연장, 음악연구소, 아이들을 위한 공간을 구비하고 있다. 채색 튜브, 유리와 강철로 된 이 센터의 외관은 건축학적으로 성공을 거둔 것으로 평가된다. 매일 평균 18,000명을 받아들이기에 세계에서 가장 중요한 문화공간 중 하나로 간주되고 있다.

추천 여정

추천하는 루트는 노트르담 대성당에서 출발해 먼저 생루이 섬(Île Saint-Louis)을 산책한다. 그런 후 루브르 박물관을 방문하고 튈르리 정원을 찾는다. 다음 방문지는 샹젤리제 거리. 마지막으로는 몽마르트르 언덕에 올라 사크레쾨르 사원을 들어갔다가, 그랑팔레와 앵발리드를 찾아가면 좋다.

파리의 연인들

사랑에 빠진 연인이라면 파리를 방문할 충분한 이유가 있다. 파리 센 강 위를 떠다니는 바토무슈(Bateau-mouche)를 타고 유람할 수도 있고, 강변의 제방을 걸어볼 수도 있으며, 지붕이 있는 파사주(passages)에서 식사를 들거나 쇼핑할 수도 있고, 퐁뇌프 다리(Pont Neuf)나 퐁데자르 다리(Pont des Arts) 위에서 사진을 찍을 수도 있다. 또 사크레쾨르 사원까지 올라가보고, 뤽상부르 공원이나 로댕 미술관을 찾아가는 것도 추천 여정. 사랑의 도시 파리는 전 세계의 연인들을 매혹시키는 곳이다.

가족 여행

날씨가 좋든 궂든 상관없이 파리에서는 가족끼리 즐길 거리가 많다. 뱅센 동물원(Zoo de Vincennes), 순화원(Jardin d'acclimatation), 자르댕 데 플랑트(Jardin des Plantes), 팔레 드 라 데쿠베르트(Palais de la découverte), 마술박물관(Musée de la Magie), 발롱 드 파리(Ballon de Paris, 열기구 타는 곳), 에펠 탑... 한마디로 축제의 도시 파리는 남녀노소 모두에게 행복을 제공한다.

파리에서의 밤

저녁과 밤에 들르기 좋은 장소들은 무수히 많다. 야간 개장하는 박물관, 라이브 콘서트홀, 디스코테크, 재즈나 일렉트로 음악을 들을 수 있는 파티, 한 잔 걸칠 수 있는 바, 야외 산책을 할 수 있는 센 강둑, 심야버스 등이 파리에서의 밤을 풍요롭게 해준다.

일요일의 파리

파리에 소재한 대부분의 미술관과 박물관들이 일요일에 문을 열며, 그중 일부를 매달 첫 번째 일요일에 무료로 방문할 수 있다. 일요일은 식료품을 사러 하이퍼마켓에 가고, 골동품을 구입하며,

생투앙 벼룩시장(Puces de Saint-Ouen)에서 한가로이 거니는 날이기도 하다. 정원을 방문하거나 영화관을 찾으며 연극을 관람하는 것도 가능하다. 브런치를 즐겨보는 것도 잊지 말 것.

비가 올 때의 파리

비가 내리는 날에도 파리를 즐기는 방법은 많다. 미술관들을 찾거나, 지하 납골당인 카타콩브나 파리 하수도(égouts de Paris)를 방문하면 특별한 추억을 남길 수 있다. 지붕이 덮인 30개의 파사주를 거닐거나, 자르댕 데 플랑트나 오퇴이유 정원(Jardin d'Auteuil)의 온실에서 몸을 덥혀도 좋다. 마누아르 드 파리(Manoir de Paris)에서는 이스케이프 게임, 인도어 자유 활강 등 신기한 체험을 해볼 수 있다. 티타임을 가지고 싶다면 파리 곳곳의 살롱 드 테(salon de thé)를 찾아가 따뜻한 음료와 쿠키를 들면 된다.

파리에서의 식사

외식은 파리 생활의 일부를 이루고 있다. 옛 모습의 파리와 만나고 싶다면 오래된 거리를 찾아가 말발굽 모양의 계산대가 설치된 옛 비스트로에서 그날의 추천 메뉴를 들거나 브라스리에서 가장 인기 있는 음식을 주문해본다. 또 파리에서는 외국 음식 전문점, 샌드위치 가게, 한 가지 음식만을 고집하는 식당, 크레프를 파는 집 등도 만날 수 있다. 버거, 피쉬 앤 칩스, 도시락, 타코, 베이글을 파는 푸드 트럭들도 점점 많이 생겨나고 있다. 하지만 파리는 다양한 프랑스 지방 요리를 한 군데서 맛볼 수 있는 장소이기도 하다.

| 파리 외곽 및 일드프랑스의 주요 방문지

라 로슈귀용La Roche-Guyon

발두아즈(Val-d'Oise) 지역의 라 로슈귀용에서는 백악 절벽에 매달려 있으며 그 옛날 혈거인들이 지은 성채 자리에 건축한 웅장한 성을 만나게 된다. 그리고 중세 때 지은 망루가 성을 내려다보고 있다. 동굴로 된 계단을 올라가면 수도권에서 유일하게 '프랑스에서 가장 아름다운 마을'로 선정된 라 로슈귀용의 전망이 한눈에 들어온다.

로슈포르앙이블린Rochefort-en-Yvelines

오트 발레 드 슈브뢰즈 지방자연공원(Parc naturel régional de la Haute Vallée de Chevreuse) 남쪽에 숨어 있는 작은 마을이다. 12세기에 건립된 성당, 폐허만 남은 성채, 꽃이 만개한 포장도로가 볼거리다. 중앙에 자리한 알 광장(Place des Halles)에서 출발해 기 르 루주 거리(Rue Guy le Rouge)를 돌아보면 좋다. 그러다 보면 이 마을이 산티아고 순례 길 위에 자리한 사실을 알게 된다.

말메종 성Château de la Malmaison

일드프랑스 레지옹 오드센(Hauts-de-Seine) 데파르트망에 소재한 이 성은 총재정부 (Directoire) 기간에 프랑스 역사의 일부가 된다. 나폴레옹 보나파르트의 아내가 된 조제핀 드 보아르네(Joséphine de Beauharnais)가 나폴레옹이 이집트 원정을 떠났던 시기인 1799년 4월 21일 당시 금액으로 325,000프랑의 액수로 성을 사들인 것이다. 브뤼메르(Brumaire) 쿠데타가 일어난 후 성을 구입한 것인데, 돈은 이탈리아 제1차 원정으로 생긴 자금으로 보인다. 나폴레옹은 당대 최고의 건축가를 고용해 말메종을 리모델링했다. 짧은 기간 동안 '황제의 궁'으로 불렸지만 나폴레옹이 생클루 성(Château de Saint-Cloud)으로 거처를 옮기면서 이 성에서는 조제핀이 생을 마감할 때까지 혼자 거주했다.

모레쉬르루앙Moret-sur-Loing

'프랑스에서 가장 아름다운 마을' 중 하나로 선정되었을 정도로 모레쉬르루앙은 매력적인 마을이다. 센에마른(Seine-et-Marne) 데파르트망에 소재한 작은 보석에 해당하는 모레쉬르루앙 풍경은 화가 알프레드 시슬레(Alfred Sisley)를 유혹했고, 화가는 이 마을의 여러 모습을 화폭에 담아낸다.

몬테 크리스토 성Château de Monte-Cristo

작가 알렉상드르 뒤마(Alexandre Dumas)의 충만한 상상력은 문학 쪽의 걸작들을 낳았을 뿐만 아니라 몬테 크리스토 성도 만들어냈다. 이블린(Yvelines) 데파르트망에 소재한 네오르네상스 스타일의 성은 1844년에 작가의 주문에 따라 건축가 이폴리트 뒤랑(Hippolyte Durand)이 설계했다. 《삼총사(Les Trois Mousquetaires)》,《몬테 크리스토 백작(Le Comte de Monte-Cristo)》의 성공으로 뒤마가 막대한 부를 얻었던 것이다. 뒤마가 성 앞에 있는 섬 위에 짓게 한 작업공간에는 이프 성(Château d'If)이라는 이름을 붙였다. 성 이름은 작품 속 주인공인 몬테 크리스토 백작이 탈출한 감옥이 있던 섬으로부터 착안했다.

성의 벽면에는 뒤마보다 앞서 살았던 극작가들 초상화로 장식했는데, 호메로스(Homère), 단테(Dante), 괴테(Goethe), 셰익스피어(Shakespeare), 샤토브리앙(Chateaubriand) 등이 그들이다. 또 뒤마가 남긴 '나는 나를 사랑하는 사람을 사랑한다(J'aime qui m'aime)'라는 표현도 찾아볼 수 있다. 하지만 호사스러운 생활은 뒤마를 파산시키는

데, 그로 인해 뒤마는 1848년에 영지를 팔게 되며 1851년 벨기에로 건너간다.

몽쇼베 Montchauvet

이블린(Yvelines) 지역의 보쿨뢰르 계곡(Vallée de la Vaucouleurs) 중심을 차지하고 있는 이 쾌적한 마을은 중세의 무수한 흔적을 지니고 있다. 다리, 요새화된 옛 '브르타뉴 문 (Porte de Bretagne)', 정사각형 타워와 로마네스크 양식의 문을 보유한 생트마리마들렌 성당(Église Sainte-Marie-Madeleine) 등이 그런 유적들이다. 마을의 중심에서는 옛 망루 유적을 만나볼 수 있다.

바르비종 Barbizon

퐁텐블로(Fontainebleau)에서 9km 떨어진 곳에 있는 마을로, 19세기 말에 풍경 화가들의 메카가 된 곳이다. 많은 아티스트가 이곳을 거처로 삼았는데, 특히 전기인상주의 화가들이 간 여인숙(Auberge Ganne)에 묵으며 자연 속에서 영감을 얻었다. 테오도르 루소(Théodore Rousseau), 장-프랑수아 미예(Jean-François Millet), 샤를 도비니(Charles Daubigny) 같은 화가들은 보다 나중에 바르비종 유파(école de Barbizon)를 형성한 인물들이다. 오늘날 이 마을의 길, 미술관과 갤러리들이 그들에게 감사를 표하고 있다. 미국인들과 일본인들이 이곳을 많이 찾는다. 마을 바로 옆에는 숲과 유명한 아프르몽 협곡(Gorges d'Apremont)이 자리를 잡고 있다.

뱅센 성 Château de Vincennes

파리 동남쪽 뱅센 숲 내에 자리한 성으로 주탑의 높이는 52m로 유럽에서 가장 높다. 16세기부터 19세기까지 감옥으로 사용된 장소다.

루이 14세 궁정에서 벌어진 독약 사건

사건은 1679년에 벌어졌다. 독약을 준비하고 저주의 의식을 치렀다고 의심되는 여러 명의 여인이 체포되었는데, 그중에는 카트린 몽부아쟁 (Catherine Monvoisin), 일명 '라 부아쟁(La Voisin)'이란 여성이 들어있었다. 악명 높은 낙태시술자였던 그녀는 조사관들의 주목을 받았다. 뱅센 성에 투옥된 후 심문을 받았던 그녀는 구체적으로 이름을 거론하지 않으면서도 자신의 고객 중 왕궁을 드나드는 귀족이 많다고 말한다. 그중에는 왕으로부터 실총(失寵)을 두려워하면서 최음제를 만들어달라고 라 부아쟁에게 요구한 몽테스팡 부인(Madame de Montespan)도 있었다. 이러한 이야기가 누설될까 걱정한 루이 14세는 지위와 나이, 성별을 막론하고 독약에 연루된 모든 사람을 처벌하도록 명한다.

마녀로 인정된 라 부아쟁은 1680년 2월 22일 그레브 광장(Place de Grève)에서 화형을 당했다. 그해 7월 라 부아쟁의 딸은 몽테스팡 부인을 직접 거론하면서 왕이 조사를 끝낸 후 사건 관련 증거를 밀봉했다고 비판했다. 루이 14세 통치에 큰 해악을 끼칠 수 있었던 한 사건은 그렇게 끝이 났다.

베르사유 궁전Château de Versailles

파리에서 남서쪽으로 20km 떨어진 이블린(Yvelines) 데파르트망 소재 베르사유 궁과 부속 정원은 매년 전 세계 방문객을 맞이한다. 성이라기보다 거대한 영지에 가깝다.

1789년 프랑스 혁명이 일어나기 전까지 루이 14세, 루이 15세, 루이 16세와 마리 앙투아네트의 특별한 저택으로 사용되었던 궁전과 공원은 수 세기 동안 많은 건축가, 조각가, 실내장식 화가, 조경사들의 손길을 거쳤다. 1715년부터 1723년까지의 섭정 기간을 제외하고는 1682년 5월 6일부터 1789년 10월 6일까지 프랑스 왕들이 상시 거주하던 공간이었다. 67,000m²에 달하는 거대한 면적에도 불구하고 베르사유 궁이 세계에서 가장 큰 궁전은 아닐지라도, 815ha에 달하는 왕실 영지는 세계를 통틀어 가장 넓다.

궁의 중심을 차지하고 있는 것은 '거울의 방(galerie des Glaces)'. 수은으로 만든 357개의 거울이 방을 채우고 있다. 당시 주석과 수은을 뜨거운 상태로 만들어 섞은 후 거울을 제조했는데, 이 방식은 금속에서 나는 수증기 때문에 독성이 아주 강한 제조법이었다. 거울들을 복원했던 거울 제조업자 뱅상 게르(Vincent Guerre)에 따르면 이 방식은 1850년 이후 완전히 금지된다. 복원 시 48개 거울이 다른 것들로 대치되었지만, 거울 중 70% 이상이 여전히 옛 거울 그대로이다.

베퇴이유 Vétheuil

지베르니에 자리 잡기 전에 화가 클로드 모네(Claude Monet)와 그의 아내는 센 강변에 자리한 베퇴이유 마을에서 수년을 보냈다. 사전에 예약한다면 그들이 3년 동안 살았던 집 방문이 가능하다. 주말에는 무료 도선(渡船)을 이용해 센 강 한쪽에서 다른 쪽까지 건너갈 수 있다. 높은 지대를 좋아하는 사람은 GR2 루트를 택한 후 베퇴이유와 라 로슈귀용(La Roche-Guyon) 사이의 쾌적한 구간을 트레킹해봐도 좋다.

빌코냉 Villeconin

파리 남서쪽 위르푸아(Hurepoix) 지역의 빌코냉 마을에 대해 이야기하는 사람은 거의 없다. 하지만 이곳은 풍부한 역사 문화유산을 보유한 장소다. 13세기에 지어진 생토뱅 성당(Église Saint Aubin) 말고도 빌코냉은 3개 성을 보유하고 있다. 가장 잘 알려진 성은 14세기에 건축된 빌코냉 중세성(Château médiéval de Villeconin)이며, 그 외에도 역사 유적에 등재된 소드르빌 성(Château de Saudreville), 13세기에 건립된 그랑주 성(Château de la Grange)이 마을에 들어서 있다.

사무아쉬르센 Samois-sur-Seine

센에마른 데파르트망 남쪽에서 센 강가, 퐁텐블로 숲 중심을 차지하고 있는 이 마을을 만날 수 있다. 강을 중심으로 건설된 마을에 진입하다 보면 19세기 말부터 양차 세계대전 사이 기간에 건축된 거대한 빌라들을 입구에서 만나게 된다. 사무아에 소재한 집들 중 하나는 재즈 뮤지션 장고 라인하르트(Django Reinhardt)가 말년에 거주하던 장소이기도 했다. 하지만 그만 이 마을을 사랑한 것은 아니다. 화가 베르트 모리조(Berthe Morisot)와 에두아르 마네(Edouard Manet), 작가 빅토르 위고(Victor Hugo)가 사무아의 매력에 빠져들었던 예술가들이다.

생제르맹앙레 Saint-Germain-en-Laye

이블린(Yvelines) 데파르트망에 소재한 이곳에는 막강한 왕권을 행사하던 생제르맹앙레 성이 들어서 있다. 프랑수아 1세가 지었으며, 루이 9세를 위해 지은 생트샤펠(Sainte-Chapelle) 바로 옆에 자리하고 있다. 르네상스 시대에 건립된 궁에는 '오래된 성(Château Vieux)'이란 별명이 붙었는데, 앙

리 2세(Henri II)와 앙리 4세(Henri IV)가 건설했지만 오늘날 파괴되고 없는 '새로 지은

성(Château Neuf)'과 비교해서 붙인 호칭이었다. 태양왕 루이 14세(Louis XIV)는 이곳에서 태어나 20년 동안 살았다.

세르네라빌 Cernay-la-Ville

보 수도원(Abbaye des Vaux)으로 프랑스 전역에 잘 알려진 마을 세르네라빌은 슈브뢰즈 계곡(Vallée de Chevreuse) 랑부이예(Rambouillet) 국유림 속에 자리를 잡고 있다. 수도원은 중세 때 지어진 시토회 수도원들 중 가장 규모가 큰 축에 속한다. 마을도 방문해볼 만한데, 16세기에 건축되었으며 역사유적에 등재된 생브리스 성당(Église Saint-Brice), '족제비 들판' 묘지(Cimetière 'du champ à la belette')가 들를 만한 곳이다.

슈브뢰즈 Chevreuse

일드프랑스 지방에서 가장 낭만적인 장소 중 하나로 간주되는 슈브뢰즈는 작은 다리들, 운하를 따라가는 오솔길, 돌집, 옛날 빨래터 등으로 채워진 산책 코스로 유명하다. 슈브뢰즈의 역사는 최소한 1천 년까지 거슬러 올라가는데, 마들렌 성(Château de Madeleine)과 12세기에 세워진 망루가 그를 입증하고 있다.

앙기엥레뱅 Enghien-les-Bains

앙기엥레뱅은 일드프랑스 지방의 유일한 온천이자 카지노가 소재한 곳이다. 부유한 파리지엥들을 위해 1850년에 조성된 이 도시는 휴양지 분위기를 만들어내는 데 성공했다. 카지노 앞에서 꽃을 팔다가 뮤직홀의 여왕으로 등극한 전설적인 인물인 미스탕게트(Mistinguett)가 태어난 도시이기도 하다. 호숫가에서 산책하고, 온천이나 카지노, 예술센터를 방문하면서 이 도시를 즐길 수 있다.

오베르쉬르와즈 Auvers-sur-Oise

일드프랑스 레지옹 발두아즈(Val-d'Oise) 데파르트망에 소재한 코뮌이다. 이곳의 전원 풍경을 그려낸 풍경 화가들, 특히 인상파 화가들 덕분에 국제적으로 유명해졌다.

도비니(Charles-François Daubigny), 세잔(Paul Cézanne), 코로(Camille Corot), 피사로(Camille Pissarro), 고흐(Vincent van Gogh), 시슬레(Sisley) 같은 화가들이 영감을 얻기 위해 이곳을 찾았다. 고흐가 그린 〈오베르 성당 (L'Église d'Auvers)〉 등 그들이 화폭에 담아낸 대부분의 장소가 이 마을에 자리 잡고 있다. 마지막 거처가 라부 여인숙(auberge Ravoux)이었던 고흐는 삶의 말년에 이곳에서 70점의 그림을 남겼다. 마을의 공동묘지에는 고흐가 동생 테오와 나란히 잠들어 있다. 그로부터 얼마 떨어지지 않은 곳에 자리한 역과 시청 사이에 반 고흐 공원 (Parc Van Gogh)이 있고, 공원에서 오시프 자드킨(Ossip Zadkine)이 제작한 반 고흐 동상을 만나볼 수 있다.

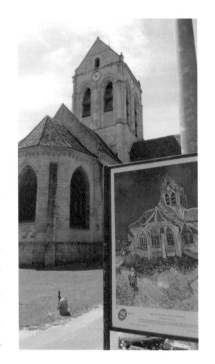

오틸 Haute-Isle

발두아즈 지역의 벡생 고원(Plateau du Vexin)과 센 계곡 사이에 자리한 이 작은 마을은 파리로부터 60여km 떨어져 있다. 절벽을 파낸 후 세운 성당 모습은 일드프랑스 지방에서 유일하다. 혈거인들이 거주하던 선사시대부터 19세기까지 이어지는 역사를 보유한 이 마을은 산책하기에 좋은 장소다. 특히 백악 절벽 위에서는 센 강의 아름다운 파노라마가 한눈에 들어온다.

유로디즈니랜드 Disneyland Paris

파리로부터 동쪽으로 32km 떨어진 마른라발레(Marne-la-Vallée) 지역에 소재한 유럽

제1의 여행지가 디즈니랜드 리조트 파리(Disneyland Resort Paris)다. 모든 나이대, 온갖 취향의 사람들이 즐길 수 있는 오락 시설이 잠자는 숲속의 공주성, 메인스트리트 USA, 프론티어랜드, 디스커버리랜드 등을 중심으로 들어서 있다.

지베르니 Giverny

숲이 무성한 센 강가에 들어선 아름다운 마을로, 1883년부터 1926년에 화가 모네가 자신이 사망할 때까지 이곳에서 살면서 마을 이름을 알리는 데 크게 기여했다. 모네는 지베르니의 소교구 묘지 안에 묻혀 있다. 모네의 집과 정원 외에도 지베르니에서는 지베르니 인상파 미술관[Musée des Impressionnistes-Giverny, 옛 이름은 미국미술관(Musée d'Art américain)]이 마련하는 멋진 기획전들을 만나볼 수 있다.

퐁텐블로 성Château de Fontainebleau

파리 남동쪽에 소재한 퐁텐블로 성은 같은 이름을 가진 숲의 한가운데 자리를 차지하고 있는 공간이다. 사냥을 위한 숙소였다가 왕과 황제의 숙소를 차례로 거쳤다. 12세기부터 왕들의 사랑을 듬뿍 받던 수렵용 별장이 프랑수아 1세에 의해 더 크고 아름다운 성으로 재탄생했는데, 그의 목표는 이곳에 '새로운 로마'를 건설하는 것이었다. 이탈리아 양식에서 영감을 받은 퐁텐블로 성은 드넓은 공원에 둘러싸여 있는데 르네상스 예술과 프랑스 건축이 만나는 장소로 유명하다. 그 후 귀족들이 성 주변에 자신들의 저택을 지었고, 그런 다음 병영들이 건설되었다. 매년 이곳을 찾는 사람들만 1,100만 명에 달한다. 19세기에는 아름다운 자연을 그려내려는 많은 화가들이 퐁텐블로 숲이 있는 지역으로 몰려들었는데, 미예(Millet), 코로(Corot), 루소(Rousseau), 시슬레(Sisley) 등이 그런 화가들이다. 오늘날에는 퐁텐블로 인근 바르비종(Barbizon), 모레쉬르루앙(Moret-sur-Loing)에서 화가들의 흔적을 만나볼 수 있다.

프로뱅Provins

파리에서 동남쪽으로 70km 정도 떨어진 곳에 자리한 프로뱅은 산업화와 전쟁의 폭격을 기적적으로 모면한 도시다. 파리에서 가까운 요새도시로, 2001년에 유네스코 세계문화유산에 등재되었다. 게다가 프로뱅은 자신의 문화유산을 강조하기 위해 다양한 노력을 기울였다. 주이 문(Porte de Jouy), 세자르 탑(tour César)이라는 이름이 붙은 망루, 성벽, 생키리아스 참사회 성당(collégiale Saint-Quiriace), 십일조 징수소(Grange aux Dimes), 지하통로는 프로뱅을 방문할 때 꼭 들러야 할 장소들이다. 프로

방케 데 트루바두르 Banquet des Troubadours
레스토랑에서의 식사

중세도시 프로뱅에서 직접 체험할 수 있다. 중세 음식을 들며 중세 분위기를 맛보는 방식이다. 식사는 2시간 동안 할 수 있다. 음유시인들의 다양한 공연이 곁들여진다. 식사 비용은 2020년 기준으로 성인 30유로, 중세 의상 대여비는 5유로. 주말인 토요일 점심과 저녁, 일요일 점심에만 오픈한다.

뱅은 과거에 엄청난 권력을 누렸던 샹파뉴 지방 백작들이 살았던 도시이기도 하다. 오래된 건축물, 과거의 의상을 입고 진행되는 공연, 아름다운 정원과 박물관을 즐기다 보면 시간을 거슬러 올라가 역사 속으로 들어가는 느낌을 받을 수 있다.

플라지Flagy

12세기에 조성된 센에마른(Seine-et-Marne) 데파르트망의 이 마을은 루앵(Loing) 강의 지류인 오르반(Orvanne) 하천에 놓인 많은 다리와 가교가 특징이다. 갈로로마시대 유적 위에 건설된 플라지에서는 물레방아, 13세기의 벨퐁텐 성(Château de Bellefontaine), 노트르담드피티에 성당(Église Notre-Dame-de-Pitié) 등 볼거리가 많다.

Note

식도락

파리의 10가지 음식

· 바게트

잼에 찍어 먹거나, 샌드위치 형태로 먹거나, 요리에 들어간 소스에 적셔 먹거나 상관없이 바게트는 프랑스에서 들 수 있는 특식이다. 딱딱한 부분과 말랑말랑한 부분을 동시에 갖춘 바게트는 19세기에 파리에 수입된 비에누아즈 빵의 긴 사이즈 형태를 하고 있다. 최고의 품질을 맛보려면 가게에서 직접 만드는 바게트를 사면 좋다.

· 일드프랑스 지방의 치즈

주로 암소 우유를 기본으로 만드는 파리 지역의 치즈는 부드럽고 역사가 깊은 편이다. 모(Meaux), 몽트로(Montereau), 믈룅(Melun), 프로뱅에서 생산하는 브리(brie)가 가장 많이 알려져 있다. 파리의 시장들에서는 쿨로미에(coulommiers)도 만날 수 있는데, 맛과 구조가 카망베르(camembert)와 비슷하다. 대단히 맛있다.

- 오페라(Opéra)

1955년 파리의 한 제빵사가 커피 크림, 초콜릿과 생크림으로 만든 크림, 비스킷을 차례로 쌓아 올린 후 그 위에 초콜릿을 덮은 새로운 형태의 케이크를 만들었다. 기하학적이고 윤이 나는 모양을 보고 그의 부인은 가르니에 오페라(Opéra Garnier)를 연상하고 케이크에 오페라라는 이름을 붙인다. 이것만으로는 충분히 파리를 연상시키지 못하자, 여기에 들어가는 비스킷에는 모나리자(Joconde)란 이름을 붙이고 있다.

- 크루아상

1830년대에 파리에 정착한 오스트리아 가게들이 처음 소개한 크루아상은 버터 맛이 일품인 비에누아주리의 일종이다. 오늘날에는 초콜릿이 들어간 단짝이자 보다 고전적인 모양을 한 팽 오 쇼콜라(pain au chocolat)와 함께 팔린다.

- 크로크무슈croque-monsieur

빵 두 조각 안에 익힌 햄과 베샤멜(béchamel) 소스를 넣고 그라탱 치즈로 덮은 맛있는 샌드위치다. 브라스리와 베이커리에서 동시에 만날 수 있다. 1918년에 크로크무슈는 프랑스 문학에 등장하기도 했는데, 마르셀 프루스트(Marcel Proust)가 자신의 소설 《꽃피는 아가씨들의 그늘에(À l'ombre des jeunes filles en fleur)》 속에서 크로크무슈에 대해 언급했다. 요리한 계란으로 덮을 경우에는 '크로크마담(croque-madame)'이라 부른다.

- 마카롱

차를 마실 때 함께 드는 파리의 마카롱은 모든 사람을 즐겁게 한다. 빨은 아몬드 껍질 안에 피스타치오, 초콜릿, 붉은색 과일, 감초 등을 넣은 이 작은 과자의 다양한 맛은 전통적인 동시에 이국적인 느낌을 준다. 파리에서 마카롱으로 가장 유명한 상표 이름은 라뒤레(Ladurée)와 피에르 에르메(Pierre Hermé)다.

- 등심과 감자튀김entrecôte-frites

이 요리의 역사는 라 빌레트(La Villette)가 아직 도축장이었던 19세기까지 거슬러 올라간다. 거기서 일하던 정육업자들은 쇠고기 등심을 버터와 허브에 버무린 음식을 아주 좋아했는데, 전통적으로 '퐁뇌프 감자(pommes Pont-Neuf)'와 함께 제공되던 음식이었다. 전설에 따르면 오늘날 프렌치프라이의 원조에 해당하는 감자튀김은 퐁뇌프 다리 위에서 처음 발명되었다고 한다. 오늘날 파리의 비스트로에서 가장 많이 만나게 되는 음식이기도 하다. 4가지 종류의 조리를 주문할 수 있다. '블뢰(bleu)', '세냥(saignant, 레어)', '아 푸앵(à point, 미디엄)', '비엥 퀴(bien cuit, 웰던)'가 그에 해당하는 표현들이다.

• 파리의 꿀

파리의 지붕 위에 꿀벌들을 위한 안식처가 있는 걸 아시는지? 오르세 미술관, 파리화폐박물관(Monnaie de Paris), 앵스티튀 드 프랑스, 앵발리드에는 벌통이 있으며, 꿀벌들은 파리의 정원과 발코니를 채우고 있는 꽃들로부터 꿀을 만들어내고 있다. 이 진미를 선물하려면 '르 미엘 드 파리(Le Miel de Paris)'에서 약속을 먼저 잡아야 한다.

• 양파 수프 soupe à l'oignon

그 옛날 레알(Les Halles) 쪽에서 배달원들이나 술꾼들의 원기를 돋우기 위해 밤에 제공되던 양파 수프는 오늘날 파리의 모든 고급 브라스리에서도 만나볼 수 있다. 치즈와 빵 조각, 양파와 버터가 재료로 들어간다.

• 파리의 맥주들

라 파리지엔(La Parisienne), 몸(Môme), 샤르보니에르(Charbonnière), 발렌(Baleine), 몽트뢰이유아즈(Montreuilloise) 등의 이름을 가진 파리 맥주들이 수십 년 전부터 본격적으로 선보이고 있다. 갈리아(Gallia) 같은 맥주회사는 1890년부터 1969년까지 운영되다가 2009년 두 명의 젊은 기업가가 인수한 바 있다. 최근에는 미니 브라스리(micro-brasseries)들이 바이오 맥주와 새로운 맛을 제공하고 있다.

맛의 고장 일드프랑스

역사적으로 일드프랑스는 항상 프랑스 국왕들의 놀이터였다. 숲과 들로 채워진 다양한 풍경 속에 숨어있는 보물들이 많았기 때문이다. 또 파리 버섯(champignon de Paris)에서부터 파로 사과(pomme Faro), 몽모랑시 버찌(cerise de Montmorency), 그롤레 배(poire de Groslay), 프랑스식 완두콩(petits pois à la française), 아르장퇴이유 아스파라거스(asperge d'Argenteuil), 슈브리에 강낭콩(haricot chevrier) 등 맛있는 과일과 채소를 통해 일드프랑스 지역은 섬세한 미각을 충족시키는 요리를 개발해낼 줄 알았다.

육류를 제공하는 동물들로는 연한 고기를 제공하는 가금류, 파리 햄(jambon de Paris)을 만들어내는 돼지, 나바랭 다뇨(navarin d'agneau, 야채와 함께 삶은 양고기 요리에 들어가는 양), 뵈프 미롱통(bœuf mironton), 비네그레트 송아지 머리(tête de veau vinaigrette), 앙리 4세 포토푀(pot-au-feu Henry IV) 등의 요리에 들어가는 소를 들 수 있다.

또 요리를 보충하기 위해 이 지방은 맛을 돋우는 모 겨자(moutarde de Meaux) 같은 조미료, 브리(brie) 같은 치즈류, 파리브레스트(Paris-Brest) 같은 유명한 디저트, 그랑 마르니에(Grand Marnier) 한 잔과 더불어 맛보면 좋으며 오직 노플르샤토(Neauphle-le-Château)에서만 생산하는 레몬 파이(tartelette de citron) 등을 개발해낼 줄 알았다.

짭짤한 음식 중에서는 부셰 아 라 렌(bouchées à la reine), 나바랭 다뇨, 생제르맹 수프(potage St-Germain), 토끼 지블롯(gibelotte de lapin), 양파 그라탱 수프(soupe gratinée aux oignons)가 유명하다.

당과류로는 모레쉬르루앵(Moret-sur-Loing)의 보리설탕(sucres d'orge), 프로뱅의 장미사탕(bonbons à la rose), 모(Meaux)에서 생산하는 가나슈(ganache, 초콜릿과 생크림으로 만든 크림)를 얹은 사각 초콜릿(pavés de chocolat), 느무르(Nemours)에서 만날 수 있는 개양귀비 향료를 넣은 사탕과자 코클리코(coquelicot) 등이 왕의 총애를 받던 주전부리들이었다. 그 외에도 파리브레스트(Paris-Brest), 생토노레(Saint Honoré), 파리식 갈레트 데 루아(galette des rois Parisienne), 슈케트(chouquettes), 낭테르 브리오슈(brioche Nanterre), 파리 브리오슈(brioche parisienne), 부르달루 파이(tarte bourdaloue), 모카(moka), 퓌 다무르(puits d'amour), 오페라(opéra), 밀푀이유(millefeuille), 사바랭(savarin), 파리 플랑(flan parisien, 향료를 친 크림 과자) 등이 있다.

일드프랑스의 가장 유명한 치즈들로는 모 브리(brie de Meaux), 믈룅 브리(brie de Melun), 몽트로 브리(brie de Montereau) 및 쿨로미에(coulommiers)를 들 수 있다.

일드프랑스 지방의 와인으로는 아르장퇴이유 와인(vins d'Argenteuil)과 몽마르트르(Montmartre) 언덕에서 생산하는 와인이 있다.

일드프랑스 지방의 식재료

과일과 채소

19세기까지 파리 외곽에서 과일과 채소 재배가 성행했다. 그중 일부는 일드프랑스 지방 경계를 넘어서서 명성을 누리기도 했다. 하지만 20세기에 들어서서 도시화가 진행되자 정원과 들판은 콘크리트로 대치되었고, 많은 생산물은 극히 일부 사람들 기억에만 남는다.

- **메레빌 물냉이**(cresson de Méréville) : 에손(Essonne) 데파르트망은 프랑스에서 물냉이를 가장 많이 생산하는 지역이다. 그리고 19세기 말부터 물냉이를 재배하는 메레빌은 스스로 '물냉이 수도'라고 선포할 정도였다. 부활절 기간에는 주말마다 물냉이 시장이 열린다. 또 이곳에서는 와인과 물냉이로 만든 아페리티프인 '크레소니에(Cressonnier)'를 맛볼 수 있다.
- **클라마르 완두콩**(petits pois de Clamart) : 오드센(Hauts-de-Seine) 데파르트망의 클라마르에서는 19세기에 채소 재배가 정착했기에 클라마르 완두콩은 일찍부터 국제적인 명성을 얻었다. 이곳에서는 6월 어느 주말 완두콩 축제가 열린다.
- **아르장퇴이유 아스파라거스**(asperges d'Argenteuil) : 19세기부터 발두아즈(Val-d'Oise) 데파르트망의 이 마을에서 재배하기 시작한 아스파라거스는 농업경진대회에서 메달을 휩쓸었다. 아르장퇴이유 박물관에서는 포르말린에 담긴 거대한 완두콩 샘플도 구경할 수 있다.
- **파리 버섯**(champignons de Paris) : 석회질 지하에서 자라나는 이 버섯은 특히 샤티용 옛 채석장(Carrières de Châtillon)과 이블린(Yvelines) 버섯 재배지에서 만나볼 수 있다.
- **벨 드 퐁트네**(belles de Fontenay) 감자 : 발드마른(Val-de-Marne) 데파르트망의 퐁트네수부아(Fontenay-sous-Bois)에서 이 감자를 키운다.
- **그롤레 배**(poires de Groslay) : 발두아즈 데파르트망 소재 파리지(Parisis) 과수원에서 아직도 재배한다. 품종이 아니라 명칭이다.
- **몽모랑시 버찌**(cerises de Montmorency) : 17세기부터 발두아즈 지역에서 광범위하게 재배되었다. 세비녜 부인(Madame de Sévigné), 루소(Rousseau), 볼테르(Voltaire)의 작품들 속에서도 등장한다. 하지만

19세기 말부터 남부의 버찌들과 경쟁하면서 점점 사라진다.

- **몽트뢰이유 복숭아**(pêches de Montreuil) : 17세기부터 20세기 중반까지 재배했다. 복숭아나무는 높이가 2.7m의 벽에 붙여 심었는데, 낮 동안 열을 모으기 위함이었다. '복숭아 벽'의 길이는 무려 600km에 달했다. 하지만 도시화 때문에 20세기에 점차 사라진다. 오늘날에는 몽트뢰이유에 수십km의 벽만 남아있다.
- **토므리 백포도**(chasselas de Thomery) : 1730년부터 19세기까지 재배했지만 1980년에 상업화를 완전히 중단한다.

육류

이블린(Yvelines), 에손(Essonne), 센에마른(Seine-et-Marne) 쪽에서 생산하는 소, 양, 가금류에는 품질을 보증하는 라벨을 붙인다. '일드프랑스 소(bovin d'Île-de-France)'와 '일드프랑스 특급 양(agneau grand cru d'Île-de-France)' 등의 라벨은 농장에서 생산하는 사료를 먹이면서 전통적인 방식으로 키운 동물들임을 입증한다. 지역 특산품 중에서는 우당(Houdan) 가금류를 들 수 있다.

향료와 조미료

- **밀리 박하**(menthe de Milly) : 중세부터 에손 데파르트망의 밀리라포레(Milly-la-Forêt) 인근에서 재배한다. 가장 유명한 것은 후추 맛이 나는 박하로, 사탕, 시럽, 차, 초콜릿을 만든다.
- **모 겨자**(moutarde de Meaux) : 겨자씨, 절구로 간 씨, 식초, 물, 소금, 향신료를 기본으로 만든 조미료. 중세 때 수도사들이 제조하던 비법을 포므리(Pommery)가 이어받아 1760년부터 상업화하기 시작했다. 생산업자가 바뀌었을지라도 '모 포므리 겨자(moutarde de Meaux Pommery)'란 명칭을 쓰는 것은 그런 이유 때문이다.
- **라니 식초**(vinaigre de Lagny) : 1865년부터 센에마른 데파르트망에서 제조하고 있다. 모 겨자를 만드는 재료로 들어간다.

치즈

- **브리**(brie) : 1천 년도 더 이전부터 프랑스 브리에서 암소 생우유로 제조하는 치즈로 지방의 함유량이 35~45%에 달한다. 40여 가지 종류가 있으며, 산지에 따라 특징이 조금씩 다르다. 모두 원산지 증명(AOC) 등급을 부여받은 모(Meaux)와 믈룅(Melun)의 브리들이 가장 유명하다. 반면 크기가 보다 작은 쿨로미에(coulommiers)는 브리를 붙이지 않고 이 이름이 단독으로 쓰인다. 쿨로미에 마을은 매년 부활절 직전의 주말에 치즈와 와인 시장을 개최하고 있다.
- **퐁텐블로**(fontainebleau) : 동명의 산지 호칭에서 치즈 이름을 따왔다. 지방 함유량이 75%에 달한다.

당과류

- **가티네 꿀**(miel du Gâtinais) : 17세기부터 가티네 지역의 꿀벌들은 식물인 사료용 초지에서 대량으로 재배하던 잠두로부터 꿀을 모았다. 가티네 꿀은 현재도 생산하고 있다.

- **장미 잼**(confiture de rose) : 십자군 원정에서 돌아온 샹파뉴 백작 티보 4세(Thibaut IV)가 1238년에 프로뱅에 처음 도입한 장미는 그 후 이 도시의 상징 중 하나가 되었다. 섬세함과 향이 좋은 잼 형태뿐만 아니라 사탕, 리큐어, 과일 파이 등 다양한 제품을 만날 수 있다.
- **니플레트**(niflettes) : 중세 때부터 프로뱅에 생겨난 케이크로 커스터드 크림이 들어간 조그만 파이다. 만성절과 6월에 열리는 중세 축제 때 든다.
- **모레쉬르루앙**(Moret-sur-Loing) **수녀들의 보리설탕** : 이 특산품은 모레의 베네딕토회 수도회 수녀들이 1638년 처음 만들어냈다. 본래는 후두염을 치료하기 위해 고안된 이 작은 사탕은 얼마 지나지 않아 루이 14세 궁정 여인들의 기호품이 된다. 수 세기 동안 조심스럽게 지켜오던 제조 비밀은 1972년에야 루소(Rousseau) 가문에 전수되었다. 루소 가문은 전통을 이어가면서 방문객들로 하여금 모레 소재 보리설탕 박물관(Musée du Sucre d'orge)을 찾게 만들고 있다.
- **느무르 개양귀비**(coquelicot de Nemours) : 느무르 마을의 휴한지에서 손으로 따는 개양귀비는 1850년부터 사탕으로 변신한다. 현재는 리큐어, 시럽, 잼 등 다양한 형태의 개양귀비 상품이 제조되고 있다.
- **파리브레스트**(Paris-Brest) : 19세기 말부터 파리 교외에서 만들기 시작한 빵의 일종이다. 모양은 자전거 바퀴를 연상시킨다. 빵이 만들어지던 당시 유명했던 자전거 경주 코스로부터 이름을 따온 것으로 추정된다.

음료
- **그랑 마르니에**(Grand Marnier) : 국제적으로도 이름이 알려진 이 리큐어는 19세기부터 이블린 데파르트망 노플르샤토(Neauphle-le-Château)에서 정제되고 있다. 루이-알렉상드르 마르니에(Louis-Alexandre Marnier)란 인물이 코냑에 담근 신 오렌지 껍질로 제조법을 개발해낸 것으로 알려져 있다.
- **누아요 드 푸아시**(Noyau de Poissy) : 이블린 데파르트망 푸아시에서 17세기 말부터 제조하고 있는 리큐어로, 살구씨를 코냑에 담근 후 만들어낸다.
- **클락크생**(Clacquesin) : 이 리큐어는 노르웨이산 소나무의 진액을 설탕과 알코올로 묽게 만든 다음 향신료 식물과 양념을 추가한 것이다. 폴 클락크생(Paul Clacquesin)이란 이름을 가진 파리의 한 약사가 개발했다. 처음에는 호흡기 질환에 잘 듣는다고 알려졌다가 양차 세계대전 사이 기간에 아페리티프로 대중화되었다. 1900년에는 증류 공장이 말라코프(Malakoff)에서 문을 열었는데, 현재 역사유적으로 지정되어 있다. 공장 방문이 가능하다.

쇼핑

수도 파리에서는 선택의 폭이 너무나 많아 각자의 취향대로 선물을 고르면 된다. 선택 대상은 패션부터 식도락까지, 장식용 오브제에서부터 서적류까지 광범위하게 걸쳐 있다. 옷과 관련해서도 무수한 부티크들이 산재해 있는데, 개성이 넘치는 독립 부티크들을 찾으려면 르 마레(Le Marais) 혹은 제13구의 레 자베스(Les Abbesses) 지역을 찾아가면 좋다. 몽마르트르 언덕 위 테르트르 광장(Place du Tertre)에서는 자신의 초상화를 남길 수도 있고, 파리의 주요 미술관에서는 자신이 체류하는 동안에 방문한 전시회 도록을 구입할 수 있다. 생투앙(Saint-Ouen) 벼룩시장에서는 진귀한 골동품을 구입하면 좋다. 에르메스(Hermès) 샵에서는 비단 스카프를 구입할 수 있으며, 샤넬(Chanel), 디오르(Dior, '디올'), 랑콤(Lancôme), 게를랭(Guerlain, '겔랑') 샵에서는 세계 최고의 화장품들을 찾아볼 수 있다. 파리 센 강변의 고서적상에서는 파리의 옛날 엽서를 구입하는 낭만을 누리는 것도 가능하다.

생투앙(Saint-Ouen) 벼룩시장과 럭셔리한 부티크가 있는 몽테뉴 거리(Avenue Montaigne)에서 쇼핑을 즐길 수 있다. 하지만 시간이 있는 사람은 파리 교외에 있는 트루아(Troyes) 아울렛을 찾아가 다양한 브랜드와 만나거나, 라 발레 빌리지에서 명품 상표들을 만나볼 수 있다.

코르스 코르시카

Corse

행정 중심지 : 아작시오(Ajaccio)
데파르트망 : 2개
코르스뒤쉬드(Corse-du-Sud)(2A), **오트코르스**(Haute-Corse)(2B)
면적 : 8,680km²
인구 : 344,679명

특징

코르시카는 다른 지역과 완전히 차별화된 독특하고 다채로운 매력이 가득한 섬이다. 지중해에 숨은 '미의 섬' 북쪽부터 서쪽까지 모든 곳에서 놀라운 풍경, 천국 같은 해변, 문화유산과 풍부한 전통을 만나볼 수 있다. 또 멋진 해안 도시들, 촘촘한 숲, 가파른 산 등으로 풍경은 더없이 다양하다. 가장 높은 곳은 몬테 신토 봉우리(Pic du Monte Cinto). 섬의 거의 절반이 자연공원으로 지정되어 있고, 어렵다고 소문난 GR20 트레킹 코스에 도전하는 사람도 많다. 피에트라코르바라(Pietracorbara) 같은 일부 해변은 사람들이 즐겨 찾는 반면 살레치아(Saleccia)와 론디나라(Rondinara) 같은 해변은 거의 고립된 편이다. 코르시카는 1768년부터 프랑스 땅이 되었지만 코르시카 문화는 이탈리아의 영향을 상당히 많이 받고 있다.

코르시카를 제대로 이해하기 위해서는 고대부터 현대까지의 이 지역 역사를 들여다볼 필요가 있다.

고대

기원전 564년에 마르세유 사람들이 코르시카 동쪽을 '식민화'하려고 찾아온 후 이곳에 알랄리아[Alalia, 현재는 알레리아(Aléria)라고 불린다]와 거대한 상관(商館)을 건설했다. 하지만 섬에서 수천 년 동안 살아오던 '토착민(산악지방과 섬의 서부에 살던 사람들)'과 마르세유 사람들과의 접촉은 수 세기 동안 거의 일어나지 않는다. 극히 일부 주민들만이 연이은 식민화로부터 영향을 받았을 따름이다.

기원전 250년에는 로마인들이 섬에 들어왔고 이 지역의 경제 발전에 지대한 역할을 했다. 알레리아는 온천과 광장, 거대한 해군 기지를 보유한 큰 경제 도시가 되었다. 7백 년이 넘는 지배 기간 동안 그들은 섬 전역에 라틴어를 보급하였고, 이 언어가 코르시카 공식 언어가 되었다.

기독교의 시대

최초의 사원은 4세기에 건립되었고, 11세기부터는 수많은 종교 건물들이 생겨난다. 마리아나(Mariana), 사고나(Sagona), 아이아치우(Aiacciu), 알레리아, 네비우(Nebbiu)에는 주교관들이 들어섰는데, 그 중 마리아나와 네비우에 위치한 2개 주교관은 아직도 운영 중이다. 큰 성당에서부터 작은 예배당에 이르기까지 섬의 곳곳이 종교 건물들로 채워진다. 걷거나 말을 타고 수 시간 트레킹을 해야 도달할 수 있는 건물들이 현재까지 남아있다.

근대와 현대

이탈리아 제노바와 프랑스 국왕이 베르사유 조약에 서명하면서 코르시카는 1768년에 프랑스 땅이 된다. 하지만 코르시카 사람들은 프랑스 왕권에 쉽게 복종하지 않았다. '저항' 운동이 벌어졌는데 운동을 이끄는 인물은 코르시카의 옛 장군 파스콸레 파올리(Pasquale Paoli, 파스칼 파울리라고도 부름)였다. 실제로 코르시카의 프랑스 병합은 폰

테 노부 전투(bataille de Ponte Novu)가 벌어진 다음인 1769년에야 이루어졌다. 파올리는 이 전투에서 패배한 후 영국으로 피신했다. 1794년 코르시카는 프랑스와 모든 정치적인 관계를 끊으면서 영국 땅이 되지만 그런 시기는 2년에 불과했다. 1796년에 영국은 코르시카를 떠나며 관리를 포기한다. 코르시카 출신인 나폴레옹 보나파르트(Napoléon Bonaparte)가 자기 고향에 영국인들이 들어와 있는 모습을 참지 못할 것이고, 그가 영국을 대상으로 전쟁을 벌일 수도 있었기 때문이었다. 그에 따라 코르시카는 다시 프랑스 땅이 되었다. 이탈리아가 코르시카를 회수하려 들기도 했지만, 그 후 상황은 변하지 않는다.

지중해의 이 작은 섬은 아직도 풍부한 역사와 문화유산을 보유하고 있다. 독립심이 강한 코르시카 사람들은 자신들 문화와 전통에 대해 큰 자부심을 지니고 있다.

문화와 전통

코르시카어

코르시카어가 구어체 이탈리아어의 한 분파이기에 섬의 주민들 70%가 이탈리아어를 구사할 줄 안다. 그렇지만 1974년부터 코르시카어는 프랑스 지방어로 인정되고 있으며, 코르테 대학 같은 곳에서 교육이 되고 있다. 또 이 지역의 많은 출판사가 도서들을 코르시카어로 출간하면서 이 언어를 홍보하는 중이다. 일부 작가들은 코르시카어로 글을 쓰면서 코르시카 및 해외에 퍼져 있는 코르시카 출신자들의 관심을 불러 모으고 있다. 가수 브라센스(Brassens)의 151개 노래 모음집을 《Brassens, in fole è canzone》란 코르시카어 제목으로 번역 출간한 것이 그 좋은 예다.

코르시카 음악

무엇보다도 코르시카 음악은 나이와 상관없이 세대에서 세대로 전승되는 노래로 대표된다. 주제는 다양하다. 결혼과 같이 행복한 순간들, 전투적인 내용, 농부들의 노래, 자장가처럼 실로 많은 영역에 걸쳐 있다. 세레나데나 마을 축제 때 울려 퍼지는 폴리포니(polyphonies) 노래들도 있다. 폴리포니를 노래하는 코르시카의 대표적인 그룹들로는 알테 보체(Alte Voce), 장-폴 폴레티(Jean-Paul Poletti), 아 필레타(A Filetta), 라르퀴스지(L'Arcusgi), 바르바라 푸르투나(Barbara Furtuna), 칸타 우 포풀루 코르수(Canta U Populu Corsu), 이 무브리니(I Muvrini), 바티스타 악카비바(Battista Acquaviva), 페트루 구엘푸치(Petru Guelfucci), 보체 벤투(Voce Ventu) 등이 유명하다. 칼비 온 더 락(Calvi on the Rock) 페스티벌은 이 지역에서 즐길 수 있는 음악 축제 중 하나다.

코르시카 회화

15세기의 프레스코화는 제노바와 토스카나 화가들의 영향을 많이 받았다. 당시 코르시카가 제노바의 지배를 받고 있었기 때문이다. 코르시카 회화는 19세기 말부터 일종의 도약을 맛본다. 당시 영국을 포함한 여러 국가로부터 관광객이 쇄도했고, 해수욕장 주변에 그들이 겨울에 거주하면서 주요 고객이 되었다. 일부 화가들은 명성을 얻었는데, 프랑수아 란지(François Lanzi), 레옹-샤를 칸니치오니(Léon-Charles Canniccioni), 바술(Bassoul), 카나바조(Canavaggio), 도미니크 프라사티(Dominique Frassati), 코르벨리니(Corbellini), 카포니(Capponi) 등이 그런 화가들이다. 이 화가들의 작품 컬렉션은 현재 아작시오의 페슈 미술관(Musée Fesch)에서 만나볼 수 있다.

코르시카의
문화 코드와 상징
- Culture et Symbole -

나폴레옹Napoléon

코르시카를 대표하는 인물로 그의 영광과 몰락은 코르시카와 불가분의 관계를 맺고 있다. 섬의 도처에 그를 기리는 흔적이 남아있는데, 아작시오에는 나폴레옹에게 헌정된 기념관과 생가가 소재해 있다. 나폴레옹 문장은 독수리.

코르시카 지방기

코르시카 지방기에 그려진 인물이 머리에 맨 띠는 코르시카 사람들의 결연한 의지를 나타낸다.

코르시카 민족해방전선FLNC : Front de libération nationale corse

무장투쟁을 통해 코르시카의 독립을 획득하려는 민족주의 단체. 1976년 2개의 소규모 조직이 연합하여 결성되었으며, 코르시카 민족주의 단체 중에서는 가장 규모가 크고 폭력적이다. 코르시카와 프랑스 본토의 경찰서·관공서·은행 등의 여러 건물에 대한 폭파를 기도하면서 자신들의 명분을 대외에 알렸다. 1980년 코르시카에서 발생했던 3백여 건의 폭발사고가 이 조직과 관련을 맺고 있는 것으로 추정된다. 프랑수아 미테랑 대통령 취임 후 폭력적 투쟁을 자제하다가 1982년부터 테러 횟수를 늘려나갔다. 1990년대까지 활동을 계속했다.

파스칼레 파올리Pasquale Paoli

코르시카의 정치인이며, 코르시카 인민의회 집행평의회 의장이었다. 파올리는 근대 최초의 민주공화국 헌법을 기초하고 썼다. 코르시카 헌법은 대의민주주의를 채택해 임금을 두지 않는 코르시카 대표자 의회를 선출하도록 규정했다. 파올리는 선거를 통해 이 직위에 오른 후 행정 수장인 동시에 군대 총사령관이 되었다.

보니파시오Bonifacio

코르시카 최남단에 소재한 보니파시오의 절경은 유명하다. 절벽 위에 세워진 집들의 풍경, 쪽빛 바다의 아름다움 때문에 그림엽서에 자주 등장하는 모습이다.

폴리포니多聲音樂, polyphonie

코르시카 남성 중창으로 구성된 음악, 지역을 대표하는 그룹만도 수십 개에 이른다. 보통 검은색 의상을 입고서 귀에 손을 대고 노래하는 풍경은 폴리포니의 대표적인 이미지다.

'신께서 여왕을 지켜주시길Dio Vi Salvi Regina'

"모든 불행한 이에게/마리아 당신은 기쁨이며 미소이십니다/위로받지 못하는 모든 자에게/마리아 당신은 유일한 희망이십니다"라는 내용을 담고 있는 코르시카 노래. 이 무브리니(Il Muvrini) 그룹이 불렀다.

하몬Jamon류의 음식

이 지역에서는 스페인의 하몬처럼 말려서 저장하는 육류가 많다. 추운 겨울을 섬에서 견디기 위해서다. 지역의 돼지고기가 코르시카에서 나는 과일과 함께한 풍경.

아작시오

나폴레옹 기념관과 생가가 소재한 코르시카 최대 도시. 시청사 앞 광장에서는 말을 탄 나폴레옹과 걸어서 그를 따르는 형제들 조각을 만날 수 있다. 이 도시에서는 키가 큰 야자나무 풍경이 자주 눈에 들어온다.

GR20

프랑스와 유럽의 모든 트레킹 코스 중 가장 험난하다고 알려져 있기에 많은 이들이 도전해볼 만한 대상으로 삼고 있는 루트다. 북쪽의 칼렌자나(Calenzana)에서 출발해 코르시카 지방자연공원의 산악지대를 관통한 후 남쪽의 콩카(Conca)까지 이어지는 총 길이 180km의 코스다. 가장 높은 곳의 고도는 에불리 포인트(Pointe des Éboulis)로 해발 2,607m, 가장 낮은 곳의 높이는 콩카와 칼렌자나로 해발 250m다. 6월부터 10월까지 등반할 수 있기에 주로 여름에 이곳을 찾는다. 하지만 폭염과 소나기를 자주 만나며, 물 부족과 안개 등의 어려움이 추가된다. 무료로 개방되어 있다. 통상 16일에 걸쳐 하루에 7시간씩 16개 단계를 거친다. 니노 호수(Lac de Nino), 에기유 드 바벨라(Aiguilles de Bavella) 등의 장관을 만나볼 수 있다.

망자들의 밤La Nuit des morts

코르시카에서 11월 1일은 '이 산티(Il Santi, '성인들'이라는 의미)'로 불린다. 조상들을 기리고 망자들과 접촉하기 위해 무덤을 찾아가 감사를 드리는 날이다. 암흑을 물리치고 망자들을 위한 길을 열기 위해 사람들은 무덤을 꽃과 양초로 뒤덮는다. 전통에 따르면 만성절 날 밤에 망자들은 자신이 살았던 장소를 찾아온다고 한다. 사람들은 이날 망자를 위한 테이블 세트를 추가하고, 자러 가기 전에 식탁 위나 창문가에 빵과 물을 놓는다. 때로는 우유와 밤을 놓기도 한다. 보니파시오에서는 그 유명한 '파네 디 이 모르티(Pane di i morti, '망자들의 빵'이란 의미)'를 공물로 바친다.

코르시카의 주요 방문지

라베지 군도 Îles Lavezzi

바다에 의해 마모된 형태의 바위들이 산재한 섬들의 집합체. 비록 여름에는 사람들이 찾을지라도 대부분 고립된 해변들을 주로 찾는 사람들은 스쿠버들이다. 보니파시오를 출발해 라베지 군도 및 카벨로 섬(Île de Cavello)으로 들어가는 여행 상품이 많다.

레스토니카 계곡 Vallée de la Restonica

1985년에 국립명승지로 지정된 곳이다. 레스토니카 급류가 계곡 사이를 흐르면서 여기저기에 태양이 데우는 천연 수영장을 만들어놓고 있다. 또 이곳에서는 암벽 비둘기, 여우, 황제독수리 등 보호종과 희귀종들을 관찰할 수 있다. 레스토니카 계곡은 코르시카의 7대 경이 중 하나이자 트레킹족을 위한 천국으로 인정받고 있다.

레 자그리아트 Les Agriates

발라뉴(Balagne)와 캅 코르스(Cap Corse) 사이의 해안에는 믿을 수 없을 정도로 야생의 땅이 40km에 걸쳐 이어진다. 이 특이한 지형을 관목지대가 무성하게 덮고 있는데, 바위들은 급경사를 이루고 있다. 간간이 등장하는 못은 신선함을 더해준다. 81번 지방도로변을 제외한다면 레 자그리아트 지역에서는 그 어떤 마을이나 집도 찾아볼 수 없다. 사막처럼 고요한 해변에서 명상을 즐길 수 있는 곳이다.

로카피나 만 Baie de Roccapina

보니파시오 방향 도로 위, 사르텐(Sartène)으로부터 남쪽으로 22km 떨어진 지점이 로카피나 만이다. 터키옥색의 바다가 스킨스쿠버들을 유혹하는 장소다. 주변에는 그 어떤 건물도 없는 대신 오직 멋진 자연만이 눈에 들어올 뿐이다. 여름에 이곳을 찾는 관광객들이 없다면 무인도라고 착각할 정도다. 배를 타고 돌아보기에 이상적인 장소다.

루스 섬 Île-Rousse

루스 섬은 여름에 아주 많은 관광객이 찾 는 해수욕장이다. 가는 모래가 깔린 아름 다운 3개 해변을 보유하고 있으며, 가장 무더웠던 날씨 신기록을 보유하고 있는 곳이다. 내륙지방 풍경도 굉장하다. 코르 시카를 일주할 때 일정에 집어넣으면 좋을

정도로 코르시카 분위기를 흠뻑 느낄 수 있는 장소다.

바스티아 Bastia

바스티아는 해발 900m 산의 측면에 들어선 특별한 도시다. 지중해 분위기를 느끼기 에는 아작시오보다 더 좋다. 도도하고도 유쾌한 분위기의 집들 사이를 거닐면서 코 르시카 분위기를 만끽할 수 있다. 캅 코르스(Cap Corse)로 들어가는 관문이기도 한 도 시다.

보니파시오 Bonifacio

백악의 높은 절벽 위에 지어진 집들이 그림 같은 도시다. 절벽으로부터 바다를 내려다보고 있는 성채는 군사 건축과 집, 교회를 섞어놓은 형태를 하고 있다. 아래쪽에서는 칼랑크가 배들의 완벽한 정박을 보장한다. 석양이 질 때 이곳을 돌아보면 환상적인 색깔의 보니파시오가 어느 정도 유니크한 장소인지 느낄 수 있다. 생로슈 고개(Col de Saint-Roch)에서 페르튀사토 등대(Phare de Pertusato)까지의 산책길이 아주 멋진 곳이다. 절벽과 칼랑크, 해저 동굴로의 산책을 즐길 수 있다. 해안 절벽에서는 아찔한 느낌을 주는 187개의 계단인 '아라곤 왕의 계단(Escalier du roi d'Aragon)'을 걸어보면 좋다.

사르텐Sartène

작가 프로스페르 메리메(Prosper Mérimée)는 사르텐을 '코르시카 도시 중에서 가장 코르시카적인 도시'라 정의했다. 건물 전면에 회색과 갈색을 한 집들, 계곡을 내려다보는 화강암 성채는 이 멋진 장소에 특별한 느낌을 부여하고 있다. 미로 같고 오래된 사르텐 골목길을 산책하면 좋다. 그러다 보면 어느 순간 시청사 아래 브라디 파사주(Passage de Bradi)와 만나게 된다.

생플로랑Saint-Florent

캅 코르스 산(Montagne du Cap Corse)과 네비오 산(Montagne du Nebbio)이 에워싼 멋진 만에서 깊숙이 자리를 틀고 있는 작은 항구다. 많은 스타들이 여름 별장을 이곳에 지었을 정도로 이 마을이 지니는 매력은 대단하다. 생플로랑 주변 지역에서는 배를 타고 만들을 탐험하거나, 레 자그리아트 지역의 야생 해안을 즐기면 좋다. 아주 이국적인 느낌을 받는다.

아작시오 Ajaccio

코르시카에서 가장 큰 도시로, 쾌적한 휴
식과 관련된 모든 것을 이곳에서 찾아
낼 수 있다. 채색한 집들이 즐비한 오래
된 도시, 아름다운 시장, 산악지대의 자
연환경, 주변 지역으로의 산책, 포르티치
오 해변(Plages de Porticcio), 칼랑크 드 피
아나(Calanques de Piana), 상기네르 군도(Îles

Sanguinaires) 등 다채로움이 넘치는 도시다. 나폴레옹 생가, 기념관 등에서 나폴레옹과
관련된 역사도 다양하게 만날 수 있다.

칼랑크 드 피아나 Calanques de Piana

Calanques de Piana, 혹은 코르시카어로
Calanche di Piana라고 표기하는 칼랑크
드 피아나는 붉은색 바위 더미들로, 바위
들의 형태는 놀랍고도 다양하다. 관목지
대가 띄엄띄엄 들어선 이 지역을 도로나
트레킹 길에서 접근할 수도 있고, 포르토

만(Golfe de Porto)에서 배를 타고 접근할 수도 있다. 배를 탈 경우 칼랑크들이 새들에
게 얼마나 훌륭한 안식처를 제공하는지를 관찰해볼 수 있다.

칼비 Calvi

칼비는 발라뉴(Balagne)의 중심 도시다. 이 오래된 성채도시는 해변과 소나무 숲 쪽으
로 6km 길이의 드넓은 만을 내려다보고 있다. 오늘날 코르시카에서 관광객이 가장
선호하는 장소 중 하나다. 성채를 거닐고, 13세기에 지어진 생장바티스트 성당(Église
Saint-Jean-Baptiste)을 방문하면 좋다. 도시 인근에서는 다양한 난이도의 스쿠버다이빙

을 즐길 수 있는 장소들이 많다.

캅 코르스Cap Corse

바스티아(Bastia) 북쪽에서 만날 수 있는 코르시카의 가장 아름다운 조각작품 중 하
나다. 길이가 40km에 달하는 반도로, 바스티아를 출발해 낭떠러지 위를 달리는 80
번 지방도로를 택하면 된다. 코르시카 사람들은 이곳을 'L'Isula di l'isula', 다시 말해
'섬 중의 섬'이라 부르고 있다. 논자(Nonza), 카나리(Canari), 뤼리(Luri), 피노(Pino), 브란
도(Brando) 등 무수한 코뮌들이 산재한 지역이기도 하다. 동쪽 면의 계곡은 바다로
완만하게 내려가는 반면 서쪽의 산은 급격하게 지중해 쪽으로 경사가 나 있다. 그
림엽서 같은 작은 마을들을 찾아 산에서 트레킹을 할 수도 있고, 아름다운 해변에서
휴식을 취할 수도 있다. 지역 특산물인 와인을 빠뜨려서는 안 된다. 캅 코르스의 언
덕에는 19세기에 건축된 고급 빌라들이 많은데, 미국과의 무역을 통해 막대한 부를
축적한 코르시카인들이 지은 건물들이다.

코르트Corte

바위투성이 봉우리 정상에 놓인 아름다운
성채도시다. 좁은 거리와 오래된 건물들이
매혹을 제공한다. 도시 주변으로는 파올
리 하천(Cours Paoli)이 고요하게 흐르고 있
다. 코르트 인근 지역도 방문해볼 만하다.
맑고 격렬한 급류가 산들 사이를 누비고
있다. 코르트를 찾는 트레킹족이 많은 편
이다.

파트리모니오Patrimonio

파트리모니오 마을은 캅 코르스의 뿌리 부분에 자리하고 있다. 생플로랑 만과 네비

오 산 쪽으로의 경관이 뛰어나다. 파트리모니오에서는 화이트, 핑크, 레드 와인을 모두 구입할 수 있고, 맛있는 뮈스카(muscat)도 살 수 있다. 모두 친환경 제품이며, 완벽한 품질을 자랑하는 와인들이다. 언덕 위에 매달린 산마르티누 성당(Église de San Martinu)을 방문하면 좋다.

팔롬바자 해변Plage de Palombaggia

팔롬바자 해변은 옥빛 물을 자랑하는 작은 천국이다. 멋들어진 해송으로 울창한 언덕이 해변을 에워싸고 있다. 팔롬바자 해변으로 가는 길은 아주 아름답다. 하지만 여름에 너무나 많은 관광객이 이곳을 찾기에 비수기 때 찾는 것이 좋다.

포르토Porto

커다란 바위 위에서 정사각형 모양의 탑이 포르토 마을을 내려다보고 있다. 석양이 질 때면 포르토 만 색깔은 사진을 찍기에 최적의 상태로 변한다. 회색 조약돌로 채워진 아름다운 해변은 색상의 대조를 더욱 선명하게 만든다. 포르토 시의 유적들은 유네스코 세계문화유산에 등재되어 있다. 일부 구조들을 현대화했기에 이곳을 찾는 몇몇 사람들은 실망할 수도 있다.

포르토 만Golfe de Porto

칼랑크 드 피아나, 지롤라타(Girolata) 만, 땅과 바다의 보물을 품고 있는 스캉돌라(Scandola) 자연보호구역 등이 들어선 지역을 통칭한다. 붉은 화강암 절벽은 지중해의 푸른 바다와 대비를 이루고, 싱싱한 관목들이 진한 향기를 내뿜는 곳이다. 보호구역 면적은 총 20km²에 달하는데, 생태계가 잘 보호되고 있는 칼랑크 드 피아나도 포르토 만의 일부를 이루고 있다.

포르토베키오Porto-Vecchio

섬을 통틀어 아작시오와 바스티아 다음을 차지하는 세 번째 규모의 도시다. 피가리 공항(Aéroport de Figari)은 불과 20km 떨어져 있으며, 이탈리아나 프랑스 대륙까지 연결하는 배편도 많다. 인근에는 코르시카에서 가장 아름다운 해변들이 있으며, 내륙인 알타 로카(Alta Rocca) 풍경도 멋지다. 관광객들이 몰려들기에 이곳 물가는 비싼 편이다.

피아나Piana

아주 잘 보존된 인구 430명의 아담한 마을이다. 숨이 막힐 정도로 그 풍경이 아름답다. 오르는 것이 힘들지만, 충분히 그럴 만한 가치가 있다. 피아나 마을로부터 12km 떨어진 곳에서 멋진 아론 해변(Plage d'Arone)이 기다리고 있다. 칼랑크 드 피아나는 특히 석양이 질 때 장관을 이루는데, 스캉돌라(Scandola) 자연보호구역 및 바위로 둘러싸여 있다.

Note

코르시카 북부 추천 여정

북부 코르시카를 탐사하려면 당연히 바스티아(Bastia)부터 출발한 후 캅 코르스를 둘러본다. 그런 다음 생플로랑과 르 네비오(Le Nebbio)를 찾는다. 다음날 루스 섬과 인근의 멋진 해변들을 방문하고, 칼비 성채를 만난다. 포르토와 자연의 경이인 칼랑크 드 피아나도 놓쳐서는 안 된다.

코르시카 남부 추천 여정

아작시오부터 시작해서 그라보나 계곡(Vallée de la Gravona)으로 들어간다. 그런 다음 프뤼넬리 계곡(Vallée du Prunelli)으로 가다가 바스텔리카(Bastelica)의 산에서 휴식한다. 이어 '모든 코르시카 도시 중에서 가장 코르시카적인' 사르텐을 거닐고, 그랑 쉬드(Grand Sud)로 내려간다. 로카피나 해변(Plage de

---

Roccapina)에서 잠시 쉬어가면 좋다. 마지막으로 보니파시오와 포르토베키오를 찾는다.

방문해볼 만한 코르시카 도시들

- **남코르시카** : 보니파시오, 아작시오, 사르텐, 포르토, 포르토베키오, 프로프리아노(Propriano), 피아나, 카르제즈(Cargèse), 존자(Zonza) 등.
- **북코르시카** : 생플로랑, 칼비, 바스티아, 코르트, 루스 섬, 칼렌자나(Calenzana), 루미오(Lumio), 세르비온(Cervione), 코르바라(Corbara) 등.

식도락

코르시카의 돼지고기는 꼭 맛보아야 한다. 내륙 쪽의 돼지 사육 농가들은 프리수투(prisuttu), 코파(coppa), 론주(lonzu), 그리고 그 유명한 피가텔루(figatellu)를 생산하고 있다. 전식으로 제공되는 전통 음식 중에서는 수프가 유명하다. 야채 수프(농촌에서 많이 드는 수프), 마늘 수프, 양파 수프 등 종류가 다양하다. 하지만 가장 전통적인 코르시카 수프는 크고 흰 수아송(Soissons) 강낭콩으로 만든 수프다. 이탈리아 지배의 유산인 파스타는 코르시카 요리와 분리할 수 없는 또 하나의 음식이다. 파스타는 라비올리(raviolis), 브로치우 칸네롤리스(cannellonis au brocciu), 멧돼지 라자냐(lasagnes au sanglier), 시우타 파스타(pasta sciutta) 등 다양한 형태로 제공된다. 코르시카 사람들은 거의 모든 음식에 브로치우(brocciu)를 넣는다. 양질의 코르시카 로제 와인이나 피에트라 맥주를 곁들이기도 한다. 단 음식으로는 프리텔리(fritelli), 카니스트렐리(canistrelli), 피아돈(fiadone, 브로치우와 밀감으로 만든 파이) 등이 좋다.

종류별로 정리해보면 다음과 같다.

- 허브(마요나라, 꽃박하, 박하, 백리향, 월계수, 샐비어...)
- 돼지고기류[피가텔루, 양념 소시지(saucisson épicé), 훈제 소시지(saucisse fumée), 등심, 안심, 간 소시지(saucisse de foie)...]
- 사냥감(u cignale)
- 육류
- 수프(전식으로 제공됨. 야채 수프, 생선 수프, 양파 수프, 마늘 수프, 크고 흰 강낭콩 수프, 비계와 고기를 넣고 약한 불로 익힌 허브 수프...)
- 파스타(다양한 형태와 다양한 소스로 제공되며, 라비올리, 칸네롤리스, 라자냐 등 종류가 많다.)
- 생선과 해산물[루제(rougets), 루(loups), 정어리, 부이야베스]
- 치즈(염소와 암양)
- 아주 부드럽고 신선한 흰색의 브로치우 치즈
- 디저트(일반적으로 오렌지 같은 과일이거나, 피아돈 같은 케이크류)
- 꿀
- 와인과 리큐어(리몬치누(limoncinu), 리몬첼루(limoncellu)). 코르시카의 독특한 와인 품질을 인증하는 9개

AOP(appellations d'origine protégée, 원산지 보호 등급) 와인을 골라 맛보면 좋다.

쇼핑
—

무어족 머리 그림이 들어간 잔, 섬 모양이 들어간 티셔츠, 생트-뤼시의 눈(oeil de Sainte-Lucie), 시들지 않는 노란색 꽃인 이모르텔(Immortelle)로 만든 미용 제품, 차나 커피와 함께 들면 좋은 카니스트렐리 (Canistrelli) 비스킷, 밤 잼이나, 밤 크림, 꿀 제품 등이 좋다.

페이 드 라 루아르

Pays de la Loire

행정 중심지 : 낭트(Nantes)
데파르트망 : 5개
루아르아틀랑티크(Loire-Atlantique)(44), 멘에루아르(Maine-et-Loire)(49), 마이엔(Mayenne)(53), 사르트(Sarthe)(72), 방데(Vendée)(85)
면적 : 32,082km²
인구 : 3,801,797명

| 특징

노르망디, 브르타뉴, 누벨아키텐 등 대양에 면한 레지옹들은 자기만의 확실한 개성을 보유하고 있다. 반면 페이 드 라 루아르 레지옹을 대표하는 이미지는 부드러움이다. 이곳에서는 브르타뉴가 샤랑트(Charentes) 쪽으로 손을 내밀고 있고, 노르망디가 발 드 루아르(Val de Loire)와 만나고 있으며, 푸아투(Poitou)가 일드프랑스와 뿌리를 공유하고 있다. 겉으로 보기에는 획일적으로 보일지라도 이 레지옹은 각기 독특한 역사와 전통을 보유한 페르슈(Perche), 멘(Maine), 앙주(Anjou) 같은 지역들의 집합체이다. 그러기에 영토 재편에 관해 최근 논의가 벌어졌을 때 그 어떤 분할이나 통합도 겪지 않은 몇 안 되는 지방이기도 했다.

비록 페이 드 라 루아르 레지옹을 구성하는 5개 데파르트망이 자의적으로 모였을지라도, 이 루아르 강 지역은 유럽에서도 가장 다채로운 풍경을 보여주는 프랑스의 축소판처럼 보인다. 그런 이유 때문에 모든 프랑스인은 페이 드 라 루아르에 애착을 느낀다. 동쪽에서 서쪽으로 지역을 관통하는 루아르 강은 오랫동안 프랑스를 반으로 나누는 상징적인 경계를 의미했다. 프랑스에서 가장 긴 강인 루아르는 역사의 격세유전보다 지리적 통일성을 더 유지하도록 만들었던 것이다.

프랑스 서쪽에 자리한 페이 드 라 루아르 지역은 가스코뉴 만(Golfe de Gascogne)이 가장자리를 두르고 있다. 와인 산지로 유명한 루아르 계곡 일부를 포함하고 있기도 하다. 도청 소재지가 자리 잡은 낭트 소재 브르타뉴 대공들의 성은 현재 박물관으로 개조되었다.

문화유산

레지옹 일부는 발 드 루아르(Val de Loire)란 명칭 아래 유네스코 세계문화유산에 등재되었다. 지정 지역은 멘에루아르(Maine-et-Loire) 데파르트망의 몽소로(Montsoreau), 샬론쉬르루아르(Chalonnes-sur-Loire)까지 걸친다. 상트르-발 드 루아르(Centre-Val de Loire) 및 페이 드 라 루아르에 걸친 지역을 망라한 이러한 지정은 공원, 루아르 소재 성과 도시들 등 발 드 루아르의 문화유산을 보호하는 역할을 한다. 이 레지옹은 루아르 지역의 주요 성들을 포함하고 있다. 루아르 강의 하상에 세워진 유일한 성인 몽소로 성, 중세 성채이자 도시의 역사를 다룬 박물관이 들어서 있는 소뮈르 성(Château de Saumur), 7층으로 되어 있고 당시 장식이 남아있는 브리삭 성(Château de Brissac), 몽트뢰이유-벨레 성(Château de Montreuil-Bellay), 르 뤼드 성(Château Le Lude), 보제 성(Château de Baugé), 세랑 성(Château de Serrant), 앙제 성(Château d'Angers), 플레시스부레 성(Château du Plessis-Bourré) 등이 대표적인 공간들이다.

앙제, 퐁트네르콩트(Fontenay-le-Comte), 라발(Laval), 르망(Le Mans), 게랑드(Guérande), 낭트(Nantes) 및 소뮈르(Saumur)는 '예술과 역사 도시'라는 타이틀을 부여받았다. 많은 박물관, 미술관 등 예외적인 문화유산을 보유하고 있기 때문인데, 앙제의 다비드 갤러리(Galerie David d'Angers), 르망의 테세 박물관(Musée de Tessé), 라발의 과학박물관(Musée des Sciences), 낭트의 쥘-베른 박물관(Musée Jules-Verne) 등이 그에 해당한다. 묵시록 벽걸이천(Tenture de l'Apocalypse) 박물관, 장 뤼르사 월드뮤직(Chant du monde de Jean Lurçat) 박물관 등 레지옹 차원의 박물관들도 유니크한 주제를 내세우고 있다.

음악 방면의 주요 기관은 페이 드 라 루아르 국립 오케스트라(Orchestre national des Pays de la Loire)다. 회원 수만도 1만 명이며, 매년 2백여 회 공연을 가지면서 20만 명 정도의 관객을 동원한다. 유럽 차원에서도 가장 많은 사람이 찾는 오케스트라 중 하나다. 도의회, 문화부, 5개 데파르트망으로부터 재정 지원을 받고 있다.

페이 드 라 루아르의
문화 코드와 상징
- Culture et Symbole -

지방기
깃발은 앙주, 브르타뉴(낭트 일대) 및 방데 소재 옛 주들의 상징들을 모두 담아내고 있다.

헬페스트Hellfest **축제**
하드락과 메탈 음악 쪽으로는 프랑스와 유럽에서 가장 큰 행사 중 하나다. 6월에 3일 동안 열리며, 2017년 기준으로 152,000명이 페스티벌을 찾았다. 클리송(Clisson)에 위치한 발드무안(Val-de-Moine) 스포츠센터 일대에서 열린다.

르망 24시 Les 24 Heures du Mans
매년 르망에서 열리며, 자동차, 오토바이, 고카트, 트럭 등이 경주에 참가한다.

키메라의 밤 La Nuit des Chimères
매년 르망에서 빛과 음악을 조화시켜 가지는 공연이다. '플랜태저넷 왕가의 도시(Cité Plantagenêt)'란 주제로 르망과 함께한 역사와 문화유산을 다룬다.

방데 글로브 Vendée Globe
혼자 요트를 타고 중간 정착 없이 세계를 일주하는 경기. 4년마다 사블돌론(Sables-d'Olonne)에서 출발한다.

낭트Nantes**와 '섬의 기계들**Les Machines de l'île**'**
낭트 소재 '라 마신(La Machine, '기계'라는 의미)'은 1999년에 프랑수아 들라로지에르(François Delarozière)의 주도로 태동한 거리극 극단으로, 비정형적인 공연 오브제 제작에 참여하는 아티스트, 기술자, 공연 무대장식가 사이의 협업을 위해 생겨났다. 낭트의 샹티에 공원(Parc des Chantiers) 내에 위치한 뒤비종(Dubigeon) 조선소 터를 활용하고 있는데, 공연, 공예, 상업 및 첨단기술에 관련된 여러 직종의 사람들이 그곳에서 일하

고 있다. 오늘날 라 마신은 여러 분야에서 프로젝트를 진행 중이다.

한국의 봄Printemps coréen 축제

2021년에 제8회를 맞이한 행사로, 20세기 후반부터 폐공장 및 창고 등 산업시설을 문화예술공간으로 변화시키는 도시재생 프로젝트를 통해 문화도시를 꿈꾸는 낭트와 그 주변에서 개최되고 있다. 2013년부터 축제 조직위원회와 프랑스 한국문화원이 공동으로 신설한 한국문화 종합축제로, 매해 5-6월 낭트 및 낭트 근교에서 열린다. 낭트를 한국문화를 확산하는 프랑스 서부의 역점 도시로 삼기 위해 전시, 공연, 영화 상영, 콘서트, 컨퍼런스, 드라마 상영 등 다양한 방식으로 한국문화가 소개되는 중이다. 낭트 시는 2021년 11월 4일부터 7일까지 제1회 한국영화제를 개최하기도 했다.

| 페이 드 라 루아르의 주요 방문지

게랑드 염전Marais salants de Guérande

늪지대에 때때로 바람이 심하게 불더라도 이곳을 찾아야 한다. 회색, 푸른색, 녹색, 은색의 미세한 뉘앙스를 보여주는 색깔에 소금의 흰색, 히드의 보라색이 추가되고 있다. 게랑드, 사이예(Saillé), 케르발레(Kervalet) 등 여러 코뮌에 걸쳐 있는데, 매년 이곳의 염전에서 1만 톤의 소금을 만들어내고 있다.

낭트Nantes

낭트에는 브르타뉴 대공들의 성, 대성당, 포므레 파사주(Passage Pommeraye), 박물관들이 산재해 있기에 거리별로 꼼꼼히 둘러볼 만한 도시다. 서쪽으로 도시를 벗어날 경우 보호구역으로 지정된 습지인 루아르 하구(Estuaire de la Loire)와 만나게 된다. 대서양 쪽에서는 라 볼(La Baule) 같은 해수욕장, 게랑드 염전, 생나제르 항구(Port de Saint-Nazaire) 같은 명소들을 만날 수 있다. 대형 코끼리가 있는 '섬의 기계들'을 방문하고, 밤에는 조명이 들어온 뷔렌(Buren)의 고리 형태 설치작품을 감상하면 낭트에 있다는 특별한 느낌을 받을 수 있다.

섬의 기계들Les Machines de l'île

'섬의 기계들'은 낭트에 자리한 전시 및 놀이 공간이다. 현재 예술감독인 프랑수아 들라로지에르(François Delarozière)와 피에르 오르피스(Pierre Orefice)가 함께 만들었으며, 샹티에 공원의 옛 조선소 터에 자리를 잡고 있다. 전시된 기계장치도 어마어마하다. 이제는 낭트시 명물이 된 대형 코끼리는 나무와 강철로 만들어졌는데, 무게만도 48.4톤에 달한다. 높이는 12m, 폭은 8m다. 이 공간은 2004년에 낭트시가 프랑수아 들라로지에르가 이끄는 라 마신 극단(Théâtre La Machine)과 협력하면서 시작한 후 2007년에 준공되었다. 현재 지역의 공공단체인 '르 부아야주 아 낭트(Le Voyage à Nantes)'가 관리하고 있다.

'섬의 기계들'은 쥘 베른(Jules Verne)의 '지어낸 세계(mondes inventés)', 레오나르도 다빈치의 기계 세계 및 낭트의 산업화가 만난 결과물로, 2007년 10월 파리에서 열린 국제관광전시회에서 심사위원특별상을 받았다. Themed Entertainment Association이 세계 최고의 테마파크에 주는 Thea Award를 수상한 유럽의 테마파크 중 하나다.

포므레 파사주Passage Pommeraye

포므레 파사주는 낭트 도심에 있는 가게들 갤러리로 유럽에서 가장 아름다운 파사주 중 하나로 꼽힌다. 1840년 말부터 건설을 시작해 1843년 7월 오픈했기에 19세기 건축 양식을 담아낸 진정한 걸작품이다. 역사유적으로 지정된 시기는 1976년 12월 26일. 총 4층으로 되어 있다. 낭트의 주요 관광자원 중 하나다. 2015년에 개보수 작업이 이루어졌다.

누아르무티에 섬Île de Noirmoutier

미모사, 무화과나무, 소귀나무가 자라기 좋은 온화한 기후는 방데(Vendée) 데파르트망 누아르무티에 섬에 지중해의 전형적 특징을 부여하고 있다. 해변에는 여름에 많은 관광객이 몰린다. 방데 지방의 부르주아들은 20세기 초에 이곳을 꿈의 장소로 개조했다. 흰색의 집과 소금, 녹색의 숲, 푸른색 하늘과 바다가 만들어내는 다채로운 풍경은 해가 뜰 때 절정에 달한다. 화가 오귀스트 르누아르(Auguste Renoir)가 이곳에서 여러 차례 머물렀던 것도 그런 이유 때문이었다. 높이가 거의 20m에 달하는 누아르무티에 성의 망루는 누아르무티에앙릴(Noirmoutier-en-l'île) 마을을 내려다보고 있다. 거대한 염전, 자연보호구역, 숲, 옛 수도원의 일부인 성당, 12세기의 중세 건축물인 누아르무티에 성, 그리고 썰물 때 섬을 육지와 연결하는 구아 길(Passage du Gois) 등이 주요 볼거리다. 하지만 밀물 때에는 위험하기에 그 길을 걷지 않도록 주의해야 한다.

라 볼La Baule

라 볼은 코트 다무르(Côte d'Amour) 쪽에서 가장 유명한 해수욕장이다. 가는 모래가 9km 이어지기에 유럽에서 가장 긴 해변이기도 하다. 650ha 면적의 소나무숲 안에 자리하고 있는 옛 빌라와 주택들을 걷거나 자전거를 타고 돌아보면 좋은 곳이다.

라세레샤토Lassay-les-Châteaux

마이엔(Mayenne) 데파르트망에는 12세기에 건축을 시작해 15세기에 완공된 라세 성(Château de Lassay)이 라세레샤토 마을에 들어서 있다. 성에는 은자(隱者) 생프렝보(Saint-Fraimbault)의 무덤이 있는데, 그의 삶으로부터 영감을 얻어 크레티엥 드 트루아(Chrétien de Troyes)가 '호수의 랜슬롯(Lancelot du Lac)'을 창조해낸 것으로 알려져 있다. 이 건축물은 거의 개축되지 않았는데, 이 성의 유명한 8개 탑에 대해서는 빅토르 위고(Victor Hugo)도 작품 속에서 그려냈다.

레 사블돌론Les Sables-d'Olonne

레 사블돌론은 아주 유명한 해수욕장 중 하나다. 인구가 16,000명인 이 도시를 여름에 찾는 관광객만 10만 명이 넘는다. 그러나 포구와 요트항 역할을 충실히 수행하고 있기에 관광 시즌이 지나더라도 도시에는 불이 꺼지지 않는다. 바다와 레 사블돌론 사이의 관계는 유래가 깊다. 레 사블돌론은 무동력 요트를 타고 남극을 포함한 세계의 바다를 도는 극한 스포츠인 '방데 글로브(Vendée Globe)'의 출발지이자 도착지다. 전국도로일주사이클대회인 '투르 드 프랑스(Tour de France)', 전불오픈 테니스대회인 '롤랑 가로스(Roland Garros)'와 더불어 프랑스에서 가장 인기가 높은 스포츠 이벤트 중 하나다.

르망Le Mans

르망 사람들을 짜증 나게 하려면 이 지방 음식인 리에트(rillettes, 잘게 다져 기름에 볶은 돼지고기 요리)나 르망 24시(24 Heures du Mans)에 대해 이야기를 꺼내면 좋다. 그러면 르망 사람은 그런 시각을 반박하기 위해 자랑스럽게 비외 르망[Vieux Mans, '플랜태저넷 왕가의 도시(Cité Plantagenêt)'라 새로 명명됨]에 대해 설명해줄 것이다. 르망은 활극 영화에 자주 배경으로 등장할 정도로 영화감독들이 선호하는 도시 중 하나다.

르 크루아직Le Croisic

핑크 새우를 잡는 배들이 드나드는 곳으로 유명한 항구다. 보다 조용한 분위기의 르 크루아직을 맛보려면 목조구조물 가옥들이 들어선 옛 거리를 산책하면 좋다. 플랑부아양 양식의 노트르담드라피티에 성당(Église Notre-Dame-de-la-Pitié)도 방문해볼 것. 뱃사람들이 장소를 식별하는 기준으로 삼는 건물이다.

마슈쿠Machecoul

프랑스 역사상 가장 유명한 연쇄살인범이 15세기에 활동한 무대가 루아르아틀랑티크 데파르트망에 소재한 마슈쿠 성(Château de Machecoul)이다. 그러기에 성에는 '푸른 수염의 성(Château de Barbe Bleue)'이란 별명이 붙어있다. 실제로는 잔 다르크 측근이었던 질 드 레(Gilles de Rais)가 아이들의 피부를 연금술 재료로 사용하면서 돈을 벌기 위

해 끔찍한 범죄를 저질렀던 장소다. 매년 여름 질 드 레의 삶을 다룬 〈질 드 레의 미스터리(Les Mystères de Gilles de Rais)〉라는 빛과 소리의 공연이 열리고 있다.

프랑스 대혁명과 방데 전쟁 때 파괴되어 현재는 폐허만 남아있는데, 파괴되기 이전의 형태는 외호로 에워싸이고 총안을 갖춘 6개의 탑과 주루(主樓)가 있던 정사각형 성채였다. 최근 고고학적 발굴이 이루어진 바 있고, 2004년에 역사유적에 등재되었다.

생트쉬잔 Sainte-Suzanne

사르트(Sarthe)와 마이엔(Mayenne)의 경계에 놓인 중세도시 생트쉬잔의 성벽에서는 레르브 하천(Rivière l'Erve)이 내려다보인다. 풍요로운 과거 역사를 안고 있는 망루, 성, 오래된 가옥들, 박물관을 방문하면 좋다.

소뮈르 Saumur

멘에루아르(Maine-et-Loire) 데파르트망의 세 번째 도시로, 전설적인 성, 유명한 승마학교 카드르 누아르(Cadre noir), 와인으로 유명한 곳이다. 성, 그림자가 드리운 시청사, 부두를 따라 늘어선 귀족들의 저택이 아주 아름다운 그림을 만들어내고 있다. 주변에는 앙주(Anjou) 지역 이름을 알린 성들, 포도밭, 승마학교, 루아르 강이 있다. 이 지역은 독창적인 활동을 끊임없이 고안해내고 있다.

앙제의 우아함은 전설이 아니다. 멘(Maine) 강의 가장자리에 자리한 이곳에서의 삶은 고요하게 흐르는 강물처럼 진행된다. 무수한 공원과 정원들도 그러한 분위기에 일조하고 있다. 앙제는 국제적이고도 대학생들이 넘치는 젊은 도시로 최근 탈바꿈했다. 앙제는 '예술과 역사 도시'로 분류된 도시이자 청석돌과 백토 두 가지 색깔로 지어진 인상적인 성을 보유한 도시다. 앙제의 테라 보타니카(Terra Botanica) 정원에서는 느긋하게 휴식을 취하면 좋다.

앙제 성(Château d'Angers)은 '앙주 대공들의 성(Château des ducs d'Anjou)'으로 불리기도 하는데, 성채는 편암으로 형성된 곳 위의 전략적 위치에 건설된 후 멘(Maine) 강을 내려다보고 있다. 생루이(Saint Louis, 성왕 루이)가 13세기에 현재의 성을 건설하게 했으나, 앙주의 대공들이 15세기에 영주들의 거처로 만들어버렸다. 16세기에 종교전쟁이 발발하자 앙리 3세(Henri III)가 성의 파괴를 명령했으나 탑의 윗부분만 파괴되었다. 그 후 제2차 세계대전까지 감옥, 무기 저장소 등의 용도로 사용되다가 21세기 초부터 요한계시록 태피스트리를 이곳에 전시하면서 멘에루아르 데파르트망에

요한계시록 태피스트리(Tapisserie de l'Apocalypse)
'묵시록 벽지(Tenture de l'Apocalypse)', '앙제의 묵시록(Apocalypse d'Angers)'으로도 부른다. 앙주 대공 루이 1세(Duc Louis Ier d'Anjou)가 1375년경에 주문했고 1382년에 완성된 요한계시록 태피스트리는 중세 예술의 걸작품이자 세계 유일의 작품이다. 원래 길이 140m 중에서 오늘날 우리에게 전해지는 것은 100m. 높이가 4.5m에 달한다. 각각 위대한 인물 1명의 14개 장면을 담아낸 6개 대작으로 구성된 태피스트리는 원래 850m²의 면적을 커버하고 있었다. 르네(René) 왕에 의해 15세기에 앙제 대성당(Cathédrale d'Angers)에 기증되었다. 오랫동안 소홀히 취급되다가 19세기 중반부터 부분적으로 재구성한 후 1954년 앙제 성(Château d'Angers)에 들어선 요한계시록 태피스트리 박물관(Musée de la Tapisserie de l'Apocalypse)에서 전시되고 있다.

서 가장 많은 사람이 찾는 관광 명소가 되었다.

이외 섬Île d'Yeu

이외 섬의 길이는 10km, 폭은 4km에 달한다. 겨울에는 날씨가 온화하며, 여름에는
후덥지근하다. 보호종들이 서식하기에 좋은 자연조건이다. 비록 이외 섬의 주수입원
이 관광일지라도, 참치를 비롯한 물고기들을 잡으며 생계를 유지하는 사람들이 아
직 많다.

포르닉Pornic

포르닉은 루아르아틀랑티크에서 가장 큰 코뮌 중 하나다. 플로베르(Flaubert)와 르누
아르(Renoir) 같은 예술가들이 자주 이곳을 찾았다. 온천이 있기에 온천요법을 이용
해 치료하는 사람들이 많이 찾아온다. 딸기와 도자기 제조소로 유명한 마을이기도
하다. 낭트의 한 사제가 운영하는 치즈 공장에도 들르면 좋다. 도심에서 신항까지
산책하는 도중 10세기에 지어진 성을 지나가게 된다.

퐁트브로 왕립수도원Abbaye royale de Fontevraud

로베르 다브리셸(Robert d'Abrissel)이 세운 퐁트브로 수도원 단지는 앙주, 투렌
(Tourraine) 및 푸아투(Poitou)의 경계에 자리를 잡고 있다. 수도원은 6개 구역으로 나
뉘는데, 플랜태저넷 혈통을 이어받은 왕족들의 횡와상을 보관하고 있다. 앙리(헨리) 2
세, 사자왕 리처드, 아키텐의 알리에노르(Aliénor d'Aquitaine), 앙굴렘의 이자벨(Isabelle
d'Angoulême) 등이 그들이다. 그랑 무티에 회랑(Cloître du Grand Moûtier), 생브누아 의
무실(Infirmeries Saint-Benoît) 등을 방문한 후 로마제국시대의 라보라 식당(Cuisine du
Labora)을 둘러보면 좋다.

퓌뒤푸Puy-du-Fou

지명은 라틴어의 'podium fagi', 다시 말해 '너도밤나무 언덕'에서 따왔다. 애당초

이곳에는 기 뒤 퓌뒤푸(Guy du Puy-du-Fou)라는 인물이 건설한 15세기의 성이 있었다. 현재 남아있는 성의 유적은 16세기 때 지어진 것이다. 1977년에 퓌뒤푸 협회 (Association du Puy du Fou)가 성 전체를 복원한 후 낮에는 그랜드파크(Grand Parc)를, 밤에는 시네세니(Cinéscénie) 공간으로 활용하고 있다. 퓌뒤푸의 명성은 세계적으로 잘 알려져 있다.

퓌뒤푸Puy du Fou의 꿈과 야망

야간 공연 시네세니(Cinéscénie)의 시작 연도는 1978년이고 그랜드파크(Grand Parc)가 만들어진 해는 1989년이다. 시네세니 공연이 열리는 공간 면적은 23ha, 그랜드파크 면적은 50ha에 달한다. 행정구역으로는 방데 데파르트망 레 제페스(Les Épesses) 마을에 소재해 있다. 공원 형태는 테마파크이며, 그랜드파크 안에 총 60개에 달하는 놀이시설이 들어서 있다.

　퓌뒤푸는 역사를 주제로 내세운 놀이동산이다. 매년 방문자 수를 기준으로 할 때 프랑스 제4위의 테마파크다. 방데 지방에 소재한 한 가문의 이야기를 다룬 '시네세니' 공연에는 자원봉사자들이 대거 참가한다. 공연을 통해 방데 역사를 특징 짓는 사회적 합의를 이상화한 모습을 발견할 수 있다.

　퓌뒤푸(Puy du Fou)는 마을 이름이 아니라 레 제페스 코뮌 숲속에 자리한 한 장소의 특별 명칭이다. 인근에 레 제르비에(Les Herbiers)와 숄레(Cholet)가 있고, 낭트와 앙제가 1시간 떨어진 거리에 있다. 어원학적으로 라틴어의 'podium'(고지, 언덕)과 'fagus'(너도밤나무)가 합쳐진 단어이기에, 이 지명을 '너도밤나무 언덕' 정도로 해석할 수 있다.

　옛 건물을 허물고 이탈리아 르네상스 양식으로 건축한 현재의 성은 퓌뒤푸를 통치했던 프랑수아 2세 (François II, 1496-1548) 작품이다. 건축이 마무리되지 않은 성은 1659년에 팔렸다가 1974년 역사유적으로 지정되었다. 방데 지방의회가 1977년 성을 구입한 후, 국가의 지원을 받고 또 조르주–앙리 리비에르(Georges-Henri Rivière)의 박물관 프로젝트 정신을 계승하면서 그곳에 생태박물관과 자료센터를 설치한다. 그 후 생태박물관은 문을 닫으며, 소장하고 있던 컬렉션은 2006년 방데 역사박물관(Historial de la Vendée)으로 이전되었다. 생태박물관 폐관에 즈음하여 모필리에(Maupillier)라는 이 지방에 거주하던 한 가문의 이야기를 중세부터 20세기까지 추적하는 야간 공연이 만들어진다. 연출은 성을 배경으로 사용하면서 '황금시대의 신화'를 강조했다. '황금시대 동안에 귀족들과 평민들은 동일한 공동체적 이상을 꿈꾸었는데, 그 이미지는 당대의 현실을 반영하지는 않았다.' 하지만 이미지는 '오늘날까지 퓌뒤푸의 여러 기념행사가 입증하듯이 정치문화를 공고히 하는 데 기여했다.' 공연 시작 시점은 1916년. 배회하는 한 늙은 상인이 등장한다. 그는 방데 사람들의 기억을 상징하는 인물로, 자크 모필리에에게 그들의 선조 이야기를 들려준다.

필립 드 빌리에(Philippe de Villiers), 그리고 '빛과 소리의 연극'을 창설한 자이자 나중에 클로 뤼세(Clos Lucé) 디렉터를 맡게 되는 장 생 브리(Jean Saint Bris)의 상상력을 통해 1977년에 생겨났고, '퓌폴레(Puyfolais)'라 불리는 3천2백 명 자원봉사자들이 구현한 시네세니 행사는 1천2백 명의 배우, 120명의 기수, 1백 명의 기술자, 3백 명의 안내인 및 치안 담당요원, 2천5백 대의 프로젝터, 8천 발의 불꽃, 8천 벌의 의상, 높이가 30m에 달하는 150개의 분수를 결집하고 있다. 1982년부터 2002년까지 음악은 조르주 들르뤼(Georges Delerue)가 맡다가, 퓌뒤푸 25주년을 맞이한 2003년부터 닉 글레니-스미스(Nick Glennie-Smith)가 새로 작곡을 담당하게 된다. 공연에 목소리를 빌려준 배우들도 많다. 필립 누아레(Philippe Noiret), 장 피아(Jean Piat), 로베르 오셍(Robert Hossein), 알랭 들롱(Alain Delon), 쉬잔 플롱(Suzanne Flon), 카트린 살비아(Catherine Salviat), 미셸 뒤쇼수아(Michel Duchaussoy) 등이 그들이다. 2005년에 확장된 공연은 23ha의 공간 위에서 펼쳐진다. 1만4천 석의 파노라마식 객석을 통해 시네세니는 매년 40만 명의 관객들을 끌어들이는데, 총 공연 수는 28개에 달한다. 물벽 위에 이미지를 투사하는 등의 특수효과들은 전적으로 퓌뒤푸 멤버들이 만들어낸 것이다. 1977년부터 시네세니는 1901년 법에 따라 결성된 퓌뒤푸 협회가 소유권을 가지고 있으며, 현재 그 어떤 보조금도 받지 않고 있다.

1989년에 50ha 넓이의 한 놀이동산이 시네세니 및 그 인근에 세워지면서 방문객들에게 시간 속으로의 여행을 제공한다. 하지만 그랜드파크는 자원봉사자들이 담당하는 시네세니와는 달리 상업적인 활동을 벌이기 위해 설립한 공간이다. 또 일일 방문객 숫자로 따져 디즈니랜드 다음으로 프랑스에서 두 번째 규모의 테마파크다. 퓌뒤푸 협회가 그랜드파크를 운영하는 회사 주식을 99% 보유하고 있는데, 그랜드파크는 완전히 자율 운영되는 동시에 재정적으로 독립되어 있다.

그랜드파크는 다양한 행사를 개최하는 무대로 활용되기도 한다. 1993년 7월과 1999년 두 번에 걸쳐 프랑스 전국도로사이클대회인 투르 드 프랑스 출발지로 선정되었고, 갈로로마 스타디움에서 이 대회에 출전하는 사이클 선수들을 소개하는 행사를 가졌다. 2008년 12월 6일에는 2009 미스프랑스 선발대회가 열리기도 했다.

그랜드파크의 메이저 공연들

• 승리의 신호(Le Signe du Triomphe, 좌석 6000-7000석) : 서기 3백 년에 10여 명의 갈리아 죄수들이 자신들 목숨을 부지하기 위해 경기에서 승리하도록 운명을 부여받는다.

- **바이킹**(Les Vikings, 좌석 3500석) : 축제를 벌이던 한 마을이 약탈을 위해 찾아온 바이킹들의 습격을 받는다. 바이킹들은 호수 밑에서부터 물 위로 솟아오른다. 공연은 길이 20미터, 높이 10미터짜리 배를 등장시키고 있는데, 그 외에도 50마리의 동물, 30명의 배우가 출연한다.

- **유령새들의 무도회**(Le Bal des Oiseaux Fantômes, 좌석 3200석) : 성채들이 유행하던 시기에 매와 독수리, 소리개 등이 하늘에서 춤을 춘다. 이 공연에는 2백 마리의 맹금류들이 등장하는데, 그중 150마리가 마지막에 동시에 연기를 펼친다.

- **창의 비밀**(Le Secret de la Lance, 좌석 4000석) : 15세기에 한 목동이 영국인들을 물리치기 위해 초능력을 보유한 창을 사용한다. 이 공연에는 땅속으로 들어가는 성벽 등 특수효과가 많이 등장한다. 음악 역시 스페인 갈리시아 지방 출신의 음악가 카를로스 누녜스(Carlos Núñez)가 작곡한 독창적인 곡을 사용하고 있다.

- **리슐리외의 삼총사**(Mousquetaires de Richelieu, 좌석 3000석) : 검으로 싸우는 결투, 플라멩코 춤, 마상시합 등이 등장하는 공연이다. 때는 18세기를 무대로 하고 있으며, 2천 제곱미터에 달하는 그랑 카루젤 실내무대에서 벌어진다. 오리지널 음악은 닉 글레니-스미스가 작곡했다.

- **마지막 깃털장식**(Le Dernier Panache, 좌석 2400석) : 방데전쟁 당시 제1공화국의 공화주의자들과 맞서 싸운 프랑수아 아타나즈 샤레트 드 라 콩트리(François Athanase Charette de La Contrie)의 영광을 기리는 공연이다. 그 후 이 해군은 미국 전쟁의 영웅이 된다.

- **불의 오르간**(Les Orgues de Feu, 야간 공연) : 동화적이고도 몽환적인 풍경 속에서 발레리나, 장난꾸러기 요정, 님프, 음악가들이 모차르트, 들르뤼, 바흐, 비제 음악에 맞춰 무대에 등장한다.

Note

추천 여정

페이 드 라 루아르는 두 얼굴을 가지고 있다. 한쪽은 대서양 해안 쪽이고, 다른 쪽은 루아르 계곡과 그 지류 일대다. 대단히 생기가 넘치는 낭트를 방문한 후 길이가 450km나 되는 연안을 따라가 보는 것이 좋다. 보다 북쪽으로 올라가서는 라 볼, 코트 다무르 근처에서 해수욕장을 끼고 있는 휴양도시들을 찾는다. 반면 남쪽에서는 방데 쪽에서 몽(Monts) 일대와 라 트랑슈쉬르메르(La Tranche-sur-Mer)를 돌아볼 수 있다. 그 유명한 구아 드 누아르무티에 길(Passage du Gois de Noirmoutier)을 거쳐 마레 푸아트뱅을 찾은 후 퓌뒤퓨 테마파크로 향한다. 앙제, 퐁트브로, 르망도 찾아갈 것.

가족 여행
—

라 볼에서부터 라 트랑슈쉬르메르에 이르는 해변들은 가족 구성원 모두를 만족시킬 것이다. 또는 르 크루아직 아쿠아리움(Aquarium du Croisic)을 찾거나, 생나제르(Saint-Nazaire)에서 에스칼'아틀랑틱(Escal'Atlantic) 여객선을 타봐도 좋다. 상상력을 채우고 싶다면 내륙으로 들어와 퓌뒤푸 테마파크를 찾거나 낭트 소재 '섬의 기계들'을 만나본다. 마레 푸아트뱅, 두에라퐁텐(Doué-la-Fontaine)의 비오파르크(Bioparc), 라 플레슈 동물원(Zoo de La Flèche)에서도 아이들과 즐거운 시간을 보낼 수 있다.

주말 여행
—

루아르아틀랑티크(Loire-Atlantique)의 늪지대, 레츠(Retz) 일대, 방데 계곡(Vendée Vallée)뿐 아니라 앙주, 낭트, 쉬농, 양제, 생나제르(Saint-Nazaire), 소뮈르 등의 도시들을 방문하면 좋다.

스포츠
—

페이 드 라 루아르 지방은 자전거를 타기에 가장 좋은 지역이다. 고도차가 별로 없는 자전거 도로가 무려 2,500km 깔려 있으며, '라 루아르 아 벨로(La Loire à Vélo, 315km)', '벨로세앙(Vélocéan, 150km)', '벨로디세(Vélodyssée, 400km)' 등 여러 도로가 서로 연결되어 있다. 마찬가지로 '라 벨로 프랑세트(La Vélo Francette, 400km)'는 마이옌(Mayenne)을 관통하면서 망슈(Manche) 지역의 위스트르암(Ouistreham)과 대서양 쪽의 라로셸(La Rochelle)을 잇고 있다. '라 사르트 아 벨로(La Sarthe à Vélo, 150km)', '발레 뒤 루아르 아 벨로(Vallée du Loir à Vélo, 174km)', 앙주의 '레이용(Layon)—오방스(Aubance) 루트(81km)', '마이옌 그린 루트(81km)'도 이용할 만하다. 걷기를 좋아하는 사람들을 위해서는 5,300km의 길이 잘 정비되어 있다.

방문해볼 만한 도시와 마을들
—

몽소로, 부방(Vouvant), 피리악쉬르메르(Piriac-sur-mer), 바쉬르메르(Batz-sur-Mer), 솔레슴므(Solesmes), 클리송(Clisson), 르 크루아직, 소뮈르, 생트쉬잔, 베위아르(Béhuard), 몽미라이유(Montmirail), 아니에르쉬르베그르(Asnières-sur-Vègre) 등이 방문객을 유혹하는 도시와 마을들이다.

방문해볼 만한 바닷가들
—

해수욕장, 가는 모래가 깔린 해변, 항구 등 페이 드 라 루아르 지방 바닷가는 바캉스족을 만족시킬 승부수를 보유하고 있다. 이 지방에서 휴가철을 보내기 좋은 장소로는 라 볼, 누아르무티에 섬, 이외 섬, 뤼미에르 해안(Côte de Lumière), 생질크루아드비(Saint-Gilles-Croix-de-Vie), 레 사블돌론, 게랑드 반도(Presqu'île de Guérande) 등이 있다.

식도락

이 지역에서는 돼지고기 요리를 좋아한다. 르망에서 들 수 있는 별미는 리예트(rillettes)와 흰 순대 (boudins blancs), 앙주 지방에서는 리요(rillauds), 앙두예트(andouillettes) 소시지, 고그(gogues) 소시지를 들어본다. 방데 지방에서는 돼지를 순대로 만들며, 코냑에 적신 간 파테, 내장 요리를 즐겨 든다. 치즈를 좋아하는 사람이라면 퀴레 낭테(curé nantais), 포르살뤼(port-salut), 크레메 당주(crémet d'Anjou), 염소 치즈들이 추천 대상이다. 앙주와 소뮈르에서 생산하는 와인을 곁들이면 아주 좋다.

쇼핑

페이 드 라 루아르에서 구입하면 좋은 제품들로는 와인과 시드르, 트리스켈 문양을 넣은 펜던트나 보석, 흰 담비 모양이 들어간 브르타뉴나 낭트 깃발, 뤼(LU) 비스킷, 드보테(Debotté) 상표의 마카롱, 뮈스카데(muscadet) 및 앙주(Anjou) 와인, 앙주 성 태피스트리를 복제한 제품 등이 있다.

프로방스알프코트다쥐르

Provence-Alpes-Côte d'Azur

행정 중심지 : 마르세유(Marseille)
데파르트망 : 6개
알프드오트프로방스(Alpes-de-Haute-Provence)(04), **오트잘프**(Hautes-Alpes)
(05), **알프마리팀**(Alpes-Maritimes)(06), **부슈뒤론**(Bouches-du-Rhône)(13), **바르**(Var)(83), **보클뤼즈**(Vaucluse)(84)
면적 : 31,400km^2
인구 : 5,055,651명

┃특징

적지 않은 예술가들이 파리와 더불어 영원한 고향으로 생각하는 프로방스. 색과 향, 태양과 빛, 지중해 바다, 라벤더, 유채, 해바라기, 미스트랄, 향수로 채워진 이곳에 한 번 발을 들여놓으면 그 마력으로부터 빠져나오기란 쉽지 않다. 론 강 계곡을 따라 북쪽에서 불어오는 차고 건조한 남프랑스 바람인 미스트랄은 한번 불면 수일간 지속되기 때문에 많은 작가의 상상력을 자극하기에 충분하다. 〈러브 인 프로방스(Avis de mistral)〉, 〈파리로 가는 길(Bonjour Anne)〉, 〈마농의 샘(Jean de Florette)〉, 〈마르셀의 여름(La Gloire de mon père)〉, 〈향수(Perfume : The Story of a Murderer)〉 등 무수한 영화들이 담아낸 대상이 프로방스다. 옛 교황청 소재지 아비뇽, 단테가 작품《신곡(Divina Commedia)》을 쓸 때 영감을 얻었다는 레보드프로방스, 이국정서가 물씬 풍기는 남쪽 관문 마르세유, 라벤더밭 풍경이 수려한 세낭크 수도원 역시 이 지역의 대표적인 명소들이다. 님과 아를의 원형경기장, 로마제국시대의 수도교인 퐁 뒤 가르(Pont du Gard) 등을 안고 있는 이곳은 로마제국이 다양한 흔적을 남긴 고장이기도 하다.

이탈리아 및 지중해와 면하고 있는 프로방스는 남알프스와 카마르그(Camargue) 평원에서부터 소나무숲, 라벤더 들판을 거쳐 포도밭에 이르기까지 매혹적인 풍경들로 유명하다. 작가 장 지오노(Jean Giono)가 아름답게 묘사했으며, 화가 반 고흐와 세잔이 스케치했던 대상, 그리고 보다 최근에는 피터 메일(Peter Mayle)이《프로방스에서의 25년》등의 작품을 통해 유머러스하게 기술한 대상이기도 하다. 이곳은 친밀하면서도 번잡스럽고, 역동적이면서도 조용하며, 요란하면서도 우아하다. 백마와 검은색 황소, 녹색 혹은 검은색 올리브와 노란색 파스티스주(酒), 루시용의 황토색 절벽과 알피유 산지의 흰색 바위들, 둥근 지붕이 올려져 있는 오래된 집들과 이끼가 긴 분수들 등이 프로방스의 대표적인 이미지다. 관광객들이 들끓는 해변과 축제를 벗어나면 또 다른 프로방스가 펼쳐진다. 세잔의 발자취를 따라, 혹은 올리브나무 길이나 채색인형인 상통(santon)을 만드는 마을들을 따라가며 그런 분위기를 한껏 느낄 수 있다. 또 아비뇽에서 살롱드프로방스, 엑상프로방스를 거쳐 마르세유까지 가면서 알피유 산지와 뤼브롱, 카마르그를 방문할 수도 있고, 포르칼키에(Forcalquier) 지역부터 발랑송 고원까지, 베르동 협곡에서 위바이 계곡이나 블랑슈 세르퐁송 계곡(Vallée de Blanche Serre-Ponçon)까지 가면서 알프드오트프로방스(Alpes-de-Haute-Provence) 지방의 식도락을 즐길 수도 있다. 이 지역에서는 피에 파케(pieds paquets), 프로방스식 스튜가 라클레트나 산악지방 음식과 종종 뒤섞인다.

코트다쥐르(Côte d'Azur) 역시 관광객들이 밀물처럼 몰려드는 전설적인 지역으로, 니스와 생트로페(Saint-Tropez), 칸(Cannes) 같은 도시가 세계적인 명성을 얻고 있다. 어떤 사람들은 해변에서 일광욕을 즐기고, 또 어떤 사람들은 진짜 남프랑스 풍경과 만나기 위해 내륙지방을 여행한다. 바닷가부터 한적한 작은 마을까지 곳곳에서 다채로운 코트다쥐르 모습을 만날 수 있다. 니스에서는 화가 샤갈이 그린 영국인 산책로의 모습을 찾아볼 수 있고, 칸에서는 화려한 라 크루아제트 대로에서 영화제에 참가한 스타가 된 기분을 맛볼 수도 있다. 생트로페에서는 카페 테라스에서 화려한 요트들이 바다로 떠나는 모습을 감상하는 것도 가능하다. 해안에서 얼마 떨어지지 않은 곳에서도 아로마 향기가 나는 숲, 절벽에 매달린 마을들을 얼마든지 만나볼 수 있다. 그러기에 이 일대를 왜 세계 최고의 관광지라 부르는지 이해할 수 있다. 하지만 너무 덥고 사람이 많으며 물가가 비싼 코트다쥐르를 참지 못하는 사람들을 위한 몇 가지 충고가 있다. 여름 바캉스 시즌이 아닐 때 떠날 것, 아침 8시에 생트로페를 찾을 것, 내륙 쪽에서 신선한 공기를 들이마실 것, 해변에서 북적거리기보다 내포(內浦)를 찾아 해안도로를 탈 것 등이 그것이다. 무엇보다도 이곳에서는 눈을 들어 르누아르, 보나르, 피사로를 매혹시켰던 코발트빛 하늘을 바라보아야 한다. 바르(Var)와 알프마리팀(Alpes-Maritimes) 데파르트망들은 서로 대조를 이루며 믿기 어려울 정도로 멋진 풍경을 선사할 것이다.

언어

현재의 로마어 분류 기준에 따르면 프로방스알프코트다쥐르 지방은 옥시타니 언어권에 속한다. 또한 이 지역은 프랑스 국토의 행정 개편이 이루어진 후 옥시타니 언어권에 전적으로 편입된 유일한 지역이다. 하지만 오크어(langues d'Oc)에 속하면서도 옥시타니어와 차별화되는 프로방스어와 니스어를 가르치는 학교도 여전히 존재한다. 프로방스어의 사용이 오늘날 제한적이라 할지라도, 지역 음악 혹은 지방 문학 차원에서는 쓰임새가 많다. 인구의 이동 덕택에 코르시카어, 카빌어, 마그레브 아랍어, 코모르어, 이탈리아어도 프로방스에서 구사되고 있다.

문학

마르셀 파뇰(Marcel Pagnol) 문학을 위시하여 수많은 작품들이 이 지방을 다루고 있다. 파뇰이 자신의 어린 시절에 대한 추억을 담아낸 《아버지의 영광(La Gloire de mon père, 영화 제목은 〈마르셀의 여름〉)》, 《어머니의 성(Le Château de ma mère, 영화 제목은 〈마르셀의 추억〉)》, 2부로 구성된 《언덕의 물(L'Eau des collines)》 배경은 주로 마르세유와 인근 언덕들에서 전개된다. 마찬가지로 알퐁스 도데(Alphonse Daudet)의 《방앗간 편지(Lettres de mon moulin)》를 구성하는 단편들 역시 대부분 보케르(Beaucaire)[님(Nimes)에서 동쪽으로 20km 떨어진 곳으로 타라스콩(Tarascon) 맞은편에 위치] 인근에서 전개된다. 도데는 프로방스 민속으로부터 끄집어낸 이야기도 작품 속에 간간이 등장시키고 있다.

프로방스, 남(南)알프스, 옛 니스 백작령으로부터 영감을 얻은 작가로는 프레데릭 미스트랄(Frédéric Mistral), 조제프 루마니유(Joseph Roumanille), 르네 샤르(René Char), 테오도르 오바넬(Théodore Aubanel), 클로비스 위그(Clovis Hugues), 앙리 보스코(Henri Bosco), 마리 모롱(Marie Mauron), 이방 오두아르(Yvan Audouard), 피에르 마냥(Pierre Magnan), 장-이브 루아예(Jean-Yves Royer), 장 지오노(Jean Giono) 등이 유명하다.

영화

라 시오타(La Ciotat)에 집을 가지고 있는 뤼미에르 형제(frères Lumière)가 이곳과 리옹의 공장에서 최초의 영화를 제작했는데, 영화 제목은 〈라 시오타 역으로 들어오는 열차(L'Arrivée d'un train en gare de La Ciotat)〉, 〈물 뿌리는 사람(L'Arroseur arrosé)〉이었다. 역사상 최초의 영화관인 에덴(Éden) 극장도 라 시오타에서 만나볼 수 있다.

무수한 영화들이 이 지역에서 만들어졌는데 대표적인 영화들로는 마르셀 파뇰과 앙리 베르뇌이유(Henri Verneuil) 작품이 꼽힌다. 아벨 강스(Abel Gance)의 〈나폴레옹(Napoléon)〉, 장 르누아르(Jean Renoir)가 마르티그(Martigues)에서 촬영한 〈토니(Toni)〉, 마르셀 파뇰이 카스틀레(Castellet)에서 찍은 〈제빵사의 아내(La Femme du boulanger)〉도 유명한 작품들이다.

프로방스알프코트다쥐르의
문화 코드와 상징

- Culture et Symbole -

PACA 지방기

프로방스알프코트다쥐르에서 사용되는 깃발은 여러 종류가 있다. 현재의 레지옹이 프로방스의 옛 지방 전체, 니스 백작령, 아비뇽, 브나스크 백작령(Comtat Venaissin), 도피네(Dauphiné) 남동부 지역을 포괄하고 있기에 프로방스알프코트다쥐르 도의회는 이 다양한 구성요소들을 상기시키는 문장(紋章)과 깃발을 채택했다.

카마르그 십자가croix camarguaise

'카마르그 십자가' 혹은 '가르디앙들의 십자가(croix des gardians)'라 불리는 모양은 폴코 드 바롱셀리(Folco de Baroncelli) 후작의 주문에 따라 화가 헤르만–파울(Hermann-Paul)이 1926년에 제작한 상징으로, 가르디앙들과 어부들의 '카마르그 국가(nation camarguaise)'를 의미한다. 상징은 기독교가 강조하는 3개의 미덕을 담아냈는데, 신앙(가르디앙들의 삼지창 십자가 모양), 희망(어부들의 닻 모양), 자선(성모 마리아의 하트 모양)이 그것들이다.

타라스크Tarasque와 타라스콩Tarascon

마리아 막달레나(Marie-Madeleine)와 나사로(Lazare)의 여동생인 마르트(마르다)는 《누가복음》 10장 38절에 등장하는 인물로, 마르트는 예수에게 식사를 대접하고자 한다. 하지만 그리스도는 자신의 설교를 듣기 위해 자신의 발 아래 앉은 마리아 편을 든다. 두 명의 여인은 관조적인 삶과 지상에서의 삶, 즉 신앙(마리아)과 일(마르트)을 각각 상징한다. 예수의 승천 이후에 마르트와 그의 가족을 포함한 여러 제자는 유대 땅으

로부터 쫓겨나며, 비신자들에 의해 노, 돛, 키뿐만 아니라 생필품과 보트까지 모두 없앤 텅 빈 선박 속에 감금된다. 그들은 하늘의 도움으로 마르세유에 도착할 수 있었고, 그런 다음 엑스(Aix) 일대에서 사람들을 기독교로 개종시킨다.

아를과 아비뇽 사이의 론 강가 타라스콩 마을에서 타라스크란 이름을 가진 용 한 마리가 주민들을 괴롭히고 있었다. 반은 동물, 반은 물고기였던 그 용은 황소보다 몸집이 컸다. 이빨은 칼날처럼 날카로웠고, 옆구리에는 철갑을 두르고 있었으며, 몸에 닿는 모든 것을 불태웠다. 타라스크는

강가에 숨어서 주민들을 습격하고 선박들을 격침시키곤 했다. 주민들의 요청을 받은 마르트는 이 괴물이 사람들을 해치는 숲으로 들어간다. 그녀는 타라스크에게 성수를 뿌리고 십자가를 흔든 다음 가는 혁대로 그것을 포박한다. 그리하여 사람들은 괴물을 죽일 수 있었다.

생트바르브 Sainte-Barbe

매년 12월 4일은 바르브 성녀의 날. 프로방스 지방 전통에 따르면 이날 프로방스 지방 사람들은 물에 적신 솜을 넣은 3개의 유리잔에 밀이나 완두콩을 심는다고 한다. 싹이 잘 자랄 경우, "Quand lou blad vèn bèn, tout vèn bèn!"이라고 이야기한단다. '밀이 잘되면 1년 내내 만사형통'이란 의미. 색깔이 예뻐 크리스마스 구유 장식으로도 사용된다. 생테티엔(Saint-Étienne) 시는 노동의 가치, 나눔, 상부상조, 연대의 정신을 강조하는 생트바르브 축제를 열고 있다.

13개의 디저트 13 desserts

다른 이름은 '칼레노스(calenos)'. 프로방스 지방에서 1920년대에 생겨난 음식문화이다. 크리스마스 이브날 만찬이 끝날 때 제공되는 디저트로 프로방스 지방 전통의 일부를 이루고 있다. 내용물은 누가(nougat), 퐁파뢸(pompe à l'huile), 호두 혹은 개암, 말린 무화과, 아몬드와 건포도, 대추야자, 푸가스(fougasse), 과일 절임, 지바시에(gibassié), 과일 파이, 오레이에트(oreillettes), 칼리송(calissons), 사과, 배, 멜론, 뱅 퀴(vin cuit, 포도즙을 농축하여 만든 아페리티프용 포도주).

상통 santon de Provence

프로방스 지방의 상통은 점토로 만든 채색 피규어들이다. 아기 예수, 마리아와 요셉, 동방박사들과 목동들, 나귀와 소가 등장하는 크리스마스 구유 풍경을 재현한다. 프로방스 마을에서 전통 직업에 종사하는 일련의 인물들도 상통 형태로 등장한다. 프로방스 지방의 상통은 장 루이 라넬(Jean Louis Lagnel, 1764-1822)이 굽지 않은 진흙으로 마르세유에서 처음 만들어냈는데, 1830년대에는 이탈리아에서 건너온 석고 산티빌리(Santibellis)들이 마르세유에서 팔렸다. 하지만 시간이 흐르며 상통은 프로방스 지방의 명물로 자리잡게 된다.

부이야베스 bouillabaisse

지중해 쪽 프로방스의 전통 요리. 마르세유에서 비롯된 이 음식은 감자, 빵 조각, 마늘 등을 넣어서 만든 생선 수프다.

라벤더

'프로방스의 영혼'으로 인정되는 식물이자 프로방스 내륙지방의 상징이다. 6월부터 8월 사이에 이 지방을 온통 보라색으로 물들인다. 보클뤼즈(Vaucluse) 데파르트망의 소 고원(Plateau de Sault), 알프스 산맥 지맥(支脈) 위의 뷔에슈(Buech) 일대에서 라벤더와 만날 수 있다.

르 토로네Le Thoronet 수도원

시토회 수도원이 세워질 당시의 정신을 수도사들이 준수하면서 침묵을 지키고 자기 성찰과 명상으로 헌신하며 공동생활을 하던 곳이다. 빛과 그림자가 절묘하게 교차하는 이 공간은 건축의 정수로 인정받고 있다.

그라스Grasse와 파트릭 쥐스킨트Patrick Süskind의 작품 《향수》

세계적인 향수의 고장으로 유명한 그라스는 영화 〈향수〉로 더욱 유명해졌다. 그라스는 '장–바티스트 그르누이유의 발자취를 따라서(Sur les pas de Jean-Baptiste Grenouille)'라는 패키지 상품까지 만들었을 정도다. 그라스 구도심(Vieux Grasse)을 방문하고, 향수를 제조하는 프라고나르(Fragonard), 갈리마르(Galimard), 몰리나르(Molinard) 공장들을 방문해볼 수 있다.

엑상프로방스와 세잔

엑상프로방스에서는 화가의 생가에서부터 생피에르 묘지(Cimetière Saint-Pierre)에 있는 그의 마지막 거처까지 인상파 화가 세잔의 흔적을 찾아볼 수 있다. 어린 시절의 집, 그가 다니던 학교, 세잔의 가족과 지인들의 주소, 세잔이 친구나 다른 예술가들을 만나던 카페 등 흥미로운 장소가 많다. 꼭 놓치지 말아야 할 대상들은 가브리엘 스터크(Gabriel Sterk)가 제작한 세잔 동상, 페니탕 블랑 예배당(Chapelle des Pénitents Blancs), 되 가르송 카페(Café des Deux Garçons), 바니에 거리의 분수(Fontaine de la rue des Bagniers), 마들렌 성당(Église de la Madeleine), 생소뵈르 대성당(Cathédrale Saint-Sauveur) 등이다.

아를Arles과 반 고흐Van Gogh

1888년 2월 20일 빈센트 반 고흐는 파리에서 2년을 보낸 후 아를에 도착한다. 그는 랑글루아 다리(Pont de Langlois), 만개한 나무 등을 화폭에 담기 시작했고, 많은 추수 풍경도 여름에서 가을로 넘어가는 동안에 그려냈다.

쿠푸 산투La Coupo Santo

쿠푸 산투는 '성스러운 컵(Coupe Sainte)'이란 의미. 1867년 7월 30일 아비뇽에서 연회가 열렸을 때 카탈루냐어 구사 작가들이 프로방스어 구사 작가들에게 선물했던 은제 트로피를 지칭한다. 정치적인 이유 때문에 프로방스 지방으로 망명을 간 카탈루냐 시인 빅토르 발라구에르(Victor Balaguer)에게 베푼 호의에 감사를 표시하기 위함이었다. 조각은 루이 기욤 퓔코니스(Louis Guillaume Fulconis)가 맡았는데, 야자나무 밑에 서 있는 2명의 여인은 각각 프로방스와 카탈루냐를 상징한다. 오늘날 프로방스 지방가가 된 이 노래를 지역축제나 공식행사에서 자주 들을 수 있다.

- 언덕이나 깎아지른 산을 배경으로 한 마을들은 프로방스에서 만날 수 있는 특별한 풍경이다. 그중에는 '프랑스에서 가장 아름다운 마을'로 선정된 곳이 많다. 무스티에생트마리(Moustiers-Sainte-Marie), 생베랑(Saint-Véran), 코아라즈(Coaraze), 라 그라브(La Grave), 고르드(Gordes), 루시용(Roussillon), 레 보드프로방스(Les Baux-de-Provence), 생타녜스(Saint-Agnès), 페이용(Peillon), 페이유(Peille), 라마튀엘(Ramatuelle) 등의 마을이 그림 같은 경치를 제공한다.

세낭크 수도원

고르드 마을에서 차로 10분 거리에 있다. 초기 시토회 건축의 정수로 꼽히는 수도원 건물은 1143년부터 5년 동안 건축되었다. 만개한 라벤더를 앞세운 수도원 모습이 그림엽서에 자주 등장한다.

┃프로방스의 주요 방문지

가르 다리Pont du Gard

님(Nimes)과 아비뇽 사이에 놓인 퐁 뒤 가르는 전 세계
에서 가장 보존 상태가 좋은 로마 유산이자 고대 건축
물이다. 서기 40-50년 사이에 건설되었다. 환상적인 자

Provence-Alpes-Côte d'Azur

연을 배경으로 삼고 있는 이 다리는 엄청난 규모로 우리를 압도한다. 3층의 길이는
275m, 2층의 길이는 242m이며, 높이는 48m다. 1985년에 유네스코 세계문화유산에
등재되었다.

고르드Gordes

가파른 언덕 위에 지어진 고르드 풍경은 절경이다. 여름에는 많은 관광객을 불러 모으고 있는데, 루시용(Roussillon) 쪽에서 고르드를 방문할 때 마을의 압도적인 장관을 감상할 수 있다. 인근의 보리 마을(Village des Bories)도 방문할 수 있는데, 14세기부터 19세기까지 마른 돌로 지었고 150년 전부터 사람이 살지 않고 있는 유적지이다.

디뉴레뱅Digne-les-Bains

나폴레옹 루트(Route Napoléon) 위, 프로방스와 알프스 사이의 해발 600m에 자리하고 있는 마을로 온천이 유명하다. 구도심을 둘러보는 것 외에도 대여행가이자 페미니스트였던 알렉상드라 다비드-닐(Alexandra David-Neel)에게 할애된 박물관을 방문하는 것이 좋다.

라 로크 당테롱La Roque d'Anthéron

엑상프로방스에서 20분 떨어진 거리에 있다. 뒤랑스(Durance) 하천 가장자리에 위치한 라 로크 당테롱은 뤼브롱 자연공원(Parc naturel du Luberon)에 들어가는 입구를 차지하고 있기도 하다. 오래된 대형건물들과 유명한 유적들이 즐비한 큰 마을인데, 12세기에 건설된 실바칸 시토회 수도원(Abbaye Cistercienne de Silvacane), 16세기부터 17세기에 걸쳐 건설한 플로랑 성(Château de Florans), 11세기에 건립된 로마네스크 양식의 생탄드 구아롱 예배당(Chapelle Sainte-Anne de Goiron) 등이 유명하다. 매년 7월 중순부터 8월 중순까지 이 마을에서는 국제피아노페스티벌(Festival international du Piano)이 열린다.

라 바르벤 성Château de La Barben

엑스(Aix)와 살롱드프로방스(Salon-de-Provence) 사이에 자리한 이 성은 프로방스에 건

립된 성들 중 역사가 가장 깊다. 성에서는
1천 년에 걸친 프로방스 지방 역사를 다
룬 로셰 미스트랄 파크(Parc Rocher Mistral)
가 2021년 7월 1일 개장했다. 이곳에서 만
날 수 있는 역사 공연은 5개의 주간 공연
과 2개의 야간 공연으로 나뉜다. 〈클로드

드 포르뱅(Claude de Forbin)의 해상 모험('Forbin, le chevalier de la royale')〉, 프로방스 거대
가문의 호사스러운 무도회, 1630년 엑스에서 일어난 〈카스카베우(Cascavèu) 사람들
의 반란('La Révolte des Cascavèu')〉, 360도 비디오 프로젝션 형태인 〈생빅토르(Saint-Victor)
수도원의 건립자들('La Quête des bâtisseurs')〉과 〈하늘에서 내려다본 프로방스('Le Souffle
de la Provence')〉 등을 만나볼 수 있다. 파크 개장시간은 10시부터 20시까지. 겨울철인
11월 7일부터는 10시부터 18시 30분까지 오픈한다.

라 코스트 성Château La Coste

엑상프로방스에서 20여km 떨어진 곳의 한 작은 지방도로가 라 코스트 성까지 이어지는데, 포도밭 한가운데서 세계적인 미술과 건축을 만날 수 있는 곳이다. 2011년부터 방문객은 125ha에 달하는 장소에서 프로방스 지방 풍경을 즐기는 동시에 아일랜드 미술품 수집가인 패디 맥킬렌(Paddy McKillen) 소장품들을 감상할 수 있다. 안도 타다오(Tadao Ando)가 설계한 우아한 건물, 앤디 골즈워시(Andy Goldsworthy)가 돌 속에 만든 거대한 둥지(<Oak Room>), 소피 칼스(Sophie Calles)가 산책자들의 비밀을 수집하기 위해 물 위에 설치한 묘석, 루이스 부르주아(Louise Bourgeois)가 제작한 우아한 거미(<Crouching Spider>) 등 40여 점의 작품들이 제각각 자태를 뽐낸다. 라 코스트 빌라에서 하룻밤을 묵거나 라 코스트 성에서 생산하는 와인을 맛보는 것도 좋다.

레 메 Les Mées

레 메 마을은 높이가 100m 넘는 바위들로 유명하다. 실루엣 때문에 붙은 이름은 '레 메의 속죄자들(Pénitents des Mées)'. 전설에 따르면 이 바위들은 뤼르 산(Montagne de Lure) 수도사들이었는데, 한 영주가 십자군 원정을 끝내며 데리고 온 아름다운 무어 여인들을 탐했기 때문에 도나 성인(Saint Donat)이 그들을 돌로 만들어버렸다고 한다. 뾰족한 두건을 뒤집어쓰고 있는 듯한 풍경은 자신들이 품었던 욕망을 부끄러워하는 수도사들의 순례 행렬을 연상시킨다고. 중세 때에는 성벽이 마을을 에워싸고 있었는데, 오늘날에는 생크리스톨 성문(Porte Saint-Christol), 보두인 성문(Porte Baudouine), 베르트랑 드 브라 성문(Porte Bertrand de Bras) 등 일부만 남아있다. 이 마을에서 생산하는 올리브유는 품질이 뛰어나기로 유명하다.

황무지로부터 솟아난 바위들과 독수리 둥지를 연상시키는 성채에서 내려다보이는 풍경이 매우 인상적인 곳이다. 암석과 건물이 뒤섞인 풍경이 이 마을에 마법과 같은 느낌을 부여하고 있기에 상당히 많은 관광객이 찾는 장소다. 버려진 채석장을 활용해 세계적인 이머시브 전시를 보여주는 '빛의 채석장(Carrières de Lumières)'이 소재한 곳이기도 하다.

빛의 채석장 Carrières de Lumières

이머시브 전시를 보여주는 디지털 예술공간이다. 레보드프로방스에 자리를 잡고 있으며, 현재 컬처스페이스(Culturespaces) 사가 관리 책임을 맡고 있다. 레보드프로방스 마을은 건축에 쓰이는 석재가 점점 늘어남에 따라 1800년에 그랑 퐁 채석장(Carrière des Grands Fonds)을 개발한다. 수요가 없어지자 1935년 이 채석장은 문을 닫으며, 그 공간을 활용하기 시작하면서 2012년 이후 '빛의 채석장'이란 이름이 붙었다.

내부에서는 1976년부터 시작한 상시 공연이 열리고 있다. 발 당페르 바위(Roc du Val d'Enfer)를 파서 만든 거대한 갤러리의 돌들 위에 이미지를 투사하는 방식이다. 내부 면적은 4,000m²에 달한다. 2012년까지 전시 이름은 '이미지의 대성당(Cathédrale d'Images)'이었는데, '총체적인 이미지(image totale)'를 찾아 애쓰던 알베르 플레시(Albert Plécy)가 처음 만들어냈다. 매년 다른 주제를 택하고 있으며, 반 고흐, 샤갈, 피카소, 클림트, 히에로니무스 보슈, 인상파 화가들의 그림이 그동안 전시된 주요 작품들이다.

루르마랭 Lourmarin

엑상프로방스에서 40분, 마르세유에서 1시간 떨어진 뤼브롱(Luberon) 계곡 아래 위치한 루르마랭은 작은 언덕 위 성의 정면에 3개의 종탑을 세운 곳이다. 14세기에 버려졌다가 발도파 사람들이 채우기 시작한 이 마을은 '프랑스에서 가장 아름다운 마을' 중 하나로 선정되기도 했다. 앙리 보스코(Henri Bosco)와 알베르 카뮈(Albert Camus)가 마을 묘지에 잠들어 있다. 망루, 생탕드레 로마성당(Église romane St André), 빌라 메디치 드 프로방스 성(Château Villa Médicis de Provence), 마을 어귀에 있는 16세기와 18세기 요새 등 방문할 곳이 많다.

루시용 Roussillon

보클뤼즈(Vaucluse) 데파르트망의 뤼브롱 산지(Massif du Luberon)는 다양한 자연환경 덕분에 프로방스 지방의 주요 관광지 중 하나가 되었다. 가장 높은 곳의 높이는

1,125m. 황무지, 떡갈나무 서식지, 서양삼 나무 숲, 라벤더밭이 이어지며, 많은 매혹적인 마을들을 이곳에서 만날 수 있다. 맞은 편에는 오크르 산지(Massif des Ocres)가 있는데, 토양 색깔은 붉은색, 노란색, 자주색이다. 분위기를 맛볼 수 있는 대표적인

마을은 황토색의 루시용(Roussillon)으로 방문해 볼 가치가 있다.

리비에라 언덕Corniches de la Riviera

잊을 수 없는 장관을 만날 수 있는 곳으로, 지중해를 내려다보는 동시에 리비에라 내륙 풍경을 감상할 수 있다. 니스에서 출발해 에즈(Èze), 로마제국시대 유적이자 아우구스투스의 거대한 전승 기념비가 있는 라 튀르비(La Turbie)를 경유한 후 로크브륀 캅마르탱(Roquebrune-Cap-Martin)과 망통에서 차례로 바다를 만나게 된다.

릴쉬르라소르그L'Isle-sur-la-Sorgue

라 소르그(La Sorgue) 하천을 안고 있는 아름다운 마을인 릴쉬르라소르그에는 '브나스크 백작령의 베네치아(Venise comtadine)'란 별명이 붙어있다. 강둑을 따라 걷다 보면 테라스가 물과 맞닿은 가옥들, 지금도 작동 중인 오래된 수차(水車)를 만나게 된다. 이 옛 도시는 르네상스 시대의 집과 저택들을 숨기고 있다. 노트르담데장주 성당(Église Notre-Dame-des-Anges)의 화려한 내부 장식은 프로방스 지방의 바로크 양식을 담아냈다.

마노스크Manosque

예전에는 성벽에 의해 차단되었던 중세도시. 작가 장 지오노(Jean Giono)의 도시이기도 하다. 이 마을을 둘러싼 전원 풍경이 그의 작품들에 영감을 제공한 덕분이다. 쾌적한 이 마을의 중심지역에서는 대부분 차량 통행이 불가능하다.

| 마르세유

프랑스에서 파리 다음으로 두 번째 대도시로 이국적인 풍광이 넘쳐나는 곳이다. 문

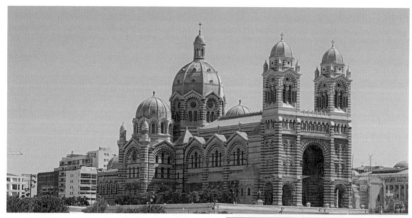

화, 지방어의 억양, 정체성 등 모두가 낯선 느낌을 준다. 노트르담드라가르드 사원 (Basilique Notre-Dame-de-la-Garde)이 도시 전체를 내려다보고 있는 마르세유에는 방문해볼 만한 장소가 많다. 그중 가장 유명한 곳은 비외포르(Vieux-Port, 구항)로 2천 년의 역사를 자랑한다. 마르세유와 카시스 (Cassis) 사이에서는 칼랑크 산지(Massif des calanques)가 지중해를 따라 펼쳐져 있다. 식물을 거의 찾아보기 힘든 절벽으로부터

바다로 수직으로 떨어지는 멋진 모습을 한 칼랑크 산지에서는 많은 내포(內浦)도 만날 수 있다.

마르세유 앞바다에는 전략적으로 중요한 포메그(Pomègues), 라토노(Ratonneau), 티불렌(Tiboulen), 이프(If)라는 4개 섬이 프리울 군도(Archipel du Frioul)를 형성하고 있다. 그중 가장 유명한 이프 성의 건설은 프랑수아 1세의 지시에 따라 1529년부터 시작되었다. 높이가 22m에 달하는 생크리스토프 탑(tour Saint-Christophe)으로 유명한데, 알렉상드르 뒤마(Alexandre Dumas)가 소설 《몬테크리스토 백작(Le Comte de Monte Cristo)》의

배경으로 삼으면서 유명해졌다. 소설 속에서 주인공 에드몽 단테스(Edmond Dantès)가 갇혀 있던 장소로 등장하는 이프 성은 1580년부터 1871년까지 실제 감옥으로 사용되었다. 마르세유 전경이 한눈에 들어오는 노트르담드라가르드 사원, 그리고 환상적인 푸른빛 야경이 아름다운 유럽지중해문명박물관 뮈셈(MuCEM)은 마르세유를 찾을 때 절대 놓쳐서는 안 될 장소들이다.

마르세유의 주요 방문 대상은 다음과 같다.

노트르담드라가르드 사원Basilique Notre-Dame-de-la-Garde

종종 '좋은 어머니(La Bonne Mère)'로도 불리는 19세기의 가톨릭교회로, 마르세유의 대표적인 상징 중 하나다. 노트르담드라가르드 언덕의 정상에서 마르세유 시와 지중해를 내려다보고 있는 건물이다. 해발 149m의 석회석 봉우리 위에 13m의 벽과 옛 성채의 토대가 더 올라가 있다. 개신교 건축가인 앙리-자크 에스페랑디외(Henri-Jacques Espérandieu)가 로마네스크-비잔틴 양식으로 지어 1864년 6월 5일 준공한 건물로, 1214년에 지었다가 15세기에 개축한 동일한 이름의 예배당을 대신하게 된다. 사원은 2개 파트로 나뉜다. 아래층 성당 혹은 지하 예배당은 바위를 파 로마네스크 양식으로 지었고, 윗층 성당은 로마네스크-비잔틴 양식으로 지은 후 모자이크로 장식했다.

이프 성Château d'If

마르세유에서 가장 많은 사람이 찾는 이프 성은 1527년부터 1529년까지 프랑수아 1세의 명령에 따라 프리올 군도의 이프 섬 위에 건축된 프랑스 성채다. 가까이에 라토노 섬(île de Ratonneau)과 포메그 섬(île de Pomègues)이 있다. 3층으로 된 사각형 건축물로, 각 면의 높이는 28m에 달한다. 넓은 포안을 가진 3개의 탑도 들어서 있다. 넓이가 3ha에 불과한 섬의 나머지 지역은 절벽 위에 포대를 설치한 높은 성채가 에워싸고 있다. 4백 년 동안 주로 감옥으로 사용된 곳이다. 1926년 7월 7일 역사유적으로 지정되었다.

마르세유의 칼랑크Calanques de Marseille

'칼랑크(calanque)'란 단어는 하천에 의해 파인 다음 바다와 맞물린 계곡을 지칭한다. 지중해 해안의 칼랑크는 20km 이상에 걸친 일련의 내포(內浦)와 작은 만들로 구성되어 있는데, 한편으로는 마르세유의 마드라그 드 몽트르동 지구(Quartier de la Madrague de Montredon)와 구드 지구(Quartier des Goudes) 사이, 다른 한편으로는 크루아제트 곶(Cap Croisette)과 카시스(Cassis) 시 사이에 놓여 있다. 프랑스에서 가장 인상적인 자연 명소 중 하나이기에 땅과 바다를 이용해 매년 거의 3백만 명이 찾는 지역이다. 이 지역은 2012년 4월에 칼랑크 국립공원으로 지정되면서 보호를 받고 있는데, 도시 주변에 자리하고 있는 유럽 제1이자 세계 3위의 국립공원으로 꼽힌다.

유럽지중해문명미술관 뮈셈MuCEM, Musée des civilisations de l'Europe et de la Méditerranée

MuCEM은 마르세유에 자리한 국립미술관이다. 마르세유가 유럽문화수도로 지정된 2013년 6월 7일 프랑수아 올랑드(François Hollande) 대통령이 개막식을 가진 공간이다. 새로 조성한 라 졸리에트 지구(Quartier de la Joliette)에 있는, 세계적 명성의 일본 건축가 쿠마 켄고(Kengo Kuma)의 FRAC PACA 건축과 더불어 베르나르 라타르제(Bernard Latarjet)가 구상했던 2013년 문화 프로그램을 채운 건물이다. 문화부에 배속되어 있으며 유럽과 지중해 문명을 주제로 다룬다. 상설 전시회는 인류학, 고고학, 역사, 예술사, 현대예술 등 여러 학술 영역을 교차시키고 있으며, 예술가·조형예술·문학 방면의 대가를 대상으로 한 기획전도 개최하고 있다.

르 파니에Le Panier
마르세유 제2구에 소재한 구역으로 행정적으로는 시청, 레 그랑카름(Les Grands-Carmes), 라 졸리에트(La Joliette) 3개 지역에 걸쳐 있다.

구항(Vieux Port) 북쪽은 기원전 600년에 마살리아(Massalia)라는 이름의 그리스 식민지가 있던 지역이다. 협소한 거리들이 그 역사를 상기시켜준다. 19세기에 레퓌블릭 거리(Rue de la République)를 만들면서 이 지역 대부분을 파괴하고, 1943년 2월 독일 당국이 마르세유 역사 중심지였던 생장(Saint-Jean) 지구를 다이너마이트로 폭파했음에도 불구하고 살아남은 지역이다. 그렇기에 르 파니에는 예외적으로 원형이 보존된 구역이다. 19세기 후반부터는 이탈리아, 코르시카, 마그레브 등에서 마르세유로 이민을 오는 사람들이 거치던 관문이었다. 최근에 문화시설들이 입주하고 재정비가 이루어지면서 르 파니에는 무수한 관광객들을 끌어들이고 있다.

발롱 데 조프Vallon des Auffes

발롱 데 조프는 마르세유의 비밀을 간직하고 있는 마법의 장소 중 하나이다. 방문자는 배경에 굴다리가 있는 그림엽서 같은 작은 어항(漁港) 풍경에 매혹될 것이다. 장소의 이름은 'alfa'에서 비롯되었는데, 프로방스어로 'auffo'라 불리고 북아프리카와 스페인에서 자주 볼 수 있는 식물이다. 이 식물은 동아줄을 엮고 거친 천을 제조하는 데 쓰이는 것으로, 그 옛날 이곳에 저장소가 있었다. 마르세유에서 가장 유명한 레스토랑 몇 개가 발롱 데 조프에 숨어 있다.

마르티그Martigues

운하 덕분에 '프로방스 지방의 베네치아(Venise provençale)'란 별명을 얻은 이 작은 마을은 베르 못(Étang de Berre) 가장자리에 자리를 잡고 있다. 주변에 공장이 많이 들어섰음에도 불구하고 마르티그는 자기만의 매력을 지켜내는 데 성공한 동네다. 별명에 걸맞게 베네치아를 흉내내면서 가을이면 베네치아 카니발에서 만날 수 있는 가면, 의상 등으로 치장한다.

메르캉투르 국립공원Parc national du Mercantour

내륙 쪽에 자리를 잡고 있는 메르캉투르 국립공원은 위바이(Ubaye), 베르동(Verdon), 바르시앙(Var-Cians), 로야(Roya), 티네(Tinée), 베쥐비(Vésubie), 베베라(Bévéra)라는 7개의 험한 계곡을 안고 있다. 트레킹의 천국이라 할 정도로 정비가 잘 되어 있다. 방대한 지역으로 빙하, 협곡, 호수, 멋진 교회가 들어선 계곡 속 마을들을 만나볼 수 있다. 가장 높은 곳은 해발 3,143m. 그중에서도 3천 년 전에 그려진 4만 점의 동굴 벽화가 있는 메르베이유 계곡(Vallée des Merveilles)이 돋보인다.

무스티에생트마리Moustiers-Sainte-Marie

옥빛의 베르동 협곡(Gorges du Verdon)을 만나려면 꼭 거쳐야 하는 마을이 무스티에생트마리다. 움푹 들어간 절벽에 세워진 작은 마을로, 아름다운 폭포가 마을을 둘로 가르고 있으며 돌집들과 중세 교회를 만날 수 있는 그림 같은 장소다. 노트르담

드 보부아르 예배당(Chapelle Notre-Dame de Beauvoir)이 마을을 내려다보고 있는데, 마을 허공에 매달린 황금빛 별은 700년 이상의 역사를 자랑한다. 노트르담 드 보부아르 예배당은 12세기에서 16세기 사이에 지어진 건축물로 1921년에 역사유적으로 지정되었다. 일부는 로마네스크 양식, 또 다른 일부는 고딕 양식을 하고 있다. '라 페름 생트 세실(La Ferme Sainte Cécile)'에서는 프로방스 전통 요리를 즐길 수 있다. 식사 후에는 생트크루아 호수(Lac de Sainte-Croix)에서 풍광을 즐기면 된다. 지상의 천국처럼 느껴지는 곳이다.

황금빛 별

1210년 십자군 원정 기간 동안 사라센족에 의해 감옥에 갇혔던 블라카스 기사(Chevalier de Blacas)는 자신이 마을로 돌아오게 될 경우 노트르담 드 보부아르 예배당 근처에 성모 마리아를 기리는 줄과 별을 매달겠다고 서약한다. 가파른 절벽 사이에 놓여 있으며 길이가 227m에 달하는 줄에는 황금색 별이 매달려 있다. 예수 탄생 당시를 연상시키는 이 별은 베르동 협곡을 방문하는 모든 사람이 만나게 되는 풍경이다.

바르셀로네트 Barcelonnette

위바이(Ubaye)의 중심에 자리하고 있는 바르셀로네트는 계곡 안에서 가장 큰 마을이다. 흥미롭게도 마을에서는 '바르셀로네트(des barcelonnettes)'란 이름을 가진 인상적인 빌라들을 만나볼 수 있는데, 멕시코에서 돌아온 이민자들이 1900년부터 1950년까지 지은 집들이다. 이 마을 사람들이 19세기에 위바이 계곡을 떠나 멕시코로 이민을 갔던 역사 때문이다. 마을의 박물관에서 관련 역사를 전시하고 있다.

바르졸Barjols

전형적인 프로방스 마을이자 생트빅투아르(Sainte-Victoire) 산자락에 자리한 바르졸에는 3개 하천이 흐르며, 무려 28개 분수와 12군데의 빨래터가 있다. 지금은 폐쇄된 무두질 공장은 19세기에 이 마을이 가죽 산업으로 얼마나 번성했었는지를 잘 보여준다. 마을 위에서부터 아래까지 따라 내려갈 수 있는 '카름 골짜기(Vallon des Carmes)'에서는 못과 폭포가 이어지는데, 가장 아래쪽에는 천국 같은 느낌의 물놀이터가 있다. 민속 축제를 좋아한다면 1350년부터 이곳에서 열리는 생마르셀 축제(Fête de Saint Marcel)를 1월 17일에서 가장 가까운 일요일에 매년 만나볼 수 있다. 마을의 수호성인을 기리는 행사다.

방투 산Mont Ventoux

프로방스알프코트다쥐르 레지옹 보클뤼즈(Vaucluse) 데파르트망에 있는 방투 산은 해발 1,912m 높이에서 프로방스 지방을 내려다보고 있다. 동서축으로 길이가 25km, 남북축으로 폭이 15km에 달한다.

> **방투Ventoux 명칭의 기원**
>
> 2개의 가설이 존재한다. 그중 하나는 '흰 산(montagne blanche)'을 의미하는 켈트어 'Ven Top'에서 비롯되었다는 설이고, 다른 하나는 '바람에 노출된(exposé au vent)'이란 의미의 프로방스어 'Ventor' 혹은 'Ventour'가 기원이라는 설이다.

'프로방스의 거인(Géant de Provence)' 혹은 '대머리산(Mont Chauve)'이란 별명이 붙었는데, 보클뤼즈 데파르트망에서 고도가 가장 높은 곳이다. 다소 황량한 풍경의 정상에서는 날씨가 맑을 때면 알프스 산맥과 마르세유까지 눈에 들어오는 멋진 풍경을 감상할 수 있다. 관광이 발달하기 전까지 목동들이 만들어놓은 이동 가축 통로가 유명하다. 14세기부터 19세기 중반까지 목축업이 성행할 때 생겨난 길들인데, 오늘날 트레킹 코스로 탈바꿈했다.

베르동 협곡Gorges du Verdon

마르세유에서 불과 2시간 떨어진 거리에 위치한 베르동은 포도밭과 황무지, 라벤더밭과 프로방스 지방의 작은 마을들로 채워진 지역이다. 알프스 산맥에서 시작된 옥

빛 물의 하천이 아주 인상적이고도 유서 깊은 협곡 사이로 흐른다. 일부 암벽의 높이는 700m에 달하며, 협곡을 내려다보는 트레킹 코스의 전망이 뛰어나다. 프랑스에서 가장 아름다운 호수 중 하나이자 수영하기 좋은 생트크루아 호수에서부터 출발해 자동차, 자전거 도로를 이용하거나 오솔길을 따라 걸으며 천국 같은 주변을 둘러보면 좋다.

베종라로멘Vaison-la-Romaine

켈트–리구리아의 수도였다가 로마제국의 동맹 도시가 되었기에 극장, 온천 등 당시 흔적을 아직도 간직하고 있는 이 도시에서는 1세기와 2세기 건축과 관련된 방대한 유적을 만나볼 수 있다. 베종라로멘은 4세기에 주교관 본거지가 된 후부터 1791년까지 그 위상을 유지했다. 이곳의 '아홉 처녀의 정원(Jardin des 9 Damoiselles)'에서 81개의 화강암 선돌들을 만나볼 수 있다. 1992년에 범람한 우베즈(Ouvèze) 강가를 정비하기 위해 만들어진 장소로, 선돌에는 레이캬비크, 베르겐, 헬싱키, 브뤼셀, 프라하, 크라코프, 볼로냐, 아비뇽, 산티아고데콤포스텔라의 9개 유럽문화도시를 상징하는 시구들이 새겨져 있다. 입장은 무료.

보니외Bonnieux

남프랑스 뤼브롱 지방자연공원 속 마을이다. 비외 에글리즈(Vieux Église)의 86개 돌계단을 올라가면 보클뤼즈 산(Monts du Vaucluse), 고르드(Gordes)와 루시용(Roussillon) 마을들, 포도, 라벤더, 시리얼과 과실수를 심은 광대한 평원이 파노라마처럼 펼쳐진다. 베이커리 박물관(Musée de la Boulangerie)도 보니외에서 만나볼 수 있다. 작곡가 겸 연주자였던 사라 알렉상데르(Sara Alexander), 1957년에 영화 〈사형대의 엘리베이터(Ascenseur

pour l'échafaud)〉에 출연했다가 요절한 배우 모리스 로네(Maurice Ronet)는 보니외와 불가분의 관계를 맺었던 인물이다.

생레미드프로방스Saint-Rémy-de-Provence

로마제국시대 유적, 플라타너스로 채워진 원형 도로가 감싸는 도심, 작은 거리들과 가게, 카페와 레스토랑, 공화국 광장 등을 만나볼 수 있는 마을로 많은 예술가가 이곳을 찾았다. 시즌 때는 상당히 많은 관광객으로 붐비기도 한다. 도시 외곽의 앙티크 고원(Plateau des Antiques)에는 고대 도시 글라눔(Glanum) 유적지가 있는데, 신전, 광장, 온천 등 아름다운 로마제국시대 유적을 만나볼 수 있다. 18세기부터 요양병원으로 사용되고 있는 생폴드모졸 수도원(Monastère Saint-Paul-de-Mausole)은 빈센트 반 고흐 덕분에 유명해진 곳이다. 화가는 이곳에서 〈해바라기(Les Tournesols)〉, 〈사이프러스(Les Cyprès)〉같은 걸작들을 그려냈다.

생베랑Saint-Véran

'프랑스에서 가장 아름다운 마을' 중 하나로 선정된 생베랑은 오트잘프(Hautes-Alpes) 데파르트망의 코뮌 중 하나다. 해발 2,040m에 자리 잡고 있기에 유럽에서 고

도가 가장 높은 곳에 자리한 마을로 꼽는다. 여름, 겨울 할 것 없이 늘 많은 사람이 붐비는 이 마을은 옛날 모습을 지켜내는 데 성공했다. 케라(Queyras) 지역의 전형적인 해시계, 전도 십자가(croix de mission)를 이곳에서 만날 수 있다.

생트마리드라메르 Saintes-Maries-de-la-Mer

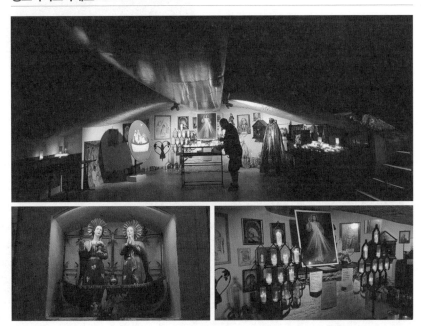

노트르담드라메르 성당(Église Notre-Dame-de-la-Mer)이 아주 특이한 느낌을 주는 마을이다. 성모와 바다를 건너온 마리아 성인들을 기리는 로마네스크 양식의 성당이 9세기에 건립되었는데, 현재 모습은 14세기에 완성된다. 그로 인해 이 마을은 집시들의 순례지이자 산티아고 가는 길의 경유지가 되었다. 제베데(Zébédée)와 살로메(Marie Salomé)의 아들인 야고보(Jacques) 사도가 갔던 길이다. 성당은 1840년에 역사유적으로 지정되었다.

생트빅투아르 산Montagne Sainte-Victoire

알프스와 지중해 풍경을 동시에 지닌 산
지에 들어서 있는 생트빅투아르 산은 화
가 폴 세잔(Paul Cézanne)에게 영감을 제공
한 산으로, 세잔은 열 차례에 걸쳐 이 산의
모습을 화폭에 담았다. 정상인 픽 데 무슈
(Pic des Mouches)의 높이는 1,011m에 달한
다. 트레킹족이 선호하는 산이며, 엑상프

로방스를 내려다보는 석회암 산의 이미지가 전 세계인들에게 잘 알려져 있다.

세낭크 수도원Abbaye de Sénanque

1148년에 세워진 세낭크 수도원은 고르드(Gordes) 북쪽으로 2km 떨어진 계곡 속에
자리를 잡고 있다. 인상적인 공동 침실, 절제된 형태의 교회, 아름다운 회랑 덕분에
시토회 건물 가운데 가장 아름다운 하나로 꼽힌다. 라벤더밭과 함께 등장하는 수도
원 모습으로 유명하다.

시스트롱Sisteron

나폴레옹 루트(Route Napoléon)상에 자리한 시스트롱은 2008년부터 '뤼브롱의 관문 (Porte du Luberon)'으로 지정되어 있다. 산티아고데콤포스텔라 순례길을 따라가며 들르는 장소이기도 하다. 멋진 대성당, 구시가지, 성채가 뒤랑스(Durance) 강변에 들어서 있는 이 마을에 대한 관심을 불러일으키고 있다.

아를Arles

론(Rhône) 강에 면한 아를은 로마제국시대에 이미 인구가 5만 명에 달할 정도로 큰 도시였다. 시청사의 망루로부터 로마네스크 예술을 대표하는 건물이었다가 이후 성당이 된 생트로핌(Saint-Trophime) 대성당부터 17세기 저택들에 이르기까지 역사 문화 유산이 풍부하다. 가장 오래된 건물 중에는 기원전 1세기에 만들어진 아레나와 극

장이 들어있다. 콘스탄틴 온천, 알리스캉(Alyscamps) 공
동묘지 등도 방문해볼 만하다. 크리스티앙 라크루아
(Christian Lacroix), 악트 쉬드(Actes Sud) 출판사, 국제사진
전 등으로 이름이 난 도시이기도 하다. 론 강 남쪽으로
는 카마르그(Camargue)라 불리는 삼각주가 형성되어 있
는데, 지중해로 연결되는 이 습지대에서는 염전, 논, 목
초지, 연못, 해변 등 다양한 풍경을 만나볼 수 있다. 아
를에서는 반 고흐의 발자취를 따라 그림 〈밤의 카페〉에
등장하는 건물 등을 찾아가보면 좋다. 카페 앞에는 노
벨문학상을 수상하며 이 지역 언어를 빛낸 작가 프레데
릭 미스트랄(Frédéric Mistral) 동상이 서 있다.

아비뇽 Avignon

여전히 옛 성벽을 보유한 아비뇽 중심에는 주거지인 동시에 성채였던 거대한 고딕식
의 교황청 건물 '팔레 데 파프'(Palais des Papes)가 자리를 잡고 있다. 14세기에 이곳은
교황의 본부가 위치했던 기독교 최중심지였다. 교황청 건물과 가까운 론(Rhône) 강

에는 12세기에 강의 절반 정도까지 건축된 생베네제 다리(Pont Saint-Bénézet)가 놓여 있다. '아비뇽 다리 위에서(Sur le pont d'Avignon)'란 동요로 유명해진 다리이며, 아비뇽 다리(Pont d'Avignon)로 불리기도 한다. 1177년에 건축되었다가 1479년 론(Rhône) 강 홍수로 인해 중간이 끊어져버렸다는 설도 있다. 프티 팔레(Petit Palais)와 노트르담데돔(Notre-Dame-des Doms) 대성당도 함께 둘러볼 수 있다.

앙트르보Entrevaux

사부아(Savoie) 왕가 소속 지역들의 경계에 자리하고 있기에 앙트르보는 오랫동안 전략적 중심지였다. 보방(Vauban)이 1692년부터 1706년까지 이 마을의 성채를 보강했는데, 18세기부터 난공불락이었던 성채가 마을을 내려다보고 있다.

엑상프로방스Aix-en-Provence

후기인상파 화가 폴 세잔이 태어난 도시인 엑상프로방스는 건축상의 통일과 이탈리아의 영향으로 인해 남다른 매력을 지니고 있다. 프로방스 지방을 찾을 때 꼭 들러야 할 도시 중 하나. 기원전 122년에 로마제국이 갈리아 지방에 최초로 건설한 도시로, 도시 전역에 100여 개 온천이 산재해 있기도 하다. 또한 젊음이 넘치는 대학도시이자 삶의 질이 뛰어난 도시 중 하나

로 인정된다. 프로방스 색깔의 시장, 미라
보 거리의 카페들, 도심의 좁은 거리, 멋진
분수들, 푸른 하늘은 엑상프로방스의 매
력을 더욱 높여주고 있다. 17세기와 18세
기에 지어진 저택들이 많다. 생소뵈르(Saint-
Sauveur) 대성당이 도시의 중심을 차지하고
있다.

　도시 도처에서는 세잔의 흔적과 만날
수 있다. 부모의 집을 비롯해 화가의 삶
여러 단계에 관련된 공간, 자스 드 부팡(Jas de Bouffan), 세잔 아틀리에 등을 만날 수
있으며, 세잔의 작품에서 자주 등장하는 생트빅투아르 산의 백색 석회석이 도시를
내려다보고 있다.

　다른 대도시에 비해 규모가 작음에도 불구하고 이 도시에는 즐길 거리가 많다.

엑상프로방스를 제대로 즐기기 위한 몇 가지 팁은 다음과 같다.

1. 미라보 거리Cours Mirabeau 산책
도시에서 가장 활기찬 간선도로로서, 아침에 커피를 마시고 오래된 플라타너스 아래서 점심을
들기에 이상적인 장소다.

2. 코몽 저택 예술센터Hôtel Caumont-Centre d'art 방문
미라보 거리에 인접한 코몽 저택(Hôtel Caumont)은 18세기 건축의 보물이다. 내부에는 미술과 폴
세잔에 할애된 문화센터가 들어서 있다. 연중 내내 여러 기획전이 열린다.

3. 주르당 공원Parc Jourdan 방문
엑상프로방스에서 가장 큰 정원으로 1926년에 건축가 쿠엘(Couelle)과 페슬리에(Peslier)가 설계했
다. 면적은 4ha.

4. 구시가지에서 길을 잃기
구시가지는 역사, 건축, 창조성이 뒤섞여있는 곳이다. 바로크시대의 성곽도시와 아티스트들의

아틀리에가 빼곡하게 들어선 구시가지에서는 매력과 진정성이 넘쳐난다.

5. 시장을 둘러보기
프로방스 지방의 유명 시장들이 많다. 리셀므 광장(Place Richelme)의 시장에서 지역 특산물을 만나보고, 콩바탕 광장(Place des Combattants)의 골동품 가게에서 옛 물건을 사며, 에스파스 세잔 (Espace Cézanne)의 꽃시장을 찾아가본다.

6. 그라네 미술관Musée Granet 방문
1838년에 준공된 그라네 미술관은 4,000m² 이상의 면적을 자랑한다. 원시미술부터 19세기의 프로방스 회화를 거쳐 현대미술에 이르는 작품들을 만나볼 수 있다.

7. 파비용 누아르Pavillon Noir에서 무용 공연을 관람하기
건축가 루디 리치오티(Rudy Ricciotti)가 설계한 파비용 누아르는 공연장인 동시에 프렐조카주 발레 단(Ballet Preljocaj)의 레지던스다. 무용으로 특화된 이 극장은 연중 내내 멋진 공연 프로그램을 무대에 올린다.

8. 화가 세잔의 흔적을 둘러보기
엑스는 세잔의 도시다. 그의 아틀리에를 방문하고, 되 가르송 카페(Café des Deux Garçons)에서 차를 든 후 세잔이 살았던 바스티드 뒤 자스 드 부팡(Bastide du Jas de Bouffan)에서 여정을 끝낸다.

9. 엑스의 분수들을 둘러보기
10개 이상의 멋진 분수들이 광장과 거리를 장식하고 있다. 3km에 달하는 길을 걸으면서 옛 온천도시의 비밀을 찾아낸다.

10. 바사렐리 재단Fondation Vasarely 방문
이곳에서 시각예술과 관련된 마법의 세계를 만나본다. 건축 도시공학 조형예술에 관한 컬렉션을 소장하고 있다.

11. 오피둠 당트르몽Oppidum d'Entremont에서 시간을 거슬러 올라가기
프로방스 한복판을 차지하고 있는 옛 갈리아 마을이다. 지난 수십 년 동안 이루어진 무수한 발굴이 옛 주거지와 성채 유적을 만나게 해준다.

12. 생트빅투아르Sainte-Victoire 산에 올라가기

엑스에서 시도해볼 수 있는 가장 인상적인 산행이다. 프로방스 십자가(Croix de Provence) 쪽에서 멋진 파노라마를 감상할 수 있다.

13. 생소뵈르 대성당Cathédrale Saint-Sauveur 방문

역사와 전설이 넘치는 장소다. 고대 세계와 기독교 세계 사이에 가교를 놓기 위해 아폴로 신전의 초석 위에 대성당이 건설되었다고 전해진다.

14. 파비용 방돔Pavillon Vendôme에서 휴식하기

파비용 방돔은 17세기에 지어진 저택으로 현대예술과 프로방스 오브제에 대한 컬렉션을 보유하고 있다. 날씨가 허락한다면 파비용을 에워싸고 있는 멋진 프랑스식 정원을 둘러봐도 좋다.

15. 라 코스트 성Château La Coste 방문

엑상프로방스에서 유명한 포도 재배지다. 건축가 장 누벨(Jean Nouvel)이 와이너리를 설계했다. 와인과 건축을 동시에 좋아한다면 꼭 방문해야 할 대상.

오랑주Orange

론 강 유역에 자리 잡은 오랑주 고대극장 (Théâtre Antique)은 가장 뛰어난 보존 상태를 자랑하는 로마제국시대의 대형 극장 중 하나다. 무대의 길이는 103m에 달한다. 극장 가까이 위치한 개선문도 팍스 로마나(Pax Romana) 시기를 묘사하는 저부조 덕분에 아름다운 작품으로 평가받고 있다. 고대극장에서 매년 여름에 열리는 '코레지 도랑주(Chorégies d'Orange)'는 프랑스에서 가장 오래된 페스티벌 중 하나로, 모차르트, 베르디, 푸치니의 작품들을 비롯한 스케일이 큰 주요 오페라 작품을 무대에 올리기에 세계인들로부터 호평을 받고 있다.

오트위바이 |Haute-Ubaye

조지에(Jausiers) 상류에 자리한 오트위바이 계곡(Vallée de la Haute-Ubaye)은 좁은 협곡, 높은 산악지방의 황량한 풍경으로 유명하다. 유럽에서 고도가 가장 높은 지역에 있는 마을 중 하나로 보물 같은 느낌을 준다. 여름과 겨울에 트레킹하기에 좋다.

카마르그 지방자연공원 |Parc naturel régional de Camargue

아브리바도 |L'Abrivado

놀이는 카마르그 지방의 가르디앙(gardians, 소나 말을 지키는 사람)들이 황소들을 아레나로 몰고 가고, 마을 사람들이 그 일을 방해하는 형태로 구성된다. 프로방스와 랑그독 지방에서는 중요한 수호성인 축제의 한 부분으로 인식된다.

경기에 동원되는 7마리의 황소는 방목하는 장소에서 가르디앙이 미리 선정하는데, 가르디앙과 젊은 기사들에 에워싸인 채 빠른 속도로 마을로 들어간다. 무리를 이끄는 사람의 명령에 따라 가르디앙과 기사들이 공간을 좁히기에 황소들은 완전히 말들 사이에 갇히며, 그럴 때 마을 사람들은 소리를 지르고 몸짓을 해대며 황소들이 도망갈 틈을 만들어주려고 애쓴다. 가르디앙들은 자신들 솜씨를 뽐내며 황소들을 아레나까지 유도한다.

19세기 말에 아레나나 도살장으로 향하던 황소들은 밤에 대도시 거리를 관통했지만, 트럭을 이용한 이동이 가능해진 후부터 아브리가도는 아레나에 도착하기 전까지 마을의 주요 도로를 지나는 방식을 대부분 택하고 있다.

하구에서 론 강의 두 줄기가 갈라지는 이곳은 시간이 흐르면서 쌓인 충적토에 의해 형성된 장소로 19세기 말에는 둑을 쌓으면서 모래 지형이 형성되었다. 카마르그는 북쪽으로 아를, 남쪽으로 지중해와 맞닿아있는 '섬(ile)'이기도 하다. 1967년에 지방자연공원으로 지정된 후 보호를 받고 있다. 7만5천ha에 달하는 지역을 모래, 늪, 연못, 논과 숲이 채우고 있으며 백마, 홍학, 검은색 황소들을 만날 수 있는 곳이기도 하다. 또 프랑스에서는 드물게 붉은색 쌀을 생산하는 지역이다. 카마르그 가르두아즈(Camargue gardoise) 지역은 에스피게트(Espiguette), 에그모르트(Aigues-Mortes) 성벽 주변, 마레트(Marette)와 빌(Ville) 연못, 투르 카르보니에르(Tour Carbonnière) 늪지대라는 4개 구역으로 나뉜다.

카마르그 지역의 중심도시 생트마리드라메르(Saintes-Maries-de-la-Mer)에서는 '아브리바도 페스티벌(Festival d'Abrivado)'이 열린다.

카시스Cassis

지중해 쪽 바위로 둘러싸인 작은 만을 지칭하는 칼랑크와 캅 카나이유(Cap Canaille) 사이의 깊게 파인 부분에 들어선 마을 카시스는 비수기 때 방문해보기를 권하는 매력적인 항구다. 많은 마르세유 부자들이 이곳에 별장을 소유하고 있다. 카시스에서 생산되는 로제 와인과 화이트 와인이 잘 알려져 있다.

케라Queyras 지방자연공원

풍 상트 봉우리

오트잘프(Hautes-Alpes) 데파르트망에 자리한 계곡인 케라 지방자연공원에서는 멋진 장소들을 만나볼 수 있는데, 드무아젤 쿠아페(Demoiselle coiffée, '치장한 아가씨'의 의미), 피스 폭포(Cascade de la Pisse), 해발 3,385m의 퐁 상트 봉우리(Pic de la Font Sancte) 같은 곳들이 그에 해당한다. 오늘날 케라는 알프스 산맥에서 사람들이 가장 많이 찾는 장소 중 하나이지만, 불편한 높낮이 때문에 오랫동안 세상으로부터 고립된 지역으로 남아 있었다. 알프스의 정상들과 계곡들은 접근이 쉽지 않았기에 더욱 대단한 비경을 품고 있다.

퐁텐드보클뤼즈Fontaine-de-Vaucluse

카바이용(Cavaillon)과 카르팡트라(Carpentras) 사이에 자리 잡은 유명한 샘은 계곡을 차단하는 'vallis clausa', 다시 말해 보클뤼즈(Vaucluse)란 이름을 한 인상적인 암석 더미

쿨로브르의 전설légende de la Coulobre

퐁텐드보클뤼즈 성당의 광장에서 만날 수 있는 조각작
품은 괴물을 제압하고 있는 베랑 성인(Saint-Véran)의 모
습을 표현하고 있다. 절반은 도롱뇽, 절반은 용 모습을
한 무시무시한 괴물이 소르그 강(La Sorgue)에 살고 있
었다고 전해진다. 이름은 '쿨로브르'. 독 없는 뱀을 의
미하는 프랑스어 단어 'couleuvre'로부터 이름이 비롯
되었다. 추한 외모로 인해 버려졌기에 증오심이 가득한
이 괴물은 밤마다 인간과 동물에게 복수하며 지역 전
체를 두렵게 만들고 있었지만, 카바이용(Cavaillon)의 주
교였던 베랑 성인이 영웅적인 전투를 벌인 끝에 괴물
을 죽이는 데 성공했다고 한다.

로부터 비롯되었다. 프랑스에서 가장 유
명한 발원지이며, 매년 6억3천m³의 물을
쏟아내기에 전 세계를 통틀어 5위에 해
당한다. 대단한 청량감을 주는 아름다운
마을이므로 여름에는 많은 관광객이 이
곳을 찾는다. 퐁텐드보클뤼즈는 아비뇽
으로부터 35분 거리에 있다. 페트라르카
(Pétrarque), 보카치오(Boccace), 샤토브리앙
(Chateaubriand), 프레데릭 미스트랄, 쿠스토
선장(Commandant Cousteau) 같은 인물들에
게 영감을 제공한 명소다. 수차(水車)를 이
용해 종이를 만드는 공장 모습도 인상적
이다.

추천 여정
—

방문할 곳이 많은 프로방스에서는 여러 종류의 여정이 가능하다.

• 마르세유에서부터 카시스까지 이어지는 칼랑크를 감상한다.

• 아를에서 로마제국시대 유적을 방문하고, 근처의 카마르그에서 매혹적인 늪지대를 탐사하며, 엑상프로방스와 생트빅투아르 산에서 대학도시의 격조와 미술가들의 흔적을 만나본다.

• 프로방스 내륙지방의 전형적인 풍경을 안고 있는 보클뤼즈(Vaucluse), 아비뇽, 뤼브롱의 마을들, 보클뤼즈 산속의 고르드와 루시용을 거쳐 릴쉬르라소르그까지 가면 좋다.

• 포르칼키에(Forcalquier), 라벤더로 유명한 발랑솔 고원(Plateau de Valensole), 베르동 협곡도 꼭 찾아가야 할 대상이다.

가족 여행
—

• 카마르그에서는 홍학과 황소를 비롯한 독특한 동물들을 만나볼 수 있다. 동물을 좋아한다면 살롱드프로방스(Salon-de-Provence)의 라 바르벤 동물원(Zoo de La Barben)을 찾아가면 된다. 이 지방 유일의 동물원이다.

• 산을 좋아하는 사람들은 레보드프로방스와 알피유(Alpilles) 산지를 찾거나, 뤼스트렐(Rustrel) 근처의 콜로라도 프로방살(Colorado provençal, '프로방스 지방의 콜로라도')에서 산책하면 좋다. 그곳에서 특이한 형태의 페어리 침니(cheminées de fées)를 감상할 수 있다. 루시용 마을에서는 황토색이 차고 넘치는 풍경과 만나게 된다.

• 역사 이전의 시대를 좋아하는 사람들은 캥송 선사시대박물관(Musée de la Préhistoire de Quinson)이나 디뉴레뱅 가까이 위치한 베스 계곡(Vallée du Bès)에서 선사시대 유적을 찾을 것.

주말 여행
—

코트 블뢰(Côte Bleue), 발랑솔의 라벤더밭, 중세도시 아비뇽, 우아한 엑상프로방스, 마르세유를 찾아가면 좋다. 라벤더 루트를 답사하거나 레보드프로방스 주변을 둘러보는 것도 유익하다.

스포츠
—

부드러운 날씨 덕분에 지중해는 스킨스쿠버들이 특히 선호하는 바다다. 해저 탐사 분야의 선구자들에게는 맑고 따뜻한 바다가 하나의 실험실이었다. 무엇보다도 이 지방에서 가장 많이 즐기는 경기는 페탕크(pétanque). 여름철에 거의 모든 이 지방 해변에서 페탕크 경기 풍경을 만날 수 있다.

프로방스에서는 어디서 물놀이를 할까?

해변, 호수, 강, 폭포 등 프로방스 도처에 물놀이할 장소들이 있다. 에스파롱 호수(Lac d'Esparron), 생트크루아 호수, 세르퐁송 호수(Lac de Serre-Ponçon), 툴루랑 협곡(Gorges du Toulourenc), 퐁 뒤 가르의 작은 해변들과 만, 베르 호(Étang de Berre) 등이 사람들이 즐겨 찾는 장소다. 바다에서 물놀이를 즐기려면 마르세유에 있는 프라도 해변(Plage du Prado)과 앙보 칼랑크 해변(Plage de la calanque d'En-vau), 카시스의 라 그랑드 메르 해변(Plage La Grande Mer), 라 시오타(La Ciotat)의 라 그랑드 플라주(La Grande plage), 카마르그의 피에망송 해변(Plage de Piémanson)이 좋다.

방문해볼 만한 프로방스 도시들

프로방스에는 다른 지역의 도시들보다 더 매혹적인 도시가 많다. 꼭 방문해봐야 할 도시들은 마르세유, 카시스, 엑상프로방스, 아비뇽, 아를이다. 마르티그(Martigues), 오랑주, 카르팡트라(Carpentras), 이스트르(Istres), 마노스크(Manosque) 등도 찾아갈 만한 곳들이다.

쇼핑

라벤더를 프로방스와 분리해 생각할 수 없기에, 라벤더와 관련된 제품 구입은 필수. 또 자기인형 상통(santon)은 프로방스만의 전통을 담아내고 있다. 테라코타에 채색한 이 피규어들은 크리스마스 구유를 장식하는 데 사용된다.

| 코트다쥐르의 주요 방문지

그라스Grasse

Provence-Alpes-Côte d'Azur

프로방스 지방의 알프스 산맥 지맥(支脈)이 시작하는 장
소이자 칸에서 17km 떨어진 곳에 자리한 그라스는 세계
에서 향수로 가장 유명한 도시다. 그림 같은 구도시는 7
세기에 건설되었다. 꽃을 재배하기에 좋은 '기름진(grasse)' 땅이란 뜻에서 마을 이름이
생겨났다. 그라스 향수박물관을 둘러보면 좋다. 무엇보다도 쥐스킨트의 작품《향
수》를 읽고 이 도시를 방문해보면 더욱 특별한 느낌을 받을 것이다.

구르동Gourdon

해발 760m의 암반 위에 세워진 구르동은 '프랑스에서 가장 아름다운 마을' 중 하나
로 선정된 바 있다. 루 계곡(vallée du Loup)을 내려다보고 있기에 장엄한 파노라마를
즐길 수 있다. 중세 분위기를 간직하고 있는 마을은 종종 진지로 사용되었다.

니스Nice

알프스와 지중해 사이에 놓인 코트다쥐르 지방의 주도로 1년에 평균 300일 이상 해가 나는 색과 빛의 고장이다. 1860년까지 이탈리아 땅이었기에 니스 구시가지 거리들에서는 이탈리아 분위기가 짙게 느껴진다. 2월에 이 도시에서 카니발이 열릴 때면 니스는 꽃의 천국으로 변신한다. 니스는 해변, 시장, 활기 넘치는 거리, 고급 미술관들로 관광객들을 매혹하고 있다.

바닷가에 면한 산책로 '프로므나드 데 장글레(Promenade des Anglais, '영국인들의 산책로')'는 니스에서 꼭 들러야 할 장소다. 작은 광장, 궁전, 바로크풍 교회, 살레야 시장(Marché du Saleya)이 풍기는 도시의 매력을 모두 맛보려면 많은 시간이 필요하다. 생니콜라 대성당(Cathédrale Saint-Nicolas)은 러시아 정교회 건물로, 러시아 밖의 가장 중요한 건물 중 하나로 평가된다. 1987년에 역사유적으로 지정되었으며, '20세기 문화유산(Patrimoine du XXe siècle)' 라벨을 부여받았다. 마르크 샤갈 미술관에서는 성서를 주제로 한 샤갈 작품들을 만날 수 있다.

라 콜쉬르루La Colle-sur-Loup

생폴드방스(Saint-Paul-de-Vence) 방어를 강화하려는 프랑수아 1세(François Ier)의 의지에

따라 만들어진 마을이다. 그에 따라 무수한 집들이 파괴되었고, 마을로부터 쫓겨난 가정들이 더 아래쪽의 농가와 경사면에 정착한다. 마을 이름에 들어간 'colle('풀'이란 의미)'이란 표현이 그로부터 유래되었다. 오늘날에는 복원된 후 옛 모습을 간직하고 있다. 산책하기에 쾌적한 곳이다.

레랭 군도 Îles de Lérins

칸 앞바다에 있는 2개의 레랭 섬은 고요한 녹색 안식처를 제공한다. 탁 트인 바다 전망이 한눈에 들어오는 테라스에서 바다를 바라보며 해물을 맛볼 수 있는 곳이다.

르 카스텔레 Le Castellet

르 카스텔레는 폴-리카르(Paul-Ricard) 자동차 서킷으로 잘 알려진 마을로, 매년 9월 볼도르(Bol d'or) 타이틀을 차지하기 위해 유럽 전역에서 모터사이클 운전자들이 몰려든다. 볼도르는 24시간 동안 쉼 없이 달리는 전설적인 모터사이클대회다. 얼마 전부터 서킷은 HTTT(High Technology Test Track)가 되었는데, 이곳에서 주요 레이싱카 회사들이 비밀리에 테스트를 진행하기도 한다. 르 카스텔레는 성벽, 12세기 성당, 성, 중세 골목을 만날 수 있는 아름다운 마을이다.

망통 Menton

프랑스와 이탈리아 국경 쪽에 놓인 망통은 코트다쥐르 지방의 보석 중 하나다. 구도심과 묘지, 플라타너스가 그늘을 드리운 해변, 형형색색이 넘쳐나는 시장이 매혹을 제공하며, 정원들도 아름답다. 2월에 열리는 레몬 축제 기간 동안에는 레몬과 밀감 향이 도시 전체를 채운다. 바로크 시대 이탈리아의 우아함과 모나코 공국의 분위기 영향을 많이 받은 곳이다. 구도심은 17세기 때 지어진 건축물들 덕분에 '예술과 역사

도시'로 지정되었다. 장 콕토(Jean Cocteau) 뮤지엄도 방문해볼 것. 2006년에 프랑스 건축대상을 수상했다.

메르베이유 계곡Vallée des Merveilles

메르베이유 계곡은 고산에 자리한 호수들과 생달마스(Saint-Dalmas) 서쪽의 작은 계곡들의 총체를 지칭한다. 야생에다가 신비스러운 느낌을 주는 장엄한 풍경을 자랑한다. 뛰어난 선사시대 벽화가 발견된 곳이기에 유네스코 세계문화유산 등재를 신청해놓고 있다.

모나코 공국Principauté de Monaco

인상적인 바위 위에 깔끔한 옛 도시가 들어서 있으며, 근위병들의 교대식을 보기 위해 관광객들이 왕궁으로 몰려드는 특별한 느낌의 도시. 해양박물관, 기념품 가게 외에도 모나코를 특징 짓는 대상들로는 벨 에포크 시대의 궁전, 카지노, 사치스러운 아파트들을 들 수 있다. 모나코 공국은 유럽 경제와 재정 중심지 역할을 담당하고 있다.

발로리스Vallauris

로마와 마찬가지로 발로리스 역시 7개 언덕이 에워싸고 있다. 한동안 이곳에서 살았던 화가 피카소 덕분에 유명해진 마을인데, 피카소는 이 마을의 전통산업이었던 도예에 새로운 바람을 불어넣기도 했다. 요리에 수반되는 장식미술의 요소를 강조했기 때문이었다. 오늘날 이 마을은 배우이자 연극인이었던 장 마레(Jean Marais)의 묘지에 경배하러 오는 많은 관광객을 받아들이고 있다.

방돌Bandol

해안 쪽에서 가장 유명한 해수욕장이다. 언덕에 들어서 있으며 미스트랄로부터 보호를 받고 있는 방돌 항구는 요트항 역할을 떠맡고 있다. 바닷가에서 쾌적한 산책이 가능하다. 작은 만 위에 지어진 옛 빌라들은 방돌에 매혹을 제공한다. 주말과 여름 바캉스 기간에는 상당히 많은 사람이 찾는 곳이다.

방스Vence

방스는 생폴보다 더 서민적인 동네이지만 이 마을의 오래된 집들은 프로방스 내륙지방 분위기를 고스란히 담아내고 있다. 반면 마을을 벗어나면서 만나게 되는 사치스러운 주택들은 방문자들에게 코트다쥐르에 와 있다는 사실을 실감하게 한

다. 마티스 그림을 만날 수 있는 로제르 예배당(Chapelle du Rosaire) 방문을 잊지 말
것. 마티스가 혼신을 다해 제작했기에 성당을 '마티스 예배당(Chapelle Matisse)'이라 부
르기도 한다. 자신을 보살펴준 간호사였다가 수녀가 된 모니크 부르주아(Monique
Bourgeois)의 부탁에 응해 마티스는 1947년부터 4년간 자신의 모든 재능을 동원해 건
축, 스테인드글라스, 벽화, 가구, 신부 옷 등을 만들어냈다.

보름레미모자Bormes-les-Mimosas

보름레미모자는 해안에 면한 가장 아름다운 마을 중 하나이자 면적이 넓은 지역이
다. 옛 마을과 브레강송 곶(Cap Brégançon) 사이의 면적은 무려 9,700ha 이상에 달한
다. 지중해성 기후 덕분에 이곳에서 자라는 식물과 꽃의 종류만도 700종이 넘는데,
그중 상당수가 미모사를 포함한 열대 및 아열대 식물들이다.

비오트Biot

암벽 봉우리 위에 건설된 옛 마을로 도자기 및 유리 공예 수제품이 유명하다. 페르
낭-레제 미술관(Musée Fernand-Léger)도 이곳에 자리 잡고 있다. '프랑스에서 가장 아름
다운 방문지(Plus beaux détours de France)' 중 하나로 선정되기도 했다.

사나리쉬르메르Sanary-sur-Mer

여름에 많은 사람이 찾는 사나리는 비시
즌이 되면 가족 해수욕장 이미지를 벗어나
작은 포구로서의 전통적인 모습을 되찾는
다. 1933년부터 1942년까지 이 작은 항구
는 해외로 탈출한 독일 작가들의 수도이
기도 했다. 토마스 만(Thomas Mann), 리온
포이히트방거(Lion Feuchtwanger), 프란츠 베
르펠(Franz Werfel) 등의 문인을 비롯한 500
여 명의 반체제 인사들이 나치의 박해를
피해 이 마을에 정착했다. 사나리쉬르메르
시장은 '프랑스에서 가장 아름다운 시장'
으로 선정되기도 했다.

생라파엘Saint-Raphaël

19세기 스타일의 아담한 해수욕장인 생라파엘에는 카지노, 기상천외한 신(新)비잔틴
방식의 사원, 바닷가에 놓인 뱅 산책로(Promenade des Bains), 팔라디오 양식의 웅장한
빌라 등이 들어서 있다. 에스테렐 산지(Massif de l'Estérel) 자락에 자리한 매우 아름다
운 곳이다.

생장캅페라Saint-Jean-Cap-Ferrat

이곳에서 코트다쥐르 지방에서 가장 아름
다운 역사유적 중 하나인 '빌라 에프뤼시
드 로칠드(Villa Ephrussi de Rothschild)'를 만
나볼 수 있다. 이탈리아 스타일의 이 건물
은 벨 에포크(Belle Époque) 시대에 베아트리

산토 소스피르 빌라 Villa Santo Sospir

1950년대에 화가이자 영화인인 장 콕토(Jean Cocteau)는 소스피르 빌라에서 휴가를 보내도록 초대 받았다. 흰색 벽이 그의 마음에 들지 않았기에 콕토는 그리스 신화로부터 영감을 얻은 그림들을 벽에 그리면서 빌라를 예술작품으로 탈바꿈시킨다. 주소는 생장캅페라의 장 콕토 대로(Avenue Jean-Cocteau) 14번지. 사전 예약을 한 후 방문할 수 있다.

스 드 로칠드(Béatrice de Rothschild)가 주문해 건축된 빌라다. 9개의 테마별 정원이 에워싸고 있으며, 수많은 예술품 컬렉션을 소장하고 있다. 지중해를 내려다보는 전망이 탁월한 곳이다.

생트로페Saint-Tropez

생트로페는 아름다운 작은 포구, 황홀한 빛, 통일된 느낌을 주는 건축물 등으로 타의 추종을 불허하는 매력을 지니고 있다. 여름에는 가격이 천정부지로 치솟고 무례한 관광객들이 만들어내는 분위기 때문에 이미지가 손상을 입기도 한다. 하지만 나머지 시즌에는 아름다운 미술관과 태양 덕분에 이곳에서 쾌적한 휴식을 맛볼 수 있다.

생트봄 Sainte-Baume

부슈뒤론(Bouches-du-Rhône)과 바르(Var) 데파르트망 사이에 걸쳐 있는 산지인 생트봄은 유구한 역사를 안고 있는 곳이다. 드루이드들이 이곳에서 의식(儀式)을 치렀고, 산티아고 가는 길의 경유지였기 때문이다. 높이가 1,147m까지 올라가는 12km 길이의 바위 능선 모습을 하고 있는 생트봄은 45,000ha의 면적을 자랑한다. 숲과 샘으로 채워진 산지는 자연을 사랑하는 모든 이에게 이상적인 안식처로 꼽힌다. 유적들이 있는 평화로운 마을들을 방문해보면 좋다.

생폴드방스 Saint-Paul-de-Vence

생폴드방스는 좁은 거리와 완벽하게 복원한 돌집들로 채워진 멋진 중세마을이다. 지난 세기의 위대한 예술가들을 불러들였던 여인숙 '라 콜롱브 도르(La Colombe d'Or)' 덕분에 잘 알려져 있다. 가게들이 뒤덮고 있는 메인 스트리트를 벗어나 생폴의 좁은 거리들을 산책하는 요령이 필요하다. 아주 가까이에 자리를 잡고 있으면서 현대미술 관련 전시회를 여는 마그 재단(Fondation Maeght) 미술관도 꼭 방문해봐야 한다. 생폴에서는 마르크 샤갈(Marc Chagall)의 무덤을 만나볼 수 있다.

앙티브 Antibes

알프마리팀(Alpes-Maritimes) 데파르트망에서 두 번째 규모의 도시인 앙티브는 두 개의 작은 만 사이의 멋진 장소를 차지하고 있다. 바다 쪽으로는 성벽이 세워져 있는 동시에 요트항, 꼬불꼬불한 프로방스 거리를 갖춘 옛 도시 풍경을 구비한 곳이다. 그리스인들이 4세기에 만든 도시 앙티브는 지난 세기의 예술가들에게 아주 인기가 있었던 도시였다. 피카소, 프레베르 같은 예술가들은 이곳에 직접 집을 짓기도 했다. 피카소 미술관(Musée Picasso)을 이곳에서 만나볼 수 있다.

에스테렐 산지|Massif de l'Estérel

동쪽으로는 에스테렐 산지의 붉은색 산들, 서쪽으로는 모르(Maure) 산지의 검은색 경사면, 남쪽으로는 푸른 바다빛, 북쪽으로는 내륙지방의 녹색 언덕들에 더해 1년에 300일 이상 화창한 날씨를 자랑하는 지역이다. 붉은색은 반암 바위들이 뿜어내는 색깔이다. 황무지, 숲, 봉우리, 골짜기, 협곡, 내포(內浦), 바닷가의 칼랑크 등이 극도로 대조되는 풍경을 만들어내고 있는 곳으로, 활력을 되찾기 위해 주말에 찾아가면 좋다. 자연 보호가 훌륭한 이곳으로부터 불과 수십 킬로미터 떨어진 곳에서 칸 국제영화제가 열리고 있다.

에즈|Èze

바다 위로 429m에 자리한 절벽 위 마을이자 열대 정원인 에즈는 이미 중세 때부터 만들어졌다. 스스로를 보호하기 위해 바위 위로 사람들이 몸을 숨겼던 탓이다. 에즈는 이미 12세기에 성벽을 쌓았는데, 태양을 가리는 것을 좋아하지 않던 루이 14세는 명령을 내려 이 성벽을 해체해버린다. 에즈에서 만나는 지중해 쪽으로의 파노라마는 잊지 못할 풍경을 선사한다.

카뉴쉬르메르Cagnes-sur-Mer

카뉴쉬르메르는 세 개 지역으로 나뉜다. 그림 같은 중세마을인 오드카뉴(Haut-de-Cagnes), 현대적인 마을, 그리고 어부들의 옛 마을을 중심으로 형성된 바닷가의 크로드카뉴(Cros-de-Cagnes)가 그런 지역들이다. 화가 오귀스트 르누아르(Auguste Renoir)가 인생 말기의 12년을 카뉴에서 보냈기에, 이 마을에는 그를 기리는 미술관이 들어서 있다. 그리말디 성과 박물관(Château-Musée Grimaldi)도 방문하면 좋다.

칸Cannes

엉뚱하고도 다양한 성격을 띤 이 도시에 대해 더 언급할 필요가 있을까? 궁전, 롤스로이스, 카지노, 그 유명한 크루아제트(Croisette), 럭셔리한 부티크들, 영화제 등 칸을 화려하게 장식하는 단어들은 많다. 하지만 현실은 약간 다르다. 막연한 상상과는 다르게 칸은 합리적인 가격이 매겨져 있는 레스토랑과 호텔들이 즐비한 항구도시다. 인파가 들끓는 7월과 8월은 칸 방문을 피하는 것이 좋다.

캅 페라Cap Ferrat

빌프랑슈 정박지(Rade de Villefranche)를 닫는 역할을 하는 캅 페라 반도(Presqu'île du Cap Ferrat)는 해안에서 가장 아름다운 장소 중 하나다. 소나무숲으로 뒤덮여 있는데, 그 속에 럭셔리한 빌라들이 몸을 숨기고 있다. 천국과도 같은 느낌을 주는 이 평화로운 안식처는 찰리 예배당린, 장-폴 벨몽도, 니체, 벨기에의 레오폴드 2세 국왕(오랫동안 그는 캅 페라의 절반을 소유하고 있던 인물이었다), 오토 프레밍거, 서머셋 모음, 장 콕토 같은 명사들이 즐겨 찾았던 장소다.

툴롱Toulon

프랑스 제1의 군항으로 인구가 16만 명에 달하는 툴롱은 프랑스식 라이프스타일을 즐길 줄 아는 도시다. 툴롱 항구, 옛날과 거의 똑같게 복원한 무리용 지역(Quartier du Mourillon), 파롱 산(Mont Faron) 등은 강한 대조를 보여주면서도 쾌적한 도시의 느낌을 제공한다.

팡플론 해변Plage de Pampelonne

팡플론(Pampelonne)은 바르(Var) 데파르트망 라마튀엘(Ramatuelle) 코뮌에 자리한 길이 4.5km의 생트로페 반도(Presqu'île de Saint-Tropez) 모래 해변을 가리킨다. 생트로페 코뮌과 이웃하고 있는 팡플론 해변은 관광객이 많이 몰리는 곳으로, 언론에서는 통상 '생트로페 해변들(Plages de Saint-Tropez)'이라는 표현으로 지칭한다.

포르그리모Port-Grimaud

생트로페로부터 프레쥐스(Fréjus) 가는 길로 7km 떨어진 곳에 위치한 포르그리모는 프랑스에서 가장 많은 사람이 찾는 장소 중 하나다. 100ha에 달하는 늪지대에 알자스 지방 건축가 프랑수아 스푀리(François Spoerry)가 1966년부터 건축하기 시작한 포르그리모에는 베네치아 모습과 비슷한 운하 주위로 오색찬란한 전형적인 지중해 마을이 들어서 있다. 그에 따라 붙여진 별명이 '프로방스 지방의 베네치아'다.

포르크롤 섬île de Porquerolles

포르크롤은 이에르 군도(Îles d'Hyères)의 3개 섬 중 가장 면적이 넓고 아름답다. 지중해의 천국으로도 불리는 이 섬의 길이는 7km, 폭은 2.5km에 달한다. 여름철에는 하루에 1만 명이 찾기에 상당히 많은 사람이 찾는 섬이기도 하다. 그렇지만 아직도 가족끼리 산책할 수 있는 아름다운 해변이 남아있다. 야생 식물들, 포도밭, 칼랑크, 절벽, 가는 모래 해변, 항구 풍경들이 섬 모습을 채우고 있다. 도보 혹은 자전거로 여행하면서 낚시에도 도전해보면 좋다. 이 섬의 노트르담 해변(Plage Notre-Dame)은 2015년에 '유럽에서 가장 아름다운 해변'으로 선정되었다.

빌라 카르미냑 Villa Carmignac

소나무와 옥빛 물, 가는 모래 해변으로 에워싸인 현대 건축의 보석. 사업가인 에두아르 카르미냑(Édouard Carmignac)이 소장한 현대미술 컬렉션이 2018년 6월에 입주한 곳이다. 예약을 통해 방문할 수 있는 이곳에서 구도적 여행을 해볼 수 있다. 총면적은 2,000m². 로이 리히텐슈타인(Roy Lichtenstein), 장-미셸 바스키아(Jean-Michel Basquiat), 게르하르트 리히터(Gerhard Richter) 등의 작품들뿐 아니라 멋진 기획전도 만나볼 수 있다. 조경이 잘된 15ha의 정원에는 조각과 설치물들이 들어서 있다. 주소는 Fondation Carmignac, Piste de la Courtade, 83400 Île de Porquerolles, Hyères.

Note

추천 여정

툴롱에서 멋진 정박지를 감상한 다음 바다와 와인이 환상적인 조합을 이루는 방돌(Bandol)로 간다. 다음 방문지는 이에르(Hyères). 지엥 반도(Presqu'île de Giens)와 포르크롤 섬을 끼고 있어 도시와 바다를 동시에 즐길 수 있는 곳이다. 생트로페에서 수평선을 감상한 후에는 붉은색 에스테렐 산지가 내려다보고 있는 프레쥐스(Fréjus)와 생라파엘을 방문하면 좋다. 그 다음 찾아갈 곳들은 칸, 그라스(Grasse), 앙티브(Antibes), 생폴드방스, 쥐앙레팽(Juan-les-Pins). 세계적인 관광지인 니스를 방문한 다음 모나코(Monaco)와 망통(Menton)에서 여정을 끝낸다.

가족 여행
―

바다
- 포르크로 국립공원(Parc national de Port-Cros)에서는 물속에 머리를 넣고 바다속 세계를 들여다볼 수 있다.
- 오르 섬(Île d'Or) 맞은편의 드라몽(Dramont)에서 스쿠버다이빙을 즐긴다.
- 라방두(Lavandou)에서 배를 타고 출발하여 돌고래를 만난다.
- 모나코 해양박물관(Musée océanographique de Monaco)에서 다양한 해양생물들을 관찰해본다.

육지
프레쥐스 동물원(Parc zoologique de Fréjus), 들소와 말들이 자연환경 속에서 노니는 토랑(Thorenc) 소재 몽 다쥐르 보호구역(Réserve des Monts d'Azur), 메르캉투르 공원(Parc du Mercantour), 산양, 마멋, 야생 염소가 넘쳐나는 메르베이유 계곡(Vallée des Merveilles)을 찾아가면 좋다. 별들을 관찰하기 위해 니스 천문대(Observatoire de Nice)를 찾거나 피뉴 열차(Train des Pignes)를 타고 바르 계곡(Vallée du Var)을 올라가보는 것도 좋은 선택이다.

주말 여행
―

파이양스(Fayence) 일대에 산재한 산마을들, 이에르(Hyères), 지엥 반도, 바르(Var) 내륙지방, 포르크롤 섬, 생트로페, 니스 등을 둘러보면 좋다.

스포츠
―

바다에 면한 평원, 고원과 산악지방을 동시에 겸비한 코트다쥐르 지방에서도 트레킹을 즐길 수 있다. 가장 잘 알려진 비아 톨로사나(Via Tolosana), 즉 GR653A 길은 망통(Menton)을 아를까지 잇는 산티아고 가는 길의 일부다. 또 천혜의 날씨를 뽐내는 이 지중해 지역은 해수욕과 스쿠버다이빙을 즐기기에 최적의 장소다.

코트다쥐르에서의 물놀이
―

다채로운 해안과 해변을 보유한 지역이다. 물놀이를 즐기기에 최적의 장소들은 앙티브(Antibes)의 라 살리스 해변(Plage de La Salis), 포르크롤 섬과 파라다이스 같은 해변들, 생장캅페라(Saint-Jean-Cap-Ferrat)의 팔로마 해변(Plage Paloma), 보름레미모자의 카바송 해변(Plage de Cabasson), 모나코에 소재한 어부들의 내포 해변(Plage de la crique des pêcheurs), 니스의 레제르브 해변(Plage de la Réserve), 르 라방두(Le Lavandou)의 엘레팡 해변(Plage de l'Éléphant) 등이다.

코트다쥐르의 데파르트망

바르(Var)와 알프마리팀(Alpes-Maritimes)이라는 2개 데파르트망으로 구성되어 있다.

식도락
—

프로방스알프코트다쥐르 요리는 지중해와 이탈리아의 영향을 많이 받았다. 타프나드(tapenade, 양각 초의 꽃봉오리·검은 올리브·으깬 멸치 따위로 만드는 프로방스의 샐러드용 소스), 마늘, 백리향, 로즈마리, 월계수, 홍 교두초 등 다양한 향초의 사용이 그를 입증한다. 또 여름에 나는 채소, 가지·고추·토마토 등을 말린 재료를 대량으로 소비한다. 남부와 중부에서는 요리에 해산물을 많이 집어넣으며, 알프스 지역에서는 소금과 치즈를 많이 넣는 편이다. 지방 산물로는 보클뤼즈(Vaucluse) 지역의 트뤼프, 파스 티스(pastis), 프로방스 허브(herbes de Provence), AOC 등급의 올리브유 등이 유명하다.

프로방스

프로방스는 다른 지역보다 맛있는 요리들이 더 많은 지방이다. 요리에 올리브유, 허브, 마늘, 향신료가 많이 들어가며, 채소도 풍성하게 집어넣는다. 아이올리, 앙슈아야드, 도브(daube), 부이야베스, 프로방스식 개구리 요리, 푸타르그, 루이유(rouille) 등을 여기서 들어볼 수 있다. 달콤한 먹거리로는 칼리송(calisson), 누가(nougat), 파팔린(papalines), 나베트 등을 추천한다. 아페리티프로 파스티스(pastis)를 들고, 식사할 때 반주로 지역에서 생산하는 로제 와인을 마시는 것이 프로방스를 더욱 멋지게 여행하는 방식이다.

마르세유

마르세유 요리에 대해서는 대부분이 만족하는데 그럴 만한 이유가 있다. 올리브유, 마늘, 생선, 야채 등 몸에 좋은 재료들을 쓰기 때문이다. 채소와 생선은 마늘과 올리브유로 만든 마요네즈와 함께 먹는다. 게다가 이름난 요리들도 많다. 부이야베스, 부이야베스 사촌격인 부리드, 아이올리, 사각 모양으로 작게 썬 양고기 부위에 마늘과 파슬리로 양념해 조리한 피에 파케 등이 그런 요리들이다. 이런 요리들에 파스티스를 한잔 곁들이는 것도 잊지 말자.

1) **부이야베스**(bouillabaisse) : 여러 생선 조각, 감자, 마늘빵을 넣어 만든 생선 수프

2) **앙슈아야드**(anchoïade) : 계절 야채에 카프르(câpres), 올리브유, 마늘을 섞어 만든 앤초비 소스

3) **피에 파케**(pieds paquets) : 돼지 족발과 양의 위를 뭉치 모양으로 자른 후 감은 요리

4) **아이올리**(aïoli) : 마늘과 올리브유를 재료로 만든 마요네즈 형태의 소스. 그냥 먹기도 하고, 대구나 채소를 곁들여 먹기도 한다.

5) **부리드**(bourride) : 흰색 생선과 부이야베스에 들어가는 해물 재료로 만든 요리

6) **푸타르그**(poutargue) 혹은 **부타르그**(boutargue) : 짭짤하게 말린 숭어알을 이용한 특식. 아주 귀한 데다가 가격도 매우 비싼 이 요리에는 채소를 곁들여 들기도 한다.

7) **피스투 수프**(soupe au pistou) : 마늘, 올리브유, 바질을 섞어 만든 여름 야채 수프

8) **우르시나드**(oursinade) : 성게 요리

9) **퐁파륄**(pompe à l'huile) : 밀가루, 올리브유, 오렌지 나무의 꽃을 재료로 해서 만든 디저트

10) **나베트**(navettes) : 밀가루, 설탕, 계란, 버터, 오렌지나무의 꽃을 재료로 해서 만든 전통 과자. 보통 성촉절(Chandeleur)을 위해 이 과자를 준비한다.

니스

니스식 샐러드(salade niçoise)는 참치, 토마토, 검은 올리브 열매와 삶은 계란으로 만든다. 고추, 호박, 가지, 토마토, 양파를 삶아 만드는 라타투이(ratatouille) 요리는 뜨겁게 들어도 좋고, 차게 먹어도 좋다. 삶은 양파, 앤초비, 블랙 올리브로 만든 니스식 피자 파이, 라비올리와 함께 먹는 쇠고기 스튜도 맛볼 만하다.

코트다쥐르

올리브유, 향기가 나는 허브, 마늘, 다양한 향신료가 들어간 맛있는 요리들이 많다. 아페리티프로 파스티스를 든 다음 멸치, 쇠고기 찜 요리, 부리드(bourride), 니스 호박(courgettes niçoises), 에스토카피카다(estocaficada), 팡 바냐(pan bagnat), 피살라디에르(pissaladière), 라타투이(ratatouille), 피스투(soupe au pistou. 마늘과 바질(basilic)을 넣은 야채 수프)를 먹는다.

쇼핑

프라고나르 향수(parfum Fragonard), 니스 항구에 자리한 플로리앙 제과점(confiserie Florian)에서 만든 초콜릿과 잼류, 지중해의 푸른빛이 감도는 피에리니(Pierini) 상표의 유리공예 제품, 라 플라이아(La Plaïa) 조약돌 팔찌, 망통 레몬을 넣은 생미셸(Saint-Michel) 올리브유, 뤽 살세도(Luc Salsedo) 셰프가 개발한 소카(Socca) 아페리티프 세트, 라 바스티드(La Bastide) 식도락 패키지 등을 구입하면 좋다.

프랑스의 먹거리

프랑스 지방별 식도락

프랑스 요리가 유네스코 세계무형문화유산으로 등재된 이유는 '잘 먹고(bien manger)', '잘 마시는 (bien boire)' 문화와 불가분의 관계를 이루기 때문이다. 일반적으로 프랑스 요리는 고급레스토랑에서 값이 비싼 식사로 인식된다. 식사를 드는 순서는 아페리티프(apéritif), 앙트레(entrée), 생선 혹은 야채를 동반한 육류, 치즈, 디저트, 디제스티프(digestif)로 구성된다.

프랑스 요리의 큰 부분을 차지하는 것이 다양한 스타일의 지방 음식들이다. 21세기에 슬로우 푸드가 인기를 얻으면서 지방 음식이 더욱 사랑을 받고 있다. 크게 4개 지역으로 나눈 후 각 지역의 특징을 간략하게 살펴보자.

▌서부 일대

■ 북서쪽은 바다로부터 많은 영향을 받기에 농어, 아구, 청어 등이 레스토랑에서 자주 등장한다. 브르타뉴 지방에서 바닷가재, 가재, 홍합이 유명하다면 노르망디 지방에서는 가리비, 넙치가 유명하다. 온화한 기후 때문에 농업이 발달한 서부 일대에서는 버터, 사과, 크림을 많이 사용한다. 지역의 대표 술은 시드르(cidre)와 칼바도스(Calvados). 브르타뉴 지역의 산물인 아티초크(artichauts)는 전국적으로 유명하며, 이 지역에서 나는 메밀(sarrasin)로는 갈레트(galettes)를 만든다.

낭트(Nantes)에서는 이 도시에서 생산하는 흰 버터를 곁들인 농어, 연어, 청어, 칠

성장어, 새끼 뱀장어 등의 생선 요리를 들 수 있다. 낭트산 포도주에 양파와 버섯을 섞어 만든 소스로 조리한 낭트식 닭고기 요리도 사람들이 많이 찾는다.

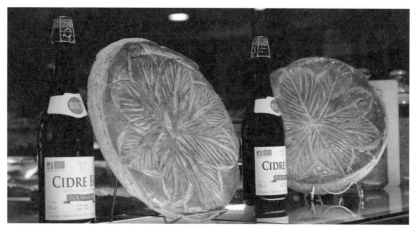

시드르와 함께 드는 갈레트

굴과 뮈스카데(muscadet) 화이트 와인

- 발 드 루아르(Val de Loire) 쪽 요리는 흰 버터로 조리한 생선 요리로 유명하다. 이 지역에서 생산하는 버찌로 기뇰레(Guignolet)라는 리큐어를 제조하며, 딸기와 멜론도 품질이 좋다.

- 루아르 계곡에 소재한 도시들에서도 별미를 맛볼 수 있다. 앙제(Angers)에서는 앙주산 흰 버터, 낭트산 버터, 생크림을 곁들인 농어가 유명하다. 또 적포도주와 양파로 양념하거나 삶아서 먹는 뱀장어도 미각을 자극하는 별미다. 투르(Tours)에서는 당근과 작은 양파를 넣어 오랫동안 푹 익힌 송아지 요리를 맛볼 수 있다. 또 이 도시는 고기를 잘게 다져 기름에 볶은 리예트(rillette)나 기름 뺀 돼지고기 요리로도 유명하다. 키슈 투랑젤(quiche tourangelle)은 투르의 리예트를 주재료로 해서 만든 별미다.

- 조미용으로 탁월한 오를레앙 식초(vinaigre d'Orléans)는 세계적인 명성을 얻고 있다.

- 샤랑트마리팀(Charente-Maritime), 방데(Vendée) 지방은 굴과 조개 양식으로 유명하다. 마렌올레롱(Marennes-Oléron) 유역의 굴과 에기용(Aiguillon) 만(灣)의 홍합은 특히 잘 알려져 있다. 방목을 통해서는 염소 치즈를 생산한다. 우리에게도 잘 알려진 코냑(Cognac)도 이 지방 제품이다.

┃남서부 일대

- 보르도 와인이 유명한 지역이다. 가스코뉴(Gascogne) 만, 피레네 산맥의 강에서 낚시를 통해 얻은 재료들을 요리할 때 많이 사용한다. 피레네 산맥에서는 양을 많이 키우는데, 가장 유명한 것은 '포이약 양(agneau de Pauillac)'이다. 치즈는 '브르비 치즈(fromages de brebis)'가 잘 알려져 있다. 오브락(aubrac), 살레르스(salers), 블롱드 다키텐(blonde d'Aquitaine), 뵈프 드 샬로스(bœuf de Chalosse), 바자데

즈(Bazadaise), 가로네즈(Garonnaise) 등 육류가 많으며, 야외에서 키운 암탉, 거세한 수탉, 칠면조, 비둘기, 거위, 오리 등 조금류도 좋다. 가스코뉴와 페리고르 지방 요리로는 파테(pâtés), 테린(terrines)에 담아 조리한 파테, 조려서 지방으로 싼 고기인 콩피(confits), 오리 가슴살 요리 마그레(magrets)가 유명하다. 이 지역은 거위나 오리 간으로 만

소테른(Sauternes)과 함께 드는 푸아그라

든 푸아그라(foie gras) 생산지로 유명하다. 아젱 자두(pruneaux d'Agen), 아르마냑(Armagnac) 술은 이 지역의 대표적인 산물.

- 바스크 요리는 토마토와 고추를 많이 사용한다. 제르스(Gers)에서는 가금류를 사육한다. 몽타뉴 누아르(Montagne Noire), 라콘(Lacaune)에서는 햄과 소시지를 생산하며 흰 옥수수도 대량으로 재배하고 있다.

- 툴루즈 카술레(cassoulet de Toulouse)도 지역의 대표적인 요리다. 전통적으로 카술레는 강낭콩으로 만든다. 툴루즈 일대는 툴루즈 소시지(saucisse de Toulouse)로도 유명하다. 나선 모양으로 감겨 있어서 구매자들은 길이나 무게로 살 수 있다. 툴루즈는 마늘 소스로도 이름을 내고 있는데, 마늘과 호두를 섞어 만든 이 소스를 오리, 송아지 등 모든 종류의 고기 요리에 곁들인다. 이 지방의 또 다른 별미는 오리를 재료로 만든 요리들. 카오르(Cahors)는 '블랙 와인(vin noir)'과 송로버섯을, 아베롱(Aveyron)은 '로크포르(roquefort)'를 위시한 유명 치즈들을 생산하고 있다.

남동부 일대

- 남쪽으로 내려오면서 리옹(Lyon)의 전통식당 부숑
  (bouchon)에 들르면 갖가지 돼지고기로 가공한 요리
  를 맛볼 수 있는데, 삶은 소시지, 말린 소시지인 로
  제트, 구운 소시지 등 종류가 다양하다. 굵은 소시지, 조미한 리옹산 흰 치즈로
  만든 세르벨 드 카뉘(cervelle de canut)도 다른 지방에서 맛볼 수 없는 별미로 꼽힌
  다.

- 랑그독루시용(Languedoc-Roussillon)
  지방에 소재한 세트(Sète), 부지그
  (Bouzigues), 메즈(Mèze)의 레스토랑들에
  서는 굴, 홍합 등을 제공한다. 세트의
  특별요리는 부리드(bourride, 부이야베스와
  비슷한 지중해 생선 요리), 티엘(tielle, 오징어와

세트의 명물 티엘

  낙지 등으로 속을 채운 빵), 오징어 삭힘(rouille de seiche) 등.

- 세벤(Cévennes) 지역에서는 버섯, 양고기, 꿀, 말린 소시지, 셰브르 치즈를 생산한
  다. 카탈루냐 방식으로 제조되는 달팽이 요리에는 '카르골라드(cargolade)'란 이름
  이 붙어있다.

- 코르시카에서는 염소와 양을 많이 사육한다. 코르시카 치즈로는 탈지유 치즈인
  '브로치우(brocciu)'가 유명하다. 카스타니치아(Castagniccia)에서 수확한 밤으로는
  빵과 케이크 가루를 만들며, 도토리로는 단백질이 풍부한 요리들을 만들어낸
  다. 감귤로는 누가를 제조하고 있다. 코르시카에는 다양한 음료가 존재하는데,
  와인, '캅 코르스(Cap Corse)'라는 과일 리큐어, 파트리모니오(Patrimonio), 세드라틴
  (Cédratine), 보나파르틴(Bonapartine), 밤 위스키 등이 이 섬에서 만날 수 있는 음료
  들이다.

- 프로방스알프코트다쥐르(Provence-Alpes-Côte d'Azur)는 서양자두, 채소, 허브, 올리브, 올리브유 생산으로 유명하다. 라벤더도 오트프로방스(Haute-Provence) 지방의 많은 요리에 들어간다. 꿀, 셰브르 치즈, 말린 소시지, 해산물이 특징이며, 양고기와 소고기도 요리에 많이 들어가는 육

프로방스 지방의 허브들

류다. 소스로는 마늘과 멸치류가 자주 사용된다. 지중해 요리들은 채소를 많이 사용하는 편이다. 카마르그(Camargue)에서는 붉은 쌀을 생산한다. 술로는 아니스 맛이 나는 '파스티스(Pastis)'가 잘 알려져 있다. 겨울에 이 지역에서는 송로버섯을 많이 소비한다. 크리스마스의 전통 디저트로 '13개 디저트(treize desserts)'가 아주 유명하다.

- 발레 뒤 론(Vallée du Rhône)에서는 과일과 채소가 유명하다. 브레스(Bresse)의 가금류, 드롬(Drôme)의 뿔닭, 동브(Dombes) 및 론알프(Rhône-Alpes) 산악지방 못에서 나는 물고기들도 이름이 잘 알려져 있다. 리옹과 사부아(Savoie) 지역에서는 품질이 아주 뛰어난 치즈를 생산하는데, 유명 치즈

사부아 지방의 타르티플레트(tartiflette)

들로는 아봉당스(abondance), 르블로숑(reblochon), 톰(tomme), 바슈랭 데 보주(vacherin des Bauges) 등이 있다. 알프스 지방 요리로는 퐁뒤 치즈(fromage fondu), 감자, 돼지고기를 꼽는다.
- 오베르뉴(Auvergne)의 산물로는 육류, 치즈가 대표적이다.

동부 일대

- 부르고뉴(Bourgogne)는 와인으로 유명한 지역이다.
  달팽이 요리, 가금류, 꿀 과자도 이 지역 특산물이다.
  디종(Dijon) 겨자는 세계적인 명성을 얻고 있다. 부르
  고뉴 요리는 특히 호두 기름과 유채 기름 등 기름을
  많이 쓰는 편이다.

- 쥐라 산맥 쪽에서는 훈제 육류를 많이
  만들며, 사냥하기 좋은 지역이라 사냥감
  으로 만든 요리가 유명하다.

- 샹파뉴(Champagne) 지역에서는 사냥감
  요리와 돼지고기가 유명하다. 세계적으
  로 이름난 샴페인인 기포성 백포도주
  에 대해서는 두말할 필요가 없다. 샹파
  뉴아르덴(Champagne-Ardenne)에서는 돼지
  창자로 만든 순대 요리가 유명한데, 가
  장 많이 알려진 것은 '트루아 앙두이예트
  (andouillette de Troyes)'다.

비계와 양파를 재료로 한 알자스 지방 타르트 플
랑베(tarte flambée)인 플람쿠헨(flammkuchen).

렝스 순대(andouillette de Reims)와 곁들임 야채.

- 로렌(Lorraine)에서는 과일잼, 마카롱 드 낭시(macaron de Nancy), 마들렌 과자, 플롱
  비에르 아이스크림(glace Plombières), 키슈 로렌(quiche lorraine)이 유명하다. 낭시의
  명물인 키슈 로렌은 16세기부터 먹기 시작한 케이크로, 돼지고기로 만든 파이와
  함께 낭시 지방의 별미다. 이 지방 북쪽에서는 버터, 크림, 꽃상추, 감자, 돼지고
  기, 맥주를 다량으로 소비한다.

- 독일과의 국경이 가까운 스트라스부르(Strasbourg)에서는 양배추를 알자스산 포
  도주에 절여 만든 슈크루트(choucroute)가 유명하다. 스트라스부르산 소시지와
  속을 채운 양배추 요리 또는 리슬링 백포도주로 만든 소스로 조리한 삶은 닭고

기도 먹을 수 있다. 포도주에 재워
둔 돼지고기, 양고기, 소고기를 섞
어 요리한 스튜를 감자와 함께 드
는 '베코프(baeckeoffe)'도 이름이 난
이 지방 음식이다. 디저트로는 가루
설탕을 뿌린 건포도가 들어간 왕
관 모양의 빵 쿠겔호프(kougelhopf)
가 잘 알려져 있다.

슈크루트

프랑스 치즈

프랑스의 대표 치즈

Sainte-Maure
de Touraine

Pyramide cendrée
⑯

Tomme
des Pyrénées

Livarot

Chèvre frais
⑫

Picodon

Emmental
④

Mothais
sur Feuille

Crottin
de Chavignol

⑮ Cantal

⑬

Saint-Nectaire

Pouligny
Saint Pierre

Mont d'Or

① Camembert

⑧

Neufchâtel

Chabichou

Roquefort
⑭

Banon

⑪
Bleu
d'Auvergne

Rollot

⑤
Reblochon

Comté
⑦

② Maroilles

⑨
Tomme de Savoie

⑩ Morbier

⑥ Brie

Mimolette
vieille

③ Epoisse

Bûche de chèvre

1. 카망베르(camembert) : 노르망디에서 나는 암소 치즈
2. 마루알(maroilles) : 오드프랑스에서 나는 암소 치즈
3. 에푸아스(époisses) : 부르고뉴에서 나는 암소 치즈
4. 에멘탈(emmental) : 스위스에서 나는 암소 치즈. 하지만 프랑슈콩테와 론알프에서도 생산한다.
5. 르블로숑(reblochon) : 주로 오트사부아에서 나는 암소 치즈
6. 브리(brie) : 센에마른에서 나는 암소 치즈
7. 콩테(comté) : 쥐라(Jura), 두(Doubs) 데파르트망과 엥(Ain) 동부에서 나는 암소 치즈
8. 뇌샤텔(neufchâtel) : 브레(Bray) 일대에서 나는 암소 치즈
9. 톰 드 사부아(tomme de savoie) : 사부아와 오트사부아에서 나는 암소 치즈
10. 모르비에(morbier) : 쥐라 산지(Massif du Jura)에서 나는 암소 치즈
11. 블뢰 도베르뉴(bleu d'auvergne) : 중부고원지대(Massif central)에서 나는 암소 치즈
12. 셰브르 프레(chèvre frais) : 주로 루아르(Loire) 남부에서 나는 염소 치즈
13. 생넥테르(saint-nectaire) : 오베르뉴 지역의 대표적인 암소 치즈
14. 로크포르(roquefort) : 옥시타니에서 나는 암양 치즈
15. 캉탈(cantal) : 오베르뉴에서 나는 암소 치즈
16. 피라미드 상드레(pyramide cendrée) : 주로 루아르 남부에서 나는 염소 치즈

| 프랑스인들이 좋아하는 10대 치즈

프랑스인들이 야쿠르트보다 더 많이 소비하는 유제품이 치즈다. 다양성, 맛, 프랑스 문화유산의 일부라는 자부심, 건강 때문에 프랑스인들의 62%가 매일 치즈를 소비한다.

1. 카망베르camembert

거의 매일 드는 치즈 중 하나로, 프랑스의 노하우를 집약하고 있다. 순백색의 껍질로 싸여있으며, 간단하게 시드르(cidre) 한 잔과 함께 들거나, 브리빵(pain brié, 오래 보존할 수 있는 노르망디 지방 빵)과 들거나, 빵가루를 입히거나, 크로크무슈(croque-monsieur, 햄샌드위치에 치즈를 얹어 구운 것) 형태로 먹는다.

2. 셰브르chèvre

여성들이 좋아하는 치즈다. 쟁반에 담아 그냥 들거나 샐러드에 넣거나 짭짤한 파이

를 만들 때 사용한다.

3. 바스크 브르비|brebis basque

프랑스 서남부 지방의 딱딱한 치즈로, 오쏘이라티(ossau-iraty)가 가장 잘 알려져 있다.
전통적인 방식으로는 검은 체리 잼과 함께 먹는다.

오쏘이라티

프랑스 쪽 피레네 산맥의 나지막한 비탈에서 100명 내외의 목동들이 200~400마리의 양에게 풀을 먹이면서
전통적인 프랑스 바스크 양젖 치즈를 여전히 만든다. AOC 인증의 보호를 받고 있기는 하지만, 오쏘이라티
는 원산지 등록이 되어 있는 다른 치즈들과는 스타일 면에서 덜 규격화되어 있는 편이다. 오쏘이라티 특유의
매력은 누가 만들었느냐에 따라 치즈가 조금씩 다르다는 데 있다. 바스크 양에서만 짠 전유(全乳)를 사용하여
신년부터 8월 말까지 만드는 데, 9월과 10월에 오쏘이라티를 제조하는 것은 불법이다. 고도가 높은 야생에서
양들이 풀을 뜯어 먹는 여름에 만드는 치즈가 가장 맛있다. 이 기간에는 풀 향기를 더 진하게 만들기 위해
냄새가 지독한 쐐기풀에 양젖을 거른다. 3개월 이상, 때로는 전통적인 방식의 셀러나 동굴에서 숙성시킨다.
어떤 것이든 유지방 함량이 최소한 50% 이상이므로 기름질 수밖에 없다.

4. 콩테 comté

AOP(원산지 보호, Appellation d'Origine Protégée) 등급으로 유명한 이 치즈는 부드럽지만 독특한 맛을 낸다. 쟁반에 올려 그냥 내놓거나 주전부리와 함께 드는 이 치즈는 쥐라 산맥 지방의 치즈를 즐길 수 있는 여행 루트인 '콩테 루트(routes du comté)'의 비밀을 간직하고 있다.

5. 그레이티드 에멘탈 emmental râpé[grated는 날알갱이 같은 질감 때문에 사용하는 표현]

요리용으로 아주 좋은 만능 치즈. 모든 종류의 그라탱(gratin)에 어울릴 뿐 아니라 야채수프, 면류, 라자냐, 피자, 키슈(quiche), 짭짤한 파이와도 궁합이 맞는다.

6. 생넥테르 saint-nectaire

콩테처럼 AOP 등급을 부여받은 이 치즈에는 '진품' 표시가 붙는다. 오베르뉴 지방의 유명한 날것 그대로의 치즈로, 쟁반에 담아 내오거나 토마토 샐러드에 넣거나 짭짤한 고프르(gaufre, 와플)에 넣는다.

7. 캉탈 cantal

오베르뉴의 또 다른 치즈. 역사가 아주 깊은 이 치즈에도 AOP 등급이 붙어 있다. 숙성기간에 따라 3종류로 나뉜다. 30일 숙성은 '캉탈 죈(cantal jeune)', 90일 숙성은 '앙트르되(entre-deux)', 8개월 숙성은 '캉탈 비외(cantal vieux)'로 불린다. 앙트레에서 디저트까지 다양하게 쓰인다.

8. 조각 에멘탈 emmental en morceau

카망베르처럼 프랑스인들이 거의 매일 드는 소젖 치즈 중 하나다. 구멍이 난 아주 큰 치즈로 다양하게 소비된다. 부드러운 치즈로 분류되지만 특별한 맛을 지니고 있다.

9. 르블로숑reblochon

알프스 지방의 치즈로, 향과 유성(油性) 덕분에 성공을 거두었다. 겨울 음식인 타르티플레트(tartiflette)에 들어가는 재료로도 유명하다.

10. 로크포르roquefort

역사를 통틀어 최초로 AOP 등급을 부여받은 치즈로 강한 맛 때문에 남자들이 특히 좋아한다.

┃프랑스의 주요 치즈 루트

"프랑스에는 1년의 날수만큼이나 많은 치즈가 존재한다"라고 드골이 말했다고 전해진다. 실제로 그 숫자는 거의 1천 종에 육박한다. 와인 루트를 모방하면서 각 레지옹은 프랑스 식도락의 중심을 이루는 치즈를 여행상품으로 만들려는 노력을 기울이고 있다. 치즈 루트 도처에서 치즈 제조 공장은 치즈를 제조하거나 숙성시키는 방식을 보여주고, 현장 판매하는 방식을 채택하고 있다. 대표적인 치즈 루트들은 다음과 같다.

오베르뉴는 AOP 등급의 암소 우유 치즈를 5개 생산하는 유일한 지역으로 기록을 보유하고 있다. 그리고 각각의 치즈는 식도락가들에게서 이미 오래전부터 큰 명성을 누리고 있다.

고대로부터 잘 알려진 캉탈(cantal) 치즈는 캉탈(Cantal) 데파르트망에 걸친 산들, 퓌드돔(Puy-de-Dôme), 코레즈(Corrèze), 아베롱(Aveyron) 일부에서 생산된다. 땅딸막한 원통 형태이며, 껍질은 마르고 속은 익지 않고 단단하다.

거의 같은 땅에서 생산하는 살레르스(salers)는 캉탈과 유사하다. 암소들이 방목되는 시기인 4월 15일부터 11월 15일까지 농장에서 제조되는 특징을 지니고 있다. 제를(gerle)이라 부르는 특별한 나무 용기에 생우유를 넣어 제조한다.

생넥테르(saint-nectaire)는 둥글고 평평한 모양이다. 그레이오렌지 색깔의 천연 외피를 두르고 있다. 이 치즈도 퓌드돔 데파르트망의 몽도르(monts Dore) 근처의 화산 지역과 캉탈 일부에서 생산한다. 루이 14세가 복원시킨 치즈 중 하나다.

푸름 당베르(fourme d'Ambert)는 이 치즈를 생산하는 마을 이름에서 비롯되었지만 현재는 포레즈(Forez, 루아르 서쪽과 퓌드돔 서쪽) 산들과 오베르뉴 산들(퓌드돔 서쪽과 캉탈 북동쪽)에서 제조하고 있다. 원통형에다가 흰색–회색 색깔이며, 푸른색 곰팡이가 핀다.

블뢰 도베르뉴(bleu d'Auvergne)는 19세기에 발명된 치즈다. 역시 원통형이며, 압축하지 않고 숙성시키지 않은 내용물에는 푸른색 곰팡이 반점이 들어가 있다. 퓌드돔과 캉탈, 그리고 아베롱, 코레즈, 오트루아르, 로트, 로제르에 인접한 마을에서만 제조한다.

루트

가는 길은 다양하다. 치즈에 따라 서로 다른 여정을 짤 수 있다. 치즈 생산 농장, 치즈 전문점과 우유 제조 공장 등 40개 방문지가 표지판에 표시되어 있는데, 주로 퓌드돔과 캉탈에 산재해 있다. 사화산들로 가득한 녹지대를 관통하면서, 퓌드돔 데파르트망 클레르몽페랑 남쪽에 있는 에글리즈뇌브당트레그 오베르뉴 치즈의 집(Maison des Fromages d'Auvergne d'Église Neuve-d'Entraigues)에 들르면 좋다. 곳간으로 쓰이던 이 건물에는 작은 박물관과 시식 장소가 들어서 있다. 2011년 4월에 오픈한 푸름 당베르의 집(Maison de la fourme d'Ambert)도 들를 것. 옛 앙베르 성채의 일부를 이루는 건물에 입주해 있다. 이 도시의 시청사는 원통형 치즈 형태로 지어져 있기도 하다.

콩테 루트Routes du comté[쥐라]

몽벨리아르드(Montbéliarde) 암소에서 얻는 우유로 8백 년 전부터 쥐라 산맥의 마을들이 AOP 등급의 콩테(comté) 치즈를 만들어내고 있다. 주로 조합 형식으로 운영되는 이 장소는 역사의 산물로 두(Doubs), 쥐라(Jura) 및 엥(Ain) 데파르트망에 걸쳐 160개가 산재해 있다. 콩테는 큰 맷돌 형태인데, 생산지역에 따라 여러 모습이 존재한다.

이 루트 상의 콩테(Comté), 모르비에(Morbier), 몽 도르(Mont d'Or), 블뢰 드 젝스(Bleu de Gex), 그뤼에르(Gruyère)에서 다섯 종류의 치즈를 만나볼 수 있다.

루트

콩테 루트 네트워크(Réseau des Routes du Comté)를 따라 중간 높이의 쥐라 산맥 산들이 즐비한 계곡에 들어선 농장, 정제공장 등을 방문해볼 수 있다. 치즈 제조인들이 바쁜 시즌에는 다양한 기관이 설명을 곁들인 안내를 담당하며, 콩테 치즈를 시식하고 구입할 수 있는 정보도 제공한다.

쥐라 지방을 돌아보는 동안에 폴리니 콩테의 집(Maison du Comté de Poligny), 그리고 롱스르소니에(Lons-le-Saunier)에 있는 바슈 키 리의 집(Maison de la Vache qui rit)도 둘러봐야 한다. 심지어 사막 지역을 포함한 전 세계가 즐겨드는 치즈가 바슈 키 리다. 냉장고 밖에서도 보관이 가능한 이 치즈는 쥐라 지역의 산물로, 1920년대에 벨(Bel) 치즈공장이 처음 고안해낸 제품이다. 하지만 프랑스인들은 콩테 치즈를 더 선호하는 편.

사부아 지방에서 만드는 AOC 혹은 IGP 등급의 7개 치즈 대부분은 알프스의 높은 봉우리들 사이의 계곡에서 생산하는 것들로, 농부들은 여러 세대를 이어가며 자신만의 독창적인 제조방식을 만들어냈다. 그 중 6개는 암소 젖으로 만든다.

아봉당스(abondance, 반만 익힌 치즈, 호박색 껍질)는 치즈를 제조하는 계곡 이름에서 따왔다. 반면 보포르(beaufort)는 보포르탱(Beaufortain), 모리엔(Maurienne), 타랑테즈(Tarentaise) 계곡들과 아를리 골짜기(Val d'Arly)에서 생산한다. 40kg에 달하는 절구 형태로 끝부분이 오목하며 오렌지 빛깔의 껍질을 하고 있다. 2개 치즈 모두 원 모양 속에서 찍어낸다.

역시 아를리 골짜기에서 탄생한 르블로숑(reblochon)은 사부아 지방에서 가장 유명한 치즈 중 하나다. 특히 타르플레트 요리에 들어가는 치즈로 잘 알려져 있다. 익히지 않은 압축 반죽에 사프란의 노란색 껍질을 하고 있는 이 치즈는 두꺼운 원반 모양을 하고 있다.

마찬가지로 숙성시키지 않은 반죽이기는 하지만 회색 껍질을 한 2개의 다른 치즈들은 톰 드 보주(tome des Bauges)와 톰 드 사부아(tomme de Savoie). 'tome'과 'tomme'은 동일한 의미를 지닌다. 앞의 것은 보주 산지(Massif des Bauges)에서 생산하는 것으로 19세기 초에 이 지역에 치즈 제조소가 들어서면서 생겨났다. 후자는 사부아의 2개 데파르트망에서 생산한다.

이 지역에서 가장 유명한 에멘탈(emmental) 경우도 마찬가지다. 수요를 감당하기 위해 대량 생산하기도 하지만 수공업으로 에멘탈을 제조하는 공방도 있는데, 그 경우 '에멘탈 드 테루아르(emmental de terroir)'란 호칭을 달고 있다. 익히고 압축한 반죽에 황금색 껍질을 하고 있다. 거대한 원통형 절구 모양을 하고 있으며, 절단하기 전에는 약 70kg에 달할 정도로 크다.

잘 알려지지 않은 슈브로탱(chevrotin)은 보주 산지의 농가가 17세기부터 생산하는 치즈로 주로 알프스 산맥의 염소 우유로부터 제조한다. 익히고 압축한 반죽에 흰 이끼가 덮인 핑크빛 껍질을 하고 있다.

'사부아 치즈 루트' 프로그램에 이름을 올린 장소는 50여 곳인데, 찾아가는 길은 다양하다. 산지는 서로 아주 가까이 위치해 있다.

샤비슈와 셰브르 치즈 루트Route du chabichou et des fromages de chèvre[푸아투사랑트]

치즈 생산량이 아주 많은 푸아투샤랑트 지방은 기원이 아주 오래된 염소 치즈의 왕국이다. 가장 유명한 것은 샤비슈(chabichou) 치즈로 AOC 등급 혜택을 누리고 있다. 봉드(bonde, '주둥이'라는 의미)라 불리는 작은 원추 형태를 한 이 치즈는 껍질이 계절에 따라 흰색에서 청회색까지 변한다. 오푸아투(Haut-Poitou), 되세브르(Deux-Sèvres), 비엔(Vienne) 및 샤랑트(Charente) 일부 지역에서 제조한다.

되세브르 남쪽에서는 모테 쉬르 푀이유(mothais sur feuille) 같은 또 다른 염소 치즈를 만날 수 있다. 이 작은 원반 모양의 치즈는 플라타너스나 밤나무 잎 위에서 숙성시키며, 때때로 푸른색 혹은 청회색 반점이 들어간 희고도 노란 곰팡이로 뒤덮여 있다. 모테에서 파생된 또 다른 치즈는 푸아투의 셰브르부아트(chèvre-boîte)로 20세기 초에 발명되었다. 지방 바깥으로 반출하기 위해 만들어진 치즈다.

이 지역을 돌며 맛볼 수 있는 치즈들은 부공(bougon), 뷔슈 뒤 푸아투(bûche du Poitou), 셰프부톤(chef-boutonne), 클로셰트(clochette), 쿠에브락(couhé-verac), 종셰 니오르테즈(jonchée niortaise), 뤼지냥(lusignan), 뤼펙(ruffec) 등이다. 이미 언급한 것처럼 치즈 생산량이 대단한 지역이다.

루트

농가, 치즈 제조공장, 우유 가공공장 등 33곳의 방문지가 프로그램에 올라가 있다. 표지판을 참조하면 된다. 주로 니오르(Niort)와 푸아티에(Poitiers) 사이에 자리를 잡고 있는데, 이 지방의 4개 데파르트망에도 흩어져 있다. 길을 가며 아름다운 전원 풍경을 즐길 수 있다.

오쏘이라티 치즈 루트Route du fromage Ossau-Iraty[피레네]

'무리로부터 빠져나온 가장 순수한 암양 (Le pur brebis qui sort du troupeau)'은 피레네자 틀랑티크(Pyrénées-Atlantiques), 베아른(Béarn), 페이 바스크(Pays basque)에서 AOP 등급 치즈를 생산하는 사람들이 내세우는 유쾌한 슬로건이다.

원통 모양의 숙성시키지 않은 압축 반 죽으로 껍질은 오렌지색에서 회색까지 다양하다. 지역의 상징적인 세 종류의 동물로부터 얻는 우유로 만드는데, 그 동물들은 바스코 베아르네즈(Basco Béarnaise), 마네크 테트 누아르(Manech Tête Noire), 마네크 테트 루스(Manech Tête Rousse)란 이름을 가지고 있다.

절단하지 않은 상태에서 작은 사이즈(2-3kg)와 큰 사이즈(4-5kg)가 존재한다. 치즈가 등장한 역사는 아주 오래 되는데 무려 1세기에 쓰여진 글 속에서도 등장한다.

루트

오쏘이라티 AOC 치즈 루트(Route du Fromage AOC Ossau-Iraty) 여정은 생산지의 아주 다양한 풍경을 감상하게 해준다. 포(Pau) 인근에서 출발해 바이고리(Baïgorry)와 아르베루(Arbéroue) 계곡들, 라 술(La Soule) 하천, 르 라부르(Le Labourd), 생팔레(Saint-Palais), 유럽에서 가장 큰 규모의 너도밤나무 숲인 이라티 숲(forêt d'Iraty), 피레네 지방에서 가장 유명한 트레킹 코스 중 하나인 오쏘 픽 뒤 미디(Pic du Midi d'Ossau)를 거쳐 생장피에드포르(Saint-Jean-Pied-de-Port) 근처의 대서양 바다까지 내려가기 때문이다.

표지판을 따라가다 보면 치즈 생산업자들이 방문객을 맞이하며 친절하게 설명해준다. 휴대폰을 통한 설명, 멀티미디어까지 활용하고 있다.

지역 산물인 이룰레기(irouléguy)나 마디랑(madiran) 같은 쥐랑송산 포도주들, 햄, 푸아그라, 가르뷔

| 556

르(garbure) 수프, 파리오(fario) 송어, 피프라드(piperade), 풀로포(poule au pot), 바스크 과자 등도 함께 맛볼 수 있는 루트다.

모의 브리 루트Brie de Meaux[일드프랑스]

유명한 외교관 탈레랑(Talleyrand)은 1815년에 브리 치즈를 '치즈의 왕, 왕의 치즈(Roi des fromages, fromage des rois)'라고 소개했다. 유럽 열강들이 배석한 가운데 나폴레옹의 모험에 종지부를 찍는 비엔나 회의 당시의 연회장에서였다. 수공업으로 제조하던 치즈 입장에서는 과분한 표현이었다.

19세기에 브리 치즈는 비약적인 발전을 맛본다. 곰팡이가 핀 껍질 속에 연질의 반죽이 든 이 치즈는 암소 젖으로 만들었는데, 종종 다양한 맛을 내는 33cm의 원반 형태를 하고 있다. 모(Meaux), 플룅(Melun), 프로뱅(Provins), 몽트로(Montereau), 낭지스(Nangis)가 이 치즈를 만들어낸다. 비슷한 치즈로는 쿨로미에(coulommiers)가 있다. 약 40여 종류의 다양한 형태가 있다.

가장 희귀한 치즈 중에서는 오직 단 한 장소에서 나오는 우유만으로 만든 브리 페르미에(brie fermier), 최소한 1년간의 숙성을 필요로 하는 브리 누아르(brie noir) 등이 있다. 염소에서 나오는 젖을 이용하는 브리 앙 포(brie en pot)도 존재한다. 오직 두 종류의 브리만이 AOC 등급을 부여받고 있는데, 브리 드 모(brie de Meaux), 브리 드 플룅(brie de Melun)이 그것들이다.

루트

정해진 여행 루트는 없다. 최근에 브리는 주로 공장에서 대량 생산하는 방식으로 제조한다. 가노 치즈 공장(fromagerie Ganot)이 있는 주아르(Jouarre)에서 투어를 시작하면 된다. 치즈 공장에는 브리 박물관이 들어서 있으며 이곳에서 치즈를 숙성하는 지하실을 방문해볼 수 있다.

일드프랑스 지방에서는 모 겨자(moutarde de Meaux), 가티네 꿀(miel du Gâtinais), 느무르 개양귀비 사탕(bonbons au coquelicot de Nemours), 모레쉬르루앙 보리설탕(sucres d'orge de Moret-sur-Loing)을 포함한 지

역 특산물과 이 지방에서 생산하는 맥주와 시드르 등을 맛볼 수 있다. 흰 치즈와 페셀, 생크림의 멋진 배합을 하고 있으며 망사로 감싼 항아리에 넣어서 파는 퐁텐블로(fontainebleau)도 맛보면 좋다. 과일과 함께 든다.

마루알Maroilles 치즈 루트[노르파드칼레]

마루알 치즈가 태어난 곳은 티에라슈 (Thiérache)로 아베누아(Avesnois)와 엔(Aisne) 사이에 걸쳐 있는 자연 지역이다. 7세기에 마루알 수도원(Abbaye de Maroilles)의 수도사들이 처음 만들어낸 치즈로 전해진다. AOC 등급의 이 치즈는 암소 젖으로 만든다. 퐁레베크(pont-l'évêque), 묑스테르

(munster)와 비슷하게 붉은 껍질 안에 연질 반죽이 들어있다. 모양은 직사각형 포석(鋪石) 형태다. AOC 등급을 부여받고 있는 보다 작은 형태의 변종을 만날 수도 있는데, 소르베(sorbais), 미뇽(mignon), 카르(quart)가 그에 해당하는 치즈들이다.

도팽(dauphin), 원추 모양의 불레트 다벤(boulette d'Avesnes), 비외릴(vieux-lille) 등 지역에서 생산하는 다른 치즈들도 그것들과 유사하며, 재숙성한 비외릴에는 '회색 마루알' 혹은 '냄새가 고약한 마루알'이라는 별명을 붙인다.

루트

모뵈주(Maubeuge) 남쪽에 자리한 소규모 땅에서 마루알을 생산한다. 치즈 루트를 위한 특별한 길을 만들지 않았을지라도 제조 농가와 치즈 공장을 찾아내는 것은 어렵지 않다. 마루알 마을 안에서도 지역의 스타를 홍보하는 아틀리에를 만날 수 있는데, 아베누아 지방자연공원(Parc naturel régional de l'Avesnois)의 집 근처에서 만날 수 있다. 작은 마을 마루알로부터 출발해 작은 숲이 들어선 매혹적인 전원 풍경, 목초지, 하천 등을 즐길 수 있다.

프랑스 북부의 이 아름다운 구석에서 브라스리들도 만나볼 수 있는데, 장랭(Jenlain)에서 뒥(Duick) 가족이 운영하는 브라스리, 귀시니(Gussigny)에 소재한 종키유 맥주집(Bière des Jonquilles) 등이 추천 대상이다.

노르망디 치즈Fromages de Normandie 루트[노르망디]

노르망디의 작은 숲, 초원, 양질의 우유를 생산하는 암소들을 머리에 떠올리며 특별한 버터, 크림, 치즈의 품질을 상상해볼 수 있다.

이 치즈들 중에 4개가 AOP 등급을 부여받고 있는데, 모두 연질 치즈다. 그중에 가장 유명한 것은 카망베르(camembert)로 1791년에 마리 아렐(Marie Harel)이 처음 만들어냈다고 전해진다. 이 보물을 나무상자에 집어넣자는 생각이 그녀에게 떠오른 후부터는 이 치즈를 노르망디 외부와 외국에 내보내는 일이 쉬워진다. 곰팡이가 든 껍질을 한 이 작고 평평한 원통형 치즈는 전통적인 방식에 따라 생우유로 만들며 국자로 주조한 것이다. 생산 지역은 칼바도스(Calvados), 망슈(Manche), 오른(Orne), 그리고 외르(Eure) 데파르트망 일부에 걸쳐 있다.

이 스타 치즈 말고도 또 다른 고급 치즈들도 있다. 칼바도스, 오른, 외르 사이에 자리한 오주(Auge) 지방에서 생산하는 치즈들인 리바로(livarot, 마찬가지로 평평한 원통 형태)와 퐁레베크(pont-l'évêque, 정사각형 형태로 껍질은 노란색)는 큰 시장이 열리는 마을 이름에서 각각 따왔다. 치즈를 두르고 있는 작은 갈대 띠 때문에 리바로 치즈를 '대령(colonel)'이라는 별명으로 부르기도 한다. 장교가 두르고 있는 장식줄을 연상시키기 때문이다. 이 치즈들의 기원은 중세까지 거슬러 올라간다.

센마리팀(Seine-Maritime) 데파르트망의 브레(Bray) 지방에서 탄생한 뇌샤텔(neufchâtel)의 경우도 마찬가지다. 하지만 모양이 작은 하트 형태이기에 혼동할 일은 없다.

루트

현재로서는 여행자가 노르망디 치즈를 찾아 직접 길을 고르는 수밖에 없다. 이 분야의 전문가들과 지역 관광청이 아직 루트를 개발하지 않았기 때문이다. 하지만 지역의 치즈 생산업자들은 식도락을 찾는 방문객들에게 문호를 개방하고 있다. 리바로와 퐁레베크를 제조하는 리바로 소재 그랭도르주 치즈 공장(fromagerie Graindorge), 생마르탱드라리외(Saint-Martin-de-la-Lieue)에 있는 생티폴리트 영지(domaine Saint-Hippolyte)가 그런 곳들이다.

카망베르 치즈를 좋아한다면 카망베르 마을에 자리한 에로니에르 농장(Ferme de la Héronnière)을 방문하면 좋다. 비무티에(Vimoutiers)에서는 카망베르 박물관(Musée du camembert)을 만날 수 있는데, 제조 방식과 치즈의 역사 등을 소개한다. 치즈 루트를 둘러보면서 지역의 대표적인 산물인 시드르와 칼바도스를 먹고 마시는 행복을 누릴 수 있다. 숲을 떠나 바닷가로 나가면 맛있는 해산물을 맛보는 것도 가능하다.

뮝스테르 치즈 루트Route du fromage dans la vallée de Munster[알자스]

1968년 6월 16일에 뮝스테르 치즈를 생산하는 농가들이 처음 조성한 길이 '뮝스테르 치즈 루트(Route du fromage de Munster)'다. 뮝스테르 치즈, 바리카스(bari-Kàs) 조각, 염소 치즈의 특별한 맛을 즐길 수 있는 곳이다.

프랑스 와인

프랑스 기후의 다양성, 지질학적으로 더없이 다채로운 자연 환경은 포도 재배와 고품질의 와인 생산에 최적의 조건을 만들어냈다. 80개 데파르트망에 산재한 프랑스 포도밭에서는 3,240종의 와인이 생산된다.

- 프랑스에서 생산하는 와인들은 2011년을 기준으로 할 때 45%가 AOC 및 VDQS 등급, 28%가 뱅 드 페이(vins de pays) 등급, 11%가 테이블 와인 등급, 16%가 브랜디 생산용 와인이었다.
- 2011년 10월 1일 기준 프랑스의 와인 생산량은 5,220만 헥토리터(hl)였다.
- 383개의 원산지증명 와인이 있는데 그중 307개는 AOC-AOP, 76개는 IGP 등급을 부여받았다. AOVDQS 라벨은 더 이상 사용하지 않는 대신 이 라벨로 팔리던 와인들은 IGP 혹은 AOC로 바뀌었다.
- 프랑스 최고의 와인들을 생산하는 지역은 보르도, 부르고뉴, 론, 알자스, 샹파뉴다.
- 가장 품질이 뛰어난 와인을 생산한 해들은 1900, 1945, 1947, 1961, 1988, 1989, 1990, 2000년이다.
- 프랑스 와인에 대한 최고의 가이드북은 로버트 파커(Robert Parker)의 책이다.
- 자기 지역에서 생산하는 와인을 홍보하기 위해 각 레지옹이 만든 길이 '와인 루트(Routes des vins)'다.
- 보르도, 부르고뉴, 알자스, 론 지역에서는 아주 품질이 좋은 바이오 와인(vins bio)을 생산하고 있다.

알아두면 좋은 상식들

- 상대방이 와인을 따를 경우 잔을 테이블에서 떼지 말 것.
- 휴대폰 앱을 이용해 와인 가격을 식사 자리에서 확인하는 것은 결례다. 기술의 발달로 인해 최근 문제가 되는 현상이다.
- 프랑스인들의 경우 지역별로 어떤 연도에 좋은 와인이 생산되었는지 알 수 있도록 명함 크기의 도표를 지갑 속에 넣고 다니기도 한다. 와인에 대해 알기가 그만큼 어렵다는 얘기다. 따라서 와인에 대해 지나치게 아는 척하기를 자제할 것.
- 와인 병에 붙어 있는 라벨은 거의 동일한 방식으로 통일되어 있다. 라벨 읽는 법

을 익히면 상대적으로 편리하다. 라벨에는 생산지, 생산한 샤토, 생산년도, 용량 등이 표시되어 있다. AOC(Appellation d'origine contrôlée, 원산지명칭표시제도) 등급의 와인에는 가운데 origine 부분에 생산지 이름이 들어가 있다. AOC 등급이 표시된 데다가 그랜드 와인(grand vin)까지 표시되어 있으면 무조건 믿고 구입할 만하다.

- 등급에 따라 자신에게 적당한 와인을 선택하면 된다. 가장 일반적인 분류방식은 품질이 뛰어난 것부터 AOC, vin de pays, vin de table로 나뉜다. 여유가 된다면 AOC 등급의 와인을 드는 것이 좋다.
- 지역별로 와인 병 모양도 조금씩 다르다.

위의 그림에서 가장 주목할 3개의 병 모양은 보르도(위. 오른쪽에서 2번째), 부르고뉴(위. 오른쪽에서 첫 번째), 알자스(아래. 오른쪽에서 두 번째). 특히 와인숍에서 보르도와 부르고뉴 와인 중 하나를 고를 때 병 모양으로 먼저 쉽게 판단할 수 있다.

- 가메 누아르(Gamay Noir) 품종으로부터 얻는 보졸레 누보(beaujolais nouveau)는 마케팅의 승리라 할 수 있는 대표적인 상품이다. 숙성과는 거리가 먼 와인이니 깊은 맛을 기대하지 말 것. 1985년부터 '보졸레 누보가 도착했습니다!(Le Beaujolais Nouveau est arrivé!)'란 이벤트를 통해 자신을 알리고 있는데, 2021년에는 11월 18일 열렸다. 날짜는 매년 11월 셋째 주 목요일로 정해져 있다. 바나나 맛을 내던 보졸레 누보는 최근 효모를 더 이상 쓰지 않으면서 본래의 포도 맛을 되찾는 중이다.

프랑스 와인 분포도

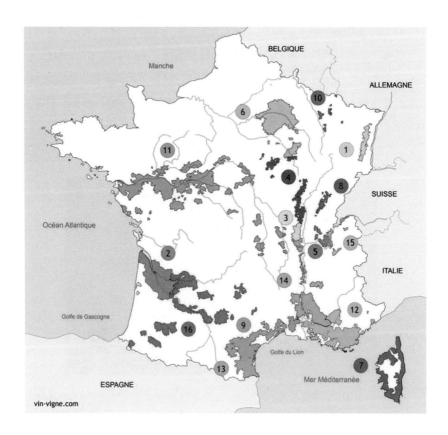

1. 알자스 Alsace

가장 품질이 뛰어난 화이트 와인을 생산하는 지역으로 리슬링(Riesling), 게뷔르츠트라미너(Gewurztraminer)가 프랑스인들의 집단의식 속에 깊이 각인이 되어 있다. 양질의 포도주는 이 지역 산지의 특성에서 비롯된다.

진트 홈브레히트(Zind-Humbrecht), 오스터타그(Ostertag), 마르셀 디스(Marcel Deiss) 같은 도멘들은 해가 갈수록 와인 애호가들에게 극도로 우아함을 보여주는 와인들을 제공하려고 애쓰고 있다. 지방 특유의 식도락과 아름다운 풍경은 많은 사람에게 기꺼이 알자스 와인 루트를 택하도록 만든다.

2. 보르도Bordeaux

보르도 포도밭의 명성은 로마제국시대부터 18세기까지 지속적으로 구축되면서 이 지방을 유명하게 만들었다. 17세기부터는 이켐(Yquem), 오브리옹(Haut-Brion), 무통로 칠드(Mouton-Rothschild), 라피트(Lafite), 라투르(Latour), 마르고(Margaux) 같은 유명한 샤토들이 연이어 등장한다. 이곳에서 생산하는 전설적인 와인들은 별 등급이 매겨 진 고급 레스토랑이나 경매시장에서 만날 수 있다. 독특한 향을 내도록 와인을 숙 성시키는 아주 특별한 방식이 이 지방에 존재하는데 그걸 '보르도식 숙성(élevage à la bordelaise)'이라 부른다.

3. 보졸레Beaujolais

보졸레 와인은 조르주 뒤뵈프(Georges Duboeuf)가 이끄는 회사의 홍보에 힘입은 보졸 레 누보(beaujolais nouveau) 덕분에 아주 유명해졌다. 생산된 해에 드는 술로 리옹 지역 의 돼지고기류와 함께 마시면 좋다. 하지만 몇 년 전부터는 보졸레 지역의 정통 와 인들이 이름을 더 얻고 있는데, 브루이이(Brouilly), 모르공(Morgon), 물랭 아 방(Moulin à vent)이 그런 술들이다. 지역의 와인 생산업자들이 고품질의 와인을 제조하는 데 성공 했기에 프랑스와 나바르(Navarre) 지역의 고급 레스토랑에서 이런 술들을 맛볼 수 있 다.

4. 부르고뉴Bourgogne

부르고뉴 대공이었던 필립 3세(Philippe le Hardi, 일명 '용담왕')는 자기 눈에 '비루하고 불 결해보이는' 가메(gamay) 품종을 더 이상 심지 못하게 하는 대신 피노 누아르(pinot noir) 품종을 심게 했고, 그 덕분에 우리는 오늘날 우리의 오감을 자극하는 부르고 뉴의 명품 와인들을 만날 수 있게 되었다. 하지만 샤르도네(chardonnay) 품종 역시 몽 라셰(Montrachet), 퓔리니몽라셰(Puligny-Montrachet), 뫼르소(Meursault) 같은 명품 와인들을 만들어내고 있다. 오늘날 로마네콩티(Romanée-Conti), 장-프랑수아 코슈 뒤리(Jean-François Coche Dury), 모르테(Mortet) 도멘에서는 탁월한 와인을 생산해내는 중이다.

행복하게도 이런 명품 와인과는 별도로 품질이 뛰어나면서도 가격이 더 저렴한 와인들을 부르고뉴 지방에서 만날 수 있다. 게다가 아주 유서가 깊은 이 지역은 역사 문화유산과 자연 명소들이 풍성한 곳이기도 하다.

5. 뷔제Savoie Bugey 15. 사부아Savoie

알프스 지방의 이 작은 포도밭에서는 흥미로운 와인을 생산하고 있는데, 풀사르(poulsard)와 자케르(jacquère) 품종은 매우 좋은 결과를 얻고 있다. 또 화이트 와인인 아빔(Abymes)과 아프르몽(Apremont)은 사부아 와인의 명성을 프랑스 전역과 나바르 지방에서 드높이는 중이다. 사부아 와인보다 덜 유명하기는 하지만, 이 지역에서 생산하는 뷔제 와인에도 관심을 가질 필요가 있다. 게다가 뷔제는 프랑스 요리계의 대가인 장 앙텔므 브리야-사바랭(Jean Anthelme Brillat-Savarin)이 태어난 고장이기도 하다.

6. 샹파뉴Champagne

보르도, 부르고뉴와 마찬가지로 샹파뉴 포도밭은 프랑스에서 가장 유명한 와인 산지 중 하나로 국제적인 명성을 얻고 있다. 위대한 베네딕토회 수도사인 동 페리뇽(Dom Pérignon) 덕분에 세상 사람들은 가장 중요한 축제 때 샴페인을 즐긴다.

모에 에 샹동(Moët et Chandon), 크리스탈 뢰더러(Cristal Roederer), 볼랭제(Bollinger), 되츠(Deutz)를 비롯한 모든 샴페인은 많은 앵글로색슨 쪽 와인 애호가들의 마음을 빼앗았다. 처음 등장할 때부터 샴페인은 유럽 전역에서 즉각적인 성공을 거두었고, '스파클링 와인의 왕'이란 타이틀을 부여받았다.

10여 년 전부터는 로제 샴페인이 시장을 본격적으로 파고들고 있는데, 화이트 와인과 레드 와인의 조합으로 만들어지는 술이다.

7. 코르스코르시카, Corse

지형적으로 코르스는 프로방스에 종종 연계되는데, 이 지역의 포도 품종이 뛰어난 와인을 만들어내고 있다. 코르스 지형의 다양성은 아주 고품질의 와인을 생산하기에 최적의 조건으로 평가된다.

8. 쥐라Jura

프랑스에서도 유서 깊은 포도밭이 있는 곳인 쥐라에서 그 유명한 옐로우 와인을 생산하고 있다. 호두 맛이 나는 탁월한 와인으로 사바냉(savagnin) 품종에서 얻고 있으며, 오랫동안 저장할 수 있도록 특별한 숙성 방식을 거친다. 옐로우 와인은 62cl 용량의 클라블랭(clavelin)이라 불리는 병에 넣어서만 판매되고 있으며, 콩테(comté) 혹은 풀라르드 드 브레스(poularde de Bresse) 치즈와 함께 들면 최상의 맛을 느낄 수 있다. 또 쥐라는 체로 걸러 건조해서 얻은 감미로운 포도주인 뱅 드 파이유(vin de paille, 화이트 와인의 일종)의 본고장이기도 하다.

9. 랑그독Languedoc 13. 루시용Roussillon

랑그독루시용(Languedoc-Roussillon) 포도밭은 총면적이 245,000ha 이상에 달하기에 프랑스에서 면적이 가장 넓은 편에 속한다. 프로방스 사람들에 이어 그리스인들과 로마인들이 조성한 포도밭이다. 카네 발레트(Canet Valette), 고비(Gauby), 라 그랑주 데 페르(La Grange des pères), 클로 데 페(Clos des Fées) 같은 재능 많은 인물과 장소 덕분에 고품질의 포도주가 제조된 지역이다. 그르나슈(grenache)와 시라(syrah) 품종이 많은 편이며, 피투(Fitou), 코르비에르(Corbières), 생쉬니앙(Saint-Chinian) 같이 특징이 강한 와인을 생산하고 있다.

루시용 지역은 모리(Maury)와 바뉠(Banyuls)에서 부드러운 천연 와인을 생산하고 있다. 디저트나 아페리티프용으로 최적의 와인들이다. 방문객들을 환대하는 랑그독과 루시용은 와인을 즐기며 여행하기에 이상적인 지역이기도 하다.

10. 로렌Lorraine

예전에 로렌 지역 포도밭은 면적이 상당히 넓었지만 19세기 말부터 20세기 중반까지 프랑스를 덮친 연이은 전쟁으로 피해를 입었다. 1833년에 로렌 지역에는 무려 34,000ha의 포도밭이 있었는데 오늘날 그 면적은 150ha로 줄어들었다. 이곳의 포도밭은 '벽돌색을 내는(pelure d'oignon)' 뱅 그리(vin gris) 때문에 프랑스 전역에 잘 알려져 있다. 포도밭 면적이 극적으로 줄어들었을지라도 이 지역에서는 여러 종류의 와인을 만나볼 수 있다. 가성비가 아주 뛰어나기에 미래 전망이 밝은 편이다.

11. 루아르Loire

눈을 아주 즐겁게 해주는 루아르 지역의 포도밭들은 이 지방의 성들과 붙어 있다. 발 드 루아르(Val de Loire) 지역 포도밭은 거의 1,000km에 걸쳐 루아르 강의 수원지인 중부고원지대(Massif Central)에서부터 하구인 낭트(Nantes)까지 펼쳐져 있다. 따라서 와인 애호가들은 루아르 와인을 들면서 이 지역의 화려한 건축 문화유산을 동시에 즐기며 여행할 수 있다.

이 지역의 와인들은 10세기 때부터 프랑스 왕국과 영국에서 큰 성공을 거두었는데, 레드 와인, 로제 와인, 화이트 와인, 스파클링 와인 등 모든 종류의 포도주가 포함되어 있다. 가장 유명한 와인들로는 쉬농(Chinon), 부르괴이유(Bourgueil), 푸이이퓌메(Pouilly-Fumé), 본느조(Bonnezeaux) 등을 꼽을 수 있다. 와인 생산업자들은 극도로 섬세한 맛의 와인을 만들어내면서 루아르 지역의 이름을 알리는 데 기여했다.

12. 프로방스Provence

프로방스 지방은 프랑스에서 포도 재배가 시작된 요람이다. 이 지역의 로제 와인이 잘 알려져 있기는 하지만, 레드 와인과 화이트 와인도 탁월한 품질을 자랑한다. 1955년부터 프로방스는 명품 와인들을 선정하기 시작했는데, 미뉘티(Minuty), 리모레스크(Rimauresq), 오메라드(Aumérade) 성에서 생산하는 와인들이 선두를 차지했다. 프랑스에서도 가장 아름다운 이 지역을 여행하면서 와인 루트를 동시에 즐길 수 있다.

14. 론Rhône

이 지역의 포도밭은 인간의 손으로 만든 위대한 작품이다. 로마인들은 론(Rhône) 강 양안에서 밭을 갈고 포도 묘목을 심는 거대한 작업을 수행했다. 그러기에 와인들도 이 지역의 아름다움을 고스란히 담아내고 있다. 콩드리외(Condrieu)는 비오니에 (viognier) 품종으로 만든 뛰어난 화이트 와인이고, 코트 로티(Côte Rôtie)는 시라 품종으로 만든 가장 완벽한 와인이다. 그러나 무엇보다도 이 지역의 스타 상품은 의심할여지없이 샤토뇌프 뒤 파프(Châteauneuf du Pape)다.

론 지역의 포도밭은 아주 다양한 토양을 보유하고 있다. 그리고 이러한 다양성 덕분에 코트 뒤 론(côtes du Rhône) 호칭을 가진 무수한 와인들이 빛을 볼 수 있었다.

16. 남서부Sud-Ouest

베르주락(Bergerac), 마디랑(Madiran), 카오르(Cahors), 쥐랑송(Jurançon)이 남서부 와인을 대표하는 와인들이지만 그 자리를 노리는 다른 명품 포도주들도 많다. 예를 들어 가이약(Gaillac)은 최근 10년 동안 자신의 이름을 알리는 데 성공했고, 코트 뒤 마르망데 (Côte du Marmandais), 코트 디룰레기(Côte d'Irouléguy), 코트 드 프롱통(Côte de Fronton)도 명품 와인들의 아성에 계속 도전하고 있다.

남서부에서 재배하는 품종이 아주 다양하기에 소비자에게는 선택의 폭이 넓은 편이다. 프랑스 남서부는 푸아그라, 카술레(cassoulet), 포토푀(pot au feu) 등 뛰어난 식도락의 본고장일 뿐 아니라 무수한 역사 문화유산과 뛰어난 자연환경이 환상적인 조화를 이루는 지역이다.

프랑스의 당과류

01 몽텔리마르산 누가 Nougat de Montélimar[론알프]

고대부터 지중해 해역에서는 누가를 제조했는데 프랑 스에서 모습을 드러낸 시기는 중세 때이다. 오늘날 프 랑스의 전통 제과 중 가장 중요한 제품으로 꼽힌다. 몽 텔리마르에 아몬드나무를 심기 시작한 인물은 올리비

에 드 세르(Olivier de Serre)였다. 흰색에다가 부드러운 동시에 딱딱한 몽텔리마르 누가
는 꿀과 설탕, 달걀 흰자, 연한 아몬드, 개암과 피스타치오 열매를 섞어 전통적인 방
식으로 제조한다. 아름다운 전설에 따르면 누가의 기원이 17세기까지 거슬러 올라
간다고 한다. 그 전설에 따르면 '누가(nougat)'라는 호칭이 '네가 우리를 망쳐(tu nous
gâtes)'란 표현에서 비롯되었다고.

02 프로방스산 과일젤리 Pâtes de fruits de Provence[프로방스]

과자의 기원은 중세까지 거슬러 올라간다. 그 시대에
과일젤리는 '말린 당과류(confitures sèches)' 이름을 하고
있었고, 연중 내내 들 수 있도록 특별한 과일 보존 방식
을 지키고 있었다. 과육(果肉)과 설탕으로 만든 이 제품
은 당연히 프로방스 지방에서 인기를 끌게 되었다.

03 압트산 당절임 과일 Fruits confits d'Apt[프로방스코트다쥐르]

과일을 꿀에 절인 이 당과류는 로마인들이 처음 개발한
것으로 전해진다. 생선 식료품을 보존할 때 쓰던 방식
이었다. 오늘날에는 제조할 때 과일 속에 든 즙을 설탕
시럽으로 대치하는데, 압트 시는 그 기술을 완성하는
데 성공했다. 이러한 전통은 교황들이 아비뇽에 거주하던 시기까지 거슬러 올라간다.

04 엑스산 칼리송 Calisson d'Aix[프로방스]

미소 짓게 만드는 마름모꼴, 아몬드와 절인 멜론으로
만든 물렁물렁하고도 입에서 녹는 내용물, 무발효빵과
윤이 나는 설탕으로 입힌 외피, 칼리송과 같은 형태와
색깔을 한 종이 상자... 1454년에 르네 왕(Roy René)이 잔
드 라발(Jeanne de Laval)과 결혼할 때 엑스산 칼리송은 이런 모습으로 처음 등장했다.

1630년 페스트가 유행할 때에는 전염병을 막기 위해 성체의 빵 대신 분배되기도 했다. 제조법의 비밀은 오늘날 칼리소니에 덱스(Calissonniers d'Aix)가 이어가고 있다.

05 프로방스산 흑누가 Nougat noir de Provence[프로방스]

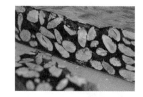

프로방스산 누가는 반죽이 촘촘한 옛 전통을 이어가고 있다. 캐러멜이 많이 들어간 이 프로방스산 꿀 반죽에는 연한 아몬드, 개암, 그리고 때로는 고수나 아니스가 추가된다. 아주 색깔이 진하며 독특한 맛이 난다.

06 위제스산 감초 Réglisses d'Uzès[프로방스코트다쥐르]

지중해 해역에서 자라나는 감초는 뿌리가 지닌 약효 때문에 이미 이집트인들에게도 잘 알려진 식물이었다. 위제스(Uzès)에 이 식물이 등장한 해는 1855년. 뿌리를 달이면서 사람들은 즙을, 그걸 증발시키면서 추출물을 얻어냈다. 그런 식으로 감초는 무수한 당과류 속에 들어가게 되었다. 막대, 드롭스, 껌 형태로 만들어진 감초는 아니스, 제비꽃, 꿀로 향을 내기도 한다.

07 아르데슈산 마롱 글라세(밤 조림) Marrons glacés d'Ardèche[론알프]

만들기가 쉽지 않은 이 당과류는 루이 14세의 통치를 기리기 위해 만들어졌는데, 특별한 맛으로 처음부터 인정되었다. 크리스마스와 신년 축제가 열릴 때에만 소비되는 마롱 글라세는 당과류 세계에서 특별한 위상을 차지하고 있다.

08 비쉬산 드롭스와 보리설탕 Pastilles et sucres d'orge de Vichy[오베르뉴]

상표가 찍힌 이 유명한 8각형 형태의 소화용 드롭스를 처음 만들어낸 인물은 화학자 다르세(Darcet)다. 1825년에 태어난 이 드롭스는 농축 설탕으로 만들었으며, 비쉬수(水)를 증발시켜 얻은 소금의 주성분들을 포함하고 있다. 드롭스보다 더 역사가 깊은 비쉬 보리설탕은 구운 설탕으로 만든 둥근 형태의 사탕으로 과일향을 집어넣은 것이다. 16세기부터 존재하고 있다.

09 오베르뉴산 과일젤리 Pâtes de fruits d'Auvergne[오베르뉴]

식도락의 꽃인 과일젤리는 퓌드돔(Puy-de-Dôme) 지역에서 아주 오래된 전통을 자랑한다. 500년이나 된 이 특산물은 오늘날에도 여전히 자신의 명성에 충실한데, 오베르뉴는 주로 살구와 버찌로 만든 맛있는 과일젤리를 생산 중이다.

10 투롱 Touron[미디피레네]

원래 카탈루냐에서 비롯된 투롱은 스페인과 국경이 맞닿은 프랑스 지방으로 들어왔는데 페르피냥(Perpignan)이 이 디저트를 만날 수 있는 대표적인 도시다. 볶은 아몬드와 엄선한 꿀을 섬세하게 섞은 제품으로 다양한 제조법을 낳았다.

11 카슈 Cachous[미디페레네]

오늘날 껌, 파이, 젤리, 드라제(dragées) 등의 형태를 한 감초 재료의 많은 당과류가 존재한다. 그중에서도 노란색 상자 속에 든 카슈가 대표적이다. 1880년에 아리에주(Ariège) 지방의 약사였던 레옹 라조니(Léon Lajaunie)

가 처음 만들어냈는데 그의 이름을 딴 카슈, 박하와 바닐라 향이 나는 카슈가 득세하고 있다. 툴루즈에서 처음 만들어진 후 고향을 한 번도 떠난 적이 없다.

12 툴루즈산 비올레트Violettes de Toulouse[미디피레네]

과일을 당과류로 만드는 만큼이나 꽃으로 당과류를 만드는 역사가 미디(Midi) 지방에서는 깊다. 제비꽃(비올레트)을 결정(結晶)으로 만드는 방식이 이미 17세기부터 구사되고 있었을지라도 재배 면적이 늘어나는 19세기가 되어서야 샐러드를 장식하던 이 황제의 꽃이 디저트로도 등장하게 된다. 제조하기가 어렵고 가격이 비싸기에 툴루즈산 비올레트는 오늘날 주로 장식품으로 사용된다.

13 몽토방산 불레Boulets de Montauban[미디피레네]

1621년에 도시를 포위했던 루이 13세 군대를 용맹스럽게 물리친 몽토방 사람들을 경축하기 위해 만들어진 몽토방산 불레는 구운 개암에 검은색 초콜릿을 입힌 것이다. 바삭거리는 설탕 맛이 느껴진다.

14 오를레앙산 코티냑Cotignac d'Orléans[상트르]

독일가문비나무로 만든 작고 둥근 상자에는 'la friponne(여자 사기꾼)'이란 이상한 별명이 붙어 있는데, 그 속에 맛있는 보물이 들어있다. 코티냑(cotignac)이라 불리는 마르멜로 반죽인 짙은 붉은색의 이 음식을 사람들은 천천히 음미한다. 루두두(roudoudou, 핥아먹는 캐러멜)의 조상격에 해당하는 코티냑은 프랑스에서 역사가 가장 오래된 당과류 중 하나다. 중세 때의 식사에 규칙적으로 등장했고, 왕과 왕자들이 즐겨 드는 먹거리였다. 오늘날에도 옛 방식 그대로 제조하고 있다.

15 몽타르지스산 프랄린Praline de Montargis[상트르]

1662년에 가티네(Gâtinais) 지방의 작은 마을에서 탄생한 프랄린(pralines, 초콜릿 사탕) 중 가장 유명한 제품에는 이 당과류의 창조자인 슈아죌 대공(duc de Choiseul), 즉 플레시스-프라랭 백작(Comte de Plessis-Praslin) 이름이 달려 있다. 바로 그를 위해 요리사 클레망 잘뤼조(Clément Jaluzot)가 제조법을 고안해낸 것이다. 울퉁불퉁하고 짙은 갈색의 외관으로 특징지어진다. 맛있는 아몬드가 들어있기에 특별한 맛을 낸다.

16 니오르산 앙젤리크 절임Angélique confite de Niort[푸아투]

식물을 재료로 한 앙젤리크는 프랑스 당과류 중 가장 아름다운 페이지를 장식하고 있다. 전설에 따르면 히말라야 계곡에서 나던 안젤리카 식물이 치유 효과를 인정받아 십자군에 의해 프랑스로 도입되었다고 한다. 니오르에서 앙젤리크 절임을 처음 만들어내기 시작한 사람들은 '생트마리의 방문(Visitation de Sainte-Marie)' 수도회 소속 수녀들이었다고. 당과류를 제조하는 사람들의 솜씨에 힘입어 19세기에는 이 당과류가 아주 인기를 끌었다. 니오르는 오늘날에도 전통을 이어가는 중인데, 독특한 향과 맛을 내는 이 에메랄드색 디저트를 많은 사람이 좋아하고 있다.

17 보르도산 갈리엥Gallien de Bordeaux[아키텐]

보르도를 방문하는 사람들은 어김없이 3세기의 갈리엥 궁(Palais Gallien) 유적과 만나게 된다. 이 명소는 먹거리에 자기 이름을 남기고 있는데, 1939년에 처음 만들어진 갈리엥은 갈색 누가를 씌운 프랄리네(praliné, 설탕에 졸인 편도가 든 초콜릿)를 지칭한다.

18 포산 쿠쿠네트 Coucougnette de Pau[아키텐]

잼과 과자 제조인인 프랑시스 미오(Francis Miot)가 만든
다. 구운 아몬드에 흑초콜릿을 덮어씌운 후 아르마냑,
생강, 나무딸기 향이 나는 아몬드 가루에 굴린다. 바람
둥이이자 포 시 출신인 앙리 4세(Henri IV)를 위해 처음
만들기 시작했단다. 애인만 무려 54명, 자식 숫자가 30
여 명에 육박했다고.

19 페이 바스크산 투롱 Touron du Pays basque[리무쟁]

투롱이라는 이름은 같은 이름을 가진 스페인 당과류에
서 비롯되었을까, 아니면 단지 형태가 비슷해서 붙여졌
을까? 아마 둘 다일 것이다. 꿀도, 구운 아몬드도 들어
있지 않은 페이 바스크 쪽 투롱은 둥글고 색깔이 들어
가 있는 맛있는 작은 과자다. 아몬드 반죽을 재료로 만
들었으며, 여러 종류의 과일로 향을 냈다.

20 낭트산 베를랭고 Berlingot de Nantes[브르타뉴]

낭트산 베를랭고는 카르팡트라(Carpentras)산 베를랭고
와 더불어 프랑스에서 가장 유명하다. 구운 설탕으로
만드는데, 예전에 달팽이 껍질 모양을 하고서 낭트 거리
에서 작은 종이봉지에 넣어 팔리던 당과류였다. 카르팡
트라 베를랭고보다는 더 작지만, 끝이 볼록한 각뿔 형

태는 동일하다. 불투명하고 줄무늬가 없다는 점에서 카르팡트라 베를랭고와 차별화
된다.

21 짭짤한 버터 캐러멜Caramel au beurre salé[브르타뉴]

브르타뉴 지방에는 품질이 뛰어나고 짭짤한 버터가 존재하는데, 아주 오래전부터 할머니들은 자신들 손주를 위해 캐러멜을 만들어주면서 그 버터를 사용했다. 이러한 전통을 바탕으로 CBS 즉 짭짤한 버터 캐러멜(caramel au beurre salé)이 탄생하는데, 짭짤한 맛과 단맛을 결합한 방식이다. 캐러멜 형태 그대로 들거나, 아몬드 개암 호두 등을 곁들인다.

22 니니슈Niniche[브르타뉴]

막대가 달린 좁고 긴 원기둥 모양을 하고 있다. 50여 종류 이상의 다양한 니니슈가 존재하는데, 버터 캐러멜, 프랄리네, 사탕수수, 천연 과일 아로마로 이 유명한 빨대 당과류를 제조한다.

23 노르망디산 캐러멜Caramels de Normandie[노르망디]

연질 캐러멜에 딱딱한 캐러멜을 입힌 형태로 카망베르(camembert) 치즈를 제조하는 마을의 크림으로 제조한다. 제조 후에는 치즈 상자에 담아 판매한다.

24 사과설탕Sucre de pomme[노르망디]

사과설탕은 16세기 중반 루앙(Rouen)에서 탄생했다. 탄생 스토리는 재미있다. 당시 과수원들에서는 레네트(reinettes) 품종의 사과가 과잉 생산되고 있었고, 사탕수수가 배를 통해 대량으로 유입되는 중이었기 때문이다. 마리-루이즈(Marie-Louise) 황녀가 푹 빠져들 정도로 사과설탕은 호평을 받았다. 옛적의 아름다운 모습을 버리고 오늘날에는 종이 케이스 모양을 하고 있다. 하지만 루앙의 기념물들을 나타내는 아름다운 라벨은 여전히 간직하고 있다.

25 캉브레산 베티즈 Bêtise de Cambrai[노르파드칼레]

거의 2백 년 전 자기 부모가 운영하던 캉브레(Cambrai)
소재 당과류 가게에서 견습생으로 일하던 에밀 아프생
(Emile Afchain)이 반죽과 사탕을 뒤섞는 실수를 저지르
자, 그의 엄마가 화를 내며 다음과 같이 큰소리로 외쳤
다. "넌 바보 같은 짓만 해!(Tu ne fais que des bêtises!)" 하지
만 사탕은 날개 돋친 듯 팔렸고, 사람들로부터 호평을 받는다. 캉브레산 베티즈는
그렇게 탄생했다. 박하향이 나는 맛있는 사탕으로, 부풀어 오른 작은 쿠션 형태를
닮았다. 하지만 오늘날에는 초콜릿과 과일 때문에 점점 인기가 식는 중이다.

26 미뇌르산 드롭스 Pastille du Mineur[노르파드칼레]

구운 설탕으로 만든 이 사탕은 반들반들하고 빛나는
모양을 하고 있다. 식물로부터 추출한 재료가 들어가
있는 미뇌르산 드롭스는 이 당과류를 만들어내는 노르
파드칼레(Nord-Pas-de-Calais) 이미지처럼 힘과 개성이 넘
친다. 호흡기 질환 환자들이 많은 광산지역에서 생겨났
기에 목에 좋은 당과류로도 사랑을 받고 있다.

27 낭트산 베르가모트 Bergamote de Nancy[알자스로렌]

15세기에 로렌(Lorraine) 대공이자 나폴리와 시칠리아의
왕이었던 르네(René)에게 바치기 위해 베르가모트는 처
음 제조되었다. 4세기가 지난 후 장-프레데릭 릴리슈
(Jean-Frédéric Lillich)는 구운 설탕을 이용해 섬세한 맛이
나고 약간 새큼한 호박색의 멋진 정사각형 사탕을 다

시 창조해낸다. 낭시와 떼어 생각할 수 없는 베르가모트는 오늘날에도 옛날과 같은 방식으로 이 도시의 당과류 장인들이 제조하는 중이다.

28 플라비니산 아니스 Anis de Flavigny[부르고뉴]

처음에는 수수한 크기의 단순한 미나리과 식물로 플라비니 지역에서 자라던 아니스의 씨앗은 약효로 잘 알려져 있었다. 아니스는 그 후 아주 둥근 사탕으로 변신했는데, 속에는 아니스 씨앗 절임이 들어가 있으며 무게가 1g에 불과하다. 17세기에 아니스 절임을 만들던 성우르술라 수녀회 소속의 수녀들이 처음 만들어냈다. 1632년에 이 당과류를 만들려면 6개월이 필요했는데, 오늘날에는 전통적인 방식으로 제조하더라도 보름이면 족하다.

29 느베르산 네귀스 Négus de Nevers[부르고뉴]

1초 동안 설탕액 속에 담근 작은 초콜릿인 느베르산 네귀스는 1901년에 탄생했다. 속은 연하고 껍질은 바삭바삭하다. 보석처럼 투명하며 따뜻한 색깔을 한 네귀스는 느베르의 당과류 제조인인 그를리에(Grelier)가 왕 중의 왕인 메넬릭(Ménélik) 황제를 기리기 위해 처음 만들었다. 1백 년이 지난 지금까지도 네귀스는 전통적인 방식을 존중하면서 제조되고 있는데, 아주 아름다운 금속상자 속에 담겨 팔리고 있다.

30 부르주산 포레스틴 Forestine de Bourges[상트르]

1879년에 포레스틴이 처음 등장했는데, 이름은 이 제품을 처음 만들어낸 조르주 포레스트(Georges Forrest)에게서 따왔다. 연한 초콜릿 프랄리네로 속을 채운 반들반들한 모양의 이 당과류는 파스텔 색조의 작은 쿠션을

닮아있다.

31 리옹산 코콩Cocon de Lyon[론알프]

리옹(Lyon) 견직물업자에게 경의를 표하기 위해 리옹산
코콩이 만들어진 해는 1953년이다. 아몬드 반죽에 다양
한 아로마로 향을 낸 이 당과류는 외관이 누에고치와
흡사하다. 처음 만들어진 코콩은 당시 리옹 시장이던
에두아르 에리오(Edouard Herriot)에게 선물로 주어졌다.

32 리옹산 쿠생Coussin de Lyon[론알프]

리옹산 쿠생은 아주 오래된 역사의 결과물이다. 끔찍한
전염병이 도시를 황폐하게 만들자 1643년에 리옹 시 행
정관들은 푸르비에르 언덕(colline de Fourvière)까지 순례
행진을 하고 거기에 7리브르(livre)의 밀랍과 1에퀴(écu)의
황금을 비단 쿠션 위에 가져다 놓기로 서약했다. 그때
부터 매년 리옹 행정관들은 푸르비에르를 방문하면서

서약을 지키는데, 언덕 위에서 서약이 지켜졌다고 선언하면서 3발의 축포를 쏘았다.
바로 이 비단 쿠션이 리옹산 쿠생을 만들어내는데 영감을 제공했다. 비단 쿠션 외양
에다가 카카오 열매, 향을 낸 퀴라소 리큐어, 맛있는 아몬드로 만든 리옹산 쿠생이
탄생한 것이다. 리옹에서 먼저 유명해진 후 프랑스 전역으로 퍼져나갔는데, 오늘날
에는 해외에서도 중요한 행사가 열릴 때 이 제품을 종종 만날 수 있다.

프랑스 비스킷과 케이크

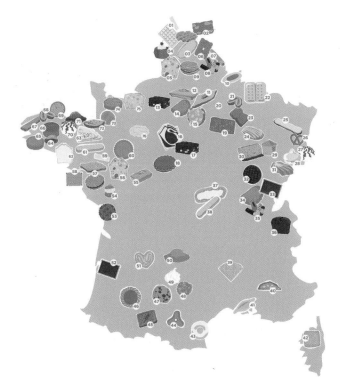

01 고프레트 Gaufrette **59 고프레트**Gaufrette **고프르**Gaufre **리에주 고프르**Gaufre liègeoise

옛 프랑스어로 고프르는 '와플(wafel)'로 불렸다. '봉방(蜂房)', '봉와(蜂窩)'를 의미하는 단어다. 프랑스 노르(Nord) 지방에서 태동한 후 주변 국가들인 벨기에와 네덜란드에서 인기를 끈 먹거리였다. 중세 때 생겨난 고프르는

당시 더 가늘고, 원뿔 혹은 막대기 모양을 하고 있었다. 짙은 갈색의 외부, 황금빛 블론드 색깔의 내부, 바삭거리는 과자 형태로 식별할 수 있었다. 고프르를 보존하기 위해서는 금속상자 속에 넣어두는 것만으로 충분했다.

02 팽 오 자망드Pain aux amandes, 아몬드빵

03 릴산 랑그드샤Langue de chat de Lille

프랑스어로 langues-de-chat 혹은 langues de chat라고 표기하는 비스킷은 길쭉하게 생겼으며, 길이가 5-8cm 정도다. 17세기부터 등장한 것으로 추정된다.

07 시가레트 뤼스Cigarette russe, '러시아 담배'란 의미 39 에방타이유Éventail

제2제국 치하에서 영국인들은 무스 오 쇼콜라(mousse au chocolat)나 과일 샐러드(salade de fruits)와 함께 비스킷을 먹는 습관이 있었다. 정치권과 지식인들을 매료시킨 이러한 습관을 이용해 리츠(Ritz) 레스토랑의 셰프 오귀스

트 에스코피에(Auguste Escoffier)는 새로운 메뉴를 개발한다. 디저트용 비스킷이 결혼식, 종교행사 식사에 등장한 것이다. 보르도를 위시한 도시에서 이 비스킷을 대량 생산하면서 시가레트 뤼스(cigarette russe), 랑그드샤, 에방타이유(éventail) 등 식후 주전부리의 선택이 풍요로워졌다.

04 바바 오 럼Baba au rhum

통상 럼주를 섞은 시럽에 담가서 술의 맛을 느끼게 한 사바랭(savarin)으로 생크림, 체리 등을 곁들인다.

05 과일 케이크Cake aux fruits 06 스페퀼로스Spéculoos

갈색에다가 바삭바삭 소리를 내는 짭짤한 작은 비스킷인 스페퀼로스의 기원은 로마제국시대까지 거슬러 올라간다. 새해가 되면 지혜로운 어린이들은 밀가루와 꿀로 만들어진 과자를 선물로 받았는데, 올림피아의 많은 신 중 1명을 나타내고 있었다. 아폴로나 비너스 같은 신들은 시간이 흐르며 갈리아족의 신이나 인물, 기독교의 인물들로 대치되었다. 생니콜라(Saint Nicolas), 푸에타르 신부(Père Fouettard) 같은 인물들이 그랬다. 오늘날의 스페퀼로스는 인물 형태가 아니지만 커피를 들 때 맛있는 주전부리로 여전히 모습을 드러내고 있다.

08, 35 프티 푸르Petits fours

프티 푸르는 작은 크기의 섬세한 케이크로, 비스킷 므랭그 마카롱처럼 단맛이 나는 종류, 치즈 피자 키슈처럼 짠맛이 나는 종류들이 있다.

09 팬케이크Pancake

10 바르케트Barquette

일반적으로 바르케트는 끝이 뾰족하게 생기고 그 안에 잼이나 초콜릿을 넣은 형태를 하고 있다. LU가 생산하는 '트루아 샤통 바르케트(Barquette 3 chatons)'는 2013년부터 이름이 '뢸뤼 바르케트(Barquette de Lulu)'로 바뀌었다.

11 오레이예트Oreillette

오레이예트는 입자가 작고 바삭바삭한 과자의 일종이
다. 통상 설탕을 뿌려 먹는다.

12 피낭시에Financier

17세기에 비지탕딘 교단(ordre des Visitandines) 소속 수
녀들은 자신들 그림의 농도를 조정하는 용도로 달걀
노른자를 사용했는데, 나머지 흰자로는 타원형의 작
은 과자를 만들었다. 1890년대 프랑스의 제과업자 란
(Lasne)은 증권거래소 근처의 자기 가게를 찾아오는 손님들을 위해 이 과자의 맛을
되살렸는데, 손님 대부분은 증권업 종사자들이었다. 란은 원래 과자의 타원형 형태
를 바꾼 후 금괴 모양으로 만들었다. 피낭시에는 그렇게 탄생했다.

13, 17 브라우니Brownie

14, 34 튈Tuile

튈은 쿠키의 일종으로 모양이 테라코타 판과 흡사하기
에 이런 이름이 붙여진 것으로 보인다. 원반 모양의 반
죽을 익힌 다음 제과용 굴림대로 민 것이다. 가장 잘 알
려진 튈은 아몬드 튈(tuile aux amandes)인데, 아이스크림이
나 무스 오 쇼콜라와 함께 들기에 아주 이상적인 쿠키다.

15 팔레 오 자망드Palet aux amandes 65 팔레 브르통Palet breton

팔레는 평평한 원통 모양의 작은 케이크로, 브르타뉴
지방에서 만드는 팔레에는 보통 아몬드를 넣는다.

18 팔레 베리숑 Palet Berrichon

이름이 지칭하는 것처럼 베리(Berry) 지방의 특식이다. 송아지와 돼지고기 안에 삶은 달걀을 넣은 후 그걸 빵으로 둘렀다. 자를 때마다 계란이 모습을 드러낸다.

16 마르브레 Marbré

마르브레 케이크는 대리석을 연상시키듯이 여러 색깔을 띤 케이크다. 어둡거나 밝은 여러 반죽을 섞어 색깔을 낸다. 반죽에는 여러 재료를 집어넣을 수 있는데, 일반적으로는 바닐라, 초콜릿, 커피, 과일, 양념이 동원된다.

19 렝스산 양념빵 Pain d'épices de Reims 30 디종산 양념빵 Pain d'épices de Dijon

꿀을 섞고 다양한 양념으로 맛을 낸 이 과자의 기원을 사람들은 정확하게 알지 못한다. 고대 사람들은 '팽 오 미엘(pain au miel, '꿀빵'이라는 의미)'을 이미 좋아했는데, 우리가 오늘날 알고 있는 양념빵은 10세기에 중국으로부터 전래된 것이다. '미콩(Mi-Kong)' 혹은 '팽 드 미엘(pain de miel)'이라는 이름이 붙은 양념빵은 밀가루와 꿀로 제조되며, 향료식물로 향기를 낸 후 화덕에서 굽는다. 양념빵은 시공간을 뛰어넘어 1711년 디종(Dijon)에서 다시 모습을 드러냈는데, 옛날부터 전해진 노하우에 따라 제조되고 있다.

20 렝스산 핑크 비스킷 Biscuit rose de Reims

17세기에 빵을 화덕에서 꺼낸 후의 열기를 이용해 샹파뉴 지방의 제빵사들은 아주 기발한 생각을 해냈다. 한 번 구운 특별 반죽을 화덕 안에서 건조하는 방식이었다. 그런 다음 바닐라로 향을 낸다. 절구로 바닐라를 찧은 탓에 바닐라 가루는 번쩍이는 흰색 반죽에 붙게 된다. 그런 모습으로부터 또 하나의 독창적인 아이디어가 나오는데, 비스킷을 샴페인이나 적포도주에 담가 색깔을 넣고 과자를 무르게 하는 방법이었다.

22 구테 섹Gouter sec

26 달달한 브레첼Bretzel sucré

그랑테스트 지방 문화코드(p. 45)에서 설명

27 마카롱 코코Macaron coco

오늘날 마카롱이 세계적인 인기를 끌고 있음에도 그 기원은 잘 알려져 있지 않다. 8세기에 수도사들이 만들어낸 것으로 추정될 따름이다. 프랑스 궁정에 마카롱을 들여온 인물은 카트린 드 메디치(Catherine de Médicis)로 알려져 있다. 또 설탕과 아몬드를 섞어 만든 마스팽(massepain)의 파생물로 본다. 어쨌거나 시간이 흐르며 제조법은 변했고, 마카롱을 제조하던 낭시, 아미엥(Amiens), 몽모리용(Montmorillon), 생테밀리옹(Saint-Émilion), 믈룅(Melun) 같은 도시들을 유명하게 만들었다. 하지만 각 도시는 자기만의 제조 비법을 간직하고 있다.

28, 49, 76 므랭그Meringue, 한국어로는 '머랭'이라고 많이 표기

흰색 옷을 입은 데다가 섬세하면서도 가벼운 므랭그는 신비한 과자다. 바깥은 바삭거리지만 속은 녹아 있기 때문이다. 하지만 달걀 흰자와 설탕으로 만들기에 제조법은 단순한 편이다. 기원은 잘 알려져 있지 않다. 일부 사람들은 18세기 초에 스위스 마이링엔(Meiringen)에 살던 가스파리니(Gasparini)란 성을 가진 한 이탈리아 제빵업자가 개발한 제품이라고 이야기하며, 또 다른 사람들은 독일 도시 머랭겐(Mehrinyghen)과 연결시키기도 한다. 한 가지 확실한 점이 있다. 세대를 뛰어넘어 모두가 이 과자를 좋아한다는 사실이다.

29 디종산 노네트Nonnette de Dijon

노네트는 디종의 특산물인 작은 케이크로, 둥근 형태를 하고 있다. 양념빵, 꿀, 오렌지 마멀레이드가 재료로 쓰이며, 겉은 얇게 설탕으로 입힌 모습이다.

31 스프리츠Spritz

스웨덴 사블레(sablé suédois)라고도 불리는 스프리츠는 전통적으로 크리스마스를 전후한 시기에 모젤(Moselle), 알자스와 독일 쪽에서 선을 보이는 작은 케이크. 막대 모양으로 생겼으며 밀가루, 버터, 계란, 설탕 그리고 때때로 코코넛을 넣어 만든다.

32 초콜릿 비스킷Biscuit chocolaté

33, 52 프티 뵈르 오 쇼콜라Petit beurre au chocolat 58 낭트산 프티 뵈르Petit beurre nantais

프티 뵈르(petit beurre) 뤼(LU) 비스킷을 제조하는 아틀리에에서 탄생했다. 비스킷의 제국인 뤼는 19세기 말에 루이 르페브르-위틸(Louis Lefèvre-Utile)이 창립했는데, 그는 전통적으로 제과 쪽에 종사하던 가문 출신이었다. 직사각형 모양으로 생겼기에 제조와 포장, 운반이 쉬웠다. 규칙적인 형태의 4개 '귀(oreilles)'와 52개 '이빨(dents)'을 보유하고 있다. '귀'는 계절을 의미하며, '이빨'은 1년을 구성하는 52주를 의미한다. 또

7cm 크기는 1주를 구성하는 7일을 의미하고, 과자에 난 24개 점은 하루를 구성하는 24시간을 의미한다.

36 초콜릿 케이크 Cake au chocolat

37 퀴이예 비스킷 Biscuit cuiller

퀴이예 비스킷은 20세기 초에 칸(Cannes) 소재 칼튼 호텔(Hôtel Carlton)의 수석 제빵사였던 외젠 그로보스트 (Eugène Grobost)의 작은 재치 덕분에 빛을 보게 되었다. 밀가루를 손이나 숟가락을 이용해 만들기에 제조법은

아주 단순하다. 날계란, 설탕, 나무 숟가락을 이용해 반죽을 조심스럽게 섞기만 하면 된다.

25 알자스산 부두아르 Boudoir d'Alsace 38, 61 부두아르 Boudoir

마르고 바삭바삭한 비스킷으로 길고 설탕 가루가 뿌려져 있다. 전통적으로 와인이나 샴페인과 같이 들기에 종종 샴페인 비스킷(biscuit champagne)으로 불린다. 샤를로트(charlotte)와 티라미수(tiramisu)를 제조할 때도 쓰인다.

40 크로캉 오 자망드 Croquant aux amandes

좋은 요리사는 그 어떤 단순한 재료도 맛있게 만들 줄 안다고 한다. 제빵 쪽도 마찬가지다. 17세기에 프로방스 지방에서는 아몬드나무가 급증했기에 여느 가판대에서나 아몬드를 만날 수 있었다. 지역의 한 숙박업자

인 메르 보르드(Mère Bordes)란 인물이 남아도는 아몬드들로 과자를 만들기 시작했

는데, 처음에는 '쿠크(couque)'라 불리던 이 비스킷은 바삭바삭한 특성을 반영해 이름이 바뀌었다.

41 마르세유산 나베트Navette de Marseille

마르세유를 언급할 때 사람들은 언덕 꼭대기의 성모마리아(Bonne Mère)상, 항구를 메운 정어리, 그리고 나베트를 머릿속에 떠올린다. 예전에 '정화(淨化) 나베트(navette de la Purification)'란 별명이 붙었던 이 비스킷은 성촉절 때 제조되었다. 오렌지나무 잎으로 독특한 향과 맛을 내며, 달걀 노른자로 황금빛을 입힌다. 오늘날에는 '생빅토르 나베트(navette de Saint Victor)'라고도 불리는데, 비스킷 형태가 구항(Vieux Port)에서 하역하는 배를 연상시키기 때문이다.

42 카니스트렐리Canistrelli

카니스트렐리(canistrelli) 혹은 카네스트렐리(canestrelli), 쿠지올레(cuggiole), 쿠지울렐레(cuggiulelle), 쿠주엘레(cujuelle) 등으로 불리는 이 비스킷은 전형적인 코르시카 산물로, 달고 바삭바삭하다.

43 피레네산 루스키유Rousquille des Pyrénées

루스키유 혹은 로스키유(rosquille)라 부르는 케이크는 전통적으로 프랑스와 스페인 국경 양쪽에서 제조하는 카탈루냐 특산물이다. 스페인의 로스키야스(rosquillas)는 반지 모양으로 다양한 향과 토핑을 통해 오븐에서 구운 도넛이나 비스킷을 지칭하는 반면, 부드러운 비스킷인 카탈루냐 지방의 루스키유는 둥근 모양에 귤이나 아니스로 향을 낸 백색 설탕을 두껍게 입힌 모양을 하고 있다.

44 카르모산 에쇼데 Échaudé de Carmaux

'뜨거운 물에 담근(échaudé)'이란 뜻의 이상한 이름을 가진 과자. 아주 단단한 이 비스킷을 만들어내려면 먼저 반죽을 준비하고, 그걸 펄펄 끓는 물 속에 넣었다가 꺼낸 후 화덕에서 굽는다. 중세 때 아주 유행한 이 비스킷의 제조법과 형태는 지역에 따라 다양했다. 그중 가장 유명한 에쇼데는 타른(Tarn) 데파르트망의 카르모(Carmaux)에서 제조한 제품이었다. 한 제빵사가 생루이(Saint-Louis) 왕에게 드리기 위해 고안했는데, 길을 가다가 지역의 대표 산물 중 하나인 아니스를 추가하면서 카르모산 에쇼데가 생겨났다는 이야기가 전해진다.

45 제름드블레 비스킷 Biscuit au germe de blé, 밀 씨앗 비스킷

46 타르틀레트 오 프레즈 Tartelette aux fraises

타르틀레트는 타르트를 더 작게 만든 파이로 배(舟) 모양이나 둥근 모양이 많다. 일반적으로 과일이나 크림을 위에 얹는다. 타르틀레트 오 프레즈는 딸기를 얹은 타르틀레트.

47 쿠키 Cookie

48 코르드쉬르시엘산 크로캉 Croquant de Cordes-sur-ciel

크로캉은 종종 아몬드를 넣은 비스킷으로 주로 프랑스 남쪽 지방에서 만든다. 프랑스에는 다양한 형태의 크로캉이 존재하는데, 코르드(Cordes) 크로캉, 생폴드프누이예(Saint-Paul-de-Fenouillet) 크로캉, 님의 빌라레(Villaret) 크로캉, 마르세유 크로캉['카스당(casse-dents)'이라 불리기도 함], 프로방스 크로캉(아몬드와

꿀), 루됭(Loudun) 크로캉, 보르도 크로캉, 카르팡트라(Carpentras) 크로캉(아몬드와 올리
브), 생테티엔드쇼메이유(Saint-Étienne-de-Chomeil) 크로캉, 망드(Mende) 크로캉, 페리고
르(Périgord) 크로캉이 특히 유명하다.

24 코메르시산 마들렌Madeleine de Commercy 50 생티리엑스산 마들렌Madeleine de StYrieix
64 마들레네트Madeleinette 71 브르타뉴산 마들렌Madeleine bretonne

서부 프랑스 지역을 대표하는 비스킷인 마들렌은 오트
비엔(Haute-Vienne) 데파르트망 소재 생티리엑스라페르
슈(St-Yrieix-La-Perche) 마을이 대단한 자부심을 가지고
있는 상품이다. 마들렌(Madeleine)이란 이름을 가진 한
소녀가 순례자들에게 가리비조개 속에 넣어 만든 계란 과자를 제공했다고 전설은
전한다. 부드럽고 향내가 나는 이 과자의 아주 독특한 형태는 그로부터 비롯되었다.

21 프티 팔미에Petit palmier 51, 68 팔미에Palmier

팔미에는 하트 모양의 과자류다. 익힐 때 캐러멜을 넣
은 설탕으로 덮는다. 잘린 반죽을 두 번 굴리기에 야자
나무 잎이 2개 붙어 있는 모양을 하고 있다.

53 샤랑트산 갈레트Galette charentaise

샤랑트산 갈레트가 태어난 해는 1848년이다. 이 해에
생통주(Saintonge) 지방 뵈를레(Beurlay) 마을의 2명 제빵
사 중 1명이었던 앙리 빅토르 바로(Henri Victor Barraud)
는 지역에서 많이 나는 밀가루, 달걀, 버터 같은 단순한
재료를 이용해 부드러운 케이크를 만들어내려는 생각을 품는다. 그의 재능은 안젤리
카를 추가하는 데서 발휘되었는데, 아주 가까운 마레 푸아트뱅(Marais Poitevin)에서 자
라던 이 식물은 갈레트에 아주 독특한 맛과 향을 부여하는 데 성공했다.

54 슈 아 가르니르Chou à garnir

55 미니 모엘뢰Mini moelleux

초콜릿, 레몬, 바닐라, 사과 등을 이용한 다양한 형태의
모엘뢰가 존재한다. 형용사 moelleux의 의미처럼 부드
럽고 물렁물렁한 케이크다.

56 과일 케이크Cake aux fruits

57 비스퀴 푸레Biscuit fourré

비스퀴 샌드위치(biscuit sandwich)라고도 불리는 비스퀴
푸레는 2개의 비스킷을 겹쳐 만든 작은 과자로, 속에는
초콜릿, 잼, 혹은 다양한 종류의 크림이 들어있다. 처음
에는 손으로 만들다가 20세기 내내 공장 생산이 가속
화되었다.

23 샹파뉴산 사블레 비스킷Biscuit sablé champenois, 한국어로는 '사브레'라고 발음
60 사르트산 사블레 드 사블레Sablé de sablé de Sarthe 73 노르망디산 사블레Sablé normand

'사블레(sablé)'란 이름은 페이 드 라 루아르(Pays de la
Loire) 레지옹의 사블레쉬르사르트(Sablé-sur-Sarthe) 마을
에서 비롯되었다. 17세기에 프랑수아 바텔(François Vatel)
셰프는 세비녜 부인(Madame de Sévigné)에게 어느 날 여러
종류의 비스킷을 제공했는데, 사블레도 그중 하나였다.

비스킷은 루이 14세에게도 전달되는데, 왕은 그 후 매일 아침 이 비스킷을 상에 올리
도록 요구했다. 사블레는 생토노레 거리(Faubourg Saint-Honoré)의 살롱들과 루아얄 광
장(Place Royale)을 차례로 점령한 후 프랑스 식도락 문화유산에서 중요한 자리를 차

지하게 된다.

62 카트르카르Quatre-quart

카트르카르는 브르타뉴 지방의 케이크로 만들 때 들어
가는 4가지 재료인 밀가루, 설탕, 버터, 달걀로부터 이
름을 얻고 있다. 4개의 재료가 동등한 비율로 들어가기
에 '4개의 4분의 1'을 뜻하는 이름이 붙었다.

63 크레프Crêpe 66 쿠인아만Kouin Amann 69 브르타뉴산 갈레트Galette bretonne

브르타뉴 지방 문화코드에서 설명

67 크레프 당텔Crêpe dentelle

작은 실수가 멋진 결과를 얻을 때가 있다. 크레프 당
텔 경우가 그랬다. 19세기 말부터 이 제품을 대중화시
킨 인물은 캥페르 출신 여인 마리-카트린 코르닉(Marie-
Catherine Cornic)으로 보인다. 크레프를 불에 올리는 것
을 잊어버리는 대신 둥글게 말았더니 기대와는 달리 깨
지지 않으면서도 바삭바삭하며, 맛있으면서도 극도로 섬세한 결과물을 얻었던 것
이다.

70 로셰 코코Rocher coco

로셰 오 코코(rocher au coco), 로셰 코코, 콩골레(congolais)
등으로 불리는 이 과자는 말랑말랑한 알갱이 형태를
하고 있다. 지름이 3-5cm에 달하는 둥근 모양을 하고
있다.

72 생말로산 크라클랭Craquelin de St Malo

크라클랭은 브르타뉴 지방의 비스킷으로 반죽을 뜨거 운 물에 담궜다가 오븐에 굽는다. 끝이 올라간 원반 형 태를 하고 있다. 설탕을 넣은 브리오슈 반죽인 벨기에 크라클랭과 혼동하지 말 것.

74 트루비예Trouvillais

노르망디 지방 트루빌(Trouville)의 모든 빵가게에서 만나볼 수 있는 케이크로 전통적 인 페피토(pépito)와 모습이 비슷하다.

75 케이크Cake

프랑스에서 가장 아름다운 로드트립 Top 10
—

2018년 3월 Les Others 사이트가 선정

1. 알프스 루트Route des Alpes

프랑스에서 가장 아름다운 장소다. 스위스 국경 쪽의 레만호(Lac Léman)에서 출발해 세상에서 가장 아름다운 파노라마를 거쳐 지중해에 이르는 길이다. 샤블레 산지(Massifs du Chablais), 라 바누아즈(La Vanoise)를 거쳐 메르캉투르 고개(Col du Mercantour)에 이르기까지 환상적인 풍경이 이어진다. 니스에서 여정을 끝내거나 이탈리아까지 내려갈 수 있다. 800km에 달하는 이 길을 즐기려면 족히 1주일은 잡아야 한다.

2. 브르타뉴 해안 Côte bretonne

캉페르에서 몽생미셸까지의 절벽, 펜마르(Penmarc'h) 등대를 비롯한 전설적인 등대들, 라즈 곶, 두아르느네 만을 비롯한 야생 해안을 따라간다. 아르모리크(Armorique)와 깎아지른 듯한 절벽 경치, 섬들 풍경, 얼굴에 부는 바람, 후드 달린 겉옷이 절묘하게 어울리는 곳이다. 주말에 2박3일 다녀오면 좋다. 저녁에는 시드르와 함께 크레프를 먹으면서 휴식을 취한다.

3. 남서부의 고갯마루 루트 Route des cols

피레네자틀랑티크에서 투르드 프랑스 루트를 따라 피레네 산맥을 넘은 후 오트가론에 이르는 여정. 술로르(Soulor), 투르말레(Tourmalet), 아스팽(Aspin), 페르수르드(Peyresourde)를 거쳐 프랑스 쪽 피레네 산맥의 가장 높은 지점인 픽 뒤미디까지 올라간다. 정상까지 트레킹을 할 수도 있는데, 특히 가바르니 원곡에서 절경을
감상할 수 있다. 여정을 따라가며 호수들을 놓치지 말 것. 이곳도 1주일은 잡아야 한다.

4. 오베르뉴 지방과 화산들 Auvergne et ses volcans

작은 도로를 따라 퓌의 화산 능선(Chaîne des Puys)을 가로지르면서 선사시대 및 화산과 관련된 프랑스를 즐길 수 있다. 경치가 아름다운 랑테지 화산은 놓치지 말아야 할 명소다. 감자 퓌레(purée)와 치즈를 주성분으로 해서 만든 음식인 알리고(aligot)를 맛보기 위해 아르드쉬르쿠즈(Ardes-sur-Couze) 같은 오베르뉴 마을을 방문할 수도 있고, 높은 계곡 위를 트레킹할 수도 있다. 퓌 드 돔(Puy de Dôme)은 그다지 어렵지 않게 산책할 수 있다. 정상의 높이는 1,465m. 암스트롱이 달에 첫발을 내딛는 광경을 이곳에서 촬영한 것이 아닌지 의심스러울 정도다. 스키를 타고 싶다면 쉬페르베스(Super Besse)를 거쳐 세잘리에(Cézallier)까지 간다. 1주일 여정.

5. 보주 산맥의 산들 Ballons des Vosges

보주 산맥 산악공원(Parc des Ballons des Vosges)은 경이로움 그 자체다. 멋진 도시 콜마르에서 출발해 산맥 전체를 바라보는 그랑 발롱(Grand Ballon)을 거쳐 마르크슈타인(Markstein)에 도달하는 루트다. 콜마르와 제라르메 사이에 호수들이 많고, 볼로뉴 하천(La Vologne)[보주 데파르트망에 소재한 하천]도 그다지 멀리 떨어져 있지 않다. 블랑 호수(Lac Blanc)와 피에르 페르세 호수(Lac de Pierre Percée)를 빠뜨리지 말 것. 산양들과 철새들이 인사를 건넬 것이다.

6. 7번 국도를 타고 내려가기 Descendre la Nationale 7

고속도로가 생기기 이전에 7번 국도는 휴가를 떠나는 사람들이 가장 많이 택하던 도로였다. 프랑스를 종단하며 파리와 망통(Menton) 사이의 거리 1,000km를 잇는 전설적인 길이다. 길이 처음 만들어진 시기는 로마제국시대. 루그두눔(Lugdunum, 리옹)이 갈리아 지방의 수도였을 때 아그리파(Agrippa)는 리옹을 북쪽으로는 부르고뉴를 거쳐 뤼테스(Lutèce, 파리)까지, 남쪽으로는 론 계곡(vallée du Rhône), 프로방스, 지중해를 통해 로마까지 연결했다. 길은 루이 11세(Louis XI), 나폴레옹을 통해 연차적으로 정비되고 현대화되었다. 1930년대에 인민전선 정부가 유급휴가 제도를 최초로 도입하기는 하지만, 제2차 세계대전이 끝난 후인 1950-60년대에 피서객의 사랑을 본격적으로 받았다.

시간이 오래 걸리는 단점이 있지만 퐁텐블로, 물랭(Moulins), 느베르(Nevers), 리옹, 아비뇽을 차례로 거치며 남프랑스까지 내려간다. 플라타너스가 우거진 도로 풍경은 샤를 트레네(Charles Trénet)를 비롯한 많은 샹송 작곡가에게 영감을 제공했다. 고속도로에서와는 달리 좋은 와인과 지방 음식을 맛보기 위해 마을들에 쉽게 정차할 수 있다. 더없는 자유를 만끽할 수 있다.

7. 고속도로의 세계인들 Autonautes de la cosmoroute

아르헨티나 작가 중 가장 벨기에적이었던 인물인 훌리오 코르타자르(Julio Cortázar)는 숨을 거두기 전에 동반자 캐럴 던롭(Carol Dunlop)과 함께 전설적인 여행을 구상했다. 파리에서 마르세유까지 내려가면서 주유소마다 정차하는 방식이었다. 하루에 2개 주유소를 들르는 데 한 번은 점심을 들러, 다른 한 번은 잠자기 위해서다. 이러한 여행 방식은 그가 쓴 저서 《고속도로의 세계인들(Les Autonautes de la cosmoroute. 원제는 Los autonautas de la cosmopista)》[1983년에 스페인어로 먼저 출간된 후 같은 해에 갈리마르(Gallimard) 출판사가 프랑스어판을 냈다] 속에 고스란히 담겼는데, 시시각각 변하는 풍경이 저자의 단상과 함께 충실히 묘사되어 있다. 1982년에 불치의 병에 걸린 사실

을 알게 된 2명의 작가가 함께 마지막 여행을 떠나기로 결심하며, 32일 동안 파프너(Fafner)를 타고 파리에서 마르세유까지 A6 고속도로를 타고 내려가는 내용이다. 책을 손에 들고서 그들이 감행했던 아주 독창적인 여행을 오늘날 다시 따라가보는 것도 재미있다. 1980년대에서 지금까지 시간이 가져다준 변화를 실감해볼 수 있을 것이다.

8. 알자스 포도밭 루트Route des vignobles alsaciens

50km에 불과한 짧은 여정이지만 아주 아름다운 루트다. 영화 〈사이드웨이(Sideways)〉 방식으로 작은 마을들을 경유하면서 알자스 지방의 포도밭들을 즐길 수 있다. 이 지방의 와이너리들은 프랑스에서 비교적 덜 알려져 있다. 여인숙, 별표가 매겨진 레스토랑들, 와인, 대중적인 적포도주, 싸구려 술집, 즐거움을 동시에 즐길 수 있는 여정이다.

9. 자동차로 떠나는 루아르 지방 성 여행Châteaux de la Loire en voiture

블루아에서 출발해 루아르 강변을 따라 늘어선 샹보르, 슈농소, 아제르리도 등의 성들, 아름다운 건물 풍경, 루아르 강변 산책, 포도밭과 와인 시음, 지하 와인 저장고를 동시에 즐기는 여정이다. 자동차로 빨리 즐기든 아니면 시간을 가지고 천천히 둘러보든 문화와 식도락 관련 유산을 제대로 즐길 수 있는 루트다.

10. 자유의 길Route de la liberté

자유의 흔적을 찾아 역사가 차고 넘치는 루트를 따라가는 길. 노르망디 지방 오마하 비치에서 출발해 1944년 연합국 군대가 택했던 길을 따라 벨기에 국경까지 간다. 에므로드 해안, 렝스, 룩셈부르크, 바스토뉴(Bastogne), 오스탕드(Ostende)를 거쳐 프랑스와 벨기에, 룩셈부르크를 둘러보는 1,150km의 여정이다. 1주일이 소요된다.

남프랑스의 가장 아름다운 마을 Top 10

Topito.com 2021년 선정. [ ] 안은 데파르트망 이름

1. 코르드쉬르시엘 Cordes-sur-Ciel[타른(Tarn)]

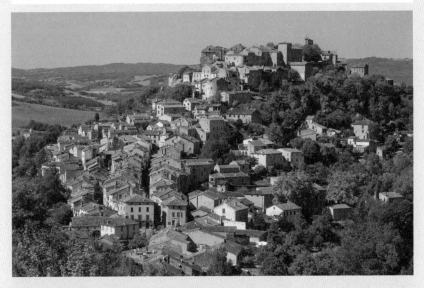

타른(Tarn) 데파르트망의 보석인 이 중세마을은 계곡이 내려다보이는 언덕에 매달려 있다. 안개가 낄 때면 코르드가 구름 속에서 부유(浮遊)하는 느낌을 받는다. 옛 시절을 연상시키는 꼬불꼬불한 골목길들은 오늘날 수많은 공방으로 채워져 있는데, 이브 튀리(Yves Thuries) 초콜릿 가게가 대표적인 집이다.

2. 고르드_{Gordes}[보클뤼즈(Vaucluse)]

고르드(Gordes) 단어의 철자는 코르드(Cordes)와 5개가 같다. 이 마을 역시 바위 위에 만들어졌기에 방어 능력이 뛰어난 보초 같은 역할을 담당하고 있다. 프로방스알프코트다쥐르 지방에 소재한 이 마을은 제2차 세계대전 기간에 레지스탕스 기지로서 기능했는데, 뤼브롱 지방자연공원에서도 가장 아름다운 마을 중 하나로 꼽힌다.

3. 로카마두르_{Rocamadour}[로트(Lot)]

기사들이 존재하던 그 옛날에 로카마두르로 간다는 것은 되돌아오지 않음을 의미했다. 가파른 등반을 한 다음에야 로카마두르는 자신의 모습을 드러내 보여준다. 절경이 펼쳐지기에 노력한 만큼 충분히 보상을 받을 수 있다. 파디락 동굴을 포함해 주변 지역도 충분히 돌아볼 만하다.

4. 생베랑 Saint-Véran[오트잘프(Hautes-Alpes)]

케라(Queyras) 지방자연공원 내 해발 2,042m에 자리한 생베랑은 유럽에서 가장 높은 곳에 있는 마을이다. 옛날에 구리를 캐내던 지역이었다. 눈 덮인 겨울철이나 순수한 빛이 작열하는 여름에 들를 만한 곳이다.

5. 루르마랭 Lourmarin[보클뤼즈(Vaucluse)]

보클뤼즈(Vaucluse) 지방의 루르마랭 마을과 성은 풍경이 퇴색되지 않는 곳이다. 포도밭과 올리브밭 사이에 '파묻힌' 이 마을은 예술과 역사를 사랑하는 사람들을 두 팔 벌려 환영한다. 조용함을 찾는 사람들에게도 아주 좋은 장소다. 카뮈의 무덤이 있는 마을이다.

6. 에스탱 Estaing[아베롱(Aveyron)]

15세기에 건설된 멋진 성, 아름다운 성당, 그 유명한 다리와 시청 건물로 이름난 에스텡을 들르지 않고서는 아베롱 지방을 방문했다 말할 수 없다. 마을 전체가 역사유적으로 지정되어 있다.

7. 라바스티드다르마냑Labastide-d'Armagnac[랑드(Landes)]

예전에 제르스(Gers) 데파
르트망에 배속되어 있던
멋진 성곽도시로, 오늘날
에는 랑드(Landes) 지방의
자존심으로 분류된다. 바
둑판 모양으로 설계된 이
마을의 중심을 아름다운
광장과 성이 차지하고 있
다. 시간이 없을 때에도
광장과 성은 꼭 들러봐야
한다.

8. 생마르탱 도이드St-Martin d'Oydes[아리에주(Ariège)]

사람들에게 잘 알려지지 않았지만 흥미로운 지역이었던 이 마을은 오늘날 아리에주(Ariège) 데파르
트망에서 꼭 찾아가야 할 마을로 변신했다. 높은 곳에서 마을을 내려다보면 더 좋다. 작고도 매혹
적인 마을이다.